建德市政协志

（1998—2019）

建德市政协志编纂委员会　编

方志出版社
Publishing House of Local Records

图书在版编目(CIP)数据

建德市政协志：1998—2019 / 建德市政协志编纂委员会编. -- 北京：方志出版社，2021.10
ISBN 978-7-5144-4862-7

Ⅰ. ①建… Ⅱ. ①建… Ⅲ. ①中国人民政治协商会议-地方委员会-概况-建德-1998-2019 Ⅳ. ①D628.554

中国版本图书馆 CIP 数据核字(2021)第 254673 号

建德市政协志（1998—2019）

编　　者：建德市政协志编纂委员会
责任编辑：罗　滔

出 版 者：方志出版社
地址　北京市朝阳区潘家园东里 9 号（国家方志馆 4 层）
邮编　100021
网址　http://www.zgfzcb.cm
发　　行：方志出版社图书经销中心
电话（010）67110500
经　　销：全国新华书店
印　　刷：成都兴怡包装装潢有限公司

开　　本：889×1194　　1/16
印　　张：36.75
字　　数：845 千字
版　　次：2021 年 12 月第 1 版　　2021 年 12 月第 1 次印刷
印　　数：0001~1000 册

ISBN 978-7-5144-4862-7　　定价：398.00 元

1998年5月3日，省政协主席刘枫（前排右三）视察建德

2005年5月10日，省政协主席李金明（前排左二）在建德调研

2010 年 10 月 14 日，省政协主席周国富到建德市调研“建德市政协专委会”设置试点工作

2015 年 10 月 28 日，省政协主席乔传秀（前排左二）到建德市视察

2006 年 1 月，省政协副主席陈文韶（右一）与杭州市政协主席虞荣仁（左一）考察玉泉寺

2012 年 3 月，省政协副主席王永昌（前排左二）在建德市沈氏换热器公司调研

2013 年 10 月，省政协副主席陈艳华（前排右三）调研珍贵树种

2013年11月，省政协副主席陈加元（前排右三）到建德市调研

2015年4月，省政协副主席王建满（左一）到建德市调研“四张清单一张网”和“五水共治”工作

2015年9月，省政协副主席吴晶（左五）到建德市调研信访工作

2016 年 10 月，省政协副主席陈小平（右一）到建德市对接省政协“送科技下乡”活动

2017 年 3 月，省政协副主席孙文友（左三）到建德市调研民族宗教工作

2017 年 10 月，省政协副主席郑继伟（左三）到建德市调研体育产业发展工作

2019 年 9 月，省政协副主席马光明（前排左二）到建德市调研美丽城镇建设

2018 年 6 月 4 日，省政协副主席孙景淼（右二）到建德市调研 “无障碍环境建设”工作

2011 年 6 月 6 日，杭州市政协主席孙忠焕（右一）到建德市调研城乡统筹发展课题

2015 年 12 月，杭州市政协主席叶明（右二）调研政协工作及考察古村落保护情况

2018 年 9 月，杭州市政协主席潘家玮（前排左二）到建德市实地考察“六大行动”比学赶超项目

2019年12月17日，市委召开政协工作会议

中共建德市委书记童定干在市委政协工作会议上讲话

1998 年 3 月 4 日，政协建德市第十届委员会第一次会议召开

政协第十届、十一届主席刘志新在作常委会工作报告

2003 年 3 月 5 日，政协建德市第十一届委员会第一次会议召开

2007 年 2 月 3 日，政协建德市第十二届委员会第一次会议召开

2012 年 2 月 10 日，政协建德市第十三届委员会第一次会议召开

2017年2月5日，政协建德市第十四届委员会第一次会议召开

政协第十三届、十四届主席吴铁民在作常委会工作报告

2002 年 5 月，刘志新（前右三）视察国道改建工程

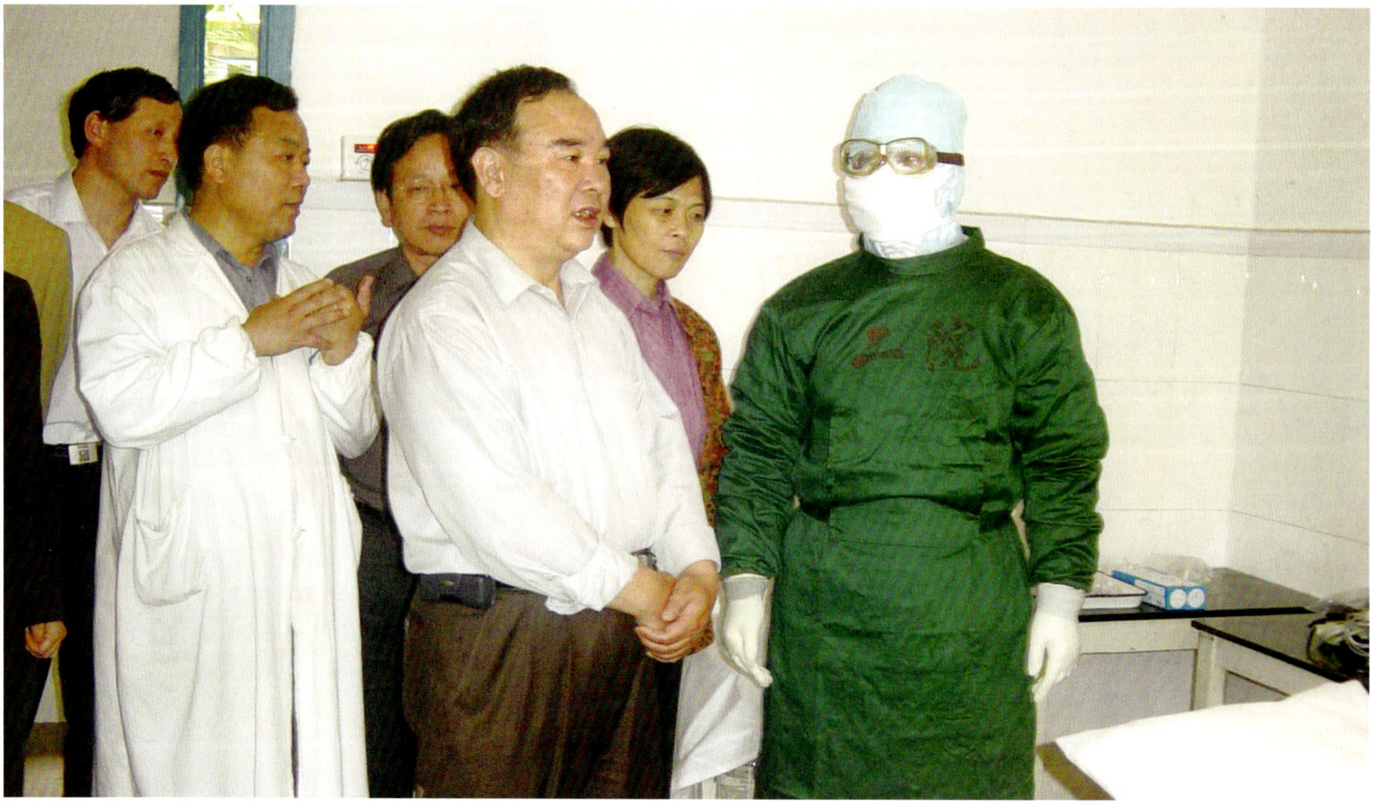

2003 年 5 月 15 日，刘志新（前右二）视察“非典”防治工作

2003年12月23日，刘志新（左四）视察省级经济开发区

2003年7月30日，政协乾潭组视察红地球葡萄园

2005年2月18日，市政协创“活力建德”专题联组会

2007 年 12 月 6 日，市政协十二届四次常委会议协商议政建德市市域总体规划方案

2007 年，市政协建议案办理情况座谈会

2009 年 4 月，市政协“百名政协委员谈发展”电视论坛之工业篇

2010 年 10 月，统一选派民主监督员工作会议

2011 年 3 月，政协委员积极为村级组织换届选举助力

2012年6月，专题视察化工产业转型升级

2013年12月，专题咨询水产业发展与水资源重点保护监督建议落实情况

2014年9月，专题视察“五水共治”重大项目推进

2015 年 11 月，督查“五水共治”

2016 年 5 月 31 日，专题视察乡村旅游发展

2016 年 7 月 1 日，督查“两路两侧”“四边三化”整治

2017年1月4日，主席吴铁民督查乌龙山抽水畜能电站上山道路一期工程

2017年5月23日，专题视察全市重大工业项目建设情况

2018年5月8日，专题视察梅城古城综合保护工作

2018 年 8 月 27 日，专题视察建德航空小镇建设

2019 年 5 月 17 日，专题议政养老服务保障体系建设

2019 年 7 月 1 日，举行首场“请你来协商”活动

2003 年 9 月，市政协机关与明珠社区座谈联欢

2003 年中秋茶话会

2015 年新年茶话会

2005 年 5 月 1 日，建德市政协原副主席汪积功（左二）与中国国民党主席连战（左三）、方瑀（左四）夫妇会面

2012 年 4 月 12 日，市政协联谊会第六届第一次会员大会

2007 年 5 月，苏州市政协书画社来到建德市参观

市政协联谊会慰问政协老领导

建德、桐庐书画交流活动

2003年1月，严州文化的开发与利用座谈会

政协机关干部职工参加文艺演出

2009年5月，在文化广场开展严州文化咨询活动

2009 年 7 月，全国政协委员走进建德摄影采风活动

2017 年 7 月，政协机关开展书法知识和创作讲座

2018 年 1 月，市政协机关开展主题演讲比赛

第十届政协文史编纂成果

第十一届政协文史编纂成果：《严州古城——梅城》

第十二届政协文史编纂成果

第十三届政协文史编纂成果

第十四届政协文史编纂成果

2009 年 8 月，民革建德市委会慰问高温下的环卫工人

2007 年 9 月，民盟建德市委会在三都举办无公害西红花标准化生产技术培训

2007 年 5 月，民进建德市委会开展送法送农技下乡活动

民进建德市委会为农民送医下乡服务

2009 年 12 月，建德市工商联召开年度经济工作会议

2003 年 1 月，市政协领导班子“三讲”教育动员会

2005 年 1 月，市政协机关保持共产党员先进性教育动员会

2013 年 1 月，政协书画室成员进村为民写春联

2005 年 12 月，政协委员服务年活动

2013 年 4 月，十三届政协委员培训

2010 年 4 月 22 日，建德市政协机构改革汇报会

2015 年 11 月，市政协机关支部四明山抗日根据地活动

2015 年 11 月，市政协“三严三实”谋事创业专题研讨会

2016 年 5 月 9 日，市政协“两学一做”学习教育动员部署会

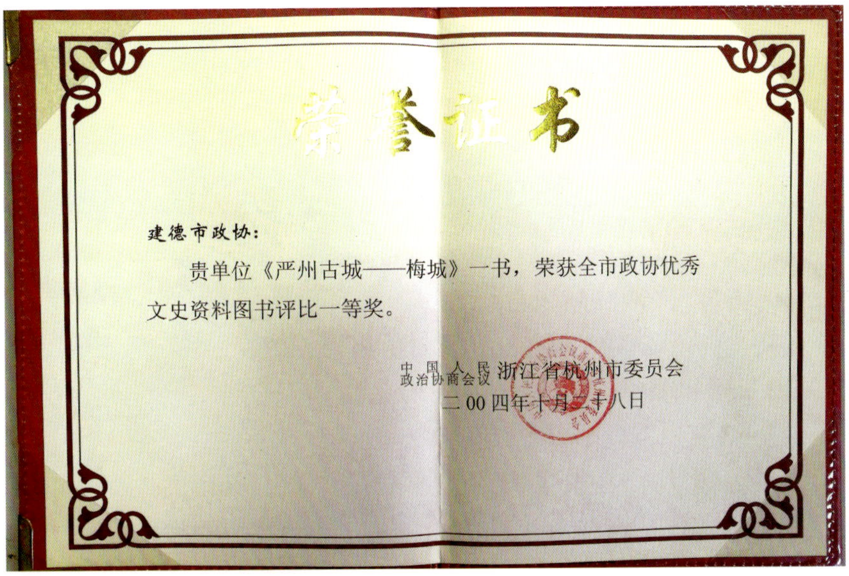

《严州古城——梅城》被评为杭州市政协优秀文史资料图书评比一等奖

《中国第一水电城——新安江》被评为杭州市政协优秀文史资料图书评比一等奖

《古城寿昌》被评为杭州市政协优秀文史资料图书评比一等奖

（光绪）《建德县志》点校本被评为杭州市政协优秀文史资料图书评比一等文史成果奖

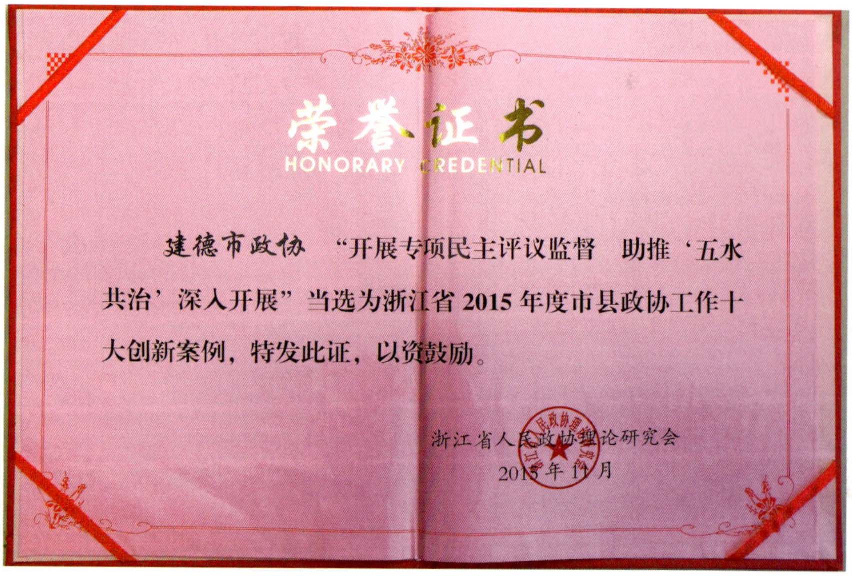

建德市政协“开展专项民主评议监督，助推‘五水共治’深入开展”当选为浙江省2015年度市县政协工作十大创新案例

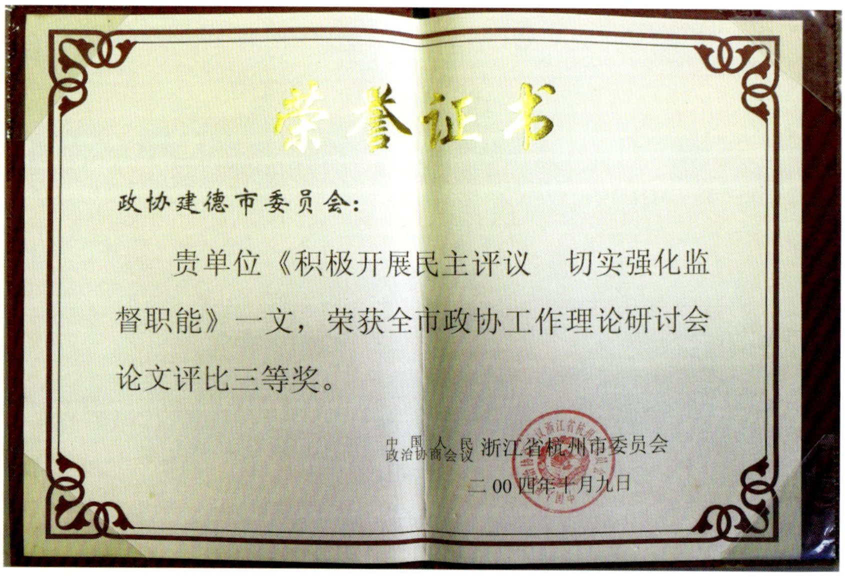

市政协《积极开展民主评议，切实强化监督职能》一文，荣获杭州市政协工作理论研讨会论文评比三等奖

《建德市政协志（1998—2019）》编纂委员会

主　任　吴铁民

副主任　汪华瑛（增补）　程　旭　严凌云　徐亚娟　王百金　叶　强（增补）
吕　勇　叶志高　蒋智鸿

编　委　厉红寿　邵益文　吴康福　施树康　方　韦　谢伟东　蒋　华
林　立　胡伟钰　许维元　金伟媛

《建德市政协志（1998—2019）》编辑部

主　　编　方　韦

编纂人员　黄根华　陈庆祥　邹爱民　郑志良　李新富

审　　稿　钟森水　黄建生

特约编审　颜越虎

序　一

盛世修志，垂鉴未来；志载盛世，泽惠千秋。

2002年，建德市政协编纂出版了杭州地区首部有关政协的志书——《建德市政协志》。2021年，《建德市政协志（1998—2019）》作为前志的续编，经过三年的辛勤劳作，业已编纂告竣，这是新时代我市政协事业中的一件大事喜事。

人民政协作为爱国统一战线的组织、中国共产党领导的多党合作和政治协商的重要机构、发扬社会主义民主的重要形式，是国家治理体系的重要组成部分，是具有中国特色的制度安排。人民政协在中国特色社会主义发展进程中，发挥着越来越大的作用。本志延续前志，以全面、系统、翔实的史料，准确地记录了1998年至2019年间建德市政协的工作成果和发展历程。在这20年里，建德政协在中共建德市委的领导下，团结各民主党派、各族各界人士，秉持“长期共存、互相监督、肝胆相照、荣辱与共”的方针，积极履行政治协商、民主监督、参政议政职能，围绕团结和民主两大主题，聚焦党委、政府中心任务，发挥专门协商机构作用，在建言资政和凝聚共识上双向发力，为建德的发展作出了新贡献。特别是党的十八大以来，在以习近平同志为核心的党中央推进人民政协事业发展的历程中，建德政协全面贯彻习近平新时代中国特色社会主义思想，贯彻落实新时代党的建设总要求，切实加强人民政协党的建设，始终坚持党对人民政协工作的全面领导，团结带领各党派团体和社会各界人士，开创了政协事业的新局面。

“志不详不足资考镜，事不赅不足示将来。”本志坚持实事求是的原则，客观地记述了建德政协1998年以来，在调查研究、协商议政、民主监督、作风建设、文化彰显等方面所取得的丰硕业绩。在围绕中心、服务大局上讲真话、进诤言，出实招、谋良策，充分展现了政协常委会的凝聚力和全体政协委员在履行职能中的风采，真实地展现了建德政协事业不断创新发展的历史画卷。尤其需要提及的是，建德政协在党的建设上，始终以党的建设引领和推动履职实践，以履职成效检验政协党的建设工作的质量和水平。这是人民政协在新时代的基本要求，彰显了建德政协在新时代的新样子。值此付梓之际，我谨代表市政协常委会、全体政协委员和政协工作者，向始终支持本志编纂出版的市委、市政府以及参与编纂的有关单位和同志，表示最衷心的感谢！

“前事之不忘，后事之师。”建德市政协志的修纂，只是对过去的一个总结。我们要积极汲取过去的经验教训，以便在今后的日子里最大限度地发挥人民政协的作用，不断取得更大的成绩。正如习近平总书记所说的那样：“我们有充分的理由相信，人民政协创造了辉煌的历史，也必将创造更加辉煌的未来！”

是为序。

吴铁民

2021 年 7 月 1 日

（吴铁民系政协建德市第十三届、十四届主席）

序　二

《建德市政协志（1998—2019）》编纂告竣，即将出版。这是改革开放以来建德市政协组织编纂的第二部政协志，作为曾经为该志编纂做过一些指导工作的方志人，看到这一丰硕成果，我很欣慰。

我首先感到欣慰的是地方有关领导对地方志工作的认识进一步加深，对地方志工作的领导进一步重视，这方面，建德市政协领导就是一个明证。2002年，建德市政协组织编纂的首部《建德市政协志》出版；现在，第二部政协志行将出版。在间隔不到20年的时间里，编纂出版两部政协志，据我所知，不仅在浙江省，就是在全国也是很少见的。这充分体现了建德市政协领导对修志工作的高度重视。1989年8月12日，时任福建省宁德地委书记的习近平同志在福建宁德地区地方志工作会议上的讲话中指出：修志“要当个事业来办，把它作为社会发展的基础工程，把它作为一种有文化的表现，也作为一种有远见的表现，一定要把这项工作摆在议事日程上。各级领导，各部门领导，在你离任之后，仍然还能够使人们想起来的一项工作，我看也莫过于此”。这些年来，建德市政协领导一直把修志工作“摆在议事日程上”，组织发动、安排人员、落实经费、保障条件、审稿把关，一系列工作有条不紊、环环相扣，使得志书编纂工作得以顺利开展，成就斐然。从这个意义上讲，建德市政协领导是“有文化”的领导，也是“有远见”的领导。

令我欣喜的另一个方面是，《建德市政协志（1998—2019）》编辑人员三年如一日，广泛收集资料，认真设计篇目，精心打磨志稿，踏踏实实，兢兢业业，一丝不苟，敬业奉献，体现很高的职业素养和专业水准。该志从概述、要事纪略，到政协会议、组织机构、职能履行、提案工作、文史工作、指导联谊、自身建设、宣传研究、专项综述、艺文、人物传略以及丛录，可谓内容全面；该志资料翔实，体例严谨，记述准确，表达通顺，文风端正。尤其值得称道的是，《建德市政协志（1998—2019）》在挖掘建德市政协工作地方特色这方面下足了功夫，做足了文章，如在“请你来协商”这部分，设置了“农村消薄增收”“推动垃圾分类 助力文明创建”“乡镇工业园区（功能区）改造提升”“聚焦乡贤回归 助力乡村振兴”“聚焦我市医共体建设”等条目，记述的这些内容，很接地气，既体现了浓郁的建德地方特点，又具有强烈的时代特征，是志书中一道道靓丽的风景线。再如，该志专门设置了“艺文”一章，收录了与建德市政协工作相关的诗、词、联、文，这在同类志书中也是不多见的。说实在的，编纂政协志书并不难，但要编出具有地方特色的政协志书就不容易了，许多志书给人以“千志一面”的感觉，其主要原因就是缺少地方特色。在这方面，《建德市政协志（1998—2019）》作了可贵的尝试，也取得了可喜的成就。

修志为用，这是修志目的之所在。省长郑栅洁在《浙江通志》序言中指出：“我们要充分重视用志工作，加强宣传力度，拓宽用志途径，采用各种形式，不断扩大地方志的服务功能，不仅要让方志成为决策者的案头书，更要让志书成为广大群众喜闻乐见的精神产品，使地方志在忠实践行‘八八战略’、奋力打造‘重要窗口’、争创社会主义现代化先行省、高质量发展建设共同富裕示范区的新征程中发挥越来越大的作用。”这一要求同样适用于建德、适用于建德市政协。建德市政协的发展历程以及所取得的成就已经载入史册。当前，中国特色社会主义进入了新时代，政协工作面临着新的形势、新的任务。我们要按照习近平总书记提出的“以史为鉴、开创未来”的要求，在“学习新思想、携手新时代、聚焦高质量、服务高水平、画好同心圆”的征途上，在履行好政治协商、民主监督、参政议政职能，积极推进中国共产党领导的多党合作和政治协商制度在建德的实践发展，充分发挥人民政协作为专门协商机构的重要作用的过程中，深入开展读志用志工作，进一步发挥《建德市政协志（1998—2019）》在其中的独特作用，从而创造出志书编纂成果应用在建德的新成就、新经验。

是为序。

颜越虎

2021 年 7 月 9 日

（颜越虎系浙江省人民政府地方志办公室省志工作部主任、《浙江通志》总编室主任、《浙江通志》副总纂，研究员）

凡　例

一、本志以马克思列宁主义、毛泽东思想、邓小平理论、“三个代表”重要思想、科学发展观、习近平新时代中国特色社会主义思想为指导，坚持辩证唯物主义和历史唯物主义的立场、观点和方法，以中共十五大以来中共中央一系列有关加强政协工作的文件精神以及中国人民政治协商会议章程，全国政协关于政治协商、民主监督、参政议政的规定为依据，坚持尊重史实、真实记录为原则。

二、本志为2002年版《建德市政协志》（1949—1999）的续编。上起1998年3月，下讫2019年12月。为保证内容的完整性，部分章节下限时间延至2020年1月政协建德市十四届委员会第四次会议召开。

三、本志行文采用现代语体文，语言力求简练、准确、流畅，不作任何推理、描述、议论等。

四、本志体例采用章、节、目、子目及附录结构，以序、记、志、传、录、表、照片等多种形式进行编纂，事以类从、横排纵述；力求横不缺要项，纵不断主线。为了突出某些专题内容或特殊事件，单独设专项综述。

五、本志所涉及的组织机构（包括会议）名称首次出现时用全称，之后用规范性简称；会议届次，除标题使用“第×届第×次”外，其他均采用“×届×次”的表述。志中所简称“市委”“市政府”，均指中共建德市委、建德市人民政府。

六、本志中计量单位、数字用法、标点符号均按国家出版规定执行。

七、本志所述内容在不同章节有合理交叉，则不重复叙述。

八、本志以记述政协履行“三大职能”工作情况为主要内容。志中所需登载的建议案、优秀提案、调研报告、社情民意等，视情作择要辑录，分析、评论及其他从略。

九、本志不设在世人物生平记述。

十、志中图表均按国家出版规定设置，图片均有相关文字说明。

十一、志中“要事纪略”采用编年形式，按事件发生顺序记载。

十二、志中“艺文”部分，均与政协内容有关，除此不载。

目　录

概　述

中国人民政治协商会议建德市第十至十四届委员会，是进入21世纪以来建德市政协事业发展的重要阶段。自十届委员会以来，建德市政协在中共建德市委的领导下，团结各民主党派、工商联、无党派人士及其他各界爱国人士，始终坚持“长期共存、互相监督、肝胆相照、荣辱与共”的方针，高举团结、民主两大旗帜，积极履行“政治协商、民主监督、参政议政”职能，紧紧围绕市委、市政府的中心工作，协调关系、汇聚力量、建言献策、服务大局，协助党委、政府完成各个时期的中心任务，为促进建德社会和经济发展做出了重要贡献。

一

建德市政协进入新的发展时期，政协组织不断壮大。1998年成立的第十届委员会，有22个界别211名委员，比第一届委员会的14个界别45名委员在委员数上增加近四倍，其中中共党员83名，约占39. 3%，党外人士128名，约占60. 7%。民主党派、各界爱国人士的比例提高，委员中有民主党派成员42名，工商联委员6名，“三胞”眷属、宗教、少数民族委员16名，个体私营企业委员8名。委员中具有大专以上文化程度的136名，占64. 2%，具有高中级技术职称的120名，占56. 6%。委员会组成的界别增加，统战对象扩大，委员文化素质提高。至十四届委员会，界别和委员数略有增加，中共党员占比有所下降，表明政协组织逐步扩大党外人士群体参与协商议政。随着政协工作的拓展，政协工作机构和办事机构也进行相应的调整。第十届委员会设8个专门委员会、11个专业组、8个联络组；第十一届委员会调整为5个专门委员会、14个专业组、8个联络组；十二届委员会；调整为6个专门委员会、14个专业组、16个乡镇（街道）工委；十三至十四届委员会延续不变。因十二届委员会期间，省政协在建德开展政协机构改革试点工作，专门委员会名称有不同的改变，特设“政治协商”“民主监督”“参政议政”3个专门委员会，至十四届委员会届中取消，并作专门委员会名称的综合调整。自2010年始，市政协机关机构一直保持“一办六委”的组织设置；是年10月市政协第十二届常委会第二十二次会议后，在乡镇（街道）试行设立政协乡镇（街道）工作委员会，至2019年仍保留设置。为加强党对政协工作的领导，1984年建立中共建德市政协党组、中共建德市政协机关支部；2018年9月建立中共建德市政协机关党组，由政协秘书长任党组书记，各专门委员会主任为党组成员。

二

政治协商、民主监督、参政议政是人民政协的主要职能。这三项主要职能是各党派团体、各族各界人士在中国政治体制中共商国是、发挥作用的重要内容和基本形式。自十届委员会以来，建德市政协按照政协章程和浙江省政协“学习新思想、携手新时代、聚焦高质量、服务高水平、画好同心圆”的总体思路，围绕经济建设中心，对建德的国民经济和社会发展规划的制定和执行情况，对重大人事安排、重点工程建设、工业化和城市化进程，以及科技进步、文教卫体工作、精神文明建设、廉政建设等人民群众关心的热点、难点、问题，进行协商讨论，提出意见建议。

（一）

政治协商是人民政协的主要职能之一。全体会议期间，与会委员列席市人民代表大会，听取《政府工作报告》等重要报告，就全市重大事务、重要人事安排、社会发展规划和重要决策等方面的内容进行广泛协商，提出意见建议。每年的7月、8月，市政府召开政情通报会，政府主要领导向全体政协委员通报全市上半年经济社会发展情况及下半年工作安排，征求意见建议。每年1月、2月召开政协常委会议或主席会议讨论《政府工作报告（征求意见稿）》，形成制度。参与政治、经济、社会、文化发展规划制定，协商和讨论国民经济和社会发展规划、城市建设总体规划、基础设施发展规划、精神文明建设规划等。如：2001年2月，在十届四次会议期间，协商讨论建德市国民经济和社会发展第十个五年计划；2005年9月，十一届三十三次主席会议协商讨论建德市国民经济和社会发展第十一个五年计划；2007年12月，十二届四次常委会议协商讨论《建德市市域总体规划》大纲；2010年12月，十二届二十三次常委会议协商讨论建德市国民经济和社会发展第十二个五年计划；2015年12月，十三届二十三次常委会议协商讨论建德市国民经济和社会发展第十三个五年计划。经常参与协商讨论事关全市改革、发展、稳定大局的重大决策、举措，为党政领导机关决策的科学化、民主化建言献策。各届党委、政府也高度重视政协的作用，许多要事、大事都做到协商于决策之前和决策执行过程之中。其中包括市级领导班子领导人的变更、政协历次换届人事安排、群众普遍关心的“三农”问题、经济发展、城建交通、环境保护、教育文化、劳动就业、医药卫生、社会治安等方面的重大举措进行协商讨论。如：2006年8月，十一届二十一次常委会会议围绕加快发展高速公路经济产业带进行专题政治协商；2010年12月，十二届六十一次主席会议协商讨论《2011 年全市重点建设项目预安排》；2012 年 9 月，十三届十四次主席会议协商讨论水产业发展规划；2013 年 4 月，十三届二十四次主席会议协商建言《“两江一湖”风景名胜区新安江——泷江分区规划》；2018 年 12 月，十四届四十四次主席会议协商讨论 2019 年政府投资重点项目建设计划。

（二）

民主监督是人民政协对国家宪法、法律、法规和重大方针政策贯彻执行情况、国家机关及其工作人员的工作和作风，通过建议和批评进行监督。十届至十四届委员会重视并探索民主监督的渠道和形式，把监督活动融贯于整个政协工作之中，开展形式多样的视察监督、评议监督、特邀监督、联动监督。通过全委会议、常委会议、主席会议、专题会议等形式开展视察调研，使政协委员实地了解掌握情况，提出意见建议；积极探索评议监督，坚持“党政所需、群众所盼、政协所能”的工作原则，精心选择课题，深入调查研究，广泛听取百姓意见，召开评议监督会，提出促进工作的意见建议，会后跟踪整改落实情况，有始有终，其中“五水共治”民主评议监督被浙江省政协列入年度十大创新案例；自 2001 年始，市政协开展多项特邀监督，多名委员被有关职能部门聘任为特邀监察员、审计员、督导员、行风监督员，直接参与各类检查活动，实施有效的民主监督。2010 年还制定《关于统一选派政协委员担任民主监督员工作的实施意见》，进一步明确监督的对象、内容、形式和要求；开展由省、市、县三级政协委员联动参加的有关本地经济和社会发展重大影响的视察监督活动，以及针对全省范围经济建设和社会发展专项活动，从而取得整体性成效，促进经济和社会发展。这些民主监督中，民主评议监督是建德政市协的特色工作，受到建德市委、市政府的高度肯定。如：2014 年，建德市政协贯彻落实中共浙江省委、省政府“推进‘五水共治’、突出治涝治污”思路和策略，提出“治污水、防洪水、排涝水、保供水、抓节水”（简称“五水共治”）重大决策部署，明确战略目标。组织开展民主评议监督，针对农办、住建、农业、水利水产、卫计、环保 6 个部门的“五水共治”专项工作，成立 6 个评议监督小组，深入开展调研视察活动，39 位政协常委会组成人员全部参加，其中 27 位常委和副主席都直接参加评议小组，12 位常委由政协领导带队，集中 3 天分头视察 6 个部门“五水共治”工作。通过座谈、视察、现场评议等环节，提出 23 个方面的意见建议，对促进部门抓好“五水共治”工作起到积极作用。在开展专项民主评议的同时，还积极响应省政协“三级政协联动、万名委员同行、助推五水共治”专项民主监督工作要求，制定“助力‘五水共治’、共建美丽建德”主题活动方案，以委组活动为平台，组织在建德的省、杭州市和本市政协委员联合开展查找污染源、视察“清三河”等监督活动，向有关部门或乡镇（街道）反映情况 120 多条次；通过主席会议、专题会议等形式开展视察监督 30 余次，有效地推动“五水共治”工作。视察监督后召开十三届十四次常委（扩大）会，专题评议监督“五水共治”专项民主评议大会，专题就市农办、住建局、环保局、农业局、卫生局等6个部门“五水共治”年度目标任务开展情况进行民主评议，形成《民主监督建议书》，就进一步加强治水长效机制建设，提升治水项目建管水平，巩固并深化“五水共治”整治成果提出跟踪监督意见建议。

（三）

参政议政是政治协商和民主监督职能的拓展和延伸，是新时期人民政协职能的新发展和新概括。为有效地履行参政议政职能，十届至十四届委员会运用大会发言、委员论坛、建议案、社情民意和“请你来协商”等形式，围绕党委、政府各个时期的中心工作，针对建德政治、经济、社会发展的重大问题及人民群众普遍关注的热点问题，发挥政协组织包容各界、联系广泛、人才聚集的优势，聚众智、建睿言、献良策，为党委、政府科学决策提出对策和建议。

政协全体会议的大会发言是政协委员履行职能的重要形式，也是各党派、团体参政议政的重要体现。自1998年的十届一次会议至2019年的十四届三次会议，共举行大会发言20次，计240余篇发言稿。其中，十一届一次会议就“工业经济发展、农业农村农民、城市建设和管理、政治文明和精神文明建设”举行专题联界座谈会；十一届三次会议以“活力建德”“文明建德”“生态建德”“平安建德”为专题，组织委员与党政领导及有关部门进行面对面协商讨论；十二届一次会议举行5个专题联组会，分别就工业强市、城乡统筹、商旅活市、环境立市、民生优先等方面开展建言献策。

十二届和十三届委员会以举办“委员论坛”的形式，围绕市委、市政府的决策部署、重点工作和民生重大问题，组织各民主党派、团体、专门委员会和界别委员从不同角度、不同层面深入调研，建言献计。2009年的“金融危机形势下的企事业发展”、2012年的“改善融资环境、提高投资效果”“推进村级便民服务中心建设，完善公共服务网络体系”“抓住机遇调结构、做强实体促发展”“发展现代农业促进农民增收”、2013年的“强基础优作风，增强服务发展能力”“生态建设产业化、产业发展生态化”“美丽江城·从我做起”等主题论坛，市委、市政府主要领导及有关部门负责人均到会听取意见建议，与委员面对面协商交流，许多意见建议得到市委、市政府的重视与采纳。

十届至十四届委员会将专题考察调研作为人民政协参政议政的一项重要工作，“选题求精、调查求实、研究求透、建言求准”。通过广泛深入、严谨细致、科学务实的专题调研，努力形成一批“含金量”更高的调研成果，为市委、市政府提供高质量的决策建言。十届委员会开展下岗职工再就业工程建设、农业和农村工作、加快工业经济发展、精神文明建设、特色工业经济等的调研；十一届委员会开展外向型经济发展、统筹城乡经济发展、深化经济和社会改革、加快发展现代服务业、高速公路经济产业带等的调研；十二届委员会开展区域特色经济发展、关注民生推动经济发展、促进民生事业、加快融入大杭州、实现城乡统筹等的调研；十三届委员会开展振兴产业工程、城乡统筹工程、“五水共治”、生态旅游、环保产业、创建大新安江 AAAAA 级景区、优化资源配置等的调研；十四届委员会开展水产业发展、智慧农业、科技企业孵化器建设、信息经济发展、城镇污水处理、乡村振兴、小江溪流域统筹发展、乡镇卫生院发展、小城镇环境长效管理、航空产业发展等的调研。建德市政协还参与杭州市政协专题调研，先后就“关注困难群体、提高生活品质”“进一步完善生态保护补偿机制，共建共享生活品质之城”等课题进行上下联动，联合调研。其中“关注困难群体、提高生活品质”调研报告，被杭州市政协选用，“关于农村低收入农户生活状况”专题调研，建德市政协曾在 2007 年杭州市政协九届三次常委会议上作重点发言，得到杭州市委、市政府的高度重视。

1998 年至 2019 年，市政协向党委、政府提交建议案 34 件，内容涵盖国民经济发展和经济体制改革、城建环保和旅游、精神文明建设与科教文卫、劳动保障和社会法治等诸多方面。如十届委员会“就如何解决我市下岗职工基本生活费和再就业工作的几点建议”、十一届委员会“关于统筹城乡发展解决我市‘三农’问题的建议案”、十二届委员会“关于加快融入大杭州，提升建德发展水平的建议”、十三届委员会“关于加快推进全域旅游发展的建议”、十四届委员会“关于创建国家森林城市的建议”。这些建议，得到党委、政府的高度重视，被直接采纳或作为决策参考。

就建德经济建设、社会发展某个专题，发挥政协“人才荟萃，智力密集”优势，进行专题议政，提出意见建议，是市政协经常性工作。十届至十四届委员会期间，共选取 399 个专题开展议政建言活动。如十届委员会专题议政富春江景区开发建设、城市防洪工程、特困企业改制、严州中学分校建设等；十一届委员会专题议政省级经济开发区建设、旅游业发展、创建省级文明城市、新安江污水处理厂建设、城市路网建设、创建国家级生态示范区、城东区块开发、发展高中段教育、环“三江口”经济圈、来料加工、新安江自来水引水工程、国土资源保护利用等；十二届委员会专题议政珍贵树种发展、农村住房改造、推进中心村建设、发展“总部经济”、传统产业提升等；十三届委员会专题议政化工产业转型升级、现代农业园区建设、农村文化建设、国有资产整合、碳酸钙产业做强做大、寿昌江流域综合治理、化工企业入园、杭州市第二固体废弃物处置中心项目建设、生态环保设施运行、新叶古村保护、公共法律服务体系建设、梅城古城保护与开发、主城区学前教育、民宿经济和养老产业发展、草莓产业提升、保障社保基金安全、大气污染防治、电子商务发展、平安创建、妇女就业创业、村级债务风险防控、创建省级森林城市等；十四届委员会专题议政科技孵化器建设、小城镇环境综合治理、学前教育普惠率、高铁新区建设、农业特色小镇建设、垃圾处置工作、全域旅游发展、新安江综合保护工程、乡镇电网建设、传统制造业改造提升、梅城古城综合保护、传统村落保护与利用、航空小镇建设、公共创新平台建设、乡风文明建设、千岛湖临湖生态环境综合保护等。

反映社情民意信息是人民政协重要的经常性、基础性工作，是履行政治协商、民主监督、参政议政职能的重要方式。建德市政协围绕国家大政方针和地方的重要举措，以及经济、政治、文化、社会、生态文明建设和党的建设中的重要问题，人民群众关心的实际问题，通过各种会议、调查研究等方式，收集和反映社情民意，向党委、政府及有关部门反映情况，提出意见建议。至2019年12月，共编辑《社情民意》880期。

2019年，浙江省政协出台《县（市、区）政协开展“请你来协商”平台建设工作的指导意见》，召开县（市、区）政协“请你来协商”平台建设工作推进会，部署“请你来协商”平台建设工作。是年，建德市政协开展“请你来协商”活动6期，提出“农村消薄增收”“老旧小区安装电梯”“城市生活垃圾分类”“乡镇工业平台改造提升”“优化公共交通网络”“医共体建设”6个主题，共形成《协商纪要》6期，其中1期获得市委主要领导批示。

委组活动是政协专委会和活动小组组织开展工作的重要抓手和着力点，是委员履行职能的重要渠道。通过各类学习、专题调研、视察考察、咨询服务等专项活动，既有效地推进政协职能的切实履行，又增强政协工作的生机和活力。

三

提案是人民政协履行政治协商、民主监督和参政议政“三大职能”的重要方式。建德市政协坚持以调查研究为基础，确保提案质量，做好跟踪督办。在工作中积极完善提案工作机制，制订和修订《政协建德市委员会提案工作条例》《政协建德市委员会关于重点提案的产生办法和办理规定》《建德市人大代表建议和政协委员提案办理工作考核办法》《政协建德市委员会提案实施细则》《政协建德市委员会提案审查工作实施细则》《承办提案先进单位、先进个人评选办法和政协建德市委员会评选优秀提案、提案优秀承办件》《政协提案办理工作目标管理考核评分细则》等。2016年4月，建德市政协在互联网上建立提案工作平台——中国建德人大、政协提议案管理系统，为委员提供网上提交提案的新形式，便于委员快捷地提交提案。自第十届一次会议至十四届四次会议期间，共征集提案5080件，经审查立案4400件，占86. 6%。其中3672件得到解决或部分解决，占立案总数的83. 5%。

四

征集、编辑文史资料是人民政协的特色工作，其宗旨在于充分发挥政协广泛联系各界的独特优势，坚持“存真、求实”的理念，发挥文史资料“存史、资政、团结、育人”的重要作用。

十届委员会以来，市政协本着征集资料的广泛性、对象的广泛性、内容的丰富性、事件的特殊性，注重地域文化特色、政协文化特色、历史事件特色、抢救优先特色，采取专题约稿、上门征集、团结协作等征集模式，努力拓宽渠道、打造精品，取得丰硕的成果。1998年至2019年，市政协文史委共编纂出版发行各类文史书籍37种，约904万字。其中部分书籍在杭州市级以上政协文史类优秀书籍评选中获奖。如《严州古城——梅城》获杭州市优秀社科著作二等奖（政府奖）、杭州市政协优秀文史图书一等奖（时设1个）、建德市外宣制作品特别奖；《中国第一水电城——新安江》、《古城寿昌》、《光绪建德县志》（点校本）获杭州市政协优秀文史资料图书评比一等奖；《岁月——新安江水电站建设纪事》、《严州文化丛书》（第三、四辑）获杭州市政协优秀文史资料图书评比二等奖；《严州文化丛书》（第一、二辑）、《民国寿昌县志》（点校本）、《建德婺剧丛谈》获杭州市政协优秀文史资料图书评比三等奖。

2007—2019年，市政协编纂出版大型地方文化丛书《严州文化丛书》系列，共4辑13种；整理出版《建德文献辑成》，点校旧志5种。此两种系列丛书，全面、系统地展示严州的历史、风俗、姓氏、山水、人物、书画、建筑、文物、轶事、诗词、故事、经济、金石等文化，整理有关严州、建德、寿昌的史志典籍，对地方文化遗产进行全面总结。

五

建德市政协高举团结、民主两面旗帜，加强上下沟通、强化横向交流，活跃政协工作氛围，加强与各民主党派、港澳台同胞及海外侨胞的联系交往，充分发挥爱国统一战线组织作用，广泛开展团结联谊工作。随着我国政治经济的文明发展，全国政协组织之间交流活动日益增多，内容也更加广泛，有全国政协、浙江省政协、杭州市政协指导工作的，也有全国各地政协组织交流学习和本市政协外出考察取经的。通过互访，达到广交朋友、相互交流、共同提高的目的。自1998年以来，建德市政协共接待全国各省（直辖市）、自治区、市、县政协组织的来访团组368批次，市政协机关、委组也先后有86批次到全国各地考察学习。

建德市政协始终致力于加强与各民主党派、各人民团体的团结，注重发挥好各民主党派和人民团体的作用。经常邀请各民主党派、人民团体和各界人士参加活动，联合开展调查研究，大力支持他们以党派、团体的名义参政议政，在合作共事中加强团结、增进友谊。各民主党派重视市委、市政府、市政协、市委统战部组织的交心谈心会、民主协商会、意见征求会、双月座谈会等活动，积极参与全市社会经济建设等中心工作的协商讨论。发挥自身联络各界的优势，关注民生、体察民情、了解民意，广泛开展调查研究，积极撰写提案和反映社情民意，为建德的新发展献计献策，受到市委、市政府的肯定。

促进祖国统一，广泛联谊各界，是人民政协实施最广泛的爱国统一战线的重要手段之一。十届至十四届委员会期间，每逢中秋和新年来临之际，市政协、市委统战部均举办中秋茶话会和新年茶话会，邀请市委、市人大、市政府、市人武部领导以及各民主党派、工商联、无党派人士、各人民团体、各界代表人士参加。十届至十四届委员会为促进祖国统一、推进中华民族全面复兴，通过乡情、亲情，广泛联系建德籍香港特别行政区同胞、澳门特别行政区同胞、台湾同胞及海外华侨华人，热情接待来建德的海外人士。以中秋茶话会、新年茶话会及登门拜访等形式，关注关怀重点统战对象、侨眷亲属，鼓励他们加强与海外亲人的联系，从政治、生活上关心他们，并通过他们表达热忱欢迎海外同胞回大陆参观、考察、旅游观光以及了解大陆经济发展、社会进步和各方面发生沧桑巨变的意愿。

六

加强政协自身建设是推动政协工作高质量发展的重要保障。十届至十四届委员会期间，在中共建德市委的高度重视下，市政协党组坚持党建统揽、党组统领，强化政治建设、思想建设、组织建设、队伍建设、作风建设、廉政建设，推动履行政协职能，有效发挥政协党组在政协工作中把方向、管全局、保落实的重要作用。在市政协党组和机关党工委的多重领导下，市政协机关党支部结合政协工作特色和党员思想工作实际，认真开展机关党建工作，不断增强机关支部的凝聚力、战斗力，更有效地服务于党的中心工作、服务于政协职能。

进行集中学习，组织集中教育，这是中国共产党加强思想政治工作的优良传统。在1998年至2019年期间，按照党中央统一部署，在中共建德市委的直接领导下，建德市政协党组有序有效地开展系列主题内容的学习教育活动。主要有“三讲”（讲学习、讲政治、讲正气）教育、思想政治教育、保持共产党员先进性教育、学习实践科学发展观教育、群众路线教育实践、“三严三实”（严以修身、严以用权、严以律己，谋事要实、创业要实、做人要实）主题教育、“两学一做”（学党章党规、学系列讲话、做合格学员）学习教育、“不忘初心、牢记使命”主题教育。

加强政协制度建设，提升“三化”（制度化、规范化、程序化）水平，对于有效激发政协委员工作主动性、积极性、创造性的潜能，规范有序做好政协各项工作，起到保障作用。十届至十四届期间，建德市政协党组、常务委员会按照上级政协要求，结合工作实际，高度重视制度建设，先后制定完善政协工作意见、规则、简则、通则、条例、办法等百余项制度性文件，为政协工作规范有序、扎实有效、创新发展提供制度保障。

七

政协机构改革试点工作，是中共浙江省委在2009年6月省政协工作会议上提出的。9月18日，中共杭州市委召开杭州市政协工作会议，出台《中共杭州市委关于进一步加强人民政协工作的意见》，确定建德市为全省政协机构改革试点单位，建德市政协机构改革试点工作随之展开。政协机构改革试点工作主要有三项内容：一是政协机关机构设置的调整；二是职能履行机制的建设，包括内部运行机制和外部运行机制两方面；三是职能向基层延伸。12 月 25 日，中共建德市委常委会听取政协机构改革试点工作情况汇报，同意政协机构改革方案。方案明确政协机关由原来的办公室、城建和人口资源环境委员会、提案委员会、文史和教文卫体委员会、社会法治和港澳台侨委员会、经济科技委员会的“一办五委”调整为办公室、政治协商工作委员会、民主监督工作委员会、参政议政工作委员会、提案工作委员会、文史工作委员会、委员学习和工作联络委员会的“一办六委”。根据政协机构改革试点要求，中共建德市委出台《关于进一步推进改革创新加强人民政协工作的意见》，批准在全市 16 个乡镇（街道）设立政协工作机构，名称统一为“政协建德市委员会×××乡镇（街道）工作委员会”，其性质为市政协派出机构，受市政协常委会和乡镇（街道）党（工）委的双重领导。在改革试点期间，全国政协、省政协和杭州市政协领导多次到建德调研或听取改革试点情况。2019 年 1 月 24 日，中共建德市委常委会召开关于政协机关机构改革情况通报会。4 月 28 日，政协建德市第十四届委员会常务委员会第十六次会议决定，对政协专委会机构设置作如下调整：撤销政治协商工作委员会、民主监督工作委员会、参政议政工作委员会，设立法治财金民宗港澳台侨委员会、城建资源环境委员会、经济科技委员会；文史工作委员会更名为文史和教文卫体委员会。

社会主义协商民主是我国民主政治的特有形式，具有独特优势，是党的群众路线在政治领域的重要体现。2010 年年底，中共杭州市委作出在基层村级组织换届中介入政协协商民主试点决定。中共建德市委常委会在研究建德市村级组织换届试点工作实施意见时，同意把“充分发挥协商民主作用”作为做好建德市乾潭镇乾一村级组织换届试点工作。2011 年 2 月，建德村级组织换届中介入政协协商民主试点做法在全市 18 个村推广。建德市政协把促进基层协商民主作用发挥，作为政协工作向基层延伸的突破口，以村级（社区）组织换届选举为载体，以相关的法律法规为指导，以“选对人”为工作目标，把握村级组织换届选举的几个关键环节，通过探索实践，协商在基层，把协商民主结合到选举民主中去，使“两种形式”的民主优势同时得以发挥，拓展了社会主义民主的深度和广度，为村级组织换届选举助力，推进基层民主建设。2013 年 5 月、11 月，市政协在全市 6 个重点社区和 15 个乡镇（街道），分阶段开展发挥协商民主作用工作。此后至 2019 年年末，建德市政协把基层协商民主，均介入到历次村级组织换届选举中。

十届至十四届委员会党组成员、政协领导与市四套班子其他领导一起，按照市委、市政府的统一分工，统一要求，在联系乡镇、联系企业、承担联系负责重大项目、参与重点工作任务中，共同助力推动建德经济社会新发展。主要有乌龙山抽水蓄能电站项目的争取工作，320 国道建德段一、二期改建工程，“三江交通联通”项目工程建设，寿昌小城镇综合改造等。

政协建德市第十至十四届委员会，在中共建德市委的领导和上级政协的指导下，认真履行职能，加强自身建设，开展团结联谊，努力工作，开拓创新，展现了新时代人民政协的新样子。

要事纪略

1998 年

1 月 15 日，市政协、市委统战部联合举行新年茶话会。

2 月 16 日，召开九届二十八次常委会议。

3 月 4—9 日，召开十届一次全体会议。8 日，召开十届一次主席会议。9 日，召开十届一次常委会议。

4 月 8 日，召开十届二次主席会议。

5 月 13 日，召开十届三次主席会议。15 日，市政协联谊会召开三届一次全体会员大会。

6 月 8 日，召开十届二次常委会议。

7 月 3 日，召开十届四次主席会议。

8 月 14 日，召开十届五次主席会议。

9 月 8 日，召开十届六次主席会议。18 日，召开十届三次常委会议。

10 月 5 日，市政协、市委统战部联合举行中秋茶话会。20 日，召开十届七次主席会议。

11 月 26 日，召开个体、私营企业委员座谈会。30 日，召开十届八次主席会议。

12 月 22 日，召开十届九次主席会议。29 日，召开十届四次常委会议。

1999 年

1 月 19 日，召开十届十次主席会议。29 日，召开十届五次常委会议。

2 月 9 日，市政协、市委统战部联合举行新年茶话会。24 日，召开十届十一次主席会议。25—28 日，召开十届二次全体会议；25 日，召开十届六次常委会议。27 日，召开十届七次常委会议。

3 月 16 日，召开十届十二次主席会议。18 日，市政协联谊会召开三届二次全会。

4 月 6 日，邀请各民主党派正副主委座谈开展农业生产农村工作调研活动方案。19 日，邀请市委宣传部、市属新闻单位负责人座谈政协宣传工作。

5 月 10 日，举行“强烈谴责以美国为首的北约暴行”座谈会。11 日，召开十届十三次主席会议。

6 月 14 日，召开十届十四次主席会议。23 日，召开十届八次常委会议。

7 月 13 日，召开十届十五次主席会议。

8 月 9 日，召开十届十六次主席会议。16 日，召开十届九次常委会议。

9 月上中旬，市政协领导分片（梅城、寿昌、新安江）举行部分企业政协委员座谈会，听取委员所在企业为建德市“工业经济冲百亿”所采取的措施。20 日，举行纪念人民政协成立五十周年座谈会。29 日，召开十届十七次主席会议。

10 月 13 日，召开十届十八次主席会议。19 日，召开十届十次常委会议。

11 月 25 日，召开十届十九次主席会议。

12 月 9 日，召开十届二十次主席会议。16 日，召开十届十一次常委会议。21 日，举行庆祝澳门回归座谈会。

2000 年

1 月 5 日，召开十届二十一次主席会议。13—17 日，召开十届三次全体会议。14 日，召开十届十二次常委会议。16 日，召开十届十三常委会议。27 日，市政协、市委统战部联合举行新年茶话会。

2 月 24 日，召开十届二十二次主席会议。25 日，召开市海外联谊会常务理事会议。

3 月 9 日，市政协联谊会召开三届三次全会。16 日，召开十届二十三次主席会议。30 日，召开十届十四次常委会议。

5 月 12 日，召开十届二十四次主席会议。23 日，召开十届十五次常委会。

6 月 7 日，召开企业改革座谈会，听取市体改委关于国企改革的情况通报。16 日，召开十届二十五次主席会议。

7 月 24 日，召开委员学习会，邀请杭州市台办原主任钱炳富及建德市委宣传部部长梁建华讲课。

8 月 23 日，召开十届二十六次主席会议。

9 月 7—8 日，召开十届十六次常委会议。市政协、市委统战部联合举行中秋茶话会。15 日，市委召开全市政协工作会议。

10 月 24 日，召开十届二十七次主席会议。

12 月 1 日，副主席穆先堂参加在建德林场举行的古严州文化开发和利用座谈会。11 日，召开建德市工业园区建设情况通报会。18 日，召开十届二十八次主席会议。26 日，召开十届十七次常委会议。

2001 年

1 月 15 日，召开十届二十九次主席会议；市政协、市委统战部联合举行新年茶话会。

2 月 5 日，召开十届第十八次常委会议。27 日，召开十届三十次主席会议。28 日—3 月 4 日，召开十届四次全体会议。

3 月 1 日，召开十届十九次主席会议。

23 日，召开十届三十一次主席会议。28 日，市政协联谊会召开三届四次全会。

4 月 18 日，副主席穆先堂、郭昌友、马晔参加市民盟召开的民盟成立六十周年座谈会。27 日，召开十届三十二次主席会议。

5 月 29 日，市政协机关举行“三个代表”重要思想学习教育动员会。

6 月 22 日，召开十届三十三次主席会议。28 日，召开十届二十一次常委（扩大）会议。

8 月 3 日，召开十届三十四次主席会议。13—14 日，召开十届二十二次常委会议。21 日，召开民主评议“创优”情况反馈会议。23 日，召开十届三十五次主席会议。31 日，召开反映社情民意工作会议。

9 月 28 日，市政协、市委统战部联合举行中秋茶话会。

10 月 11 日，召开十届三十六次主席会议。22 日，召开十届二十三次常委会。30 日，召开“创优”民主评议工作总结会。31 日，召开《陆游与严州》学术研讨会。

11 月 12 日，召开十届三十七次主席会议。

12 月 14 日，召开十届三十八次主席会议。28 日，召开十届二十四次常委会议。

2002 年

1 月 21 日，召开十届三十九次主席会议。30 日，市政协、市委统战部联合举行新年茶话会。31 日，召开十届二十五次常委会议。

2 月 25 日，召开十届四十次主席会议。28 日，召开十届二十六次常委会议。28 日—3 月 4

日，召开十届五次全体会议。

3月2日，召开十届二十七次常委会议。19日，召开十届四十一次主席会议。20日，市政协联谊会召开三届五次会议。

4月25日，召开十届四十二次主席会议。

6月14日，召开十届四十三次主席会议。17日，召开民主评议行政审批中心情况通报会。21日，召开《建德市政协志》首发式。25日，召开十届二十八次常委会议。

7月23日，召开十届四十四次主席会议。

8月8日，召开十届二十九次常委会议。27日，召开十届四十五次主席会议。

9月20日，市政协、市委统战部联合举行中秋茶话会。26日，召开十届四十六次主席会议。

10月25日，召开十届四十七次主席会议。30日，召开部分常委座谈会，座谈十届政协近五年工作经验和体会。

11月29日，召开十届四十八次主席会议。

12月10日，召开十届四十九次主席会议。25日，召开十届三十次常委会议。

2003年

1月21日，召开十届五十次主席会议。23日，市政协、市委统战部联合举行新年茶话会。

2月10日，召开十届五十一次主席会议。14日，召开十届三十一次常委会。

3月3—8日，召开十一届一次全体会议。7日，召开十一届一次主席会议。8日，召开十一届一次常委会议。21日，召开十一届二次主席会议。

4月29日，召开十一届三次主席会议。

5月19日，召开十一届四次主席会议。27日，召开十一届二次常委会议。

6月12日，召开十一届五次主席会议。26日，市政协联谊会召开四届一次会议。

7月10日，召开十一届六次主席会议。18日，杭州各区、县（市）政协主席联谊会在建德召开。25日，召开十一届三次常委会议。

8月18日，召开十一届七次主席会议暨“城市防洪工作”专题议政会议。

9月10日，市政协、市委统战部联合举行中秋茶话会。23日，召开十一届八次主席会议。

10月10日，召开“中小学教育收费”民主监督活动汇报会。21日，召开十一届九次主席会议。

11月19日，召开十一届十次主席会议。

12月2日，召开十一届四次常委会议。23日，召开十一届十一次主席会议。

2004年

1月9日，召开十一届十二次主席会议。12日，市政协、市委统战部联合举行新年茶话会。31日，召开十一届十三次主席会议。

2月3日，召开十一届五次常委会议。25—28日，召开十一届二次全体会议。

3月12日，市政协联谊会召开四届二次全会。23日，召开十一届十四次主席会议。27日，召开十一届七次常委会议。

4月23日，召开十一届十五次主席会议。

5月13日，召开十一届八次常委会议。28日，召开十一届十六次主席会议。

6月3日，市政协组织在建德的省、杭州市政协委员和部分本市政协委员视察新安路道路综合改造工程。24日，召开十一届十七次主席会议。7月20日，召开十一届十八次主席扩大会议。

8月12日，召开十一届十九次主席会议。18日，举行《严州古城——梅城》首发式。20日，召开十一届九次常委会议。24日，市政协组织在建德的省、杭州市级政协委员及部分市政协委员，对新安江自来水引水工程建设情况进行视察，并提出建设性意见。

9月21日，召开十一届二十次主席会议。24日，市委召开全市政协工作会议。27日，市政协、市委统战部联合举行中秋茶话会。

10月12日，召开社区建设民主评议会议。27日，召开十一届二十一次主席会议。29日，先后召开十一届二十二次主席、十一届十次常委会议。

11月26日，召开十一届二十三次主席会议。

12月17日，召开十一届二十四次主席会议。

2005年

1月12日，召开十一届二十五次主席会议。20日，召开十一届十一次常委会议。

2月18—23日，召开十一届三次全体会议。19日，召开十一届十二次常委会议。21日，召开十一届十三次常委会议。

3月10日，召开十一届二十六次主席会议。15日，市政协联谊会召开四届三次全会。16日，召开十一届二十七次主席会议。

4月26日，市政协、市委统战部联合举办台海形势报告会。27日，召开十一届二十八次主席会议。28日，主席刘志新、副主席程锦元、秘书长陈庆祥参加市政协第一次政协委员约谈会。

5月20日，召开十一届二十九次主席会议。26日，市政协机关举行保持共产党员先进性教育活动第三阶段动员会。31日，召开十一届十四次常委会暨创建国家级生态示范区建设视察。

6月15日，召开十一届三十次主席会议。

7月14日，召开十一届三十一次主席会议暨视察食品安全生产汇报会。25日，召开十一届十五次常委会。

8月8日，主席刘志新、副主席王成土、秘书长陈庆祥参加市政协第二次委员约谈会。18日，召开十一届三十二次主席会议。20日，举行市政协委员奚春阳捐资助学仪式。31日，召开“深化经济与社会改革，构建和谐建德”专题调研汇报交流会。

9月16日，市政协、市委统战部联合举行中秋茶话会。21日，召开十一届三十三次主席会议。主席刘志新、秘书长陈庆祥参加市政协委员约谈会。

10月21日，召开十一届三十四次主席会议。27日，副主席郭昌友主持召开市政协第三次委员约谈会。

11月4日，副主席郭昌友主持少康大师圆寂一千二百周年纪念活动仪式。22日，召开十一届三十五次主席会议。

12月13日，召开十一届三十六次主席会议暨视察全市“康庄工程”建设情况汇报会。21日，主席刘志新参加中国民主促进会成立六十周年暨民进建德市委会成立20周年庆典大会。23日，副主席马晔、秘书长陈庆祥参加第四次政协委员约谈会。24日，召开委员服务年活动总结表彰大会。

2006年

1月10日，召开第十一届三十七次主席会议。18日，市政协、市委统战部联合举行新年茶话会。20日，召开第十一届十六次常委会。24日，举行《岁月——新安江水电站建设纪事》首发式。

2月7—12日，召开十一届四次全体会议。9日，召开建德市政协成立五十周年庆祝大会。10日，召开十一届十七次常委会议。22日，召开十一届三十八次主席会议。

3月10日，召开建德市政协成立五十周年座谈会。11日，召开十一届十八次主席会议。17日，召开十一届三十九次主席会议。

4月7日，市政协联谊会召开四届四次全会。

5月16日，召开第十一届四十一次主席会议。26日，召开十一届十九次常委会议。

6月15日，召开十一届四十二次主席会议。

7月10日，召开十一届四十三次主席会议。24日，召开十一届二十次常委会议。

9月15日，召开十一届四十五次主席会议。24日，召开十一届二十一次常委会议。

10 月 24 日，召开十一届四十六次主席会议。

11 月 27 日，召开十一届四十七次主席会议。

12 月 11 日，召开十一届四十八次主席会议。12 日，市政协召开第十一届二十二次常委会议。

2007 年

1 月 12 日，召开政协党组会，审议协商市政协十二届委员人选名单。16 日，召开十一届四十九次主席会议。19 日，召开十一届二十三次常委会议。

2 月 2—7 日，召开十二届一次全体会议。6 日，举行春节团拜会。7 日，先后召开十二届一次主席会议和十二届一次常委会议。

3 月 2 日，召开十二届二次主席会议。13—14 日，召开十二届三次主席会议。19 日，举行传达全国政协十届五次会议精神学习会。

4 月 4 日，举行《严州文化丛书》编纂方案论证会。6 日，举行“区域特色经济”专题调研动员会。25—26 日，举办十二届政协委员培训班。30 日，召开十二届四次主席会议。

5 月 11 日，召开十二届五次主席会议。

6 月 8 日，召开“中国第一水电城杭州·新安江研究会”筹备组会议。22 日，召开十二届六次主席会议。25 日，举行主席办公会议，传达建德行政村规模调整工作会议精神。27 日，市政协联谊会召开五届一次全会。

7 月 1 日，市政协、市委统战部联合举行香港回归祖国十周年庆祝活动。3 日，召开十二届七次主席会议。18 日，召开十二届八次主席会议。20 日，召开十二届二次常委会议。27 日，召开主席办公会议，听取市环保局关于《建德市生态环境功能区规划（征求意见稿）》方案的汇报。

8 月 16 日，召开十二届九次主席会议。20 日，举行市政协委员奚春阳爱心助学活动。30 日，建德市政协之友社成立。

9 月 24 日，市政协、市委统战部联合举行中秋茶话会。

10 月 9 日，举行《严州文化丛书》编纂委员会会议。12 日，举行《严州文化丛书》资料征集工作会议。16 日，召开十二届十次主席会议。29—31 日，在临安召开十二届三次常委会议，与会期间举办市政协常委读书会。

11 月 7 日，召开十二届十一次主席会议。23 日，召开十二届十二次主席会议。

12 月 6 日，召开十二届四次常委会议。12 日，召开十二届十三次主席会议；17 日，召开十二届十四次主席会议。21 日，召开十二届十五次主席会议。

2008 年

1 月 14 日，召开十二届十六次主席会议。23 日，召开十二届十七次主席会议。24 日，市政协、市委统战部联合举行新春茶话会。

2 月 16—19 日，召开十二届二次全体会议。16 日，召开十二届五次常委会议，17 日，先后召开十二届十八次主席会议和十二届六次常委会议。18 日，召开十二届七次常委会议。

3 月 6 日，召开十二届十九次主席会议。

4 月 10 日，市政协联谊会召开五届二次会议。11 日，举行 2008 年市政协委员“为民服务年”活动暨“春晓百万助学工程”启动仪式。23 日，召开十二届二十次主席会议。

6 月 2 日，召开十二届二十一次主席会议。10 日，市委召开全市政协工作会议。23 日，召开十二届二十二次主席会议。27 日，召开十二届八次常委会。

7 月 16 日，召开十二届二十三次主席会议。

8 月 5 日，召开十二届九次常委会议。23—26 日，召开常委读书会。28 日，召开十二届二十四次主席会议。

9 月 5 日，召开纪念改革开放三十周年座谈会。11 日，市政协、市委统战部联合举行纪念改革开放三十周年暨中秋文艺晚会。27 日，召开十二届二十五次主席会议。

10 月 14 日，召开十二届二十六次主席会议。22 日，召开十二届二十七次主席会议。27 日，召开十二届二十八次主席会议。

11 月 19 日，召开政协委员“为民服务年”活动总结会。20—22 日，市政协机关各部门负责人赴东阳市、义乌市、武义县交流政协工作经验，并在武义县召开政协主席读书会。

12 月 8 日，召开十二届二十九次主席会议暨重点提案督办会。25 日，召开十二届三十次主席会议。

2009 年

1 月 12 日，召开十二届三十一次主席会议。13 日，召开十二届十一次常委会议。

2 月 4—8 日，召开十二届三次全体会议。5 日，召开十二届三十二次主席会议、十二届十二次常委会议。6 日。召开十二届十三次常委会议。

3 月 3 日，召开十二届三十三次主席会议。18 日，举行政协委员“为企业服务”主题活动启动仪式暨“百名政协委员谈发展”专家论坛。

4 月 3 日，召开十二届三十四次主席会议。10 日，市政协联谊会召开五届三次会员会议。17 日，举行“百名政协委员谈发展”电视论坛活动。27 日，举行“百名政协委员谈发展”电视论坛活动。28 日，召开十二届三十五次主席会议。

5 月 13 日，召开十二届三十六次主席会议。16 日，召开《严州文化丛书》第一辑发行仪式。26 日，举行十二届三十七次主席会议。

6 月 29 日，召开十二届三十八次主席会议。

7 月 14 日，“全国政协委员走进建德摄影采风活动”在半岛凯豪大酒店举行开镜仪式。17 日，召开十二届十四次常委会。

8 月 17 日，召开十二届三十九次主席会议。31 日，举办庆祝人民政协成立六十周年摄影艺术精品展。

9 月 22 日，召开十二届四十次主席会议。

9 月 30 日，市政协、市委统战部联合举行中秋茶话会。

10 月 13 日，市委书记陈春雷专题调研政协工作，研究政协机构改革试点工作。30 日，召开十二届四十一次主席会议。

11 月 4 日，召开十二届十五次常委会议（读书会），传达贯彻省委、杭州市委政协工作会议精神，总结交流 2009 年度工作，谋划次年工作思路。

12 月 1 日，召开十二届四十二次主席会议。8 日，召开主席办公会议，研究改革试点工作。10 日，召开主席办公会议，专题研究政协机构改革试点方案。14 日，召开主席办公会议，讨论政协机构改革试点方案。28 日，召开主席读书会，总结 2009 年度工作，讨论次年工作思路。30 日，市政协、市委统战部联合举行新年茶话会。

2010 年

1 月 6 日，召开改革试点工作专题会议，讨论机制建设有关文件。14 日，召开十二届四十三次主席会议。16 日，举行市政协委员、浙江申通快递公司总裁奚春阳捐资助学仪式。20 日，召开十二届十六次常委会议。

2 月 9 日，召开党组会议和十二届四十四次主席会议，协商讨论委员届中调整和特聘委员增补有关事项。23 日，召开十二届四十五次主席会议；召开十二届十七次常委会议。23—26 日，召开十二届四次全体会议。

3 月 15 日，召开十二届四十六次主席会议。25 日，召开十二届四十七次主席会议。

4 月 13 日，市政协联谊会召开五届四次全会。15 日，举办经济形势报告会，邀请中国人民大学经济学院院长杨瑞龙教授主讲当前宏观经济形势及未来走向预测。28—30 日，市政协与申通快递集团联合在云南昆明市五华区、盘龙区开展“抗旱灾、献爱心”捐赠活动，其间市政协与五华区政协进行工作交流。

5月10日，举办反映社情民意信息工作培训会。20—21日，重庆市北碚区政协到建考察政协机构改革工作。30日，召开十二届四十八次主席会议。

6月12日，召开十二届四十九次主席会议。22日，召开十二届五十次主席会议。

7月2日，召开“平安建德”民主评议会。14日，召开十二届第五十一次主席会议。18日，召开十二届五十二次主席会议。23日，召开十二届二十次常委会议。

8月3日，召开十二届五十三次主席会议。5日，召开十二届五十四次主席会议。13日，中国政协杂志社副总编姚振寰到建德市调研采访政协工作。20日，召开十二届五十五次主席会议暨重大工业项目建设情况咨询会。24日，召开十二届五十六次主席会议。

9月3日，召开十二届二十一次常委会议。15日，召开十二届第五十七次主席会议暨“加快农村住房改造　推进宅基地整理”民主议政会。19日，杭州市政协到建德调研政协专委会设置试点工作。20日，市政协、市委统战部联合举行中秋茶话会。21日，召开十二届五十八次主席会议。

10月9日，举办“家纺行业转型升级”委员论坛。14日，举办政协理论辅导报告会，全国政协原副秘书长、时任全国政协文史和学习委员会副主任卞晋平应邀到会作《政协委员的权利义务和经常性工作》主题讲座。25日，召开机关学习会暨工作例会。集中组织学习中共十七届五中全会、省政协主席周国富和杭州市政协主席孙忠焕在建调研讲话精神，研究政协委员调整、政协十二届五次全会发言课题、市政协乡镇（街道）工作委员会设置等有关工作。26日，市政协、市纪委（监察局）召开统一选派政协委员担任民主监督员会议；召开十二届第五十九次主席会议。30日，召开十二届二十二次常委会议。

11月2日，召开十二届六十次主席会议。

12月9日，召开十二届六十一次主席会议。21日，召开十二届六十二次主席会议。23日，召开十二届六十三次主席会议。28日，召开十二届二十三次常委会议。31日，市政协、市委统战部举行新春茶话会。

2011年

1月10日，召开第十二届六十四次主席会议。10—11日，市政协主要领导赴北京拜访人民政协报社和中国政协杂志社有关负责人。12日，召开第十二届二十四次常委会。31日，召开第十二届六十五次主席会议。

2月12日，召开机关作风建设动员会。14日，召开探索和发挥协商民主作用工作会议。16

日，市政协机关召开村组组织换届选举中推进协商民主工作专题会议。24日，召开村级组织换届选举中发挥协商民主作用专题会议。

3月1日，召开十二届六十六次主席会议。5—8日，召开第十二届五次全体会议。6日，召开十二届二十五次常委会议。7日，召开十二届二十六次常委会议。8日，召开探索和发挥协商民主作用工作交流汇报会。25日，召开十二届六十八次主席会议暨水利工程建设视察专题会。27—29日，《人民政协报》浙江记者站负责人到建调研政协组织在村级组织换届选举中发挥协商民主作用和市政协机构改革试点工作。

4月13日，召开书画室恢复、摄影室成立仪式，并与桐庐、浦江县政协开展三县（市）政协书画、摄影交流活动。19日，召开十二届六十九次主席会议。21日，召开十二届二十七次常委会议。

5月12日，召开十二届七十次主席会议暨金融创新工作专题调研会。13日，市政协联谊会召开五届五次全会。25日，召开十二届七十一次主席会议暨土地房屋征收工作专题视察会。31日，中国人民政协理论研究会秘书长、中国政协《理论研究》杂志执行主编原冬平受邀在市委中心组学习（扩大）会上主讲《党创立和发展人民政协事业的重大部署和光辉历程》。

6月10日，召开十二届七十二次主席会议。27日，举行“中国共产党与人民政协”座谈会。30日，市政协机关党支部举行的党史知识竞赛活动。

7月8日，召开十二届七十三次主席会议。28日，召开十二届二十八次常委会议。

8月15日，召开十二届第七十四次主席会议。24日，全国政协常委、中国人民政协理论研究会常务副会长李昌鉴带队到建德调研“做好新形势下人民政协群众工作，积极探索加强和创新社会管理”工作。

9月6日，召开十二届第七十五次主席会议暨十二届五次会议重点提案联合督办会。7日，市政协、市委统战部联合举行中秋茶话会。15日，市政协联谊会组织考察“三江两岸”生态景观保护与建设工作。

10月9日，举办纪念辛亥革命一百周年报告会。13日，召开十二届七十六次主席会议暨五大传统产业改造提升专题议政会。28日，赴浦江县参加浦江、建德、桐庐三县（市）政协书画交流活动。

11月25日，召开十二届第七十七次主席会议暨政府“为民办实事”落实情况民主评议会。

12月8日，召开十二届第七十八次主席会议。21日，召开十二届第七十九次主席会议暨2012年市政府重点投资项目安排协商建言会。30日，市政协、市委统战部联合举行新年茶话会。

2012年

1月17日，召开十二届八十次主席会议和政协党组（扩大）会议。19日，召开十二届二十九次常委会议。

2 月 9 日，召开十二届三十次常委会议。10—14 日，召开十三届一次全体会议。14 日，召开十三届一次常委会议和十三届一次主席会议。23 日，召开十三届二次主席会议。

3 月 8 日，市政协主席、副主席开展“进村入户”大走访活动。14 日，召开十三届三次主席会议。27 日，召开全体机关干部会议，传达全国两会和杭州市十一次党代会精神，部署相关工作。

4 月 16 日，市政协机关召开学习会暨工作例会，传达学习杭州市政协十届一次会议精神，讨论政协机关党支部 2012 年工作计划和专题调研实施方案。18 日，召开市政协联谊会六届一次会议。

5 月 4 日，召开十三届四次主席会议暨民主监督建议落实情况反馈会。7 日，召开十三届二次常委会议。17 日，举办“进村入企摸实情，加强学习提素质”主题活动动员会。同日，召开委员培训会，杭州市政协副主席张鸿建应邀到会作政协理论专题辅导报告；市政协先后召开十三届五次主席会议和十三届二次常委会议，审议通过相关规章制度和人事任免。25 日，举办“改善融资环境、提高投资效果”委员论坛。30 日，召开十三届六次主席会议暨实体经济资金保障及安全专题议政会。

6 月 14 日，召开十三届七次主席会议。19 日，召开视察座谈会，召集政府相关部门、乡镇（街道）和企业负责人，共商建德化工产业转型升级工作；召开十三届八次主席会议。

7 月 10 日，举办政协委员论坛，围绕“推进村级便民服务中心建设，完善公共服务网络体系”建言献策。27 日，举办“抓住机遇调结构，做强实体促发展”政协委员论坛。30 日，举办建德、桐庐、浦江三地政协书画摄影交流活动。

8 月 2 日，召开十三届九次主席会议。7 日，召开十三届三次常委会。17 日，召开十三届十次主席会议。21 日，召开十三届十一次主席会议。

9 月 12 日，举办“发展现代农业　促进农民增收”委员论坛。19 日，召开十三届十二次主席会议。21 日，召开十三届十三次主席会议。27 日，举行中秋茶话会。28 日，召开十三届十四次主席会议暨水产业发展规划落实情况专项监督会议。

10 月 25 日，召开十三届十五次主席会议，对农村文化建设工作进行专题视察。

11 月 16 日，召开十三届十六次主席会议。20 日，召开常委读书会，组织学习中共十八大精神，总结交流 2012 年市政协工作情况，谋划 2013 年工作思路。

12 月 3—4 日，杭州市政协老主席联谊聚谈会在建德召开。10 日，召开十三届十七次主席会议。28 日，召开十三届十八次主席会议。市政协、市委统战部举行新春茶话会。

2013 年

1 月 6 日，召开十三届十九次主席会议。10 日，召开十三届二十次主席会议。21 日，召开十三届二十一次主席会议。25日，召开十三届五次常委会议。

2月4日，召开全市工业经济运行情况专题调研会。17日，市政协正副主席参加全市机关作风建设动员暨综合考评总结表彰大会。25—28日，召开十三届二次全体会议。26日，先后召开十三届二十二次主席会议、十三届六次常委会议。27日，召开十三届七次常委会议。

3月14日，召开十三届二十三次主席会议。22日，召开政协联谊会六届二次会议。

4月3日，参加政协梅城镇工委"梅城大坝二期建设协商建言会"。8日，召开十三届二十四次主席会议。11日，召开十三届二十五次主席会议暨视察全市十大工业项目建设。23日，举办2013年第一期市政协委员培训班。24日，召开"服务项目建设、助推实体经济发展"主题活动动员会。

5月8日，召开十三届二十六次主席会议。22—23日，举办2013年第二期市政协委员培训班。29日，主席吴铁民、副主席谢春凤参加统一选派政协委员担任民主监督员工作会议。31日，召开十三届二十七次主席会议暨"碳酸钙产业做强做大"专题视察会。

6月13日，组织视察杭新景大二期工程建设。28日，召开十三届二十八次主席会议。

7月11日，举办"强基础优作风，增强服务发展能力"委员论坛。26日，召开十三届二十九次主席会议。

8月2日，召开全体机关工作人员会议，布置"三改一拆"百日攻坚相关工作。16日，召开十三届八次常委会议。22日，召开十三届三十次主席会议暨2013年政府性投资重点项目建设专题视察会议。

9月5日，举办"生态建设产业化、产业发展生态化"委员论坛。17日，市政协、市委统战部联合举办中秋茶话会。26日，举办"服务企业百日行动"重点企业座谈会。

10月15日，召开十三届三十一次主席会议。22日，召开十三届三十二次主席会议暨寿昌江流域综合治理工作咨询会。23—24日，组织政协常委考察千岛湖上游生态保护和新农村建设。25日，召开十三届九次常委会。

11月5日，召开助推村级组织换届工作会议。7日，召开水产业发展及重点水源水质保护工作调研座谈会。

12月12日，召开十三届三十三次主席会议暨水产业发展、重点水源保护监督建议落实情况专题咨询会。13日，召开十三届三十四次主席会议暨2014年市政府重点投资项目安排协商建言会。17日，召开十三届十次常委会议。30日，召开十三届三十五次主席会议。市政协、市委统战部联合举行新年茶话会。31日，召开十三届三十六次主席会议。

2014年

1月2日，召开城市管理执法工作专题视察会议。7日，主席吴铁民、副主席谢春凤参加联合选派民主监督员工作会议。14 日，召开十三届三十七次主席会议。20—23 日，召开十三届三次会议。20 日，召开十三届三十八次主席会议，举行《古城寿昌》《玉泉寺轶事》发行仪式，并进行座谈。

2 月 21 日，召开十三届三十九次主席会议。

3 月 18 日，召开十三届四十次主席会议。27 日，召开党组（扩大）会议，围绕“三思三增”开展大讨论活动。

4 月 1 日，召开十三届四十一次主席会议暨化工企业入园集聚发展专题议政会。21 日，市政协联谊会召开六届三次全会。23 日，召开十三届四十二次主席会议暨旅游业发展专题议政会。

5 月 14 日，举办 2014 年政协委员第二期培训班。29 日，召开十三届四十三次主席会议。

6 月 6 日，组织部分省、杭州市政协委员专题视察长宁溪、大洲溪“三河”整治情况。16 日，召开民主评议“五水共治”专项工作部署会。20 日，督查“五水共治”项目。24 日，省、杭州市政协文史委到建德调研美丽乡村建设与传统文化保护工作。

7 月 7 日，召开十三届四十四次主席会议。11 日，召开十三届四十五次主席会议。31 日，召开十三届四十六次主席会议暨农业基地化品牌化建设专题议政会。

8 月 11 日，市委书记戴建平专题调研政协工作。13 日，召开十三届十三次常委会议。20 日，市政府、市政协联合督查农村生活污水治理工作。25 日，召开十三届四十七次主席会议。

9 月 4 日，开展“五水共治”专项视察；市政协、市委统战部联合举行中秋茶话会。15 日，召开十三届四十八次主席会议暨“五水共治”重大项目推进专题视察。24 日，专项视察水晶烫钻行业整治工作；专题视察省级示范文明城市创建工作。26 日，召开十三届四十九次主席会议暨城区污水治理专项督查。

10 月 9 日，开展畜禽污染整治专项视察。16 日，召开十三届五十次主席会议暨新叶古村保护与利用专题议政会。17 日，开展“五水共治”民主评议工作调研。22 日，开展“五水共治”民主评议工作调研。

11 月 11 日，召开十三届十四次常委会议。28 日，召开十三届五十一次主席会议。

12 月 3—5 日，召开十三届十五次常委会议（读书会），赴嘉善、平湖、淳安等地学习考察。12 日，召开十三届五十二次主席会议。24 日，召开十三届五十三次主席会议。29 日，举办“建德、浦江、兰溪”三地书画巡回展建德展。市政协、市委统战部联合举行新年茶话会。31 日，召开十三届五十四次主席会议。

2015 年

1 月 6 日，召开十三届十六次常委会议。7 日，召开十三届五十五次主席会议。9 日，召开十三届五十六次主席会议。14 日，召开十三届十七次常委会议。16 日，市政府、政协召开工作联席会议，互相通报工作，开展协商交流。26—29日，召开十三届四次全体会议。27日，召开十三届十八次常委会议。28日，召开十三届十九次主席会议，

3月3日，召开十三届五十七次主席会议。13日，市政协联谊会召开六届四次全会。17日，杭州市政协到建德调研民主监督工作。24日，召开《建德政协》杂志创刊会议。26日，召开十三届五十八次主席会议。

4月15日，召开十三届五十九次主席会议。22日，召开十三届六十次主席会议暨梅城古城保护与开发专题议政会。29日，举办2015年第一期政协委员培训班。

5月12日，召开十三届六十一次主席会议暨新安江主城区学前教育专题议政会。27日，举办2015年第二期政协委员培训班。28日，专题视察矿山污水整治工作。29日，召开十三届六十二次主席会议暨特色农业产业融合发展专题议政会。

6月10日，召开十三届六十三次主席会议暨水产业发展专题议政会。

7月7日，召开十三届六十四次主席会议。16日，召开十三届六十五次主席会议。22日，召开“三严三实”严以修身专题研讨会。

8月6日，召开十三届二十次常委会议。17日，专题视察“两路两侧”“四边三化”工作。20日，召开十三届六十六次主席会议，专题视察推进民宿经济及养老养生产业发展工作。27日，召开十三届六十七次主席会议暨主区污水处理设施建设视察监督。

9月8日，专题视察“两路两侧”“四边三化”工作。25日，市政协、市委统战部联合举行中秋茶话会。

10月14日，省、杭州市政协人口资源环境委员会到建德视察钱塘江流域水污染治理工作。23日，召开十三届二十一次常委会议。30日，召开学习贯彻省政协主席乔传秀在建德调研讲话精神会议。

11月16日，召开十三届六十九次主席会议暨化工产业搬迁及重大项目建设专项视察会议。24日，督查“五水共治”工作。27日，召开十三届七十次主席会议暨草莓产业发展专项咨询。

12月7日，召开十三届二十二次常委会议暨常委读书会。18日，政协召开十三届七十一次主席会议。25日，召开十三届七十二次主席会议。28日，召开十三届二十三次常委会议。29日，市政协、市委统战部联合举行新年茶话会。30日，正副主席、秘书长参加“三级政协联动、万名委员同行、助推‘五水共治’长效机制建设”专项集体民主监督视频会。

2016年

1月7日，市政协举行党组（扩大）会议，传达贯彻市委十三届十次全会精神。13日，举行《“5·12”与建德》《建德的桥》首发式。13—16日，召开十三届五次全体会议。14日，召开十

三届二十四次常委会议。15 日，召开十三届二十五次常委会议。

2 月 22 日，召开十三届七十三次主席会议。29 日，市政协党组举行“三严三实”专题民主生活会。

3 月 11 日，举办建德政协成立六十周年座谈会。17 日，召开十三届七十四次主席会议暨社保扩面征缴专题议政会；18 日，市政协联谊会召开六届五次会议。24 日，召开十三届二十六次常委会议。

4 月 12 日，召开十三届七十五次主席会议暨新叶古村持续保护与利用专题议政会。

5 月 4 日，召开党组（扩大）会议，研究部署“两学一做”学习教育工作安排和民主评议民生保障专项工作等事宜。9 日，召开“两学一做”学习教育动员部署会。13 日，召开十三届第二十七次常委（扩大）会议暨民主评议民生保障工作部署会和机关支部党员活动日，暨“两学一做”集中学习活动。18 日，召开十三届七十六次主席会议暨大气污染防治视察会。31 日，召开十三届七十七次主席会议暨乡村旅游发展专题视察议政会。

6 月 23 日，召开党组（扩大）会议暨“两学一做”第一专题研讨会。

7 月 12 日，召开十三届七十八次主席会议。20 日，召开十三届七十九次主席会议暨健康产业发展专题议政会。26 日，召开十三届二十八次常委会议。

8 月 3 日，召开十三届八十次主席会议，纪念抗击“八三”洪水 44 周年，并召开寿昌江流域防洪减灾专题议政会。11 日，召开平安创建暨 G20 峰会维稳安保工作专题视察会议。18 日，举办纪念建德政协成立六十周年书画摄影展。22 日，召开十三届八十一次主席会议。

9 月 13 日，市政协、市委统战部联合举行中秋茶话会。22 日，召开十三届八十二次主席会议暨村级债务管理专项咨询会。26 日，召开党组（扩大）会议暨“两学一做”第二专题研讨会。

10 月 11 日，召开十三届八十三次主席会议暨交通基础设施建设专题视察。14 日，召开十三届第二十九次常委会议暨“民生保障工作”专项民主评议会。28 日，召开十三届八十四次主席会议。

11 月 30 日，召开十三届三十次常委会议。

12 月 14 日，召开十三届八十五次主席会议协商建言 2017 年市政府重点投资项目安排。20 日，召开十三届八十六次主席会议。30 日，市政协、市委统战部联合举行新年茶话会。

2017 年

1 月 9 日，召开十三届八十七次主席会议。12 日，召开十三届三十一次常委会议。

2 月 5—9 日，召开十四届一次全体会议。9 日，召开十四届一次主席会议。召开十四届一次常委会议。17 日，召开十四届二次主席会议。

3 月 1 日，召开十四届三次主席会议。29 日，召开十四届四次主席会议暨食品安全专项视察。

4月20日，开展安全生产工作专题视察。26日，召开十四届五次主席会议暨加快推进科技孵化器建设专题议政会。

5月16日，召开十四届六次主席会议暨小城镇环境综合整治专题视察。23日，召开十四届七次主席会议暨重大工业项目建设情况专题视察。

6月1日，召开十四届二次常委（扩大）会议。5日，召开政协之友社（企业家联谊会）第三届会员大会。6日，市政协联谊会召开七届一次会议。13—15日，举办十四届政协委员第一期培训班。21日，召开十四届八次主席会议暨国家森林城市创建专题议政会。29日，召开十四届九次主席会议暨提高学前教育普惠率专题议政会。

7月11日，召开十四届十次主席会议暨高铁新区建设专题议政。21日，召开十四届十一次主席会议。

8月3日，召开市政协十四届三次常委会议。9日，召开十四届十二次主席会议暨“最多跑一次”改革协商议政会。22日，召开十四届十三次主席会议暨推进重大交通基础设施建设专题议政会。

9月7日，召开十四届十四次主席会议暨农业特色小镇建设专题视察。13日，召开十四届十五次主席会议暨垃圾处置协商议政会。22日，召开十四届十六次主席会议暨全域旅游发展专题议政会。29日，市政协、市委统战部联合举行中秋茶话会。

10月11日，召开十四届十七次主席会议暨洋安新城开发建设管理协商议政会。17日，召开十四届十八次主席会议暨基层医疗机构服务能力提升议政会。20日，召开十四届四次常委会议。31日，市政协党组召开中共十九大精神学习会，传达学习中共十九大精神，研究部署市政协学习贯彻工作。

11月7日，召开十四届十九次主席会议暨新安江综保工程建设专题议政会。14日，召开十四届二十次主席会议暨信息经济推进工作专题议政会。30日，召开十四届二十一次主席会议。

12月1日，召开十四届五次常委会议。14日，召开十四届二十二次主席会议。26日，召开十四届二十三次主席会议。28日，市政协、市委统战部联合举行新年茶话会。

2018年

1月5日，召开十四届二十四次主席会议。8日，召开十四届六次常委会。15—18日，召开十四届二次全体会议。16日，召开十四届七次常委会议。17日，召开十四届八次常委会议。31日，举办“宣传十九大　塑造新形象”主题演讲比赛。

3月5日，召开十四届二十五次主席会议。22日，召开十四届二十六次主席会议。28日，市政协联谊会召开七届二次会议。

4 月 9 日，召开十四届二十七次主席会议暨乡镇电网建设专题议政会。16 日，召开十四届二十八次主席会议暨国家森林城市创建专题议政会。20 日，召开十四届九次常委（扩大）会议。28 日，召开十四届二十九次主席会议暨传统制造业改造提升专题视察会议。

5 月 8 日，召开十四届三十次主席会议暨梅城古城综合保护专题议政会。25 日，召开十四届三十一次主席会议暨集中开工重大项目建设情况协商议政会。

6 月 11 日，召开十四届三十二次主席会议暨重点工业项目建设专题视察。27 日，召开十四届三十三次主席会暨高铁时代综合交通建设与运营管理专题议政会。

7 月 16 日，召开党组扩大会议，传达全国政协系统党的建设工作座谈会会议精神。25 日，召开十四届三十四次主席会议。26 日，召开十四届十次常委会议。

8 月 17 日，召开政协机关机构设置工作座谈会。21 日，召开十四届三十五次主席会议暨美丽乡村建设专题议政会。27 日，召开十四届三十六次主席会议暨航空小镇建设专题议政会。

9 月 10 日，召开十四届三十七次主席会议暨公共创新平台建设专题议政会。14 日，召开十四届三十八次主席会议暨“移风易俗”推进乡风文明建设协商议政会。19 日，市政协、市委统战部联合举行中秋茶话会。25 日，召开十四届三十九次主席会议暨职业教育发展专题议政会。29 日，召开十四届四十次主席会议。

10 月 12 日，召开十四届四十一次主席会议暨高铁新区及新安江综保工程建设专题议政会。19 日，召开十四届十一次常委会议。

11 月 5 日，召开十四届四十二次主席会议暨农贸市场改造提升专题议政会。12 日，召开十四届四十三次主席会议暨农业区域公共品牌建设专项咨询。

12 月 13 日，召开十四届十二次常委会议暨读书会；召开十四届四十四次主席会议。20 日，召开《建德市政协志（1998—2019）》编纂工作会议。25 日，召开十四届四十五次主席会议。27 日，市政协、市委统战部联合举行新年茶话会。

2019 年

1 月 8 日，召开十四届四十六次主席会议。24 日，召开十四届四十七次主席会议。29 日，召开十四届十三次常委会议。

2 月 14—17 日，召开十四届三次全体会议。15 日，召开十四届十四次常委会议。16 日，召开十四届十五次常委会议。

3 月 18 日，召开十四届四十八次主席会议。26 日，市政协联谊会召开七届三次会议。

4 月 19 日，召开十四届四十九次主席会议暨国家森林城市创建专题议政会。26 日，召开十四届五十次主席会议暨梅城美丽城镇建设中的古城保护专题视察。28 日，召开十四届十六次常委会议。29日，举行“走亲连心、示范引领”服务委员企业主题活动专题调研座谈。

5月17日，召开十四届五十一次主席会议。30日，召开十四届五十二次主席会议暨千岛湖（建德境内）临湖地带生态环境综合整治专题议政会。

6月6日，召开十四届五十三次主席会暨家纺行业改造提升专题议政会。28日，召开十四届五十四次主席会议暨存量土地盘活专题议政会。

7月1日，市政协联合市委、市政府举行首场“请你来协商”活动，聚焦农村消薄增收工作。17日，召开“走亲连心、示范引领”主题活动委员企业走访情况汇报会。18日，召开十四届十七次常委（扩大）会议。19日，举行第二场“请你来协商”活动，聚焦垃圾分类工作。30日，召开十四届五十五次主席会议。

8月1日，举行《建德市政协志（1998—2019）》编纂工作专题部署会。16日，举行第三场“请你来协商”活动，聚焦乡镇工业园区（功能区）改造提升工作。

9月3日，召开十四届五十六次主席会议暨高铁时代的旅游产业发展专题议政。10日，召开十四届十八次常委会议。11日，市政协、市委统战部联合举行中秋茶话会。12日，召开十四届五十七次主席会议暨招商引资项目建设专题议政会。27日，举办“庆祝新中国成立七十周年暨建德古诗百咏书画展”；举办市政协联谊会成立三十周年座谈会。29日，举办“歌唱祖国歌颂党·不忘初心强使命”演讲比赛。30日，举行第四场“请你来协商”活动，聚焦乡贤回归。

10月7日，举行第五场“请你来协商”活动，聚焦“既有住宅加装电梯”工作。12日，举行第六场“请你来协商”活动，聚焦医共体建设。14日，召开“走亲连心、示范引领”主题交办问题落实情况汇报会。

11月1日，召开十四届五十八次主席会议。12日，召开十四届十九次常委会议。19日，专题视察“五水共治”工作。22日，专题视察全国文明城市创建工作。25日，市委书记童定干调研政协工作。

12月2日，市政协党组举行“不忘初心、牢记使命”专题民主生活会。16日，召开十四届二十次常委会议；召开十四届五十八次主席会议。17日，市委召开政协工作会议。25日，市政协、市委统战部联合举行新年茶话会。27日，召开十四届五十九次主席会议。31日，召开十四届六十次主席会议。

（注：全国、浙江省、杭州市政协领导到建德指导视察详见第六章“指导联谊”）

第一章　政协会议

根据《中国人民政治协商会议章程》（以下简称《政协章程》）规定，全体委员会议每年至少召开一次，常务委员会会议一般每季度召开一次，主席会议一般每月召开一次。以上会议遇有特殊或重大事项需要议决时，可临时召集。

自1998年3月政协建德市第十届委员会第一次会议至2020年1月政协建德市第十四届委员会第四次会议期间，共召开全体委员会议23次、常务委员会会议135次、主席会议326次。

第一节　全体委员会议

市政协全体委员会议（以下简称全体会议）的主要职责和任务是选举委员会主席、副主席、秘书长和常务委员；听取并审议常务委员会工作报告和提案工作报告；讨论并通过有关决议；参与本市重大决策、重要事务的协商讨论，提出意见建议。每届委员会第一次全体会议，由会议选举的主席团主持，自第二次全体会议起，由该届政协常务委员会主持。

第十届委员会

第十届委员会自1998年3月至2003年3月，共召开全体委员会议5次，均在市政府所在地新安江镇（街道）召开。

十届一次会议　1998年3月4—9日召开。出席委员211名，列席人员149名。会议听取并审议主席葛彰生所作的第九届政协常委会工作报告和九届政协秘书长黄根华所作的市政协九届委员会五年来提案工作情况的报告。杭州市政协副主席、统战部部长施锦祥应邀出席大会开幕式并致贺词，市委书记俞国庆出席开幕式并讲话。

与会人员列席市人大十二届一次会议，听取并讨论市长许保水所作的政府工作报告及会议其他报告。审议通过市政协十届一次会议决议和秘书长黄根华所作的提案审查情况报告，大会收到以提案形式提出的委员意见、建议153件，经审查立案148件，其中党派、团体提案6件。经民主协商，选举产生第十届委员会常务委员会组成人员34名。选举刘志新为主席，穆先堂、王行健、郭昌友、马晔为副主席，黄根华为秘书长。会议对1997年度政协工作先进集体、先进个人及优秀提案进行表彰。

十届二次会议 1999年2月25—28日召开。出席委员203名，列席人员134名。会议听取并审议主席刘志新所作的常委会工作报告和秘书长黄根华所作的十届一次会议以来的提案工作情况的报告。市委书记俞国庆出席开幕式并讲话。

与会人员列席市人大十二届二次会议，听取并讨论市长许保水所作的政府工作报告及会议其他报告。补选程锦元为市政协十届委员会副主席。大会收到以提案形式提出的意见建议81件，经审查立案79件。其中党派团体提案2件。会议期间组织委员建言献策，29名委员分别在会上作口头或书面发言。会议审议通过市政协十届二次会议决议和提案审查情况的报告。会议对1998年度政协工作先进集体、先进个人及优秀提案进行表彰。

十届三次会议 2000年1月14—17日召开。出席委员198名，列席人员134名。会议听取并审议副主席穆先堂所作的常委会工作报告和秘书长黄根华所作的十届二次会议以来提案工作情况报告。市委书记王金财出席开幕式并讲话。

与会人员列席市人大十二届三次会议，听取并讨论市长许保水所作的政府工作报告及会议其他报告。会议组织视察新安江镇白沙大道和320国道新安江沿江大桥等在建工程和大会发言，17名委员在会上作口头或书面发言。大会收到以提案形式提出的意见建议112件，经审查立案110件，其中党派团体提案5件。会议审议并通过市政协十届三次会议决议和提案审查情况的报告。会议对1999年度政协工作先进集体、先进个人及优秀提案进行表彰。

十届四次会议 2001年2月28日—3月4日召开。出席委员202名，列席人员131名。会议听取并审议副主席穆先堂所作的常委会工作报告和副主席程锦元所作的十届三次会议以来提案工作情况的报告。市委书记王金财出席开幕式并讲话。

与会人员列席市人大十二届四次会议，听取并讨论代市长杨军所作的政府工作报告和副市长徐志生所作的《关于编制建德市国民经济和社会发展第十个五年计划纲要的说明》及会议其他报告。组织大会发言，20名委员在会上作口头或书面发言。会议审议并通过市政协十届四次会议决议和提案审查情况报告。大会收到以提案形式提出的意见建议171件，经审查立案169件，其中党派、团体提案8件。会议对2000年度政协工作和提案办理工作先进集体、先进个人及优秀提案进行表彰。

十届五次会议 2002年2月28日—3月3日召开。出席委员199名，列席人员141名。会议听取并审议主席刘志新所作的常委会工作报告和副主席程锦元所作的十届四次会议以来提案工作情况的报告。市委书记赵纪来出席开幕式并讲话。

与会人员列席市人大十二届五次会议，听取并讨论市长杨军所作的政府工作报告及会议其他报告。会议还组织委员视察市行政审批中心；组织委员发言，24名委员在会上作口头或书面发言。

大会收到以提案形式提出的意见建议 128 件，经审查立案 113 件，其中党派、团体提案 10 件。会议审议并通过市政协五次会议决议和提案审查情况报告。补选陈庆祥为市政协第十届委员会秘书长。会议对 2001 年度政协工作、提案办理工作先进集体和先进个人及优秀提案进行表彰。

第十一届委员会

第十一届委员会自 2003 年 3 月至 2007 年 2 月，共召开全体委员会议 4 次，均在市政府所在地新安江街道召开。

十一届一次会议 2003 年 3 月 5—8 日召开。出席委员 243 名，列席人员 111 名。听取并审议主席刘志新所作的第十届常务委员会工作报告和第十届政协副主席程锦元所作的十届政协五年来提案工作情况的报告。杭州市政协副主席俞国庆应邀出席开幕式并致贺词。

与会人员列席市人大十三届一次会议，听取并讨论市长杨军所作的《政府工作报告》及会议其他报告。选举产生市政协第十一届委员会常务委员会组成人员 36 名，选举刘志新为主席，郭昌友、马晔（女）、程锦元、王成土、王伟、谢春凤（女）为副主席，陈庆祥为秘书长。大会收到以提案形式提出的委员意见建议 190 件，经审查立案 182 件，其中党派、团体提案 4 件，委员联名提案 68 件。会议对 2002 年度政协工作、提案办理工作先进集体和先进个人及优秀提案进行表彰。市委书记赵纪来出席闭幕会并讲话。第十一届主席刘志新致闭幕词。

十一届二次会议 2004 年 2 月 25—28 日召开。出席委员 244 名，列席人员 138 名。会议听取并审议主席刘志新所作的常委会工作报告和副主席程锦元所作的十一届一次会议以来提案工作情况的报告。杭州市政协副主席陈振濂应邀出席开幕式。

与会人员列席市人大十三届二次会议，听取并讨论市长杨军所作的《政府工作报告》及会议其他报告。会议组织大会发言，有 24 名委员在会上作口头或书面发言，市党政主要领导和市级机关有关部门负责人到会听取发言。大会收到以提案形式提出的意见建议 216 件，经审查立案 211 件，其中党派、团体提案 9 件。对 2003 年度政协工作先进集体和先进个人及优秀提案进行表彰。市委书记赵纪来出席闭幕会并讲话，市政协副主席王成土致闭幕词。

十一届三次会议 2005 年 2 月 19—21 日召开。出席委员 246 名，列席人员 142 名。会议听取并审议主席刘志新所作的常委会工作报告和副主席程锦元所作十一届二次会议以来提案工作情况的报告。杭州市政协副主席俞国庆应邀出席开幕式。

会议举行联组会，围绕“活力建德、平安建德、生态建德、文明建德”四个专题组织讨论，市党政主要领导到会听取委员发言。

与会人员列席市人大十三届三次会议，听取并讨论市长杨军所作的政府工作报告及会议其他报告。大会收到以提案形式提出的意见建议 195 件，经初审立案 180 件，其中党派、团体提案 10 件。会议审议并通过大会决议及提案审查情况的报告，对 2004 年度政协工作先进集体、先进个人、优秀提案和优秀提案承办件进行表彰。市委书记赵纪来出席闭幕会并讲话，主席刘志新致闭幕词。

十一届四次会议 2006年2月7—11日召开。出席委员225名，列席人员133名。会议听取并审议主席刘志新所作的常委会工作报告和副主席程锦元所作的十一届三次会议以来提案工作情况的报告。杭州市政协副主席俞国庆应邀出席开幕式。

与会人员列席市人大十三届四次会议，听取并讨论代市长洪庆华所作的政府工作报告及会议其他报告。大会收到以提案形式提出的委员意见建议182件，经审查立案180件，其中党派、团体提案8件。会议审议并通过大会决议和提案审查情况的报告，对2005年度政协工作先进集体、先进个人、优秀提案和优秀提案承办件进行表彰。市委书记赵纪来出席闭幕会并讲话，市政协主席刘志新致闭幕词。

第十二届委员会

第十二届委员会自2007年2月至2012年2月，共召开全体委员会议5次，均在市政府所在地新安江街道召开。

十二届一次会议 2007年2月2—7日召开。出席委员223名，列席人员146名。会议听取并审议主席刘志新所作的第十一届政协常委会工作报告和副主席程锦元所作的十一届政协五年来提案工作情况的报告。杭州市政协副主席俞国庆应邀出席开幕式。

与会人员列席市人大十四届一次会议，听取并讨论市长洪庆华所作的政府工作报告及会议其他报告。选举产生第十二届委员会常务委员会组成人员37名。选举程茂红※为主席，王成土、郭昌友、朱启鸿、王伟、谢春凤（女）、吕勇为副主席，蒋华为秘书长。会议收到以提案形式提出的意见建议210件，经审查立案203件，其中党派、团体提案8件。会议审议并通过大会决议和提案审查情况的报告，对2006年度政协工作先进集体、先进个人、优秀提案和优秀提案承办件进行表彰。市委书记陈春雷出席闭幕会并讲话，第十二届主席致闭幕词。

十二届二次会议 2008年2月16—19日召开。出席委员225名，列席人员188名。会议听取并审议常委会工作报告和副主席王成土所作的十二届一次会议以来提案工作情况的报告。杭州市政协副主席赵光育应邀出席开幕会。

与会人员列席市人大十四届二次会议，听取并讨论市长洪庆华所作的政府工作报告及会议其他报告。会议收到以提案形式提出的意见建议216件，经审查立案204件，其中党派、团体提案6件。会议补选市政协第十二届委员会常务委员2名。会议审议并通过大会决议和本次会议提案审查情况的报告，对2007年度政协工作先进集体、先进个人、优秀提案和优秀提案承办件进行表彰。市委书记陈春雷出席闭幕会并讲话。

（※程茂红因涉嫌犯受贿罪于2017年1月17日被刑事拘留，同年1月26日被逮捕。以下不再说明。）

十二届三次会议　2009 年 2 月 4—7 日召开。出席委员 227 名，列席人员 200 名。会议听取并审议常委会工作报告和副主席王成土所作的十二届二次会议以来提案工作情况的报告。杭州市政协副主席赵光育应邀出席开幕会。

与会人员列席市人大十四届三次会议，听取并讨论市长洪庆华所作的政府工作报告及会议其他报告；会议收到以提案形式提出的委员意见建议 218 件，经审查立案 218 件，其中党派、团体提案 15 件；经民主协商，增补第十二届政协常务委员会委员 2 名。

会议审议并通过大会决议和本次会议提案审查情况的报告，并对 2008 年度政协工作先进集体、先进个人、优秀提案和优秀提案承办件进行表彰，会议号召以优异成绩迎接中华人民共和国成立六十周年和人民政协成立六十周年。市委书记陈春雷出席闭幕会并讲话。

十二届四次会议　2010 年 2 月 23—26 日召开。出席委员 228 名，列席人员 212 名。会议听取并审议常委会工作报告和副主席王成土所作的十二届三次会议以来提案工作情况的报告。杭州市政协副主席赵光育应邀出席开幕会。

与会人员列席市人大十四届四次会议，听取并讨论市长洪庆华所作的政府工作报告及会议其他报告；会议收到以提案形式提出的委员意见建议 233 件，经审查立案 233 件，其中党派、团体提案 11 件；会议补选张早林为市政协第十二届委员会副主席、徐亚娟为市政协第十二届委员会常务委员。

会议组织大会发言，审议并通过大会决议和本次会议提案审查情况的报告，对 2009 年度政协工作先进集体、先进个人、优秀提案和优秀提案承办件进行表彰。市委书记陈春雷出席闭幕会并讲话。

十二届五次会议　2011 年 3 月 5—8 日召开。出席会议委员 228 名，列席人员 226 名。会议听取并审议常委会工作报告和副主席朱启鸿所作的十二届四次会议以来提案工作情况的报告。杭州市政协副主席赵光育应邀出席开幕会。

与会人员列席市人大十四届五次会议，听取并讨论代市长董悦所作的政府工作报告及会议其他报告。会议收到以提案形式提出的委员意见建议 267 件，经初审立案 267 件，其中党派、团体提案 16 件。会议补选陈惠利、谢照昌为市政协第十二届委员会常务委员。

会议组织大会发言和小组讨论。委员们围绕经济转型升级、城乡统筹发展、人才队伍建设、社会文明和谐、政协事业发展等内容，提出许多建设性意见和建议。会议审议并通过大会决议和提案审查情况的报告，对 2010 年度政协工作先进集体、先进个人、优秀提案和优秀提案承办件进行表彰。市委书记陈春雷出席闭幕会并讲话。

第十三届委员会

第十三届政协委员会自 2012 年 2 月至 2017 年 2 月，共召开全体委员会议 5 次，均在市政府所在地新安江街道召开。

十三届一次会议 2012 年 2 月 10—14 日召开。出席委员 226 名，列席人员 223 名。会议听取并审议第十二届政协常委会工作报告和第十二届委员会副主席朱启鸿所作的第十二届政协五年来提案工作情况的报告。杭州市政协副主席赵光育应邀出席开幕会并致辞。

与会人员列席市人大十五届一次会议，听取并讨论市长陈震山所作的政府工作报告及会议其他报告。经民主协商，选举产生第十三届委员会常务委员会组成人员 39 名。选举吴铁民为政协主席，严凌云、谢春凤、吕勇、张早林、程旭、洪国根为副主席，蒋华为秘书长。会议收到以提案形式提出的委员意见建议 256 件，经初审立案 191 件，其中党派、团体提案 15 件。

会议组织大会发言和小组讨论。围绕经济发展、城市管理、“三农”建设、文化繁荣、社会和谐等方面，提出建设性意见和建议；审议并通过大会决议和本次会议提案审查情况的报告；对 2011 年度政协工作先进集体、先进个人、优秀提案和优秀提案承办件进行表彰。市委书记董悦出席闭幕会并讲话。

十三届二次会议 2013 年 2 月 25—28 日召开。出席委员 224 名，列席人员 225 名。会议听取并审议主席吴铁民所作的常委会工作报告和副主席程旭所作的十三届一次会议以来提案工作情况的报告。杭州市政协副主席何关新应邀出席开幕会。

与会人员列席市人大十五届二次会议，听取并讨论市长陈震山所作的政府工作报告及会议其他报告。会议组织大会发言和小组讨论。围绕经济发展，就打造产业平台，加快项目建设，强化招商引资；深化农村改革，统筹城乡发展，强化民生保障，促进社会事业发展等方面提出意见和建议。补选市政协第十三届委员会常务委员 2 名。会议收到以提案形式提出的委员意见、建议 276 件，经审查立案 238 件，其中党派、团体提案 34 件。审议并通过市政协十三届二次会议决议和提案审查情况的报告。

对 2012 年度政协工作先进集体、先进个人、优秀提案和优秀提案承办件进行表彰。市委书记董悦出席闭幕会并讲话。

十三届三次会议 2014 年 1 月 20—23 日召开。出席委员 220 名，列席人员 221 名。会议听取并审议主席吴铁民所作的常委会工作报告和副主席程旭所作的十三届二次会议以来提案工作情况的报告。杭州市政协副主席朱祖德应邀出席开幕会。

会议组织大会发言和小组讨论。委员们围绕工业平台建设、强化“五水共治”、重视招商引税、加快重大项目建设、完善民生保障体系等方面，提出了意见和建议。会议审议通过“以‘五水共治’为突破口、加快推进全域生态化建设”的建议案。全体政协委员积极响应“助力‘五水共治’，共建美好家园”倡议，踊跃捐款。

与会人员列席市人大十五届三次会议，听取并讨论市长陈震山所作的政府工作报告及会议其他报告。会议收到以提案形式提出的委员意见、建议 301 件，经初审立案 224 件，其中党派、团体提案 36 件。会议对 2013 年度政协工作先进集体、先进个人、优秀提案和优秀提案承办件进行表彰。补选市政协第十三届委员会常务委员 6 名。会议审议并通过市政协十三届三次会议决议和本次会议提案审查情况的报告。市委书记戴建平出席闭幕会并讲话。

十三届四次会议 2015年1月26—29日召开。出席委员215名，列席人员217名。会议听取并审议主席吴铁民所作的常委会工作报告和副主席程旭所作的十三届三次会议以来提案工作情况的报告。杭州市政协副主席何关新应邀出席开幕会。

与会人员列席市人大十五届四次会议，听取并讨论代市长童定干所作的政府工作报告及会议其他报告。补选叶志高为第十三届委员会副主席。会议收到以提案形式提出的意见建议282件，经初审立案232件，其中党派、团体提案36件。

组织大会发言和小组讨论。委员们围绕“十三五”规划编制、产业发展、法治建设、环境保护、民生保障等重大问题，开展协商讨论、建言献策。会议审议并通过市政协十三届四次会议决议和提案审查情况的报告。审议通过“关于推进‘多规融合’深化规划管理”的建议案。对2014年度政协工作先进集体、先进个人、优秀提案和优秀提案承办件进行表彰。市委书记戴建平出席闭幕会并讲话。

十三届五次会议 2016年1月13—16日召开。出席委员219名，列席人员209名。会议听取并审议主席吴铁民所作的常委会工作报告和副主席程旭所作的十三届四次会议以来提案工作情况的报告。杭州市政协副主席张必来应邀出席开幕会。

会议组织大会发言和小组讨论。委员们紧紧围绕市委十三届十次全会确定的目标任务，以助推重点领域和关键环节改革为引领，为建德“十三五”加快发展开好局、起好步，为提前实现“四翻番”、力争跨入百强县贡献智慧和力量。

与会人员列席市人大十五届五次会议，听取并讨论市长童定干所作的政府工作报告及会议其他报告。会议审议并通过市政协十三届五次会议决议和本次会议提案审查情况的报告。会议审议并通过“关于加快推进全域旅游发展的建议案”，会议收到以提案形式提出的委员意见建议219件，经审查立案219件，其中党派、团体提案40件。对2015年度政协工作先进集体、先进个人、优秀提案和优秀提案承办件进行表彰。市委书记戴建平出席闭幕会并讲话。

第十四届委员会

第十四届委员会自2017年2月至2020年1月，共召开全体委员会议4次，均在市政府所在地新安江街道召开。

十四届一次会议 2017年2月5—9日召开。出席会议委员221名，列席人员112名。会议听取并审议主席吴铁民所作的第十三届委员会常委会工作报告和第十三届政协副主席程旭所作的第十三届政协五年来提案工作情况的报告。杭州市政协副主席何关新应邀出席开幕会。

与会人员列席市人大十六届一次会议，听取并讨论代市长朱欢所作的政府工作报告及会议其他报告。经民主协商，选举产生政协建德市第十四届委员会常务委员会组成人员37名。吴铁民当选主席，程旭、严凌云、吕勇、叶志高、徐亚娟当选副主席，蒋华当选秘书长。会议组织大会发言和小组讨论。会议收到以提案形式提出的意见建议 264 件，经初审立案 255 件，其中党派、团体提案 70 件。

会议审议通过市政协十四届一次会议决议和本次会议提案审查情况的报告。围绕中共建德市委十四次党代会确定的目标任务，号召全体政协委员把握“发展、改革”两大主题，认真履行政协三项职能，充分发挥六大功能，为建德全面建成小康社会、提前实现“四翻番”、力争跨入百强县作出贡献。审议通过“关于创建国家森林城市的建议案”。对 2016 年度政协工作先进集体、先进个人、优秀提案和优秀提案承办件进行表彰。市委书记童定干出席闭幕会并讲话。

十四届二次会议 2018 年 1 月 15—18 日召开。出席委员 225 名，列席人员 122 名。会议听取并审议主席吴铁民所作的常委会工作报告和副主席徐亚娟所作的十四届一次会议以来提案工作情况的报告。杭州市政协副主席胡伟应邀出席开幕会。

与会人员列席市人大十六届二次会议，听取并讨论市长朱欢所作的政府工作报告及会议其他报告。会议组织大会发言和小组讨论。会议收到以提案形式提出的意见建议 273 件，经初审全部予以立案，其中党派、团体提案 65 件。

会议审议并通过市政协十四届二次会议决议和本次会议提案审查情况的报告。围绕中共建德市第十四次党代会和市委十四届三次全体会议确定的目标任务，号召全体政协委员以乡村振兴战略为履职主线，把握“发展、改革”两大主题，助推全市实现产业升级、环境优化、民生改善的发展目标。对 2017 年度政协工作先进集体、先进个人、优秀提案和优秀提案承办件进行表彰。市委书记童定干出席闭幕会并讲话。

十四届三次会议 2019 年 2 月 14—17 日召开。出席会议委员 229 名，列席人员 113 名。会议听取并审议主席吴铁民所作的常委会工作报告和副主席徐亚娟所作的十四届二次会议以来提案工作情况的报告。杭州市政协副主席谢双成应邀出席开幕会。

与会人员列席市人大十六届三次会议，听取并讨论市长朱欢所作的政府工作报告及会议其他报告。会议组织大会发言和小组讨论。会议收到以提案形式提出的委员意见建议 212 件，经审查全部予以立案，其中党派、团体提案 61 件。经民主协商，补选王百金为市政协第十四届委员会副主席、林立为市政协第十四届委员会秘书长及常务委员 7 名。会议审议并通过市政协十四届三次会议决议和本次会议提案审查情况的报告。围绕中共建德市第十四届五次党代会精神和“加快建德新崛起”总体目标，号召全体委员持续发力“六大行动”（拥江发展行动、“三化”融合行动、文化兴盛行动、改革攻坚行动、民生福祉行动、强基固本行动），打好“三大攻坚战”（防范化解重大风险攻坚战、低收入群体增收攻坚战、污染防治攻坚战），统筹推进全市经济发展、改革创新、城乡建设、民生改善等各项工作，努力实现全市经济社会各领域高质量发展。对 2018 年度政协工作先进集体、先进个人、优秀提案和优秀提案承办件进行表彰。市委书记童定干出席闭幕会并讲话。

十四届四次会议 2020 年 1 月 16—19 日召开。出席委员 227 名，列席人员 125 名。会议听取并审议主席吴铁民所作的常委会工作报告和副主席徐亚娟所作的十四届三次会议以来提案工作情况的报告。杭州市政协副主席谢双成应邀出席开幕会。

与会人员列席市人大十六届四次会议，听取并讨论市长朱欢所作的政府工作报告及会议其他报告。会议审议并通过市政协十四届四次会议决议和本次会议提案审查情况的报告。会议收到以提案形式提出的委员意见建议 165 件，经初审全部予以立案，其中党派、团体提案 48 件。

会议组织大会发言和小组讨论，围绕“加快建德新崛起”总体目标，号召全体政协委员积极助推“拥江发展、‘三化’融合、文化兴盛、改革攻坚、民生福祉、强基固本”六大行动，确保如期高水平全面建成小康社会，推动建德市域治理现代化走在全省、全国前列。经民主协商，补选叶强为市政协十四届委员会副主席，蒋智鸿为市政协十四届委员会秘书长及常务委员 4 名。会议对 2019 年度政协工作先进集体、先进个人、优秀提案和优秀提案承办件进行表彰。市委书记童定干出席闭幕会并讲话。

第二节　常务委员会会议

根据《政协章程》规定，政协委员会设常务委员会，在委员会全体会议闭会期间主持会务。常务委员会会议是市政协的主要协商形式。

常务委员会会议一般每季度召开一次，必要时可临时决定召开，会议由主席主持，也可由主席委托副主席主持召开。常务委员会会议闭会期间，由主席、副主席、秘书长组成的主席会议主持常务委员会的日常工作。

常务委员会会议的主要任务：审议决定本市政协委员会及常务委员会会务和工作中的重大事项；协商讨论全市重大方针政策，及本市社会生活中的重大问题，听取党委、政府以及有关部门负责人对有关重要问题的报告或说明，提出建议和意见；审议重要的建议案、调查报告和其他报告等。

第十届委员会

第十届委员会自 1998 年 3 月 9 日至 2003 年 2 月 14 日，共召开常务委员会会议（以下简称常委会议）31 次。

十届一次常委会议　1998 年 3 月 9 日召开。协商决定各委组设置及组成人员，讨论决定十届政协副秘书长人选。

十届二次常委会议　1998 年 6 月 8 日召开。围绕本市“再就业工程”，先后听取新安化工集团关于减员增效、安置分流富余人员的经验介绍，政协 4 个调研组对 54 家企业下岗职工基本生活和再就业情况的调研汇报，并提出意见和建议。市委常委、常务副市长谢康春应邀出席会议。

十届三次常委会议 1998年9月18日召开。分组视察市工商行政管理局、市国土资源管理局、市民政局政务公开试点情况和乾潭镇村务公开推行情况，并提出意见和建议。同时，讨论修改《政协建德市委员会关于政协委员届中调整的意见》和《政协建德市委员会委员视察简则》。

十届四次常委会议 1998年12月29日召开。专题听取市长许保水关于年度政府工作情况的通报，并开展讨论发言。

十届五次常委会议 1999年1月29日召开。听取秘书长黄根华关于市政协十届二次会议筹备工作情况汇报；听取市委统战部副部长吴建平关于调整市政协十届委员会委员建议名单的说明。审议通过市政协十届委员会常务委员会工作报告（草案）、提案工作报告（草案）及报告人建议名单；以及十届二次会议议程、日程（草案）等有关文件。会议还协商讨论了委员调整事宜；审定1998年度政协工作先进集体、先进个人及优秀提案名单，讨论《政府工作报告（征求意见稿）》。

十届六次常委会议 1999年2月25日召开。听取市政协十届二次会议各组讨论常委会工作报告和提案工作情况报告的审议情况的汇报；讨论十届二次会议选举办法（草案）、会议决议（草案），及选举工作总监票人、总计票人、监票人建议名单；协商补选十届委员会副主席候选人建议名单。

十届七次常委会议 1999年2月27日召开。听取各组关于选举办法（草案）、会议决议（草案）讨论情况的汇报；讨论通过市政协十届二次会议提案审查情况的报告（草案）及增选十届委员会副主席和总监票人、总计票人、监票人建议名单。

十届八次常委会议 1999年6月23日召开。听取5个课题调研组代表作交流发言，市领导许保水、葛彰生、周凤和、徐志生等应邀出席会议听取发言，并就农业、农村工作有关问题作讲话。会议还协商讨论有关人事任免事项。

十届九次常委会议 1999年8月16日召开。听取市委常委、常务副市长谢康春有关市政府上半年工作情况的通报，以及市人事局关于全市人事工作情况的通报。

十届十次常委会议 1999年10月19日召开。组织学习贯彻中共十五届四中全会精神，围绕国有企业改革和发展提出意见和建议。组织视察千岛湖养生堂饮用水有限公司和新安化工集团建化二厂。听取市计经委通报第一至第三季度全市工业经济情况的汇报。

十届十一次常委会议 1999年12月16日召开。讨论通过召开十届政协第三次会议的决定（草案），审议通过有关十届政协三次会议的日程（草案）、议程（草案），以及十届政协三次会议常务委员会工作报告（讨论稿）、提案工作报告（讨论稿）及报告人建议名单；协商决定增补政协委员3名；讨论《政府工作报告（征求意见稿）》。

十届十二次常委会议 2000年1月14日召开。听取各会议小组讨论情况的汇报，讨论修改市政协十届三次会议决议（草案）。

十届十三次常委会议 2000年1月16日召开。讨论修改市政协十届三次会议提案审查情况报告（讨论稿），讨论并原则通过市政协十届三次会议决议（草案）。

十届十四次常委会议　2000年3月30日召开。听取建德市政协领导班子“三讲”教育剖析材料情况的通报，并进行民主评议。

十届十五次常委会议　2000年5月23日召开。组织学习江泽民总书记关于“三个代表”重要思想的重要讲话；通报市政协领导班子开展“三讲”教育情况；讨论并通过《关于履行政协职能的若干意见》等4个文件；部署全市工业经济调研工作。

十届十六次常委会议　2000年9月7—8日召开。听取并讨论市长许保水关于农业农村、工业经济、商贸流通和财政金融等工作情况通报；听取6个课题调研组关于工业经济调研情况的汇报。市委、市人大、市政府领导应邀出席会议听取发言，市委书记王金财应邀到会并讲话。审议并原则通过《政协建德市委员会提案工作条例（修订稿）》。

十届十七次常委会议　2000年12月26日召开。传达学习全国统战工作会议精神。审议并原则通过常委会工作报告（草案）、提案工作报告（草案）。专题听取副市长王成土关于全市重点基础工程及重点技改项目的情况通报。

十届十八次常委会议　2001年2月5日召开。先后听取市政府办公室关于《政府工作报告》起草情况的说明、市财政局关于2000年财政预决算情况的通报；协商确定委员增补及讨论召开十届四次会议有关事宜。

十届十九次常委会议　2001年3月1日召开。听取市政协十届四次会议各组对常委会工作报告、提案工作报告讨论审议的情况汇报。会议还协商讨论有关人事任免事宜。

十届二十次常委会议　2001年3月3日召开。听取市政协十届四次会议各组对会议决议（草案）的讨论情况汇报，讨论通过提案审查情况的报告（草案）。

十届二十一次常委会议　2001年6月28日召开。视察新安江派出所、交警大队、看守所，专题听取市公安局关于全市“严打”第一阶段情况通报。

十届二十二次常委会议　2001年8月13—14日召开。邀请市委书记王金财作学习江泽民总书记在中国共产党成立八十周年大会上讲话的辅导报告。听取市长杨军关于市政府上半年工作情况通报；听取6个课题组关于“精神文明建设”专题调研情况的发言，并开展建言献策。

十届二十三次常委会议　2001年10月22日召开。学习贯彻中共十五届六中全会精神；就如何做好政协工作开展交流研讨。13名委员在会上交流发言。

十届二十四次常委会议　2001年12月28日召开。讨论修改常委会工作报告（草案）和提案工作情况的报告（草案）。听取市政府办公室关于市政府承办的8件建议案和131件提案的办理情况通报。会议还协商有关人事任免事宜。

十届二十五次常委会议　2002年1月31日召开。讨论《政府工作报告（征求意见稿）》，审查通过《关于召开政协建德市第十届五次会议的决定（草案）》，审议通过市政协十届五次会议有关文件，审定常委会工作报告和提案工作情况报告（讨论稿）及报告人建议名单，以及2001年度政协工作先进集体、先进个人和优秀提案。

十届二十六次常委会议 2002年2月28日召开。听取市政协十届五次会议各组讨论情况汇报，讨论《委员选举办法（草案）》，协商补选十届政协秘书长候选人名单，以及总监票人、总计票人、监票人建议名单，原则通过大会决议（草案）。

十届二十七次常委会议 2002年3月2日召开。听取十届政协五次会议各讨论组对《委员选举办法（草案）》、补选十届政协秘书长候选人酝酿情况以及总监票人、总计票人、监票人建议名单的讨论情况汇报，原则通过大会提案审查情况报告（草案）和大会决议（草案）。

十届二十八次常委会议 2002年6月25日召开。专题研讨"如何加快发展建德特色工业经济"，听取4个课题组的调研情况汇报。22个市级机关部门负责人应邀出席会议，并参与研讨。

十届二十九次常委会议 2002年8月8日召开。专题听取市委常委、常务副市长徐志生关于市政府半年工作情况通报，并进行协商讨论，提出意见和建议。

十届三十次常委会议 2002年12月25日召开。组织交流中共十六大精神学习体会。讨论修改市政协十届常委会工作报告（草案）和提案工作情况报告（草案）。审议通过市政协十一届委员会新增"无党派人士"界别。

十届三十一次常委会议 2003年2月14日召开。由陈庆祥代秘书长汇报市政协十一届一次会议筹备情况，审议通过市政协十一届委员建议名单、关于召开市政协十一届一次会议的决定（草案）、会议日程、议程（草案）、政协常委会工作报告和提案工作报告及报告人建议名单。协商讨论《政府工作报告（讨论稿）》。

第十一届委员会

第十一届委员会自2003年3月8日至2007年1月19日，共召开常委会议23次。

十一届一次常委会议 2003年3月8日召开。协商决定市政协十一届委员会副秘书长名单，审议通过各专门委员会设置及主任、副主任和成员名单，审议市政协常委会工作规则。

十一届二次常委会议 2003年5月27日召开。听取全市农村税费改革情况通报；审议通过市政协各专门委员会组织通则、提案工作条例，以及有关人事任免事项。

十一届三次常委会议 2003年7月25日召开。听取市政府关于1—6月政府工作情况通报，听取政协4个课题调研组关于"外向型经济"等专题调研情况的汇报交流。

十一届四次常委会议 2003年12月2日召开。邀请市委党校教师作"关于学习中共十六届三中全会精神的辅导报告"；部署市政协十一届二次会议的筹备工作。

十一届五次常委会议 2004年2月3日召开。审议通过市政协十一届委员会常委会工作报告（讨论稿）和提案工作情况报告（讨论稿）及报告人建议名单，审议通过十一届二次会议议程、日程（草案）和会议列席人员范围。讨论决定政协人事任免事项；审定2003年度政协工作表彰事宜。协商讨论《政府工作报告（征求意见稿）》。市长杨军、副市长朱启鸿应邀出席会议听取意见和建议。

十一届六次常委会议　2004年2月25日召开。听取市政协十一届二次会议各小组讨论情况汇报，审议通过政协十一届二次会议决议（草案）。

十一届七次常委会议　2004年2月27日召开。会议听取市政协十一届二次会议各小组讨论情况汇报，审议通过十一届政协二次会议提案审查情况的报告（草案）。

十一届八次常委会议　2004年5月13日召开。组织视察市人民法院新审判大厅和新建公安大楼现场，听取市委政法委、市人民法院、市人民检察院、市公安局、市司法局关于创建“平安建德”情况汇报，并提出意见和建议；协商有关人事任免事宜。

十一届九次常委会议　2004年8月20日召开。听取市政协5个专题调研组“关于市城镇化发展对策、生态特色农业发展对策、农业科学技术成果推广、农村社会保障体系建设和农村扶贫帮困工作等”调研情况汇报，讨论通过《关于城乡统筹发展，解决本市“三农”问题》的建议案。市委书记赵纪来，市长杨军，副市长章舜年、朱启鸿等应邀出席会议。

十一届十次常委会议　2004年10月29日召开。专题学习中共十六届四中全会精神。审议通过有关人事任免事项。

十一届十一次常委会议　2005年1月20日召开。听取市政府办公室关于《政府工作报告（征求意见稿）》起草情况的说明；听取市政府办公室关于办理政协提案、建议案的情况通报。会议审议通过关于召开市政协十一届三次会议的决定（草案）、会议议程、日程（草案）、政协常委会工作报告（讨论稿）和提案工作情况的报告（讨论稿）及报告人建议名单、会议列席人员名单、主席台就座人员名单等。审议确定2004年度政协工作先进集体、先进个人和优秀提案及优秀提案承办件，审议通过委员调整建议人员名单。

十一届十二次常委会议　2005年2月19日召开。听取大会各讨论组关于常委会工作报告和提案工作报告的讨论情况汇报，审议《选举办法（草案）》及总监票人、总计票人、监票人名单（草案），审议补选十一届常委候选人建议名单，审议通过十一届三次会议决议（草案）。

十一届十三次常委会议　2005年2月21日召开。听取各讨论小组关于《选举办法（草案）》和总监票人、总计票人、监票人名单（草案），以及补选市政协十一届常委候选人建议名单讨论情况的汇报；讨论通过市政协十一届三次会议提案审查情况的报告（草案）和市政协十一届三次会议决议（草案）。

十一届十四次常委会议　2005年5月31日召开。组织视察梅城、杨村桥、大同、更楼等乡镇（街道）的垃圾填埋场、养殖场和无动力厌氧净化池建设工程，听取所涉乡镇街道负责人关于生态示范区建设情况的汇报，并提出意见和建议。审议通过《关于顺利推进国家生态示范区创建工作的建议案》。

十一届十五次常委会议　2005年7月25日行。听取代市长洪庆华关于市政府半年工作情况的通报，并提出意见和建议。

十一届十六次常委会议 2006年1月20日召开。听取市政府关于市政协十一届三次会议以来的提案、建议案办理情况通报，审议通过召开市政协十一届四次会议的决定（草案）、会议议程、日程（草案）。讨论决定十一届四次会议秘书长、副秘书长名单。协商通过十一届政协常委会工作报告（草案）、提案工作情况的报告（草案）及报告人建议名单（草案）等。审议通过《建德市政协提案工作条例（修订意见）》，审议决定2005年度市政协工作先进集体、先进个人和优秀提案、提案优秀承办件。审议通过委员调整建议人员名单。

十一届十七次常委会议 2006年2月10日召开。听取全会各组汇报关于政协常委会工作报告、提案工作情况的报告、政府工作报告、“十一五”规划纲要和其他报告讨论情况；审议市政协十一届四次会议决议（草案）。

十一届十八次常委会议 2006年2月11日召开。听取全会各组汇报关于市人民法院、市人民检察院工作报告讨论情况，审议通过市政协十一届四次会议提案审查情况的报告（草案）、审定市政协十一届四次会议决议（草案）。

十一届十九次常委会议 2006年5月26日召开。听取市政协各调研组“关于加快发展现代服务业”等重点课题调研情况的汇报，审议通过市政协常委会《关于加快发展现代服务业的建议案》。市委书记陈春雷、副书记梁建华、副市长童文扬应邀出席会议。

十一届二十次常委会议 2006年7月24日召开。听取市长洪庆华关于市政府半年工作情况通报。

十一届二十一次常委会议 2006年8月24日召开。听取市政协各调研组“关于加快发展高速公路经济产业带”调研成果汇报交流，并提出意见和建议。讨论修改市政协常委会《关于加快发展高速公路经济产业带的建议案（草案）》。

十一届二十二次常委会议 2006年12月12日召开。组织视察杭新景高速公路建德至龙游支线建设现场；听取市委统战部关于市政协十二届政协委员界别设置事项；协商决定市政协机关有关机构设置和人事任免事宜。讨论决定“撤销唐发电政协委员资格”的决定。

十一届二十三次常委会议 2007年1月19日召开。听取市政府关于2006年《政府工作报告（征求意见稿）》和市政协十一届四次会议以来提案、建议案办理情况的通报。审议通过关于召开市政协十二届一次会议的决定（草案）、会议议程、日程（草案）、十二届政协委员建议名单（草案）。讨论决定2006年度政协工作先进集体、先进个人及优秀提案、优秀提案承办件（草案）。审议市政协十一届常委会工作报告（草案）、提案工作情况的报告及报告人建议名单（草案），以及十二届一次会议主席团、秘书长建议名单（草案）等。

第十二届委员会

第十二届委员会自2007年2月7日至2012年2月9日，共召开常委会议30次。

十二届一次常委会议 2007年2月7日召开。协商讨论市政协工作机构设置，协商决定有关人事任免事宜。

十二届二次常委会议　2007 年 7 月 20 日召开。听取市政协 5 个专题调研组关于本市“区域特色经济”调研情况汇报交流，市政府关于 1—6 月政府工作情况通报。讨论通过市政协常委会《关于进一步加强区域特色经济发展的建议案（草案）》。市委书记陈春雷应邀出席会议并讲话。

十二届三次常委会议　2007 年 10 月 29—31 日在临安召开。学习《中共中央关于进一步加强中国共产党领导的多党合作和政治协商制度建设的意见》（中发〔2006〕5 号文件）精神，听取杭州市委党校高国舫教授关于中共十七大文件的学习辅导课。听取市政协各专委会关于 2007 年度工作总结和 2008 年工作建议的汇报。

十二届四次常委会议　2007 年 12 月 6 日召开。听取杭州市城市规划设计研究院负责人（受建德市政府委托）关于建德市市域总体规划（2007—2020 年）大纲编制思路和方案的介绍，并提出意见和建议。

十二届五次常委会议　2008 年 1 月 23 日召开。听取市政府关于市政协十二届一次会议以来提案、建议案办理情况通报。讨论《政府工作报告（征求意见稿）》。审议通过关于召开市政协十二届二次会议的决定（草案）、会议日程、议程（草案）、会议秘书长、副秘书长名单（草案）、会议主席台就座人员名单（草案）、会议常委值日名单（草案）、会议列席人员名单（草案）。讨论决定 2007 年度政协工作先进集体和先进个人及优秀提案、提案优秀承办件（草案）。审议市政协十二届二次会议常委会工作报告（讨论稿）和提案工作情况的报告及报告人建议名单（草案）。

十二届六次常委会议　2008 年 2 月 17 日召开。听取各组关于市政协常委会工作报告和提案工作报告讨论情况的汇报；协商讨论市政协十二届二次会议决议（草案）、会议《选举办法（草案）》、市政协常委增补名单（草案）和总监票人、总计票人、监票人、计票人名单（草案）。

十二届七次常委会议　2008 年 2 月 18 日召开。听取全会各组关于《政府工作报告》和其他报告讨论情况的汇报，《选举办法（草案）》、总监票人、总计票人、监票人、计票人名单（草案）以及市政协常委补选名单讨论情况汇报，关于十二届二次会议决议（草案）和提案审查情况的报告（草案）讨论情况的汇报。

十二届八次常委会议　2008 年 6 月 27 日召开。听取市经济发展局“关于建德市化工产业转型升级规划编制情况”的汇报，并展开讨论，提出意见和建议。市委常委、副市长吴铁民应邀出席会议听取意见。

十二届九次常委会议　2008 年 8 月 5 日召开。传达学习全省政协主席读书会精神。听取市委常委、常务副市长章舜年关于市政府半年工作情况的通报；听取市政协 5 个专题调研组关于“改善民生，促进经济发展”调研情况的汇报。讨论通过市政协常委会《关于改善民生，推动发展的建议案》。市委书记陈春雷应邀出席会议并讲话。

十二届十次常委会议　2008 年 10 月 27 日召开。讨论决定政协机关有关人事任免事项。

十二届十一次常委会议　2009 年 1 月 13 日召开。听取市政府 2008 年度政府工作报告（征求意见稿）和市政协十二届二次会议以来建议案、提案、社情民意办理情况的通报；审议通过委员调整建议人员名单、关于召开市政协十二届三次会议的决定（草案）、会议日程、议程（草案）、常委会工作报告（草案）和提案工作情况的报告及报告人（草案）、2008年度政协各类先进建议名单（草案）。市委常委、常务副市长章舜年应邀出席会议并讲话。

十二届十二次常委会议 2009年2月5日召开。听取全会各组关于市政协常委会工作报告和提案工作报告的讨论情况汇报，协商讨论《选举办法（草案）》和总监票人、总计票人、监票人、计票人名单（草案），以及市政协十二届三次会议决议（草案），协商补选市政协十二届委员会常务委员候选人建议名单。

十二届十三次常委会议 2009年2月6日召开。听取全会各组关于《政府工作报告》和其他报告讨论情况汇报，关于《选举办法（草案）》，总监票人、总计票人、监票人、计票人名单（草案）和补选市政协十二届委员会常务委员候选人建议名单及市政协十二届三次会议决议（草案）讨论情况汇报。审定市政协十二届三次会议关于提案收集和初审情况报告。

十二届十四次常委会议 2009年7月17日召开。听取市政府半年工作情况的通报和市政协5个课题调研组的调研成果交流，并提出意见和建议。讨论通过市政协十二届十四次常委会建议案；审定《关于市政协加强委员管理的暂行规定》。市委副书记董悦应邀出席会议并讲话。

十二届十五次常委会议 2009年11月4日召开。组织学习胡锦涛总书记在庆祝人民政协成立60周年大会上的讲话；听取基层民主政治建设和科学技术与经济发展专题辅导讲座；市政协各专业组、联络组关于2009年度工作总结和2010年工作思路。

十二届十六次常委会议 2010年1月20日召开。听取市政府关于2009年度市政协十二届三次会议以来提案、建议案办理情况通报；协商讨论《政府工作报告》、2009年财政预算执行情况和2010年财政预算草案的报告、2009年国民经济和社会发展计划执行情况和2010年国民经济和社会发展计划草案的报告（征求意见稿）；审议通过关于召开市政协十二届四次会议的决定；审定市政协十二届四次会议的日程、议程（草案），以及市政协十二届四次会议常委会工作报告和提案工作情况的报告（草案）及报告人；审议通过市政协2010年各专委会工作计划安排和市政协2010年工作要点。

十二届十七次常委会议 2010年2月23日召开。审议通过市政协十二届委员会关于工作机构设置的决定，以及专委会人事任免事宜；审议通过市政协十二届委员会委员调整建议人员名单。

十二届十八次常委会议 2010年2月24日召开。听取全会各组关于市政协常委会工作报告、提案工作情况报告讨论情况汇报；审议《选举办法（草案）》和总监票人、总计票人、监票人名单（草案）；协商补选市政协十二届委员会副主席、常委候选人建议名单；审议市政协十二届四次会议决议（草案）。

十二届十九次常委会议 2010年2月25日召开。听取全会各组讨论情况汇报，审议通过十八次常委会审议的4个草案和市政协十二届四次会议提案收集和初审情况的报告，协商其他事项。

十二届二十次常委会议　2010 年 7 月 23 日召开。听取市政协 6 个重点课题组的调研成果交流；讨论通过市政协十二届二十次常委会议建议案。市委书记陈春雷，市委常委、常务副市长章舜年应邀出席会议并讲话。

十二届二十一次常委会议　2010 年 9 月 3 日召开。听取市发展改革局就“十二五”重大项目规划编制申报情况汇报和市政协“十二五”重大项目规划调研组作主旨发言，并提出意见和建议。审议并原则通过《政协建德市委员会提案工作条例（修订稿）》，以及有关人事任免事项。市委常委、常务副市长章舜年应邀出席会议并讲话。

十二届二十二次常委会议　2010 年 10 月 30 日召开。审议通过政协乡镇（街道）工作委员会设置和人事任免事项。

十二届二十三次常委会议　2010 年 12 月 28 日召开。听取市发展改革局关于“十二五”规划纲要编制情况的汇报；听取市政协 3 个重点课题调研组关于“十二五”规划纲要编制的调研成果交流，并提出意见和建议。审议通过《政协乡镇（街道）工作委员会工作规则》。副市长吕平应邀出席会议并讲话。

十二届二十四次常委会议　2011 年 1 月 12 日召开。听取市委常委、常务副市长章舜年关于 2010 年政府工作情况通报。听取市政府办公室关于市政协十二届四次会议以来提案、建议案办理情况的通报。传达贯彻全国政协副主席郑万通关于建德市政协机构改革试点情况的讲话精神。审议市政协委员调整方案。

十二届二十五次常委会议　2011 年 3 月 6 日召开。听取全会各组关于增补市政协十二届委员会常委候选人名单（草案）、《选举办法（草案）》和总监票人、总计票人、监票人名单（草案）讨论情况汇报。审议市政协十二届委员会五次会议决议（草案）。

十二届二十六次常委会议　2011 年 3 月 7 日召开。听取全会各组讨论情况汇报；审议通过《选举办法（草案）》和总监票人、总计票人、监票人名单（草案）。协商通过市政协十二届五次会议决议（草案）。审议市政协十二届五次会议提案收集和初审情况报告。审议通过补选常务委员候选人建议名单（草案）。

十二届二十七次常委会议　2011 年 4 月 21 日召开。听取市发展改革局关于“十二五”城乡区域统筹发展编制情况、市农业和农村工作办公室关于资金来源和政策扶持情况的汇报，并提出意见和建议。审议通过《政协建德市委员会专门委员会通则》《政协建德市委员会常务委员会关于加强自身建设的决定》《政协建德市委员会常务委员会工作规则》《政协建德市委员会关于加强委员管理的办法》。市委常委、副市长吴铁民应邀出席会议并作讲话。

十二届二十八次常委会议　2011 年 7 月 28 日召开。听取市长董悦关于市政府半年工作情况通报；市政协 13 个重点课题组的调研成果交流。协商通过《关于实现城乡统筹，推进建德经济发展》的建议案。市委副书记章舜年应邀出席会议并讲话。

十二届二十九次常委会议　2012 年 1 月 19 日召开。协商讨论《政府工作报告（送审稿）》，审议通过十三届市政协委员调整建议人员名单（草案）、关于召开市政协十三届一次会议的决定（草案）、会议日程、议程（草案）、《常委会工作报告》和《提案工作情况的报告》及报告人（草案）。

十二届三十次常委会议 2012 年 2 月 9 日召开。协商决定刘国金等 6 位委员的乡镇（街道）工委职务任免事项。

第十三届委员会

第十三届委员会自 2012 年 2 月 14 日至 2017 年 1 月 12 日，共召开常委会议 31 次。

十三届一次常委会议 2012 年 2 月 14 日召开。审议通过市政协办公室、专委会及副秘书长等人事任免事项。

十三届二次常委会议 2012 年 5 月 7 日召开。审议通过市政协有关规章制度及人事任免事宜。

十三届三次常委会议 2012 年 8 月 7 日召开。听取市委常委、常务副市长郭坚关于市政府半年工作情况的通报；市政协 6 个重点课题组关于调研情况汇报交流。讨论通过《关于振兴产业工程、打造实力建德的建议案》。市委书记董悦应邀出席会议并讲话。

十三届四次常委会议 2012 年 11 月 20 日在福州召开。学习贯彻中共十八大精神：正确理解中共十八大报告中提出的 11 条新提法和新观点；强调在学习贯彻中，要强化"四个意识"，做好"六个深刻领会"，讲大局、提能力、强责任、抓落实。听取并讨论市政协"一办六委"汇报 2012 年工作小结和 2013 年工作思路。审议通过有关人事任免事项。

十三届五次常委会议 2013 年 1 月 25 日召开。听取市政府 2012 年度工作总结和 2013 年度工作安排的通报，市政府办公室关于市政协十三届一次会议以来提案、建议案办理情况的通报。协商讨论《政府工作报告（征求意见稿）》、市政协常委会工作报告和提案工作情况的报告（草案）。审议通过召开市政协十三届二次会议的决定（草案）等会议文件和有关人事任免事宜。市长陈震山、常务副市长郭坚应邀出席会议并讲话。

十三届六次常委会议 2013 年 2 月 26 日召开。协商补选市政协十三届委员会常务委员候选人建议名单（草案）；听取全会各组关于市政协常委会工作报告和提案工作报告讨论情况汇报；协商确定《选举办法（草案）》和总监票人、副总监票人、监票人建议名单（草案）；审定十三届二次会议决议（草案）。

十三届七次常委会议 2013 年 2 月 27 日召开。听取全会各组关于《政府工作报告》等几个报告讨论情况的汇报；审议通过《选举办法（草案）》和总监票人、副总监票人、监票人建议名单（草案）；补选市政协十三届委员会常务委员候选人建议名单（草案）；市政协十三届二次会议决议（草案）；关于提案收集和初审情况的报告以及有关人事任免事宜。

十三届八次常委会议 2013 年 8 月 16 日召开。听取市委常委、常务副市长郭坚关于市政府半年工作情况的通报；听取市政协 7 个课题组关于"城乡统筹工程、打造宜居建德"等课题调研情况的汇报交流，讨论通过《关于城乡统筹工程打造宜居建德的建议案》。市委书记董悦应邀出席会议并讲话。

十三届九次常委会议 2013年10月25日在安徽休宁召开。视察新安江上游生态保护情况及污水设施建设情况，组织学习习近平总书记“八一九”重要讲话精神；听取市政协机关“一办六委”关于2013年的工作总结和2014年工作思路的汇报，并提出意见和建议。审定有关人事任免事项。

十三届十次常委会议 2013年12月17日召开。听取市政府关于2013年度工作总结、2014年主要工作安排，以及市政协十三届二次会议以来提案、建议案办理情况的通报。协商讨论《政府工作报告（征求意见稿）》和市政协十三届三次会议常委会工作报告和提案工作情况的报告（送审稿）。审议通过关于召开市政协十三届三次会议的决定（草案）；市政协十三届三次会议的议程、日程（草案），以及市政协十三届三次会议列席人员名单（草案）、人事任免事项等。市委常委、常务副市长郭坚应邀到会并讲话。

十三届十一次常委会议 2014年1月21日召开。听取市委组织部关于补选市政协十三届委员会常务委员候选人情况的介绍；听取全会各组关于市政协常委工作报告和提案工作报告讨论情况的汇报。协商讨论《选举办法（草案）》、十三届三次会议决议（草案）和总监票人、副总监票人、监票人建议名单（草案）。

十三届十二次常委会议 2014年1月22日召开。听取全会各组关于《政府工作报告》等讨论情况汇报；审议通过《选举办法》（草案）；补选市政协十三届委员会常务委员候选人名单（草案）和总监票人、副总监票人、监票人建议名单（草案）；市政协十三届三次会议决议、建议案（草案）；以及市政协十三届三次会议提案收集与初审情况报告（草案）。

十三届十三次常委会议 2014年8月13日召开。听取市政协7个课题组关于“五水共治”和统筹推进美丽乡村建设等专题调研情况汇报。市委书记戴建平，市委常委、副市长梁克东应邀出席会议。

十三届十四次常委会议 2014年11月11日召开。听取市卫生局、市水利水产局、市农业局、市农业和农村工作办公室、市住房建设局、市环保局6个部门“五水共治”专项工作报告；听取市政协6个监督评议小组的调查情况汇报。审议通过《测评办法（草案）》，并进行现场测评。市委常委、副市长梁克东应邀出席会议并讲话。

十三届十五次常委会议 2014年12月3—5日召开。组织学习中共十八届四中全会精神；听取市政协“一办六委”关于2014年工作完成情况和2015年工作思路的汇报；总结回顾2014年市政协常委会工作，对下半年的工作思路提出建议。审议通过《常务委员会工作规则》《专门委员会通则》《关于加强委员管理的办法》《关于委员密切联系群众若干规定》《提案工作条例》等文件。审议通过有关人事任免事项。

十三届十六次常委会议 2015年1月6日召开。听取市政府2014年度政府工作和市政协十三届三次会议建议案、提案办理情况通报；审议关于召开市政协十三届四次会议的决定（草案），审议通过十三届政协委员调整建议人员名单。

十三届十七次常委会议 2015年1月14日召开。协商讨论《政府工作报告（征求意见稿）》；审议通过市政协常委会工作报告和提案工作情况的报告（审议稿）；市政协十三届四次会议日程、议程（草案）等有关文件。市委常委、常务副市长周友红应邀到会听取意见。

十三届十八次常委会议 2015年1月27日召开。听取市委组织部关于补选市政协第十三届委员会副主席、常务委员候选人建议名单的说明；听取全会各组关于市政协常委会工作报告、提案工作情况报告讨论情况的汇报；协商讨论《选举办法（草案）》和总监票人、副总监票人、监票人建议名单（草案）；审议市政协十三届四次会议决议（草案）、建议案（草案）。

十三届十九次常委会议 2015年1月28日召开。听取全会各组关于《政府工作报告》及其他报告讨论情况的汇报；审议通过《选举办法（草案）》和总监票人、副总监票人、监票人建议名单（草案）；审议通过补选市政协十三届委员会副主席、常务委员候选人名单；审议通过市政协十三届四次会议决议（草案）、建议案（草案）；以及提案收集和初审情况报告。

十三届二十次常委会议 2015年8月6日召开。听取政协7个课题调研组就“拓展城市空间、缓解管理难题”“发展生态旅游”“推动现代农业发展”“加快环保产业发展”“加快乡镇污水处理设施建设管理”“加强危险废物及城市污泥处置”“推进政府和社会资本合作”等课题的调研情况汇报。市委书记戴建平，市委常委、常务副市长周友红应邀出席会议并讲话。

十三届二十一次常委会议 2015年10月23日召开。听取市发展改革局、市经济与信息化局、市科学技术局、市旅游商务局、市市场监管局5个部门“关于工业扶持政策绩效情况”汇报；根据各监督评议组对5个部门工业扶持政策绩效情况的调查，对五部门进行现场测评并当场宣布测评结果。市委常委、常务副市长周友红应邀到会听取发言。

十三届二十二次常委会议 2015年12月7日召开。组织学习中共十八届五中全会精神，结合前期学习考察旅游发展，交流心得体会，并就发展建德全域旅游进行专题建言。

十三届二十三次常委会议 2015年12月28日召开。协商讨论《政府工作报告》；听取办理市政协十三届四次会议以来提案、建议案情况通报。市委常委、常务副市长周友红应邀到会听取意见和建议。

十三届二十四次常委会议 2016年1月14日召开。听取全会各组关于市政协常委会工作报告、提案工作情况的报告讨论情况汇报；审议市政协十三届五次会议决议（草案）、建议案（草案）。

十三届二十五次常委会议 2016年1月15日召开。听取全会各组关于《政府工作报告》及其他报告讨论情况汇报；审议通过市政协十三届五次会议决议（草案）、建议案（草案）和市政协十三届五次会议提案收集和初审情况报告。

十三届二十六次常委会议 2016年3月24日召开。学习贯彻全国政协会议精神，并通过有关人事任免事项。

十三届二十七次常委会议　2016 年 5 月 13 日召开。部署民主评议“民生保障工作”和研究机关支部党员活动日暨“两学一做”集中学习活动方案。

十三届二十八次常委会议　2016 年 7 月 26 日召开。听取政协 6 个课题组代表就“加快推进区域旅游发展”“‘五水共治’长效机制建设与落实”“创建大新安江 AAAAA 级景区”“加快实施新安江老城区有机更新”“杭黄铁路背景下建德旅游发展”“优化资源配置推动产业发展”课题调研情况汇报；审议通过市政协常委会“关于助推全域旅游发展”的建议案（草案）。市委书记戴建平，市委常委、常务副市长周友红应邀到会并讲话，

十三届二十九次常委会议　2016 年 10 月 14 日召开。听取市教育局、市民政局、市交通局和市卫计局等部门“关于民生保障工作的情况汇报”以及各监督评议小组的调研情况汇报，进行现场测评。

十三届三十次常委会议　2016 年 11 月 30 日召开。实地考察高铁经济、景区景点建设、乡村旅游发展等方面的经验和做法，交流考察体会；听取市政协“一办六委”关于 2016 年度工作完成情况和下一年工作思路的汇报。

十三届三十一次常委会议　2017 年 1 月 12 日召开。听取市政府关于 2016 年政府工作情况通报，协商《政府工作报告（征求意见稿）》，并提出意见和建议。听取市政府办公室关于政协十三届五次会议以来的提案、建议案办理落实情况通报。审议通过市政协十四届委员会委员建议人选名单、关于召开市政协十四届一次会议的决定（草案）、关于会议议程、日程（草案），以及会议主席台就座人员、列席人员名单、十三届常委会工作报告（讨论稿）和提案工作情况的报告（讨论稿）及报告人建议名单（草案）。市委副书记周友红，副市长胡晓立应邀出席会议并讲话。

第十四届委员会

第十四届委员会自 2017 年 2 月 9 日至 2019 年 12 月 16 日，共召开常委会议 20 次。

十四届一次常委会议　2017 年 2 月 9 日召开。审议通过关于市政协机关机构设置及人事任命的决定，决定政协建德市第十四届委员会机构设置为“一办六委”，任命“一办六委”负责人和第十四届委员会副秘书长。

十四届二次常委（扩大）会议　2017 年 6 月 1 日召开。部署对市旅游局、市经济信息化局分别牵头实施的招商引资和工业投资工作，着重围绕 2014—2016 年间，概算投资 5000 万元以上的重大项目，开展以“扩大有效投资”为主题的民主评议工作。市政协主席吴铁民作动员；市委副书记周友红，市委常委、常务副市长吕平分别讲话。

十四届三次常委会议　2017 年 8 月 3 日召开。听取 6 个课题组就“水产业发展的农夫山泉实践”“投资项目承诺制改革”“智慧农业发展”“科学技术孵化器建设”“信息经济发展”“城镇污水处理设施建设”等课题的调研情况交流。审议通过《关于水产业发展等重点调研课题的建议

案》。市委书记童定干，市委常委、常务副市长吕平应邀出席会议并讲话。

十四届四次常委会议 2017 年 10 月 20 日召开。听取市旅游商务局、市经济信息化局关于扩大有效投资工作情况汇报，听取市政协“评议办”关于扩大有效投资调查情况汇报，以及 5 个监督评议小组代表发言。进行现场测评并公布评议结果。市委常委、常务副市长吕平应邀出席会议并讲话。

十四届五次常委会议 2017 年 12 月 1 日召开。听取市委党校关于“中共十九大精神”的宣讲报告和市政协“一办六委”负责人有关 2017 年工作完成情况汇报与 2018 年工作思路交流。

十四届六次常委会议 2018 年 1 月 8 日召开。听取市政府关于 2017 年政府工作情况通报以及办理政协提案、建议案情况通报；协商讨论《政府工作报告（征求意见稿）》，审议通过市政协十四届二次会议有关文件。市长朱欢、副市长俞朝辉应邀到会听取意见。

十四届七次常委会议 2018 年 1 月 16 日召开。听取全会各组关于市政协常委会工作报告、提案工作报告讨论情况汇报；协商讨论市政协十四届二次会议决议（草案）等有关文件讨论情况汇报。

十四届八次常委会议 2018 年 1 月 17 日召开。听取全会各组关于《政府工作报告》等有关内容讨论情况汇报；审议通过市政协十四届二次会议决议（草案）和十四届二次会议关于提案收集、初审情况的报告。

十四届九次常委（扩大）会议 2018 年 4 月 20 日召开。对民生保障工作“回头看”“城乡生活垃圾分类处理三级政协联动”“农村生活污水处理设施运维专项调查” 3 项专项集体民主监督工作，作出民主评议部署。市委常委、统战部部长叶万生，副市长张早林应邀出席会议。

十四届十次常委会议 2018 年 7 月 26 日召开。听取 6 个重点课题组《关于推进我市乡村治理体系建设的思考与建议》《关于我市高铁时代综合交通建设与运营管理的几点思考》等课题调研情况汇报交流。市委书记、市人大常委会主任童定干应邀出席会议并讲话，市委常委、常务副市长吕平应邀到会听取意见和建议。

十四届十一次常委会议 2018 年 10 月 19 日召开。民主评议教育局、民政局、交通局和卫计局等四部门牵头实施的民生保障工作“回头看”。市委副书记吕平应邀到会听取意见和建议。

十四届十二次常委会议 2018 年 12 月 13 日召开。组织常委读书会。集中学习习近平总书记关于加强与改进人民政协工作的重要思想，总结交流 2018 年工作，谋划 2019 年工作思路。交流对乡村振兴、全域旅游及文明城市创建工作的学习考察体会及对常委会工作的意见建议。听取机关“一办六委”负责人关于 2018 年工作完成情况和 2019 年工作思路的汇报。

十四届十三次常委会议 2019 年 1 月 29 日召开。听取市政府关于 2018 年度政府工作情况通报；协商讨论《政府工作报告》（征求意见稿）。听取市政府关于办理市政协提案、建议案情况的通报。审议通过十四届委员届中调整事宜和市政协十四届三次会议有关文件等。

十四届十四次常委会议 2019 年 2 月 15 日召开。协商补选市政协十四届委员会副主席、秘书长、常务委员候选人建议名单；听取全会各组关于市政协常委会工作报告、提案工作情况报告讨论情况汇报；审议通过《选举办法（草案）》和总监票人、副总监票人、监票人建议名单（草案），以及十四届三次会议决议（草案）。

十四届十五次常委会议　2019 年 2 月 16 日召开。听取全会各组讨论情况汇报；审议通过《选举办法（草案）》；审议通过总监票人、副总监票人（草案）和监票人名单；审议通过补选市政协十四届委员会副主席、秘书长、常务委员候选人名单；审议通过市政协十四届三次会议决议（草案），本次会议提案收集和初审情况报告，以及人事任免事宜。

十四届十六次常委会议　2019 年 4 月 28 日召开。学习全国两会精神。审议通过 2019 年市政协常委会工作要点、关于政协专委会机构设置调整的决定，以及相关人事任免决定。

十四届十七次常委（扩大）会议　2019 年 7 月 18 日召开。部署“新时代人民政协的新样子”专题研讨活动和 2019 年度市政协常委会民主评议监督工作。市委常委、常务副市长俞伟到会听取意见并讲话。

十四届十八次常委会议　2019 年 9 月 10 日召开。听取市政协 6 个课题组“关于小江溪流域综合开发的思考和建议”等重点课题调研情况汇报交流。审议通过关于 2019 年重点调研课题的建议。市委书记童定干应邀出席会议并讲话，市委常委、常务副市长俞伟应邀到会听取意见。

十四届十九次常委会议　2019 年 11 月 12 日召开。传达贯彻中共十九届四中全会精神和浙江省政协工作会议精神。举行 2019 年度“政府民生实事项目”专项民主评议会。

十四届二十次常委会议　2019 年 12 月 16 日召开。会议传达贯彻中央经济工作会议、省委十四届六次全会和杭州市委政协工作会议精神；审议通过 2020 年常委会工作要点和关于召开市政协十四届四次会议的决定（草案）。

第三节　主席会议

政协各届委员会对重大问题的研究决策，实行政协主席会议制度。政协主席会议由主席、副主席和秘书长组成。一般每月召开一次，在特殊情况下可以临时召开。其职责和任务是：在常委会闭会期间，处理常委会的重要日常工作；协商讨论关于贯彻党和国家的大政方针和重大决策、措施以及群众生活普遍关注的重大问题，提出意见和建议；审议以政协名义向党委、人大和政府提出的建议案；审议提交常委会的文件；审议各专门委员会的重要视察、考察调研报告、年度工作计划等；讨论决定召开常委会和其他会议的议题、日程；协商讨论党委、人大和政府的重大决策和重要人事调整事项；邀请党委、政府及有关部门负责人通报情况；研究并向政协常委会提出工作机构的设置、变动及其领导人员任免的建议；研究部署政协近期工作等。主席会议由主席根据工作需要安排会议时间，并视会议议题情况，酌情邀请有关人员列席。

第十届委员会

第十届委员会自1998年3月9日至2003年2月10日，共召开主席会议51次。

十届一次主席会议 1998年3月8日召开。研究决定市第十届政协委员会委组设置及成员名单。

十届二次主席会议 1998年4月8日召开。组织视察市看守所新安江镇桥南新建工程。讨论决定政协联谊会换届事宜，讨论通过政协1998年工作思路。

十届三次主席会议 1998年5月13日召开。学习全国政协九届一次会议决议。研究决定召开十届二次常委会议的时间和内容，讨论决定联谊会领导班子调整方案，研究举办政协委员培训班有关事宜。

十届四次主席会议 1998年7月3日召开。讨论修改《委员届中调整意见》和《视察简则》，讨论决定1998年度委员学习若干意见，讨论决定《建德市政协志》编纂领导小组。

十届五次主席会议 1998年8月14日召开。学习中共中央政治局常委、全国政协主席李瑞环在全国政协会议上的讲话。听取市统计局关于《中华人民共和国统计法》执行情况的汇报，讨论《建德市政协志》编纂提纲。

十届六次主席会议 1998年9月8日召开。组织视察新安江城区“浙江省卫生城市创建工作”。

十届七次主席会议 1998年10月20日召开。组织视察320国道建德段改建工程，听取政协工作规范化、制度化建设情况通报。

十届八次主席会议 1998年11月30日召开。学习中共十五届三中全会决定。协商讨论1999年工作思路。

十届九次主席会议 1998年12月22日召开。学习中共中央政治局常委、国家副主席胡锦涛关于开展“三讲”教育的讲话。讨论决定召开市政协十届四次常委会议有关事宜，讨论修改市政协十届常委会工作报告。审定编纂《建德市政协志》有关规定。

十届十次主席会议 1999年1月19日召开。听取市政协十届二次会议筹备工作情况通报，研究召开十届五次常委会议有关事宜，审定1998年度市政协优秀提案和“双先”（先进集体、先进个人）表彰名单，研究市政协十届委员会委员调整事宜，讨论修改十届二次会议提案工作报告。

十届十一次主席会议 1999年2月24日召开。研究召开市政协十届二次全会有关事宜，研究确定召开十届六次常委会议的日程和议程。

十届十二次主席会议 1999年3月16日召开。协商研究1999年市政协工作安排，协商调整主席分工，讨论修改委组考核计分办法，研究委组成员调整事宜，讨论决定1999年度重点提案和重点调研课题。

十届十三次主席会议 1999年5月11日召开。组织视察富春江七里泷建德段景区，听取建德市东线旅游开发指挥部有关工作情况汇报。

十届十四次主席会议 1999年6月14日召开。学习全国政协主席李瑞环在地方政协主席座谈会上的讲话。协商研究召开市政协十届八次常委会议有关事项，听取提案委负责人关于重点提案督办情况汇报，研究有关人事任免事项。

十届十五次主席会议 1999年7月13日召开。组织视察新安江城区城市防洪工程（第一期）建设工程现场。听取相关部门的情况汇报，并提出意见建议。

十届十六次主席会议 1999年8月9日召开。学习讨论中共杭州市委政协统战工作会议精神，并向中共建德市委提出，在2000年适当时间，召开全市政协统战工作会议的建议。协商研究市政协十届九次常委会议事宜，讨论修改纪念人民政协成立五十周年开展“五个一”活动方案。

十届十七次主席会议 1999年9月29日召开。学习讨论中共十五届五中全会《关于国有企业改革和发展若干重大问题的决定》，并提出意见和建议。

十届十八次主席会议 1999年10月13日召开。组织视察320国道建德段改建工程现场。协商研究召开市政协十届十次常委会议有关事项。

十届十九次主席会议 1999年11月25日召开。协商讨论市政协十届三次全会筹备工作意见；结合中央经济工作会议精神，协商讨论市政协十届三次全会常委会工作报告和提案工作报告起草提纲。

十届二十次主席会议 1999年12月9日召开。讨论修改市政协十届三次全会常委会工作报告（讨论稿）和提案工作报告（讨论稿），审议召开市政协十届十一次常委会议有关事项，通报市政协十届委员调整工作。

十届二十一次主席会议 2000年1月5日召开。通报市政协十届三次会议筹备工作，讨论并原则通过2000年政协工作要点，讨论审定1999年度市政协工作“双先”名单及优秀提案。

十届二十二次主席会议 2000年2月24日召开。学习中共中央总书记江泽民在庆祝人民政协成立五十周年纪念大会上的讲话，传达贯彻全国政协主席李瑞环在浙江省政协八届三次会议上的讲话精神，审定2000年度政协重点提案，讨论修改政协委组考核办法。

十届二十三次主席会议 2000年3月16日召开。学习全国政协主席李瑞环在全国政协九届三次会议闭幕会上的讲话，讨论决定关于下发学习李瑞环《在全国政协九届三次会议闭幕会上讲话》的通知，协商《建德市政协志》编审委员会成员名单。

十届二十四次主席会议 2000年5月12日召开。讨论修改《进一步加强理论学习若干意见》等5个文件，讨论决定召开市政协十届十五次常委会议有关事项，审定工业经济调研课题。

十届二十五次主席会议 2000年6月16日召开。组织专题视察新安江主城区内“查违拆旧”工作，结合存在的问题提出意见建议。

十届二十六次主席会议 2000年8月23日召开。学习杭州市政协副主席沈者寿在杭州市政协常委读书班上的讲话，讨论修改中共建德市委《关于进一步加强新时期人民政协工作的实施意见

（讨论稿）》和《政协建德市委员会提案工作条例（修订草案）》，协商研究召开十届政协第十六次常委会议有关事项。

十届二十七次主席会议 2000年10月24日召开。学习贯彻中共十五届五中全会精神。

十届二十八次主席会议 2000年12月18日召开。讨论修改市政协十届三次会议常委会工作报告、提案工作的报告（草案）；协商讨论召开市政协十届十七次常委会议有关事项。

十届二十九次主席会议 2001年1月15日召开。协商决定召开市政协十届四次会议的日程、议程（草案），正、副秘书长建议名单，常委值日建议名单（草案）；审议市政协2000年“双先”表彰名单；协商讨论委员增补名单和委组成员名单；讨论通过市政协2001年工作要点；研究召开十届政协第十八次常委会议有关事宜。

十届三十次主席会议 2001年2月27日召开。学习中共浙江省委书记张德江2月9日参加省政协会议中共组讨论时的讲话，以及省委常委、杭州市委书记王国平2月19日参加杭州市政协会议中共组讨论时的讲话；协商政协人事任免及委组负责人、委组成员调整事项。

十届三十一次主席会议 2001年3月23日召开。研究确定2001年度重点提案和重点调研课题，讨论修改《反映社情民意及信息工作若干意见》。

十届三十二次主席会议 2001年4月27日召开。传达全国政协九届四次会议精神，研究讨论政协调研有关事宜，听取市科协和文史委负责人考察苏南、浙北情况汇报，以及市二轻总公司企业改制情况汇报。

十届三十三次主席会议 2001年6月22日召开。组织视察严州中学新安江校区建设工地；研究开展民主评议方案（讨论稿）和审定召开市政协十届二十一次常委会有关事宜。

十届三十四次主席会议 2001年8月3日召开。学习江泽民总书记“七一”重要讲话，研究决定市政协十届二十二次常委会事项，传达贯彻杭州市反映社情民意工作会议精神。

十届三十五次主席会议 2001年8月23日召开。协商讨论本市乡镇区划调整方案，对建德市更名为“新安江市”进行协商并形成会议纪要。

十届三十六次主席会议 2001年10月11日召开。学习中共十五届六中全会精神，讨论决定召开市政协十届二十三次常委会议有关事宜。

十届三十七次主席会议 2001年11月12日召开。组织视察新安江城市防洪工程建设现场，听取城防工程部相关情况汇报，并就该工程提出意见和建议；通报编纂《建德市政协志》有关事宜。

十届三十八次主席会议 2001年12月14日召开。讨论修改市政协十届四次会议常委会工作报告，审定市政协十届二十四次常委会议议程。

十届三十九次主席会议 2002年1月21日召开。组织视察建德海螺水泥项目和大同镇标准农田建设项目；研究召开市政协十届二十五次常委会有关事宜，协商推荐市政协工作“双先”名单。

十届四十次主席会议 2002年2月25日召开。组织视察市行政审批中心筹建工作和新安江上餐饮船整治情况；听取市政协十届五次全会筹备情况汇报。

十届四十一次主席会议　2002 年 3 月 19 日召开。组织视察三都镇“两水一花”（水果、水产和西红花）种植、养殖情况；研究确定 2002 年度重点提案。

十届四十二次主席会议　2002 年 4 月 25 日召开。听取建设局关于新安江城区总体规划情况汇报和副市长王成土就规划编制及有关问题的说明。

十届四十三次主席会议　2002 年 6 月 14 日召开。组织视察下包乡有关生态区建设情况；组织学习江泽民总书记“5·31”重要讲话；协商决定召开市政协十届二十八次常委会有关事宜。

十届四十四次主席会议　2002 年 7 月 23 日召开。组织视察新安江城区溪头区块开发建设情况，听取市国土局关于该项目建设情况汇报；协商决定召开市政协十届二十九次常委会有关事项。

十届四十五次主席会议　2002 年 8 月 27 日召开。讨论修改十届政协五年来工作报告的起草提纲。

十届四十六次主席会议　2002 年 9 月 26 日召开。听取市政府关于“建德市九年制义务教育情况”和“建德市经济开发区建设实施方案”的通报。

十届四十七次主席会议　2002 年 10 月 25 日召开。协商讨论市政协换届有关事项；听取贯彻落实市委〔2000〕74 号文件精神检查情况的通报。

十届四十八次主席会议　2002 年 11 月 29 日召开。学习中共十六大报告，讨论通过《致全体政协委员的倡议书》；协商讨论市政协十届五次会议常委会工作报告和提案工作报告。

十届四十九次主席会议　2002 年 12 月 10 召开。讨论修改市政协十届五次会议常委会工作报告和提案工作报告（草案）；讨论决定召开市政协十届三十次常委会议日程、议程（草案）等有关文件。

十届五十次主席会议　2003 年 1 月 21 日召开。讨论召开市政协十一届一次会议的日程、议程（草案）等有关事项；协商决定政协优秀提案和提案办理“双先”名单（草案）。

十届五十一次主席会议　2003 年 2 月 10 日召开。讨论召开市政协第十一届委员会日程、议程（草案）；协商讨论市政协第十一届委员名单（草案）、会议列席人员范围以及市政协十一届委员会一次会议常委会工作报告和提案工作报告及报告人建议名单（草案）。

第十一届委员会

第十一届委员会自 2003 年 3 月 7 日至 2007 年 1 月 16 日，共召开主席会议 49 次。

十一届一次主席会议　2003 年 3 月 7 日召开。审议通过十一届政协委员会副秘书长建议名单和各专门委员会正、副主任及成员名单；讨论修订市政协第十一届委员会《常委会工作规则》；审议通过市政协 2003 年度工作要点。

十一届二次主席会议　2003 年 3 月 21 日召开。学习贾庆林在全国政协十届一次会议闭幕时讲话；协商市政协领导分工和市政协十一届委员分组建议名单，确定 2003 年度重点提案。

十一届三次主席会议 2003年4月29日召开。协商讨论全市计划生育工作。

十一届四次主席会议 2003年5月19日召开。听取市政府关于“83221”工程和创建国家级生态城市情况的通报；协商讨论政协提案委员会《关于重点提案的产生办法和办理规定》《建德市政协优秀提案、提案优秀承办件和承办提案先进单位、先进个人评选办法》，以及召开市政协十一届二次常委会议有关事宜。

十一届五次主席会议 2003年6月12日召开。组织视察新安江污水处理厂，听取有关部门领导的情况汇报；审议通过委组考核办法；协商新任政协委员的培训，以及联谊会人事安排等事宜。

十一届六次主席会议 2003年7月10日召开。组织视察本市开展创建省级文明城市工作，并提出意见和建议。审议召开市政协十一届三次常委会议有关事项。

十一届七次主席会议 2003年8月18日召开。组织视察新安江城市防洪工程，听取相关部门的情况汇报，并提出意见建议。

十一届八次主席会议 2003年9月23日召开。组织视察新安江城区城市路网工程建设情况；学习中共杭州市委〔2003〕17号文件；传达贯彻杭州市政协工作会议精神；协商调整有关专业组组长事宜。

十一届九次主席会议 2003年10月21日召开。听取市交通局负责人关于2003年县乡道工程建设情况汇报，并提出意见和建议。

十一届十次主席会议 2003年11月16日召开。协商讨论市农业龙头企业发展问题；研究召开市政协十一届四次常委会议有关事项。

十一届十一次主席会议 2003年12月23日召开。组织视察省级经济开发区安仁、洋溪与寿昌区块，听取开发区负责人就开发区建设情况汇报，并围绕省级经济开发区建设建言献策。

十一届十二次主席会议 2004年1月8日召开。讨论修改市政协十一届二次全会常委会工作报告和提案工作情况的报告，协商确定召开十一届政协第五次常委会议有关议题。

十一届十三次主席会议 2004年1月31日召开。审议召开市政协十一届二次会议决定（草案），会议日程、议程（草案）；审议通过市政协十一届二次会议常委会工作报告和提案工作报告及报告人建议名单（草案）；审议确定市政协十一届二次会议列席人员范围（草案）和人事任免事宜。研究确定2003年度政协工作各项先进表彰等。审定市政协2004年度工作要点。

十一届十四次主席会议 2004年3月23日召开。传达贯彻全国政协十届二次会议和杭州市统战部关于香港专项工作的会议精神；讨论确定2004年度市政协重点提案，审议2004年城乡统筹发展调研课题实施方案。

十一届十五次主席会议 2004年4月23日召开。组织视察本市国家生态城市创建工作情况；协商政协人事调整及其他事宜。

十一届十六次主席会议 2004年5月28日召开。组织视察富春江江南村旅游景点，听取市风景旅游局关于本市旅游发展情况汇报，并提出意见和建议。

十一届十七次主席会议　2004年6月24日召开。商讨“环三江口”经济圈发展规划与前景。

十一届十八次主席（扩大）会议　2004年7月20日召开。听取市政府半年工作情况通报；总结部署政协工作。

十一届十九次主席会议　2004年8月12日召开。学习贯彻科学发展观理论；协商确定十一届政协第九次常委会有关事项。

十一届二十次主席会议　2004年9月21日召开。组织视察本市省级文明城市创建工作，听取市“创建办”关于省级文明城市创建工作情况专题汇报。

十一届二十一次主席会议　2004年10月27日召开。组织视察杭新景高速公路建德段征迁工作；审议通过十一届政协第十次常委会议有关事项，审议市政协机关内设机构设置和人事任免事项。

十一届二十二次主席会议　2004年10月29日召开。协商市政协机关人事任免事宜。

十一届二十三次主席会议　2004年11月26日召开。协商调整市政协领导分工、调整各专门委员会组成人员和进一步明确职责等事宜。组织视察全市来料加工业发展情况，听取相关部门的情况汇报，并提出意见和建议。

十一届二十四次主席会议　2004年12月17日召开。听取市发展计划局关于建德市2004年经济运行情况、2005年经济社会发展及重点项目预安排情况的汇报。

十一届二十五次主席会议　2005年1月12日召开。听取市政府领导关于2005年计划指标和重点工程安排意见的情况通报；讨论修改十一届政协三次会议常委会工作报告和提案工作报告（草案），协商讨论市政协十一届三次全会的日程、议程（草案）及委员调整、专委会特邀委员建议名单，协商确定市政协第十一次常委会议有关议题和2004年度政协工作先进集体、先进个人及优秀提案，讨论市政协有关人事任免事宜。

十一届二十六次主席会议 2005年3月10日召开。协商讨论本市乡镇区划调整方案。

十一届二十七次主席会议　2005年3月16日召开。传达贯彻全国政协十届三次会议精神；审定市政协2005年度重点提案、各专门委员会专业组、联络组组成人员名单。

十一届二十八次主席会议 2005年4月27日召开。组织视察杭新景高速公路建德段一期工程，听取市交通局关于该工程建设情况的汇报。

十一届二十九次主席会议　2005年5月20日召开。组织视察新安江城区东入城口绿化工程、市文化中心建设工程、新安江中学迁建工程、新安江国际大酒店建设工程等，听取市发展改革局关于重点工程以及新安江自来水扩建工程、市体育馆建设工程、203隧道工程等建设情况的汇报。审议关于召开市政协十一届十四次常委会议有关事项的建议。

十一届三十次主席会议　　2005年6月15日召开。听取市卫生局关于本市新型农村合作医疗制度实施情况及破解“看病难”工作情况的汇报。

十一届三十一次主席会议　　2005年7月14日召开。组织视察部分食品生产企业，听取市食品药品监督局、市农业局、市质监局、工商建德分局、市卫生局就有关食品安全生产情况的汇报，并提出意见和建议。

十一届三十二次主席会议 2005年8月18日召开。听取市经济发展局关于本市经济发展项目建设和管理工作情况的汇报，并提出意见和建议。

十一届三十三次主席会议 2005年9月21日召开。专题听取市发展改革局关于本市“十一五”规划基本思路的汇报；听取7个课题组就“十一五”规划的专题调研情况发言。

十一届三十四次主席会议 2005年10月21日召开。听取市人才办公室关于全市人才工作情况的汇报，市农业和农村工作办公室关于万名农村劳动力培训工作情况的汇报，新安化工集团股份有限公司关于人才工作经验的介绍，并提出意见和建议。

十一届三十五次主席会议 2005年11月22日召开。组织学习浙江省委常委、杭州市委书记王国平在建德调研后的讲话；听取中共十六届五中全会精神的辅导报告，并组织交流发言。

十一届三十六次主席会议 2005年12月13日召开。组织专题视察部分康庄工程建设项目，听取市交通局就康庄工程的建设情况汇报，并提出意见和建议。

十一届三十七次主席会议 2006年1月10日召开。听取市政府办公室关于2005年《政府工作报告（征求意见稿）》起草情况的通报；协商讨论关于召开市政协十一届四次会议的决定（草案）、会议日程、议程（草案）、市政协十一届常委会工作报告和提案工作情况的报告及报告人建议名单（草案）、市政协2006年工作要点。审议2005年政协工作先进集体和先进个人及优秀提案、市政协十一届十六次常委会议有关事项、委员调整名单，以及《建德市提案工作条例（修订稿）》。

十一届三十八次主席会议 2006年2月22日召开。学习中共中央关于加强人民政协工作的意见；听取市发展改革局关于2006年重点项目安排情况汇报；审议确定2006年度重点提案和重点调研课题的实施方案。

十一届三十九次主席会议 2006年3月17日召开。听取梅城镇政府关于严州古城保护与开发情况的汇报，与会人员就古城保护、旅游开发和经济建设等问题，提出意见和建议。

十一届四十次主席会议 2006年4月12日召开。组织视察省级经济开发区、洋溪街道工业园区、乾潭工业园区建设情况，并提出意见和建议。

十一届四十一次主席会议 2006年5月16日召开。组织视察本市国家级卫生城市创建工作，听取市“创国卫办”负责人关于“创卫”工作情况汇报，并提出意见和建议。审议决定召开市政协十一届十九次常委会议有关事项。

十一届四十二次主席会议 2006年6月15日召开。组织视察寿昌镇下桂村、卜家蓬村新农村建设情况。听取市委农业农村工作办公室关于全市新农村建设情况汇报，并提出意见和建议。

十一届四十三次主席会议 2006年7月10日召开。听取市发展改革局关于《建德沿高速公路产业带发展规划》的情况汇报；审议确定关于召开市政协十一届二十次常委会议有关事项的建议。

十一届四十四次主席会议　2006年8月4日召开。组织视察马目大桥、新安化工年产10万吨有机硅单体项目建设现场；听取市经济发展局、市建设局和新安化工集团关于公司有关项目建设情况的汇报，并提出意见和建议。

十一届四十五次主席会议　2006年9月15日召开。听取市委党校关于《江泽民文选》学习辅导的报告。

十一届四十六次主席会议　2006年10月24日召开。听取卫生局关于本市缓解“看病难、看病贵”工作情况汇报，并进行问政答复各12人次。

十一届四十七次主席会议　2006年11月27日召开。讨论修改市政协常委会工作报告和提案工作情况的报告（征求意见稿）；听取中共建德市委统战部有关政协换届委员调整工作情况汇报。协商市政协十一届二十二次常委会议议程等。

十一届四十八次主席会议　2006年12月11日召开。听取市发展改革局关于2007年全市重点工程（项目）安排情况的汇报；协商讨论撤销唐发电政协委员资格、市政协机关机构设置和人事任免等事宜。

十一届四十九次主席会议　2007年1月16日召开。协商讨论十二届政协委员名单（草案）、关于召开市政协十二届一次会议的决定（草案）及会议议程、日程（草案），讨论修改市政协十一届常委会工作报告、提案工作情况报告及报告人建议名单（草案）；协商决定十二届一次会议主席团、秘书长建议名单和主席台就座人员建议名单（草案）、2006年度政协工作各类先进推荐名单（草案）、关于召开市政协十一届二十三次常委会议有关事项等。

第十二届委员会

第十二届委员会自2007年2月7日至2012年1月17日，共召开主席会议80次。

十二届一次主席会议　2007年2月7日召开。协商讨论市政协工作机构设置、有关人事任免事宜，审议关于召开市政协十二届一次常委会议的建议。

十二届二次主席会议　2007年3月2日召开。协商2007年市政协工作要点、重点提案和市政协领导分工等事宜。

十二届三次主席会议　2007年3月13—14日在淳安县召开。审议常委会工作规则、主席会议规则及专门委员会通则（草案），以及《关于加强市政协委员小组活动的若干意见》《市政协委员小组（专业组、联络组）年度工作考评标准和办法》；讨论确定2007年重点调研课题及分工，听取各专委会关于2007年度工作计划汇报；协商讨论有关成立中国第一座水电城研究会的设想等。

十二届四次主席会议　2007年4月30日召开。组织视察市一医院、市疾控中心项目建设现场，听取项目建设相关情况汇报，并提出意见和建议。

十二届五次主席会议　2007年5月11日召开。组织视察建德市宏达橡塑化工厂和白沙化工厂，听取市环保局关于全市化工重点监管区达标工作情况汇报。

十二届六次主席会议 2007年6月22日召开。听取市政府关于本市行政村规模调整情况的通报。

十二届七次主席会议 2007年7月3日召开。听取市政府关于本市部分乡镇行政区划调整方案的通报，讨论通过市政协“关于调整部分乡镇行政区划的建议”。

十二届八次主席会议 2007年7月18日召开。学习中共中央总书记胡锦涛“6·25”讲话精神；听取市发展改革局、市经济发展局、市财政局、市统计局关于本市上半年国民经济运行情况汇报；协商讨论市政协《关于加强反映社情民意工作的实施意见》及关于召开市政协十二届二次常委会议有关事宜。

十二届九次主席会议 2007年8月16日召开。分组视察国家卫生城市创建工作。听取市“创国卫办”、市卫生局、市建设局、杭州市工商行政管理局建德分局、市城管执法局、新安江街道办等部门关于创建工作情况的汇报，并提出意见和建议。

十二届十次主席会议 2007年10月16日召开。听取市国土资源管理局关于本市国土资源工作情况的汇报，并围绕国土资源工作情况提出意见和建议。

十二届十一次主席会议 2007年11月7日召开。听取市委常委、常务副市长章舜年就开展对市内水上餐厅歇业关停与千岛湖水域网箱养殖整治的实施方案的通报。

十二届十二次主席会议 2007年11月23日召开。组织视察康师傅饮用水、大明化工、雅鼎卫浴等十大工业项目建设现场，听取市经济发展局、新安江街道办、洋溪街道办、梅城镇、寿昌镇、乾潭镇、下涯镇、莲花镇等镇（街道）关于乡镇（街道）部门所在地项目完成进展的情况汇报。

十二届十三次主席会议 2007年12月12日召开。听取市发展改革局关于2008年市重点工程和重点项目预安排的情况汇报。

十二届十四次主席会议 2007年12月17日召开。协商讨论市政协十二届委员调整和关于召开市政协十二届二次会议等有关事项。

十二届十五次主席会议 2007年12月21日召开。听取市财政（地税）局关于完成2007年度财政预算工作情况的汇报。

十二届十六次主席会议 2008年1月14日召开。协商讨论委员（包括专委会特聘委员）调整事宜。协商讨论关于召开市政协十二届五次常委会议有关事项，关于召开市政协十二届二次会议的决定（草案），关于市政协十二届二次会议日程、议程（草案），十二届二次会议常委会工作报告和提案工作情况的报告及报告人（草案）、十二届二次会议秘书长、副秘书长名单（草案），审议2007年政协工作各项先进推荐名单和市政协2008年度工作要点。

十二届十七次主席会议 2008年1月23日召开。听取市委统战部领导关于市政协十二届委员调整情况的汇报。

十二届十八次主席会议 2008年2月17日召开。协商市政协补选十二届委员会常委名单。

十二届十九次主席会议 2008年3月6日召开。研究确定2008年专题调研课题和重点提案，讨论召开全市政协工作会议和2008年主席会议、常委会议安排方案，审议通过委员分组调整名单，讨论《市政协委组考核办法（修订稿）》和市政协委员“为民服务年”活动方案。

十二届二十次主席会议 2008年4月23日召开。听取本市有关部门关于村级组织换届选举工作情况的通报，并提出意见和建议。

十二届二十一次主席会议 2008年6月2日召开。听取市创建国家卫生城市领导小组办公室和市环保局关于本市“创建国家卫生城市”工作情况的汇报，并提出意见和建议。

十二届二十二次主席会议 2008年6月23日召开。传达贯彻杭州市政协“区、县（市）政协主席联席会议”精神；协商关于召开市政协十二届八次常委会议有关事宜。

十二届二十三次主席会议 2008年7月16日召开。听取各委员活动小组上半年工作情况汇报和对下半年工作安排意见，协商关于召开市政协十二届九次常委会议有关事宜。

十二届二十四次主席会议 2008年8月28日召开。听取市环保局关于“本市创建生态市和国家环境保护模范城市工作情况”的汇报。

十二届二十五次主席会议 2008年9月27日召开。听取市法院关于法院执行工作情况的汇报，并提出意见和建议。

十二届二十六次主席会议 2008年10月14日召开。组织视察新安化工集团10万吨有机硅马目基地建设等十大工业项目，听取项目业主、所在乡镇（街道）和有关部门负责人关于完成项目进展情况的汇报，并提出意见和建议。

十二届二十七次主席会议 2008年10月22日召开。听取市交通局关于2008年度政协提案承办情况的汇报。

十二届二十八次主席会议 2008年10月27日召开。听取市政协5个调研组就本市城乡教育均衡发展情况调研和市教育局关于推进城乡教育均衡发展的情况汇报，并提出意见和建议。讨论有关人事任免事项。

十二届二十九次主席会议 2008年12月8日召开。听取市对外经济贸易与合作局负责人关于本市招商引资工作和重点提案承办情况汇报，并提出意见和建议。

十二届三十次主席会议 2008年12月25日召开。听取市发展改革局关于本市2009年度重点项目预安排情况汇报；协商讨论十二届委员调整名单。

十二届三十一次主席会议 2009年1月12日召开。协商通过关于召开市政协十二届三次会议的决定（草案）、市政协十二届三次会议的日程、议程（草案），审议十二届三次会议“常委会工作报告和提案工作情况的报告”及报告人（草案）建议名单、关于召开市政协十二届十一次常委会议的建议（草案）、2008年度政协各类先进建议名单、2009年市政协工作要点（草案）。

十二届三十二次主席会议 2009年2月5日召开。讨论人事任免事宜，协商通过王玉伟、方致远为市政协第十二届委员会常务委员会委员。

十二届三十三次主席会议 2009年3月3日召开。协商讨论政协委员为企业服务主题活动实施方案、百名政协委员谈发展论坛实施方案、2009年市政协专题调研课题实施方案、市政协文史工作实施方案、中华人民共和国和人民政协成立六十周年系列庆祝活动实施方案、关于政协委员担任民主监督员的若干意见、中国人民政治协商会议建德市委员会关于加强委员管理的暂行规定、关于完善市政协委员约谈制度的意见、2009年市政协委员约谈会工作方案、2009年市政协领导联系走访委员安排表、市政协委组工作考评标准及办法等11项讨论稿。

十二届三十四次主席会议 2009年4月3日召开。听取市财政局“关于乡镇（街道）资产经营和投融资平台建设”等工作情况的汇报，并提出意见和建议。

十二届三十五次主席会议 2009年4月28日召开。组织视察马南园区五马洲区块建设工地，听取梅城镇政府、市经济发展局负责人关于该区块建设的情况汇报。

十二届三十六次主席会议 2009年5月13日召开。听取市林业局关于“建德市林地保护利用规划”的汇报，并提出意见和建议。

十二届三十七次主席会议 2009年5月26日召开。听取市旅游商务局、国资公司负责人关于“本市旅游业发展情况”的汇报，并进行建言献策。

十二届三十八次主席会议 2009年6月29日召开。听取市政协副主席王成土传达贯彻6月24日召开的浙江省政协工作会议精神。

十二届三十九次主席会议 2009年8月17日召开。听取市发展改革局、市经济发展局、市统计局关于“全市工业经济运行情况”的汇报。

十二届四十次主席会议 2009年9月22日召开。听取市农业和农村工作办公室关于“本市农业产业发展情况”的汇报，并提出意见和建议。

十二届四十一次主席会议 2009年10月30日召开。听取市科学技术局关于“科技创新工作”情况的汇报，并提出意见和建议。

十二届四十二次主席会议 2009年12月1日召开。听取市人事局、市对外经济贸易与合作局关于“人才强市、招商引资工作及2009年度重点提案承办落实情况”汇报，并提出意见和建议。

十二届四十三次主席会议 2010年1月14日召开。听取市发展改革局关于“本市2010年重点项目预安排情况”的汇报；审议关于召开市政协十二届四次会议的决定（草案）、十二届四次会议日程、议程（草案）；市政协十二届四次会议常委会工作报告和提案工作情况的报告及报告人（草案）建议名单、关于召开市政协十二届十六次常委会议建议、2009年度市政协工作各类先进推荐名单（草案）、2010年各专委会工作安排等有关文件。

十二届四十四次主席会议 2010年2月9日召开。协商讨论市政协十二届委员调整名单和增补特聘委员名单。

十二届四十五次主席会议 2010年2月23日召开。协商政协机构设置和增补市政协十二届委员会副主席、常务委员候选人建议名单。

十二届四十六次主席会议 2010年3月15日召开。学习贯彻全国两会精神；协商确定2010

年度重点提案、市政协常委会专题调研方案、各专委会组成人员和委员小组编组方案及“委员服务年”活动方案。

十二届四十七次主席会议　2010 年 3 月 25 日召开。协商确定主席分工。

十二届四十八次主席会议　2010 年 5 月 31 日召开。听取国资公司负责人关于“市国有资产运作情况”汇报。

十二届四十九次主席会议　2010 年 6 月 12 日召开。民主监督“珍贵树种示范市创建”工作。

十二届五十次主席会议　2010 年 6 月 22 日召开。民主监督“旅游产业提升”工作。

十二届五十一次主席会议　2010 年 7 月 14 日召开。听取市委领导关于起草中共建德市委十二届八次全会报告的情况说明。

十二届五十二次主席会议 2010 年 7 月 18 日召开。协商中共建德市委十二届八次《全会工作报告》，审议《关于统一选派政协委员担任民主监督员工作的实施意见》《政协建德市委员会秘书长、专委会主任联席会议制度》。

十二届五十三次主席会议　2010 年 8 月 3 日召开。听取浙江省级经济开发区管委会负责人关于《浙江省建德经济开发区控制性详细规划（送审稿）》《寿昌新城规划（送审稿）》编制情况和开发区工作情况的汇报，并提出意见和建议。

十二届五十四次主席会议　2010 年 8 月 5 日召开。听取市统计局关于上半年全市经济运行情况通报、市发展改革局关于上半年本市重点投资项目和重大建设项目进展情况通报、市经济发展局关于上半年本市十大工业项目进展情况通报、市对外经济贸易与合作局关于上半年本市招商引资完成情况通报、市财政局关于上半年本市财政收支情况通报，并提出意见和建议。

十二届五十五次主席会议　2010 年 8 月 20 日召开。议政咨询“重大工业项目建设”，听取“一区一园四区块”征迁、非法阻工情况的汇报；审议《政协建德市委员会提案工作条例（修订稿）》和关于召开市政协十二届二十一次常委会议的建议及 2010 年中秋茶话会活动方案。

十二届五十六次主席会议　2010 年 8 月 24 日召开。审议市政协十二届二十一次常委会议有关事项。

十二届五十七次主席会议　2010 年 9 月 15 日召开。组织视察大同镇永盛、江头村农村住房改造实施情况，听取市国土资源管理局及大同、大洋、乾潭、三都、梅城等部门和乡镇相关工作情况汇报。

十二届五十八次主席会议　2010 年 9 月 21 日召开。听取市建设局关于建德市创建“可再生能源建筑应用示范市”工作情况汇报，并提出意见和建议。

十二届五十九次主席会议　2010 年 10 月 26 日召开。研究讨论《政协建德市乡镇（街道）工作委员会有关事宜》和《政协建德市乡镇（街道）工作委员会工作规则》。

十二届六十次主席会议　2010 年 11 月 2 日召开。专题评议 2010 年度重点提案办理工作。

十二届六十一次主席会议　2010 年 12 月 9 日召开。听取市发展改革局关于 2010 年市重点建设项目完成情况和2011年市重点建设项目预安排情况的汇报。审议通过《建德市政协乡镇（街道）工作委员会工作规则》。

十二届六十二次主席会议 2010年12月21日召开。听取市财政局关于2010年度财政预算执行情况的汇报，并提出意见和建议。

十二届六十三次主席会议 2010年12月22日召开。听取市国家环境保护模范城市创建活动领导小组办公室关于本市“创环保模范城市”工作情况的汇报；听取各参政议政专委会的重点发言，并提出意见和建议。

十二届六十四次主席会议 2011年1月10日召开。协商确定委员、特聘委员调整名单，委员编组方案；审议关于召开市政协十二届五次会议决定、会议日程议程、常委会工作报告和提案工作情况报告及报告人建议名单、2010年政协工作各类先进推荐名单、2011年市政协常委会工作要点及各专委会工作计划安排、召开市政协十二届二十四次常委会建议等6个文件（草案）。

十二届六十五次主席会议 2011年1月31日召开。审议确定关于延期召开市政协十二届五次会议的决定，将原定的会议时间2011年2月11日延期至3月召开。

十二届六十六次主席会议 2011年3月1日召开。审议关于召开市政协十二届五次会议的决定。

十二届六十七次主席会议 2011年3月6日召开。协商补选市政协十二届委员会常务委员候选人建议名单。

十二届六十八次主席会议 2011年3月25日召开。组织以“水利工程建设”为主要内容的专题视察。

十二届六十九次主席会议 2011年4月19日召开。专题总结村级换届选举中的协商民主工作。

十二届七十次主席会议 2011年5月12日召开。听取中国人民银行建德支行负责人关于本市开展金融创新活动的专题汇报，并提出意见和建议。

十二届七十一次主席会议 2011年5月25日召开。组织视察中心城区改造项目和桥东区块项目，听取全市土地房屋征收工作及2011年重大土地房屋征收项目工作进展情况的汇报，并提出意见和建议。

十二届七十二次主席会议 2011年6月10日召开。听取洋溪街道党工委书记高建军关于科学规划发展总部经济，加快洋溪街道产业转型升级的情况汇报。审议《建德市政协提案实施细则》。

十二届七十三次主席会议 2011年7月8日召开。听取中共建德市委办公室关于起草市委十二届十次全会工作报告（征求意见稿）的情况说明，并提出意见和建议。讨论关于召开市政协十二届二十八次常委会议的建议。

十二届七十四次主席会议 2011年8月15日召开。听取浙江省政协副主席斯鑫良通报关于“接待来建德调研的全国政协理论研究会领导”的实施意见。同时部署市政协下半年工作。

十二届七十五次主席会议　2011 年 9 月 6 日召开。联合督办“十二届五次会议重点提案办理情况”。

十二届七十六次主席会议　2011 年 10 月 13 日召开。听取市经济发展局关于本市的精细化工、五金电器、纺织服装、建材水泥、冶金加工五大传统产业，提升改造进展情况的汇报，并提出意见和建议。

十二届七十七次主席会议　2011 年 11 月 25 日召开。民主评议“政府为民办实事落实情况”。

十二届七十八次主席会议　2011 年 12 月 8 日召开。协商讨论《中共建德市第十三次党代会报告（征求意见稿）》。

十二届七十九次主席会议　2011 年 12 月 21 日召开。协商建言 2012 年市政府重点投资项目安排。

十二届八十次主席会议　2012 年 1 月 17 日召开。审议关于召开市政协十三届一次会议的决定（草案）、会议日程、议程（草案），协商讨论市政协十三届委员推荐名单。

第十三届委员会

第十三届委员会自 2012 年 2 月 14 日至 2017 年 1 月 9 日，共召开主席会议 87 次。

十三届一次主席会议　2012 年 2 月 14 日召开。审议关于召开市政协十三届一次常委会的建议，讨论市政协各专委会正、副主任和副秘书长等人事任免事宜。

十三届二次主席会议　2012 年 2 月 23 日召开。协商市政协领导工作分工。

十三届三次主席会议　2012 年 3 月 14 日召开。讨论修改市政协有关规章制度和 2012 年市政协常委会工作要点，审定 2012 年市政协重点提案。

十三届四次主席会议　2012 年 5 月 4 日召开。听取市政府就落实市政协关于“违章建筑防控、新居安民、交通便民”等民主监督建议情况的汇报，并提出意见和建议。

十三届五次主席会议　2012 年 5 月 17 日召开。审议市政协相关工作的规章制度和人事任免事宜。

十三届六次主席会议　2012 年 5 月 30 日召开。听取人民银行建德支行关于“近期金融运行和金融创新服务情况”的汇报、市财政局关于“中小企业融资风险资金管理中心运作情况”的汇报。

十三届七次主席会议　2012 年 6 月 14 日召开。专题议政公立医院改革情况。

十三届八次主席会议　2012 年 6 月 19 日召开。组织视察五星化工、福斯特药业、新德化工、顺发助剂等企业，听取企业主管部门负责人的相关情况汇报。主席吴铁民围绕“全面推动化工产业转型升级”作专题讲话。

十三届九次主席会议　2012 年 8 月 2 日召开。讨论通过十三届三次常委会“关于振兴产业工程、打造实力建德”的建议案。

十三届十次主席会议　2012年8月17日召开。专项议政开展国家卫生城市复评工作事项。

十三届十一次主席会议　2012年8月21日召开。专项议政2012年度政府投资重点项目建设事项。

十三届十二次主席会议　2012年9月19日召开。专题咨询现代农业园区建设工作。

十三届十三次主席会议　2012年9月21日召开。联合督办重点提案办理情况。

十三届十四次主席会议　2012年9月28日召开。专项监督水产业发展规划落实情况。

十三届十五次主席会议　2012年10月25日召开。专题视察农村文化建设情况。

十三届十六次主席会议　2012年11月16日召开。审议通过关于召开市政协十三届四次常委会议暨读书会的建议（草案）；协商讨论市政协2013年度常委会工作要点（草案）；审议通过方华等的政协乡镇工委副主任职务任免的建议。协商讨论主席吴铁民在市政协十三届四次常委会议暨读书会上的讲话提要。

十三届十七次主席会议　2012年12月10日召开。审议市政协十三届委员调整、十三届二次会议有关筹备工作、市政协十三届四次常委会议暨读书会以及政协之友社换届有关事宜。

十三届十八次主席会议　2012年12月28日召开。协商讨论市政协十三届委员会届中委员调整名单。

十三届十九次主席会议　2013年1月6日召开。协商讨论中共建德市委十三届四次全会工作报告（征求意见稿）；听取关于召开市政协十三届二次会议筹备工作情况汇报；协商2013年全市重点投资项目安排。

十三届二十次主席会议　2013年1月10日召开。协商讨论十三届委员届中调整方案，建议增补李刚等11人为市政协十三届委员。审议关于召开市政协十三届二次会议筹备工作。

十三届二十一次主席会议　2013年1月21日召开。审议关于召开市政协十三届二次会议的决定（草案）；会议议程、日程（草案）；以及关于召开市政协十三届五次常委会议的建议。协商讨论市政协十三届二次会议的常委会工作报告和提案工作报告（草案），以及《建德市政协提案办理工作目标管理考核评分细则（试行稿）》。审定有关人事任免事宜。

十三届二十二次主席会议　2013年2月26日召开。协商补选市政协十三届委员会常务委员候选人建议名单，审议通过唐正彪等5人的乡镇工委副主任任免的建议。

十三届二十三次主席会议　2013年3月14日召开。审议通过2013年市政协常委会工作要点、市政协委组考核办法、市政协“服务项目建设，助推实体经济发展”主题活动实施方案，审定市政协重点提案，各专门委员会和乡镇（街道）工委、委员活动小组组成人员名单。

十三届二十四次主席会议　2013年4月8日召开。协商讨论《富春江—新安江风景名胜区、新安江—泷江分区规划编制》。

十三届二十五次主席会议　2013年4月11日召开。组织视察更楼云海休闲、洋溪宏都寝具和锦城实业、杨村桥克莱伯电梯和史密斯重工机械、梅城深蓝科技和电镀产业园等工业项目，听取市经济信息局关于建德市十大工业项目推进的情况汇报，并提出意见和建议。

十三届二十六次主席会议　2013 年 5 月 8 日召开。组织视察杭州晶星有机玻璃有限公司、寿昌污水处理厂、航头黄木岗水晶烫钻集聚点等企业，视察航头镇田畈小灰窑整治现场、石屏溪流域垃圾收集处置现场以及李家镇诸家村垃圾收集点和中转站等多个环境综合整治现场，听取市环保局关于全市生态环境保护工作情况、市城管局关于农村垃圾城乡一体化处理情况、市农业和农村工作办公室关于清洁乡村建设情况的汇报。

十三届二十七次主席会议　2013 年 5 月 31 日召开。组织视察更楼南方水泥、航头云峰钙业有限公司、大同稳健钙业有限公司、下涯天石碳酸钙有限公司等企业，听取市国土局关于矿山招、拍、挂工作情况、市商务局关于资源性产业招商情况、市安监局关于矿山安全生产等情况汇报，并提出意见和建议。

十三届二十八次主席会议　2013 年 6 月 28 日召开。实地视察千岛湖建德境内岭后区块及湖区在建项目——皇冠假日酒店，听取市住房建设局关于本市重点水源保护区基础设施配套建设情况、市环保局关于重点水源水质监测分析情况、市国土局关于千岛湖建德湖区周边矿山管理情况、农夫山泉有限公司关于因水质问题给生产带来困境等情况的汇报，并提出意见和建议。会议形成关于重点水源、水质保护问题的民主监督建议书。

十三届二十九次主席会议　2013 年 7 月 26 日召开。协商中共建德市委十三届五次全会工作报告；审议关于召开市政协十三届八次常委会的建议。

十三届三十次主席会议　2013 年 8 月 22 日召开。专题视察 2013 年市政府重点投资项目建设情况。

十三届三十一次主席会议　2013 年 10 月 15 日召开。协商讨论市行政审批制度改革工作，并提出意见和建议。

十三届三十二次主席会议　2013 年 10 月 22 日召开。组织视察寿昌溪寿昌段、更楼段水利建设及水质情况，听取寿昌江水利工程建设有关情况的汇报，并提出意见和建议；同时形成《推进寿昌江流域综合治理工作》的民主监督建议书。

十三届三十三次主席会议　2013 年 12 月 12 日召开。组织视察千岛湖建德湖区岭后区块、农夫山泉四期、青岛啤酒等企业，听取相关部门和企业代表关于水产业发展、重点水源水质保护监督建议落实情况的汇报，并提出意见和建议。

十三届三十四次主席会议　2013 年 12 月 13 日召开。协商讨论 2014 年度市政府重点投资项目安排，并提出意见和建议。

十三届三十五次主席会议　2013 年 12 月 30 日召开。协商讨论《中共建德市委十三届六次全会工作报告（征求意见稿）》。

十三届三十六次主席会议　2013 年 12 月 31 日召开。听取全市纪检监察工作情况通报。

十三届三十七次主席会议　2014 年 1 月 14 日召开。传达学习中共建德市委十三届六次全会精神，审议通过关于召开市政协十三届三次会议有关文件（草案）。

十三届三十八次主席会议 2014年1月20日召开。对市政协组织编撰并出版发行的《古城寿昌》和《玉泉寺轶事》进行座谈。

十三届三十九次主席会议 2014年2月21日召开。审议2014年度政协常委会工作要点。

十三届四十次主席会议 2014年3月18日召开。审议委员个人事项报告制度和委员分组、委员联动、走访委员等主题活动方案。

十三届四十一次主席会议 2014年4月1日召开。专题议政化工企业入园集聚发展情况。

十三届四十二次主席会议 2014年4月23日召开。专题议政全市旅游发展与建设情况。

十三届四十三次主席会议 2014年5月29日召开。组织视察本市生态环保设施建设情况，并提出意见和建议。

十三届四十四次主席会议 2014年7月7日召开。专题议政全市重大工业项目推进情况。

十三届四十五次主席会议 2014年7月11日召开。协商讨论《中共建德市委全会工作报告（征求意见稿）》。

十三届四十六次主席会议 2014年7月31日召开。组织视察大同镇上马霞雾油茶基地、航头镇彭家村开祥生态养殖场、航头镇千源村草莓专业合作社草莓苗基地等，听取本市相关部门对建德市农业基地、农产品品牌化建设情况的汇报，并提出意见和建议，形成《如何进一步加快农业产业基地化品牌化建设》的民主监督建议书。

十三届四十七次主席会议 2014年8月25日召开。组织视察寿昌旧城改造、寿昌镇南浦村灰钙厂、寿昌镇乌石村养殖场等；观看“无违建市”创建工作视频；听取市“三改一拆”办公室关于“无违建市”创建工作的情况汇报，寿昌镇、大慈岩镇作补充汇报，并提出意见和建议。

十三届四十八次主席会议 2014年9月15日召开。听取市“五水共治”办公室关于本市“五水共治”重大项目推进情况汇报，市环保局、水利局、城投公司作补充汇报，并提出意见和建议，形成《强化协作，克难攻坚，加快推进五水共治重大项目建设》的民主监督建议书。

十三届四十九次主席会议 2014年9月26日召开。组织视察新安江主城区江村埠至洋安、新安江电厂及电厂大桥至庙嘴头、皇冠假日酒店等污水管网工程和借山楼雨污分流改造工程，听取市住房建设局、市城投公司关于城区污水治理工作情况的汇报，并提出意见和建议。

十三届五十次主席会议 2014年10月16日召开。组织考察新叶古村，听取市文广新局、市风景旅游局、大慈岩镇和新安旅游投资有限公司关于新叶古村保护与利用工作的情况汇报，围绕“新叶古村保护与利用”进行专题议政。

十三届五十一次主席会议 2014年11月28日召开。审议市政协工作有关规章制度和常委读书会实施方案，讨论2015年市政协常委会工作要点。

十三届五十二次主席会议 2014年12月12日召开。组织视察市二、三医院（市中西医结合医院）迁建项目建设工地，听取有关部门和梅城镇、寿昌镇就相关情况的汇报，并提出意见和建议。

十三届五十三次主席会议 2014年12月24日召开。听取市发展改革局关于2014年政府投资重点项目完成情况和2015年政府投资重点项目建设计划编制情况的汇报。

十三届五十四次主席会议 2014年12月31日召开。协商中共建德市委十三届八次全会工作报告（征求意见稿）。

十三届五十五次主席会议 2015年1月7日召开。审议确定2014年度政协提案、社情民意、宣传信息工作等各类先进名单。

十三届五十六次主席会议 2015年1月9日召开。审议关于召开市政协十三届四次会议有关文件和2014年度市政协工作各类先进推荐（草案）名单及市政协特聘委员调整名单。

十三届五十七次主席会议 2015年3月3日召开。协商讨论市政协十三届四次常委会工作要点和委组考核办法。

十三届五十八次主席会议 2015年3月26日召开。组织视察市司法行政法律服务中心、浙江春秋联合事务所、浙江贤哲律师事务所、浙江杭星律师事务所和杨村桥镇司法所。听取市司法局、市人民法院、市检察院、市公安局等相关部门，关于基本公共法律服务体系建设情况的汇报，并提出意见和建议。

十三届五十九次主席会议 2015年4月15日召开。会议组织视察本市拆迁安置房建设管理工作。

十三届六十次主席会议 2015年4月22日召开。专题议政梅城古城保护与开发，实地考察梅城古街改造及梅城大坝二期建设、古城墙修复现场。听取市风景旅游局、梅城镇、市投资公司有关梅城古城保护与开发工作进展情况的汇报，并提出意见和建议。

十三届六十一次主席会议 2015年5月12日召开。专题议政新安江主城区学前教育。实地考察新安江街道桥南幼儿园、新星幼儿园、贝贝幼儿园、麻园小区幼儿园；听取市教育局、市住房建设局和新安江街道办等相关部门关于新安江主城区学前教育发展情况的汇报，并提出意见和建议。

十三届六十二次主席会议 2015年5月29日召开。实地考察江南春堂铁皮石斛种植基地和红群高科技草莓园。听取市农业和农村工作办公室、市农业局等部门关于建德特色农业产业发展情况的汇报，并提出意见和建议。

十三届六十三次主席会议 2015年6月10日召开。专题议政水产业发展情况。

十三届六十四次主席会议 2015年7月7日召开。协商讨论《中共建德市委十三届九次全会工作报告（讨论稿）》。

十三届六十五次主席会议 2015年7月16日召开。专项民主评议“五水共治”工作，对有关“五水共治”的建议落实情况开展咨询监督。

十三届六十六次主席会议 2015年8月20日召开。专题议政推进民宿经济及养老、养生产业发展工作。实地考察寿昌河南里村、莲花戴家村的民宿经济及养老、养生产业，听取市农业、农村办公室、市民政局等部门就相关情况的汇报，并提出意见和建议。

十三届六十七次主席会议 2015年8月27日召开。实地视察新安江街道环城北路和白头坞污水处理设施建设工地；听取市住房建设局、新安江街道办、市城投公司就相关问题的情况汇报，并提出意见和建议。

十三届六十八次主席会议 2015年9月25日召开。协商讨论民主评议调研报告、现场测评方案等。

十三届六十九次主席会议 2015年11月16日召开。实地考察国际香精香料、新安化工白南山基地搬迁现场和白沙化工、顺发化工未开工搬迁项目用地；听取市经济与信息化局、市环保局就相关问题的情况汇报，并提出意见和建议。

十三届七十次主席会议 2015年11月27日召开。组织视察黄龙月亮湾区块和府前路区块旧城改造现场；听取新安江街道办就城区旧城改造有关情况的汇报，并提出意见和建议。

十三届七十一次主席会议 2015年12月18日召开。协商中共建德市委十三届十次全会工作报告（征求意见稿)、中共建德市委关于制定《“十三五”规划的建议（征求意见稿）》。

十三届七十二次主席会议 2015年12月25日召开。审议关于召开市政协十三届五次会议有关事项。

十三届七十三次主席会议 2016年2月22日召开。审议2016年市政协常委会工作要点、建德政协成立六十周年庆祝活动方案、调整政协领导分工等事项。

十三届七十四次主席会议 2016年3月17日召开。听取市人力社保局、市财政局、市审计局关于建德市社保基金运行、管理和审计情况的汇报，并就发展经济、强化征缴、规范管理、向上争取等方面提出意见和建议。

十三届七十五次主席会议 2016年4月12日召开。实地考察新叶古村旅游设施建设、文物修缮项目，以及新叶古村保护与利用工作现状。听取市文广新局、新叶古村保护管委会、新安旅游投资公司、大慈岩镇等部门（单位）就相关情况的汇报，并提出意见和建议。

十三届七十六次主席会议 2016年5月18日召开。组织实地视察机动车环保检测站、青岛啤酒锅炉煤改气项目；听取市环保局、市经济和信息化局、市住房建设局、市交通运输局关于大气污染防治工作有关情况的汇报，并提出意见和建议。

十三届七十七次主席会议 2016年5月31日召开。专题议政“乡村旅游发展”。

十三届七十八次主席会议 2016年7月12日召开。协商《中共建德市委十三届十一次全会工作报告（征求意见稿）》；听取市人民法院、市人民检察院关于本市司法体制改革工作情况的汇报。

十三届七十九次主席会议 2016年8月3日召开。组织视察浙西国际心脏中心规划建设地块、乾潭福利中心、杭州福斯特药业有限公司；了解“三江口——七里扬帆”重点区块规划、健康产业发展情况和重点区块规划情况。听取市发展改革局关于建德市“十三五”健康产业发展规划编制情况的汇报。听取市民政局、市卫生计划生育局、市风景旅游委员会办公室、市体育局、梅城镇关于健康产业发展相关情况的汇报，并提出意见和建议。

十三届八十次主席会议　2016 年 7 月 20 日召开。专题议政纪念抗击“八三”洪水 44 周年及寿昌江流域防洪减灾情况。

十三届八十一次主席会议　2016 年 8 月 22 日召开。实地考察寿昌航空小镇横钢区块、新安江化工集团白南山搬迁项目、杭州新德环保科技有限公司和杭州龙驹合成材料有限公司在建项目；听取市经济和信息化局、建德经济开发区（寿昌）、建德高新园区关于重大工业项目建设情况的汇报，并提出意见和建议。

十三届八十二次主席会议　2016 年 9 月 22 日召开。专题咨询村级债务管理情况。

十三届八十三次主席会议　2016 年 10 月 11 日召开。组织视察富春江船闸、三都锚泊区、杭黄铁路建德站（杨村桥）、23 省道（航头）和铁路货场项目现场。听取市交通运输局关于交通基础设施建设情况的汇报，并提出意见和建议。

十三届八十四次主席会议　2016 年 10 月 28 日召开。组织视察杨村桥岭源村房车路亚基地、下涯镇之江村山地自行车基地赛道和洋安新区体育健身中心。听取市体育局关于全市体育健康事业发展情况的汇报，并提出意见和建议。

十三届八十五次主席会议　2016 年 12 月 14 日召开。专题协商 2017 年市政府重点投资项目安排。听取市发展改革局关于 2017 年度市政府重点投资项目建设计划起草编制情况的说明，并提出意见和建议。

十三届八十六次主席会议 2016 年 12 月 20 日召开。协商《中共建德市委第十四次党代会报告（征求意见稿）》。

十三届八十七次主席会议　2017 年 1 月 9 日召开。讨论常委会工作报告；协商讨论政协委员建议名单及大会列席人员名单等。

第十四届委员会

第十四届委员会自 2017 年 2 月 9 日至 2019 年 12 月 27 日，共召开主席会议 59 次。

十四届一次主席会议　2017 年 2 月 9 日召开。审议政协机构设置和人事任免事宜。

十四届二次主席会议　2017 年 2 月 17 日召开。协商讨论市政协十四届委员会有关规章制度和委员分组方案、主席分工等。

十四届三次主席会议　2017 年 3 月 1 日召开。协商讨论市政协十四届常委会工作要点、确定 2017 年度重点提案和“六个领衔”的落实方案等。

十四届四次主席会议　2017 年 3 月 29 日召开。组织视察汪家桥头豆制品加工作坊、建德浙农农副产品批发市场和市食品药品检验检测中心。听取市食品安全办公室（市场监管局）及市农业局关于建德市食品安全工作情况的汇报，并提出意见和建议。

十四届五次主席会议 2017年4月26日召开。组织视察市环保科创中心运行情况、洋溪街道联合金属区块整理和基础设施建设情况。听取市创新办、市高新园区、市科技局关于科技孵化器建设情况的汇报，并提出意见和建议。

十四届六次主席会议 2017年5月16日召开。组织视察寿昌镇溪边路、乾潭镇子胥路与建北路沿线环境整治情况。听取市小城镇办和梅城、寿昌、乾潭、下涯、大慈岩镇关于小城镇环保综合整治工作情况汇报，并提出意见和建议。

十四届七次主席会议 2017年5月23日召开。专题视察重大工业项目建设情况。

十四届八次主席会议 2017年6月21日召开。听取市林业局、市农业和农村工作办公室、市住房建设局关于本市"国家级森林城市"创建工作的情况汇报，并提出意见和建议。

十四届九次主席会议 2017年6月29日召开。组织视察洋安幼儿园建设工地和福尔优幼儿园园区。听取市教育局关于全市近年来学前教育发展情况的汇报，并提出意见和建议。

十四届十次主席会议 2017年7月11日召开。组织视察杭黄高铁场站连接线与站前广场项目施工现场，详细了解杭黄铁路场站连接线及站前广场项目进展情况。听取高铁新区招商引资及项目推进、高铁新区规划、新安江综保工程推进和杭黄铁路场站连接线及站前广场建设等情况的汇报，并提出意见和建议。

十四届十一次主席会议 2017年7月21日召开。协商中共建德市委十四届二次全会工作报告(征求意见稿)。

十四届十二次主席会议 2017年8月9日召开。专题议政"最多跑一次"改革工作。

十四届十三次主席会议 2017年8月22日召开。组织视察杭州港建德港区十里埠综合作业区、23省道砚岭隧道和久山湖段等重大交通基础设施建设现场，听取市交通运输局、市交通投资公司关于2017年度重大交通基础设施建设情况的汇报，并提出意见和建议。

十四届十四次主席会议 2017年9月7日召开。组织视察大同"稻香小镇"、杨村桥"草莓小镇"建设情况。听取市农业和农村工作办公室、市农业局及大同镇、杨村桥镇关于"农业特色小镇建设"的情况汇报，并提出意见和建议。

十四届十五次主席会议 2017年9月13日召开。专题议政垃圾处置工作。

十四届十六次主席会议 2017年9月22日召开。实地考察大慈岩民宿、江南大冰洞等项目。听取建德市全域旅游发展；乡村旅游发展、旅游项目建设情况的汇报，并提出意见和建议。

十四届十七次主席会议 2017年10月11日召开。专题议政洋安新城开发建设管理工作。

十四届十八次主席会议 2017年10月17日召开。组织视察乾潭镇中心卫生院、王岩村卫生室和钦堂乡卫生院、葛塘村卫生室。听取市卫生局、编委办、财政局、人力社保局关于基层医疗机构服务能力提升工作情况的汇报，并提出意见和建议。

十四届十九次主席会议 2017年11月7日召开。组织视察320国道至北滨江路连接线、下涯镇之江村黄饶自然村彩绘田园、山边自然村绿道等项目现场，听取新安江综保工程指挥部、市水利水产局及下涯镇关于新安江综保工程建设情况的汇报，并提出意见和建议。

十四届二十次主席会议　2017 年 11 月 14 日召开。组织视察高铁新区（高新园）智慧园区展示中心、杭州奥立达电梯有限公司工厂物联网，重点了解信息经济产业平台建设、企业“两化融合”推进情况。听取关于信息经济推进工作的情况汇报。

十四届二十一次主席会议　2017 年 11 月 30 日召开。协商讨论市政协 2018 年常委会工作要点、市政协十四届二次会议发言提纲，审议通过关于召开市政协十四届五次常委会议的建议。

十四届二十二次主席会议　2017 年 12 月 14 日召开。协商讨论 2018 年度市政府重点投资项目安排，并提出意见和建议。

十四届二十三次主席会议　2017 年 12 月 26 日召开。协商中共建德市委十四届三次全会工作报告（征求意见稿）；审议关于召开市政协十四届二次会议有关文件。

十四届二十四次主席会议　2018 年 1 月 5 日召开。审议 2017 年度市政协工作各类先进推荐名单。

十四届二十五次主席会议　2018 年 3 月 5 日召开。传达学习中共十九届三中全会精神；审议 2018 年度市政协常委会工作要点和 2018 年度重点提案。

十四届二十六次主席会议　2018 年 3 月 22 日召开。组织视察全市小城镇环境综合整治工作，并提出意见和建议。

十四届二十七次主席会议　2018 年 4 月 9 日召开。专题议政乡镇电网建设工作。

十四届二十八次主席会议　2018 年 4 月 16 日召开。专题议政创建国家森林城市工作。

十四届二十九次主席会议　2018 年 4 月 28 日召开。专题议政传统制造业改造提升工作。

十四届三十次主席会议　2018 年 5 月 8 日召开。专题议政“梅城（严州）古城综合保护工作”。

十四届三十一次主席会议　2018 年 5 月 25 日召开。专题议政“集中开工重大项目建设”。

十四届三十二次主席会议　2018 年 6 月 11 日召开。专题议政“重点工业项目建设”。

十四届三十三次主席会议　2018 年 6 月 27 日召开。专题议政“高铁时代综合交通建设与运营管理”。

十四届三十四次主席会议　2018 年 7 月 25 日召开。协商中共建德市委十四届四次全会工作报告（征求意见稿）。

十四届三十五次主席会议　2018 年 8 月 21 日召开。专题议政“美丽乡村建设”。

十四届三十六次主席会议　2018 年 8 月 27 日召开。专题议政“航空小镇建设”。

十四届三十七次主席会议　2018 年 9 月 10 日召开。专题议政“公共创新平台建设”。

十四届三十八次主席会议　2018 年 9 月 14 日召开。专题议政“推进乡村文明建设”。

十四届三十九次主席会议　2018 年 9 月 25 日召开。专题议政“职业教育发展”。

十四届四十次主席会议 2018年9月29日召开。听取市政协书画院筹备工作情况汇报，并研究书画院正、副院长任职建议名单。

十四届四十一次主席会议 2018年10月12日召开。专题议政“高铁新区及新安江综保工程建设”。

十四届四十二次主席会议 2018年11月5日召开。专题议政“农贸市场改造提升”。

十四届四十三次主席会议 2018年11月12日召开。专题议政“农业区域公共品牌建设”。

十四届四十四次主席会议 2018年12月13日召开。专题议政“2019年度政府重点投资项目安排”。

十四届四十五次主席会议 2018年12月25日召开。专题议政“农村生活污水处理设施运维情况”。

十四届四十六次主席会议 2019年1月8日召开。协商中共建德市委十四届五次全会工作报告（征求意见稿），审议通过市政协各委组年终考核和各项先进评比等事宜。

十四届四十七次主席会议 2019年1月24日召开。审议市政协十四届十三次常委会议有关文件；委员届中调整方案和召开市政协十四届十三次常委会的建议。

十四届四十八次主席会议 2019年1月24日召开。听取中共建德市委常委会关于政协机关机构改革情况通报，讨论市政协主席分工和政协各专委会及乡镇（街道）工委、委员活动小组调整等相关事宜。

十四届四十九次主席会议 2019年4月19日召开。就创建国家级森林城市开展专题视察议政；审议关于市政协十四届三次会议重点提案和市政协《提案审查工作实施细则》。

十四届五十次主席会议 2019年4月26日召开。组织视察古城保护建设项目，听取梅城镇、运河严州综保公司关于梅城古城保护工作情况汇报，并提出意见和建议；审议专委会机构设置调整、人事任免等相关事宜。

十四届五十一次主席会议 2019年5月17日召开。听取市民政局关于全市养老服务体系建设情况的汇报，并提出意见和建议。

十四届五十二次主席会议 2019年5月30日召开。听取市生态环境局建德分局、新安江街道办关于千岛湖（建德境内）临湖生态环境综合保护工作情况的汇报，并提出意见和建议；传达贯彻全国地方政协工作经验交流会精神。

十四届五十三次主席会议 2019年6月6日召开。听取市经济与信息化局关于本市家纺行业改造提升推进工作的情况汇报，并提出意见和建议。

十四届五十四次主席会议 2019年6月28日召开。实地考察寿昌开发区（航空小镇）、洋溪街道等地的存量土地，听取市规划和自然资源局、航空小镇关于存量土地盘活利用工作的情况汇报，并提出意见和建议。

十四届五十五次主席会议 2019年7月30日召开。听取中共建德市委十四届六次全会工作报告（征求意见稿）起草情况的通报，并提出意见和建议。

十四届五十六次主席会议　2019 年 9 月 3 日召开。实地考察“江南秘境”、高铁旅游服务中心等项目建设现场。听取市文广旅体局和有关项目单位关于本市进入高铁时代的旅游产业发展情况的汇报。

十四届五十七次主席会议　2019 年 9 月 12 日召开。专题视察 3 个招商引资项目。听取市商务局关于本市招商引资项目的情况汇报，并提出意见和建议。

十四届五十八次主席会议　2019 年 12 月 16 日召开。协商市政府 2020 年重点投资项目、2020 年市政协常委会工作要点及人事任免。

十四届五十九次主席会议　2019 年 12 月 27 日举行。协商市委十四届七次全会工作报告（征求意见稿），听取报告起草的情况说明，并提出意见和建议；审议通过十四届委员届中调整方案。

第二章 组织机构

市政协第十届至第十四届委员会期间，政协建德市地方组织的机构建设不断完善。至2019年12月，市政协的组织机构有政协委员会、政协常务委员会、政协党组织及政协机关工作机构。其间，十二届委员会专门委员会设置因开展机构改革试点发生3次变更。自2010年始，市政协机关设置一直保持“一办六委”的组织机构。自2010年10月市政协第十二届二十二次常委会议之后，在乡镇（街道）试行设立政协建德市委员会乡镇（街道）工作委员会，至2019年12月仍保留。

第一节 委员会

1998年3月至2019年12月，建德市政协历经第十届委员会至第十四届委员会。其间各届委员会的任期，除第十一届委员会为4年之外，第十届、十二届、十三届、十四届均为5年，至2019年第十四届委员会进入第三年。

各届政协委员的产生方案及程序略有不同。第十届由市政协党组提出换届工作意见，第十一届至第十四届由市委统战部提出换届工作意见，内容包括指导思想，规模、界别及构成，提名对象、条件包括年龄界限，推荐协商程序及工作要求，并按界别作出委员名额分配，上报市委审核同意后，提交市政协常委会充分协商，决定新一届委员会的界别设置、委员名额、委员任职条件及名额构成方案。经由各党派、团体、单位、部门根据界别推荐委员人选，再经所在单位党委（党组）或各民主党派市委会集体讨论确定。

第十届委员会

第十届委员会自1998年3月至2003年3月，任期5年。

一、委员会构成 1998年2月16日，九届二十八次常委会会议审议通过将第十届委员会体育界别并入教育界别，共设22个界别，由212名委员组成：中共8名、民革6名、民盟6名、民建6名、民进6名、工会6名、共青团6名、妇联6名、工商联6名、经济23名、科学技术20名、社会科学 8 名、新闻 4 名、文化艺术 8 名、教育体育 14 名、医药卫生 12 名、农林 19 名、宗教 3 名、少数民族 4 名、侨联 4 名、台联 5 名、特邀 32 名。

实际安排委员 211 名（特邀界缺 1 名）。其中，中共党员 83 名、占 39.3%，党外人士 128 名、占 60.7%；妇女 45 名、占 21.3%；少数民族 6 名、占 2.8%。具有高中（中专）文化程度的 52 名、占 24.6%，大专以上文化程度的 136 名、占 64.5%。具有中、高级专业技术职称的 120 名，占 56.9%。与第九届委员会相比，本届委员平均年龄 43.6 岁，比上届下降 2.3 岁，结构趋向年轻化。第九届留任委员 83 名，新任委员 128 名，占 60.7%。

二、委员届内调整　1998 年 9 月增补委员 1 名，同年 12 月撤销委员资格 1 名。1999 年 1 月辞去委员职务 3 名，同月增补委员 5 名；同年 12 月辞去委员职务 3 名，增补委员 2 名。2001 年 2 月增补委员 3 名，同年 12 月增补委员 1 名。2002 年 1 月增补委员 5 名。

三、界别委员名单

1. 中国共产党建德市委员会

刘志新　吴建平　张运熹　季顺安　洪继新　郭昌友　黄根华　穆先堂　程锦元（1998 年 9 月—）　陈庆祥（2001 年 12 月—）

2. 中国国民党革命委员会建德市委员会

李干才　李丰平　严凌云　何　群　徐彭浩　谭　洁（女，土家族）

3. 中国民主同盟建德市委员会

马　晔（女）　朱启鸿　李新富　沈　勇　唐长生　唐福军

4. 中国民主建国会建德市委员会

朱土夏　朱坤溶　金坚贞（女）　欧阳良　贾泽民　徐土松

5. 中国民主促进会建德市委员会

王行健　朱迪海　李海泉　吴顺正（女）　郑志良　高惠忠

6. 建德市总工会

王文伟（女）　林连生　罗上争　金国正　蒋国庭　鲍　鸣（女）

7. 中国共产主义青年团建德市委员会

何灵瑄（女）　宋国平　周友红　郑　均　洪　骏　徐序红（女）

8. 建德市妇女联合会

石萍花（女）　汪慧芬（女）　陈玉芳（女）　郑　瑶（女）徐　勤（女）　程玲玲（女）

9. 建德市工商业联合会

朱昌发　孙樟根　李炳华　龚襟宏　蒋　斌　穆春生

10. 经济界

王　芳（女）　王永娥（女）　傅国柱　冯　烈　冯建平　宁建生　吕雪军　任不凡　刘　红（女）　江锡荣　孙智鸿　李伟忠　李慧强　吴文沐　吴志祥　张云峰　张建荣

陈　颖（女）　季诚建　钟　卫（畲族）　钱忠道　徐拥军　董拥军

11. 科学技术界

方国强　方若铸　厉开连　孙金年　杜立新　吴爱娣（女，1998 年 3 月—1999 年 12 月）　陈龙飞　陈树华　邵爱萍（女）　罗建利　姜　渭　胡力萍（女）　施克荣　郑丰平　钱云芳（女）　钱建明　徐效良　蒋燕青　谢国忠　吴建华（1999 年 12 月—）　陈乾芳（女）

12. 社会科学界

王元根　叶卫生　刘锡兴　刘德祥　陈会昌　邵　鸣　罗　鑫　黄宝昌（1998 年 3 月—1999 年 1 月）　王振强（1999 年 1 月—）

13. 新闻界

毕建华　陈爱英（女）周根禄　徐永芬（女）

14. 文化艺术界

叶　欣　李奇峰　李瑞有　吴淑娟（女）　汪国云　张祖荣　林德连　胡承斌

15. 教育体育界

王小庭　方　岩　叶　梅（女）　卢新安　傅建平　李三才　姚善权（女）　邵容海　胡翠屏（女）　赵　敏（女）　洪燮鑫　祝益飞　徐志仙（女）　黄大庆

16. 医药卫生界

丁越明　邓国祥　吴新东　汪纪红　张建强　范润娟（女）　金寿山　郑　瑾（女）　黄爱玉（女）　童　静（女）　谢启平　薛金辉

17. 农业林业界

马燕子（女）　叶素华（女）　朱水根　朱允宽　伊樟荣　刘水泉　许奇峰　吴金寿　李巧生　沈亚伟（女，1998 年 3 月—1999 年 12 月）　张志宏　陈新年　邵树生　林益平　范润朝　周华福　钱晓华（女）　翁永光　黄冬红（女）　徐高鸿（1999 年 12 月—）

18. 宗教界

释兴慧　吴潮来　邵春德

19. 少数民族界

钟士文（畲族）　钟芝兰（女，畲族）　雷雪银（女，畲族）　雷勤健（畲族）

20. 建德市归国华侨联合会

许樟坤　郑棣群（女）　赖肇雄　潘建平

21. 建德市台湾同胞联谊会

丁伯俊　叶幸东　吴时来　李　林　陈惠利

22. 特别邀请人士

马雪梅（女）　王建平　方向明（1998 年 3 月—1999 年 12 月）　方致远　孔大元　卢丁潮　包关全（1998 年 3 月—1998 年 12 月）司马义　朱国昌　许凤浩　李元喜　巫樟云　吴来富

何善良　何新根　汪顺生　陈青云　陈国卿　邵元生　项双文　胡信荣　钱　建（女，1998 年 3 月—1999 年 1 月）　徐协平　徐根清　奚素勤（1998 年 3 月—1999 年 1 月）　商发银　董松明　程啸涛　樊顺明　潘明忠　潘增标　吴照华（1999 年 1 月—）　杨海贤（1999 年 1 月—）　洪国根（1999 年 1 月—）　李　黎（1999 年 1 月—）　李　建（2001 年 2 月—）　黄祥勇（2001 年 2 月—）　宋培勤(女，2001 年 2 月—)

第十一届委员会

第十一届委员会自 2003 年 3 月至 2007 年 2 月，任期 4 年。

一、委员会构成　2003 年 2 月 14 日，十届委员会常委会三十一次会议审议通过第十一届委员会增设无党派界别，共设 23 个界别，由 225 名委员组成。7 个界别委员名额作调整：教育界由 12 名减至 11 名，医药卫生界由 12 名减至 10 名，农业界由 19 名减至 16 名，科学技术界由 20 名减至 18 名，经济界由 25 名增至 28 名，建制镇和街道的委员由 6 名增至 15 名，侨联界由 4 名增至 5 名。

实际安排委员 221 名（至 2006 年 1 月补足）。其中，中共党员 86 名、占委员总数 39. 1%；党外人士 134 名、占委员总数 60. 9%。妇女 48 名，占委员总数 21. 8%。少数民族 6 名，占委员总数 2. 7%。委员平均年龄 42. 61 岁，比上届下降 0. 95 岁。

具体类别：年龄上，40 岁以下 98 名、占委员总数 44. 5%；40—49 岁 85 名、占委员总数 38. 6%；50—60 岁 35 名、占委员总数 15. 9%；60 岁以上 2 名、占委员总数 0. 9%。文化程度，大专以上 178 名、占委员总数 79. 11%，比第十届增长 11. 56%；研究生以上学历 5 名。144 名委员具有各类技术职称，占委员总数 64%，其中中级职称 92 名、高级职称 22 名，合计占委员总数 51. 8%。从事经济经营的委员有 50 名，占委员总数 22. 2%，比第十届委员会增加 19 名。第十届委员连任 74 名、占委员总数 33. 6%，新任委员 146 名、占 66. 4%。

二、委员届内调整　2004 年 2 月，辞去委员职务 9 名，同月增补委员 11 名；2005 年 1 月，辞去委员职务 14 名，同月增补委员 16 名；2006 年 1 月，辞去委员职务 5 名，增补委员 4 名。2006 年 12 月，撤销委员资格 1 名。

三、界别委员名单

1. 中国共产党建德市委员会

刘志新　郭昌友　程锦元　王成土　王　伟　陈庆祥　季顺安（2003 年 2 月—2005 年 1 月）　王振强（2004 年 2 月—）　罗会荣　童国方（2005 年 1 月—）

2. 中国国民党革命委员会建德市委员会

何　群　李丰平　郑屏芳（女）　赖小华（女）　赵国芬（女）　吴　霞（女，原特邀界）

3. 中国民主同盟建德市委员会

马　晔（女）　唐长生　沈　勇　徐兆林　张志明　徐恩波

4. 中国民主建国会建德市委员会

郑　冰（女）　欧阳良　李炳华　朱土夏　汪益根　陈建江　叶　鹃（女，2005 年 1 月—）

5. 中国民主促进会建德市委员会

谢春凤（女）　郑志良　高惠忠　丁越明　董光海　沈建婷（女）

6. 建德市工商业联合会

吴秋明　冯　烈　穆春生　王胜奇　潘秋梅（女）　童志康　奚春阳（2005 年 1 月—）

7. 无党派人士界

任不凡　徐拥军　金伟嫒（女）　宣永培　冯　滔　陈　星（2003 年 2 月—2004 年 2 月）陈　海（2004 年 2 月—2005 年 1 月）　仇锡洪（2005 年 1 月—）

8. 建德市总工会

李来珍（女）　王文伟（女）　方建威　梅志仁　吴德铮　陈家渭

9. 中国共产主义青年团建德市委员会

方　承　蓝　燕（畲族，女）　周婉萍（女）　管洪君　宋　庆　马永红

10. 建德市妇女联合会

张佩佩（女）　楼凤琴（女）　张巧玲（女）　应文珠（女）　陆秀娟（女）　陈红娟（女，2003 年 2 月—2005 年 1 月）

11. 经济界

江锡荣　董拥军　贾泽民　黄祥勇　刘　红（女）　汪志荣　刘金坤　王利民　季诚建　陈筱萍（女）　邵志宏　朱和平　钱　航　汪建强　储建良　余文斌　吕雪军　吴荣伟　陈心叔　翁路平　王玉伟　童　欣　陈兆纯　杨树耘　邵宏强　王永娥（女，2003 年 2 月—2005 年 1 月）章树昌　虞淑华（女，2003 年 2 月—2005 年 1 月）　程拥军（2004 年 2 月—）　吕一华（2005 年 1 月—）　王拥军（2005 年 1 月—）　朱祖阳（2005 年 1 月—）　李寿良（2005 年 1 月—）蔡根清（2006 年 1 月—）

12. 科学技术界

徐福林　何秋鸣　李顺荣　徐彭浩　孙金年　姜　渭　黄　锋　钱晓华（女）　唐　毅　施成化　陈国建　胡选祥　唐永祥　张运雄　闻素珍（女）　陈继平　陈伟祥　宋金生　胡叶青（女，2003 年 2 月—2005 年 1 月）

13. 社会科学界

邵　鸣　胡伟钰　陈继康　王寅彪　王新民　程　霄　赖有贵　刘德祥（2003 年 2 月—2004 年 2 月）　崔杭勇（2004 年 2 月—）　毛建兰（女，2005 年 1 月—）　谢伟东（2006 年月—）

14. 新闻界

汪国云　陈爱英（女）　钟清鸿（畲族）　李　斌

15. 文化艺术界

汪丽萍（女）　叶　欣　汤峥嵘　周　霞（女）　张丽娟（女）　陈若珏　应　红　洪淳生（2003 年 2 月—2004 年 2 月）　盛振宇（2006 年 1 月—）

16. 医药卫生界

汪纪红　童　政　金寿山　朱迪海　薛金辉　张建强　范润娟（女）　谢启平　邹培华　叶慧华（女）

17. 教育体育界

胡造林　祝益飞　傅建平　邵容海　于远明　练布捷（女）　胡志群（女）　胡挺富　徐建军　洪肇德（2004 年 2 月—）

18. 农业界

朱水根　谭家旺　李伟忠　王路达（2003 年 2 月—2005 年 1 月）　刘水泉　李巧生　徐高鸿　李超英　唐良忠　俞中元　诸葛文麟　蔡小珍（女）　褚永成　应斯芳（女）　张再清　吴璀福

19. 少数民族界

钟芝兰（女，畲族）　谭　洁（女，土家族）　钟国良（畲族）　蓝志平（畲族）

20. 宗教界

吴潮来　释果通　徐有成

21. 建德市台湾同胞联谊会

叶幸东　陈惠利　吴时来　周新柱　黄建国

22. 建德市归国华侨联合会

程玲玲（女）　赖肇雄　杜　凤（女）　吾建闽　潘　艳（女）

23. 特别邀请人士

洪国根　郑志华　姜志云（女）　巫海武　杨海贤　刘仙红（女）　王元根　项双文　程啸涛　陈青云　陈国卿　汪慧芬（女）　潘增标　徐福君　卢新安　庄雪生　亓　方（女，2003 年 2 月—2005 年 1 月）　方松源（2003 年 2 月—2006 年 1 月）　余　岱（2003 年 2 月—2004 年 2 月）　吴建杭（2003 年 2 月—2005 年 1 月）　邵元生（2003 年 2 月—2005 年 1 月）林大宏（2003 年 2 月—2004 年 2 月）　郑根寿（2003 年 2 月—2005 年 1 月）　郑建国（2003 年 2 月—2004 年 2 月）　周红兵（2003 年 2 月—2006 年 1 月）　姜朝红（女，2003 年 2 月—2004 年 2 月）　陈玉良　刘　春　唐发电（2003 年 2 月—2006 年 12 月）　郑培洪　杨　安（女）　叶　强　祝志明（2003 年 2 月—2005 年 1 月）　祝昌国（2003 年 2 月—2004 年 2 月）　徐根清（2003 年 2 月—2005 年 1 月）　郭树洪（2003 年 2 月—2005 年 1 月）　席　河（2003 年 2 月—2004 年 2 月）　何其卫（2003 年 2 月—2006 年 1 月）　虞林英（女，2003 年 2 月—2005 年 1 月）洪宗福（2003 年 2 月—2006 年 1 月）　李文华（女，2004 年 2 月—）　邱剑娟（女，2004 年 2 月—）黄永铨（2004 年 2 月—）　范秋华（2004 年 2 月—）　熊　兴（2004 年 2 月—）　陈运贵（2004 年 2 月—2006 年 1 月）　曹剑波（2005 年 1 月—2006 年 1 月）　翁祝青（2005 年 1 月—

2006年1月） 胡爱芳（女，2005年1月—） 郦晓良（2005年1月—） 胡光伟（2005年1月—） 蒋 华（2005年1月—） 郑 钧（2005年1月—） 黄宣人（2006年1月—）

第十二届委员会

第十二届委员会自2007年2月至2012年2月，任期5年。

一、委员会构成 2007年1月19日，十一届常委会二十三次会议审议通过十二届委员会共设23个界别，由225名委员组成：中共9名、民革6名、民盟6名、民建6名、民进6名、工商联11名、无党派人士6名、总工会8名、共青团6名、妇联6名、经济25名、科学技术18名、社会科学8名、新闻3名、文化艺术7名、教育体育11名、医药卫生10名、农业15名、宗教4名、少数民族4名、侨联5名、台联5名、特邀40名。

委员中，中共党员87名、占39.3%，党外人士128名、占60.7%。妇女45名，占21.3%。少数民族6名，占2.7%。女性48名，占有21.33%。

二、委员届内调整 2008年1月，辞去委员职务8名，同月增补委员10名；2009年1月，辞去委员职务16名，同月增补委员18名；2010年2月，辞去委员职务3名，同月增补4名委员；2011年1月，辞去委员职务20名，同月增补委员20名；2011年12月，撤销委员资格1名。

三、界别委员名单

1. 中国共产党建德市委员会

程茂红 郭昌友 王 伟 吕 勇 王成土 蒋 华 王建辉 王振强（2007年2月—2011年1月） 邱剑娟（女，2007年2月—2011年1月） 王建雄（2008年1月—） 刘新奎（2011年1月—） 谢照昌（2011年1月—）

2. 中国国民党革命委员会建德市委员会

何 群 吴 霞（女） 王越胜 郑屏芳（女） 赖小华（女） 赵国芬（女）

3. 中国民主同盟建德市委员会

朱启鸿 唐长生 张志明 徐兆林 姚 勤 黄锡成

4. 中国民主建国会建德市委员会

陈 茜（女） 叶 鹃（女） 汪益根 钟 君（女，畲族） 洪宇锋 罗智婷（女，2007年2月—2009年1月） 李巧生（2009年1月—）

5. 中国民主促进会建德市委员会

谢春凤（女） 郑志良 叶 强 董光海 沈建婷（女） 郑小云（女）

6. 建德市工商业联合会

吴秋明 王瑞仙 方永仙（女） 孙 巍 吴礼庆 林建平 周美良 俞文进 储建良 詹根松 毕南宾（2007年2月—2009年1月） 何增良（2009年1月—）

7. 无党派人士

任不凡　徐拥军　王一中　邵爱秀（女）　俞利海　宣永培　陈春芬（女，2009 年 1 月—）

8. 建德市总工会

汪丽萍（女）　江海增　应　红　应巧燕（女）　陈秀英（女）　徐丰成　章意坚　夏正发（2007 年 2 月—2011 年 1 月）　童志云（女，2011 年 1 月—）

9. 中国共产主义青年团建德市委员会

金鹏飞　叶　军　吴仁康　余　炫（女）　徐林峰　蓝　燕（畲族，女）

10. 建德市妇女联合会

张佩佩（女，2007 年 2 月—2008 年 1 月）　王美蓉（女）　朱小凤（女）　应文珠（女）　张巧玲（女）　潘　艳（女）　叶晓敏（女，2008 年 1 月—）

11. 经济界

王盾华　傅恒茂　吕益明　朱玲香（女）　刘庆生　严利明　杨树耘　李寿良　翁建平　吴中华　吴运全　吴荣伟　汪志荣　沈光炎　陈心叔　邵海建　黄益新　商国富　徐燕飞（女）　李跃华（2007 年 2 月—2008 年 1 月）　陈　华（2007 年 2 月—2008 年 1 月）　金　莹（女，2007 年 2 月—2008 年 1 月）　邵宏强（2007 年 2 月—2011 年 1 月）　方　弘（2007 年 2 月—2011 年 1 月）　金　革（女，2007 年 2 月—2011 年 1 月）　张迪康（2008 年 1 月—）　邵　超（2008 年 1 月—）　姚国兵（2008 年 1 月—）　孙志华（2008 年 1 月—2010 年 2 月）　叶立静（2009 年 1 月—）　蒋有年（2010 年 2 月—2011 年 12 月）　鲁　斌（2011 年 1 月—）　徐福君（2011 年 1 月—）　潘向阳（2011 年 1 月—）

12. 科学技术界

王玉伟　叶永生　朱祖阳　江　涛　吴东良　吴宪宏　张　阳　胡选祥　应永江（2007 年 2 月—2008 年 1 月）　王　田（2007 年 2 月—2009 年 1 月）　孙泉林（2007 年 2 月—2010 年 2 月）　陈国建（2007 年 2 月—2011 年 1 月）　俞　光　钱海林　郭亚峰　黄　锋　谢海云　楼凤琴（女）　赖有贵（2008 年—2011 年 1 月）　汪为骏（2009 年 1 月—）　吴利钢（2010 年 2 月—）　张永祥（2011 年 1 月—）　徐　强（2011 年 1 月—）

13. 社会科学界

王春根　方文锋（女）　巫海武　邵亚臣　邵益文　胡俊成（2007 年 2 月—2011 年 1 月）　程　霄（2007 年 2 月—2009 年 1 月）　诸葛益龙（2008 年 1 月—）　陈淦涛（2009 年 1 月—）　方永章（2009 年 1 月—）　胡建强（2011 年 1 月—）

14. 新闻界

陈利群（2007 年 2 月—2009 年 1 月）　谢伟东（原社会科学界）　周　芳（女）　胡伟钰（2007 年 2 月—2011 年 1 月）　叶志忠（2011 年 1 月—）

15. 文化艺术界

盛振宇　王　强（女）　王生良　汤峥嵘　李新富　周　霞（女）　洪建波　韩星亮

16. 教育体育界

于远明　吕美娟（女）　汪小明　陈伟祥　范生来　周红芬（女）　郑学峰　胡造林（2007 年 2 月—2009 年 1 月）　徐建军　黄健德　鲁　斌（2007 年 2 月—2009 年 1 月）　郎忠魁（2009 年 1 月—）

17. 医药卫生界

朱林全（2007 年 2 月—2009 年 1 月）　吴建杭（原特邀界）　金寿山　方焕生　许爱仙（女）　邹培华　宋金生　邵秀萍（女）　范锦新　翁寿清　黄荣富

18. 农业界

蒋建强　叶丽娟（女）　叶建新　吴璀福　张志清　张再清　陈新年　林小香（女）　欧阳立明　钱晓华（女）　蔡小珍（女）　唐良忠　储　斌　林益平（2007 年 2 月—2008 年 1 月）　盛建旗（2007 年 2 月—2011 年 1 月）　潜建军（2008 年 1 月—2011 年 1 月）　程新炉（2011 年 1 月—）　周继发（2011 年 1 月—）

19. 宗教界

释演通　吴潮来　徐有成　释果通

20. 少数民族界

钟芝兰（女，畲族）　钟国良（畲族）　蓝　雨（女，畲族）　蓝志平（畲族）

21. 建德市归国华侨联谊会

程　璐（女）　叶　梅（女）　杜　凤（女）　吾建闽　蔡剑雄

22. 建德市台胞台属联谊会

陈惠利　叶幸东　吴时来（2007 年 2 月—2011 年 1 月）　周新柱　郭红星　范宇鹏（2011 年 1 月—）

23. 特别邀请人士

王向红（女）　仇锡洪　刘国金　刘雪芬（女）　汤志文　孙雪娟（女）　杨圣桂　何根华　余菊英（女）　汪桂仙（女）　沈伟娣（女）　张生友　陈远平　陈国卿　邵卫红　金伟媛（女）　倪国芳　奚春阳　黄国华　黄宣人　龚成中　楼春棋　许维元（2007 年 2 月—2008 年 1 月）　陈　杰（2007 年 2 月—2008 年 1 月）　杨　安（女，2007 年 2 月—2009 年 1 月）　杨海贤（2007 年 2 月—2009 年 1 月）　何其卫（2007 年 2 月—2009 年 1 月）　范秋华（2007 年 2 月—2009 年 1 月）　姜志云（女，2007 年 2 月—2009 年 1 月）　程拥军（2007 年 2 月—2009 年 1 月）　鲁连忠（2007 年 2 月—2009 年 1 月）　程锦元（2007 年 2 月—2010 年 2 月）　翁祝青（2007 年 2 月—2011 年 1 月）　杜立新（2007 年 2 月—2011 年 1 月）　童国方（2007 年 2 月—2011 年 1 月）　蔡根清（2007 年 2 月—2011 年 1 月）　何建中（2008 年 1 月—2009 年 1 月）　沈秋根（2009 年 1 月—）　邵益文（2009 年 1 月—）　吴元福（2009 年 1 月—）　王　坚（2009 年 1 月—2011 年 1 月）　余小途（2009 年 1 月—2011 年 1 月）　舒小青（女，2009 年 1 月

—2011 年 1 月)　方致远（2009 年 1 月—）　郑小林（2009 年 1 月—）　周爱花（女，2009 年 1 月—）　张　炯（2009 年 1 月—）　宋晓刚（2009 年 1 月—）　张早林（2010 年 2 月—）　徐亚娟（女，2010 年 2 月—）　范红杰（2011 年 1 月—）　陈正清（2011 年 1 月—）　洪常青（2011 年 1 月—）　李　俊（2011 年 1 月—）　傅定辉（2011 年 1 月—）　汪志平（2011 年 1 月—）　翁永良（2011 年 1 月—）

第十三届委员会

第十三届委员会自 2012 年 2 月至 2017 年 2 月，任期 5 年。

一、委员会构成　2012 年 1 月 19 日，十二届常委会二十九次会议审议通过十三届委员会共设 23 个界别，由 226 名委员组成，其中：中共 10 名、民革 7 名、民盟 7 名、民建 7 名、民进 7 名、工商联 11 名、无党派人士 6 名、总工会 8 名、共青团 6 名、妇联 6 名、经济 24 名、科学技术 17 名、社会科学 8 名、新闻 3 名、文化艺术 8 名、教育体育 10 名、医药卫生 10 名、农业 14 名、宗教 4 名、少数民族 4 名、侨联会 5 名、台联会 5 名、特邀 39 名。

226 名委员中，中共党员 85 名、占 37.6%；党外人士 141 名、占 62.4%。妇女 61 名，占 26.9%。少数民族 6 名，占 2.6%。民主党派成员 66 名、占 29.2%；无党派人士 10 名、占 4.4%。有非公有制经济代表人士 52 名，占 23.0%。农业专业户及基层社区工作者代表人士 12 名，占 5.3%。大专以上文化程度的 215 名，占 95.1%；比上届增长 12.6%，其中大学学历 150 名、占 66.3%，研究生 16 名、占 7.0%，博士生 2 名。中级以上专业技术职称的 114 名，占 50.4%；其中高级专业技术职称的 39 名、占 17.3%；教授级高工 1 名。十二届留任委员 104 名、占 46.0%，新任委员 128 名，占 60.7%。

二、委员届内调整　2013 年 2 月，辞去委员职务 11 名，同月增补委员 11 名；2013 年 12 月，辞去委员职务 13 名，同月增补委员 13 名；2015 年 1 月，辞去委员职务 17 名，同月增补委员 18 名；2015 年 12 月，辞去委员职务 8 名。

三、界别委员名单

1. 中国共产党建德市委员会

吴铁民　吕　勇　程　旭　洪国根　张早林（2012 年 2 月—2015 年 1 月）　蒋　华　厉红寿　方致远　王建雄（2012 年 2 月—2013 年 12 月）　陶国强（2012 年 2 月—2013 年 12 月）　陈友明（2013 年 12 月—）　吴学东（2013 年 12 月—2015 年 12 月）　叶志高（2015 年 1 月—）

2. 中国国民党革命委员会建德市委员会

严凌云　吴　霞（女）　胡文静（女）　徐高鸿　饶卫玲（女）　吕美娟（女）　张红平

3. 中国民主同盟建德市委员会

徐新平　姚　勤　洪国武　邵琳萍（女）　胡晓华　过承祁　崔东柱

4. 中国民主建国会建德市委员会

陈　茜（女）　汪益根　陈建江　王　珏（女）　童　静（女）　黄慧娥（女）　钟　君（女，畲族）

5. 中国民主促进会建德市委员会

谢春凤（女）　楼凤琴（女）　徐月芳（女）　郑小云（女）　龚建欣　仇　峰　吴璀福

6. 建德市工商业联合会

潘余明　叶　鹃（女）　黄国华　施克荣　钱海林　周美良　何增良　叶立静（2012 年 2 月—2013 年 12 月）　孙　巍（2012 年 2 月—2013 年 12 月）　孟凡武　戴　飞（女，2012 年 2 月—2015 年 1 月）　王利民（2013 年 12 月—）　黄国朝（2013 年 12 月—）　孙　珊（女，2015 年 1 月—）

7. 无党派人士

陈春芬（女）　俞利海　宣永培　胡建良　朱红泉　吴利钢

8. 建德市总工会

应永江　洪作鹏　吕益民　柳建靓　金玉龙　程　浩　汪丽萍（女，2012 年 2 月—2015 年 1 月）　陈伟霞（女）

9. 中国共产主义青年团建德市委员会

蒋哲远（2012 年 2 月—2015 年 1 月）　蓝　燕（畲族，女）　吴仁康　麻　凯　杨晓霏　鲁宝君　吴　琴（女，2015 年 1 月—）

10. 建德市妇女联合会

程雪君（女，2012 年 2 月—2013 年 12 月）　王美蓉（女）　王钦钦（女）　陈益君（女）　孙宁芳（女）　汪桂仙（女，2012 年 2 月—2015 年 12 月）　褚建英（女，2013 年 12 月—）

11. 经济界

商国富　邵　超　叶　卫　沈光炎　吴敏华　唐建锋　揭淑云（女）　饶一民　吴瑞华　翁建平　叶永生　陈音飞　包　韩（女，2012 年 2 月—2013 年 12 月）　吴荣伟　吴运全　吴　敏（女）　严国民　汪建良　徐旭辉　朱祖阳　洪益琴（女）　胡向卫　郑小林（2012 年 2 月—2015 年 1 月）　夏金庚（2012 年 2 月—2015 年 1 月）　王　田（2013 年 12 月—）　程建军（2013 年 12 月—）　陈秋林（2015 年 1 月—）　龚顺权（2015 年 1 月—）

12. 科学技术界

王建辉　张永祥　毛　磊（女）　王国年　孔建平（女）　吴宪宏　张志清　叶海林　吴东良　章进通　汪为骏（2012 年 2 月—2013 年 2 月）　王利人　郑应宏　陈拥军（2012 年 2 月—2013 年 12 月）　罗红军　胡永军　熊　兴（2013 年 2 月—）　操吴兵（2013 年 12 月—）

13. 社会科学界

巫海武　邵亚臣　周伟清　胡建强　诸葛益龙　王春根　方文锋（女）　陈淦涛

（2012 年 2 月—2013 年 2 月）　孟　洁（女，2013 年 2 月—）

14. 新闻界

吴元标　沈友君（女，2012 年 2 月—2013 年 2 月）　周　芳（女）　蒋秀英（女，2013 年 2 月—）

15. 文化艺术界

李友彬　王　强（女）　洪建波　周　霞（女）　韩星亮　叶　欣（2012 年 2 月—2013 年 2 月）　陈志昌　钱建华

16. 教育体育界

邵益娟（女）　郎忠魁　于远明　钱志翔　汪小明　周红芬（女）　叶桂昌　陈伟祥　蔡爱芳（女）　徐庆华（女）

17. 医药卫生界

范红杰　邵秀萍（女）　叶　丽（女）　何建中　于一鸿　范锦新　王友君（女）　刘雪芬（女，2012 年 2 月—2013 年 12 月）　许爱仙（女）　黄　昕　吴建杭（2012 年 2 月—2013 年 12 月）

18. 农业界

赖志斌　潜建军　叶建新　钱保卫　刘水泉　姚根伟　叶　强　陈新年　欧阳立明　钱幸福　彭思远（女）　朱小凤（女）　陈新女（女）　李英姿（女）

19. 宗教界

释演通　释果通　徐有成　吴潮来

20. 少数民族界

钟芝兰（女，畲族）　蓝志平（畲族）　苏　菲（侗族）　钟炳有（畲族）

21. 建德市归国华侨联谊会

蔡剑雄　范宇鹏　张　毅　吴礼庆　毛利民

22. 建德市台胞台属联谊会

陈惠利　郭红星　程　璐（女）　胡　青（女）　汪　茜（女）

23. 特别邀请人士

邵益文　余菊英（女）　王力行　徐军潮　金伟媛（女）　仇锡洪　卢有根　陈　瑛（女）　王瑞仙　潘枝标　詹根松　汪建平　黄少华　游国平　王志平（2012 年 2 月—2013 年 2 月）　吕鹏云（2012 年 2 月—2015 年 1 月）　刘国金（2012 年 2 月—2013 年 2 月）　李忠平（2012 年 2 月—2013 年 2 月）　吴晓峰（2012 年 2 月—2013 年 12 月）　余　侃（2012 年 2 月—2015 年 1 月）　沈伟娣（女，2012 年 2 月—2015 年 1 月）　陈正清（2012 年 2 月—2015 年 1 月）　邵茂萍（女，2012 年 2 月—2015 年 1 月）　周继发（2012 年 2 月—2015 年 1 月）　俞易非（女，2012 年 2 月—2013 年 2 月）　施树康（2012 年 2 月—2015 年 1 月）　倪国芳（2012 年 2 月—2013 年 2 月）　徐　强（2012 年 2 月—2015 年 1 月）　徐亚娟（女，2012 年 2 月—2013 年 2 月）　翁永良（2012 年 2 月—2015 年 12 月）　翁炳昌（2012 年 2 月—2015 年 12 月）　郭昌友（2012 年 2 月—

2013年12月) 唐正彪(2012年2月—2015年1月) 蒋 华(2012年2月—2015年12月) 程竹松(2012年2月—2013年2月) 程星火(2012年2月—2015年1月) 程新炉(2012年2月—2013年12月) 童志云(女,2012年2月—2013年12月) 宁卫珍(2013年2月—) 林加善(2013年2月—) 张瑞平(2013年2月—) 吴小龙(2013年2月—) 许柏生(2013年2月—) 方 华(2013年2月—2015年1月) 王 刚(2013年2月—2015年12月) 李 刚(2013年2月—) 洪树华(2013年12月—2015年12月) 余志明(2013年12月—) 邓樟林(2013年12月—) 孟 涛(2013年12月—) 官建强(2013年12月—) 徐志强(2015年1月—) 叶胜平(2015年1月—) 沈小来(2015年1月—) 蒋建成(2015年1月—) 苏晓明(2015年1月—) 沈 龙(2015年1月—) 胡伟钰(2015年1月—) 杨吉元(2015年1月—) 叶郁萌(2015年1月—2015年12月) 黄伟斌(2015年1月—) 叶 姣(女,2015年1月—) 吴 雯(女,2015年1月—) 王 鑫(2015年1月—)

第十四届委员会

第十四届委员会自2017年2月始,任期5年,至本志下限时仍在任期中。

一、委员会构成 2017年1月12日,十三届常委会三十一次会议协商决定第十四届委员会共设23个界别,由226名委员组成,其中,中共9名、民革7名、民盟7名、民建7名、民进7名、工商联11名、无党派人士6名、总工会8名、共青团6名、妇联6名、经济24名、科学技术17名、社会科学8名、新闻3名、文化艺术8名、教育体育10名、医药卫生10名、农业14名、宗教4名、少数民族4名、侨联会5名、台联会5名、特邀40名。界别设置和委员名额与第十三届相同。

226名政协委员中,中共党员81名,占35.8%;非中共人士145名,占64.2%。妇女委员58名,占25.7%。少数民族委员6名,占2.6%。民主党派成员66名、占29.2%;无党派人士10名、占4.4%。

二、委员届内调整 2017年5月,撤销委员资格1名。2019年1月,辞去委员职务31名,同月增补委员14名。2020年1月,辞去委员职务18名,同月增补委员16名。

三、界别委员名单

1. 中国共产党建德市委员会

吴铁民 程 旭 吕 勇 叶志高 蒋 华 陈友明 许维元 方 韦 赖艳芬(女,2017年1月—2019年1月) 王百金(2019年1月—) 林 立(2019年1月—) 施树康(2019年1月—) 厉红寿(2019年1月—) 叶宏清(2019年1月—) 蒋智鸿(2020年1月—)

2. 中国国民党革命委员会建德市委员会

严凌云 胡文静(女) 彭思远(女) 黄晓红(女) 黄胜根 吕建军 饶卫玲(女)

3. 中国民主同盟建德市委员会

徐亚娟（女） 徐新平 邵琳萍（女）过承祁 叶永生 洪国武 赖旭辉

4. 中国民主建国会建德市委员会

王 珏（女） 陈 茜（女） 洪素萍（女） 蒋 维 吴朝阳 雷建祥（畲族） 董根土

5. 中国民主促进会建德市委员会

叶 强 徐月芳（女） 徐庆华（女） 龚建欣 吴 君 蓝志平（畲族） 张效南

6. 建德市工商业联合会

潘余明 林志强（2017 年 2 月—2020 年 1 月） 黄国朝 黄国华 陈伟霞（女） 柳建靓 陈德余 沈卫立 施竹生 罗仕进 陈学良 倪宪红（2020 年 1 月—）

7. 无党派人士

包 韩（女） 俞利海 杨吉元 沈永进 方宁江（女） 范建芳（女）

8. 建德市总工会

汪为骏 卢 萍（女，2017 年 2 月—2019 年 1 月） 许 剑 侍光磊（2017 年 2 月—2019 年 1 月） 谢莉花（女） 陈维河（2017 年 2 月—2019 年 1 月） 许 建（2017 年 2 月—2020 年 1 月） 方永红（女） 陈 泽（2019 年 1 月—2020 年 1 月） 黄亚平（2020 年 1 月—） 闻绳灶（2020 年 1 月—）

9. 中国共产主义青年团建德市委员会

郑 雄（女） 麻 凯 杨晓霏 张 毅 张 杰 吴泽鹏

10. 建德市妇女联合会

褚建英（女，2017 年 2 月—2019 年 1 月） 楼凤琴（女） 王钦钦（女） 陈益君（女） 陈 瑛（女） 叶慧华（女） 叶 晔（女，2019 年 1 月—）

11. 经济界

骆志春（2017 年 2 月—2019 年 1 月） 邵益文 吴瑞华 唐建锋 洪益琴（女） 胡向卫 范宇鹏 程建军（2017 年 2 月—2019 年 1 月） 郑海宾 叶 卫 方红月（女，2017 年 2 月—2019 年 1 月） 陈丽云（女） 李占霞（女） 邵笑燕（女） 金 革（女，2017 年 2 月—2019 年 1 月） 叶 鹃（女，2017 年 2 月—2020 年 1 月） 张继宏 傅水芳 严国民 金建宇 杜明华 邱志辉 邵跃忠 包松海 孟 洁（女，2019 年 1 月—） 陈跃春（2019 年 1 月—）

12. 科学技术界

蒋富华（2017 年 2 月—2019 年 1 月） 胡伟钰 操吴兵（2017 年 2 月—2019 年 1 月） 崔东柱 孔建平（女，2017 年 2 月—2019 年 1 月） 吴宪宏 叶海林 胡建良 洪作鹏 徐旭辉 王国年 李泽恩 徐君晓 石文堂（2017 年 2 月—2020 年 1 月） 钟 凯 童永强 姚士军（2017 年 2 月—2020 年 1 月） 孙志鹏（2019 年 1 月—2020 年 1 月） 吴康福（2020 年 1 月—） 朱卫东（2020 年 1 月—）

13. 社会科学界

巫海武　周伟清（2017 年 2 月—2019 年 1 月）　汪永刚　盛颢明（女）　王　平　刘国平　朱红泉　沈　龙（2017 年 2 月—2020 年 1 月）　夏金庚（2019 年 1 月—）　汤志文（2020 年 1 月—）

14. 新闻界

刘自强　黄　倩（女）　熊　青（女）

15. 文化艺术界

李　俊（2017 年 2 月—2019 年 1 月）　周建兵　陈志昌　钱建华　王生良　叶　杰　徐惠东　李根土　刘光星（2019 年 1 月—）

16. 教育体育界

李　萍（女，2017 年 2 月—2020 年 1 月）　程　璐（女）　郎忠魁（2017 年 2 月—2019 年 1 月）　胡晓华　汪小明　叶桂昌　钱志翔　李新运　邓林林　沈灵兵（2017 年 2 月—2019 年 1 月）　李刚成　翁舟波（2019 年 1 月—）

17. 医药卫生界

范红杰（2017 年 2 月—2019 年 1 月）　黄　昕　林　俊　朱　峰　范锦新　邵秀萍（女）　王雪红（女）　黄燕君（女）　方昱翔　鲍　焕　黄玉琴（女，2019 年 1 月—）

18. 农业界

蔡剑毅（2017 年 2 月—2019 年 1 月）　钱幸福　汪　佳（女）　钟万余　李　静（女）　刘学松　王　运（女）　王红颜（女）　张向杰　唐胜军　蒋建强（2017 年 2 月—2019 年 1 月）　张　萍（女）　朱建盛　欧阳立明

19. 宗教界

释演通　释果通　徐有成　吴潮来

20. 少数民族界

蓝　燕（女，畲族）　苏　菲（侗族）　钟炳有（畲族）　张瑞平（蒙古族）

21. 建德市归国华侨联谊会

陈音飞　吴礼庆　金富强　郑　聪　周　毅

22. 建德市台胞台属联谊会

汪　茜（女）　胡　青（女）　许宏平　陈　诚　李忠平

23. 特别邀请人士

黄卫平（2017 年 2 月—2019 年 1 月）　徐建新　金伟媛（女）　宣永培（2017 年 2 月—2019 年 1 月）　刘水泉　程　斌（2017 年 2 月—2019 年 1 月）　郑朝红（2017 年 2 月—2019 年 1 月）　叶晓敏（女，2017 年 2 月—2020 年 1 月）　邹　泉（2017 年 2 月—2019 年 1 月）　苏晓明（2017 年 2 月—2019 年 1 月）　应永江（2017 年 2 月—2019 年 1 月）　王素平（女）　徐红春　张红平　仇　峰　吕美娟（女）　孟凡武（2017 年 2 月—2019 年 1 月）　詹根松

林加善　仇锡洪　陈秋林　孙卫权　叶秀英（女）　唐晓东（2017 年 2 月—2019 年 1 月）　张文城　杨圣桂　宣逸群　余金芳　何　静（女）　陈建红（女）　唐小健（2017 年 2 月—2019 年 1 月）　丁卫阳（2017 年 2 月—2019 年 1 月）　王建辉（2017 年 2 月—2017 年 5 月）　陈坚强　王锦芳（女）　黄志良　程文冲　林　海（2017 年 2 月—2019 年 1 月）　朱江山　王培森（2019 年 1 月—）　冯义祥（2019 年 1 月—）　王　浩（2019 年 1 月—）　陈文贵（2019 年 1 月—2020 年 1 月）　胡俊成（2019 年 1 月—2020 年 1 月）　吕建忠（2019 年 1 月—）　吴　峰（2019 年 1 月—）　诸葛林（2019 年 1 月—）　徐　斌（2019 年 1 月—）　胡晓东（2019 年 1 月—）　龚志坚（2019 年 1 月—）　周　治（2019 年 1 月—）　方　睿（2019 年 1 月—2020 年 1 月）　叶　莲(女，2019 年 1 月—2020 年 1 月)　李可大（2019 年 1 月—2020 年 1 月）　肖　虎（2019 年 1 月—2020 年 1 月）　杨成军（2019 年 1 月—2020 年 1 月）　赖如平（2019 年 1 月—2020 年 1 月）　郑芳华（2019 年 1 月—）　练　超（2019 年 1 月—）　叶笑丰（2020 年 1 月—）　邱锦平（2020 年 1 月—）　周向阳（2020 年 1 月—）　徐　诤（2020 年 1 月—）　蒋一新（2020 年 1 月—）　郑勇军（2020 年 1 月—）　诸葛杰成（2020 年 1 月—）　李伟锋（2020 年 1 月—）　徐国平（2020 年 1 月—）

第二节　常务委员会

根据《政协章程》规定，政协常务委员会由主席、副主席、秘书长和常务委员组成。第十届、第十一届委员会常务委员的推荐，由市委统战部、市委组织部、市政协党组在政协委员中确定初步人选，考察工作由市委组织部、市委统战部会同市政协党组共同进行。第十二届至第十四届委员会常务委员的推荐，由市委统战部、市委组织部、市政协党组在政协委员中确定初步人选，市管干部的常委人选考察工作由市委组织部负责，其他常委人选考察工作由市委统战部负责。各届市政协常务委员人选均经市委审核同意后，以市委名义向新一届市政协第一次会议主席团提出建议名单，经主席团协商通过后，提交全体委员会议讨论，确定候选人名单，再由全体委员会议进行等额选举产生。

第十届常务委员会

1998 年 3 月，市政协十届一次会议选举产生由 34 名常务委员组成的十届常务委员会。

一、届内调整　1999 年 2 月，市政协十届二次会议补选副主席 1 名；2001 年 3 月，辞去常务委员职务 1 名；12 月，秘书长辞去职务；同月，十届常委会二十四次会议通过代秘书长人选；2002 年 3 月，市政协十届五次会议补选秘书长。

二、组成名单

主席：刘志新

副主席：穆先堂　王行健　郭昌友　马　晔（女）程锦元（1999年2月补选）

秘书长：黄根华（1998年3月—2001年12月）　陈庆祥（2002年3月—）

常务委员：邓国祥　冯　烈　朱启鸿　朱昌发　任不凡　刘水泉　江锡荣　李干才　李巧生　李海泉（1998年3月—2001年3月）　何　群　陈乾芳（女）　邵　鸣　邵容海　林德连　罗上争　季顺安　金寿山　周友红　项双文　钟芝兰（畲族，女）　姚善权（女）　徐土松　徐拥军　徐效良　董拥军　程玲玲（女）　赖肇雄

第十一届常务委员会

2003年3月，市政协十一届一次会议选举产生由36名常务委员组成的十一届常务委员会。

一、届内调整　2004年2月，辞去常务委员职务1名。2005年2月，十一届三次会议增补常务委员2名。

二、组成名单

主　席：刘志新

副主席：郭昌友　马　晔（女）　程锦元　王成土　王　伟　谢春凤（女）

秘书长：陈庆祥

常务委员：于远明　马永红　冯　烈　任不凡　刘水泉　江锡荣　李巧生　李来珍（女）　吴时来　吴荣伟　吴秋明　何　群　汪志荣　汪丽萍（女）　张佩佩（女）　邵　鸣　季顺安　金寿山　郑　冰（女）　郑志良　钟芝兰（女，畲族）　徐拥军　徐彭浩　席　河（2003年3月—2004年2月）　唐长生　黄　锋　董拥军　赖肇雄　王振强（2005年2月—）　黄永铨（2005年2月—）

第十二届常务委员会

2007年2月，市政协十二届一次会议选举产生由37名常务委员组成的十二届常务委员会。

一、届内调整　2008年2月，市政协十二届常委会七次会议，辞去常务委员职务1名；同月，十二届二次会议增补常务委员2名。2009年1月，辞去常务委员职务2名；次月，十二届三次会议增补常务委员2名。2010年2月，十二届四次会议增补副主席1名、常务委员1名；9月，辞去常务委员职务1名。2011年1月，辞去常务委员职务1名；3月，十二届五次会议增补常务委员2名。

二、组成名单

主　席：程茂红

副主席：王成土　郭昌友　朱启鸿　王　伟　谢春凤（女）　吕　勇　张早林

（2010 年 2 月—）

秘书长：蒋　华

常务委员：王建辉　王振强（2007 年 2 月—2010 年 9 月）　叶　鹃（女）　任不凡　杨海贤（2007 年 2 月—2009 年 1 月）　巫海武　吴东良　吴时来（2007 年 2 月—2011 年 1 月）　吴荣伟　吴秋明　何　群　邱剑娟（女，2007 年 2 月—2008 年 2 月）　汪小明　汪丽萍（女）　张佩佩（女）　邵宏强（2007 年 2 月—2009 年 1 月）　金伟媛（女）　金寿山　金鹏飞　郑志良　钟芝兰（女，畲族）　钱晓华（女）　徐拥军　唐长生　黄　锋　盛振宇　商国富　释演通　楼凤琴（女）　王建雄（2008 年 2 月—）　叶晓敏（女，2008 年 2 月—）　王玉伟（2009 年 2 月—）　方致远（2009 年 2 月—）　徐亚娟（女，2010 年 2 月—）　陈惠利（2011 年 3 月—）　谢照昌（2011 年 3 月—）

第十三届常务委员会

2012 年 2 月，市政协十三届一次会议选举产生由 39 名常务委员组成的十三届常务委员会。

一、届内调整　2013 年 2 月，辞去常务委员职务 1 名；3 月，十三届二次会议补选常务委员 2 名；12 月，辞去常务委员职务 7 名。2014 年 2 月，十三届三次会议补选常务委员 6 名。2015 年 1 月，辞去副主席职务 1 名，十三届四次会议补选常务委员 2 名；12 月，辞去常务委员职务 1 名。2016 年 11 月，辞去副主席职务 1 名。

二、组成名单

主　席：吴铁民

副主席：严凌云　谢春凤（女，2012 年 2 月—2016 年 11 月）　吕　勇　张早林（2012 年 2 月—2015 年 1 月）　程　旭　洪国根　叶志高（2015 年 1 月—）

秘书长：蒋　华

常务委员：王建雄（2012 年 2 月—2013 年 12 月）　王建辉　方致远　厉红寿　叶　欣（2012 年 2 月—2013 年 2 月）　叶　强　叶桂昌　刘水泉　孙　巍（2012 年 2 月—2013 年 12 月）　巫海武　吴荣伟　何建中　汪丽萍（女）　陈　茜（女）　陈拥军（2012 年 2 月—2013 年 12 月）　陈春芬（女）　陈音飞　陈惠利　范宇鹏　金伟媛（女）　胡文静（女）　钟芝兰（女，畲族）　徐亚娟（女，2012 年 2 月—2013 年 12 月）　徐新平　陶国强（2012 年 2 月—2013 年 12 月）　商国富（2012 年 2 月—2013 年 12 月）　蒋哲远　程雪君（女，2012 年 2 月—2013 年 12 月）　释演通　楼凤琴（女）　潘余明　过承祁（2013 年 3 月—）　沈伟娣（女，2013 年 3 月—）　王利民（2014 年 2 月—）　吴学东（2014 年 2 月—2015 年 12 月）　陈友明（2014 年 2 月—）　邵益文（2014 年 2 月—）　褚建英（2014 年 2 月—）　操吴兵（2014 年 2 月—）　吴　琴（女，2015 年 1 月—）　胡伟钰（2015 年 1 月—）

第十四届常务委员会

2017年2月，市政协十四届一次会议选举产生由37名常务委员组成的十四届常务委员会。

一、届内调整 2019年1月，辞去常务委员职务6名；2月，辞去副主席职务1名，秘书长辞去职务，十四届三次会议补选副主席1名，补选秘书长1名、常务委员7名。2020年1月，秘书长辞去职务，辞去常务委员职务5名；同月，十四届四次会议增选副主席1名，补选秘书长1名、常务委员4名。

二、组成名单

主　席：吴铁民

副主席：程　旭　严凌云　吕　勇（2017年2月—2019年2月）　叶志高（2017年2月—2020年1月）　徐亚娟（女）　王百金（2019年2月—）　叶　强（2020年1月—）

秘书长：蒋　华（2017年2月—2019年2月）　林　立（2019年2月—2020年1月）　蒋智鸿（2020年1月—）

常务委员：王　珏（女）　方　韦　叶　强（2017年2月—2020年1月）　叶桂昌　许维元（2017年2月—2019年1月）　巫海武　陈　茜（女，2017年2月—2019年1月）　陈友明　陈音飞　邵秀萍（女）　邵益文　林志强（2017年2月—2020年1月）　金伟媛（女）　周伟清（2017年2月—2019年1月）　郑　雄（女）　胡文静（女）　胡伟钰（2017年2月—2020年1月）　胡晓华　钱建华　徐月芳（女）　徐新平　唐建锋　彭思远（女）　释演通　蓝　燕（女，畲族）　楼凤琴（女，2017年2月—2020年1月）　赖艳芬（女，2017年2月—2019年1月）　褚建英（女，2017年2月—2019年1月）　潘余明　操吴兵（2017年2月—2019年1月）　孙志鹏（2019年2月—2020年1月）　朱卫东（2020年1月—）　王素平（女，2019年2月—）　厉红寿（2019年2月—）　叶　晔（女，2019年2月—）　叶宏清（2019年2月—）　俞利海（2019年2月—）　施树康（2019年2月—）　吴康福（2020年1月—）　吴瑞华（2020年1月—）　倪宪红（2020年1月—）

第三节　中共党组织

1998年有中共市政协党组、中共市政协机关支部各1个。2005年3月，建立市政协离退休干部党员支部。2018年9月，建立市政协机关党组。至2019年12月，市政协共有2个党组、2个党支部。

一、中共政协党组

1984 年 1 月，中共建德县委以县委干字〔1984〕7 号文，批准建立中共建德县政协党组。历任党组书记、副书记及成员均由中共建德市（县）委任命。市政协党组组成人员调整与市政协换届、市政协领导人调动密切相关。1998 年 4 月至 2019 年 12 月，共建立第十届至第十四届共五个届次的政协党组。

第十届中共政协党组

书　记：刘志新

副书记：穆先堂

成　员：郭昌友　程锦元（1998 年 9 月—）　黄根华（1998 年 4 月—2001 年 12 月）季顺安　陈庆祥（2001 年 12 月—2003 年 3 月）

第十一届中共政协党组

书　记：刘志新

副书记：程锦元

成　员：郭昌友　王成土　王　伟　陈庆祥　季顺安　王振强（2004 年 4 月—）

第十二届中共政协党组

书　记：程茂红

副书记：王成土　郭昌友（2010 年 3 月—）

　　　　吴铁民（2012 年 2 年 9 月—）

成　员：郭昌友　王　伟　吕　勇　蒋　华

第十三届中共政协党组

书　记：吴铁民

成　员：吕　勇　张早林　程　旭　洪国根　蒋　华　叶志高（2015 年 1 月—）

第十四届中共政协党组

书　记：吴铁民（2017 年 2 月—）

副书记：程　旭（2017 年 3 月—）　张早林（2019 年 12 月—）

成　员：吕　勇（2017 年 2 月—2019 年 1 月）叶志高（2017 年 2 月—）程　旭（2017 年 2

月—2017 年 3 月） 洪国根（2017 年 2 月—2017 年 3 月） 蒋 华（2017 年 2 月—2019 年 2 月） 林 立（2019 年 2 月—2019 年 12 月） 王百金（2019 年 2 月—） 蒋智鸿（2019 年 12 月—）

二、政协机关党组

2018 年 9 月 25 日，中共建德市委印发《关于建立中共政协建德市委员会机关党组及蒋华等同志任职的通知》，建立中共政协建德市委员会机关党组，蒋华任党组书记，成员为厉红寿、胡伟钰、邵益文、许维元、方韦。

2019 年 2 月，经市委常委会研究决定，林立接任蒋华市政协机关党组书记职务，施树康任机关党组成员，免去许维元机关党组成员。同年 12 月 25 日，经市委常委会研究决定，蒋智鸿接任林立市政协机关党组书记职务，增补吴康福为党组成员。

三、政协机关党支部

1998 年 3 月，市政协机关党支部委员会（以下简称支部委员会）由杨海贤、潘文达、董松明、邹爱民组成，杨海贤任支部书记。

1999 年 6 月，支部委员会由季顺安、杨海贤、邹爱民、徐柏松、朱丽娟（女）组成，季顺安任支部书记，杨海贤任支部副书记。

2002 年 5 月，支部委员会由邹爱民、王志强、朱丽娟（女）、钟森水组成。邹爱民任支部书记。

2005 年 3 月，支部委员会由黄永铨、朱丽娟（女）、王晓静（女）组成，黄永铨任支部书记。

2007 年 5 月，支部委员会由朱丽娟（女）、王晓静（女）、方韦组成，朱丽娟任支部书记。

2010 年 4 月，支部委员会由朱丽娟（女）、陈立刚、方芳（女）组成，朱丽娟任支部书记。

2013 年 4 月，支部委员会由陈立刚、林宏、陈炳麟组成，陈立刚任支部书记。

2016 年 9 月，支部委员会由陈立刚、张建华、穆亚琴（女）组成，陈立刚任支部书记。

2019 年 10 月，支部委员会由陈立刚、祝红芳、唐杭（女）、巫林怿组成，陈立刚任支部书记。

四、政协离退休干部党支部

1998 年，市政协建立市政协离退休干部党员小组，与市政协机关党员同属一个支部。

2005 年 3 月，建立市政协离退休干部党支部。支部委员会由钟森水、黄根华、徐柏松组成，钟森水任支部书记。

2007 年 4 月，支部委员会由穆先堂、黄根华、朱睦卿组成，穆先堂任支部书记。

2010 年 4 月，支部委员会由穆先堂、黄根华、朱睦卿组成，穆先堂任支部书记。

2012 年 7 月，支部委员会由程锦元、王成土、鲍莎（女）组成，程锦元任支部书记。

2015 年 3 月，支部委员会由王成土、黄永铨、谢龙和组成，王成土任支部书记。

第四节　工作机构

第十届至第十四届委员会，均设秘书处、专门委员会作为政协工作机构。2010 年 10 月，又增设政协建德市委员会乡镇（街道）工作委员会，作为市政协派驻乡镇（街道）的工作机构。

一、秘书处

秘书长、副秘书长为秘书处成员，秘书长由各届全体会议选举产生，副秘书长由各届政协常委会第一次会议决定产生。副秘书长人员构成：市政协办公室主任，民革建德市委会、民盟建德市委会、民建建德市委会、民进建德市委会、市工商联、无党派人士各 1 名领导或驻会干部，共 6 人。

1. 第十届委员会秘书处

秘书长：黄根华（1998 年 3 月—2001 年 12 月）　陈庆祥（2001 年 12 月—）

副秘书长：季顺安　李干才　朱启鸿　徐土松　李海泉（1998 年 3 月—2001 年 3 月）　朱昌发

2. 第十一届委员会秘书处

秘书长：陈庆祥

副秘书长：季顺安（2003 年 3 月—2005 年 2 月）　王振强（2005 年 2 月—）　何　群　唐长生　郑　冰（女）　郑志良　吴秋明

3. 第十二届委员会秘书处

秘书长：蒋　华

副秘书长：何　群　唐长生　巫海武　郑志良　吴秋明

4. 第十三届委员会秘书处

秘书长：蒋　华

副秘书长：吴　霞（女，2012 年 2 月—2014 年 1 月）　徐新平　陈　茜（女）　楼凤琴（女）　孙　巍（2012 年 2 月—2014 年 1 月）　陈春芬（女）　胡文静（女，2014 年 1 月—）　王利民（2015 年 2 月—）

5. 第十四届委员会秘书处

秘书长：蒋　华（2017 年 2 月—2019 年 2 月）　林　立（2019 年 2 月—2020 年 1 月）　蒋智鸿（2020 年 1 月—）

副秘书长：胡文静（女）　徐新平　陈　茜（女）　徐月芳（女）　林志强　周伟清

二、专门委员会

根据《政协章程》规定，各届政协根据工作需要设立若干专门委员会，作为在常务委员会和主席会议领导下的工作机构。

（一）十届委员会专门委员会　十届常委会第一次会议研究决定，十届委员会设置 8 个专门委员会：学习委员会、文史资料委员会、提案委员会、经济科学技术委员会、社会法治委员会、城建旅游委员会、文教卫文体委员会、祖国统一联谊委员会，并协商决定，专委会下设 11 个专业组和 8 个乡镇联络组，专业组、联络组实行归口管理。

1. 学习委员会

主任：马　晔（女，兼）

副主任：季顺安　洪继新　黄宝昌（1998 年 3 月—1996 年 6 月）　王振强（1996 年 6 月—2001 年 3 月）　洪燮鑫（2001 年 3 月—）

2. 文史资料委员会

主任：李干才

副主任：汪国云（1998 年 3 月—1999 年 6 月）　朱睦卿　邹爱民（2001 年 3 月—）

3. 提案委员会

主任：黄根华（兼）

副主任：钱忠道　何善良

4. 经济科学技术委员会（归口管理和联络 3 个专业组）

主任：穆先堂（兼）

副主任：徐土松　徐效良　奚素勤

工业组，组长：奚素勤（1998 年 3 月—1998 年 9 月）　徐效良（1998 年 9 月—）；副组长：徐效良（1998 年 3 月—1998 年 9 月）　陈青云　季诚建

农业组，组长：朱水根；副组长：徐土松（1998 年 3 月—2001 年 2 月）　邵树生　李巧生（2001 年 2 月—）

财贸组，组长：吴文沐；副组长：商发银　钟　卫

5. 社会法治委员会（归口管理和联络 4 个专业组）

主任：郭昌友（兼）（1998 年 3 月—1999 年 6 月）　程锦元（兼）（1999 年 6 月—）

副主任：罗上争　程玲玲（女）　陈会昌　项双文　钟芝兰（女）

法治组，组长：陈会昌；副组长：刘德祥　张运熹（1998年3月—1999年6月）　徐协平

民族宗教组，组长：钟芝兰（女）；副组长：蓝樟荣　张运熹（1999年6月—）

工青妇组，组长：罗上争；副组长：程玲玲（女）周友红

社会事业组，组长：潘增标；副组长：项双文

6. 城建旅游委员会

主任：穆先堂（兼）（1998年3月—1999年6月）　程锦元（兼；1999年6月—）

副主任：樊顺明　陈国卿（1998年3月—2001年3月）　毕建华（2001年3月—）

7. 教卫文体委员会（归口管理和联络4个专业组）

主任：王行健（兼）

副主任：严凌云　林德连　洪爕鑫　汪纪红

教体组，组长：洪爕鑫（1998年3月—2001年2月）　姚善权（女，2001年2月—）；副组长：姚善权（女，1998年3月—2001年2月）　卢新安　刘锡兴

医药卫生组，组长：汪纪红；副组长：李海泉（1998年3月—2001年2月）　吴来富　邓国祥　金寿山

文化艺术组，组长：林德连；副组长：李瑞有　汪国云（1999年3月—）

新闻组，组长：黄宝昌（1998年3月—1999年3月）　王振强（1999年3月—2001年2月）洪爕鑫（2001年2月—）；副组长：毕建华（1998年3月—2001年2月）　周根禄

8. 祖国统一联谊委员会（归口管理和联络8个乡镇组）

主任：郭昌友（兼）

副主任：吴建平　叶幸东　何群　张运熹（2001年3月—）

新安江一组，组长：朱国昌；副组长：郑志良　罗建利

新安江二组，组长：龚襟宏（1998年3月—2001年2月）　唐长生（2001年2月—）；副组长：陈乾芳（女）　刘红（女）　方向明

梅城一组，组长：卢丁潮；副组长：叶素华（女）　傅国柱

梅城二组，组长：冯　烈；副组长：赖肇雄　金国正

寿昌联络组，组长：汪顺生；副组长：孙智鸿　薛金辉

大同联络组，组长：徐根清；副组长：黄大庆

乾潭联络组，组长：方致远；副组长：傅建平　董拥军

三都联络组，组长：何新根；副组长：张志宏

（二）十一届委员会专门委员会　2003年3月15日，十一届常务委员会第一次会议决定，十一届委员会设置5个专门委员会：提案委员会、经济科学技术委员、城建旅游环境委员会、社会法治和祖国统一委员会、文史和教文卫体委员会。3月21日，十一届委员会第二次主席会议协商

决定，5个专委会下设14个专业组和8个镇（街道）联络组。2004年10月29日，十一届常务委员会十次会议协商决定，由原5个专委会调整为4个专委会：提案委员会、经济科学技术和城建人口资源环境委员会、社会法治和港澳台侨委员会、文史和教文卫体委员会。11月26日，十一届委员会二十三次主席会议确定归口管理或联系各专业组、联络组的专委会。2006年12月12日，十一届常务委员会二十二次会议协商决定，由原4专委会调整为5个专委会：提案委员会、经济科学技术委员会、城建和人口资源环境委员会、社会法治和港澳台侨委员会、文史和教文卫体委员会。

1. 提案委员会(归口管理和联络8个乡镇联络组)

主任：程锦元（兼，2003年3月—2005年3月） 黄永铨（2005年3月—2007年2月）

常务副主任：陈庆祥（兼，2003年3月—2005年3月）

副主任：余 岱（2003年3月—2005年3月） 徐福君（2003年3月—2005年3月）

新安江联络一组，组长：郑志良；副组长：姜朝红（女，2003年3月—2005年3月） 吴建杭（2003年3月—2005年3月） 范秋华（2005年3月—） 叶 鹃（女，2005年3月—）

新安江联络二组，组长：唐长生；副组长：洪国根 刘 红（女）

梅城联络一组，组长：郑根寿（2003年3月—2005年3月） 何其卫（2005年3月—）；副组长：何 群（2003年3月—2005年3月） 巫海武（2005年3月—） 邵宏强（2005年3月—）

梅城联络二组，组长：赖肇雄；副组长：于远明 胡挺富（2005年3月—）

寿昌联络组，组长：徐根清（2003年3月—2005年3月） 曹剑波（2005年3月—）；副组长：李丰平 李炳华

大同联络组，组长：郑志华（2003年3月—2005年3月） 翁祝青（2005年3月—）；副组长：宣永培 梅志仁（2005年3月—）

三都联络组，组长：何其卫（2003年3月—2005年3月） 胡爱芳（女，2005年3月—）；副组长：张再清（2003年3月—2005年3月） 楼凤琴（女，2005年3月—）

乾潭联络组，组长：姜志云（女）；副组长：傅建平（2003年3月—2005年3月） 董拥军 王胜奇（2005年3月—）

2. 经济科学技术委员会(2005年3月合并改为经济科学技术和城建、人口资源环境委员会；2006年12月恢复经济科学技术委员会；归口管理和联络5个专业组)

主任：王成土（兼，2003年3月—2005年3月） 杨海贤（2005年3月—2006年12月） 商国富(2006年12月—2007年2月)

常务副主任：王 伟（兼，2003年3月—2005年3月）

副主任：杨海贤（2003年3月—2005年3月） 朱水根（2003年3月—2005年3月） 王利民(2003年3月—2005年3月) 江锡荣（2003年3月—2005年3月）

工业组，组长：江锡荣；副组长：陈青云　任不凡　何秋鸣（2005 年 3 月—）

农业组，组长：朱水根；副组长：刘水泉　李伟忠

财贸组，组长：王利民；副组长：陈筱萍（女）　唐发电

城建环境组，组长：祝昌国（2003 年 3 月—2003 年 9 月）　刘金坤（2003 年 9 月—）；副组长：李超英　徐彭浩

旅游交通组，组长：刘金坤（2003 年 3 月—2003 年 9 月）　卢新安（2003 年 9 月—）；副组长：洪宗福：陈国卿（2005 年 3 月—）

3. 城建旅游环境委员会(2005 年 3 月并入经济科学技术委员会；2006 年 12 月调整为城建和人口资源环境委员会)

主任：程锦元（兼，2003 年 3 月—2005 年 3 月）　杨海贤（2006 年 12 月—2007 年 2 月）

常务副主任：祝昌国（2003 年 3 月—2005 年 3 月）

副主任：黄永铨（2003 年 3 月—2005 年 3 月）　刘金坤（2003 年 3 月—2005 年 3 月）

4. 社会法治和祖国统一委员会(2005 年 3 月合并改为社会法治和港澳台侨委员会；归口管理和联络 5 个专业组)

主任：郭昌友（兼，2003 年 3 月—2005 年 3 月）　郑　冰（女，2005 年 3 月—2007 年 2 月）

常务副主任：谢春凤（兼，女，2003 年 3 月—2005 年 3 月）

副主任：季顺安（2003 年 3 月—2005 年 3 月）　刘德祥（2003 年 3 月—2005 年 3 月）　钟芝兰（女，2003 年 3 月—2005 年 3 月）　何秋鸣（2003 年 3 月—2005 年 3 月）　何　群（2003 年 3 月—2005 年 3 月）

法治组，组长：郭树洪（2003 年 3 月—2005 年 3 月）；副组长：刘德祥（2003 年 3 月—2005 年 3 月）　崔杭勇（2005 年 3 月—）　陈继康（2005 年 3 月—）

工青妇组，组长：李来珍（女）；副组长：张佩佩（女）　马永红

社会事业组，组长：潘增标（2003 年 3 月—2005 年 3 月）　项双文（2005 年 3 月—）；副组长：虞林英（女，2003 年 3 月—2005 年 3 月）　郑　钧（2005 年 3 月—）　潘增标（2005 年 3 月—）

民族宗教组，组长：钟芝兰（女）；副组长：谭　洁（女）　童国方（2005 年 3 月—）

台侨组，组长：何秋鸣（2003 年 3 月—2005 年 3 月）　邱剑娟（女，2005 年 3 月—）；副组长：叶幸东　程玲玲（女，2005 年 3 月—）

5. 文史和教文卫体委员会(归口管理和联络 4 个专业组)

主任：马　晔（兼，女，2003 年 3 月—2005 年 3 月）　蒋　华（2005 年 3 月—）

常务副主任：洪淳生（2003 年 3 月—2005 年 3 月）

副主任：邹爱民（2003 年 3 月—2005 年 3 月）　胡伟钰（2003 年 3 月—2005 年 3 月）　胡造林（2003 年 3 月—2005 年 3 月）　汪纪红（2003 年 3 月—2005 年 3 月）

文史组，组长：洪淳生（2003 年 3 月—2005 年 3 月） 汪国云（2005 年 3 月—）；副组长：邹爱民 陈玉良

教育体育组，组长：胡造林；副组长：卢新安（2003 年 3 月—2003 年 9 月） 叶 强(2003 年 9 月—2005 年 3 月)

医药卫生组，组长：汪纪红；副组长：童 政 金寿山

文化艺术和新闻组，组长：胡伟钰；副组长：汪国云（2003 年 3 月—2005 年 3 月） 汪丽萍（女） 钟清鸿（2005 年 3 月—）

（三）十二届委员会专门委员会 2007 年 2 月 7 日，十二届常务委员会一次会议决定，十二届委员会工作机构设置 5 个专门委员会：提案委员会、经济科学技术委员会、城建人口资源环境委员会、社会法治和港澳台侨委员会、文史和教文卫体委员会。

1. 提案委员会(归口管理和联络 2 个专业组、1 个联络组)

主任：王建辉

工商联组，组长：吴秋明；副组长：叶 鹃（女，2007 年 2 月—2009 年 3 月） 孙巍（2009 年 3 月—）

无党派组，组长：徐拥军；副组长：任不凡

梅城联络组，组长：何其卫（2007 年 2 月—2009 年 3 月） 余小途（2009 年 3 月—）；副组长：邵宏强（2007 年 2 月—2009 年 3 月） 蔡小珍（女，2009 年 3 月—）

2. 经济科学技术委员会(归口管理和联络 4 个专业组、1 个联络组)

主任：商国富

科学技术组，组长：王 田（2007 年 2 月—2009 年 3 月） 汪为骏（2009 年 3 月—）；副组长：江涛

工业组，组长：李寿良（2007 年 2 月—2008 年 3 月） 姚国兵（2008 年 3 月—）；副组长：吴荣伟

财税金融组，组长：金 莹（女，2007 年 2 月—2008 年 3 月） 邵 超（2008 年 3 月—）；副组长：朱玲香（女）

农业组，组长：蒋建强；副组长：储 斌

乾潭联络组，组长：姜志云（女，2007 年 2 月—2009 年 3 月） 王 坚（2009 年 3 月—）；副组长：吴运全

3. 城建和人口资源环境委员会(归口管理和联络 3 个专业组、1 个联络组)

主任：杨海贤（2007 年 2 月—2008 年 10 月） 方致远（2008 年 10 月—）

城建交通组，组长：杜立新（2007 年 2 月—2009 年 3 月） 沈秋根（2009 年 3 月—）；副组长：杨 安（女） 邵卫红（2009 年 3 月—）

旅游商贸组，组长：沈光炎；副组长：董光海 余菊英（女，2009 年 3 月—）

人口资源环境组，组长：刘国金；副组长：钱晓华（女）　夏国强（2009年3月—）

新安江联络组，组长：范秋华（2007年2月—2009年3月）　吴元福（2009年3月—）；副组长：郑志良　张生友（2009年3月—）

4. 社会法治和港澳台侨委员会(归口管理和联络4个专业组、1个联络组)

主任：王振强

社会科学法治组，组长：巫海武；副组长：王春根　诸葛益龙（2009年3月—）

工青妇组，组长：汪丽萍（女）；副组长：张佩佩（女，2007年2月—2009年3月）叶晓敏（女，2009年3月—）金鹏飞

台联侨联组，组长：邱剑娟（女，2007年2月—2008年3月）　王建雄（2008年3月—）；副组长：叶幸东　程　璐（女）

民族宗教组，组长：钟芝兰（女，2007年2月—2009年3月）　童国方（2009年3月—）；副组长：钟芝兰（女，2009年3月—）　释演通

大同组联络组，组长：翁祝青；副组长：汪志平（2009年3月—）　杨树耘

5. 文史和教文卫体委员会(归口管理和联络4个专业组、1个联络组)

主任：(缺；2007年2月—2008年10月）金伟媛（女，2008年10月—）

副主任：金伟媛（女，2007年2月—2008年10月）

文史组，组长：盛振宇（2007年2月—2009年3月）；副组长：何　群（2007年2月—2009年3月）；

文史新闻组，组长：胡伟钰（2009年3月—）；副组长：谢伟东（2009年3月—）

文化艺术新闻组，组长：胡伟钰（2007年2月—2009年3月）；副组长：汤峥嵘（2007年2月—2009年3月）。文化艺术组，组长：盛振宇（2009年3月—）；副组长：汤峥嵘（2009年3月—）　陈夏梅（女，2009年3月—）

教育体育组，组长：胡造林（2007年2月—2009年3月）　叶　强（2009年3月—）；副组长：鲁　斌（2007年2月—2009年3月）　郎忠魁（2009年3月—）

医药卫生组，组长：朱林全（2007年2月—2009年3月）　吴建杭（2009年3月—）；副组长：翁寿清

寿昌联络组，组长：鲁连忠（2007年2月—2009年3月）　周爱花（女，2009年3月—）；副组长：汪志荣

2010年2月23日，市政协十二届常委会十七次会议决定：政协建德市第十二届委员会设置6个专门委员会，下设17个专业组和5个乡镇组。

1. 政治协商工作委员会(归口管理和联络4个专业组)

主任：王振强（2010年2月—2010年9月）　谢照昌（2010年9月—）

社会科学组，组长：巫海武；副组长：王春根　诸葛益龙

工青妇组，组长：汪丽萍（女）；副组长：叶晓敏（女）　楼春棋

台侨联组，组长：王建雄；副组长：陈惠利　程　璐（女）

民族宗教组，组长：童国方；副组长：钟芝兰（女）　释演通

2. 民主监督工作委员会(归口管理和联络 3 个专业组)

主任：王建辉（2010 年 2 月—）

城建交通组，组长：沈秋根；副组长：杨　安（女）　邵卫红

旅游商贸组，组长：沈光炎；副组长：董光海　余菊英（女）

人口资源环境组，组长：刘国金；副组长：钱晓华（女）　夏国强

3. 参政议政工作委员会(归口管理和联络 4 个专业组)

主任：商国富（2010 年 2 月—）

科学技术组，组长：汪为骏；副组长：江　涛　傅恒茂

经济一组，组长：姚国兵；副组长：吴荣伟

经济二组，组长：邵　超；副组长：朱玲香（女）

农业组，组长：蒋建强；副组长：储　斌　叶建新

4. 提案工作委员会(归口管理和联络 2 个专业组、1 个街道联络组)

主任：方致远（2010 年 2 月—）

工商联组，组长：吴秋明；副组长：孙　巍

无党派组，组长：徐拥军；副组长：任不凡

新安江联络组，组长：吴元福；副组长：郑志良　张生友

5. 文史工作委员会(归口管理和联络 4 个专业组)

主任：金伟媛（女，2010 年 2 月—）

文化艺术组，组长：盛振宇；副组长：汤峥嵘　陈夏梅（女）

新闻组，组长：胡伟钰；副组长：谢伟东

教育体育组，组长：叶　强；副组长：郎忠魁

医药卫生组，组长：吴建杭；副组长：翁寿清

6. 学习和工作联络委员会(归口管理和联络 4 个乡镇联络组)

主任：徐亚娟（女，2010 年 2 月—）

梅城联络组，组长：余小途；副组长：蔡小珍（女）

乾潭联络组，组长：王　坚；副组长：吴运全

寿昌联络组，组长：周爱花（女）；副组长：汪志荣

大同联络组，组长：翁祝青；副组长：汪志平　杨树耘

2011 年 3 月 25 日，十二届委员会六十八次主席会议对市政协各专委会组成人员及活动小组长进行协商调整，另设政协乡镇（街道）工委。

1. 政治协商工作委员会(归口管理和联络 2 个专业组)

主任：谢照昌（2011 年 3 月—2012 年 1 月）厉红寿（2012 年 1 月—）

工商联组，组长：吴秋明；副组长：孙　巍

无党派组，组长：徐拥军；副组长：任不凡

2. 民主监督工作委员会(归口管理和联络 3 个专业组)

主任：王建辉（2011 年 3 月—）

社会科学组，组长：巫海武；副组长：王春根　诸葛益龙

城建交通组，组长：沈秋根；副组长：杨　安（女）　邵卫红

工青妇组，组长：汪丽萍（女）；副组长：叶晓敏（女）　楼春棋

3. 参政议政工作委员会(归口管理和联络 3 个专业组)

主任：商国富（2011 年 3 月—）

经济一组，组长：汪为骏；副组长：江　涛　傅恒茂

经济二组，组长：姚国兵；副组长：邵　超　徐福君

农业组，组长：蒋建强；副组长：储　斌　叶建新

4. 提案工作委员会(归口管理和联络 2 个专业组)

主任：方致远（2011 年 3 月—）

医药卫生组，组长：吴建杭；副组长：翁寿清

旅游商贸组，组长：沈光炎；副组长：董光海　余菊英（女）

5. 文史工作委员会(归口管理和联络 3 个专业组)

主任：金伟媛（女，2011 年 3 月—）

新闻教体组，组长：方永章；副组长：叶志忠　叶　强

文化艺术组，组长：盛振宇；副组长：汤峥嵘　陈夏梅（女）

教育体育组，组长：徐建军；副组长：郎忠魁

6. 学习和工作联络委员会(归口管理和联络 2 个专业组)

主任：徐亚娟（女，2011 年 3 月—）

台侨组，组长：翁永良；副组长：陈惠利　程　璐（女）

民族宗教组，组长：王建雄；副组长：钟芝兰（女）　释演通

（四）十三届委员会专门委员会　2012 年 2 月 15 日，十三届常委会一次会议决定，十三届委员会设置 6 个专门委员会，下设 14 个专业组、16 个乡镇（街道）工委。2014 年 3 月 18 日，学习和工作联络委员会更名为委员工作委员会。各乡镇（街道）工委负责人，复称组长。

1. 政治协商工作委员会(归口管理和联络 2 个工委、2 个专业组)

主任：厉红寿

副主任：施树康（2012 年 2 月—2015 年 3 月）　沈小来（2015 年 3 月—）　巫海武

梅城镇工委，负责人：施树康（2012 年 2 月—2015 年 3 月）　沈小来（2015 年 3 月—）

下涯镇工委，负责人：唐正彪（2012 年 2 月—2015 年 3 月）　叶胜平（2015 年 3 月—）

社会科学组，组长：巫海武；副组长：陶国强（2012 年 2 月—2014 年 3 月）　吴学东（2014 年 3 月—）　吴　霞（女）

工青妇组，组长：汪丽萍（女，2012 年 2 月—2015 年 3 月）　吴　琴（女，2015 年 3 月—）；副组长：蒋哲远　程雪君（女，2012 年 2 月—2014 年 3 月）　褚建英（女，2014 年 3 月—）

2. 民主监督工作委员会(归口管理和联络 2 个工委、2 个专业组)

主任：王建辉（2012 年 2 月—2016 年 3 月）　胡伟钰（2016 年 3 月—）

副主任：赖志斌　沈光炎　林宏（2015 年 5 月—）

乾潭镇工委，负责人：吴晓峰（2012 年 2 月—2014 年）　吕鹏云（2014 年 3 月—2015 年 3 月）苏晓明（2015 年 3 月—）

钦堂乡工委，负责人：范红杰（2012 年 2 月—2014 年 3 月）　王　鑫（2014 年 3 月—）

农业组，组长：赖志斌；副组长：潜建军　叶建新

旅商组，组长：沈光炎；副组长：余菊英（女）

3. 参政议政工作委员会(归口管理和联络 3 个工委、3 个专业组)

主任：商国富（2012 年 2 月—2013 年 10 月）　邵益文（2013 年 10 月—）

副主任：夏金庚（2012 年 2 月—2013 年 3 月）　汪为骏（2012 年 2 月—2013 年 3 月）叶　鹃（女，2013 年 3 月—）　熊　兴（2013 年 3 月—）

杨村桥工委，负责人：吕鹏云（2012 年 2 月—2014 年 3 月）　徐志强（2014 年 3 月—）

三都镇工委，负责人：童志云（女，2012 年 2 月—2014 年 3 月）　官建强（2014 年 3 月—）

大洋镇工委，负责人：周继发（2012 年 2 月—2015 年 3 月）　叶　姣（女，2015 年 3 月—）

经济组，组长：夏金庚（2012 年 2 月—2013 年 3 月）　叶　鹃（女，2013 年 3 月—）；副组长：叶　卫

科学技术组，组长：汪为骏（2012 年 2 月—2013 年 3 月）　熊　兴（2013 年 3 月—）副组长：张永祥

工商联组，组长：潘余明；副组长：叶　鹃（女，2012 年 2 月—2014 年 3 月）　孙　巍（2012 年 2 月—2014 年 3 月）　王利民（2014 年 3 月—）

4. 提案工作委员会(归口管理和联络 3 个工委、2 个专业组)

主任：方致远（2012 年 2 月—2016 年 5 月）　许维元（2016 年 5 月—）

副主任：王　田（2012 年 2 月—2014 年 3 月）　沈伟娣（女，2012 年 2 月—2013 年 3 月）何瑞洪（2014 年 3 月—）　卢　萍（女，2014 年 3 月—）

新安江街道工委，负责人：刘国金（2012 年 2 月—2013 年 3 月）　方　华（2013 年 3 月—

2014年3月）　沈　龙（2015年3月—）

洋溪街道工委，负责人：程新炉（2012年2月—2014年3月）　洪树华（2014年3月—）

莲花镇工委，负责人：程星火（2012年2月—2015年3月）　吴　雯（女，2015年3月—）

城建交通组，组长：陈拥军（2012年2月—2013年3月）　吴小龙（2013年3月—2014年3月）　操吴兵（2014年3月—）；副组长：陈淦涛（2012年2月—2013年3月）　李新富

无党派组，组长：陈春芬（女）；副组长：刘雪芬（女，2012年2月—2014年3月）　邵茂萍（2014年3月—2015年3月）　宣永培（2015年3月—）

5. 文史工作委员会（归口管理和联络2个工委、3个专业组）

主任：金伟媛（女，2012年2月—2016年3月）　方　韦（2016年3月—）

副主任：蒋　华　王建雄（2012年2月—2014年3月）　陈友明（2014年3月—）

更楼街道工委，负责人：游国平

大慈岩镇工委，负责人：李　刚

台侨组，组长：翁永良（2012年2月—2015年3月）　程　璐（女，2015年3月—）；副组长：陈惠利

民宗组，组长：王建雄（2012年2月—2014年3月）　陈友明（2014年3月—）；副组长：钟芝兰（女）

文化艺术组，组长：李友彬；副组长：王　强（女）

6. 委员工作委员会（归口管理和联络4个工委、2个专业组）

主任：徐亚娟（女，2012年12月—2012年5月）　沈伟娣（女，2012年5月—2014年12月）　胡伟钰（2014年12月—2016年3月）　金伟媛（女，2016年3月—）

副主任：陈正清（2012年2月—2015年3月）　蒋建成（2015年3月—）　钱一军

寿昌镇工委，负责人：蒋　华

大同镇工委，负责人：陈正清（2012年2月—2015年3月）　蒋建成（2015年3月—）

航头镇工委，负责人：徐　强（2012年2月—2015年3月）　黄伟斌（2015年3月—）

李家镇工委，负责人：翁炳昌

新闻教体组，组长：邵益娟（女）；副组长：沈友君（女，2012年2月—2013年3月）　吴元标（2013年3月—）

医药卫生组，组长：吴建杭（2012年2月—2014年3月）　范红杰（2014年3月—）；副组长：王　珏（女，2012年2月—2015年3月）　徐军潮（2012年2月—2015年3月）　童　静（女，2015年3月—）

（五）十四届委员会专门委员会　2017年2月9日，市政协十四届常委会一次会议决定，第十四届政协委员会设置6个专门委员会，即：政治协商工作委员会、民主监督工作委员会、参政议政工作委员会、提案工作委员会、文史工作委员会、委员工作委员会，均为正科级机构。下设

14个专业组16个乡镇工委。同月21日，市政协十四届二次主席会议审议通过市政协各专门委员会及乡镇（街道）工委、委员活动小组组成人员名单。

2017年12月6日，中共杭州市政协党组下发《关于明确建德市政协党组优化调整机关机构设置报告的答复意见》，同意建德市政协专门委员会设置由职能性恢复为原专业性设置模式，并建议按“6个专门委员会”设置进行调整，以与杭州市其他区县政协机构设置保持同步协调。

2019年4月28日，市政协十四届常委会十六次会议决定，从2019年4月始，撤销政治协商工作委员会，设立法治财金民宗港澳台侨委员会；撤销民主监督工作委员会，设立城建资源环境委员会；撤销参政议政工作委员会，设立经济科学技术委员会；文史工作委员会更名为文史和教文卫体委员会；保留提案工作和委员工作委员会。实现专委会设置由职能性向专业性设置模式恢复。

1. 法治财金民宗港澳台侨委员会(2017年2月至2019年3月称政治协商工作委员会，2019年4月更称现名；归口管理和联络3个工委、2个专业组)

主任：厉红寿

副主任：汪为骏

新安江街道工委，组长：程　斌（2017年2月—2018年3月）　汤志文（2018年3月—）

洋溪街道工委，组长：程　璐（女）

莲花镇工委，组长：宋有军（2017年2月—2018年3月）　李伟峰（2018年3月—）

社会科学组，组长：周伟清；副组长：黄卫平

工青妇组，组长：汪为骏；副组长：卢　萍（女）

2. 城建资源环境委员会(2017年2月至2019年3月称民主监督工作委员会，2019年4月更称现名；归口管理和联络3个工委、2个专业组)

主任：胡伟钰（2017年2月—2020年1月）　吴康福（2020年1月—）

副主任：林　宏（2017年2月—2017年6月）　刘水泉（2017年6月—）　张建华（2019年1月—）

大同镇工委，组长：应永江

航头镇工委，组长：黄伟斌（2017年2月—2018年3月）　方　睿（2018年3月—）

李家镇工委，组长：李可大（2017年2月—2018年3月）　游佩芝（女，2018年3月—）

农业组，组长：蔡剑毅；副组长：陈　茜（女）

旅商组，组长：刘水泉；副组长：方红月（女，2017年2月—2018年3月）　徐新平（2018年3月—）

3. 经济科学技术委员会(2017年2月至2019年3月称参政议政工作委员会，2019年4月更称现名；归口管理和联络2个工委、3个专业组)

主任：邵益文

副主任：林志强　吴元福（2019 年 12 月—）

梅城镇工委，组长：叶晓敏（女）

下涯镇工委，组长：吴　雯（女，2017 年 2 月—2018 年 3 月）　吴　峰（2018 年 3 月—）

经济组，组长：骆志春；副组长：叶　卫

科学技术组，组长：蒋富华；副组长：徐月芳（女）

工商联组，组长：林志强；副组长：叶　鹃（女）

4. 提案工作委员会(归口管理和联络 3 个工委、2 个专业组)

主任：许维元（2017 年 2 月—2019 年 1 月）　施树康（2019 年 1 月—）

副主任：方致远（2017 年 2 月—2017 年 6 月）　穆亚琴（女，2017 年 6 月—2019 年 12 月）

更楼街道工委，组长：郑朝红

大慈岩镇工委，组长：赖如平

大洋镇工委，组长：吕建忠

城建交通组，组长：操吴兵；副组长：仇　峰

无党派组，组长：杨吉元；副组长：包　韩（女）

5. 文史和教文卫体委员会(2017 年 2 月至 2019 年 3 月称文史工作委员会，2019 年 4 月更称现名；归口管理和联络 3 个工委、3 个专业组)

主任：方　韦

副主任：陈友明　周建兵（2019 年 12 月—）

乾潭镇工委，组长：苏晓明（2017 年 2 月—2018 年 3 月）　黄伟斌（2018 年 3 月—）

杨村桥镇工委，组长：肖　虎

钦堂乡工委，组长：吴　峰（2017 年 2 月—2018 年 3 月）　练　超（2018 年 3 月—）

台侨组，组长：陈友明；副组长：陈音飞

民宗组，组长：王建辉（2017 年 2 月—2018 年 3 月）　蓝　燕（女，2018 年 3 月—）；副组长：蓝　燕（女，2017 年 2 月—2018 年 3 月）

新闻文化艺术组，组长：刘自强；副组长：周建兵

6. 委员工作委员会(归口管理和联络 2 个工委、2 个专业组)

主任：金伟媛（女）

副主任：邹　泉（2017 年 2 月—2018 年 3 月）　范红杰（2018 年 3 月—）

寿昌镇工委，组长：邹　泉（2017 年 2 月—2018 年 3 月）　苏晓明（2018 年 3 月—）

三都镇工委，组长：官建强（2017 年 2 月—2018 年 3 月）　叶　莲（女，2018 年 3 月—）

教体组，组长：李　萍（女）　副组长：郎忠魁

医药卫生组，组长：范红杰；副组长：邵秀萍（女）

三、政协乡镇（街道）工作委员会

2010年10月30日，市政协十二届常委会二十二次会议决定，在乡镇（街道）设立政协建德市委员会乡镇（街道）工作委员会（简称乡镇工委、街道工委），其性质为市政协派出机构，受市政协常委会和乡镇（街道）党（工）委的双重领导，各工委负责人由党群副书记兼任。2014年3月，乡镇工委负责人由主任、副主任，更称为组长。2017年2月21日，市政协十四届委员会二次主席会议决定乡镇（街道）工作委员会牌子保留，其负责人仍称组长。

1. 第十二届政协乡镇（街道）工作委员会 共设主任3名、副主任13名，其任职时间均为2010年10月至2012年2月。

新安江街道工委副主任吴元福，更楼街道工委主任刘新奎，洋溪街道工委主任张生友，梅城镇工委副主任傅定辉，寿昌镇工委副主任周爱花（女），大同镇工委副主任陈正清，乾潭镇工委副主任潘向阳，三都镇工委副主任童志云（女），杨村桥镇工委副主任程新炉，下涯镇工委副主任鲁斌，大慈岩镇工委副主任倪国芳，航头镇工委副主任徐强，李家镇工委主任汪志平，大洋镇工委副主任周继发，莲花镇工委副主任李俊（女），钦堂乡工委副主任范红杰。

2. 第十三届委员会乡镇（街道）工作委员会 共设主任1名、副主任15名，2012年5月有5个镇为负责人；2014年3月后，部分乡镇（街道）工委负责人有调整，尚有4个镇暂缺负责人。

新安江街道工委副主任刘国金（2012年2月—2012年11月）、方华（2012年11月—2014年12月）、沈龙（2015年3月—），更楼街道工委副主任游国平（2012年2月—2015年5月），洋溪街道工委副主任程新炉（2012年5月—2014年3月）、洪树华（2014年3月—），梅城镇工委副主任施树康（2012年2月—2015年3月）、沈小来（2015年3月—），寿昌镇工委副主任蒋华（2012年2月—2015年11月），大同镇工委副主任陈正清（2012年2月—2014年12月）、蒋建成（2015年3月—），乾潭镇工委副主任吴晓峰（2012年2月—2014年3月）、吕鹏云（2014年3月—2015年3月）、苏晓明（2015年3月—），三都镇工委副主任童志云（女，2012年2月—2014年3月）、官建强（2014年3月—），杨村桥镇工委副主任程新炉（2012年2月—2012年5月）、吕鹏云（2013年2月—2014年3月；2012年5月负责人）、徐志强（2014年3月—），下涯镇工委副主任鲁斌（2012年2月—2012年5月）、唐正彪（2013年2月—2014年12月；2012年5月负责人）、叶胜平（2015年3月—），大慈岩镇工委副主任倪国芳（2012年2月—2012年5月）、李刚（2013年2月—2015年11月；2012年5月负责人），航头镇工委副主任徐强（2012年2月—2015年3月）、黄伟斌（2015年3月—），李家镇工委主任汪志平（2012年2月—2012年5月）；副主任翁炳昌（2013年2月—2015年11月；2012年5月负责人），大洋镇工委副主任周继发（2012年2月—2015年3月）、叶姣（女，2015年3月—），莲花镇工委副主任李俊（女，2012年2月—2012年5月）、程星火（2013年2月—2015年3月；2012年5月负责人）、吴雯

（女，2015年3月—），钦堂乡工委副主任范红杰（2012年2月—2014年3月）、王鑫（2014年3月—）。

3. **十四届委员会乡镇（街道）工作委员会** 2017年2月21日，市政协十四届委员会二次主席会议决定，乡镇（街道）工委牌子保留，其负责人更称组长。

新安江街道工委组长程斌，更楼街道工委组长郑朝红，洋溪街道工委组长程璐（女），梅城镇工委组长叶晓敏（女），寿昌镇工委组长邹泉，大同镇工委组长应永江，乾潭镇工委组长苏晓明，三都镇工委组长官建强，杨村桥镇工委组长肖虎，下涯镇工作委组长吴雯（女），大慈岩镇工委组长赖如平，航头镇工委组长黄伟斌，李家镇工委组长李可大，大洋镇工委组长吕建忠，莲花镇工委组长宋有军，钦堂乡工委组长吴峰。

四、办公室

1998年3月，市政协十届委员会换届期间，市政协办公室在编干部17名，工勤人员2名。同年9月，增加专委会综合局、学习文史研究室2个科局级机构。2004年10月，建德市政协十一届常委会十次会议协商决定，撤销专委会综合局、学习文史研究室。市政协办公室行政编制干部调整为10名，市政协主席、专职副主席、专职常委编制单列。设办公室主任1名、副主任2名，均列入领导职数。工勤人员编制为4名。

2006年12月，十一届委员会常务委员会二十二次会议协商决定：办公室设主任1名、副主任2名。至2006年年底，市政协办公室有编制干部15名，工勤人员4名。

2007年2月至2011年12月，十二届委员会因专门委员会开展机构改革试点，市政协办公室在编人数增加至27名，实有人数24名；工勤人员3名。

2012年2月至2013年1月，市政协机关办公室，有内设机构7个，中层领导职数7名；市政协机关办公室编制由10名增至11名。是年年底在册人员增至30名，其中工勤人员3名。

2014年3月，政协建德市委员会委员学习和工作联络委员会，更名为政协建德市委员会委员工作委员会。2017年9月，根据浙江省委组织部、省编委办有关通知精神，市政协专门委员会根据章程规定和工作需要设置，机构编制部门不再对市政协专门委员会的机构规格进行明确。市政协专门委员会可根据工作需要配备若干名兼职副主任，兼职副主任人事编制关系保留在原单位。

2019年3月，根据市委《关于调整市政协专委会机构设置、领导职能及市政协办公室内设机构的批复》文件，政协建德市委员会专委会内设机构作调整后，专委会领导职数共11名（6正5副），其中提案工作、文史和教文卫体、经济科学技术、法治财金民宗港澳台侨、城建资源环境5个委员会副科级各1名。办公室领导职数3名（1正2副），下设秘书科、信息科、行政科。法治财金民宗港澳台侨委员会、经济科学技术委员会、城建资源环境委员会、提案工作委员会均内设办公室。12月，市政协办公室设主任1名（秘书长兼任）、副主任2名，内设秘书科、行政科、信息科。在册人员30名，其中工勤人员3名。

1. 十届委员会办公室

主任：季顺安（1998年3月—2003年3月；副主任：杨海贤（1998年3月—2003年3月）黄永铨(1998年3月—2003年3月)；正局级调研员钟森水（1998年3月—2000年12月）

专委会综合局，局长：杨海贤（兼，1998年9月—2003年3月）

学习文史研究室，主任：季顺安（兼，1998年9月—2003年3月）；副主任：邹爱民(2001年2月—2003年3月)

2. 十一届委员会办公室

主任：季顺安（2003年3月—2004年4月）、王振强（2004年4月—2007年2月）；副主任：杨海贤（2003年3月—2004年10月）、黄永铨（2003年3月—2004年10月）、朱丽娟（女，2004年10月—2007年2月）、王志强（2005年1月—2007年2月）

专委会综合局，局长：杨海贤（兼，2003年3月—2004年10月）

学习文史研究室，主任：季顺安（兼，2003年3月—2003年5月）黄永铨（2003年5月—2004年10月）；副主任：邹爱民（2003年3月—2004年10月）

3. 十二届委员会办公室

主任：蒋华（兼，2007年2月—2012年2月）；副主任：朱丽娟（女，2007年2月—2010年5月）、王志强（2007年2月—2012年2月）、方韦（2008年10月—2012年2月）；副局级调研员：朱丽娟（女，2010年5月—）

4. 十三届委员会办公室

主任：蒋　华（兼，2012年2月—）；副主任：王志强（2012年2月—2012年5月）、方韦（2012年2月—2016年3月）、陈立刚（2012年5月—）；正局级调研员：朱丽娟（女，2013年9月—）

5. 十四届委员会办公室

主任：蒋　华（兼，2017年2月—2019年1月）　林　立（兼，2019年1月—2020年1月）蒋智鸿（兼，2020年1月—）；副主任：陈立刚、戚秀娟（女，2019年1月—2019年12月）

五、团体机构

建德市政协团体机构有：政协书画院、政协联谊会、政协之友社。

（一）**政协书画院**　1989年9月，建立建德县政协书画社，并选举产生县政协书画社第一届理事会。1992年6月，建德撤县设市后改称市政协书画社。1995年9月，选举产生第二届市政协书画社理事会。

1998年，市政协书画社理事会班子：名誉社长吴北海，顾问寿崇德、苏尧庭、胡承斌、乐毅、包天民、李瑞有、李素凡、叶文骥，社长金宝贤，副社长翁伟力、钟卫，秘书长邹爱民，副秘书长汪国云。

2003年5月，市政协书画社更名为市政协书画室，实行室务委员会主任负责制。主任邹爱民，副主任郑志良、叶欣、王光明。成员37名，下设新安江、梅城、寿昌3个活动小组。

2004年10月后，因人事变动，市政协书画室负责人未明确。至2011年4月恢复市政协书画室，方韦担任书画室主任。

经市政协十四届委员会四十次主席会议决定，2018年10月，在书画室基础上成立市政协书画院。市政协主席吴铁民（兼）任院长，吕勇、蒋华、王光明、王生良、陈峰、潘余明、陈德余、蒋维任副院长，方韦任秘书长，周建兵、李彩凤（女）任副秘书长。书画院在市政协领导下，由市政协文史委负责指导、监管，按相关规定开展工作。

（二）政协联谊会　1989年10月，成立建德县政协联谊会。1992年6月，建德撤县设市后改称市政协联谊会。1998年5月至2017年10月，经联谊会三届一次至七次全体会议民主协商，选举产生第三届至七届联谊会领导班子。

1. 三届市政协联谊会　1998年5月15日，召开建德市政协联谊会三届一次全体会议。应出席会议员120名，实际出席会议112名。经民主协商选举产生第三届联谊会领导班子：名誉会长吴北海；顾问毛恒甫、汪积功、潘文达；会长刘志新，副会长陈宝珍（女）、黄裕民、周金奎、徐柏松、季顺安；总干事：季顺安（兼）。

2. 四届市政协联谊会　2003年6月26日，召开建德市政协联谊会四届一次全体会议，选举产生第四届联谊会领导班子。名誉会长吴北海；顾问毛恒甫、汪积功、潘文达；会长刘志新，副会长穆先堂、陈宝珍（女）、黄裕民、周金奎、王行健、徐柏松、黄根华；总干事钟森水。

3. 五届市政协联谊会　2007年6月27日，召开建德市政协联谊会五届一次会员大会，选举产生第五届理事会。2009年4月10日，建德市政协联谊会召开五届三次会员大会，增补副会长1名，调整秘书长。名誉会长吴北海、刘志新；顾问毛恒甫、汪积功、潘文达；会长程茂红，副会长穆先堂、陈宝珍（女）、周金奎、王行健、马晔（女）、徐柏松、黄根华、程锦元（2009年4月—）；秘书长钟森水（2007年6月—2009年4月）、朱睦卿（2009年4月—）；理事朱孝仁、李干才、陈炳春、罗上争、姚善权（女）、翁伟力、章笑萍（女）、程玲玲（女）。

4. 六届市政协联谊会　2012年4月18日，召开建德市政协联谊会六届一次会员大会，选举产生第六届理事会组成人员，并按章程聘请名誉会长和顾问。2014年4月21日，召开六届三次会员大会，选举新会长。名誉会长吴北海、刘志新（2012年4月—2014年4月）；顾问王行健、毛恒甫、汪积功、陈宝珍（女）、周金奎、徐柏松、黄根华、潘文达、穆先堂；会长吴铁民（2012年4月—2014年4月）、刘志新（2014年4月—），副会长程锦元、马晔（女）、王伟、王成土；秘书长朱丽娟（女）；理事朱孝仁、朱睦卿、李干才、陈庆祥、陈炳春、季顺安、钟森水、章笑萍（女）、程玲玲（女）。

5. 七届市政协联谊会　2017年6月6日，召开建德市政协联谊会七届一次会员大会，选举产生第七届理事会，按章程聘请名誉会长和顾问。名誉会长吴北海、刘志新；顾问马晔（女）、王行健、汪积功、陈宝珍（女）、周金奎、徐柏松、黄根华、穆先堂；会长吴铁民，副会长程锦元、王成土、王伟、郭昌友、洪国根；秘书长朱丽娟（女）；理事王振强、朱睦卿、陈庆祥、季顺安、施舍慷、姚善权（女）、黄永铨、章笑萍（女）、程玲玲（女）。

（三）**政协之友社**　2007年8月，成立建德市政协之友社，每届任期5年，至2017年6月，共产生3届市政协之友社理事会。首届市政协之友社团体会员15名、个人会员6名。第二届团体会员88名、个人会员9名。第三届团体会员85名、个人会员2名。

1. 第一届市政协之友社　2007年8月30日，成立建德市政协之友社，召开第一届会员大会通过《建德市政协之友社章程》，选举产生建德市政协之友社第一届理事会。同日，第一届理事会举行第一次会议，选举产生第一届理事会理事长、副理事长、秘书长，聘任副秘书长。

理事长程茂红，副理事长11名：王立明、王盾华、叶志莲（女）、吕雪军、任不凡、严利明、吴荣伟、张树有、罗诚春、夏国强、储建良。秘书长商国富，副秘书长4名：王建辉、王振强、杨海贤、金伟媛（女）。2008年12月，杨海贤辞去副秘书长职务，补选方致远为副秘书长。

理事21名：王立明、王建辉、王盾华、王振强、叶志莲（女）、任不凡、吕雪军、严利明、陈音飞、吴荣伟、张树有、金伟媛（女）、罗诚春、金鸿鸣、杨海贤、胡永军、夏国强、商国富、董亚军、程茂红、储建良。

根据《建德市政协之友社章程》第三条和第十六条的规定，建德市政协之友社理事会研究决定：建德市政协之友社下设5个分社并聘请5名分社负责人，聘期为2007年11月至2011年8月，第一至第五分社负责人分别为：王建辉、商国富、杨海贤、王振强、金伟媛（女）。2008年12月，杨海贤辞去第三分社负责人职务，补选方致远为第三分社负责人。

2. 第二届市政协之友社　2012年12月14日，召开建德市政协之友社会员大会，审议通过《建德市政协之友社（企业家联谊会）章程（修订）》，选举二届建德市政协之友社（企业家联谊会）理事长、常务副理事长、副理事长、秘书长、副秘书长及理事。

理事长吴铁民，常务副理事长张早林，副理事长14名：张再清、胡水仙（女）、吴运全、柳建靓、章明、宋志平、沈寅、夏国强、程浩、吴小龙、杨小平、吴泽鹏、叶海林、钱海林。秘书长王建辉，副秘书长6名：厉红寿、商国富、方致远、金伟媛（女）、沈伟娣（女）、陈立刚。

理事18名：周宇宏、周美良、吴明军、邵跃忠、吕建强、方燕（女）、黄向阳、应文华、陈音飞、王一中、严建强、陈德余、方晓文、陈娟云（女）、程文冲、应筱雯（女）、程晋、吴仁康。

下设6个分社，第一至第六分社负责人分别为：厉红寿、王建辉、商国富、方致远、金伟媛（女）、沈伟娣（女）。

2013年1月，建德市政协之友社的非市政协委员和特聘委员会员，分组参与政协委（组）

活动。

3. 第三届市政协之友社　2017 年 6 月 5 日，召开建德市政协之友社会员大会，审议通过《建德市政协之友社（企业家联谊会）章程（修订）》《建德市政协之友社（企业家联谊会）选举办法》，选举产生三届建德市政协之友社（企业家联谊会）理事长、常务副理事长、副理事长、秘书长、理事。

理事长叶志高，常务副理事长叶海林，副理事长 11 名：方燕（女）、孔建安、毕栋、刘书丹、杨晓霏、吴泽鹏、沈寅、张清华、柳建靓、阙长峰、潘枝。秘书长穆亚琴（女）。

理事 22 名：王岩峰、王俊杰、毛红春、方红伟、叶菁、叶元挺、朱浩、应文华、阮旭耀、严毅、李远平、杨鹏、何国平、汪丽红（女）、张毅、周艳雯（女）、周益兵、洪雯雅（女）、钱聿浩、诸建芳、傅国梁、傅新伟。

第三章　职能履行

人民政协的主要职能是政治协商、民主监督、参政议政。这三项主要职能是各党派团体、各族各界人士在中国政治体制中参与国是、发挥作用的重要内容和基本形式，体现了人民政协的性质和特点，是人民政协区别于其他政治组织的重要标志。建德市政协按照政协章程和浙江省政协“学习新思想、携手新时代、聚焦高质量、服务高水平、画好同心圆”的总体思路，当好“智囊团”，做好“监督者”，架好“连心桥”，发挥人民政协作用。

第一节　政治协商

政治协商是人民政协的主要职能之一。政治协商的主要形式是通过政协主席会议、常务委员会会议、委员会全体会议和列席人大会议，政协主席、副主席分别列席市委常委会会议、市长办公会议、市政府常务会会议，或应政府各职能部门邀请参加的研讨会、情况通报会、意见听取会，以及政协各专门委员会的对口联系会和提案交办、联办、督办等会议，就重大方针、政策的执行和地方法规的制订颁布进行协商。全体会议通过列席人民代表大会、小组讨论、大会发言、专题座谈等形式参加协商活动，是委员履行职能的最高层面。

历届政协委员发挥自身专长，本着“长期共存、互相监督、肝胆相照、荣辱与共”的精神，围绕经济建设中心，对建德的国民经济和社会发展规划的制定和执行情况，对重大人事安排、重点工程建设、工业化和城市化进程，以及科技进步、文教卫体工作、精神文明建设、廉政建设等人民群众关心的热点、难点问题，进行协商讨论，提出意见建议。

一、协商政府工作报告

协商讨论政府工作报告是政协履行政治协商职能的重要形式。全体会议期间，与会委员列席市人民代表大会，听取《政府工作报告》等重要报告，就全市重大事务、重要人事安排、社会发展规划和重要决策等方面的内容进行广泛协商，提出意见建议。

为推进民主化进程，在每次人大会议前，政府将《政府工作报告（征求意见稿）》及《国民经济和社会发展计划执行情况报告》《财政预决算报告》《人民法院工作报告》《人民检察院工作报告》的征求意见稿（以下称其他工作报告）发到委员手中，广泛听取意见，开展讨论协商。每年的7月、8月，市政府召开政情通报会，政府主要领导向全体政协委员通报全市上半年经济社会发展情况及下半年工作安排，征求意见建议。每年1月、2月召开政协常委会议或主席会议讨论《政府工作报告（征求意见稿）》，形成了制度。这一做法，使政协委员能更全面及时了解市情，更好发挥政协"人才库""智囊团"的整体功能，体现决策前进行充分协商的民主精神。

十届一次会议协商讨论《政府工作报告》

1998年3月4—9日，市政协十届一次会议期间，与会人员听取许保水市长所作的政府工作报告，提出以下意见建议：

一是农业及农村工作方面：建议引导农民把主要精力由生产转向经营、销售上来。组建一支多层次、多渠道的营销队伍。鼓励中青年科技干部到农村去工作。农口系统要各单位自收自支。二是城建、旅游、环境保护方面：建议成立城市管理委员会。发掘梅城、富春江沿线的文化内涵，发挥人文景观的优势。加大旅游开发和促销力度，打响建德旅游品牌。化工企业应建设好污水处理设施。三是工业、企业转制及下岗职工再就业方面：建议加大科技投入。聘请专家、学者作为政府决策的智囊团。对转制企业要加快改制进程。立即组织好下岗职工再就业培训、建立职业介绍所等机构。大力发展非公有制经济。建立有利于优秀人才流向乡镇企业的政策激励机制。四是医药卫生、文化、教育方面：建议再建两所普通高中学校。加快推进乡镇村卫生组织一体化管理。抓紧落实市图书馆、市体育场馆建设。积极引导专业剧团、农村业余剧团和影视企业，开展送戏（电影）下乡活动。五是其他方面：在非公有制经济企业中普遍建立工会组织。

政协常委会协商讨论2002年上半年政府工作情况通报

2002年8月8日，市政协召开十届常委会第二十九次会议，专题听取2002年上半年政府工作情况通报，并进行协商讨论，提出五方面具体建议：注重效果，不断强化"一号工程"；加大督查力度，保持一定压力，确保政府工作任务分解落实到位；进一步加大新产品开发扶持力度，鼓励技改投入，增强工业经济发展后劲；加快城市东扩和强化城市管理，不断推进建德城市化进程；重视农业产业化发展，确保率先实现农业现代化目标。

十一届一次会议协商讨论政府工作报告

2003年3月5—8日，市政协十一届一次会议期间，与会人员列席市十三届人大一次会议，听取和讨论市长杨军作的政府工作报告。委员们对今后五年政府奋斗目标和总体思路，以及2003年的主要工作，提出八个方面的意见和建议：

一是关于实施“工业兴市”战略方面：鼓励企业增资扩股，建设小企业创业园。建立健全中小企业科技创新服务体系，推进产学研合作。加快园区建设。发展个私经济。重视抓企业技改投入。加快有机硅下游产品的开发力度。招商引资中要重视环境污染问题。二是关于农业农村农民发展问题方面：抓好农业增效、农民增收督促落实工作。加大改造中、低产田的力度。编制开发农业旅游规划。进一步完善农业信息服务中心建设。进一步加强农业示范基地建设。加强农民技术培训。三是关于推进城市化进程方面：组建城市投资公司。完善拆迁企业外迁政策。控制老城开发，带动房地产健康发展。研究制订中长期房地产开发计划，实行总量控制；建立土地交易市场，规范交易行为；推行经营性用地招标拍卖；进一步完善土地收购、储备及管理制度。科学制定城市发展战略、空间布局和规划。四是关于政治文明和精神文明建设方面：开展满意不满意单位评选。加强对创建省级文明城市活动的领导。五是关于发展教育卫生事业方面：有计划地逐步增加对教育的投入。制定严格的药品价格管理措施。六是关于人才资源的开发方面：大力开发人才资源。七是关于建设服务型政府方面：政策要严谨科学。认真分析不同企业特点，提供高效服务。专门成立为大企业服务的专家组。不断加大依法治市的工作力度。八是关于提高居民生活水平方面：重视残疾人、下岗职工等弱势群体利益，做好扶贫帮困工作。维护个私企业广大职工利益。

市政协常委会协商讨论2003年上半年度政府工作报告

2003年7月25日，市政协召开十一届三次常委会会议，听取2003年上半年市政府工作情况及下半年工作安排情况的通报，并进行协商讨论，提出五个方面建议：咬住目标不放松，坚持发展为第一要务；继续推进招商引资，积极走出去，不断强化“一号工程”；以“两项创建”为抓手，大力推进“83221”工程和城市基础设施建设；关心群众切身利益，增加农民收入，照顾困难群众；进一步转变作风，强化服务功能，努力营造良好的发展环境。

十一届二次会议协商讨论政府工作报告

2004年2月25—28日，市政协十一届二次会议期间，与会人员列席市十三届人大二次会议，认真听取和讨论市长杨军作的政府工作报告，提出六个方面的意见建议：

一是关于招商引资、工业兴市战略方面：招商引资项目布局要合理，扶持政策不能忽视存量企业，在用地指标紧张的情况下，要提高用地效率，努力改善投资软环境，建立和完善中小企业信用担保体系。二是关于农业农村农民问题方面：做好城乡统筹发展，促进农民收入增长；发展效益农业，调整所有制关系、劳动关系、分配关系，扩大农村公共财政的覆盖面。加大农业、农村基础设施建设投入。尽快建立健全生态体系、标准体系、监督检测体系、评估体系和产业化体系。重视农业科技推广网络建设。三是关于推进城市化进程方面：对房地产开发要实行总量控制，推行经营性用地招标拍卖；进一步完善土地收购、储备及管理制度。大力查处违规建设单位。加大督办停车难问题的力度。四是关于发展文化教育卫生事业方面：要加强对古严州文化的挖掘。切实加大对教育事业的投入。加快新安江中学迁建工作。加快全市突发性社会公共卫生事件预警和应急处理机制的建设。对改制医院的资产进行客观评估，允许符合条件的团体和个人实行公开、公平、公正竞争，防止国有资产流失。五是关于人才资源开发方面：要重视本地企业经营管理人才和专业技术人才的培养。加大人才引进、开发、培养和奖励的力度。解决引进人才住房、子女入学等难题。六是关于交通旅游发展方面：要高度重视交通的规划和建设问题，搞好基础设施建设。

十二届五次会议协商讨论政府工作报告

2011 年 3 月 5 日至 8 日，市政协十二届五次会议期间，与会人员列席市十四届人大五次会议，听取代市长董悦作的《政府工作报告》，委员们以协商议政的形式，分组对《政府工作报告》进行讨论，并提出五个方面意见建议：

一是工业经济发展方面：狠抓工业平台建设；狠抓项目建设；做强做大有机硅产业；加快企业转型升级；成立专门的征地拆迁管理机构；成立建德产业发展的“企业管理咨询公司”。二是农业农村方面：加大对农业产业的扶持力度；尽快出台扶持中心镇、中心村发展的政策；加强土地管理，对“新房已建，旧房未拆”的农户采取相应措施，充分盘活存量土地；加快建德地产品购物旅游项目建设；注重生态环境保护；设立三都生态特色示范区；农业节庆要讲实效。三是城建和旅游方面：加强项目管理；重视“行车难、停车难”问题；公建项目结合停车场建设；水源热泵技术推广应用要区别对待；建德旅游要借力提高知名度；加大企业配套设施建设，统一建设外来务工人员住房；逐步实施无线网络全覆盖；规范企业合作项目，建议出台 BT 项目的具体管理办法。四是社会各项事业发展方面：进一步探索融资渠道，鼓励与引导股权投资基金来建德注册落户；事业单位自收自支人员的医疗费门诊统筹问题尽快出台政策；对物业公司加强管理，提高准入门槛；外来企业务工人员子女就学困难，加强政策落实力度；对大中专生、退伍军人等群体创业出台税收、贷款等方面的优惠政策；加强校企联合，解决“用工难”问题；扶持民办养老院发展，将养生养老产业与休闲旅游业结合起来；进一步加强“低保”动态化管理；补全高中退休教师拖欠待遇。五是社会法治等其他方面：高度重视宗教工作，大力打击邪教组织和邪教活动；加强社会管理创新。

十三届一次会议协商讨论政府工作报告

2012 年 2 月 10 日至 14 日，市政协召开十三届一次会议，会议期间，与会人员列席市十五届人大一次会议，听取市长陈震山作的政府工作报告，并提出五个方面意见建议：

一是经济发展方面。突出经济发展主旋律，加快重点项目建设；成立专门的土地指标流转协调机构，建立跨区域土地指标流转、置换、补偿机制；将 2009 年市财政出资 3000 万元设立的中小企业风险扶持资金调整到7000万元，加大对担保公司的扶持力度；对劳动密集型企业实行养老金补助；建立中小企业资金链断裂应急预案。二是农业农村方面。建立农业科技创新基金，规模在300万元以上；加快大同省级中心镇建设；从职能部门选派专业人员到镇帮扶；对新、改、扩建的规模化畜禽养殖场严格执行环评和“三同时”制度；开展农村生活垃圾的分类收集处置试点；建立“建德市蓝莓发展基金”，建设万亩有机蓝莓生产基地；加快农村住房改造建设进度；加强农业人才的培养和储备；重视兰江流域防洪治理工作。三是城建和旅游方面。加大新安江水资源的保护力度；引进先进水产品开发企业，打造水资源开发集聚区块；通过新安江旅游节，把营造声势宣传建德与丰富市民文化娱乐生活结合起来；控制机关部门、企事业单位车辆占用公共停车位；提高司乘人员的素质；综合使用旅游集散中心和长途客运车站；开通市区通往各景区的旅游中巴；加快建设新叶古民居至大慈岩风景区的观光道路；完善玉泉寺核心景区基础设施建设。开发“家庭旅馆”，提高乡村游的接待能力；高标准、高质量建设023省道航头至李家段；组织实施320国道安仁至洋溪段改造工程。四是社会事业发展方面。鼓励和引导民间资本发展养老产业；切实解决外来务工人员子女就学难问题；制定外来务工人员安居房、租赁房政策；把新安江职业学校迁建工程列入2012年市重点实施项目；启动市妇幼保健院迁建工程；普高教师的绩效工资标准应明显高于义务教育阶段的教师，制订具体实施方案。五是政府自身建设方面。高度重视乡镇（街道）、村的负债问题，严格控制债务规模。纪委监察部门要加强对政策执行的监督；进一步完善政府投资项目BT融资管理办法。

十三届三次会议协商讨论政府工作报告

2014年1月20—23日，在市政协十三届三次会议期间，全体政协委员和列席人员列席市十五届人大三次会议，听取市长陈震山作的《政府工作报告》，并提出四个方面意见建议：

一是产业发展方面：重新谋划全市经济转型升级方向，全力做好“五水共治”工作；改善化工行业发展环境，拓展化工行业的发展空间；对腾笼换鸟淘汰、关停企业的厂房、设备、土地及时盘活利用；项目落户要根据产业规划统筹安排；增加专业担保公司的资本金，提高担保公司的担保能力；实施柔性引进国内高层次人才工作生活津贴和项目补助制度；积极打造“航头蔬菜”“杨村桥草莓”“三都柑橘、香榧”“上马冬笋”“李家山茶油”“大洋河蟹”“大慈岩白莲”等特色品牌。二是城镇建设方面：科学评估千岛湖引水工程给建德经济社会发展带来的影响，及早做好应对调整措施；积极争取乌龙山抽水蓄能电站建造；“秀美山村”建设，资金优先用于发展中心村和精品村基础设施以及产业发展和民生保障类项目；建立假日营地、野营基地、拓展运动基地、狩猎基地等；积极引进各类资金创设各种休闲养生的疗养项目。三是民生事业方面：采取无偿划拨或优惠提供建园土地，向民办幼儿园派驻公办教师，提高民办非编教师补助标准；加快开展城区生活垃圾分类处理；实行社区卫生服务首诊和转诊的社区卫生服务模式；积极尝试建立“社区老年日托所”；将市二院的维修改造工程列入2014年市政府投资项目实施类工程；把新建大同医院提上议事日程。四是政府管理方面："五水共治""三改一拆""四边三化"从体制机制上、责任落实上明确细化；全面推进同一行政机关的审批事项向一个科室集中、行政审批科室向行政审批管理办公室集中；建立网络发言人制度，将其列入部门和单位年度目标考核。

十三届五次会议协商讨论政府工作报告

2016 年 1 月 13—16 日，市政协召开十三届五次会议期间，全体政协委员和列席人员列席市十五届人大五次会议，听取市长童定干作的《政府工作报告》，并提出五个方面意见建议：

一是工业经济方面：逐步将政府工作重心从专项整治转移到经济发展上来；围绕精细化工和水产业等重点产业和优势产业做精做深做透；减少企业所得税、土地增值税和养老金费用；着力引进航空航天、军工制造相关产业，医疗器械制造、生物医药制造相关产业，电子商务、智慧物流、云计算和大数据等信息经济产业；加快电商园区建设；G20 峰会期间，关停限制碳酸钙、水泥等高污染高能耗企业时，要充分考虑出台政策的科学性。二是农业农村方面：推出适应市场需求的四季果蔬采摘精品线路；培育民宿经济，引导农户利用农舍发展民宿业。三是旅游和城镇建设方面：成立全市旅游管理委员会，把旅游工作纳入部门、乡镇年度综合考核；加快主城区中高档酒店建设，推进景区道路、停车场等基础设施建设；加快研究环新安江自行车道和休闲绿道建设；做好现代仓储、现代物流、休闲运动、全域旅游的规划布局；挖掘整合养生温泉、绿荷塘楠木林、江南春堂铁皮石斛园、航空小镇等旅游资源，加强新客运站与主城区的公交配套。四是民生事业方面：引导鼓励优秀医护人员到基层卫生院工作或轮流下派至基层卫生院（村卫生室）工作；解决镇村医疗房屋破旧、医疗设备不足的问题；重视产科资源的布局和产科队伍的发展；完善教师绩效工资改革；加快汪家经济适用房区块小学幼儿园建设，改善新安江二小办学条件，提升梅城初中的硬件设施。推进主城区旧城改造。五是政府管理方面：积极争取富春江库区、千岛湖配水工程等政策性资源和生态补偿；进一步争取上级对建德社保基金的扶持力度；高度关注政府及国有公司的高负债问题。大力推广 PPP 模式，提高财政资金使用效率。

十四届一次会议协商讨论政府工作报告

2017 年 2 月 5—9 日，在市政协十四届一次会议期间，全体政协委员列席市十六届人大一次会议，听取市长朱欢作的政府工作报告，并提出五个方面意见建议：一是经济发展方面：以高铁新区和航空小镇建设为引擎，推动建德东部和西部交通设施、产业发展、全域旅游和城镇建设等各项工作；建立在外建德籍优秀人才库，重视非公有制经济人士培养；完善产业技术创新、科技成果转化、人才培养评价等体制机制，加快"航空小镇"建设；加快高新技术产业园扩容提升；加快电商园区建设；开展招强引优行动。二是农业农村方面：全力推进小城镇环境综合整治；打造"洁净小镇""风情小镇""生态小镇""特色小镇"，推动"草莓小镇"建设；进一步打响"建德果蔬乐园"品牌；重视农村土地流转和农民增收问题，扩大农户林权山权房屋抵押贷款范围；加强乡镇农技人员队伍建设；加大寿昌江流域综合治理力度。三是旅游和城镇建设方面：推进全域旅游发展；抓紧编制以乌龙山蓄能电站为核心的东北部区域产业发展规划；加快洋安新城建设；积极引进健康、养生和运动等特色休闲产业。四是民生事业方面：加强老旧小区安全监管；加强对历史文物和“非遗”的保护力度，加快博物馆等文化基础设施建设进度；加强严州文化的挖掘、保护和利用工作；建立和完善政务基础信息资源库，关注基层卫生人才队伍建设。五是政府管理方面：完善项目建设机制；加强干部队伍建设。

十四届二次会议协商讨论政府工作报告

2018 年 2 月 15—18 日，在市政协十四届二次会议期间，与会人员列席市十六届人大二次会议，听取市长朱欢作的《政府工作报告》，并提出五个方面的意见建议：一是工业经济建设方面：重视规划引领和战略持续，特别是在航空小镇和高铁新区建设上要高起点高定位；支持企业与高校科研院所合作创建技术研发中心；加快高新园区的扩容修编。二是农业农村方面：重视村级集体经济发展；加快推进试点项目的建设；进一步突出草莓、茶叶、中药材等农业优势产业的培育，加大农业精品园建设力度；持续深入做好传统村落的保护修缮工作。三是城建旅游方面：打造从新安江水库到三江口的 42 千米景观带、生态带、文化带、交通带、经济带；讲好建德“六个一”故事；注重做好“八美联动”文章；推进“厕所革命”；积极做好“旅游+文化”的文章，加快文化旅游产业的发展。四是教育民生方面：关注新安江主城区的小学、幼儿园入学难问题；进一步做实做细家庭医生签约工作；关心农村卫生事业的发展；加强传统文化建设和保护；加大对职业教育的关注度，构建大职教格局；推进“德文化”区域品牌建设。五是政府自身建设方面：“最多跑一次”改革应注重对中介公司的规范管理；把每年的 5 月 5 日作为“建德百姓日”；制定白蚁防治工作相应的管理措施。

十四届三次会议协商讨论政府工作报告

2019 年 2 月 14—17 日，在市政协十四届三次会议期间，与会人员列席市十六届人大三次会议，听取市长朱欢作的《政府工作报告》，并提出五个方面意见建议：

一是工业经济发展方面：关注实体经济发展，加大对实体经济的扶持力度；加快传统制造业转型升级；完善人才招引和培养机制；对企业职工养老保险企业缴纳部分建议给予适当支持；进一步明确高铁新区的功能定位；要推进综保工程与美丽乡村的有效结合；加快推进 320 国道改道项目；加快推进千岛湖大坝景区和乌龙山抽水蓄能电站建设；加快推进大洋化工纳入高新园区。二是农业农村农民方面：乡村振兴要突出产业振兴，与康养产业、互联网经济相结合；进一步重视乡风文明及乡村治理工作；美丽乡村建设要高质量定位、高标准推进；提升江滨公园新安江段景观建设；高度重视新安江饮用水备用水源建设；加大松杉线虫疫情防治力度；山改田项目要实事求是，因地制宜，充分论证；注重建德龙井茶的开发与推广。三是城建与旅游方面：加快府前路区块规划落地；及早规划充电桩设置和建设；高度关注城南区块的规划建设；加快背街小巷改造和有机更新步伐；加强对城区沿江小渔船的管理；餐饮与健康产业结合；加强老旧小区加装电梯工程建设；推进盛德国际广场五星级酒店建设；提升通航旅游发展水平；挖掘和发展罗桐埠、江村埠等埠头文化；加强旅游行业人才培养和引进；城市建设、综保工程建设中增加人文景观的内容；加大力度扶持重点民宿项目，打造特色品牌；加快推进“严州虾灯”申遗工作和建德各地方言的整理、保存工作；重视挖掘梅城千年古府的民俗风情；科学制定农民饮用水建设规划。四是社会事业方面：增加幼儿园的投入使用，有效缓解“二孩时代”带来的入园难问题；加强公共基础设施配套保障；加快康养产业、疗休养旅游业发展，打响宜居品牌；加快航空学院配套设施建设，推进建德第一所大专院校真正落地；加大对建德婺剧的扶持力度；加大西部乡镇的基础设施和旅游配套设施的建设投入力度，推动全市协调发展；建设居家养老示范小区；推进主城区管道煤气全覆盖；开通高铁站至新安江城区直达接驳班车。五是政府自身建设方面：尽快出台医共体改革具体配套政策，建立多元化纠纷化解机制；充分发挥人民调解组织特别是村干部的作用，加强基层社会治理网格化管理；进一步深化“最多跑一次”改革。

二、协商全市发展规划

参与政治、经济、社会、文化发展规划制定，协商和讨论国民经济和社会发展规划、城市建设总体规划、基础设施发展规划、精神文明建设规划等是政协的重要职责和任务。

协商讨论《建德市国民经济和社会发展第十个五年计划》

2001 年 2 月 28 日至 3 月 4 日，在市政协十届四次会议期间，与会人员列席市十二届人大四次会议，听取并讨论代市长杨军所作的政府工作报告和副市长徐志生所作的《关于编制建德市国民经济和社会发展第十个五年计划纲要的说明》以及其他有关报告。与会委员就“十五”期间加快建德产业结构优化升级、进一步深化改革和扩大开放、大力推进科教兴市、加快城市化进程、实施可持续发展战略、坚持“以德治市”、加强精神文明建设和民主法治建设、维护社会政治稳定、切实转变作风和反腐倡廉等事关全局的重大问题，提出意见和建议。

协商讨论《建德市国民经济和社会发展第十一个五年规划》

2005 年 9 月 21 日，市政协召开十一届三十三次主席（扩大）会议暨市“十一五”规划专题政治协商会，听取市发展和改革局负责人关于建德市“十一五”规划思路的汇报，市政协七个调研组分别就大力发展循环经济、加快全市农业发展、大力实施人才强市战略、生态经济建设、提升全市职业教育战略地位、深化医疗卫生体制改革、加快推进全市文化建设等七个方面开展协商讨论，提出意见建议。审议通过《市政协十一届三十三次主席会议关于建德市“十一五”规划编制的几点建议》。其中，促进循环经济和发展职业教育、中医药事业等许多建议，被吸纳到全市“十一五”规划编制中。

协商讨论《建德市市域总体规划》大纲

2007年12月6日，市政协十二届四次常委会议听取杭州市城市规划设计研究院作的《建德市市域总体规划》大纲汇报，常委会组成人员分别就规划编制发表意见和建议。与会常委提出，明确指导思想，市域总体规划要起到统领作用。围绕市委、市政府决策和“十一五”规划目标，让规划成为一个地方发展的指导和依据。与其他规划衔接好，近期规划要详细、管用，中远期规划要有前瞻性和指导性。规划中要反映长三角发展规划、浙江省和杭州市产业调整规划，以及自然环境、人文环境、发展基础状况对建德的影响。

协商讨论《建德市化工产业转型升级规划》

2008年6月27日，市政协十二届八次常委会议协商讨论《建德市化工产业转型升级规划》。市经发局作情况说明。会议建议要进一步统一思想，加强对化工行业重要性的认识；空间布局上要看得更长远，增加发展空间；在规划实施上，争取上级主管部门的认可，制订配套的实施方案。

协商讨论《建德市林地保护利用规划》

2009年5月13日，市政协十二届三十六次主席会议听取《建德市林地保护利用规划》。会议经过认真讨论，提出意见建议：一是正确处理好保护与发展的关系。二是做好与市域总体规划、土地利用总体规划、产业发展规划、工业功能区建设等规划的衔接。以市域总体规划等为依据，合理确定规划期内将林地转为建设用地的用地规模，建议将规划文本中提出的在规划期内将林地转为建设用地5万亩调整为8万亩至10万亩，力争更大规模；在建德市域范围内，科学确定规划期内的林地保有量；按照建德市域总体规划和产业发展规划、工业功能区建设规划等要求，合理规划布局生态公益林范围；优化完善其他规划中与本规划紧密相连的内容，为建德今后的发展提供依据。三是突出珍贵树种的保护和发展。

协商讨论《建德经济开发区控制性详细规划（送审稿）》

2010年8月3日，市政协召开“省级经济开发区整合提升”协商建言会，协商讨论《浙江省建德经济开发区控制性详细规划（送审稿）》和《寿昌新城规划（送审稿）》，提出修改意见和建议：

一是寿昌城镇功能定位问题：明确寿昌镇新一轮发展的功能定位为以省级经济开发区为支撑，以冶金行业转型升级为基础，以发展先进制造业为重点，实现新型工业化和新型城镇化互动发展的工业、商贸型中心城镇。二是横铁区块整合提升问题：要加强对横铁区块的企业进行引导，促进其转型升级，做大做强冶金行业。重视对冶金行业的项目包装，积极争取列入省、杭州市“十二五”重大项目库。三是功能区块合理布局问题：工业组团产业强调先进制造业、高新技术企业、同一区块内的产业兼容性。突出产业集聚，规划一至两个产业集聚群，做好与航头镇规划、更楼街道规划的衔接。四是温泉功能区的定位问题。要尽量增加可用地，减少不必要的公建预留地；创新温泉开发模式，突出休闲性，提高参与性。五是寿昌江治理开发问题：争取将寿昌江流域治理工程列入省重点项目；寿昌江治理工程要做到防汛防洪先行，防洪标准要向城市防洪标准靠，强化寿昌江景观带建设。六是节约土地用地的问题：强化“以开发带动发展”的理念，强化土地节约集约利用原则，努力保持投入产出平衡。七是重点做好近期五年规划。

协商讨论《建德市“十二五”规划纲要（征求意见稿）》

2010年12月28日，市政协召开十二届二十三次常委会议，协商讨论《建德市“十二五”规划纲要（征求意见稿）》，提出意见和建议：

一是指导思想和发展目标方面：贴近加快融入杭州大都市，统筹城乡区域发展的新要求。二是工业发展规划方面：确立多元化参与开发园区建设模式；提高乡镇（街道）建设功能区的积极性；对按产业集聚要求进行搬迁的企业要给予积极的政策扶持；对工业平台建设要出台单独的奖励政策；加快精细化工产业向现代产业集群转变；打造寿昌冶金不锈钢制品基地；发展晶体硅加工产业，并以此推动整个光伏产业的发展；支持农夫山泉股份有限公司等水产业企业做大做强；引进和扶持“农产品加工”“可再生资源型”等深加工企业。三是农业农村发展规划方面：强化发展理念；重视城乡统筹；加快粮食功能区和现代农业园区“两区”建设；加快土地复垦和山垅田改造；发挥现有农业龙头企业作用；加快发展低碳农业、循环农业；重视农村集体经济股份制改革。四是服务业发展规划方面：重视规划研究；注重错位发展；重视发展乡村旅游休闲产业；在杭黄高铁建德站前广场规划建设旅游集散中心；审慎研究“五大旅游综合体”的表述；旅游行业的发展要挖掘好资源，打造旅游业龙头；注重旅游文化发展建设。五是空间布局规划方面：提出“做精主城区、做大两副城、做强两组团”口号；“十二五”建德空间布局要达到功能分区全部明确、体现建设框架、体现集聚发展；进一步拓展新安江主城区空间，落实保证土地指标的措施。六是民生保障和社会建设方面：扎实推进公共服务均等化；健全和完善三级救助圈；规范城乡低收入家庭收入核定办法；加强“低保”动态化管理；推进矛盾纠纷化解、社会管理创新、公正廉洁执法。七是《“十二五”规划纲要》中增加管道煤气规划方案。八是其他建议：各个子规划与《“十二五”规划纲要》要进一步衔接；医疗规划要增加中医事业发展的相关内容；应对发展学前教育幼儿入园率及空间布局、师资培养、实施投入、体制机制等方面有所体现；大同组团在开发导向上要增加油茶基地建设。

协商讨论《关于“十二五”城乡区域统筹发展项目》

2011年4月21日，市政协召开十二届二十七次常委会议，协商讨论《建德市“十二五”城乡区域统筹发展项目（征求意见稿）》，提出意见和建议：

一是提高认识，加快项目编制工作进度。二是系统梳理，提高项目的可操作性。对项目的梳理要树立以我为主的理念、整合包装项目、突出产业发展项目、把握要素制约。三是注重与建德“十二五”规划相对接。四是加强领导，建立“一办七组”的项目推进运行机制。五是突出重点，切实保证全年工作任务的完成：做好项目建设的前期工作；保障资金，尽快启动中心村项目建设；加强研究，切实破解有关要素制约。六是其他建议：尽快出台中心镇扶持政策；对建德9个非中心镇建制镇（含钦堂乡）所在村予以较大的政策扶持和倾斜；把乾潭镇250平方千米的无人区包装成高等级旅游项目，把玉泉寺核心景区改造提升工程列入城乡统筹发展项目等。

协商讨论《中共建德市委关于制定“十三五”规划建议（征求意见稿）》

2015年12月18日，市政协召开十三届七十一次主席会议，协商讨论《市委关于制定“十三五”规划的建议（征求意见稿）》。提出意见建议：加快新安江科技城、浙西跨境电商产业园、建德市环保科技创新创业中心等创新平台建设；把白南山区块定位为市行政副中心进行规划建设，为城区发展拓展空间；突出“生态立市”的首位战略；把握互联网+经济、G20峰会和亚运会等重要发展机遇，加强对接；加快主城区学前教育资源建设，具体明确城东、叶家等区块公办小学幼儿园建设任务；加快农夫山泉四期建设；打响建德农产品有机、绿色品牌，和“中国草莓之乡”金名片；加快全域旅游发展步伐；明确化工企业搬迁入园的最后期限，引导和鼓励建德人回乡创业，加快护理、烹饪等专业本地人才的培育进度。

协商讨论《建德市国民经济和社会发展“十三五”规划纲要（征求意见稿）》

2015年12月28日，市政协召开十三届二十三次常委会议，协商讨论《建德市“十三五”规划纲要（征求意见稿）》，提出意见和建议：

一是指导思想方面：“十三五”规划在制定过程中要贴近“十三五”建德经济和社会发展阶段特征的客观要求，贴近杭州对建德发展的定位和“十三五”国家、省、杭州市政策导向，贴近对接杭州“两区两会”建设、加快融入杭州大都市的新要求。二是工业平台建设方面：把寿昌省级经济开发区定位为“浙商回归”基地和承接杭州市产业梯度转移平台；吸引社会资本参与工业平台基础设施建设，鼓励有实力的企业参与园区建设。三是产业发展方面：加快污水管网等基础设施建设；创新水产业招商方式；推进全域旅游；加快主城区高等级宾馆建设，完善洋安新城公共服务配套；发展健康产业，打造绿色生态型服务业强市；综合开发三江口休闲运动、严州古城、玉泉养生养老等板块。四是现代农业发展方面：将草莓产业打造成为全市现代农业的特色和品牌，推进有机铁皮石斛加快发展；加强引领“两区两园”农业平台建设；优化调整省级粮食生产功能区结构。五是空间布局方面：将寿昌作为航空产业镇、梅城作为浙西旅游中心镇打造，优化全市空间布局；将白南山区块作为市行政副中心进行规划建设，大城东新城作为副城打造。六是规划纲要落实方面：强化规划的法律保障；深化专项规划编制，切实推进“多规合一”进度。七是其他建议：加快分级诊疗制度建设：加快推进覆盖城乡的公共法律服务体系建设；完善新长途客运站的换乘体系建设，打通江滨大道，缓解城区交通拥堵；完善“五水共治”中农村污水治理的长效运营管理机制；繁荣文艺创作，突出文化创新动力的培育，提升服务业的文化内涵；加强二孩政策带来的影响评估，切实加快主城区学前教育资源建设；重视“十三五”时期普及高中段教育资源的合理布局。加强医疗质量监管，完善纠纷调解机制，构建和谐医患关系。

三、协商其他重大事项

参与政治、经济、社会、文化等方面重大举措的协商和决策，是政协的重要职责。自十届委员会开始，常态化参与协商讨论事关全市改革、发展、稳定大局的重大决策和举措，为党政领导机关决策的科学化、民主化建言献策。各届党委、政府也高度重视政协的作用，许多要事、大事都做到协商于决策之前和决策执行过程之中。

协商讨论2005年及此后三年经济社会发展计划

2004年12月17日，市政协召开十一届二十四次主席会议，就如何加快建德经济和社会各项事业的发展，会议提出三个方面建议意见：

一是统一思想，坚定信心。正视与周边县市的差距，充分肯定近几年来所取得的良好成绩。二是夯实基础，突出重点。确立战略意识，突出工业兴市，突出教育事业发展。三是积极引导，做好项目文章。坚持以项目带动促进发展，引导“以民引外”，努力发挥企业特别是民营企业招商引资主体作用。

协商讨论《高速公路产业带发展规划》

2006年8月24日，市政协召开十一届二十一次常委会会议，会议围绕加快发展高速公路经济产业带进行专题讨论协商。调研组就加快高速公路沿线集镇建设、工业产业发展、提高科技自主创新能力、加快发展都市农业、加强支撑保障体系建设等方面作交流汇报，会议通过《关于加快发展我市高速公路经济产业带的建议案》，提出以下建议：一是要统一思想，充分认识产业带发展的意义，抢抓高速公路经济机遇，充分利用乡镇行政区划调整的成果，全面推进观念、规划、设施和产业对接，加快互通口区域经济发展，多种模式推动平台建设，切实提升主动承接高速公路经济的能力。二是要高起点规划产业布局，与沿线乡镇经济发展实际密切结合，整合提升各类工业功能区、农业产业布局，并通过产业结构调整，集中培育、集中发展一批最具优势的特色产业。三是要加强领导，建立强有力的行政协调机制，管理和协调产业带建设中的重大问题，推进建德高速公路经济快速发展。

协商讨论《2011 年全市重点建设项目预安排》

2010 年 12 月 9 日，市政协召开十二届六十一次主席会议，听取 2010 年全市重点建设项目完成情况汇报，协商讨论《2011 年全市重点建设项目预安排》，提出意见和建议：

一是突出发展，以推进“一区一园四区块”平台建设和产业集聚编制安排重点项目。二是突出统筹，做好与杭州统筹五县市发展项目的对接工作，优先安排建德省级经济开发区与杭州经济开发区对接项目。三是突出民生，对于民生保障中特别重要、老百姓迫切需要的项目要优先安排。四是狠抓重点项目前期工作，在破解要素上下功夫。加大农村住房改造和宅基地整理、土地复垦力度；坚持节约集约用地，努力盘活存量土地；积极向上争取用地指标；分析资金拼盘到位的可行性，加强问题研究，鼓励民资投入，积极争取 BT 项目。五是狠抓重点项目安排建设的科学性、严肃性，完善决策和监管机制。

协商讨论《2012 年全市重点建设项目预安排》

2011 年 12 月 21 日，市政协召开十二届七十九次主席会议，听取 2011 年全市重点建设项目完成情况汇报，协商讨论《2012 年全市重点建设项目预安排》，提出意见建议：一是围绕大平台、大项目建设安排重点项目，加快大项目建设的配套项目和基础设施项目建设。二是加快实施工业技校扩建项目，暂缓老年大学、妇幼保健院迁建等项目。三是确保土地指标和资金的保障。四是认真总结 2011 年重点项目建设过程中存在的问题，认真分析，提出针对性的措施。

协商讨论《2013 年全市重点项目建设计划草案编制情况》

2013 年 1 月 6 日，市政协召开十三届十九次主席会议，听取 2012 年全市重点建设项目完成情况汇报，协商讨论《2013 年全市重点项目建设计划草案编制情况》，提出意见建议。

一是保发展，做强产业和实业基础。切实加快工业平台建设，每年主导布局一至两个具有全局性战略性的重点项目，辐射带动全市相关产业发展。二是抓落实，推进项目顺利实施。建立年度督查计划表，每个月、每季度按计划督查，及时协调相关部门单位。引导资金重点投向中心镇、中心村等建设。着力推动已经调研确定项目的有效实施，新安江职业学校、市第三人民医院的搬迁建议尽快提上议事日程。三是重考核，完善决策和监管机制。重视前期调研。加强重点项目建设过程中的跟踪监督管理，建立完善评估机制。

协商讨论《“两江一湖”风景名胜区新安江——泷江分区规划》

2013 年 4 月 8 日，市政协召开十三届二十四次主席会议，协商讨论《“两江一湖”风景名胜区新安江——泷江分区规划》(以下简称“规划”)，提出意见和建议：一是高度重视《规划》的编制工作。二是完善规划，引领建德科学发展，加强规划的对接。《规划》要与全市的生态功能区规划、土地利用总体规划、城镇发展规划、“三江两岸”生态景观保护与建设规划等规划做好衔接，实现全市各项规划的系统性、完整性。三是合理布局，推动生态旅游资源有效开发，以新安江为轴沿江两岸的生态旅游资源的保护开发要分段分块谋划。四是整合力量，加快《规划》审批进度。高度重视“精细化工园区”的发展建设，新安化工预留的1000多亩土地要划出风景区线保护范围之外。

协商讨论《2014年政府投资重点项目建设计划》

2013年12月13日，市政协召开十三届三十四次主席会议，专题协商讨论2014年政府投资重点项目建设计划。提出意见建议：一是重点考虑保障产业发展的基础配套项目。将更楼污水处理设施建设提上议事日程；重视朱家埠、岭后区块的污水处理问题，加快推进截污纳管工程；超前谋划新安江白南山化工区块的后续发展。二是高度重视政府历年规划和群众反映强烈的民生类问题。三是完善政府投资重点项目建设的工作机制。成立全市政府投资重点项目领导小组。

协商讨论《2015年政府投资重点项目建设计划》

2014年12月24日，市政协召开十三届五十三次主席会议，专题协商2015年政府投资重点项目建设计划，提出意见建议：一是重点考虑保障经济发展的基础配套项目。二是以重点项目建设进一步完善城市规划布局。三是高度重视民生保障类项目的均衡配置。四是完善项目推进工作机制，深化领导领衔工作机制。

协商讨论《2017年政府投资重点项目建设计划》

2016年12月14日，市政协召开十三届八十五次主席会议，专题协商讨论2017年政府投资重点项目建设计划，提出意见建议：一是深化政府投资项目与重要规划、政府任期的对接。二是强化产业发展的基础性项目，带动产业加快发展。以乌龙山抽水蓄能电站建设为突破口，加强三江口、富春江区域综合开发。开展沿新安江生态绿道建设和产业业态培育，加快打造大新安江AAAAA级景区。三是高度重视民生类项目的规划布局。要突出“医疗”“教育”“养老”“治堵”四大民生工程。四是完善项目谋划建设工作机制，科学谋划项目。五是关注几个具体问题：抓住小城镇环境综合整治的契机谋划项目；花坞区块的开发利用；提前实施寿昌江中小流域综合治理项目；统筹建设乌龙山森林公园提升项目和配套旅游设施工程；科学论证“双江”特色街二期工程；高度重视江村埠的交通枢纽问题；主城区有机更新要有序推进。

协商讨论《2018年政府投资重点项目建设计划》

2017年12月14日，市政协召开十四届二十二次主席会议，协商讨论2018年政府投资重点项目建设计划，提出以下意见和建议：建立健全城乡融合发展体制机制和政策体系，加快推进农业产业化、农村现代化；突出草莓、茶叶、中药材等农业优势产业的培育，加大农业精品园建设力度，推动农业产业加快发展；加大特色小镇建设投入力度，提升整体形象和对外影响力；推进小城镇环境综合整治和美丽乡村建设；加快杭黄高铁站前广场、320 国道——杭黄高铁连接线等续建类项目建设进度；谋划乌龙山抽水蓄能电站 50 万千瓦变项目的选址。加大更楼水产业集聚区的建设，延伸拓展黄岙公路；加大新安江主城区雨污分流改造力度；有序推进城市更新，加快推进府前路、新建村、电影院三个已拆迁区块的开发建设；在主城区学前教育资源的合理配置上加大力度；培智学校建设项目要提上议事日程；充分考虑老城区医疗卫生设施的布局。积极谋划行政办公楼的建设。

协商讨论《2019 年政府投资重点项目建设计划》

2018 年 12 月 13 日，市政协召开十四届四十四次主席会议，协商讨论 2019 年政府投资重点项目建设计划，提出以下意见和建议：加大对“草莓小镇”“稻香小镇”“柑橘小镇”的投入和保障力度；关注产业提升的配套性项目；加快白小线改造和航头—石屏的公路改造建设；将白南山区块建设成为集行政办公会议、群众办事为一体的行政副中心；加快 311 省道梓洲—马目段、320 国道过境公路、黄饶半岛连接线、三都高山旅游道路、江村埠交通枢纽、高速寿昌出口交通枢纽建设；推进大洋集镇建设，将公共设施投入及公共资源布局向鲁塘区块转移；加快推进桥南幼儿园、城东幼儿园、洋安小学和寿昌中学校史馆等项目建设；将大同镇体育中心建设提上议事日程；深化“六个领衔”工作机制。加强与文明城市创建、小城镇环境综合整治、区县协作等工作的对接，保证项目建设合理有序、资金使用切实有效。

第二节　民主监督

民主监督是人民政协主要职能之一，对国家宪法、法律、法规和重大方针政策贯彻执行情况、国家机关及其工作人员的工作和作风，通过建议和批评进行监督。十届至十四届委员会重视并探索民主监督的渠道和形式，把监督活动融贯于整个政协工作之中。

一、视察监督

视察监督是人民政协履行职能的有效形式，通过全体会议、常委会议、主席会议、专题会议等形式开展视察调研，实地了解掌握情况，提出意见建议，为党委、政府决策提供参考。

视察监督政务公开和村务公开

1998 年 9 月 18 日，市政协召开十届三次常委会议，视察监督政务公开和村务公开。会议分组视察市工商局、市土管局、市民政局的政务公开试点情况和乾潭镇的村务公开推行情况，听取有关部门和乡镇的情况通报，提出意见建议：一是提高自觉性，增强主动性。把政务公开与创卫工作和部门承诺制度相结合。二是从实际出发，扎实推行试点经验，推进政务公开。在政务公开的过程中，坚持实事求是，能够做到的先公开，暂时不能做到的不能盲目承诺。三是坚持标准，注重实效。实行村务公开要以群众满意不满意作为标准，凡涉及群众切身利益的事，都要以一定的形式向村民公开。四是强化监督检查机制。要制定检查监督的标准，对有违政务公开的人和事，要及时采取措施进行整改，防止政务公开工作流于形式。

视察监督街道特困企业清理劳动关系工作

2000 年 7 月 14 日，市政协就特困企业清理劳动关系开展视察调研，提出建议意见：一是加大力度，突出重点，攻破难点。调整和充实指导组力量，加强宣传舆论工作。二是加强督查，明确要求，确保到位。对资金筹措到位情况、清理劳动关系的善后工作和面上清理劳动关系的进展情况加强督查。对重点企业加强督查。强调政策的一致性。三是各方配合，搞好衔接，合力攻坚。

视察监督“严打”专项斗争

2001 年 6 月 28 日，市政协召开十届二十一次常委会会议，视察监督“严打”专项斗争。会议视察新安江派出所、交警大队、看守所，专题听取市委常委、市公安局局长吴德宝关于全市“严打”斗争情况通报，提出意见建议：继续保持“严打”高压态势，严厉打击各种犯罪活动；以“严打”专项斗争促进社会治安综合治理；统一思想，严格执法；进一步支持、关心政法工作，进一步落实从优待警的各项保障措施。

视察监督全面加强城市环境卫生管理工作

2003 年 5 月 23 日，市政协组织视察城市环境卫生工作，视察组会同卫生、城管、城建监察大队等部门，实地视察罗桐、上沧、沧滩、田坞、健安、白沙、麻园 7 个社区和江滨公园的环境卫生情况，提出意见建议：重视对基础配套设施的规划、建设和管理。进一步理顺管理体制，明确职责。加大执法力度，杜绝“乱吐、乱丢、乱倒”现象，切断传染源。加大基础设施资金投入。加强停车场建设与管理。加大宣传力度，不断提高市民的整体素质，促进广大市民养成良好的卫生习惯。

视察监督食品安全生产工作

2005 年 7 月 14 日，市政协召开十一届三十一次主席会议，专题视察全市食品安全生产工作，提出意见建议：充分认识食品安全工作的重要性；努力突出食品安全工作的重点，坚持用发展的眼光来抓监管，着力从源头防治做起，形成宽覆盖的监管网络，努力提高监管水平。各监管部门要密切配合，加强领导，密切协作；加大舆论宣传力度，提高食品安全意识，提升食品行业的质量信誉，树立“诚信建德”的良好形象。

视察监督全市经济发展项目建设

2005年8月18日，市政协召开十一届三十二次主席会议，专题视察全市经济发展项目建设，提出意见建议：提高思想认识，大力推进项目建设；实施有效措施，狠抓项目建设；切实改善服务，营造投资环境，坚持科学布局、合理规划，大力改善项目引进的环境平台，加强协调、督导。

视察监督市第一人民医院和市疾病预防控制中心迁建工程

2007年4月30日，市政协召开十二届四次主席会议，实地视察市第一人民医院和市疾病预防控制中心迁建工程项目建设现场，听取项目建设相关情况汇报，提出意见和建议：多渠道筹措建设资金，对护坡进行绿化处理，工程变更和追加资金要严格按程序办理，制订详细计划，加大工程进度，确保工程质量。

视察监督化工行业污染整治工作

2007年5月11日，市政协召开十二届五次主席会议，实地察看宏达橡塑化工厂和白沙化工厂，听取市环保局负责人有关全市化工行业污染整治工作汇报。建议宏达橡塑化工厂改善厂区“脏乱差”现象，加快建设事故应急处理设施和废气处理装置，规范危化品的贮存和使用。

视察监督市行政审批服务中心工作

2007年7月13日，市政协组织视察市行政审批服务中心，听取市行政审批服务中心负责人汇报，提出意见建议：积极稳妥推进中心工作的各项改革，以改革推进服务；建立规章，突出“一站式”服务；强化职能，探索协调机制；创新手段，建立反馈体制；深化研究公共资源管理和交易问题，在服务水平、交易范围、串标管理上有所突破。创造氛围，为中心扩面提速建网提供良好环境。

视察监督2007年全市十大工业项目建设

2007年11月23日，市政协召开十二届十二次主席会议，视察监督2007年全市十大工业项目建设，实地视察康师傅饮用水、远健药业、大明化工、雅鼎卫浴等十大工业项目施工现场，提出意见建议：在项目推进上，要强化时间意识，增强紧迫感；树立服务意识，加大协调力度，解决具体问题，形成工作合力；加快进度，加大督查力度，把任务分解落实到人，提高执行力；增强意识，加快平台建设，选好项目，培养企业人才。

视察监督创建国家卫生城市工作

2008年6月2日，市政协召开十二届二十一次主席会议，实地视察更楼农贸市场、茶山南路路口、洋富潭新村、洋溪农贸市场等地，听取市创卫办和相关部门的工作情况汇报，并针对城中村及城乡接合部环境整治、环卫设施建设和日常保洁，垃圾与粪便无害化处理、老城区管理工作反弹、居民毁绿种菜等问题提出意见建议。

视察监督2008年十大工业项目建设

2008年10月14日，市政协召开十二届二十六次主席会议，视察监督建德市2008年十大工业项目建设。实地视察马目—南峰高新技术园区、十大工业项目、旅游业发展、农业产业发展等重点项目、重点工程建设，提出意见和建议：进一步落实责任；加强协调，营造氛围；加强宣传，及时通报；提前谋划，加大十大工业项目推进力度。

视察监督2011年水利工程建设

2011年3月25日，市政协召开十二届六十八次主席会议暨水利工程建设视察专题会，对全市水利工程建设进行专项咨询监督，实地视察寿昌江更楼、汪家段治理工程及梅城大坝加固工程等水利建设项目，提出意见建议：一是正视不足，树立机遇意识。各乡镇（街道）和有关部门要进一步统一思想，提高认识，加大全市水利工程建设力度。二是突出重点，做好基础工作。重点做好钱塘江干堤—新安江、兰江防洪堤治理、小流域的治理、山塘水库的除险加固、农民饮用水安全等工程建设。三是完善机制，加大考核力度。明确责任的落实，完善运行机制，建立专项的考核激励机制。四是加强管理，合力推进工作。建立水利建设和管理体系，严格工程招投标和设计、建设质量管理，落实项目前期工作的资金保障。

视察监督2011年土地房屋征收工作

2011年5月25日，市政协召开十二届七十一次主席会议，实地视察中心城区改造和桥东区块开发项目，听取2011年度重大土地房屋征收项目进展情况的汇报，提出四点意见建议：一是坚定信心，乘势而上。二是营造氛围，形成声势。加大“百日攻坚行动”的宣传力度，征收项目区块内应拆除的公建设施要尽早拆除，形成良好的形象。三是严格政策，依法征收。公开和完善政策，依法强势推进。四是抓住重点，突破难点。以桥东区块开发和中心城区改造两个项目为重中之重，带动全市面上征收工作逐步推进。

视察监督实体经济资金保障及安全工作

2012年5月30日，市政协召开十三届六次主席会议，就全市实体经济资金保障及安全工作进行专项监督。听取市人民银行关于全市近期金融运行和金融创新服务情况的汇报和财政局关于市中小企业融资风险资金管理中心运作情况的汇报，并提出意见建议：

一是加强“信用建德”建设，维护良好的金融环境。加强诚信建设，严肃信贷行为；加强个案协调，减少连带风险；加强沟通协调，积极争取上级支持；净化融资市场，加大对高利贷行为的打击力度；采取有效措施，降低政府负债风险。二是强化政、银、企三方协作，保障实体经济健康运行。规范担保公司经营行为，真正发挥其银企桥梁与纽带作用；加强完善政府对担保公司的扶持政策，真正激发其主动性和积极性；对企业进行正确引导，支持企业自强自立。三是强化金融部门对实体经济的支持，注重保障存量、优化结构。四是加强信贷创新产品的运用和推广力度，提高资金运作效率。扩大农村住房贷款、各类证权抵押的覆盖面；推动直接融资。五是加强政府风险资金的管理，降低风险。

视察监督优化水产业发展环境

2012 年 9 月 28 日，市政协召开十三届十四次主席会议，就水产业发展规划落实情况开展专项监督。听取市发改局关于全市水产业发展规划落实情况的汇报，市政协调研小组作交流发言。提出意见建议。一是抓住资源优势，强化行政推动。提高对水产业为建德经济社会所做出的巨大带动作用的认识；加大对水产业的扶持力度，尽快制定水产业发展专项扶持政策；明确朱家埠、黄呑、新市、张家、杨村桥等区域为建德市水产业发展重点区域；完善和细化更楼区块产业发展规划。二是加大招商力度，推进集聚发展。加大对知名企业、规模企业、品牌企业的引进力度；突出服务重点，促进现有企业集聚发展；加强组织协调，积极争取项目。三是注重生态保护，优化发展环境。积极推进实施对千岛湖辖区内的水面以及新安江大坝下游区域的水源保护工作。加大农村面源污染的整治力度，完善水污染应急处置方案。改善水产业基地和外围区域的供水、供电、道路、污水处理、市政公建等基础设施建设。

视察监督重点水源水质保护工作

2013 年 6 月 28 日，市政协召开十三届二十八次主席会议暨重点水源水质保护专题视察，实地视察千岛湖建德水域网箱养殖、岭后区块排污情况及湖区周边在建工程（皇冠假日酒店），听取市住建局、市水利水产局、市环保局、市国土资源局关于全市重点水源水质保护情况汇报，听取农夫山泉有限公司关于水质变化造成 7 次停产以及目前雇船派人清理湖面垃圾、死鱼的情况汇报。提出意见建议：一是充分认识严峻形势，切实增强水源保护责任意识。二是建立健全工作机制，进一步规范和强化水源保护管理。围绕水源水质保护科学制定综合性保护与开发利用规划，严格库区项目环评审核，杜绝污染性项目进入湖区及其周边，加强宣传引导，提高企业、居民及游客环保意识。三是尽快出台整治方案，切实解决当前现实问题。全面禁止湖区网箱养殖，加强项目施工现场实时监督管理，加强与铁路部门的协调，切实杜绝岭后区域生产生活污水直排湖中现象，禁止湖区垂钓、游泳等。

视察监督“无违建市”创建工作

2014 年 8 月 25 日，市政协召开十三届四十七次主席会议，专题视察“无违建市”创建工作。

实地视察寿昌镇解放南路、南浦村、乌石村，大慈岩镇檀村村、双泉村“三改一拆”暨“无违建”创建情况，听取市“三改一拆”办、寿昌镇及大慈岩镇关于“无违建市”创建工作有关情况的汇报，提出意见建议：围绕目标，确保创建圆满完成；保障需求，合理审批及时到位；拆建结合，全面提升新农村建设成果；突出重点，着力塑造城市新形象；依法管理，强化制度严格执行。

视察监督“五水共治”重大项目推进工作

2014 年 9 月 15 日，市政协召开十三届四十八次主席会议，专题视察“五水共治”重大项目推进。实地视察城东污水处理厂二期工程、寿昌江汪家至更楼段、乌龙溪出口至郑山段治理工程、航头镇白岭坑自来水管网延伸二期工程 4 个项目建设情况，听取市“五水共治”办、环保局、水利局和城投公司有关情况汇报。提出意见建议。一是加强领导，确保形成工作合力。二是破解难题，切实保障项目无障碍施工。加大征拆工作力度；统筹谋划，避免出现“二次”迁移；打击阻工行为。三是强化监管，真正发挥项目投资绩效。加强建设监管，确保工程质量。加强日常监管，防止污染反弹。

视察监督新安江城区污水治理工作

2014 年 9 月 26 日，市政协召开十三届四十九次主席会议，对新安江城区污水治理工作进行专项视察监督。实地视察江村埠、电厂大桥、皇冠假日酒店和借山楼等区域的城市排污设施建设情况，听取市住建局、市城投公司等部门单位的汇报，提出意见建议：一是顺应形势，高度重视城区污染治理工作。二是突出重点，着力推动城区治污设施建设。高度关注岭后区块铜矿尾矿渗水处理问题。三是落实责任，切实加强城区排污专项整治。规范城区各种行业、城市居民的排水排污。四是强化保障，努力提高城市治污绩效。五是加强档案管理，城区基础设施建设的资料档案应归口住建部门，进行集中统一管理。

视察监督市二院、三院建设发展工作

2014 年 12 月 12 日，市政协召开市政协十三届五十二次主席会议，专题视察市二院、三院建设发展工作，实地视察市二院院区和市三院迁建项目工地，听取市卫计局和梅城镇、寿昌镇关于市二院、三院建设发展情况的汇报，提出意见建议。坚定决心，加大投入，以市二院、三院的改造和迁建为契机推进医疗均衡化发展。加快进度，保质保量推进项目建设；加强管理，全面提升市二院、三院的医疗水平。

视察监督城区污水处理设施建设工作

2015 年 8 月 27 日，市政协召开十三届六十七次主席会议，对城区污水处理设施建设进行专项视察监督。实地视察环城北路拱新路改建工程、白头坞雨污分流改造工程，听取市住建局、新安江街道办、市城投公司等部门单位的汇报。提出意见建议：一是抢抓机遇，高度重视城区污水处理设施建设。抓住契机，“水岸同治”，用三年时间实现区域排污、治污明显改善。二是狠抓落实，着力推动三年行动计划有效实施。科学设计，合理施工。加强项目前期调研，充分考虑后期维护管理；持之以恒，确保进度。强化监管，确保质量。三是完善保障，健全城区雨污设施长效管理机制。加大宣传和检查，严控地下车库、柴间、阳台改变使用功能。

视察监督校园食品安全工作

2016 年 4 月 22 日，市政协对校园食品安全工作进行专题视察。实地视察安仁中心学校、乾潭二小的学校食堂、饮水设施的安全情况，听取市教育局、市市场监管局、市卫计局关于全市校园食品安全工作情况的汇报，提出意见建议：一是提高认识。强化制度建设，完善用人制度、索证制度等。二是深化责任落实。认真落实校长责任制、厨师长责任制、进货验收责任制等责任管理体系。三是强化监督检查。发挥科技引领作用，强化责任部门职能，深化突击检查灵活应用，加强社会监督。

视察监督城市交通节点治堵工作

2016 年 12 月 2 日，市政协组织发改、财政、住建、交通、城管等部门单位，就城市交通节点治堵问题进行专题视察。实地视察建德大桥南端（江村埠）、新安江东入城口大转盘和新广场地下停车场，详细了解各交通节点的道路车流量、交叉口交通安全隐患、车辆分流规划、停车位利用等情况。听取相关部门汇报新安江城区交通治堵工作情况及重要交通节点的治堵方案和思路，提出意见建议：一是全面落实好交通治堵相关项目实施。重点防范 320 国道—新安东路—严州大道环岛、建德大道与白章线交叉口等两个重要交通节点的安全隐患。二是全面巩固成果，切实提高城市综合管理水平。

视察监督食品安全工作

2017 年 3 月 29 日，市政协召开十四届四次主席会议，对食品安全工作开展专项视察。实地视察汪家桥头豆制品加工作坊、建德浙农农副产品批发市场和市食品药品检验检测中心。听取市场监管局及市农业局相关情况汇报，提出建议和意见：强化认识，切实增强做好食品安全工作的责任感和使命感；突出重点，着眼于源头的严防、过程的严管和风险的严控，切实提高食品安全监管防控能力。加强领导落实责任，加强舆论宣传引导，提升社会共治水平，打好“创建”品牌，多管齐下，切实保障食品安全。

视察监督安全生产工作

2017 年 4 月 20 日，市政协对全市安全生产工作进行专题视察。实地视察青岛啤酒（杭州）

有限公司动力车间制冷岗位、国大阳光家居博览中心和浙江新安物流有限公司，以及企业液氨（重大危险源）安全管理、市场消防安全管理和危化品运输车辆 GPS 卫星定位系统安全管理。听取市安监局、交警大队、消防大队和市场监管局等单位有关安全生产工作情况汇报，提出意见和建议：一是要把握形势，进一步加强责任落实，严格落实行业主管部门直接监管责任、安全监管部门综合监管责任、乡镇（街道）属地监管责任和企业主体责任，切实把安全生产责任落实到具体岗位、具体人员。二是强化监管，扎实推进重点时段、重点行业、重点领域和重大项目安全生产专项整治工作，提高风险防控能力；三是完善工作体系，加大执法力度，加强隐患排查，强化应急处置，强化宣传引导，提高全社会安全生产意识，提升工作实效。

视察监督重大工业项目建设

2017 年 5 月 23 日，市政协召开十四届七次主席会议，对全市重大工业项目建设进行专题视察。实地视察立度织造、台扬金属制品、正发药业、健丰钙业、樱花木门、中电建新能源、铁凝汽车用品等重大工业项目建设现场，听取市经信局及相关单位关于重大工业项目建设情况汇报，提出意见建议：一是加强谋划，在推进支柱产业高端化、新兴产业发展规模化和优势产业集聚化上谋划好项目，提升重大项目在促进发展上的潜力。二是把握机遇，加强服务，加大征地拆迁力度，优化园区环境，淘汰落后产能，承接和下放一批审批事项，推进审批制度改革，统筹解决项目推进中的难点问题。三是强化领导，牢固树立“工业强市”战略定位，明确目标定位，加大督查考核力度，确保各个项目能落到实处。

视察监督省政协暗访反馈问题整改工作

2017 年 6 月 19 日，市政协城建交通组实地督查省政协暗访反馈问题整改工作。市“五水共治办”、市国土局、市环保局和杨村桥镇相关负责人参加督查。省政协于 4 月组织对杭州市“五水共治”工作进行暗访，发现的问题于 5 月 2 日统一向杭州市作了反馈，其中涉及建德的 1 处问题为建德市永安建筑材料厂泥浆水直排长宁溪杨村桥镇官路村段河道，导致河水浑浊。市“五水共治”办第一时间会同市环保局、杨村桥镇政府赴现场查看。经查，建德市永安建筑材料厂已于 2015 年 11 月停产，但厂区内设备未拆除，较为杂乱，现场未发现废水直排现象。导致溪水浑浊的主要原因是上游 2 千米处杨村桥镇黄盛村杨长公路一侧连续性山体塌方。督查组认为，长宁溪河水清澈，原永安建筑材料厂场地已经清理，但现场仍堆放部分废旧生产设备，视觉效果不佳；附近高速公路大桥下堆有大量偷倒的土石方，既存在安全隐患，又可能因雨水冲刷流入河道影响水质。督查组要求杨村桥镇政府抓紧与相关部门衔接，对原永安建筑材料厂场地及生产设备进行评估，理出清单，尽快清理；将桥下土石方推平绿化；同时，联系路政管理部门，安装视频监控，做好长效管理，杜绝偷倒现象。

视察监督城乡生活垃圾分类处理、农村生活污水处理设施运维工作

2018年4月，市政协开展“城乡生活垃圾分类处理”专项集体民主监督和“农村生活污水处理设施运维”专项调查活动，市政协成立由市政协领导带队的5个督查组。4月中旬召开动员会后，各督查组先后组织政协委员深入社区、村庄及项目现场，开展实地督察调查活动。

二、评议监督

评议监督是人民政协改革开放以来探索新形式的民主监督方法，在履行职能中逐渐成熟，取得了良好的社会效益。十届至十四届委员会积极探索评议监督，坚持“党政所需、群众所盼、政协所能”工作原则，精心选择课题，深入调查研究，广听百姓意见，召开评议监督会，提出促进工作的意见建议，会后跟踪整改落实情况，有始有终。其中“五水共治”民主评议监督被浙江省政协列入年度十大创新案例。

评议监督《中华人民共和国统计法》贯彻执行工作

1998年8月14日，市政协召开十届五次主席会议，评议监督《中华人民共和国统计法》（以下简称《统计法》）贯彻执行工作情况，听取市统计局关于全市《统计法》贯彻情况的通报，并就如何进一步宣传执行《统计法》进行协商讨论，提出意见和建议：提高对贯彻《统计法》重要意义的认识，增强统计执法的观念和意识，自觉维护统计数据的严肃性；加大《统计法》宣传力度，做到集中性的宣传与日常宣传相结合，并努力与正在进行的第三次普法教育相结合，以总结宣传正面典型为主与对少数违反《统计法》的单位、个人弄虚作假行为适当的曝光相结合；努力提高各级领导统计执法水平；重视加强统计队伍自身建设。

民主评议中国优秀旅游城市创建工作

2001年，市政协组织开展一次历时4个月的“创建中国优秀旅游城市”（以下简称“创优”）民主评议活动。

6月22日，召开十届三十三次主席会议，讨论并正式形成开展“创优”民主评议活动《实施方案》。抽调13个委组的政协委员、委组成员，部分民主党派成员和机关干部，共160余人，组成6个评议组和1个评议结果汇总组，6个评议组分别由正副主席牵头，委组长担任正副组长，政协机关抽出6名工作人员负责联络；在评议内容上，按照优秀旅游城市的检查标准的20项内容，选取15个方面的内容，分解到6个评议组，作为各评议组评议内容；先请各评议组听取市政府面上情况通报，再组织明察暗访，形成书面评议材料；同时深入全市110多个基层单位，向1200多名市民和游客发放问卷调查表，并通过明察暗访、座谈等形式，收到意见和建议890多条。

8月21日，在市政协召开由旅游、建设、文化等领域20多个创建单位参加的“创优”民主评议情况反馈会，评议组向职能部门反馈评议结果，提出整改意见和建议；市政府召开会议，部署整改工作。其间各评议组积极开展整改督查活动。

10月30日，召开“创优”民主评议总结会议。市政府就民主评议中的整改意见，分旅游业的科学定位、总体规划、体制改革、景区建设、宣传促销、行业管理及城市建设7个方面作了通报。委员们就此提出意见建议：

一是旅游改革与决策方面：对整个国民经济作战略调整；逐步缩小并转移污染环境的行业，加快发展水资源和风景资源的保护和开发产业；景区开发要做好向江上发展的战略转移，把沿江景点贯穿起来；打响新安江牌，改变旅游节官办模式。二是城建和环保卫生方面：建立综合性的城市执法队伍，改变政出多门的混乱现象；建设沿江景点；在108米高程处建设与千岛湖水面平行的街道，使千岛湖真正成为建德的西湖；东站和南站要往外延伸，建立在320国道线旁；重视旅游卫生工作，加强旅游文化卫生监管力度和新安江水资源的保护。三是景区保护和开发方面：重视景区文化内涵建设。灵栖洞要争取建成中国最完美的喀斯特地质博物馆；大慈岩应该明确并突出宗教文化主题，运用石窟、石刻、雕塑和壁画等艺术形式表达地藏王佛教文化的内容，使之成为第二个九华山；梅城要总体保护、局部开发，建立“严州历史博物馆”；乌龙山、三江口、严东关开发要提上议事日程；加快东铜官景区保护和开发进程，建设具有山越文化和铜文化特色的风景区；加强三江流域沿江绿化和生态保护；优先发展疗养、度假和养老新业态，寻找新的经济增长点。四是旅游交通方面：市府办出面协调，旅游和交通部门合作，解决迄今为止新安江城区尚无一条通往各主要景区的旅游交通专线短板，改善新安江火车站陈旧落后面貌。五是旅游宣传促销方面：加大杭新、沪杭公路和沪、宁、杭等主要客源市场地的宣传力度、旅游宣传促销要合力作战。六是旅游商品开发方面：出台相关政策，鼓励和保护旅游商品开发和销售，建立综合性旅游商品城。七是旅游服务方面：建设文体娱乐城；加强对导游及旅游从业人员的培训，提高从业人员业务水平和职业道德；建立旅游安全、医疗救助服务网点。八是关于市民素质方面：大力提高市民素质。有关部门对市民的自娱自乐活动应予支持。

民主评议市行政审批中心运作情况

自2002年3月开始，市政协结合全市开展的“转变作风年”和评选“满意不满意单位”两个活动，发动政协委员和社会各界有关人士，以问卷、走访、座谈、视察等形式，对建立不久的市行政审批中心运作情况，广泛进行评议。本次活动共向申办单位（企业）和个人分发调查问卷表200份，走访单位（企业）18家，召开座谈会9次，收集各方面意见建议30多条。6月17日，召开专题通报会，通报对市行政审批中心运作情况的意见和反映，有针对性地提出意见建议：加强服务窗口和项目，建立全程代理制，继续完善规章制度，强化激励机制，进一步规范收费行为等。

评议监督计划生育工作

2003年4月29日，市政协召开十一届三次主席会议暨“计划生育工作”专题议政会，就“当前农村计划生育工作存在问题及对策”“增强意识、真抓实干、切实加强和改进乡镇（街道）计划生育管理工作”“乾潭镇计划生育工作现状及对策”“群策群力抓好计划生育工作”“寿昌地区计划生育工作现状及对策”“正视困难，求真务实，努力开创大同地区计划生育工作新局面”“洋溪、莲花地区计划生育工作专题调研报告”7个专题开展评议，提出意见建议：

一是提高认识，切实加强计生工作领导。二是齐抓共管，确保全市计生率达标。做好清理与查验计生证明同步、清理与开展“三查”孕检访视同步、清理与落实“四术”同步、清理与开展生殖健康服务同步、清理与做好非法婚姻补登同步。三是抓好源头，着重做好基础性工作。建立和完善经常性工作机制；推进计划生育村（居）民自治，把人口与计划生育工作纳入全市乡镇工作和社区建设的重要内容；加强计生队伍建设；建立重点乡镇结对联系帮扶制度；努力强化计生指导站软硬件建设。四是依法管理，确保计生法规落实到位，加强对广大群众的宣传教育，加大社会抚养费征收力度，注重对新情况、新问题的研究，分析原因，查漏补缺。

评议监督农村税费改革工作

2003年5月27日，市政协召开十一届二次常委会议，评议监督农村税费改革工作。听取市农村税费改革领导小组有关农村税费改革的情况通报。对《建德市2002年农村税费改革工作情况》进行协商讨论，提出意见建议：一是大力宣传改革内容，促进农村产业结构调整。二是狠抓增收节支，确保税费改革顺利进行。强化预算外资金管理和监督力度；认真落实各项节支措施；建立健全财务管理制度，加强财务监督。三是建立监督管理机制，防止农民负担反弹。开展专项治理，重点抓好农村中小学乱收费、报刊摊派、农村用水用电乱收费等专项治理工作；普遍推行农业税收和涉农价格收费“公示制”，采取列举法和排除法向社会公示，接受农民和社会监督；规范村级“一事一议”筹资筹劳制度，加强村级财务管理，实行财务公开；执行党政领导责任制和部门责任制。四是积极探索有效办法，妥善处理乡村不良债务。

评议监督创建“平安建德”工作

2004年5月13日，市政协十一届八次常委会议专题听取市政法委、法院、检察院、公安局、司法局关于创建“平安建德”的情况通报。提出五点意见建议：一是进一步提高对创建“平安建德”的认识，必须创建“平安建德”。二是不断强化政法工作为经济建设服务的理念。处理好打击与保护、严管与放开、严格执法与支持经济建设、局部利益与全局利益等关系。三是始终保持对刑事犯罪的高压态势。四是在抓基层上下功夫，为创建“平安建德”夯实基础。坚持打防结合、预防为主，做好矛盾纠纷排查调处，切实加强基层基础工作。五是努力构筑创建“平安建德”环境。形成合力，舍得投入，加大考核力度，完善保障机制，加强政法队伍和政法机关自身建设。

评议监督社区建设

2004 年 10 月 12 日，市政协召开社区建设专题民主评议会。听取市政协新安江一组、新安江二组、社会事业组、梅城联络一组、寿昌联络组 5 个调研组对全市 22 个社区工作情况的调研报告，提出意见建议：一是提高对社区工作重要性的认识。二是加强社区民主自治建设。理清社区责权利关系，理清政府部门、街道（镇）与社区的关系，理清社区事权关系。三是增加社区自身造血功能。给予社区优惠政策，鼓励社区积极创业创收。四是培育高素质的社区工作者队伍。不断充实社区工作者队伍，强化社区工作者队伍素质，关心社区工作者的工作生活。

评议监督缓解“看病难”“看病贵”工作

2005 年 10 月 24 日，市政协召开“看病难”“看病贵”问政会。听取市卫生局负责人关于解决“看病难”“看病贵”问题有关情况汇报，市政府及其有关职能部门，对委员提出的问题给予解答，提出缓解“看病难”“看病贵”的对策措施。会议提出意见建议：重视支持医疗卫生事业，努力缓解“看病难”“看病贵”问题；加大医疗卫生基础设施投入，提高医务人员生活保障；相关职能部门要履行好自身职责；全社会要更新观念，与时俱进，用新的眼光看医疗卫生事业；各大医院要提高管理水平和医疗水平。

评议监督城区交通建设和管理

2005 年 10 月 31 日，市政协召开“城区交通建设和管理”问政会。会议就“新安江城区停车难问题”“公交管理体制问题”“公交出租行业收费和打击黑车特别是‘摩的’问题”“公交线路问题”“社区停车问题”“部门单位公车停放问题”“公交道路建设问题”“单行道设置和管理问题”“公交车车体广告问题”等，邀请市公安局、交通局、建设局、城管办等相关职能部门领导及交警大队、公管所、长运公司负责人对应作出现场解答。提出意见建议：

一是加强管理，进一步完善公车入库停放制度。二是科学规划，保障城市道路的交通通行功能。拆除部分绿化带、住宅楼围墙和违章建筑，增加停车泊位；运用价格杠杆调整停车收费；继续加大对已有停车场所占用情况的清理整顿力度，恢复停车功能；对全市规划新建的住宅小区、办公楼、商业场所等各类建筑物的停车泊位配置进行强制性规定；加强对城区车辆停放及城市道路路边停车管理，盘活新安江有限的城市道路资源。三是长效管理，组织交管、运政、城管和工商等部门联合加大对非法营运的黑车和“摩的”打击力度；进一步规范出租车营运行为，严禁有意或变相抬价乱收费。四是以人为本，构建和谐交通建设和管理环境。改革城市管理体制，实行集中统一管理；优化城市公交线路、站点和站牌等设置；加大工作力度，完成城市道路既定工程。

评议监督市交通局提案办理工作

2008年10月22日，市政协召开十二届二十七次主席会议，对市交通局提案办理工作开展民主评议，这是市政协首次采用民主评议形式履行政协民主监督的职能。经听取市交通局关于2008年提案办理工作的汇报，确认市交通局在承办提案过程中，领导重视，注重落实，注重与委员沟通，注重工作重点。委员们对提案办理工作评议为满意，并提出具体要求。

评议监督市国资公司运营

2010年5月31日，市政协召开十二届四十八次主席会议，听取市国资公司运营情况汇报。会议对下一步运营提出意见和建议：一是完善市国资公司体制和机制，明确公司职能，根据不同的资本性质、投资方向和营利目的，建立不同的运作体制和内部管理机制。二是树立区域发展观念，加大国有资产，尤其是资源性资产整合力度，加快做地功能，加强对乡镇指导，尤其是对平台建设的支持与指导。三是树立可持续发展观念，融资平台要实现长久、持续转动，市场竞争性项目要有所选择，资源整合要使效益最大化。四是处理好经营与行政、经营与增值、国有投资与民营投资、经营与人才四个方面的关系。

评议监督2010年珍贵树种示范市创建工作

2010年6月12日，市政协召开十二届四十九次主席会议，对全市“珍贵树种示范市创建”工作开展民主监督。听取市林业局、市农办、市交通局、市建设局、市财政局等有关部门关于珍贵树种示范市创建工作情况的汇报。提出意见建议：一是明确目的，以创建带动产业发展。坚决按照珍贵树种三年行动计划的总体要求，把创建工作作为推动林业产业发展和生态文明重要抓手来抓；通过创建工作提升生态环境。二是因地制宜，注重创建成效。珍贵树种示范市创建工作要与建德山水旅游城市、林业大市的基本情况相符合，注重树种选择与旅游名城建设相结合、珍贵树种园区建设和城镇绿化结合、品牌创建和产业发展相结合、产业发展和山地流转相结合、苗木种植与散播相结合。三是加大宣传，提高群众认识。创新形式，加强珍贵树种科普知识宣传；组织开展具有地方特色，符合建德自然条件的“市树”“市花”评选活动。四是立足长远，坚持常抓不懈。抓好珍贵树种的日常维护，促进珍贵树种规模化、产业化发展。

评议监督2010年建德市旅游产业提升工作

2010年6月22日，市政协召开第十二届五十次主席会议，对建德旅游产业提升工作开展评议监督。听取市旅游局、市国资公司关于旅游产业提升工作情况的汇报。提出意见建议：一是准确定位，科学制定旅游产业“十二五”发展规划。明确产业定位，确定发展重点，与其他产业互补互利。二是发挥优势，打造建德旅游新亮点。整合寿昌温泉、通用机场等项目，发展度假休闲、空中游览等新兴旅游产业；结合新安江城防工程建设，抓紧开展沿江休闲产业带建设工作；深入挖掘建德历史文化资源；打造佛教文化体验区。三是夯实基础，提高景点可进入性。加强、加快旅游集散中心、旅游景点、旅游宾馆建设。四是整合政策，提升旅游促销水平。引导企业降低住宿价格，增加游客流量，加强对旅行社的培育和管理，整合部门资源，打响“中国第一水电城”品牌。

评议监督“平安建德”工作

2010 年 7 月 2 日，市政协召开“平安建德”民主评议会，听取市公安局工作情况通报。提出意见建议：加大治安硬件设施投入；增强重点领域监控力度；研究加强服务发展的新办法；加强干警队伍建设，提高“从优待警”含金量；加大公安工作宣传力度；加强对维稳属地管理的指导；加强社区社会管理；完善社会治安防控网络体系。

评议监督加快农村住房改造推进宅基地整理

2010 年 9 月 15 日，市政协召开十二届五十七次主席会议暨“加快农村住房改造推进宅基地整理”民主议政会。实地视察大同镇永胜村、江头村农村住房改造进度。在听取市农办汇报全市农村住房改造工作情况及大同镇、大洋镇、乾潭镇、梅城镇、三都镇的交流发言后，提出意见建议：明确指导思想；优化规划，并做好规划衔接；整合实施举措，深化政策研究，加强政策宣传和配合协调；加强农民培训，提高农民能力素质；研究政策可持续性，关键是富民产业发展与农村住房改造协调发展问题。

评议监督 2011 年“为民办实事”提升工程

2011 年 11 月 25 日，市政协召开十二届七十七次主席会议暨政府“为民办实事”落实情况民主评议会，对政府 2011 年实施的“新居安民、就业富民、交通便民”民生提升工程完成情况进行专项民主评议。在听取市农办、劳动保障局、建设局、城管局、国资公司等部门的情况介绍，及各民主监督小组就专项监督调研报告的交流后，提出意见建议：一是“新居安民”提升工程实施情况：加强建设资金保障；探索保障房建设的科学性，严格控制廉租房户型建筑面积，提高城镇困难家庭租房租金补贴标准，同步规划人才楼，对农村“五保户”，由村里集中统建住房，集中救助；建立和完善廉租房廉租房退出机制；加强农村困难群众建房质量安全监管。二是“就业富民”提升工程实施情况：加强工作宣传力度；注重技工型实用人才培养；增强培训针对性，提高培训质量。三是“交通便民”提升工程实施情况：完善专项规划，加强车位拓建和挖潜；加快路网建设，促进主城区交通循环；强化队伍建设，完善管理机制；探索错峰限行，倡导低碳出行；加大主城区免费自行车设置力度，尝试出台鼓励乘坐公交车政策。

评议监督现代农业园区建设情况

2012 年 9 月 19 日，市政协召开十三届十二次主席会议，对现代农业园区建设情况进行咨询督查。实地视察市倚天农业发展有限公司、市欣林林木种苗服务中心，听取市农办、市农业局、市林业局、市水利水产局负责人关于全市现代农业园区建设情况的汇报。提出意见建议：一是提高认识，加强引导，推动现代农业可持续发展。二是把握趋势，突出优势，推进现代农业园区特色化发展。努力做好深加工、创品牌、绿色有机的文章。三是重视龙头带动，强化创新驱动，提升农产品市场竞争力。四是要完善保障机制，健全服务体系，增强园区建设支撑作用。做好规划和产业布局，完善农业社会化服务体系，完善农产品市场体系，加大投入力度，发挥现代农业园区支撑作用。

评议监督行政审批制度改革

2013 年 10 月 15 日，市政协召开十三届三十一次主席会议，评议监督市行政审批制度改革工作。听取市行政审批服务中心关于市行政审批制度改革工作汇报。提出意见和建议：提高认识，高度重视审改工作。加大力度，提高审批效率，努力达到“窗口审批事项集中率和授权率达到90%以上”的上级硬性指标。转变观念，增强服务理念。逐步实现“管理监督”向“服务”的观念转变，满足社会和群众的需求；选派业务能力强、服务态度好的人员进驻中心，塑造服务型政府新形象。

评议监督工业扶持政策绩效工作

自 2015 年 5 月开始，根据 2015 年《市政协常委会民主评议工业扶持政策绩效工作实施方案》，市政协常委会组成 5 个评议监督小组，对市发改局、经信局、科技局、市场监管局、旅商局 5 个部门的工业扶持政策绩效情况，开展监督评议前的调查。就相关政策实施产生的经济、社会和生态效益等方面，走访企业 30 余家，召开座谈会 20 余次，形成调研成果。通过常委会议现场评议，提出 18 个方面的意见建议。

10 月 23 日，市政协召开十三届二十一次常委会，专题就上述部门牵头执行工业扶持政策绩效情况进行民主评议。市发改局等 5 个部门汇报 2012—2014 年工业扶持政策执行情况，市政协监督评议小组报告调查情况，与会政协常委对各部门工业扶持政策绩效进行现场测评。形成评议调查报告，提出意见建议：一是市发改局工业扶持政绩效情况：确立绩效意识，强化扶持资金跟踪管理；加强政策研究，加快推进政策整合；加强项目储备。二是市经信局工业扶持政策绩效情况：规范扶持条件；突出扶持导向；强化融资担保；加大财政投入；改进扶持方式。三是市科技局工业扶持政策绩效情况：优化科技发展氛围，强化平台建设；完善扶持政策；改进管理措施，提升扶持效益。四是市市场监管局工业扶持政策绩效情况：强化政策执行刚性；优化完善扶持政策；加强政策宣传指导。五是市旅游商务局工业扶持政绩效情况：加强扶持政策全面性，提高扶持依据科学性，注重扶持资金时效性，坚持扶持项目针对性，增强扶持方式创新性。

常委会专题化、多层次、全方位的民主评议监督履职实践，入选省政协 2015 年十大创新案例。

评议监督民生保障工作

2016 年 10 月 14 日，市政协召开十三届二十九次常委会，专题就市卫计局、市教育局、市民政局、市交通局牵头实施民生保障工作情况进行民主评议。会议听取 4 个局相关情况汇报和 4 个监督评议小组的监督调查报告。对相关各部门工作开展情况进行现场测评。所有评议监督发言经汇总整理，形成书面建议，于 10 月 27 日以《民主评议“民生保障工作”建议案》，提出意见建议：一是市教育局民生保障工作：积极配合，全面推进教育项目建设；多措并举，提高校园食品安全保障；合理配置，促进教育资源均衡发展。二是市民政局民生保障工作：坚持依法行政，提升社会救助保障能力；坚持多元发展，强化养老服务体系建设；坚持多措并举，深入推进殡葬管理改革；坚持统筹协作，完善工作机制，强化政策扶持。三是市交通运输局民生保障工作：持续抓好重大交通项目建设，加快建设主城区交通基础设施；全面提升公共交通服务水平，着力推进城乡公交一体化建设。四是市卫计局民生保障工作：加强卫计人才队伍建设，建立完善的基本卫生服务体系，统筹使用公共检测资源。

此次民生保障建议受到政府和相关部门重视，一批建议被采纳实施。如 65 岁老年人交通优惠政策措施，安装公交车电子系统，更新老年证，使老年人通过刷“证”享受优惠；城乡公交一体化改革、农村客运一体化改造等。

评议监督“民生保障工作”整改落实工作

2018 年，市政协根据《市政协常委会民主评议民生保障工作“回头看”实施方案》，自 5 月始，市政协常委会派出 4 个监督评议小组对市交通运输局、民政局、教育局、卫计局等 4 个部门落实市政协 2016 年民生保障工作评议意见情况开展“回头看”监督调查，开展视察调研 20 多次，提出评议意见 40 多条。形成《民主监督建议书》，报送市委、市政府和相关部门。

10 月 19 日，市政协主持召开十四届十一次常委会，专题就部门的整改落实情况进行民主评议。在听取该 4 个部门民生保障工作整改落实情况汇报及市政协 4 个监督评议小组的调查情况报告后，与会政协常委对部门的整改落实情况进行现场测评。

三、特邀监督

特邀监督是政协与纪委、监察局对聘请部门（单位）加强社会监督的一种有效形式，目的是加强廉政建设，健全完善监督机制，提高服务水平和工作效率。特邀监督员，是指政协委员受政协组织的推荐，自愿接受聘请单位聘请，担任特邀监察员、特约检察员、人民陪审员、教育督导员、党风廉政监督员、机关效能监督员、行风评议员等的统称。特邀监督是人民政协履行民主监督职能的重要形式，是党和政府以及司法机关加强同人民群众联系、自觉接受批评和建议的重要渠道。

2001 年，市政协履行民主监督职能内容广泛、形式多样，体现和贯穿于政协的各项工作之中，30 多名委员被有关职能部门聘任为特邀监察员、审计员、督导员、行风监督员，直接参与各类检查活动，实施有效的民主监督。

2002 年，有 30 多名政协委员，被有关职能部门聘任为特邀监察员、审计员、督导员、行风监督员，直接参与各类检查评比，为促进全市各级各部门的行风建设作出贡献。另外，对农村税费改革、非典疫情防治和创建省级文明城市等，提出民主监督意见。组织或委派委员，参与全市各行业行风监督活动，积极参与城建、教育、财税、工商、交通、供电、环保、卫生等部门（单位）的行风检查和其他特邀监督活动。

2010 年，市政协制定《关于统一选派政协委员担任民主监督员工作的实施意见》，进一步明确监督的对象、内容、形式和要求，做到被邀监督与派出监督结合，个人监督与集体监督结合，监督对象从单一的经济管理部门扩大到社会事业部门，从对部门单项工作的监督扩大到对部门整体工作的监督。10 月 26 日，市政协、市纪委、市监察局联合组织召开统一选派政协委员担任民主监督员会议。叶鹃等 21 位政协委员被聘请为民主监督员，市经发局、市教育局、市建设局、市农业局、市旅商局、杭州市工商局建德分局、马目—南峰高新技术产业园建设指挥部被列为首批被监督单位。

2013 年 5 月 29 日，市政协、市纪委召开专题会议，部署 2013 年统一选派政协委员担任民主监督员工作。结合市纪委监察部门“公述民评”工作，市政协、市纪委决定选派 18 名市政协委员担任市科技局、市民政局、市财政局、市人力社保局、市商务局、市城管局民主监督员，分为 6 个民主监督小组，分别对 6 个部门开展民主监督工作，监督内容包括：派驻部门（单位）贯彻国家有关法律、法规及规章情况；落实党委、政府制定的各项政策和决策部署情况；部门年度重点工作推进和民生热点难点问题解决情况；规范行政行为、转变工作作风、兑现社会承诺和提高工作效率情况；部门工作人员履行岗位职责、勤政廉政情况；办理落实市政协建议案、提案、社情民意等情况等。

2014 年 1 月 7 日，市政协、市纪委召开联合选派民主监督员工作会议。会议听取各民主监督小组 2013 年度工作开展情况汇报，以及各派驻单位就本部门采纳落实民主监督建议情况的介绍。会议对深化联合选派民主监督员工作提出：完善建议、强化运用，认真办理、主动作为，监督跟进、促成实效，总结经验、深化完善整个监督机制等意见建议。

四、联动监督

联动监督，一是指省、市、县三级政协委员联动参加有关本地经济和社会发展重大影响的视察监督活动；二是指根据浙江省政协部署，针对全省范围经济建设和社会发展专项活动进行省市县三级政协上下联动监督，从而取得整体性成效，促进经济和社会发展。

联动监督中小学校教育收费

2003年9月，市政协根据上级关于教育乱收费治理工作要求，专门印发政协建德市委员会《关于对中小学校教育收费情况进行民主监督的实施方案》，组织政协法治组等5个专业组和8个政协联络组的相关成员就2003年秋季教育收费情况进行民主监督，走访全市初中、小学30多所，对学校教育收费情况进行检查，走访学生家长110余人次，邀请200多名学生代表和家长座谈，广泛收集情况，形成调研材料。

10月10日，市政协召开"中小学校教育收费"民主监督汇报会。会议针对教育收费票据填写不够规范，饮水费、柴火费收取不合理，向学生借款未出具凭据，"就近入学"政策贯彻不到位、学校以资金不足为由搭车收费、在捐资助学款及赞助费等项目上乱开口子等问题和教育工作的实际困难，提出意见建议：

一是提高认识，切实加强政府管理。教育行政主管部门、学校领导要切实加强对教育收费的监督查处力度，对违规收费的学校要追究责任。二是增加义务教育经费投入并加强管理和监督。加大对农村义务教育经费的投入，加大对薄弱学校的建设力度，加强教育资金的管理和监督，确保中小学教师工资及时足额发放，确保教师队伍稳定。三是积极推行校务公开制度和教育收费公示制度。学校要将收费项目、收费标准、收费用途等事项向社会和学生家长公开，接受群众监督，落实学校收费管理领导责任制和责任追究制度。四是加大宣传，增强收费透明度。教育行政主管部门要充分利用新闻媒介扩大宣传，使群众了解国家收费的政策和收费标准，做到宣传教育在前，防范在先。

联动监督新安路综合管线改建工程

2004年6月3日，市政协组织在建省、杭州市政协委员和部分市政协委员就新安路综合管线改建工程开展视察活动。针对困难和问题，委员们就如何确保工程在7月底保质保量全面完成，提出意见建议：一是要进一步统一认识，加强对项目的领导。明确时间要求，做好组织、任务、责任、措施"四到位"，加快工程进度，重视施工安全。二是要进一步加强部门协调，牢固树立质量第一观念。对沿街杆线，要督促供电、广电、电信等部门尽早计划，与道路改建同步完工。三是要保证道路改造资金及时到位，真正把好事办好。四是要加大宣传力度，争取广大市民的鼎力相助。

联动监督2011年违章建筑查处工作

2011年7月7日，市政协、市纪委（监察局）、市效能办联合召开违章建筑查处情况专项民主监督会，对全市违章建筑查处情况进行专项民主监督。市拆违办汇报全市违章建筑防控和查处情况，市政协、市纪委（监察局）联合调研组就该项民主监督调研情况作专题发言。提出意见建议：一是加强组织领导，落实执法保障。进一步统一思想，提高认识；依法赋予市拆违办在全市违章建筑防控工作中统一协调、统一组织、统一指挥的权力；强化市拆违办执法力量、装备和经费等方面保障；从政府土地出让收入和土地罚没款中提取一定比例，专项用于违章建筑查处与防控。二是完善工作机制，强化效能问责。建立部门联席会议制度，建立动态巡查预防机制，强化目标责任制考核，完善责任追究制度。三是规范规划管理，优化审批程序。完备规划管理的法律手续，建立和落实“一年早知道”工作机制，进一步简化建房审批手续。四是加大宣传报道，营造高压态势。加大宣传力度，加强对施工单位的管理，强势推进，营造氛围。

联动监督“五水共治”专项工作

2014年，建德市政协贯彻落实省委、省政府“推进‘五水共治’、突出治涝治污”思路和策略，实施省“治污水、防洪水、排涝水、保供水、抓节水”（以下简称“五水共治”）重大决策部署，明确战略目标。组织开展民主评议监督，针对农办、住建、农业、水利水产、卫计、环保6个部门的“五水共治”专项工作，成立6个评议监督小组，深入开展调研视察活动。全体政协常委会组成人员及在建德的省、杭州市政协委员参加调研视察活动，其中27名常委、副主席直接参加评议小组，12名常委由政协领导带队，集中3天分头视察6个部门“五水共治”工作。通过座谈、视察、现场评议等环节，形成《民主监督建议书》，提出意见建议：

一是市农办“五水共治”专项工作：加强宣传造氛围；完善制度重长效，强化项目保质量，突出重点抓示范。二是市住建局“五水共治”专项工作：加快推进项目建设，强化规划引领作用，落实“三年行动方案”，重点解决雨污分流、主城区依然存在雨污混接、重点区域的截污纳管等问题，加大专项整治力度，完善长效管理机制。三是市农业局“五水共治”专项工作：进一步推进畜禽养殖综合整治，确保年度任务完成；落实规划，推进养殖升级和产业转型；加强服务指导，推进排泄物资源化利用；加强协调，做好日常监管和执法工作。四是对市水利水产局“五水共治”专项工作：注重统筹协调，推动水利项目建设；强化指导协作，严格项目建设管理；加强机制建设，提高建管工作水平；主动反映困难，争取各方面更大支持。五是市卫生局“五水共治”专项工作：统筹协调，加快推进工作；加强督查，保证工程质量；总结经验，确保工作实效。六是市环保局“五水共治”专项工作：水中岸上兼顾，切实推进“河长制”长效管理；整治提升同举，充分发挥综合协调能力；控新监管并重，全力保障群众水环境权益。

2015年7月16日，市政协召开十三届六十五次主席会议暨“五水共治”民主评议建议落实咨询监督。会议听取市农办、住建、农业、水利水产、卫计和环保6个评议部门采纳落实市政协常委会2014年度“五水共治”专项民主评议建议的情况汇报、市“五水共治”办关于全市2015年度“五水共治”工作情况介绍，以及市政协6个民主监督小组跟踪调查情况汇报。提出意见建议：标本兼治，长短结合，争取“达标保鼎争先，继续走在省市前列”总目标；量质并举，建管并重，努力提高项目质量；奖惩并重，严格考核，提升依法行政水平。

市政协民主评议监督“五水共治”活动，受到省政协肯定。2015年3月20日，市政协主席吴铁民在全省“五水共治”专项民主监督电视电话会议建德分会场作典型发言。建德市政协发挥职能优势助推“五水共治”工作得到省政协副主席王建满的肯定批示，认为建德的民主监督工作发力精准、效果明显，值得总结和巩固。是年10月28日，省政协主席乔传秀在建德调研座谈会上，以“五水共治”为例，充分肯定建德市政协工作，在杭州市政协的指导下，在建德市委、市政府的领导和支持下，工作有地位、有作为，在充分发挥政治协商职能、界别功能作用、委员优势特长、有效服务大局等方面，勇于探索、创新、实践，积累富有特色的经验和做法，值得很好地总结和学习。民主评议监督工作做得深、做得实；两级领衔、三级协商、四级评价的提案工作机制有新意；贯彻杭州市政协“西湖蓝”系列主题活动，结合建德实际围绕“五水共治”监督工作深入扎实，富有成效。

联动监督推进城乡区域统筹再发展

2015年9月10日，杭州市政协调研城乡区域统筹工作座谈会暨建德市政协城乡区域统筹工作专题会议召开，就建德几年来城乡区域统筹工作以及下一步如何持续推进该项工作进行专题议政。与会人员实地视察乾潭镇幸福村、“三江两岸”绿道梅城至乾潭段、梅城古城保护、“双江”旅游休闲特色街等城乡区域统筹项目，并听取建德城乡区域统筹工作情况汇报。市级机关相关单位，部分乡镇、村负责人就下一步如何推进城乡区域统筹工作提出深化城乡统筹、推进一体化发展，优化产业结构、谋求全域发展，扶持农村产业、促进农民增收等意见建议。

联动监督“两路两侧”“四边三化”工作

2015年上半年，省政协组织开展“两路两侧”“四边三化”工作专项集体民主监督，曝光建德问题点位50个，同时本市还排查出其他大量新问题点位。8月17日，市政协就建德东线部分乡镇（街道）的“两路两侧”“四边三化”工作进行专题视察。视察组，现场察看了新安江街道的市同富汽车修配厂，洋溪街道的小洋坞口轮胎修理厂、涂料厂（未经环保审批）、友谊村墓碑制作厂和青龙头社区餐饮排档、临时烧烤棚、菜市场，杨村桥镇梓溪村委办公楼后临时建筑拆后垃圾未彻底清理现场，以及乾潭镇牌楼村水泥砖作坊整改情况。视察组召开座谈会，提出意见建议：一是加大力度推进“两路两侧”“四边三化”整治工作。推动指定任务按时间节点圆满完成；拓展范围，提升整个区域整治水平。二是把开展“两路两侧”“四边三化”专项监督活动，作为下半年的民主监督工作重点来抓。加强组织协调，根据联系委组分工安排，做好工作指导和检查工作。三是突出监督重点，强化动态巡查，尤其是国道、省道、通景区道路沿线及集镇、村主干道等两侧可视范围内脏乱差问题排查，督促问题整改。四是注重“两路两侧”“四边三化”专项民主监督与“五水共治”长效机制建设三级政协联动监督、“西湖蓝委员行”及年度履职活动安排等工作的结合，精心组织实施，确保监督实效。

2016年6月3日，杭州市政协主席叶明到建德调研“两路两侧”“四边三化”等环境整治提升工作，高度肯定建德的工作。他指出：建德所做的工作，遵循中央确立的科学发展观，是科学发展观在建德的落实、落小、落细，是“五大发展理念”在建德的生动实践。建德始终以先进的理念来引领工作，从发展战略的高度来认识和推进“两路两侧”“四边三化”等环境整治工作，自查短板、自觉推进，以长远的眼光、一流的标准和“功成不必在我”的境界来推进这项工作，为建德长远发展打基础。在环境整治提升上，建德始终坚持实干至上、行动至上，各级干部精神饱满、充满激情，体现出强烈的担当精神和责任意识，值得高度肯定。

联动监督开展“五水共治”民主监督“万千行”活动

“五水共治”民主监督“万千行”活动是2016年全省政协“五水共治”民主监督的重要活动载体。根据省政协要求，省、市、县三级政协主席会议成员带领千个小组、万名委员，到所属地江河、村庄、企业以及“两路两侧”问题点位，助推“完善和落实‘五水共治’长效机制”的落实。

2016年3月22日，市政协积极响应省、杭州市政协号召，开展“五水共治”民主监督“万千行”活动，联合市五水共治办赴各乡镇（街道）辖区河道、村和企业开展明察暗访。市政协将此次活动分为5个督查组，分片对全市“五水共治”工作进行督查。

督查组要求：助推长效机制落到实处，巩固“五水共治”工作成果，加强主体责任有效落实；加强污水处理设施维护，对受损设施要及时维修更换，避免发生环境污染事故；加强监管监测，确保水质达标排放；充分发挥市政协各委（组）、委员的作用，为开展“五水共治”民主监督“万千行”活动建言献策。

联动督查“两路两侧”“四边三化”整治工作

2016年7月1日，市政协督查乾潭镇、杨村桥镇、下涯镇和洋溪街道“两路两侧”“四边三化”综合整治进展情况。

督查组现场督查杭新景高速乾潭镇安仁互通出口裸露山体整治、施家高速桥下利用亮点打造、320国道路边广告整治、杨村桥镇杨梅公路路口轮胎汽修点整治、王谢村高速桥下利用亮点打造，下涯镇外西湖畈砂石堆场“脏乱差”整治，以及洋溪街道青龙头社区安置房庭院整治与立面改造、小洋坞路口轮胎汽修点整治等。详细了解各个点位存在的问题及整治措施，并提出具体整治意见。督查组指出：各有关乡镇（街道）要加强领导，统筹协调，狠抓落实；相关部门要齐心协力，全力做好配合工作；市“四边三化”办、市美丽办要加强监督，全面承担起责任。

开展“五水共治”民主监督“干、查、督”大行动

2017年3月28日，市政协赴梅城镇、三都镇开展“五水共治”民主监督“干、查、督”大行动。督查在梅城镇龙溪村，查看乌龙山溪水环境和龙溪村生活污水处理设施1号池运维情况。发现有住户把生活污水直排溪中，龙溪村生活污水处理设施1号池进、出水口水体发黑（主要原因是周边农户腌菜加工后的废水直接进入污水终端处理池，杀灭池中菌种，造成污水终端处理池不能正常运行，加之运维公司不作为造成的）。督查组现场要求市“五水共治”办会同有关部门

落实整改，并按规定追究相关单位的责任。在查看梅城镇东湖水环境治理和三都镇三江口村池塘整治、集镇污水处理厂建设情况后，督查组在三都镇召开座谈会听取有关工作汇报。会议提出意见建议：一是排查督查要全面到位，要上下联动、委组联动，充分发挥政协委员主体作用，助推“五水共治”工作进一步取得新成效。二是设施运维要重点检查，保障农村污水处理设施正常运行。三是对存在的问题，整改措施要科学，尤其是小微水体整改措施要因地制宜。四是监督检查要经常开展，特别是河长每周至少现场检查一次；问题查处要到位，并举一反三追究责任，推进面上各项工作责任制有效落实。

联动监督全国文明城市创建工作

2018 年 9 月 5 日，市政协主席吴铁民带队深入市政协领导领衔的道路网格和社区网格，对全国文明城市创建工作进行联动视察。视察组实地踏看康安路网格、严东关路网格、江滨路网格、望江路网格和叶家社区网格、岭后社区网格，实地视察指导各网格的全国文明城市创建工作落实推进情况。视察组对店面“门前三包”管理、临时菜场卫生管理、无物业小区物业管理、涉农社区管理、单位公房（危房）管理等情况详细察看，发现部分网格还存在店面“门前三包”不到位、无物业小区物业管理水平有待提升、涉农社区管理亟须加强、个别单位公房（危房）管理有待规范等问题，视察组向相关部门提出整改要求和意见建议：一是各牵头单位和各包干单位、职能单位要讲荣誉、讲责任、讲奉献，密切配合，扎实推进各网格全国文明城市创建各项工作。二是各牵头单位和各包干单位要巡查到位，对上述问题，要及时处理，不能处理的及时通知相关职能单位处理。三是各职能单位要发挥各自职能作用，为包干单位处理问题提供保障，推进有关问题整改落实到位。四是各网格领衔领导要监督到位，督促所领衔网格全国文明城市创建工作深入开展。

第三节　参政议政

参政议政是政治协商和民主监督职能的拓展和延伸，是新时期人民政协职能的新发展和新概括。主要有三种形式：一是围绕各个时期、各个阶段党委、政府的中心工作，围绕人民群众普遍关心的热点问题，组织各委组开展调查研究，形成调研考察报告，供党委、政府和有关部门决策参考。二是依靠政协涉及面广、人才荟萃、知识密集的优势，通过委员提案、社情民意等形式，建言立论，献计献策。三是对于一些事关全局的重大问题和党委、政府关注的热点、难点、堵点问题，以主席会议或常委会或全委会名义向党委、政府提交建议案。

十届至十四届委员会运用大会发言、委员论坛、建议案、社情民意和“请你来协商”等形式，围绕党委、政府各个时期的中心工作，针对建德政治、经济、社会发展的重大问题及人民群众普遍关注的热点问题，发挥政协组织包容各界、联系广泛、人才聚集的优势，深入实际，开展调查研究，反映社会不同阶层、不同群体的愿望和要求，立足全局，面向未来，聚众智、建睿言、献良策，为党委、政府科学决策提出对策和建议，体现政协组织为党政分忧、为发展尽责、为群众解难的作用和能力。许多意见建议得到党委、政府的高度重视并吸纳采用。

一、大会发言

政协全体会议的大会发言是政协委员履行职能的重要形式，也是各党派、团体参政议政的重要体现。自1998年2月的十届一次会议至2019年十四届三次会议，共举行大会发言20次，计240余篇。

1998—2019建德市政协全体会议发言题目一览表

表3-1

时间	届次	发言内容	发言人
1998年3月	十届一次	※本次会议无大会发言	
1999年2月	十届二次	关于进一步繁荣我市文化事业的几点建议	民革市委会
		盘活集体土地资产，促进农村集体经济发展	民盟市委会
		完善良种产销体系，强化农技服务网络	民建市委会
		加强乡镇文化馆（站）建设，繁荣农村文化事业	民进市委会
		提高认识，加强监督，制止价格违法行为	罗上争委员
		支持社会办学，为科教兴市做出努力	新安江联络二组
		切实重视少数民族村经济	民宗组
		切实加强城市长效管理，齐心共创全国卫生城市	城建旅游委
		广泛开展创安工作，确保一方平安	法治组
		积极创建教育强镇（乡），努力推进我市教育现代化	教体组
		进一步完善我市房地产市场	财贸组
		加快发展千岛银针茶，努力打响建德名茶品牌	农业组
		关于舆论监督的探索与思考	新闻组
		加快文化产业发展步伐，增强文化事业活力	汪国云委员
		重视旱粮发展，提高经济效益	农业组

续表3-1

时间	届次	发言内容	发言人
1999年2月	十届二次	加快工业小企业发展，为工业经济实现100亿元的目标增加份额	工业组
		认清形势、正视问题、加强领导，加速推进农村合作医疗	医卫组
		加快促进建德旅游经济的发展	城建旅游委
		关于解决寿昌镇水资源紧缺的建议	寿昌联络组
		切实加强森林资源保护，促进生态环境的优化	邵树生委员
		建德国有工业的发展对策	工业组
2000年1月	十届三次	加强新安江镇的环境保护和建设促进旅游事业的发展	民革市委会
		关于加快城市化进程的几点建议	民盟市委会
		扩大国际劳务输出，促进我市经济发展	民建市委会
		关于梅城、寿昌两镇医疗卫生机构设置情况的调查	民进市委会
		关于建德化工可持续发展的几点建议	工业组
		我市乡镇企业组织结构亟待优化调整	工业组
		我市房地产市场亟须规范	财贸组
		要十分重视认真研究个私企业发展问题	乾潭联络组
		乡镇企业改制应继续深化和完善	新安江联络组
		要重视农业和农村现代化中的文化建设	汪国云委员
		以创建中国优秀旅游城市为契机，推进我市城市化进程	城建旅游委
		抓住机遇加快发展高中段教育	教体组
		治理餐饮业污染刻不容缓	祖统委
		关于我市个体工商户思想政治工作情况的调查	新闻组
		关于加强和改革农村思想政治工作的思考	王振强委员
		改革丧葬习俗必须标本兼治	社会事业组
2001年2月	十届四次	对我市乡镇卫生院产权改制的几点建议	民革市委会　李丰平
		关于对我市工业企业科技人才问题的思考	民盟市委会　刘水泉
		加快开发力度，尽快扭转我市旅游市场缺乏建德特色旅游商品的局面	民进市委会　王行健
		调整税收征管办法，促进碳酸钙行业有序发展	民建市委会　欧阳良
		提高个私经济竞争力的思考	市工商联　朱昌发
		加快我市经济发展的几点建议	工业组　江锡荣
		依靠科技创新，促进工业经济发展	乾潭联络组　方致远

续表3-1

时间	届次	发言内容	发言人
2001年2月	十届四次	关于加快大同地区个私经济发展的调查	大同联络组　徐根清
		完善提高贷款担保基金组织，促进信贷对经济建设的支持	财贸组　徐拥军
		加大农业综合开发力度，推进我市农业现代化进程	农业组　朱水根
		盘活严州文化资源，为振兴建德服务	文史委、梅城联络组　卢丁潮
		建立“两高”水产养殖基地，促进我市水产养殖业的发展	三都联络组　何新根
		重视和发挥出国留学人员作用，为科教兴市，为经济发展服务	姚善权
		抓住机遇，创新求进，积极发展民办教育	教体组　卢新安
		加大管理力度，提高幼教质量	新安江联络一组　朱国昌
		对如何发展中心城镇的几点思考	寿昌联络组　汪顺生
		建德市青少年思想现状及对策	工青妇组　周友红
		加快社区建设，提高服务功能，推进城市化进程	社会事业组　潘增标
		合理布局，依法管理，杜绝小庙小庵回潮	民族宗教组　钟芝兰
		加强对台胞台属的联系，加快祖国统一进程	祖统委　何群
2002年2月	十届五次	关于加快我市信息化建设进程的几点建议	民盟市委会
		工业兴市呼唤优秀企业家	民进市委会
		加快建德有机硅产业发展的建议	无党派人士
		加大国资退出力度，遏制国有资产流失	工业组
		关于加快我市农业高新技术园区建设的建议	乾潭联络组
		实施移民迁村下山脱贫战略，推进山区城镇化和现代化建设	农业组
		全面提升“两水一花”的档次，努力增加农民收入	三都联络组
		巩固创优成果，加快旅游发展	城建委
		开发佛教文化资源，促进旅游事业发展	新安江联络二组
		提高农村中小学教师创新素质，是教育事业发展的当务之急	姚善权委员
		关于为我市民营经济发展营造良好的环境的建议	提案委
		关于建设“生态城市”的建议	民革市委会
		开拓梅城城建新思路，推动建德东部经济大发展	民建市委会
		深化农业产业结构调整的几点建议	寿昌联络组

续表3-1

时间	届次	发言内容	发言人
2002 年 2 月	十届五次	关于加快我市城乡社区卫生服务体系建设的建议	医卫组
		大力发展第三产业，加快推动国民经济发展	财贸组
		结构调整亟待加强产后服务	工青妇组
		因地制宜，抢抓机遇，加快农业结构调整	大同联络组
		关于乾潭镇泷江片四个村异地脱贫的调查	乾潭联络组
		用好黄金小气候，做好花坪大文章	民进市委会
		做好非公有制企业的思想政治工作	工商联
2003 年 3 月	十一届一次	※本次会议无大会发言，会议期间举行工业经济发展、农业农村农民工作、政治和精神文明建设、城市建设与管理 4 个专题座谈会	
2004 年 2 月	十一届二次	建立健全六大体系，促进生态农业发展	民革市委会
		从生源流失探讨我市高中教育的出路与对策	民盟市委会
		顺应新形势，拓宽新思路，推进我市民营外向型企业大发展	民建市委会
		加大市级医疗机构体制改革力度，促进我市医疗卫生事业健康发展	民进市委会
		充分发挥非公有制企业的优势，努力营造就业和再就业的氛围	市工商联
		发展近农工业，走新型工业化道路	工业组
		实施名牌战略，振兴建德经济	李顺荣委员
		关于加强企业人才队伍建设的建议	财贸组
		深化小城镇综合改革，加快城市功能区块建设	乾潭联络组
		关于加快我市台侨资企业发展的建议	台侨组
		关于我市帮扶工作的调查和建议	大同联络组
		发展效益农业，优化产业结构	三都联络组
		提高认识，加强保护，促进建德非物质文化建设	文史组
		进一步落实“四凭”工作制度，提高计划生育管理水平	交通旅游组
		从行政官司看行政执法中存在的问题	法治组
		关于对我市民办教育健康有序发展的思考与建议	教育体育组
		关于进一步做好我市外宣工作的几点建议	文艺新闻组
		抓住创建契机，加大城管力度	城建环境组
		关于我市未成年人犯罪的成因及预防对策	工青妇组

续表3-1

时间	届次	发言内容	发言人
2004年2月	十一届二次	强化力度，创新办法，推进新型农村合作医疗再上新台阶	梅城联络一组
		关于加强我市突发社会公共卫生事件应急体系建设的建议	医卫组
		我市基督教主要堂点存在的问题及对策思考	民族宗教组
		适应新形势，科普到社区	徐彭浩委员
		关于梅城文明创建工作的建议	梅城联谊组
2005年2月	十一届三次	发展生态旅游，促进建德经济持续发展	民革市委会
		关于加快发展我市城市产业的几点建议	民盟市委会
		量的支撑，质的提升	民建市委会
		保文化瑰宝，传后世文明	民进市委会
		加强检测力度，确保市民“菜篮子”安全	民革市委会
		建德市幼儿园师资现状调查与分析	民进市委会
		建德市来料加工现状及促进发展的建议	工青妇组
		民营经济为何难以获取金融支持	财贸组
		建立莲子研发中心，加快“莲子跨乡”步伐，争创莲农收益历史新高	寿昌组
		关于创建国家卫生城市的调研和建议	医卫组
		必须切实加快我市农村社会保障体系建设	民族宗教组
		关于政策外生育调查分析与思考	旅游交通组
		浅谈我市未成年人犯罪与预防工作	法治组
		关于对做好康庄工程建设的几点建议	大同联络组
		关于建立新型农村合作医疗制度的调研报告	乾潭联络组
		加强食用农产品安全监管刻不容缓	农业组
		关于提高我市三产比重的几点建议	社会事业组
2006年2月	十一届四次	加快“一主四团”集聚能力建设，促进我市经济快速发展	民盟市委会
		杭新景高速公路建设对我市经济发展的影响与对策	旅游交通组
		关于完善我市矛盾纠纷化解调处机制的思考	社会法治组
		就业充分是构建和谐社会的基础——关于解决我市“就业难”问题的建议	民建市委会
		关于调整社区规模的建议	新安江联络一组

续表3-1

时间	届次	发言内容	发言人
2006年2月	十一届四次	加大精神卫生工作力度，促进社会和谐发展	民革市委会
		强化学校教育预防未成年人犯罪	民进市委会
		我市标准农田质量现状及发展对策	农业组
		我市胶合板产品质量现状和发展建议	工业组
		关于我市出国留学人员的现状及今后工作的建议	台侨组
		以电大为依托，创建社区学院，构建社区终身教育体系	教体组
		关于农村饮用水现状的调查和思考	新安江联络二组
		规范茶叶产业，打响茶叶品牌	梅城联络一组
		关于加强农村基层组织建设的思考与建议	三都联络组
		抓住机遇，大胆创新，推动中小企业担保体系健康发展	市工商联
		关于我市农村小学多媒体教学的现状和分析	梅城联络二组
		大力发展循环经济，创新发展模式	财贸组
		关于加强食品安全工作的几点建议	医卫组
		关于我市预防未成年人违法犯罪工作的调查和建议	工青妇组
		关于建造建德市职教中心的建议	乾潭联络组
		关于大同镇发展蚕桑产业的思考	大同联络组
		加强城镇管理，提升城镇品位	寿昌联络组
		关于加强宗教活动场所内部管理的几点建议	民族宗教组
2007年2月	十二届一次	※本次会议无大会发言，会议围绕“工业强市、城乡统筹、商旅活市、环境立市、民生优先”五个专题举行联组座谈会	
2008年2月	十二届二次	关于我市职业教育发展与改革的几点思考	民革市委会
		共享改革成果，促进教育公平	民盟市委会
		以提高生活品质为导向，积极发展休闲娱乐业	民进市委会
		发展乡村旅游促进经济发展	民建市委会
		健全和完善我市农村社会救助体系的思考	民进市委会
		实施“以企引企”战略，促进我市工业经济发展再上新台阶	市工商联
		我市非公有制企业参与新农村建设的成效和问题探讨	工商联组
		发挥产业优势，重塑化工辉煌	无党派组
		我市学校校医和保健老师队伍建设现状调查与建议	无党派组

续表3-1

时间	届次	发言内容	发言人
2008年2月	十二届二次	继续抓好下山移民工作的建议	梅城联络组
		以建设中小企业创业孵化器为突破口，大力推进高新技术产业发展	科技组
		加快湖塘区块开发步伐，打造对接义乌商圈桥头堡	工业组
		以村规模调整为契机，加快推进新农村建设	农业组
		建造外来职工“集宿楼”的建议	乾潭联络组
		全面推动住房公积金建制扩面工作	城建交通组
		关于东线旅游提升的建议	旅游商贸组
		加强农村三大面源污染治理，推进生态乡镇建设	人资环组
		关于稳定我市低生育水平的思考	人资环组
		关于加快洋安区块征迁工作的调查与思考	新安江联络组
		建德市境内新安江水资源保护与可持续开发初探	社科法治组
		关于我市“留守儿童”问题的调查和思考	协工青妇组
		关于解决残疾人贫困问题的思考和建议	工青妇组
		利用侨情资源发展建德经济	台联侨联组
		关于加强梅城乌龙山佛教文化建设的建议	民族宗教组
		开发利用毛竹资源 提高农民经济收入	大同联络组
		我市文物保护工作现状与思考	文史组
		加强我市非物质文化遗产抢救保护工作	文艺新闻组
		对我市创建“体育强市”的建议	教体组
		新型农村合作医疗现状与对策	医卫组
		规范村级财务管理促进农村和谐稳定	寿昌联络组
2009年2月	十二届三次	关于推进我市城乡教育均衡发展的调研	提案委
		关于新安江城区物业管理的问题及建议	工商联组
		关于推进我市城乡教育均衡发展的调研	无党派组
		关于提升梅城特色饮食行业的调研	梅城联络组
		发展LED产业的思考	经科委
		关于充分利用江水资源，大力发展水空调，把新安江建设成为绿色节能城市的调研	科技组
		关于加快推进我市工业企业信息化建设的几点建议	工业组

续表3-1

时间	届次	发言内容	发言人
2009 年 2 月	十二届三次	关于新农村建设与金融支持的调研	财税金融组
		关于加大畜禽粪便治理力度，促进畜禽产业可持续发展的建议	农业组
		关于关心困难群体，促进社会和谐的调研	乾潭联络组
		关于加快城市更新，提高城市核心竞争力的调研	城建交通组
		关于重视新安江佛教文化建设的建议	旅游商贸组
		关于进一步完善我市失地农民养老保险制度的建议	人资环委
		关于社区工作的现状与思考	新安江联络组
		关于如何合力破解法院执行难问题的调研思考	社科法治组
		关于如何贯彻落实残疾人权益保障法的思考	工青妇组
		关于梅城低压电器整顿的调研	台联侨联组
		关于民族村经济发展的几点建议——对双泉村发展现状的调研思考	民族宗教组
		关于我市招商引资及后续服务工作的思考	大同联络组
		关于发展我市文化创意产业的思考	文史委
		关于建德旅游文化创意前景的探讨	文史组
		关于李家、沙畈二村农民文化生活的调查	文艺新闻组
		关于建德市社区教育的调研	教育体育组
		关于推进卫生强市建设的调研	医药卫生组
		关于发挥中心城镇优势，加快城镇建设步伐的调研	寿昌联络组
2010 年 2 月	十二届四次	关于加强政府投资项目招投标监督管理的思考	民革市委会
		关于加快发展我市碳酸钙、有机硅产业链的建议	民盟市委会
		关于积极培育消费新热点，扩大内需增长空间的建议	民建市委会
		关于我市水土保持工作的调查和建议	民进市委会
		关于推进机械制造和低压电器两大产业专业人才“校企一体化”合作培养的思考	市工商联
		关于尽快建设建德市物流示范基地的建议	无党派组
		严州古城保护与开发需要注意的几个具体问题	梅城联络组
		关于进一步办好农业节庆的几点建议	农业组
		关于马目—南峰高新技术产业园发展的几点思考	工业组
		金融支持新农村建设	财税金融组

续表3-1

时间	届次	发言内容	发言人
2010年2月	十二届四次	完善农村卫生服务体系，提高农村卫生服务水平	乾潭联络组
		提升自主创新能力，促进企业转型升级	科技组
		关于加快推进我市城郊村农民住房建设的思考	城建交通组
		关于加强我市特色乡村风貌风光保护与开发的思考	旅游商贸组
		我市块状经济转型升级的思考	人资环委
		关于健全我市主城区社区治安防控体系的调查与建议	新安江联络组
		加快视频监控系统建设，促进平安建德深化开展	社科法治组
		加强对检察院自侦案件执法监督的实践与思考	社科法治组
		如何加强基层宗教工作管理的思考	民宗组
		学习实践科学发展观，创新建德侨务工作	台侨组
		推进婚前检查，促进优生优育	工青妇组
		乡镇信访工作存在的问题及对策	大同联络组
		大文化产业背景下加快我市社会教育培训业发展的几点思考	教体组
		“大学生村干部”服务新农村建设的调查与思考	寿昌联络组
		推广航头模式，加大“以企引企”力度	文史新闻组
		以建设健康单位为抓手，推进健康城市建设步伐	医卫组
		多措并举，提升新安江城市文化品位	文艺组
2011年3月	十二届五次	加强我市技工型实用人才队伍建设的几点建议	民革市委会
		关于重视解决我市企业人员住房问题的建议	民盟市委会
		进一步发展我市休闲观光农业旅游的思考	民建市委会
		依托资源优势挖掘特色潜力，加快推进我市水产业发展	民进市委会
		高度关注民营企业家二代健康成长，为我市非公有制经济健康发展培养企业家梯队	市工商联
		村级组织换届选举工作中发挥协商民主作用的实践与思考	乾潭镇工委
		对破解主城区交通“两难”问题的思考	社科组
		当代青年婚恋观的调查与思考	工青妇组
		浅谈“新侨”问题及工作建议	台联侨联组
		优化出租车运营和管理的建议	城建交通组
		引清凉入城的几点建议	旅游商贸组
		推进利益导向机制，适度稳定我市低生育水平	人资环组

续表3-1

时间	届次	发言内容	发言人
2011 年 3 月	十二届五次	加快我市新兴产业培育，推进区域产业转型升级	科技组
		关于加快有机硅下游产业开发的思考与建议	经济一组
		金融支持建德经济转型升级的建议	经济二组
		关于发展低碳农业的建议	农业组
		整合资源发挥合力，加快提升碳酸钙行业	工商联组
		关于加快发展我市健康养老的几点设想	无党派组
		关于村委会换届选举工作的思考	新安江街道工委
		整合资源，群策群力，纳凉舞台，共建共享	文艺组
		关于我市“农家乐”发展的调查和思考	新闻组
		建德市农村学校公共卫生安全问题的建议与对策	医卫组
		打造新梅城的重点思考	梅城镇工委
		关于提升乡镇块状经济发展格局的调研与思考	乾潭镇工委
		进一步发挥乡镇纪检组织职能作用的调查和思考	寿昌镇工委
		加强肇事肇祸精神病人救治管控的建议	大同镇工委
2012 年 2 月	十三届一次	我市现代农业园区和粮食生产功能区建设现状与建议	民革市委会
		破解城市小区物管难再建议	民盟市委会
		营造良好法治环境，助推企业健康发展	民建市委会
		加快推进我市服务业发展的建议	民进市委会
		构建和谐劳动关系，推动企业和谐发展	市工商联
		坚持工业强市战略是建德经济发展的必然选择	参政议政委
		破解制约，加大扶持，合力推进中心村建设	学习和工作联络委
		加快推进李家镇碳酸钙行业组团发展的建议	李家镇工委
		优化补偿安置机制，破解征地拆迁难题	梅城镇工委
		学习红狮经验，破解企业“融资难”	寿昌镇工委
		航头镇现代农业园区和粮食生产功能区现状及思考	航头镇工委
		建立民营企业新生代培养机制的实践和思考	市工商联
2013 年 2 月	十三届二次	我市小微农业企业现状与发展对策建议	民革市委会
		关于重视发展我市机械制造业的建议	民盟市委会
		进一步发展我市保健品产业的建议	民建市委会

续表3-1

时间	届次	发言内容	发言人
2013年2月	十三届二次	加快新安江城区沿江休闲旅游业发展的建议	民进市委会
		我市农业产业化发展存在问题及对策研究	市工商联
		治堵，从现在开始	市政协办
		我市未成年人违法犯罪问题的分析与建议	工青妇组
		农村土地房屋征迁的几点思考	杨村桥镇工委
		关于建德工业城建设的思考	经济组
		深化区域产业对接，促进城乡统筹发展	洋溪街道工委
		努力实现小乡镇经济的大发展	莲花镇工委
		夯基础优作风，加强乡镇干部队伍建设	寿昌镇工委
		加强村级卫生人才队伍建设的建议	医卫组
		加快“三江两岸”生态景观建设，提升我市东线旅游品质	梅城镇工委
		下涯镇产业经济发展对大洲溪流域环境影响的研究	下涯镇工委
		我市人民调解“以奖代补”政策的问题与建议	社科组
		关于治理乡镇违章建筑的思考	乾潭镇工委
		切实加强村级便民服务中心建设	钦堂乡工委
		我市农村集体“三资”管理工作的调查与思考	农业组
		我市发展养生休闲产业大有可为	旅游商贸组
		农村宅基地换房“二选一”模式的调查与思考	三都镇工委
		开展土地综合整治，实现城乡统筹发展	大洋镇工委
		企业能耗精准化管理方法的调查与思考	科技组
		发展虹鳟鱼观光产业，打造新安江特色景点	工商联组
		关于破解新安江城区“两难”问题的建议	新安江街道工委
		水源热泵技术在住宅项目推广应用过程中值得关注的问题及建议	城建交通组
		农民专业合作社发展面临的问题及解决路径	无党派组
		关注农村人口老龄化	更楼街道工委
		实现新叶古村落保护与利用和谐共生	大慈岩镇工委
		浅谈我市社区侨务工作	台侨组
		谋划农家乐发展新路子，拓展双泉村旅游新空间	文艺组
		杭州市首家农村资金互助社发展成效与问题评析	大同镇工委

续表3-1

时间	届次	发言内容	发言人
2013 年 2 月	十三届二次	科技创新打造“三不荒”小微企业	航头镇工委
		新农村建设若干问题的探讨	李家镇工委
		我市民办培训学校发展现状及对策	新闻教体组
2014 年 1 月	十三届三次	对我市农业产业发展的几点建议	民革市委会
		关于加强城市公共设施建设管理的建议	民盟市委会
		积极应对人口结构变化，谋划经济社会协调发展	民建市委会
		加大引导和扶持力度，促进民办学前教育健康发展	民进市委会
		关注企业法律风险，促进经济健康发展	市工商联
		新安江城区水污染情况分析及建议	市政协办公室
		关于加强政府投资项目前期工作的建议	社科组
		关于加快建设生态健康型小流域的调查与思考	农业组
		关于加快推进我市商贸服务业发展的建议	旅游商贸组
		关于提升我市精细化工、五金电器产业集群的建议	经济组
		创建中介监管绿色通道，优化机构发展生态环境	新安江街道工委
		杭新景高速公路对大同区域经济的影响分析	大同镇工委
		依托山水人文优势，把旅游产业打造成为梅城发展新的增长极	梅城镇工委
		让校园成为农村留守儿童的温馨家园	下涯镇工委、新闻教体组
		对梅城“三江两岸”整治工作的调研和思考	工青妇组
		乾潭镇存量盘活招商模式的实践与探索	乾潭镇工委
		钦堂乡“农家书屋”建设调研与发展思考	钦堂乡工委
		关于“三改一折”工作的几点思考	杨村桥镇工委
		三都镇推行“今日工作法”加强干部作风建设的思考	三都镇工委
		关于中小企业人才流失现象的思考	大洋镇工委
		我市“林下经济”发展现状分析和对策研究	科技组
		对政务微博的思考与建议	莲花镇工委
		关于政府投资项目招投标中资质挂靠的分析和对策	城建交通组
		关于乾潭镇发展模式选择的思考与建议	无党派组
		依托石灰石资源，做强碳酸钙产业	更楼街道工委

续表3-1

时间	届次	发言内容	发言人
2014年1月	十三届三次	关于招才引智与招商引资同步推进的思考	大慈岩镇工委
		立足生态产业资源，做活寿昌古城保护	寿昌镇工委
		关于加快发展航头现代农业的调研与思考	航头镇工委
		关于建设“清洁乡村”的几点思考	李家镇工委
		做好我市妇幼保健工作的建议	医卫组
2015年1月	十三届四次	对我市畜禽业健康可持续发展的几点建议	民革市委会
		关于加强我市村级集体经济发展的建议	民盟市委会
		关于打造“一起度·爱在建德，婚纱旅游胜地”的建议	民建市委会
		加强企业会计队伍建设，提升企业经营管理水平	民进市委会
		关于进一步加强我市新生代企业家培养的建议	市工商联
		新安江城区山体开挖情况调查及建议	市政协办公室
		关于加强在外莓农服务保障的建议	下涯镇工委
		关于加强我市普法教育工作的建议	政治协商委、社科组
		关于加快民宿经济培育工作的思考与建议	旅游商贸组
		关于加快推进智慧经济的几点建议	经济组
		关于推进畜禽养殖户停养转产的几点建议	科技组
		加强农村生活污水治理长效管理工作的建议	洋溪街道工委
		关于我市城镇发展的若干思考	提案委、城建交通组
		构建科技创新平台，发展建德环保产业	台侨组
		关于加快严州古城保护与开发的思考	梅城镇工委
		关于我市留守儿童工作的思考	工青妇组
		实现“小乡镇大发展、偏远乡大作为”的战略思考	钦堂乡工委
		关于加强农药包装废弃物回收处置的几点建议	民主监督委、农业组
		打造“醉美三都”特色品牌，加快乡村旅游发展的对策建议	三都镇工委
		全力推进我市“一区一园”主平台建设	参政议政委、工商联组
		关于主城区环境卫生长效管理的思考和建议	新安江街道工委
		关于莲花镇畜禽养殖退养转型的几点思考	莲花镇工委
		我市乡村旅游产业链本土化问题的思考	无党派组
		我市宗教在反邪教斗争中的地位和作用	民宗组

续表3-1

时间	届次	发言内容	发言人
2015 年 1 月	十三届四次	以“五水共治”为突破口，加快推进全市传统村落保护利用	文史委、文艺组
		以古城保护为抓手，促进寿昌全域化旅游发展	委员工作委 寿昌镇工委
		关于村级聘用干部队伍建设的思考	大同镇工委
		以文化大礼堂创建为载体，推进群众文化活动蓬勃发展	航头镇工委
		关于“建德人”遗址保护和利用的建议	李家镇工委
		我市无偿献血工作现状分析及建议	医药卫生组
2016 年 1 月	十三届五次	新常态下我市农业产业发展的几点建议	民革市委员会
		关于着力提升我市伞业块状经济的建议	民盟市委员会
		关于加快发展我市休闲体育产业的几点建议	民建市委员会
		实施“草莓+”战略，推动产业深度融合发展的建议	民进市委员会
		关于我市传统产业开展电子商务情况的调查与思考	市工商联
		关于全力打造大乌龙山 AAAAA 级风景区的建议	市政协办公室
		关于加快工业经济产业升级的几点建议	经济组
		关于切实加快我市东线旅游发展进程的建议	梅城镇工委
		关于我市“美丽乡村”建设的几点建议	工青妇组
		建德果蔬乐园提升发展的几点建议	旅游商贸组
		关于加快我市有机产业发展的若干思考	科技组
		关于“五水共治”后时代管理的建议	城建交通组
		关于传承发展乡贤文化的建议	大同镇工委
		关于下涯镇拆迁安置房建设管理的几点建议	下涯镇工委
		关于加快“医养结合”，推进养老服务业的思考	社科组
		关于我市小城市培育的实践与探索	乾潭镇工委
		培育特色小镇的调查和思考	钦堂乡工委
		关于深化农村综合配套改革试点工作的思考与建议	农业组
		立足区位优势，加快推动区域经济发展	杨村桥镇工委
		关于加快三都镇西红花产业发展的思考	三都镇工委
		加强农村基层文化建设的建议	大洋镇工委
		对当前我市村级后备干部队伍建设的调研和思考	新安江街道工委
		关于提升小微型企业创新能力的建议	洋溪街道工委

续表3-1

时间	届次	发言内容	发言人
2016年1月	十三届五次	“五水共治”后畜禽之乡的蜕变选择	莲花镇工委
		关于加快推进我市城乡公交一体化建设的建议	无党派组
		关于更楼街道教育情况的调查报告	更楼街道工委
		关于传统古村落开发民宿的几点建议	慈岩镇工委
		引资引智引才，发挥侨务助力作用，服务建德发展	台侨组
		关于有序推进民间信仰活动场所登记管理的几点建议	民族宗教组
		实施全域旅游，实现共同富裕	文艺组
		借力通用机场发展新契机，全力打造特色航空小镇	寿昌镇工委
		关于提升航头果蔬产业水平的思考	航头镇工委
		建德市农村中小学师资失衡的思考	李家镇工委
		教师“校魂铸就”团队建设的思考	新闻教体组
		关于对建德市重点地方病“十二五”规划终期效果的调研	医药卫生组
2017年2月	十三届五次	关于统筹配置创新资源加速建德发展的思考	民革市委会
		关于加快城南产业新区开发的几点建议	民盟市委会
		深化污染治理成果，建设“美丽生态牧场”	民建市委会
		充分发挥高铁效应，做足顺藤结瓜文章	民进市委会
		关于加强我市非公有制经济代表人士队伍建设的建议	市工商联
		全域旅游视角下探析我市乡村旅游发展困局与对策建议	无党派人士
		关于开展新一轮交通治堵工作的建议	市政协办公室
		以小城镇综合整治为抓手，加快梅城旧城改造步伐	政治协商委 梅城镇工委
		关于深入推进乾潭镇第二轮省小城市培育试点工作的建议	民主监督委 乾潭镇工委
		精准发力补短板，紧盯目标强产业	参政议政委、经济组
		关于加强我市农村杆线综合整治的建议	提案委、莲花镇工委
		打造钱塘江生态经济带建德段文化大走廊	文史委
		大同镇创建稻香小镇的实践与思考	委员工作委、 大同镇工委
		关于打造之江旅游综合体的几点建议	下涯镇工委
		以解决执行难为契机，建立我市诚信体系	社科组

续表3-1

时间	届次	发言内容	发言人
2017年2月	十三届五次	关于精准帮扶留守儿童的几点建议	工青妇组
		关于对全面从严治党向农村基层党组织延伸的思考	钦堂乡工委
		关于加快我市中药材产业发展的建议	农业组
		关于加快发展城区民宿，破解全域旅游住宿瓶颈的建议	旅游商贸组
		关于杨村桥镇老年食堂全覆盖的几点思考	杨村桥镇工委
		三都镇发挥省级农业综合区平台优势，助推一、二、三产融合发展	三都镇工委
		关于农村老年食堂建设的思考	大洋镇工委
		我市老旧居民小区消防安全现状及对策	新安江街道工委
		全市“一盘棋”，合力推进我市跨境电商产业园工业园建设	洋溪街道工委
		关于加强公共交通建设管理的建议	城建交通组
		更楼街道关于集聚发展水产业的调研报告	更楼街道工委
		围绕财税抓经济壮大税源求发展	大慈岩镇工委
		构建新型政商关系，助企坚定发展信心	台侨组
		关于加大扶持力度助推少数民族村发展奔小康的建议	民宗组
		关于桂花村探索“保洁减负”的做法与思考	寿昌镇工委
		关于破解航头镇“民富村空”现象的调研和思考	航头镇工委
		推进碳酸钙行业整治，加快李家镇产业转型升级	李家镇工委
		杭州中职学校公共艺术课程教学现状的调查	新闻教体组
		破解建德市卫生人才难题的建议	医药卫生组
2018年1月	十四届二次	关于把西红花产业打造成我市战略性农业产业的建议	民革市委会
		关于进一步加强产学对接，构建我市大职教格局的建议	民盟市委会
		关于建设浙江始祖“建德人”遗址文化园的建议	民进市委会
		关于我市乡村旅游产业发展的建议	市工商联
		关于将农民转化为乡村振兴主力军的建议	无党派人士
		关于加快推进洋溪街道大健康产业发展的建议	洋溪街道工委
		关于深化古城保护开发建设，推动千年古府“重振雄风”的若干建议	梅城镇工委
		关于南方水泥整体搬迁的建议	更楼街道工委
		关于“美丽建德”要建出“美丽效益”的建议	城建交通组

续表3-1

时间	届次	发言内容	发言人
2018年1月	十四届二次	关于加快推进建德草莓小镇建设的建议	杨村桥镇工委
		关于打造钦堂美丽乡村田园综合体的建议	钦堂乡工委
		关于打造美丽畲寨，发展民族特色乡村游的建议	民宗组
		关于完善320国道交通设施，畅通建德西部交通枢纽的建议	寿昌镇工委
		关于加快发展我市致中和产业的几点建议	民建市委会
		关于高速高铁时代大洋跨越发展的几点建议	民进市委会
		关手加大对失独家庭帮扶力度的建议	新安江街道工委
		关于促进农村低收入农户增收工作的几点建议	莲花镇工委
		关于如何运用人民调解预防与化解矛盾纠纷的建议	社科组
		关于推进我市美丽乡村向美丽经济转变的几点建议	工青妇组
		关于大同镇文化礼堂建设的几点建议	大同镇工委
		关于加快“航头制造”转型升级的几点建议	航头镇工委
		关于加强基层群众自治组织管理的建议	李家镇工委
		关于提升果蔬乐园精品园建设的几点建议	农业组
		关于推进我市跨境电子商务发展的建议	旅商组
		关于小城镇环境综合整治后续管理的建议	下涯镇工委
		关于做好节能降耗助推建德绿色发展的建议	经济组
		关于科技创新公共服务体系建设的建议	科技组
		关于如何处理传统村落聚集地农民“温饱”与文保、农保矛盾的建议	大慈岩镇工委
		关于新枢纽优势下我市打造三产融合新增长点的建议	大洋镇工委
		关于以小城镇环境综合整治为载体，加快推动乾潭镇小城市培育试点工作的建议	乾潭镇工委
		唱响“乡音大行动”，助力建德新崛起	台侨组
		整合活化特色文化资源，加快文化旅游融合发展	新闻文艺组
		关于推进“空心村”二次创业的建议	三都镇工委
		关于深化我市教育综合改革的建议	教体组
		关于完善我市家庭医生签约服务工作的建议	医卫组

续表3-1

时间	届次	发言内容	发言人
2019 年 2 月	十四届三次	关于我市创建学习型城市的建议	民革市委会
		关于优化金融服务，助力乡村振兴的几点建议	民盟市委会
		关于加快城南区块产城融合发展的建议	民建市委会
		关于依托建德丰富的山水生态资源大力发展康养产业的建议	民进市委会
		关于进一步加强我市传统产业改造提升的建议	市工商联　经济组
		关于杭州城市国际化背景下加强建德国际化建设的思考与建议	无党派人士
		关于进一步服务“拥江发展”战略，积极推进建德“唐诗之路”建设的建议	文史委
		关于村庄景区化建设的几点建议	旅商组
		关于加快梅城新时代美丽城镇建设的建议	梅城镇工委
		关于小城镇环境综合整治后城镇管理的几点建议	更楼街道工委
		关于加快推进新安江田园综合体建设的建议	杨村桥镇工委
		关于凝聚乡贤力量，助推乡村振兴的建议	台侨组
		关于提升市民素质，助力文明城市创建的建议	新闻文艺组
		关于进一步加快水产业发展的建议	新安江街道工委
		关于加快推进无物业小区管理，提升全国文明城市创建水平的建议	洋溪街道工委
		关于解决农村零星农户生活污水处理的对策和建议	莲花镇工委
		关于进一步加强我市新安江水环境保护的建议	社科组
		关于进一步提高文明城市创建社会参与度的建议	工青妇组
		关于加快推进“稻香小镇”全域旅游发展的几点建议	大同镇工委
		关于提升航头镇现代农业产业，加快农旅深度融合发展的几点建议	航头镇工委
		关于低成本长效化推进美丽乡村建设的思考	李家镇工委
		关于加快我市国有林场发展的建议	农业组
		关于健全农村“留守儿童”关爱服务体系的建议	下涯镇工委
		关于我市中药材产业提升发展的对策建议	科技组
		关于新叶古村落保护与旅游开发的建议	大慈岩镇工委
		关于在乡村振兴实践中推广道德银行的建议	大洋镇工委
		关于新安江城区智能停车系统运营调查分析及建议	城建交通组

续表3-1

时间	届次	发言内容	发言人
2019年2月	十四届三次	关于乾潭下包打造运动骑行小镇的思考	乾潭镇工委
		关于着力打造全市乡村振兴示范区的建议	钦堂乡工委
		关于开发畲族风情以及禅文化资源的建议	民宗组
		关于寿昌镇集镇业态调整的建议	寿昌镇工委
		关于挖掘特色打造乡村振兴示范点的几点建议	三都镇工委
		关于加强我市校外培训机构治理的建议	教体组
		关于统一全市参加城乡居民基本医疗保险居民体检政策的建议	医卫组

二、委员论坛

十二届和十三届委员会以“委员论坛”的形式，围绕市委、市政府的决策部署、重点工作和民生重大问题，组织各民主党派、团体、专门委员会和界别委员从不同角度、不同层面深入调研，建言献计。历次论坛，市委、市政府主要领导及有关部门负责人均到会听取意见建议，与委员面对面协商交流，许多意见建议得到市委、市政府的重视与采纳。

“金融危机形势下的企事业发展”主题　2009年4月27日，市政协举办“委员论坛”，以“电视论坛”“电视专访”“报刊论坛”“广播专题”等形式，组织近百名政协委员参与访谈活动，内容涉及工业、农业、服务业等方面。委员们通过各种媒体，结合亲身体验企事业发展历程，与观众、听众、读者相互探讨，交流经验，共谋应对金融危机之策。

“改善融资环境、提高投资效果”主题　2012年5月25日，市政协举行“改善融资环境、提高投资效果”委员论坛，专题为破解中小企业融资难建言献策。15名市政协委员结合自己的专业和实际工作，围绕当下融资环境存在的主要障碍与问题、提高融资效果政府相关部门如何应对、金融部门如何创新服务中小企业产品、提高融资效果企业自身如何应对等方面，发表意见建议。主席吴铁民在委员发言后汇集论坛5点建议：一要强化“信用建德”建设，维护良好金融发展环境。加强诚信建设、矛盾协调，加强与上级沟通，培育市场主体。二要强化政银企有效联合，推动经济持续发展。政银企要发挥角色作用，做到按本色做人、按角色做事、按特色定位。三要强化对实体经济支持力度，努力提高服务水平。特别是银行要做到存量保障、周转简化、结构优化、强化长期。四要强化信贷创新，努力提高整体水平。要切实借鉴应用好温州金融改革试点经验做法。五要找准定位，谋求企业加快发展。企业自身要符合产业发展方向，适应宏观政策变化，保持适度发展势头，建立良好诚信关系，加强学习提升能力。

“推进村级便民服务中心建设，完善公共服务网络体系”主题　2012年7月10日，市政协举办“推进村级便民服务中心建设，完善公共服务网络体系”委员论坛。论坛开始前，市纪委监察局负责人对全市村级便民服务中心建设情况，乾潭镇幸福村负责人对该村便民服务中心建设的工作经验作介绍。论坛过程中，委员们围绕主题，从不同层面、不同角度进行论坛发言，提出意见和建议：把村级便民服务中心建设成为村民服务之家、干群沟通之桥；在进一步提高服务水平、拓展服务领域和提高服务主动性上下功夫，着力在便民性、高效性和持续性上见成效；抓好提升素质、讲求规范、做好结合、强化保障四个环节；整合资源，拓展服务领域，健全机制，提高服务效率，强化保障，发挥中心作用。

“抓住机遇调结构、做强实体促发展”主题 2012年7月27日，市政协举办“抓住机遇调结构、做强实体促发展”委员论坛。来自水产业、化工行业、碳酸钙、家纺、电器、现代农业、新兴产业和政府部门的13名政协委员、企业家代表，结合自身工作，从产业发展、科技创新、转型发展等角度，就如何推进企业的转型升级、转变全市经济发展方式，为进一步推动全市实体经济更好更快发展建言献策。主席吴铁民在听取发言后提出：一要坚定不移做优精细化工。要按照上级要求，加快实施园区外化工企业搬迁，加大小化工关停并转力度。二要坚定不移做大资源产业。碳酸钙产业要合理规划、有效开发，水产业要强化规划落实、龙头带动和政府推动，努力把全市资源优势转变成经济优势。三要坚定不移发展块状经济。大力推动企业创新组织架构，做好联合文章，加快服务体系建设。四要坚定不移发展高新技术产业。严格执行准入审查标准，强化资源有效利用；加强科技研发，推动产品更新；加强人才培养，推动自我创新。五要坚定不移强化要素保障。做好资源保障、审批保障和服务保障，同时大力推动平台建设，为做强实体促发展创造良好环境。

“发展现代农业促进农民增收”主题 2012年9月12日，市政协在杨村桥镇举办“发展现代农业促进农民增收”委员论坛。11名政协委员和企业家围绕做强农业龙头企业、区域品牌打造、农业休闲旅游、农产品安全、农业人才培养、农业科技创新、企业联合、环保养殖小区建设、金融服务现代农业、农产品销售渠道建设、农业政策扶持等作发言。主席吴铁民听取发言后提出：有关部门在投入上要保障、服务上要周到、指导上要细化，营造全社会关心支持现代农业发展的氛围；要关注趋势，立足实际，提升现代农业组织化程度，加快现代农业发展；要搞好农业布局，完善产业规划，狠抓循环经济，关爱生态，实现现代农业持续发展。

“强基础优作风增强服务发展能力”主题 2013年7月11日，市政协举行“强基础优作风，增强服务发展能力”委员论坛。来自乡镇（街道）、机关、企业等方面的10名市政协委员，结合自身工作实际，对如何改进工作作风、加强干部队伍建设发表意见。主席吴铁民在听取发言后提出：必须加深对人民群众的感情，培养为人民服务的热情，增强履行职能的激情；同时，要深化体制机制改革，落实各项规定，深入基层，学习政策，把握发展趋势，从而打造创新服务的新环境，提升服务发展的能力。

“生态建设产业化、产业发展生态化”主题 2013年9月5日上午，市政协举行“生态建设产业化、产业发展生态化”委员论坛。6名市政协委员和市生态办（市环保局）、新安旅业营销公司有关负责人，围绕“生态建设产业化、产业发展生态化”主题，就大力发展生态农业、生态工业和生态城镇，为加快全市生态产业发展，做强县域特色经济，发表意见建议。主席吴铁民在听取发言后提出：有关部门在下一步工作中，一方面要有效推进生态产业化，发挥资源优势做优做强特色产业，在农业方面，做好循环经济，特别是在发展畜牧业过程中要处理好污染问题；在工业方面，推进化工集聚，做强化工产业，做大总部经济；在特色产业方面，大力发展水产业、碳酸钙产业、旅游业等，努力把建德的资源优势转化为发展优势、经济优势。

“美丽江城·从我做起”主题 2013年11月26日，市政协举行“美丽江城·从我做起”委员论坛，市政协委员、市民代表与市住建局、市城管局、市环保局、市水利水产局、市交警大队5个部门负责人面对面展开互动交流。在分别观看洁之美、畅之美、秀之美三个方面的视频短片之后，8名市政协委员及市民代表就占道经营、规范养犬、房屋功能改变、城市卫生死角、无障碍设施被占用、行车难、停车难、出行难、新安江夜市设置、物业管理、千岛湖网箱养殖整治、绿地管理、城市建设等与市民群众息息相关的问题，与5个部门负责人进行探讨与交流。此次委员论坛，首次由电视台多机位现场实况录像，并一改过去政协委员讲、部门负责人听的模式，采用政协委员与部门负责人面对面交流的创新形式。

三、专题调研

专题调研是人民政协参政议政的一项重要内容，一般由主席会议提出，常委会议确定调研课题，由各有关委组组织力量进行。形成调研报告后，举行常委专题会议，组织开展集中研讨，会后报送党委、政府决策参考。自六届市政协开始，每年开展一次专题调研。十届至十四届委员会将专题考察调研作为人民政协参政议政的重要工作，力求“选题求精、调查求实、研究求透、建言求准”。通过广泛深入、严谨细致、科学务实的专题调研，努力形成一批“含金量”高的调研成果，为市委、市府决策提供高质量建言。

精神文明建设 自2001年5月中旬始，市政协组成调研组，集中3个月时间，赴50多个部门、乡（镇）村、学校、居民区，就精神文明建设开展专题调研，形成《关于我市创建省级文明城市存在的主要问题和建议》等6篇调查报告。8月14日，市政协召开十届二十二次常委会会议，就提高市民素质、推进社区建设、创建文明城市、创建文明乡镇村、推进文化产业发展、加强宣传文化队伍建设等进行专题发言，分析现状、查找问题，有针对性地提出25条具体意见和建议。市长杨军对调研成果给予高度评价，并希望市政协进一步发挥好参政议政作用，为市委、市政府各项工作建言献策。市政府《政务参考》对上述6篇调查报告作了转载，其中2篇分别在《杭州日报》和《杭州宣传》刊物上发表，部分意见被市委、市政府纳入决策程序。

特色工业经济 2002年，根据市委提出的“工业经济三年翻一番”目标，市政协以“香精香料、有机硅、碳酸钙、新安江水资源”四大特色工业经济为专题，组成由市政协领导、政协委员、民主党派成员、相关部门负责人及有关专家学者参加的4个调研组，进行广泛调研，形成《积极扶持、大力发展，努力把我市香精香料产业做大做强》等4篇调研报告。6月25日，市政协召开十届二十八次常委会会议，专题调研特色工业经济，会议由主席刘志新主持，22个市级机关部门负责人到会听取发言，并参与研讨。

外向型工业经济发展 2003年5月至7月，市政协在充分酝酿并征求党政有关领导意见的基础上，选择外向型工业经济、外向型农业经济、工业园区建设、工业集聚点建设4个专题。组织有关政协委员、民主党派成员和政协机关干部、有关部门领导、行业专家参加的4个调研组，分别由正副主席带队，赴乡镇、部门、工业园区和有关企业调查研究，听取介绍，收集资料，并召开各类座谈会19次，形成《优化环境，迎接挑战，加快我市外向型工业经济发展》等4个调研报告。7月25日，市政协召开十一届三次常委会会议，交流“外向型工业经济发展”专题调研报告。主席刘志新主持会议，中共建德市委副书记洪庆华应邀参加会议，相关部门负责人，到会听取专题发言。会议交流调研报告，提出22个方面68条具体建议。

深化经济和社会改革，构建和谐建德 2005年8月31日，市政协召开“深化经济和社会改革，构建和谐建德”专题调研汇报交流会。分别由主席、副主席带队的“撤村建社区集体资产管理与改革”“深化我市群防群治机制建设”“公共卫生体系建设”“乡镇财政建设与管理”“加快新农村建设”“股权结构设置与企业发展”6个专题调研组，在会上进行汇报交流。

加快发展现代服务业 2006年5月26日，市政协召开十一届十九次常委会会议，对“加快发展现代服务业”专题调研作汇报交流。中共建德市委书记陈春雷应邀出席会议。各调研组汇报“加快发展现代餐饮业”等5个子课题调研报告。形成并经审议通过《建德市政协关于加快发展我市现代服务业的建议案》。

区域特色经济发展 2007年7月20日，市政协十二届二次常委会议，会议交流研讨“区域特色经济”专题调研成果，市级机关10多个部门负责人到会听取发言。市政协就重点调研课题“区域特色经济”分解的《引领机制创新，促进行业发展》等5个子课题：由各调研组在会上作交流，形成并审议通过《政协建德市委员会常务委员会关于进一步加强区域特色经济发展的建议案》。

关注民生推动经济发展，实施可持续发展 2008年8月5日，市政协召开十二届九次常委会，汇报交流“关注民生，推动经济发展，实施可持续发展”专题调研报告。中共建德市委书记陈春雷应邀参加会议并讲话。会议就“当前我市农村教育发展中亟待解决的问题与建议”等5个子课题进行汇报交流，会议围绕“化工行业发展与环境保护”“农村人均年收入2500元以下的贫困人群生产生活问题”“全面推进新农村建设”“农村教师结构与住房现状”“贯彻落实《中华人民共和国劳动合同法》”进行讨论发言，提出大力推进农村经济社会发展、不断完善社会保障体系、强化素质教育培训、落实完善各项优惠政策和加强组织领导等5个方面建议，形成并审议通过《政协建德市委员会常务委员会关于改善民生推动发展的建议案》。

力挺经济发展，促进民生事业 2009年，为推进全市经济平稳较快增长，社会和谐稳定，市政协办公室经过讨论分析明确2009年专题调研主题“力挺经济发展，促进民生事业”，分列“关于块状经济发展（大慈岩工业功能区开发建设）”等5个课题，分别由市政协正副主席、秘书长带队，各专委会主任任组长，以专业组、联络组为主，抽调相关委员和部门单位专业人员组成调研组。1至2月做好专题调研课题征求意见和前期准备工作；3月至6月开展调研，形成书面调研报告。7月17日，市政协召开十二届十四次常委会扩大会议，专题汇报交流“力挺经济发展，促进民生事业”。会议就“大慈岩镇工业功能区开发建设的若干建议”等4个课题进行汇报交流，会议围绕“块状经济发展”“农民增收”“生产性服务业发展”“房地产业发展”“农业产业发展”等开展讨论提出意见建议。

实现城乡统筹，推进建德经济发展　2011年7月28日，市政协召开十二届二十八次常委会议，交流研讨“实现城乡统筹，推进建德经济发展”专题调研成果，就“政府性建设融资”“中心村建设”“土地节约集约利用”“行政事业单位国有资产管理”“木制品加工业发展”“净土宗五祖文化提升”“工业结构调整和转型升级”7个专题，进行交流，提出41条意见建议。

振兴产业工程、打造实力建德　2012年8月7日，市政协召开十三届三次常委会议，汇报交流关于“振兴产业工程、打造实力建德”重点课题调研报告。会议就“关于我市村级债务情况的调查与思考”等6个子课题进行交流，围绕“村级债务管理”“食品生产加工监管”“农村畜禽面源污染治理”“‘高利贷’对我市实体经济的危害”“违法建筑和违章搭建防控”“化工企业转型升级”等专题开展讨论，提出30条意见建议。

“五水共治”推进生态文明　2014年3月，市政协以“助力五水共治，推进生态文明”为主题，围绕生活垃圾处置、生活污水处理、河流生态治理、养殖污染整治、美丽乡村建设、低丘缓坡开发以及化工产业发展等内容，开展重点课题调研，历时5个月，形成《实施水泥窑处置垃圾项目从根本上解决垃圾污染问题》等7个调研报告，在8月13日的市政协十三届十三次常委会议上进行交流。会议形成并审议通过《助力五水共治、推进生态文明》建议案，为党委政府深化“五水共治”、建设生态文明提供参考意见。其中，《关于河流生态治理的调查与思考——关于生态河道建设的建议》在杭州市政协常委会上进行交流发言，《农村生活污水生态化处理的调研和思考》被《杭州政务》录用刊登。

拓展城市空间发展生态旅游　2015年3月，市政协组织7个调研组，围绕“建言‘十三五’规划编制”深入开展专题调研，形成《拓展城市空间、缓解管理难题》等7个调研报告。8月6日，市政协召开十三届二十次常委会会议进行交流发言。

水产业发展、投资项目承诺制改革、智慧农业发展、工业科技企业孵化器建设、信息经济发展、城镇污水处理设施建设及运行　2017年3月始，市政协就“水产业发展的农夫山泉实践”等6个专题开展调研，并形成调研报告。8月3日，市政协十四届三次常委会议进行交流发言，提出28条意见建议。

乡村振兴　2018年，市政协围绕“乡村振兴战略”主题，就移风易俗、乡村治理、草莓产业、乡村旅游、农村互联网经济、综合交通建设与管理等课题开展调研，通过近千份调查问卷，对全市婚丧嫁娶中的陈规陋习、封建迷信现象进行全面分析，形成调研报告。7月26日，市政协召开十四届十次常委会议，围绕“乡村振兴战略”主题，就“移风易俗乡风文明建设”“乡村治理体系建设”“草莓产业可持续发展”“乡村旅游发展”“农村互联网经济”“高铁时代综合交通建设与管理”调研报告进行交流，提出22条意见建议。

小江溪流域统筹发展、减税降费政策执行、乡镇卫生院发展、小城镇环境长效管理、美丽乡村建设、航空小镇通航产业发展　2019年，市政协常委会围绕“小江溪流域统筹发展”等6个课题开展调研，形成调研报告，在9月10日召开的市政协十四届十八次常委会议上进行交流，提出26条意见建议。

1998—2019年市政协专题调研成果一览表

表3-2

年度	课题		调研组成员
1998	专题	下岗职工基本生活保障及再就业工程建设	
	子课题	加强领导，制定政策，研究市场，保障生产	李伟忠、刘锡兴、朱土夏、徐　勤
		建立社保体系，实施再就业工程	周友红、王文伟、祁强葆、方建威
		广开再就业门路，加强就业培训，提高员工素质	穆先堂、黄根华、杨海贤、孙锦涛
1999	专题	农业和农村工作	
	子课题	关于我市农业龙头企业发展的现状及建议	马　晔、马燕子、唐长生、伊樟荣、吴金寿、胡建斌、邹爱民
		切实加强我市农特产税征管工作	王行健、邵树生、季顺安、郑志良、范润潮、陈　琦
		加快农业结构调整，不断增加农民收入	郭昌友、朱水根、徐土松、李巧生、李新富
		加快农产品市场建设，促进我市农村经济快速发展	程锦元、朱启鸿、黄根华、欧阳良、孔樟良
		水利改革势在必行	刘志新、刘水泉、何　群、黄永铨、旋克荣、俞中元

续表3-2

年度	课题		调研组成员
2000	专题	加快工业经济发展	
	子课题	明确目标，突出重点，优化环境，推进我市工业经济大发展	刘志新、江锡荣、郑建国、黄永铨、朱土夏
		关于我市国有工业企业改革的调查报告	穆先堂、钟　卫、黄根华、徐拥军、冯　烈、洪连坤
		解放思想，强化服务，再创招商引资工作新局面	王行健、程玲玲、季顺安、郑志良、徐胜祥
		关于影响我市工业经济发展的几个问题	郭昌友、黄超凡、商发银、何　群、李新富
		营造氛围，突出服务，合力推进我市个私经济再发展	马　晔、朱昌发、杨海贤、唐长生、应一鸿
		关于我市工业园区建设情况的调查报告	程锦元、陈树华、李伟忠、欧阳良、邹爱民
2001	专题	精神文明建设	
	子课题	关于我市创建省级文明城市存在的主要问题和建议	刘志新、何　群、黄永铨、胡伟钰、王跃新
		努力提高创建文明乡镇村工作的吸引力和实效性	程锦元、姚善权、邹爱民、沈友君、欧阳良
		建德市青少年思想道德教育现状及对策	郭昌友、周友红、陈钟音、严卫华、俞早荣
		开展撤村建居工作，推进城区社区建设	穆先堂、潘增标、黄根华、叶卫生、陈一民
		关于对我市文化产业发展的调查与思考	马　晔、卢新安、罗道平、唐长生、杨海贤
		加强我市农村宣传文化队伍建设的思考与建议	王行健、汪国云、季顺安、郑志良、周根禄
2002	专题	特色工业经济	
	子课题	积极扶持，大力发展，努力把我市香精香料产业做大做强	刘志新、陈庆祥、钱忠道、徐彭浩、吴建华、任建瑞、黄永铨
		加快有机硅下游产品的发展，尽快建设好建德有机硅特色产业基地	穆先堂、黄根华、徐效良、任不凡、欧阳良、胡叶青、蒋志秋、季顺安

续表3-2

年度	课题		调研组成员
2002	子课题	优化资源配置，提高科技含量，尽快把我市的碳酸钙产业做优做强	郭昌友、王行健、江锡荣、郑志良、朱睦卿、邵德成、杨海贤
		我市境内新安江水资源开发利用的现状及对策	程锦元、马　晔、邵树生、刘水泉、程建新、唐长生、方自强、邹爱民
2003	专题	外向型经济发展	
	子课题	优化环境，迎接挑战，加快我市外向型工业经济发展	程锦元、马　晔、李来珍、张佩佩、任不凡、唐长生、马永红、蒋　宁、宫秀兰、季顺安
		建德市外向型农业经济现状与发展对策探讨	郭昌友、谢春凤、朱水根、刘水泉、李巧生、郑志良、李伟忠、徐福林、杨海贤
		积极推行市场化运作，努力加快园区建设步伐	王成土、王　伟、江锡荣、胡叶青、徐效良、欧阳良、程　锦、邹爱民
		鼓励工业集，聚构筑发展平台，促进我市工业经济快速发展	刘志新、陈庆祥、王利民、唐发电、刘　春、徐彭浩、朱土夏、章厚培、黄永铨
2004	专题	统筹城乡经济发展	
	子课题	科学规划，统筹发展，加快推进建德城镇化进程	刘志新、陈庆祥、刘金坤、钱晓华、唐　毅、刘光星、黄永铨
		建德市生态特色农业发展现状及对策探讨	郭昌友、李来珍、徐彭浩、马永红、胡建斌、姚金富、杨海贤
		建立健全农村社会保障体系刻不容缓	马　晔、王　伟、潘增标、王元根、钟浩清、张有容、唐长生、王振强、王晓静
		关于进一步做好农村扶贫帮困工作的几点建议	程锦元、朱水根、刘水泉、李巧生、邹宗根、王志强
		加强领导，创新机制，进一步加大建德农业科技成果推广力度	王成土、谢春凤、郑志良、徐福林、宋玉良、邹爱民

续表3-2

年度	课题		调研组成员
2005	专题（一）	深化经济和社会改革，构建和谐建德	
	子课题	集体资产量化是撤村建社区工作成败的关键	刘志新、陈庆祥、唐长生、郑志良、吴　霞、叶　鹃、周婉萍、王晓静、黄永铨
		我市群防群治工作的实践与思考	郭昌友、谢春凤、郑　冰、崔杭勇、陈继康、徐慎荣、王国团
		关于加强我市公共卫生体系建设的建议	马　晔、汪纪红、邹培华、邓国祥、翁寿清、蒋　华
		完善乡镇财政管理体制，提高乡镇财政运行水平	程锦元、黄永铨、方旭阳、庄雪生、熊　兴、杨一盛、何国良
		加快村庄整治步伐，建设全面小康新农村	王成土、朱水根、刘水泉、李伟忠、谢柏根、诸　永、许金标
		合理设置股权结构，科学推进企业发展	王　伟、江锡荣、李顺荣、何秋鸣、江　涛、杨海贤
	专题（二）	市“十一五”规划	
	子课题	大力发展循环经济创新发展模式	市政协经济科技人口资源环境委员会
		科学制定“十一五”规划，加快我市农业发展	民盟建德市委员会
		大力实施人才强市战略，推进我市经济社会发展	市政协提案委员
		在生态建设和经济建设规划中需要把握的几个问题	民革建德市委员会
		提升我市职业教育战略地位，支撑我市经济快速健康发展	民建建德市委员会
		重视中医药事业发展，深化医疗卫生体制革	民进建德市委员会
		抓住机遇，加快推进我市文化建设	市政协文史和教卫文体委员会

续表3-2

年度	课题		调研组成员
2006	专题（一）	加快发展现代服务业	
	子课题	关于加快发展我市现代餐饮业的思考	刘志新、陈庆祥、唐长生、洪国根、吴荣伟、吴　霞、王晓静、王拥军、王曼华、王振强
		我市中介服务业发展现状及对策建议	郭昌友、胡光伟、程　霄、陈继康、程建军、邵建春、张启成、郑　冰
		把现代物流业作为新的支柱产业来培育	马　晔、王　伟、郑志良、王寅彪、范秋华、唐发电、李　刚、蒋　华
		关于加快发展建德现代旅游业的几点建议	程锦元、卢新安、陈国卿、董光海、何国江、黄永铨
		充分发挥生态资源优势，加快发展现代生态房产	王成土、刘金坤、钱晓华、徐彭浩、林霞君、徐雁华、方正海、杨海贤
	专题（二）	高速公路经济产业带	
	子课题	以高速公路为依托，以科技支撑，提升我市传统产业	市政协文史和教文卫体委员会
		乾潭镇实施高速公路经济发展战略对策调研	市政协经济科技和城建，人口资源环境委员会
		加强支撑保障体系建设，推进高速公路经济发展	市政协提案委员会
		大同镇发展高速公路经济的几点建议	民革建德市委会
		发展高速公路经济，接轨杭州都市农业	民建建德市委会
		关于建德市沿高速公路工业发展的建议	民进建德市委会
		关于加快高速公路经济发展的几点建议	民盟建德市委会

续表3-2

年度	课题		调研组成员
2007	专题	区域特色经济	
	子课题	发挥区域特色优势，进一步提升草莓产业	王成土、蒋建强、叶建新、储　斌、邹宗根、黄永铨、方　芳、许金标、王建辉
		关于有效保护与合理开发科学利用我市石灰石资源，做大做优做强碳酸钙产业的思考	谢春凤、吕　勇、翁祝青、汪志平、王春根、吕鹏云、邵幼泰、杨树耘、洪宇锋、王振强
		加快工业平台建设，促进我市经济发展	郭昌友、王　伟、徐拥军、鲁连忠、李寿良、李建涛、钱晓华、钱海林、叶　强、徐　斌、金伟媛
		引领机制创新，促进行业发展对乾潭镇家纺五金工具行业发展问题的思考	程茂红、蒋　华、王　田、江　涛、徐燕飞、陈筱萍、郑屏芳、姜志云、江　涛、商国富
		全力打响“中国第一水电城杭州·新安江”城市品牌	朱启鸿、程锦元、沈光炎、董光海、陈国卿、卢新安、刘光星、杨海贤
2008	专题	关注民生，推动经济发展，实施可持续发展	
	子课题	当前我市农村教育发展中亟待解决的问题与建议	朱启鸿、程锦元、范秋华、郑志良、叶永兰、杨海贤
		建德市化工产业可持续发展的若干思考	程茂红、王　伟、任不凡、徐燕飞、章娅仙、商国富
		关于贯彻《劳动合同法》、构建和谐劳动关系的思考	谢春凤、吕　勇、巫海武、王春根、陈继康、钟浩清、王振强
		关注低收入农户，推进奔小康工程	王成土、何根华、赖志斌、黄永铨、王晓静、王建辉
		全面推进社会主义新农村建设必须处理好八个关系	郭昌友、蒋　华、蒋建强、许金标、邹宗根、李建涛、詹红伟、金伟媛

续表3-2

年度	课题		调研组成员
2009	专题	力挺经济发展，促进民生事业	
	子课题	大慈岩镇工业功能区开发建设的若干建议	程茂红、王　伟、商国富、郑希平、陈立刚
		谋划农业发展新路子，拓展农民增收新空间——建德市农民增收情况调查与对策	王成土、蒋建强、王建辉、叶建新、黄永铨、邹宗根、姚金富、方　芳、许金标
		建德柑桔，路在何方——关于本市柑桔产业调整发展的调研报告	谢春凤、吕　勇、王建雄、郑鸿根、童英富、王振强
		关于发展我市房地产业的思考	朱启鸿、沈光炎、余菊英、杨海贤、胡燕群、方致远
		关于加快推进我市生产性服务业发展的思考	郭昌友、蒋　华、姚国兵、程建军、王志平、何旭昕、李建林、徐燕飞、金伟媛
2010	专题	加快融入大杭州，提升建德发展水平	
	子课题	推行“低碳”生活，打造“低碳”城市先行区的思考和建议	程茂红、商国富、马燕子、陈立刚
		应对人口老龄化挑战，推进我市养老事业和养生养老产业发展的思考	郭昌友、王振强、包海洋、胡建明、洪连坤、赵卫军、方　芳
		“后危机”下建德工业发展的几点思考	朱启鸿、王成土、王建辉、方致远、沈光炎、余菊英、洪连坤
		重科技，促调整，求发展	王　伟、商国富、汪为骏、江　涛
		加快发展城市特色潜力行业，打造我市经济发展新蓝海——关于“十二五”规划城市特色潜力行业发展的建议	谢春凤、吕　勇、金伟媛、陈　茜、王志平、朱红霞
		加强科技投入、保障机制建设的调研和思考	张早林、蒋　华、徐亚娟、韩建强、徐朝辉

续表3-2

年度	课题		调研组成员
2011	专题	实现城乡统筹，推进建德经济发展	
	子课题	当前政府性建设资金问题的思考和建议	程茂红、王志强、黄永铨、邵　超、陈立刚
		关于加快推进中心村培育建设的若干思考	郭昌友、谢照昌、张勇明、蔡剑毅、朱春福、陈　健、关　诚、张建华
		关于我市土地节约集约利用之建议	朱启鸿、王建辉、余志明、洪永华、方　芳
		加强我市行政事业单位国有资产管理的几点建议	王　伟、商国富、徐福军、李建林、徐燕飞
		关于我市木制品加工业发展的几点思考	谢春凤、方致远、沈光炎、叶建新、朱丽娟、林　宏
		好将佛事助文治——关于提升净土宗五祖文化、助推建德旅游发展的思考	吕　勇、金伟媛、刘光星、方　韦、周　宇
		加快工业结构调整，推进转型升级步伐	张早林、蒋　华、徐亚娟、楼凤琴、包海波、郑广明
		关于规范村级财务“双代理”的思考	市政协更楼街道工委
		关于加快推进大同中心镇建设的思考	市政协大同镇工委
		关于将三都打造成我市生态特色经济示范区的设想和建议	市政协三都镇工委
		建德市政协组织在村级组织换届选举中发挥协商民主作用、推动基层社会管理的实践与启示	张生友、程新炉、倪国芳、汪志平、包海洋、商国富
		主动接轨开发区，促进航头经济发展	市政协航头镇工委
		以服务业集聚区建设为抓手，推进钦堂经济转型升级	市政协钦堂乡工委

续表3-2

年度	课题		调研组成员
2012	专题	振兴产业工程，打造实力建德	
	子课题	关于我市村级债务情况的调查与思考	吴铁民、谢春凤、王建辉、陈立刚、林宏、胡益标、方明明、饶卫玲
		保安全与促发展并重	严凌云、沈伟娣、童　政、王永宏、汪　宏、宋素红、朱国芳、郑广明
		关于加强农村畜禽粪便污染治理的思考	吕　勇、金伟媛、游国平、刘水泉、邹宗根、方　韦
		“高利贷”对我市实体经济的危害及对策建议	张早林、蒋　华、厉红寿、巫海武、孙　巍、张建华
		切实加大违章搭建整治力度	程　旭、方致远、周向阳、缪佳春、方　芳
		推进化工产业转型升级——建德新化化工有限公司转型升级实践与启示	洪国根、商国富、夏金根、吴建华、罗旭武、徐燕飞
2013	专题	城乡统筹工程，打造宜居建德	
	子课题	合力争取扶持政策，缓解我市财政困难	吴铁民、陈立刚、邹宗根、赖文武、宁卫珍、黄伟斌、郑广明、黄　寅
		我市基层医疗卫生机构发展的若干思考	严凌云、沈伟娣、邵亦宏、周文江、胡文静、方　芳
		关于进一步完善我市农业科技服务体系的建议	谢春凤、王建辉、赖志斌、叶建新、潜建军、金子云、林　宏
		关于加快我市梅城区块旅游提升的思考	吕　勇、金伟媛、蒋祖云、顾伟良、方　韦
		关于我市工程建设领域交易规范化建设的若干建议	强早林、厉红寿、吴　霞、张胜良、张建华
		大力治理违法建筑，为持续深入推进“三改一拆”、建设“美丽江城，幸福建德”打好基础	程　旭、方致远、陈　健、李新富、於诸葛斌、甘雯
		关于加快发展生态产业的思考	洪国根、商国富、包　韩、徐燕飞

续表3-2

年度	课题		调研组成员
2014	专题	助力“五水共治”，推进生态文明	
	子课题	实施水泥窑处置垃圾项目，从根本上解决垃圾污染问题	吴铁民、陈立刚、楼春棋、杨　强、许文权、韩建强、陈　宁、赖建华、李建林、郑广明、施军礼
		我市农村生活污水生态化处理工作思考——以六个示范村建设为例	严凌云、沈伟娣、范红杰、廖爱军、诸葛品清、杨成军、叶立新、方　芳
		关于河流生态治理的调查与思考	谢春凤、王建辉、汪建平、陈威浩、林　宏
		以“五水共治”为抓手，全力推进畜禽养殖污染综合整治——莲花镇治理的启示	吕　勇、金伟媛、王毅锋、侯崇林、甘　雯
		关于统筹推进美丽乡村建设和“五水共治”工作的思考和建议	张旱林、厉红寿、蔡剑毅、巫海武、孟　洁、关　诚、张建华
		关于加强和改进低丘缓坡垦造耕地工作的思考	程　旭、方致远、甘　伟、胡晓坤、徐　烟、穆亚琴
		强化平台建设，加快集聚搬迁，全面推动建德化工产业转型升级	洪国根、邵益文、许文权、章厚培、方　芳
2015	专题	拓展城市空间，缓解管理难题	吴铁民、陈立刚、许维元、周献锦、楼春棋、钱晓华、吴小龙、刘国金、施克贵
		发展生态旅游	严凌云、胡伟钰、蒋建强、胡文静、蒋华平、施方庭、方　芳
		推动现代农业发展	谢春凤、王建辉、赖志斌、邹宗根、潜建军、叶建新、林　宏
		加快环保产业发展	吕　勇、金伟媛、徐彭浩、罗旭武、练月珍

续表3-2

年度	课题		调研组成员
2015	专题	加强乡镇污水处理设施建设管理	程　旭、方致远、徐新平、黄　伟、范铁锋、陈　宁、钱晓琼、邵建忠、李新富、穆亚琴
		加强危险废物及城市污泥处置	洪国根、邵益文、任不凡、许文权、徐旭飞、施小洪、郑应建、祝旭阳
		推进政府和社会资本合作	洪国根、邵益文、任不凡、许文权、徐旭飞、施小洪、郑应建、祝旭阳
2016	专题	加快推进全域旅游发展	吴铁民、严凌云、金伟媛、沈光炎、陈立刚、胡文静、姚钟书、胡　玮、施克贵
		“五水共治”长效机制建设与落实	谢春凤、胡伟钰、洪介明、叶　强、诸葛杰成、林　宏、谢　芳
		创建大新安江 AAAAA 级景区	吕　勇、方　韦、沈光炎、姚钟书、孙元峥、甘　雯
		加快实施新安江老城区有机更新	程　旭、许维元、方致远、余志军、徐新平、范铁峰、张　强、王丽菊、穆亚琴
		杭黄高铁背景下建德旅游发展	洪国根、邵益文、汪德文、吴小龙、陈　健、许文权、沈光炎、甘　伟、洪连坤、余志军、万　云、祝旭阳
		优化资源配置，推动产业发展	叶志高、厉红寿、杨　强、王志平、许文权、孟　洁、周亚娟、孙　巍、陈　宁、张建华

续表3-2

年度	课题		调研组成员
2017	专题	水产业发展的“农夫山泉”实践	吴铁民、陈立刚、刘国金、吴　勇、洪连坤、蓝　燕、郑　雄、祝旭阳
		探索开展投资项目承诺制改革试点	程　旭、厉红寿、王　田、杜京芝、胡　敏、许文权、余志明、周向阳、陈　宁、沈光明、唐　杭
		加快“智慧农业”发展的几点思考	严凌云、胡伟钰、潜建军、胡文静、唐建强、李巧生、叶　璘、张建华
		关于加快我市科技企业孵化器建设的思考	吕　勇、方　韦、陈友明、叶　鹃、韩建强、官宝红、陈　赟、潘江江、甘　雯
		关于加快我市信息经济发展的思考	叶志高、邵益文、金伟媛、叶　鹃、乐　骏、陈丽云、王志平、王　薇、王献萍、翁雪松、巫林怿
		建德市城镇污水处理设施建设及运行情况的调查研究	徐亚娟、方致远、黄卫平、黄　伟、诸葛杰成、穆亚琴、方　芳、祝红芳、叶立新、邓耀辉、吴　峰
2018	专题	移风易俗，推进我市乡风文明建设	吴铁民、陈立刚、娄樟锡、王　波、褚建英、楼凤琴、郑　雄、黄伟斌、应永江、蓝　燕、祝旭阳
		关于推进我市乡村治理体系建设的思考与建议	程　旭、厉红寿、沈　龙、邹宗根、徐志强、张文城、邵杭霞、方　乐、唐　杭
		推进“建德草莓”可持续发展的调研报告	严凌云、胡伟钰、潜建军、孔樟良、胡文静、刘正中、麻建强、唐建强、张建华
		在全域旅游中加快乡村旅游发展步伐的建议	吕　勇、方　韦、谢照昌、张　宏、包　韩、甘　雯

续表3-2

年度	课题		调研组成员
2018	专题	关于推进农村互联网经济发展的建议	叶志高、邵益文、金伟媛、孙　健、陈　华、李智军、王　超、邵骁亮、陈稀睿、巫林怿
		关于我市高铁时代综合交通建设与运营管理的几点思考	徐亚娟、许维元、唐建锋、吕建清、黄志良、赵　斌、洪连坤、吕根来、穆亚琴、唐　祥
2019	专题	关于小江溪流域综合开发的思考和建议	吴铁民、陈立刚、朱红霞、洪连坤、陈春芬、刘光新、唐建锋　郑广明、孙志鹏、蓝　燕、叶　晔、祝红芳、祝旭阳
		关于切实把减税降费政策落到实处的对策建议	程　旭、厉红寿、陈友明、陈　善、傅恒茂、许文权、王志洪、徐荣发、于安海、唐　杭
		“医共体”改革背景下乡镇卫生院发展的若干思考	严凌云、方　韦、王　田、黄玉琴、王　珏、胡文静、舒仁平、甘　雯
		加强小城镇环境长效管理的几点建议	叶志高、胡伟钰、金伟媛、俞利海、郑　雄、邵　炯、陈根良、徐军潮、郑子清、姚钟书、徐玮林、金　玲、张建华、
		关于充分挖掘“乡愁”元素，打造杭派风浓郁的美丽乡村升级版的建议	徐亚娟、施树康、郎　栋、王素平、胡晓华、徐月芳、戚秀娟、王献萍、张　宏、林霞君、张　诚、钟万余、张晓娟、穆亚琴、方　芳
		关于我市通航产业高质量发展的几点思考	王百金、邵益文、叶　强、徐新平、林志强、陶国强、吴瑞华、吴　勇、余志军、孙　巍、许宏斌、徐胜华、巫林怿

调研报告选录

集体资产量化是撤村建社区工作成败的关键

——对我市撤村建社区后原村集体资产管理与改革的建议

（市政协撤村建社区集体资产管理与改革研究调研组/2005年）

今年5月至7月，市政协“撤村建社区后原村集体资产管理与改革研究”调研组带着“‘撤村建居’难！难在哪里?”“如何加快撤村建社区集体资产管理与改革的步伐?”等问题，先后走访了我市新安江街道新安江社区、白沙社区，洋溪街道洋溪社区，更楼街道的更楼社区和梅城镇的东湖社区，分别召开社区基层干部群众座谈会和相关部门座谈会，广泛听取意见。调研组还赴安吉县和临安市学习先进经验，对调查情况进行综合分析。现将我市撤村建社区集体资产管理与改革的调研情况报告如下。

一、基本情况及存在的主要问题

2002年10月，市委市政府站在快速推进我市城市化建设的战略高度，着手开展撤村建社区工作。至2004年年底，撤村建社区5个，共涉及1.4万人，初步估算集体资产2亿元以上。撤村建社区后，土地资源得到集约利用，城市化发展空间得到拓展，产业集聚优势得到体现，城镇经济发展潜力加大。两年多来，我市城市化进程加快，社区配套设施进一步完善，居民生活环境得到优化，生活质量得到提高。由于撤村建社区工作是个系统工程，并不仅仅是把“村”改为“社区”就行了，还牵涉到方方面面的利益，处理起来千头万绪，难度较大，需要做大量而细致的工作，需要各相关部门参与配合，从调研情况看，目前还存在一些急待解决的问题。主要表现在：

（一）社区管理体制尚未理顺。一是名与实不符。到目前为止，撤村后建的社区只是换了一块“牌子”，其他基本上还是沿袭行政村的管理方式，没有与社区管理体制接轨。这些社区的主任、书记反映说，撤村建社区后，社区“农不农，居不居”，一个班子两种身份，既要参加乡镇街道召开的行政村会议，也要参加社区会议。用群众的话来说，就是“换双鞋子走老路”“换了一个名字，挂了一块牌子，其他还是老样子”。这说明许多职能还没有完全从行政村转向社区。二是隶属关系不顺。如洋溪社区管委会不乐意接管老居委会，原因是老居委会无经济实力；原新安江村民不愿接受所在社区管理，理由是与属地社区没有经济利益关系。按照有关规定，社区居民必需实行属地管理。新安江社区只是一块牌子，其居民分散居住在市区其他各个社区，在日常管理上，应当接受所在社区管理，与新安江社区只存在经济关系。但多数新安江社区居民却认为“我们是新安江村的”，而不愿支持配合所在社区工作，甚至连卫生保洁费也不肯缴纳。究其原因，新安江社区居民担心纳入属地管理后，他们原先享受的利益会受到损失。

（二）社区集体资产的评估量化工作悬而未决。一是社区集体资产量化工作尚未步入正轨。我市撤村建社区挂牌后，在户口转换、“两证”办理、社会保障等方面都做了一些工作，但集体资产评估量化工作，目前还处于启而不动，停滞不前状态，没有进入正式评估量化阶段。我市曾由市农办牵头各部门及当地镇政府建成工作组，在梅城镇东湖社区先行试点。当时决心大、目标明、信心足，也做了大量工作，但最终未达目标，铩羽而归。撤村建社区后原村集体的资产量化工作，群众十分关注，社区干部心急如焚，却又束手无策，无从下手。二是社区原村集体资产量化方案“难产”。集体资产量化工作困难重重，工作量大。如参加量化的人员范围的确定，时间的界定，农龄股与人口股的分配比例，集体资产的评估等问题。如何确保集体资产实现保值增值不流失？梅城镇东湖社区自资产量化方案初稿征求群众意见后，已讨论修改四稿，尚未定论。其根本原因就在于资产量化牵涉到家家户户、方方面面利益，谁都想不吃亏或少吃亏，都想要于自己有利，争论难休，这个利益平衡点很难找到。

（三）**部分政策未能及时完善和到位**。一是社会保障政策难以落实。我市〔2002〕104号文件规定的撤村建社区相关政策因实施细则未出台，失地农民补偿政策落实起来困难重重，群众意见很大。到目前为止，5个撤村建社区1.4万余人，只有东湖社区47名年龄偏大人员参保其他均未参保。农民“失地未保”，因而对资产评估量化工作有消极情绪。二是户口、计生、建房等优惠政策未落实到位。撤村建社区后，社区居民户口一律从农业转为非农业，原房产土地从集体转为国有，一夜间，土地由集体变国有、身份由农民变居民，而原先农民享受的计划生育、建房等优惠政策将在过渡期（5年已过去了近三年）后失效。当居民户没有一项优惠享受，两头落空，对此农民有被捉弄的感觉，普遍不愿接受，相关部门开展工作遇到阻力。2002年10月到目前近3年，部分撤村建社区居民户口被冻结，只出不进，影响婚嫁居民的落户；部分社区10%留用地、农民自建房土地及征用土地范围未划定，农民自建房一律待批，使得急于建房娶妻的农民叫苦不迭，给群众生活带来影响。三是房产办理“两证”难度大。农民自建房原先未批先建、少批多建、违章搭建现象较为普遍，特别是新安江社区，有些居民一户就有好几套。撤村建社区后，这些既成事实的房子，成为在土地产权证由集体转换为国有过程中难以处理的棘手问题。

二、存在问题的原因

撤村建社区后，社区集体资产评估量化工作为何至今困难重重，处于胶着状态呢？我们分析主要有以下原因：

（一）**思路不清晰，家底没摸清**。撤村建社区工作是在经济发展、社会进步的新时期出现的新任务，有很多新情况、新问题。前人没有做过，我们也没有经验，一切都在摸索的过程中。这项工作，虽然总体目标明确，但具体的工作思路不够清晰、重点不够突出，什么必须做，什么先做，做到什么程度，都缺少明确的政策和措施。社区对原行政村家底没有摸清，山值多少，地值多少，不动产值多少，集体资产有多少升值空间，甚至于有多少人口，每年进出哪些人，原行政村和派出所的数目都对不上。

（二）**困难不少，办法不多**。撤村建社区工作涉及面广，牵一发而动全身。资产量化工作关系人们的切身利益，原村集体资产较多的社区，群众个个紧盯不放，集体资产较少的社区，也人人都关注，讨论方案，没有建议，只有意见。征用集体土地工作很难做，群众宁要土地，不要赔偿，少数群众借此提出过高要求。这些都是很难处理又急需解决的问题。面对这些纷繁复杂的矛盾，我们却缺少解决的有效办法和手段。

（三）政策准备不足，部门协调不够。我市虽然出台了撤村建社区的相关政策，但当前迫在眉睫的资产量化工作，市里还没有政策指导，社区想要做这项工作，苦于拿不出“红头文件”作依据。撤村建社区挂牌后，还有很多后续工作没跟上，有些部门对这项工作的重要性认识不够，过于强调客观困难，很少查找主观原因；大局意识不够强，考虑本部门利益多了点，方法不够灵活，遇到困难有畏难情绪，能拖就拖，影响进度。

三、建议与对策

撤村建社区的资产评估、量化工作是一项复杂的社会工程，工作迫在眉睫，应切实抓紧抓好。否则，必将影响经济发展和社会稳定的大局。为此，我们提出如下建议与对策：

（一）加强领导，统一思想。

首先，市政府要高度重视，切实把撤村建社区集体资产管理与改革工作摆上重要议事日程。确保社区集体资产还是保值增值不流失。当前最重要的，就是尽快完成集体资产量化工作。要通过资产量化，组建社区股份合作社，明确社区集体经济市场主体地位，公平参与市场竞争，才不至于错失发展最佳机遇期，获得最快发展。资产量化，组建社区股份经济合作社，是撤村建社区工作中的大事、要事、急事，已经到了势在必行的地步。市政府要从促进我市经济发展、加快城市化建设进程、关心人民群众生活、维护安定团结和谐稳定局面的高度出发，深刻认识撤村建社区工作中还存在的一些急需解决的后续问题的重要性和复杂性，正视当前遇到的困难，树立信心，作好克难攻坚打硬仗的思想准备，切实抓好这项工作。其次，有关部门要统一思想，形成合力。撤村建社区集体资产管理与改革工作，牵涉到政府、部门、街道、社区群众等方方面面，要充分发挥市“撤村建居”工作领导小组的作用，由分管市长牵头抓总，以市农办和社区所在街道办（镇政府）为主抓，由农办、民政、国土、建设、公安、监察等部门组成政策指导组，下设宣传组、调查组、核资组等若干小组；由社区所在街道办（镇政府）和社区组成工作组，开展工作。各相关部门要增强责任意识和协调观念，多想些办法，各负其责，积极配合，团结协作，形成合力，把农村社区集体资产管理与改革工作稳步向前推进。

（二）抓住重点，突破难关。

保证农村社区集体资产保值增值，使社区群众受益，当前最重要的就是做好资产量化工作，最艰难的也是资产量化工作。1. 市政府应尽快出台社区经济股份合作制政策，为社区推行资产量化提供依据。目前，新安江社区、洋溪社区等大部分社区干部群众要求建立社区股份经济合作社的愿望比较强烈，成立社区股份经济合作社条件基本具备。从我市周边安吉县、临安市等地撤村建社区集体资产经营管理模式来看，进行产权制度和经济管理体制改革，成立社区股份经济合作社是一条有效的途径，可以借鉴。市政府要结合我市实际尽快制定出台符合法律法规、指导性强、切实可行的政策，为我市农村社区集体资产管理体制改革提供依据。2. 有关社区要结合实际制定细则，规范资产量化。社区资产量化涉及每个人的切身利益，工作量大，牵涉面广，情况复杂，不能搞“一刀切”。社区领导要深入调查摸底，确定好量化范围，加大宣传力度，多层面听取群众意见，科学制定资产量化方案，上报市政府审核批准后实施。3. 搞好资产评估，确保集体资产不流失。农村社区集体资产总量不少，其中土地、房产比重较大，评估存在弹性。政府、纪检、监察部门要全程参与，做到指导有方、管理有力、监督严格、纠偏及时。要实行阳光量化、公平量化、民主量化，要将社区全部资产公布于众，接受群众检举监督，预防集体资产流失。

（三）搞好试点，总结经验。梅城镇东湖社区，地处镇中闹市，经济活跃，发展潜力大，原农村人口较少，资产总量还不是很大，在全市有一定代表性。市“撤村建居”领导小组对东湖社区的资产量化已经做了不少前期准备工作，镇政府和社区干部积极性比较高，群众要求也比较迫切，各方面条件比较成熟。我们建议，市政府继续集中各方力量，理清思路，摸清家底，克服困难，采取措施，尽快完成资产评估量化工作，总结出经验，在其他社区进行推广。

（四）完善政策，服务群众。坚持以人为本，切实为群众着想，把人民群众利益放在首位。尽快落实市政府建政〔2003〕33号和建政〔2005〕125号文件精神。抓紧做好社会保障工作，切实解决群众后顾之忧。高度关注失地农民的生产、生活、保障、就业问题。让群众自主选择参加农保或社保，实现应保尽保，确保群众生活安康。在改革实践中进一步完善低保、救助等社会救济有关政策，确保撤村建社区集体资产管理与改革工作顺利进行。

（五）理顺体制，加快发展。社区要实现规范管理，变村、社双轨制为真正的社区管理体制。1. 社区日常事务管理与社区股份经济合作社经营管理要脱钩。社区股份经济合作社成立后，挑选年富力强、具有开拓创新精神、有经济管理能力的同志担任社区经济股份合作社管理工作，社区股份经济合作社实行公司化规范管理，市场化运作，使社区集体资产走上良性循环的发展道路。2. 在新安江社区成立经济股份合作社后，相应撤销新安江社区，原新安江社区居民与经济股份合作社只存在经济利益关系，日常事务纳入所在社区规范管理。3. 协调处理好各方面关系，切实维护群众合法权益。对撤村建社区的居民一视同仁，实现同城同待遇。加快撤村建社区的水电、道路、通信等公共设施的建设，完善社区功能，与城市化接轨。

水产业发展的“农夫山泉”实践，加快推动建德水产业发展

（市政协水产业发展的农夫山泉实践课题调研组/2017年）

水产业是建德市工业转型升级和经济健康持续发展的重要动力，做大做强水产业是建德市既定的产业发展方向。早在2011年，建德市就制定出台了水产业发展规划，对水产业发展、水产业项目建设进行指导和规范，为近年来以农夫山泉为首的一批水产业企业的蓬勃发展打下了坚实基础。2016年，市“十三五”规划纲要将水产业列为重点发展产业，提出要打造以水饮料为核心的

全国高端水产业基地。2017年，市政府工作报告也提出要进一步加快推进水产业发展。为此，市政协组织课题调研组，对农夫山泉发展历程、市场状况及战略布局进行了全面调研，并提出加快推进以农夫山泉为核心的水产业发展，集中打造全国高端水产业基地的几点建议，供市委、市政府决策参考。

一、农夫山泉的成功实践

（一）农夫山泉发展概况

农夫山泉股份有限公司前身为浙江千岛湖养生堂饮用水有限公司，于1996年在建德市成立，2001年公司整体变更设立股份公司，正式更名为“农夫山泉股份有限公司”，总部设在杭州。经过21年发展，农夫山泉已经成为年产水饮料700万吨，营业收入150亿元，利税20亿元，拥有员工1.7万余名的大型水企业，产品涵盖水、茶饮料、果汁、功能饮料等5大类40余种，是世界第三大饮用水品牌、中国最大的饮用水供应商、中国饮料领先供应商、中国民营企业500强，占领了全国包装饮用水市场份额的30%。农夫山泉始终秉承着“水源地优先”的战略，强调“水源地”在企业发展中的核心地位，目前除建德（浙江千岛湖）生产基地外，还拥有吉林长白山、湖北丹江口、广东万绿湖、宝鸡太白山、新疆天山玛纳斯、四川峨眉山以及贵州武陵山等优质水源基地，并以八大水源地为核心，布局了32个销售大区和420个办事处，销售网络遍及全国。

1997年，农夫山泉投资1亿元，在建德朱家埠建设了第一个生产基地，引进国外先进设备，利用千岛湖深层水，生产“农夫山泉”天然饮用水，并通过市场抢先法则和广告策略两大法宝，把“农夫山泉”饮用天然水打造成为全国知名品牌。2008年，农夫山泉建德二期项目签约，2010年5月投产，总投资4.3亿元，形成年产35万吨天然饮用水和15万吨果汁饮料的生产能力。2011年三期建成投产，总投资6亿元，三期投产后农夫山泉在建德达到了80万吨的年生产能力。2014年11月，农夫山泉建德四期项目签约，计划投资10亿元，截至目前，四期项目一期厂房全面完工，2条无菌饮料灌装生产线已进入试生产，年生产能力达到55万吨。至此，农夫山泉（建德）公司成为占地面积700余亩，总投资21亿元、年产值超过30亿元的大型水产业生产基地。

（二）对建德的突出贡献。作为建德水产业的龙头企业，农夫山泉（建德）公司通过20年不断壮大，对建德市经济社会的贡献越来越高，突出体现在投入、产值、税收、品牌、产业、社会贡献、结构调整七大方面。

1. 对投入的贡献。20年来，农夫山泉始终坚持产品出厂价格不变的原则，通过不断加大投入，扩大生产规模、改进生产设备和生产技术，在对政府税费贡献不断增长的同时，保持了企业的良好效益和快速发展。农夫山泉累计在建德投入建设资金21亿元，占全市同期累计工业投入的4%。特别是2014年以来，农夫山泉在建德投入共计近10亿元，对建德市固定资产投入的持续稳定增长，在杭州地区排名前列做出了巨大贡献。

2. 对产值的贡献。20年来，农夫山泉累计销售221亿元，年平均10亿元。2016年实现销售产值23.8亿元（全市第2），占全市销售产值的5.6%，同比增长23.5%，在10亿元以上企业中排行第一，也是唯一保持两位数增长的企业。2010 年以来，农夫山泉年均销售产值增幅为 45%，为同期全市工业销售产值增幅（4.3%）的 10.5 倍，是全市工业销售产值保持稳定增长的最活跃因素。效益方面，2016 年实现利润 7.4 亿元，全市第一；亩均利润 300 万元，是建德市“十大亩产效益企业”第二名。

3. 对税费的贡献。农夫山泉累计缴纳税收 20.2 亿元，累计缴纳水费、水资源费 8100 余万元。纵向比较，农夫山泉近 5 年税收始终保持 20%以上增长，最高年增长率达 140%，2016 年入库税收 3.62 亿元，实现日均税收 100 万元，是建德市第一税收贡献企业，占全市年财政总收入的近 10%，2017 年预计将实现入库税收 4.3 亿以上。横向比较，农夫山泉一家企业的税收占我市整个水产业的 57%，相当于全市规模以上纺织产业税收总额的 1.5 倍，碳酸钙、水泥产业的 66%，化工产业的近 50%。

4. 对产业的贡献。农夫山泉不仅自身做大做强，还带动了相关产业的联动发展，把国际一流的自动化生产车间，向广大游客展示，形成农夫山泉工厂旅游项目，与新安江水电站红色旅游相得益彰，成为建德市重要的工业旅游景点和西线旅游项目，年工业旅游人次达到 10 万人次。大量的大宗产品运输，带动形成近 2 亿元的物流产业规模，占据整个金千线建德段年运输量的近 50%，支撑了建德铁路运输业的生存与发展。

5. 对社会的贡献。农夫山泉建德基地共有员工 1400 余人，其中 80%为本地员工，为建德市提供了大量优质就业岗位。一线操作工年均收入超过 7 万元，是建德市城镇居民人均可支配收入的 1.7 倍，为确保建德市城乡居民收入稳健增长起到促进作用。20 年间农夫山泉累计在建德发放工资 3.78 亿元，缴纳五险一金 9799 万元，为社保统筹做出巨大贡献。300 余名外来员工常年居住，8 大生产基地、32 个销售大区频繁举办交流、考察、培训等活动，对建德市人口集聚、扩大消费起到积极作用。

6. 对结构调整的贡献。农夫山泉是典型的低耗能、低污染、高效益企业。单位能耗税收为 0.49 万元，远高于同等体量的其他行业。而且农夫山泉生产过程中的污染物排放又极低，是建德市目前面临能耗、环保双重压力下，工业转型升级的极佳选择。

7. 对形象品牌的贡献。随着农夫山泉的快速发展，规模由小变大，综合实力由弱变强，知名度响彻国内外，已经成为建德市工业的形象品牌。“农夫山泉有点甜”的广告词响遍全国，成为建德对外宣传推介的一张“金名片”。

二、农夫山泉对建德水产业发展的几点启示

*（一）农夫山泉集团的蓬勃发展，展示了水产业发展的广阔前景。*市场需求始终是农夫山泉蓬勃发展的不竭动力。近年来，我国水产业的发展速度极其迅猛，以农夫山泉的“主战场”饮用水市场为例，市场规模由 2009 年的 170 亿元增长至 2016 年的 575 亿元，并且持续保持每年 20%以上的增长速度，预计到 2020 年，全国饮用水市场规模将突破 1000 亿元。正是在这样的背景下，农夫山泉抢占先机，借势而起，产值由 2009 年的 50 亿元增长至 2016 年的 150 多亿元，同样保持着

每年超过20%的增长速度。而且，我国的饮用水市场发展还处于起步阶段，瓶装饮用水人均年消费量仅为8—10升左右，相比西方国家人均年消费150—200升的水平，仅为1/20。以西方的消费水平计算，我国仅饮用水市场这一水产业的细分市场，最终也将达到万亿级规模，发展前景极其广阔。

（二）农夫山泉建德基地的独特地位，彰显了建德发展水产业的独特优势。建德基地对于农夫山泉而言地位独特。首先，建德基地是农夫山泉的品牌发祥地，农夫山泉真正发展壮大成为全国知名品牌，与建德基地生产的产品“农夫山泉有点甜”的独特口感密不可分。其次，建德基地是农夫山泉最大的生产基地之一。建德生产的产品除供应部分华东地区外，还通过便捷的货运交通，占领了贵州、湖南等西南销售区40%的供水份额。最后，建德基地是先进技术的集聚地。以最先进的无菌生产线为例，整个集团仅有11条，建德就布局了5条。贵州铜仁基地2014年新建工厂使用的生产线，还是建德基地淘汰拆解的旧生产线。

从上述地位看，建德发展以饮用水为核心的水产业具有四大优势。一是水源优势。建德独有的千岛湖深层水是最优质的饮用水生产原料，并且储量极为丰富，理论上可达178亿立方米。二是市场优势。建德地处长三角发达地区，据统计，华东地区饮用水市场规模占全国的40%以上。三是交通优势。临金高速建成后，建德拥有两条国道、三条高速的便捷对外交通网络，还有专门的金千运输铁路。十里埠码头的建成更是为大宗货物的长途运输提供了新的、更低成本的选择。四是产业基础优势。农夫山泉建德基地代表了国内最先进的饮用水生产技术，为下一步建德水产业发展打下了基础、树立了标杆。

（三）农夫山泉对水源地的不断布局，突出了建德发展水产业的紧迫局势。为满足日益增长的市场需要，近年来，农夫山泉正不断加快水源地布局。2006年投资10亿元建成广东万绿湖基地，年产量100万吨、产值13亿元。2008年开始建设峨眉山生产基地，投资10亿元，年产值10.1亿元。2012年起规划建设铜仁生产基地，投资10亿元，目前一期产值5亿元。纵观八大生产基地布局，优质的水源、优惠的政策、优良的服务是企业关注的三大重点。以峨眉山基地为例，其拥有优质的高山岩隙山泉水作为水源，政府在政策上严格落实“三免两减半”，并在用地、用水、用电、用气上给予20%以上的价格优惠。同时政府还强化全方位服务，与公司签订水源保护协议，规划区内103户居民，1个月内全部拆迁到位，对峨眉山后山1万多亩水源地进行退耕还林，斥资20亿元为农夫山泉建设35千米的专属公路等等。正是基于优质的水源、优惠的政策和优良的服务，农夫山泉峨眉山基地提出进一步加大投入，力争3年内达到40亿元产值的目标，发展势头极为迅猛。

相比而言，建德生产基地依靠优质水源和布局上的先行一步，在农夫山泉八大基地中拥有了比较优势，但也并非不可替代。同时，建德水产业发展也还面临一系列制约因素，例如：优质水源储量丰富，但取水通道还未扩宽，取用受限；水产业发展基地未明确，布局受土地制约；运输上，受连接道路的条件限制，短泊运输还不够通畅；全市各级各部门共同参与和服务水产业发展的理念还有待提高。这些都需要政府增强紧迫意识，明确水产业支柱产业地位，并进一步落实政策、优化服务，推进以农夫山泉为核心的水产业加快发展，形成更大的竞争优势。

三、以农夫山泉为核心加快建德水饮料产业发展的建议

（一）*强化正确认识。水是生命之源，是21世纪最稀缺的战略性资源之一*。以农夫山泉为代表的水产业是一个资源丰富、市场广大、基础雄厚、条件完备的朝阳产业，是在当前工业形势仍不景气大背景下建德工业的“一枝独秀”。同时，农夫山泉在峨眉山景区成功建厂的实践经验，也为我们提供了一条厂区——景区相互融合、相得益彰的绿色工业发展道路，是地处钱塘江上游的建德发展工业的重要突破口。我们要强化对水产业特别是农夫山泉的正确认识，明确其作为我市支柱产业的突出地位，在做大做强以农夫山泉为核心的水产业上进一步摒弃争论、深化共识，思想上再解放、服务上再深化、政策上再精准，在用地、用水、用电和改善交通条件等方面做好大力扶持的文章，营造良好发展环境，全力打造全国高端水产业基地。这是在当前经济新常态下，加快推进我市产业转型升级，实施“工业强市”战略的最有效途径。

（二）*强化规划引领。一是强化产业集聚区的规划*。进一步落实《建德市水产业发展规划（2011—2020年）》，根据规划中提出的建德市饮用水和饮品制造业“一心三区”的空间布局要求，同步考虑金千铁路沿线的货运优势，将新安江大坝东至城区、南至更楼黄岙区域作为水饮料产业集聚区进行整体规划，并予以明确。在规划区内严禁非水产业企业入驻，现有的污染企业要及时搬出。二是强化基础配套的规划。对水产业集聚区内的水、电、路以及引水管网、污水管网等配套设施进行整体规划和集中建设，以满足企业生产需求。尤其是在运输道路规划上，探索打通更楼新市至于合的运输道路，形成服务水产业集聚区的运输专线。三是强化生活配套区的规划。依托新安江街道汪家经济适用房的现有基础，将汪家区块整体作为水产业集聚区的配套生活区域进行提前规划，集中解决企业居住、生活需求。同时，在更楼街道的集镇规划中，也要同步考虑水产业集聚区的生活配套需求。四是完善水源保护的规划。一方面强化对大坝饮用水源保护区的管理，进一步保护优质水源，保障水产业发展的根本。另一方面，要立足水产业企业生产原料的需求，理清生产用水和原料用水的本质区别，并站在食品安全的重要角度，进一步完善水源保护规划，有效保障农夫山泉等饮料水产业企业对一级水源的原料需求。

（三）*强化龙头带动*。以农夫山泉、青岛啤酒为龙头，进一步夯实朱家埠—更楼水产业集聚区的产业基础。一是推动青岛啤酒二期建设，尽快实现40万顿—60万吨的生产规模。二是完善朱家埠区域的功能布局，加快农夫山泉五期项目的建设，满足农夫山泉一期、二期、三期的产品仓储需求，尽快释放现有产能。五期建成后，在生产线没有增加的情况下，现有工厂可以增加近5亿元产能，十分可观。三是及早谋划农夫山泉六期项目。调研组针对六期项目选址进行了重点调研，建议着重考虑更楼街道与新安江街道交界处、农夫山泉四期江对面的黄泥墩区块，该区块有成片土地500余亩，其中建设用地84亩、金千线铁路用地38亩、一般农用地385亩。该区块优势明显，条件也相对成熟：土地性质不涉及农保，用地可以保障；区块内无住户，不涉及拆迁，政策处理较为容易；该区块位于四期对岸，便于企业进行统一规划，通盘考虑；金千线穿插而过，大宗货物的运输优势明显。为此，建议政府靠前谋划，及早对六期项目进行专题研究，对黄泥墩区块的用地规划及时进行调整，同时主动与企业对接，全力争取项目签约。

（四）强化政策扶持。立足全市工业经济转型升级、提质增效的战略需求和抢占万亿级饮用水产业市场的战略考虑，要在政策扶持上对水产业企业做到应享尽享，用足用好省、杭州市级政策，在本市政策上有适当倾斜。土地方面，要优先、优量地保障水产业企业的合理用地需求，并尽可能在价格上予以优惠。资金方面，除严格落实税收减免政策外，在下一步市级财政对新型业态的奖补扶持政策的制定上，要对水产业进行单独考虑（2016 年出台的《关于加快经济转型升级创新发展的若干扶持意见》，只对现代农业、大健康产业及全域旅游进行了单独考虑）。人才方面，严格落实市委关于高层次人才、创新创业人才及团队引进培养工作的实施意见，在人才专项经费的安排上进行合理的倾斜。同时，在人才房的安排上要尽可能扩面，高端人才子女教学资源的需求上要给予单独名额。

（五）强化政府服务。发改、经信、国土、环保、市场监管等相关部门及相关乡镇（街道），要强化对农夫山泉等水产业企业的跟踪服务，切实解决企业在生产、发展过程中的难题。审批上要更快一步，确保水产业企业尽快建设、尽快投产，为及时抢占市场奠定良好基础。服务上要更进一步，靠前服务，及时帮助解决周边道路环境、生活区等非生产性问题，动员一切力量支持和服务水产业发展。责任上要强化担当，要站在全市转型发展的角度，多为企业想办法，尽可能地满足水产业企业取水、能耗等各项生产性要素的需求。招商上要高看一眼，积极邀请全国性知名水产业企业前来建德实地考察、投资建厂，尽快形成水产业集聚规模，打造全国高端水产业基地。

四、建议案

政协每年至少要选择几件事关国计民生的大事要事，由主席牵头，组织常委和各专门委员会，通过调查论证，写出专题报告，再经常委会或主席会议反复讨论，形成重要建议案，提交党委、政府决策参考。其中，1998 年十届委员会至 2019 年十四届委员会期间，向党委、政府提交建议案 34 件，内容涵盖国民经济发展和经济体制改革、城建环保和旅游、精神文明与科教文卫、劳动保障和社会法治等诸多方面。建议案中的大多数建议得到党委和政府的高度重视，被直接采纳或作为决策参考。本志选录 5 件有代表性的建议案。

附一：建议案选登

关于统筹城乡发展，解决建德市“三农”问题的建议案

（2004年8月20日在市政协十一届九次常委会议通过）

为全面落实中共十六届三中全会和中共中央〔2004〕1号文件以及市委〔2004〕4号文件精神，根据市政协总体安排，市政协主席、副主席牵头，组成由有关政协委组、市各民主党派和相关部门领导及专家参加的5个课题组，于今年5月中旬至7月中旬，赴部分乡镇村和有关部门单位进行了深入调研，并赴外县（市）考察取经。2004年8月20日，市政协举行常委会议，围绕统筹城乡发展、解决建德市“三农”问题进行专题协商讨论。

与会委员认为，近年来，市委、市政府按照统筹城乡经济社会发展的要求，切实加强“三农”工作力度，坚持以城带乡、同步推进的原则，建德市农业和农村工作取得很大成绩。但按照统筹城乡发展的要求，当前建德市“三农”工作面临的困难和问题还比较多，突出表现在：农民增收这一核心问题仍未得到根本解决，农民收入增长缓慢，贫富间声距扩大，与城市居民收入差距拉大，农村社会事业发展相对滞后，基础设施和村镇建设落后，农民精神文化生活匮乏，与经济发展和城市水平不相协调等。“三农”问题仍需各级党委、政府予以高度重视。要进一步增强树立和落实科学发展观的紧迫感和责任感，进一步提高执政能力和领导水平，进一步深化对“三农”问题地位的战略性、形势的严峻性、成因的复杂性和任务的艰巨性的认识，真正把现代化建设的战略重心转到统筹城乡发展、解决“三农”问题上来。为此委员们提出了5个方面的建议：

一、加快推进城镇化进程，大力促进城乡经济发展

这是中共建德市委、市政府的一项战略决策。近几年来，建德市加快了市区和中心集镇发展，初步形成了新安江城市，梅城、乾潭、寿昌中心镇，即“一城三中心”的城镇发展格局，城镇化发展成效明显。针对实施城镇化发展战略过程中存在思想认识有偏差、规划体系不适应、配套政策不协调、基础设施不完善等问题，建议市、镇两级领导要加强城镇化战略的研究，强化城镇意识，坚持以工业化带动城镇化、以城镇化促进工业化，城镇化和农村现代化并进、城镇和农村协调发展；要着力抓好中心城市、中心镇、一般镇和中心村四级市域城镇体系建设，在城市总体规划的指导下，科学定位，合理布局，认真编制好控制性详细规划、修建性详细规划和各类专业规划，规划要超前、实用和可操作；要充分利用自身的优势，注意塑造自己的特色，提高现代化城市的品位，着眼于长远，留有发展空间，长期、中期、短期综合考虑；要结合城镇的功能定位，积极培育支柱产业，形成特色经济，壮大城镇经济的实力，充分发挥城镇的规模效益、集聚效益和辐射作用，带动全市农村经济的发展，并与推进产业化经营、打造生态农业基地相结合，与坚持工业兴市、打造特色工业基地相结合，与做好山水文章、打造休闲度假旅游胜地相结合；要加快城镇供排水、城镇交通、能源、信息等基础设施建设，特别是要加强城镇抗灾应变能力建设，

提高城镇应急能力和救灾能力，加强城镇生态环境保护设施建设，着眼于改善人居环境，提高城市品位和质量，为可持续发展奠定基础；要确立城市经营的新思路，根据“谁投资、谁受益”的原则，努力开辟城建资金来源，实行多元化开发，广开城市建设的融资渠道，走出一条在政府引导下主要依靠社会资金建设城镇的路子；要打破城乡分割体制，逐步建立市场经济体制下的新型城乡关系，改革完善城镇户籍管理、城镇用地制度，改革完善行政区域管理、行政管理体制，从体制和政策上推动城镇化。

二、立足农业资源优势，加快发展生态特色农业

发展生态特色农业是农业发展新阶段的必然选择。以“绿色+特色”为特征的生态特色农业在建德市已有良好的基础，但制约生态农业发展的问题依然存在。建议要进一步明确发展建德市生态特色农业的总体思路和基本原则，因地制宜，要立足当地农业资源优势，以建设国家生态示范区为抓手，大力发展生态特色农业；要认真研究并制定加快发展生态特色农业的有效措施，突出重点，明确层次，对建德市的生态特色农业进行一次规划调整，确定3—4个产业作为全市重点特色产业，各乡镇（街道）也要从当地区域资源优势出发，确定产业发展重点；坚持以市场为导向，强化行政推动，促进重点产业、适宜区域特色产业的发展；要引导和教育农民正确处理好长远效益与眼前利益的关系；要坚持通过新技术、新品种的采用，重点解决影响特色农产品规模化生产的主要问题，加强无公害农产品生产技术的推广；要强化生态特色农业标准化建设，选择产业发展基础好的特色生产项目开展示范，进而推广，加强市场监管，规范市场秩序；要树立品牌意识，培育壮大农业龙头企业，认真落实扶持政策；要加强生态环境建设，巩固产业发展基础；要整合财政支农资金的使用，提高支农资金的利用效率，狠抓土地流转政策的落实，吸引外资和鼓励民间资本、民营资本、民营企业投资特色农业，以增强发展后劲。

三、抓好农村扶贫帮困工作，加快脱贫致富奔小康步伐

做好扶贫帮困工作不仅关系建德市经济全面发展，而且直接影响社会进步和农村稳定。建议进一步强化分级负责制，把帮扶工作作为统筹城乡经济社会发展的重要工作，强化组织推动，扩大部门单位联系贫困乡村面；加强帮扶工作的检查督促，切实管好帮扶资金；进一步转变贫困农民观念，激发他们内在的致富愿望和自信心，充分发挥先进典型的示范带动作用；进一步加大扶贫开发力度，根据帮扶户的实际情况，有针对性地扶持一批科技含量高、先进适用的项目，形成各具特色的农业产业带，注重贫困乡村贩销大户的培育，鼓励引导农业龙头企业到贫困乡村建立农产品生产基地；进一步加快下山脱贫进程，抓紧制定加快下山脱贫工程实施意见，鼓励高山村农民下山脱贫，凡在本市事权范围内的收费一律免收，打破区域界限，建立有相当规模、设施功能较为齐全的脱贫小区；以杭州市“49100”帮扶工程为契机，精心包装项目，积极争取杭州市帮扶单位的支持；要充分发挥民政、残联等部门单位和社会各界的作用，加大对农村特困户、残疾人的扶持力度，形成全社会更加关注农村特困户、残疾人的良好氛围。

四、加大科技成果推广工作力度，确保农民增收目标的实现

农业科技成果推广工作，对于促进建德市统筹城乡经济发展起着极为重要作用。针对全市农业科技体制、机制、人员队伍等方面存在的问题和困难，建议把认真贯彻落实《中华人民共和国农业技术推广法》作为当前一项重要工作切实做好，促使建德市农业科技成果推广工作走上法治化轨道，按照“三定”（定编、定岗、定员）、“五有”（有服务队伍、有工作场所、有服务设施、有服务实体、有试验示范基地）的标准，建立市、乡（镇）农业科技成果推广服务机构体系，按照有关政策，落实基层科技人员的工资福利、医疗和社会保障等实际问题，重视科技人员的知识更新，组织编印农科信息和订阅科技报刊，加大科技成果推广的宣传力度；要加大对农业科技成果推广经费的投入，确保科技三项经费按财政收入增长比例逐年提高，保证三分之一直接用于农业科技成果推广，农业发展基金要列出专项用于农业科技成果推广项目，整合资源，努力形成多元化、全方位的投入机制，加强对重点项目经费使用情况年度审计和项目验收；要研究制定农业科技成果的引进、推广和应用的奖励和补助政策，建立专家、企业、农民“三位一体”的农业科技成果推广新模式，鼓励农林科研所（站）积极创办科技服务型经济实体，积极引导和扶持民间科技组织和科技示范户进行科技创新和开发，适当放宽乡镇农技人员职称评聘指标，大力扶持、发展各类农民专业技术协会；要鼓励和支持企业等社会力量创办农民培训机构，健全和完善市、乡镇、村三级农民教育培训体系，并把农民科技教育培训工作列入乡镇年度考核内容；要通过产业化龙头企业、中介组织、科技示范户，应用订单、契约等方式，切实搞好产前、产中、产后全方位服务，与农业大专院校、科研院所的科研、教育人才一道，开展科技创新、试验、示范与推广，建立一批省、杭州市及本市级农业精品示范园，使农业科研成果迅速转化为现实生产力。

五、加快建立健全农村社会保障体系，提高社会保障覆盖率和保障水平

加快建立健全建德市农村社会保障体系，是解决“三农”问题的重要一环。鉴于建德市农村社会保障体系还十分薄弱，尚存在保障工作氛围不浓、保障水平较低、覆盖面较窄、激励机制欠缺、机构不够健全等情况，建议要加大宣传力度，运用多种方式，广泛宣传农村社会保障政策，提高干部群众对农村社会保障工作重要性的认识，增强干部抓好农村社保工作的主动性，增强群众“参保”的自觉性；要尽快制定出台符合建德市实际、与经济发展水平相适应的农村社会养老保险实施办法，建立以个人缴费为主、集体补助为辅、政府适当补贴和统账结合方式的新型农保制度；根据建德农村实际，坚持标准适当、层次多样原则，努力实现农村社会保险的全面覆盖，全面探索包括农村养老保险、农村医疗保险、社会救助、社会福利等在内的农村社会保障制度；要充分发挥政府在农村社会保障体系建设中的政策激励作用。对失地农民的社会保障工作要有前置措施，今后凡征地，应当按照一定比例提取保障金，把合作医疗参保率达到80%以上作为工作任务，列入乡镇（街道）年度目标考核，建立相应的奖惩机制，提高乡镇（街道）抓医保工作的积极性，对五保户供养覆盖率要实现集中供养，应保尽保；要健全农村社保机构，加强队伍建设，加强农村社会保险中的协调工作，增加对市级社保机构的经费投入，各乡镇（街道）要建立农村社会保障站，做到有牌子、有专职人员，并落实必要的工作经费。

关于顺利推进建德市国家级生态示范区创建工作的建议案

（2005年5月31日市政协十一届十四次常委会议通过）

2005年5月31日，市政协常委会召开十一届十四次会议，组织市政协常委实地视察了梅城、杨村桥、大同、更楼等乡镇（街道）的垃圾填埋场、养殖场和无动力厌氧净化池建设工程，并听取了有关乡镇（街道）和市环保局关于生态示范区建设工作情况的汇报。会议认为，近年来，在中共建德市委、市政府的高度重视下，全市上下通过3年来国家级生态示范区创建工作，大多数指标已达到或接近考核验收的指标要求，取得了明显的生态、经济和社会效益，为顺利通过验收打下坚实基础。

会议指出，生态建设是一项长期而艰巨的任务，目前还存在不少问题，主要有：一是少数单位对生态建设、环境保护的认识还不够到位，完成生态建设工程任务不够平衡；二是农村面源污染治理上，特别是无动力厌氧净化池建设，任务数109个，到目前才完成27个，占任务数的24.8%，与验收标准有较大差距；三是由于建德市经济基础薄弱，生态示范区建设和管理的经费不足；四是部分企业仍有污水偷排直排行为；五是生态教育、生态理念和社会的生态氛围不够浓。为进一步落实好建德市创建生态示范区工作，常委会议提出如下建议：

一、进一步提高认识，强化责任意识

创建生态示范区，建设生态市是一项功在当代，利在千秋，惠及子孙的民心工程，是一项提升全市综合竞争力的战略工程，也是一项长期的系统工程，需要我们一任接着一任干，一年接着一年抓。今年是创国家级生态示范区建设的验收年，市级机关各部门和乡镇（街道）的主要负责人，要切实负起责任，树立科学发展观和正确政绩观，紧紧围绕“一年打基础，二年出成效，三年基本完成生态示范区建设，十年建成生态市”的总体目标，进一步提高认识，准确把握生态示范区建设的目标和任务，加强领导，高度重视，不断强化措施，不断增强自觉性，深入研究和切实解决具体问题，真正把生态示范区建设各项工作落到实处。

二、进一步突出重点，扎实稳步推进

各乡镇（街道）和相关部门等责任单位，要认真按照《建德生态市建设规划》的要求，从实际出发，突出重点，扬长避短，不断把创建工作引向深入。

1. 加强农村面源污染治理。从建德市目前的情况看，农村面源污染问题比较突出，部分河网的水污染问题相当严重，有的甚至发生了群众饮水困难。对此，各级政府要引起高度重视，进一步加强农村面源污染治理工作，重点推进农村生活垃圾、畜禽粪便、生活污水无害化处理三大工程，对已确定建设的卫生厕所和无动力厌氧净化池、畜禽粪便处理沼气池、垃圾填埋场等项目工程，要千方百计想办法完成，遏制面源污染，保证农村饮水安全。进一步加大城市污水管网改造工程，扩大截污量，充分发挥新安江污水处理厂作用，做到达标排放。进一步落实中心集镇污水处理工程建设，做到在环境上不欠新账。

2. 大力推进清洁生产。正确处理工业兴市和生态立市的关系，经济发展和环境保护的关系。加强对工业新建、扩建项目的环境管理，积极引导企业走科技含量高、经济效益好、资源损耗低、环境污染少、人力资源优势得到充分发挥的新型工业化道路。大力发展循环经济，推进清洁生产。努力优化生态产业发展的产品结构，实施工农业技术革新和绿色产品开发，实现生产过程中的资源高效利用和污染物减量排放。紧紧围绕发展绿色农业、低面源污染农业的内容，大力发展生态农业。对于发展新型生态经济的企业和个人，政府要加大鼓励和支持的力度，以保证生态市建设的持续性、长久性。

3. 深入推进“2066”工程。按照《建德市创国家级生态示范区建设规划》和《建德市国家级生态示范区建设重点工程项目表》要求，继续大力发展生态工业、生态农业、“双百里”绿色通道、新农村建设等20项工程、66个大项目的重点工程；抓好基层的创建工作，继续深入开展生态乡镇、生态村，绿色社区、绿色学校、绿色企业、绿色景点、绿色饭店等创建工程，以扎实有效的工作，迎接初检和验收。

4. 落实长效管理机制。长效管理机制是生态示范区建设稳步发展的保证。要依据国家有关生态建设和环境保护政策法规及建德市制订出台的各项政策规定，加强督查，严格执法，对违规行为加大处罚力度；要严把环保审批关，将生态建设和环境保护工作纳入法治化管理的轨道；要建立健全农村生态管理制度。大的行政村应设垃圾箱、垃圾中转站，偏僻自然村应有垃圾焚烧炉，村村应配卫生保洁员负责日常卫生管理。市政府应每年从排污费中拿出部分资金，用于村保洁员的劳务补助。

三、进一步加大投入，多渠道筹融资

要切实加大投入，通过市场运作，拓展筹融资渠道，加快生态硬件基础设施建设。资金筹措可以通过“专项资金保障一点，市财政投入一点，向上争取一点，银行给贷一点，乡镇配套一点，市场运作一点”来解决。市财政要合理安排资金，按照生态示范区建设的政策，逐年增加对生态建设的投入，尤其对今年安排的415万元建设资金，要尽早到位，确保在建的农村面源污染治理工程如期完工。各乡镇（街道）要根据市政府要求，安排一部分资金作为启动和引导。同时，各级政府要通过生态示范区特有的生态价值和无形资产，积极鼓励和引导民资投入，大力推进生活垃圾、污水处理和环保设施的市场化运作。

四、进一步加大考核，强化监督检查

根据今年生态建设和环保工作规划任务，各部门和乡镇（街道）要进一步把任务细化、量化，落实到人、到岗、到时。市政府要把创建工作与政绩考核有机结合起来，将生态建设和环保工作作为重要内容和较高的分值，列入对部门和乡镇（街道）年度目标管理考核办法，进一步推动生态示范区创建工作。完善企业治污装置的运行监测机制，强化对企业“三废”排放监管力度。市生态办要加大工作力度，对照年度生态建设目标任务，逐月检查逐月通报；要加强对跨乡镇（街道）生态环境建设、生态经济方面工作的协调和指导；要严把环保审批关，对不符合环境保护要求的项目实行环境保护“一票否决”；要加大生态环境的执法力度，严厉打击环境违法行为。

五、进一步加强宣传，营造生态文化

要充分运用广播、电视、报刊、标语、黑板报等方式，加大生态建设宣传力度，通过建设绿色学校、绿色医院和绿色社区等载体，大力进行建设生态市和发展生态环保型效益经济的教育，普及现代文明发展理念，弘扬民族优秀文化传统，通过人们总体素质、综合素质的提高，为生态市建设提供强有力的精神动力和智力支撑。

关于“加快融入大杭州提升建德发展水平”的建议案

（2010年7月23日在市政协十二届二十次常委会议上审议通过）

2010年，市政协常委会围绕“加快融入大杭州，提升建德发展水平”这一主题，就“低碳城市建设”“养生养老产业发展”“后危机时期建德工业经济的发展”“重科技、促调整、求发展”“城市潜力行业发展”“科技创新保障机制建设”6个专题开展了深入调研，并形成调研报告，于7月23日在市政协十二届二十次常委会议上进行交流。

一、推行低碳生活，打造低碳城市先行区

建议：1. 强化政府引导和示范。一是建立组织，制定规划。二是加大宣传，营造氛围。加强低碳文化的传播普及，提高市民群众实行低碳生活的自觉性和主动性。三是政府先行，带头示范。加大党政机关节能减排行动力度，加强检查监督，推行“绿色办公”。2. 发展低碳交通。一是重新审视公共停车场建设。二是探索建立免费公交系统。将城区停车收费收入和出让土地建设停车场的收入专项用于公交系统建设，发展免费公交，提高公交换乘的便捷和质量，使公共交通成为市民出行的首选。三是发展“免费单车”服务系统。在城区规划发展“免费单车”服务系统，成为大公交体系的重要补充。四是加快公交优先通道建设。在沿江大道、新安路主城区段设立禁行、限行区，为公交车辆、免费单车提供优先通行服务。3. 倡导低碳消费。加强对宾馆饭店、超市零售店使用一次性餐具、一次性塑料袋的执法检查。探索建立剩餐处理奖罚机制，开展“绿色饭店”创建活动。4. 加强生态建设。一要以生态市、珍贵树种示范市创建为载体，增强城市碳汇能力。二要以海螺水泥垃圾焚烧项目为载体，实现生活垃圾减量化、资源化、无害化。5. 注重工作结合。一是与创新工作结合起来。二是与旅游名城建设结合起来。三是与精神文明建设结合起来。四是与新型城镇化建设结合起来。

二、应对人口老龄化挑战，推进建德市养老事业和养生养老产业发展

建议：1. 高度重视养老事业和产业发展工作。把养老工作纳入各级政府的激励考核指标体系。成立养老事业和养生养老产业发展领导小组，全面负责养老事业和养生养老产业发展的各项协调工作。整合成立老龄事业局，主管老龄事业。2. 科学制定养老事业产业发展规划。制定“建德市养老事业、产业中长期发展规划（5—15 年）”。3. 完善落实有关社会保障制度。4. 大力推进居家养老服务。一是建立市、乡镇（街道）、村（社区）三级养老服务组织网络。二是完善服务设施。在社区（村）设立居家老年人日托所、居家老年人生活照料中心。三是建立老年人呼叫服务系统，建立起“社区老人安全网”。5. 努力办好公办养老院。一是明确公办养老机构的功能定位。公办养老机构应以救助型、福利型为主。二是加快推进市福利院的改（扩）建或迁建，方案要广泛征求意见，科学决策。三是以“一主四团”为基础，对原有乡镇（街道）敬老院进行整合提升，扩大规模，提高档次。四是为拓展业务，建议各地敬老院因地制宜进行更名，更加适应养老事业发展的需要。6. 大力推进民办养老机构的发展。尽早制定出台建德市养老服务业发展的扶持政策，引导民间资本加快投入。7. 大力培育其他养生养老产业。8. 营造全社会尊老敬老养老的良好氛围。大力宣传敬老爱老孝老的先进事迹和典型，大力弘扬孝道和传递爱心，倡导尊老敬老文化，树立爱老孝老风尚，为老年人安度晚年营造良好氛围。

三、后危机下建德工业发展的建议

建议：1. 关于转型转轨问题。一要在重视对企业“物”转型升级的同时，更应重视对“人”——企业主思路、理念方面的转型升级。二要加快改革传统的、单一的近亲繁殖“经理人”模式，建立“职业经理人”选拔聘任机制和激励机制。三要切实缓解当前企业用工难问、题。2. 关于企业创新能力问题。一是协调好短期战略和长期战略。二是帮助企业逐步形成，并拥有“自我疗救”和自主创新的能力，重视发挥产业自身的优胜劣汰机制和产业振兴政策不断刺激的双重作用，使产业向成熟结构转变。三是建立企业应对风险的评估体系。3. 关于企业规模能力问题。一要坚持不懈地实施企业集团发展战略。二要加快推进产业的集群发展。重视产业链的发展，尤其是碳酸钙、有机硅等产业，要将其作为建德市率先实现产业集群的可能，重点加以推进。

四、以调整结构为动力，促进工业经济更好更快发展

建议：1. 企业遴选适合的方式进行结构调整。一是强化创新促调整。二是资本合作促调整。三是“产学研”共赢促调整。2. 政府强力推动促进企业结构调整。一是营造氛围促调整。二是规划引领促调整。三是打造平台促调整。四是整合政策促调整。每年集中扶持几个重点研发项目。精选一批企业，实施“雏鹰计划”行动，加以重点扶持。鼓励高新技术产业或实力企业建立科研中心，允许企业生产基地和科研中心分离，只要税源在建德，政府就应扶持奖励。

五、加快发展城市特色潜力行业，打造建德市经济发展新蓝海。

建议：1. 认真抓好行业发展的规划布局。将七大城市特色潜力行业列入建德市“十二五”规划的服务业篇章，认真处理好专项规划和总体区域规划的关系。2. 坚持行业发展大项目带动战略。认真编制好七大行业项目，要以大项目带动行业大发展。3. 大力开展行业发展品牌创建。大力实施品牌战略，加大对重点品牌产品、品牌企业的扶持力度，加快发展一批带动性、辐射面广的行业知名品牌。4. 加强对潜力行业龙头企业的培育。5. 加大人才培养和引进力度。6. 重视宣传推介工作。

六、加强科技创新保障机制建设，促进技术创新

建议：1. 建立健全科技投入的长效机制。一是建立和完善多层次的科技创新机制。二是建立和完善多元化的科技投入机制。三是建立和完善多形式的人才激励机制。2. 建立健全企业科技投入的激励机制。一是加强科技自主创新奖励制度建设，鼓励和支持企业开展各项科技创新活动。二是加强科技金融合作。创新科技金融合作模式，挖掘企业科技金融合作潜力。3. 建立健全科技投入的保障机制。一是把增加科技投入作为加强科技创新与促进经济与社会发展的一项重要任务，纳入政府考核目标。二是开展科技型企业双百联结活动，三年内完成100名工业科技特派员选聘工作。三是加强科技型企业培育服务。四是加强知识产权保护体系建设。五是设立建德市科技创新服务中心，主要负责科技项目申报、科技成果登记、科技金融等工作，为科技创新提供有力保障。

市政协十三届五次会议关于加快推进全域旅游发展的建议案

（2016年7月26日市政协十三届二十八次常委会审议通过）

2014年，市委以振兴建德旅游二次创业为目标，出台了《关于加快发展全域旅游的指导意见》和《发展全域旅游三年行动计划（2014—2016）》等一系列文件，提出要坚定不移地实施以全域旅游发展为核心的“服务业兴市”战略，把建德市旅游业打造成为推动经济发展、调整经济结构、改善生态环境、增加居民收入的重要支撑和战略性支柱产业。但是建德市的全域旅游发展还存在着诸如推进力度不大、资源整合不够、特色产品缺乏、综合项目偏少、工作重心不突出等问题。为此，市政协十三届五次会议组织全体委员围绕全域旅游进行了认真讨论，建议从以下四个方面着手，加快推进建德市全域旅游发展。

一、坚定发展全域旅游的决心

正确认识全域旅游的重要意义。全域旅游是指以旅游业为引领，通过对特定区域内的产业体系、城市特色、公共服务、旅游产品、休闲娱乐、生态环境的整体规划和实施，从而实现区域资源有机整合、产业深度融合和全社会共同参与的区域旅游发展模式，对加快转变经济发展方式，推动产业结构调整，统筹城乡协调发展具有重要作用，是新形势、新常态下推进经济社会加快发展的重要途径。

全面把握国家政策的引导方向。2014年国务院印发《关于促进旅游业改革发展的若干意见》，提出要改变旅游的点状开发模式，向全域化开发模式转型，推动旅游业发展与新型工业化、信息化、城镇化和农业现代化相结合，实现经济效益、社会效益和生态效益相统一。2015年国家旅游局下发了《关于开展“国家全域旅游示范区”创建工作的通知》，从实践的角度开始推动全域旅游发展。

积极借鉴成功实践的有效经验。从杭州地区来看，有7个县（市、区）明确提出了全域旅游构想，并付诸实践。桐庐县2012年提出创建全域旅游，2013年被省政府批复同意为全域旅游专项改革试点县，2014年旅游接待人次达到1010万人次，旅游总收入突破100亿元。淳安县2012年全面启动全县景区化建设，2013年“县域大景区”基本成型，2014年旅游接待人次达到1005万人次，旅游总收入90.3亿元。2014年，建德旅游接待人次为660万人次，旅游总收入46.5亿元。桐庐、淳安两地的成功经验值得学习借鉴。

客观分析建德发展的基础优势。建德市历史悠久，山川秀丽、古迹众多，自然景观丰富，历经30余年的开发，传统的“新安十景”相对成熟，新兴景点如“新叶古村”“新安江玉温泉”“果蔬乐园”等相继涌现，发展全域旅游的基础条件较好。近年来，市委、市政府深入践行“绿水青山就是金山银山”发展理念，不断加大“五水共治”“四边三化”“三改一拆”“两路两侧”等专项整治行动及新农村基础设施建设投入，生态环境、区域环境日趋良好。

二、理清发展全域旅游的思路

按照市委《关于加快发展全域旅游的指导意见》提出的“生态环境优美、主题特色鲜明、空间布局合理、产品体系完善、基础设施便利、服务品质优良、产业基础雄厚”的发展目标，以创建大新安江国家AAAAA级旅游景区为引领，充分挖掘和利用建德丰富的旅游资源，着力提升旅游产品的差异性、参与性和综合性，深入推进“三化”“四全”“五位一体”全域发展，加快建设“一城一轴三线多点发展”产业格局，最终形成“以城带乡、城乡统筹，以线串点、点面结合，各具特色、全面发展”的全域旅游发展体系。

推进“三化”“四全”“五位一体”全域发展。坚持以全域旅游的理念来推进城市建设、产业发展、城乡统筹、富民增收等工作。以景区建设的标准推进农村基础设施建设，以“农家乐”、采摘游、民俗体验、果蔬乐园推进乡村旅游发展，以土地流转及产权交易推进农村资源整合经营，促进农村景区化、农业旅游化、农民市民化。通过全域景观化建设、全天候旅游产品开发、全产业融合互动、全社会共同参与，促进全域、全时、全业、全民发展。通过宜居宜游旅游城市建设、风情小镇培育、美丽乡村建设、幸福家园创建、人文素质提升，实现“市镇村户人”立体式推进。

建设“一城一轴三线多点发展”产业格局。以“美丽江城”建设为目标，按照“城景交融、和谐优美、功能复合、全民共享”的要求，加快推进城市有机更新和综合体建设，提升主城区旅游产业发展的首位度，强化主城区的旅游枢纽和集散功能。按照景观化、产品化、网络化建设的要求，加强旅游资源的挖掘和整合，加快旅游基础设施的配套和建设，加大旅游项目的策划和开发力度，努力打造景观生态一流的新安江—富春江旅游发展轴，全面提升东线、南线、西线旅游板块。结合产业特色和区位优势，加强农村环境综合整治，集中力量推进中心村、精品村建设，提升旅游基础条件，优化旅游精品线路，多点推进特色乡村休闲旅游。

三、突出发展全域旅游的重点

突出品牌的建设和宣传。围绕“清凉胜境，养生福地”品牌形象，充分运用现代信息网络技术，加强与主流在线旅游企业、新闻媒体的合作，构建多平台的立体式宣传体系，全力打响“17°建德新安江”旅游品牌。加快旅游服务中心建设，结合互联网+以及区域大数据的整合利用，构建城市智慧旅游服务平台，不断提升旅游信息化水平。

突出景区的打造和提升。按照“一城一轴三线多点”的整体布局，推进四大区块建设：以乌龙山、梅城古城、富春江国家森林公园为核心的乌龙山服务业集聚区，以航空小镇、新安江玉温泉为核心的通航温泉度假区，以大慈岩、新叶古民居为核心的大新叶旅游区，以新安江水电站、千岛湖源生态经济示范区为核心的城西千岛湖景区。四大区块既要各具特色，又要形成优势互补，实现时空、区域上的良性互动、相得益彰，更要以AAAAA级标准为目标引领，高层次、高品质地推进景区内的项目建设，争取“十三五”期间成功创建大新安江国家AAAAA级旅游景区。

突出要素的配套和完善。强化旅游产业的“吃、住、行、游、购、娱”六大要素，形成集餐饮、住宿、旅行、游览、购物、娱乐为一体的完整产业链。充分发掘“严州小吃”“三都全鱼宴”“里叶全荷宴”等特色餐饮，打造建德特色美食。加大中高档酒店建设力度，鼓励特色民宿发展，满足差异化需求，不断提高旅游接待能力。积极对接杭黄高铁、临金高速等重大交通项目，推进市域交通及景区道路、停车场建设，统一标识标牌，全面改善提升旅游交通环境。鼓励传统产品发掘、农产品深加工，丰富旅游纪念品种类。深入挖掘物质文化遗产和自然生态资源，集中培育“九姓渔民”“严州探古”“亲水运动”“绿道毅行”等一批特色明显、参与性强的旅游娱乐活动。

突出产业的融合和互动。依托草莓、莲子、柑橘、茶叶等农业特色产品和自然、生态、优美的乡村田园风情，大力发展四季采摘、农事体验、农业观光、乡村休闲等旅游项目，推进农业农村与旅游的有机融合。依托农夫山泉、青岛啤酒、致中和等特色产业，开发集“制造、展销、体验”于一体的工业旅游，促进现代工业与旅游的有机融合。依托建德深厚文化底蕴，围绕名人名史名典、古城古村古居，全方位开发利用丰富的历史文化资源，促进文化与旅游的有机融合。依托良好的自然山水条件，积极开发运动休闲、健康医养旅游产品，促进生态与旅游的有机融合。

四、强化发展全域旅游的保障

凝聚发展合力。全面贯彻落实“生态立市、创新活市、工业强市、服务业兴市”发展战略，真正把全域旅游作为服务业的核心来抓，争取“十三五”期间创建成为国家级全域旅游示范区。加强组织领导，成立全域旅游发展工作领导机构，明确各部门、单位及乡镇（街道）的职责和责任领导，调动各级各部门的资源和力量，共同推进全域旅游发展。完善考核体系，将全域旅游纳入年度综合目标责任考核，确保市委制定的加快发展全域旅游指导意见和三年行动计划得以有效实施。

强化项目建设。加快编制全域旅游发展专项规划，强化规划在项目建设中的约束和引领作用。加快旅游公共服务项目建设，改善全域旅游发展基础条件。完善旅游招商项目库，加大项目推介、引进力度，形成全方位、多层次、宽领域的招商格局，积极引进大型企业集团、知名旅游品牌企业，建设一批体验内容丰富、带动能力强的旅游综合体项目。

完善投资体制。进一步盘活国有资产，做大做强市级国有旅游投资公司，增强政府在旅游基础设施上的投入能力。充分发挥市场优势，拓展旅游项目投资渠道，探索PPP等新兴投资模式在旅游项目中的应用，引导社会资本参与全域旅游发展。

加大政策支持。完善全域旅游发展政策，在税收、用地、人才、融资等方面予以政策扶持，营造良好的全域旅游发展环境。加大旅游投入，确保市财政旅游发展专项资金合理增长，加大对旅游策划、宣传推广、人才培训、公共服务的支持力度。

关于创建国家森林城市的建议案

（2017年2月9日市政协十四届第一次会议审议通过）

2016年12月，建德被浙江省关注森林组委会授予“省级森林城市”，建德市又获得了一张可贵的“绿色城市”金名片。建德地处钱塘江水上游，生态保护责任重大，强化以森林为主体的生态系统建设，实现生态环境可持续发展是建德市加快发展、赶超发展、科学发展的重要基础。为此，市政协十四届一次会议组织全体委员进行了认真讨论，建议在成功创建省级森林城市的基础上，自我加压，拉高标杆，全面开展国家森林城市创建工作。

一、强化认识，坚定创建信念

1. 对创建国家森林城市的重要性要有充分认识。城市森林是改善城市生态环境的主体。创建森林城市，可以有效改善全域生态环境，促进经济社会与自然环境协调发展，是确保“一江清水”、维护区域生态安全的重要保障。创建森林城市，可以有效提升城市形象和城市品质，优化投资发展环境，是推动生态优势向发展优势转变、提升城市核心竞争力的重要途径。创建森林城市，可以有效巩固“五水共治”“三改一拆”“四边三化”“两路两侧”专项整治成果，助推全域旅游发展和小城镇环境综合整治，是践行“绿水青山就是金山银山”发展理念，落实“生态立市”发展战略的重要载体。

2. 对创建国家森林城市的必要性要有充分认识。在浙江建设“美丽中国先行区”的新要求下，在省、杭州市对建德市生态环境保护不断加压的新形势下，以创建国家森林城市为抓手，全面推进生态环境建设的必要性日益突出。特别是省委、省政府提出“十年建成森林浙江”要求以来，全省上下创建国家森林的氛围不断浓厚，自临安市首创成功之后，已有杭州、宁波、丽水、龙泉等12个市、县成功创建。2016年省林业厅向国家林业局申报并成功备案了11个区、县（市），包括桐庐县、江山市、永康市等。在目前周边县（市）争相创建、互比互赶的趋势下，建德要实现十四次党代会提出的打造“长三角生态旅游目的地、国内一流宜居宜业幸福城”奋斗目标，必须下定创建国家森林城市的决心，迎难而上，久久为功，以创建工作推动生态环境进一步优化、生态优势进一步发挥、生态特色进一步彰显、生态产业进一步发展，为跨越赶超、实现新崛起提供更多支撑。

3. 对创建国家森林城市的可行性要有充分认识。建德市“八山一水一分田”，气候温润，雨量充沛，森林资源丰富，全市森林覆盖率达76%，远远超过了《国家森林城市评价指标》对南方城市35%的要求，创建国家森林城市具备优越的自然条件。近几年来，市委、市政府认真贯彻落实绿色发展理念，以省级森林城市创建为抓手，广泛开展植树造林和城乡绿化工作，加快推进森林资源开发和林业产业发展，先后被授予国家生态示范区、全国首批绿化模范城市、全国首批珍贵树种培育示范市、全国森林经营样板基地等一系列荣誉称号，为建德市创建国家森林城市奠定了良好的工作基础。在2015年省级森林城市验收过程中，验收组认为建德市较早提出“生态立市”发展理念，具有较为厚实的“绿色底蕴”，具备创建国家森林城市的坚实基础。

二、自我加压，明确创建目标

以城乡森林化、村庄园林化、农田林网化、廊道风景化、水岸绿茵化、森林网络化为目标，突出生态优先、生态效益与经济效益兼顾的发展理念，形成完备的森林生态体系、和谐的绿色家园体系、发达的林业产业体系、繁荣的森林文化体系。通过1—2年的努力，争取向国家林业局成功申报备案。在此基础上，再通过2—3年的真抓实干，争取在本届政府任期内将建德市建设成生态环境良好、人居环境优美、生态产业发达、人与自然和谐共处的生态宜居型国家森林城市。

三、突出重点，提升创建水平

1. 坚持问题导向，对照省级森林城市验收，补齐创建短板。结合省级森林城市创建验收过程中存在的森林与城市融合度不够、建设用地与绿地矛盾突出、森林景观有待提升、城区绿化分布不均、通道绿化亟待强化、城镇村庄绿化相对滞后等六个方面的突出问题，采取针对性整改措施，集中力量补齐短板，为争取1—2年内向国家林业局申报并成功备案奠定基础。

2. 坚持目标导向，对照国家森林城市建设指标，分步开展工作。国家森林城市包括城市森林格局、城市森林健康、城市林业经济、城市生态文化、城市森林管理5个方面53项具体指标，并要求城市生态建设实现城乡一体化发展。与省级森林城市相比，创建起点更高，步骤程序更多，所需时间更长。要全面对照国家森林城市建设指标和时间节点，结合建德市实际，制定《创建国家森林城市实施方案》，明确部门责任，细化年度任务，分期分步分项开展创建工作。

3. 坚持效果导向，对照先进县市成功经验，实施五大工程。围绕创建目标，坚持生态优先、城乡一体、有序推进的原则，借鉴桐庐、江山等县（市）的创建经验，重点开展五大工程建设，以点带面，重点突破，切实提升创建实效。一是森林城市建设工程。借助丰富的山水资源，沿北面山体和新安江两岸规划新建城市山地公园和城市湿地公园，加快推进洋溪、更楼、桥东以及牛头山、凤凰山的绿化提升，全面遏制城区山体开挖，高质量、高标准建设城市绿地，拉近森林和城市的距离。到创建规划期末，城区绿化覆盖率、人均公园绿地面积、城区街道树冠覆盖率等指标达到国家森林城市建设标准，形成“林在城中，城在林中”的城市景观。二是森林村镇建设工程。结合小城镇环境综合整治和美丽乡村建设，以森林城镇、森林村庄、乡村精品道路和重要节点绿化工程为抓手，全面推进村镇绿化建设，实现城乡生态一体化。到创建规划期末，使全市的村镇林木绿化率达 45%以上，集镇林木绿化率达 40%以上。三是森林生态廊道建设工程。结合“两路两侧”“四边三化”以及省林业厅珍贵彩色树种发展项目，加快推进铁路、公路、河道两侧以及可视范围山体的生态景观建设，打造以绿色为基调、彩叶树种为点缀、叶色随季相变化的特色生态景观廊道。四是森林生态屏障建设工程。在城镇、村庄、库区、工业园区周边，采用人工造林、抽针改阔、封育封管等方式，加大林相改造力度，有效改善森林结构，建设生态安全、格局合理、功能健康的绿色生态屏障。五是森林产业发展工程。充分发挥生态环境和森林资源优势，结合长三角全域旅游目的地和全国森林经营样板基地建设，大力发展森林旅游、森林食品、经济林木等绿色生态产业，充分发挥林业在农民增收致富中的积极作用。

四、强化保障，形成创建合力

1. 加强组织领导。在创建国家森林城市申报备案期，要进一步发挥市“美丽办”的牵头作用，理顺工作机制，落实工作责任，确保按期完成省级森林城市中后期的各项规划建设任务。在国家林业局备案批准后，及时成立高规格的创建工作领导小组，全力推进创建工作。建立创森工作考核制度，把创建工作纳入部门、乡镇（街道）年度综合考核，强化督查考评，确保创建工作有力推进。

2. 强化规划引领。要对照创建指标，加强与林业科研院校合作，注重科技支撑，在完善提升省级森林城市建设规划的基础上，提前谋划国家森林城市创建总体规划。申报备案获准后第一时间启动规划编制工作，以规划引领创建工作，实现创建工作与城市建设、全域旅游、美丽乡村、小城镇环境综合整治有机融合、协调一致，促进产业发展和民生改善。

3. 创新投入机制。坚持“政府主导、市场运作、社会参与”的理念，在加大政府投入的同时，引导各类投资主体参与创建工作，形成多渠道、多层次、多元化的投融资机制。按照“谁造谁有、合造共有”“谁投资、谁收益”的原则，通过承包经营推进林地使用权流转，吸引社会资本参与绿化造林。探索建立科学的林业管理养护模式，结合阳光康养、休闲度假等项目，鼓励社会资本参与创森工程建设和绿地养护。

4. 坚持共建共享。发挥“关注森林委员会”的作用，通过城市森林论坛、社会公益实践、森林文化宣传等形式，强化公众对森林重要作用的认识，增强创建工作的影响力，营造良好创建氛围。坚持“大众能受益、百姓有获得”的原则，逐步落实一批社会关注度高的城市绿化项目，有效提高群众满意度和获得感，调动广大群众参与创建工作的积极性，让创建活动人人支持、人人参与、共建共享。

附二：

1998—2019年建德市政协建议案一览表

表3-3

年度	提交会议	建议案名
1998	十届二次常委会议	就如何解决建德市下岗职工基本生活费和再就业工作的几点建议
	十届五次主席会议	关于进一步贯彻执行《中华人民共和国统计法》的几点建议
1999	十届十三次主席会议	关于加快富春江景区开发的建议
2001	十届三十二次主席会议	关于加快二轻特困企业改制工作的几点建议
	十届三十三次主席会议	关于视察严中分校建设工程情况后的几点建议
	十届二十二次常委会议	关于开展撤村建居工作，推进城区社区建设的建议和意见
		关于加强农村宣传文化队伍建设的建议
		关于创建省级文明城市的几点建议
		对进一步开展建德市农村文明乡镇村创建活动的建议
		关于发展文化产业的建议
		关于做好青少年思想道德教育的建议
2003	十一届三次主席会议	关于进一步抓好全市计划生育工作的建议
2004	十一届九次常委会议	关于统筹城乡发展解决建德市“三农”问题的建议
2005	十一届十四次常委会议	关于顺利推进国家级生态示范区创建工作的建议
	十一届三十三次主席会议	关于建德市“十一五”规划编制的几点建议
2006	十一届十九次常委会议	关于加快发展建德市现代服务业的建议
	十一届二十一次常委会议	关于加快发展建德市高速公路经济产业带的建议
2007	十二届二次常委会议	关于进一步加强区域特色经济发展的建议
2008	十二届九次常委会议	关于重视建德市化工产业转型升级的问题的建议
		关于关注民生推动发展的建议
2009	十二届三十六次主席会议	关于建德市林地保护利用规划的建议
	十二届十四次常委会议	关于力挺经济发展，促进民生事业的建议
2010	十二届二十次常委会议	关于加快融入大杭州，提升建德发展水平的建议
2011	十二届二十八次常委会议	关于实现城乡统筹，推进建德经济发展的建议
2012	十三届三次常委会议	关于实施产业振兴工程 打造实力建德的建议
2013	十三届八次常委会议	关于实施城乡统筹工程，打造宜居建德的建议

续表3-3

年度	提交会议	建议案名
2014	十三届三次会议	关于以“五水共治”为突破口，加快推进全域生态化建设的建议
2015	十三届四次会议	关于推进“多规融合”深化规划管理的建议
	十三届二十次常委会议	关于“十三五”规划编制的建议
2016	十三届五次会议	关于加快推进全域旅游发展的建议
	十三届二十八次常委会议	关于推进全域旅游发展的建议
2017	十四届一次会议	关于创建国家森林城市的建议
	十四届三次会议	关于水产业发展等重点调研课题的建议
2018	十四届十次常委会议	关于乡风文明等重点调研课题的建议（“移风易俗乡风文明建设”“乡村治理体系建设”“草莓产业可持续发展”“乡村旅游发展”“农村互联网经济”“高铁时代综合交通建设与管理”）
2019	十四届十八次常委会议	关于小江溪流域统筹发展等的建议（“小江溪流域统筹发展”“减税降费政策落实”“乡镇卫生院发展”“小城镇环境长效管理”“美丽乡村建设”“航空小镇通航产业发展”）

五、专题议政

就建德市经济建设、社会发展某个专题，发挥政协“人才荟萃，知识密集”优势，进行专题议政，提出意见建议，是市政协经常性工作。十届至十四届委员会期间，共选取399个专题开展议政建言活动。

创建杭州市级文明卫生城市工作　1998年9月8日，市政协召开十届六次主席会议，专题议政创建文明卫生城市工作。与会人员先后察看新安江汽车站、交运楼、农贸市场等处环境卫生情况，听取市城管办关于创建文明卫生城市有关情况的通报，提出意见建议：以“迎检”为契机，加强领导，突出重点；强化宣传教育，努力提高市民创建意识，营造浓厚的创建氛围；努力提高城市执法力度，不断提高城市管理水平；明确职责，切实把创建落到实处。

富春江景区开发建设　1999年5月11日，市政协召开十届十三次主席会议，实地察看富春江景区开发建设现场，听取景区开发建设指挥部有关负责人的情况介绍，就如何加快七里泷景区开发建设进行讨论，提出建设性意见，并以建议案形式，送交市政府决策参考。

建德市城市防洪工程　2000年11月12日，市政协召开十届三十七次主席会议，专题议政建德市城市防洪工程建设。实地视察城市防洪工程建设现场，听取市水电局关于工程建设工作情况介绍。提出意见建议：充分认识搞好城防工程的重要意义，坚定不移按总体规划搞好施工；坚持不懈，争取资金；加大宣传解释力度，争取市民理解和支持；尽快出台建德市房屋拆迁统一政策；全市合力，从各个方面关心支持市城防工程建设。

加快二轻特困企业改制 2001年4月27日，市政协召开十届三十二次主席会议，专题议政加快二轻特困企业改制工作。提出意见建议：制定适应二轻企业改制的相关政策，筹措改革成本，加强对二轻企业改制工作的领导，确保企业改制顺利进行。

严中分校建设工程 2001年6月22日，市政协召开十届三十三次主席会议，专题议政严中分校建设工程，会议组织实地视察后，提出意见建议：将暂定名“严中分校”改为“严州中学新安江学区”。校园四周建设5米宽绿化带，使之成为公园式校园。教师来源应走开放型路子，从本市重点中学公开选聘，向省内外招聘；在教师队伍管理上，引入竞争机制，不搞“终身制”；引进专业对口的优秀大学毕业生。加强校风建设。努力提高教学质量。确保学校师生的人身安全。

新安江污水处理厂建设及运行 2003年6月12日，市政协召开十一届五次主席会议。会议专题视察新安江污水处理厂工程，听取市建设局和新安江污水处理厂关于污水处理厂建设及运行情况的汇报，提出意见建议：加快污水收集系统建设；加快推进价格改革，逐步建立符合市场经济规律的污水处理收费制度；建立城市污水处理市场化新机制。针对新安江污水处理厂建设资金缺口较大的问题，建议继续向上争取资金支持外，切实推进城市污水处理项目建设、运营的市场化改革，放开投资市场。

创建省级文明城市工作 2003年7月10日，市政协召开十一届六次主席会议，专题视察省级文明城市创建工作。针对创建中存在的认识不够高、乱倒垃圾、基础设施不配套和管理体制不顺等问题，提出意见建议：深化认识，切实调动各方积极性和创造性；采取果断措施，解决当前城市管理中的突出问题；理顺关系，建立健全城市管理机制；增加投入，加大城市基础设施的配套建设。

城市防洪工程建设 2003年8月18日，市政协召开十一届七次主席会议暨“城市防洪工程”专题议政会。会议听取市政协3个调研组，就城防工程所涉工业企业、宾馆旅游及沿江民居搬迁等问题的调研汇报，建议多渠道筹措建设资金，尽快明确搬迁政策，切实加强领导等措施。

城市路网建设 2003年9月23日，市政协召开十一届八次主席会议。专题议政城市路网建设。会议实地视察新安路、大塘坞、白沙路、江南路等路网工程，听取市建设局领导和各工程指挥部负责人关于工程实施的情况汇报，提出意见建议：进一步加快厂企校搬迁工作进程，统一规划和明确倒土场地，加强部门间的协调，及早策划2004年城市路网建设项目，进一步争取广大市民的鼎力相助。

加快省级经济开发区建设 2003年12月23日，市政协召开十一届十一次主席会议，实地视察市省级经济开发区洋溪和安仁以及寿昌区块，听取城东、寿昌开发办负责人关于经济开发区建设情况的汇报，提出意见建议：坚定搞好经济开发区建设的信心，把“举全市之力”的措施落到实处，抓紧开发区用地报批，构筑发展平台。

创建国家级生态示范区 2004年4月23日，市政协召开十一届十五次主席会议，专题视察创建国家级生态示范区、建设生态市工作。提出意见和建议：进一步统一认识，加强领导；做好“四个结合”，进一步促进“2066”重点工程落实；强化监督管理；多渠道解决生态示范区建设的资金不足问题；加大宣传教育力度。

旅游业发展 2004年5月28日，市政协召开十一届十六次主席会议，对旅游业发展情况进行专题议政。会议听取市旅游局关于全市旅游业发展情况的汇报，并实地视察建设中的江南村景点。提出意见建议：提高思想认识，把旅游业作为新的经济增长点来抓；处理好资源开发与保护、景点建设和管理、硬环境与软环境建设等方面关系，促进旅游业可持续发展；多渠道筹措资金，加快改善旅游基础配套设施；充分挖掘旅游资源，进一步做大做强旅游产业；加大宣传促销力度，打响“新安江”旅游品牌。

加快城东区块开发建设 2004年6月15日，市政协组织部分政协委员赴城东开发区调研，实地察看万事利、苏泊尔项目基地，并听取城东区块开发建设负责人关于开发的情况介绍，提出意见建议：要创造条件，攻坚克难；调整工作思路，加快城东区块开发建设步伐；尽快确定城东法人实体名称；征地拆迁程序到位；科学规划并严格执行城东整个区块详规；加大城东开发区块对外宣传力度。

发展高中段教育 2004年7月22日，市政协组织部分政协委员到市教育局调研发展高中段教育情况。围绕如何化解当前建德发展高中段教育瓶颈问题，提出意见建议：充分认识发展高中段教育的紧迫性；认真编制高中段教育发展规划，健全办学机制；切实解决好当前发展高中段教育的具体问题，加快新安江中学迁建扩容步伐，大力支持寿昌中学、严中梅城校区增量扩容，关心支持育才中学搬迁工作，加大教育投入；努力强化职业高中教育；加强高中段教师队伍建设；加大高中段教育的宣传力度。

进一步搞好环三江口经济圈 2004年6月24日，市政协召开十一届十七次主席会议，就“环三江经济圈”建设思路进行探讨。与会人员视察三江口工业区开发建设现场，听取市发展计划局和梅城镇关于建设思路的汇报。提出5点意见建议：一是认清形势，统一认识，形成合力。二是深入调研，找准位置，科学规划。要抓紧启动规划编制，强化环三江口区域间的交通网络。三是立足现状，突出重点，扶优扶强。进一步加强政策扶持，继续大力开展招商引资工作力度，在“环三江口经济圈”中找准接点，加快梅城、大洋、三都的城镇化建设步伐。四是治理环境，保护生态，持续发展。五是加强领导，建立机构，做好宣传。

新安江自来水引水工程 2004年8月24日，市政协组织在建德的省、杭州市政协委员和建德市部分政协委员共30人，对新安江自来水引水工程进行专题视察。委员们在实地视察庙嘴头减压泵站、牛坞口新厂区和规划取水口隧道出口等地，听取市建设局负责人关于引水工程建设的情况汇报后。形成共识：引水工程是民心工程，既定方案如不能实施，必须调整取水口，引水工程需要新安江电厂的大力支持，并提出意见和建议：进一步提高认识，加快引水工程建设，加强领导和部门协作。

杭新景高速公路建德段三期工程征迁工作　2004年10月27日，市政协召开十一届二十一次主席会议，专题视察杭新景高速公路建德段三期工程（洋溪至龙游段）征迁工作。会议实地视察拆迁户和工程建设工地，听取有关情况汇报。提出意见建议：统一思想，提高认识；以人为本，做好工作，按照市政府〔2003〕14号文件精神，做好政策解释；坚定目标，明确职责，“一把手”负总责，加强领导，细化工作。

来料加工业　2004年11月26日，市政协召开十一届二十三次主席会议，会议就建德市来料加工业进行专题视察。提出意见建议：提高发展来料加工业的认识；加强对发展来料加工业的领导；健全发展来料加工业的网络体系；完善放手发展来料加工业的政策扶持；强化对发展来料加工业的服务；营造发展来料加工业的浓厚氛围。

国家级生态示范区创建工作　2005年5月31日，市政协召开十一届十四次常委会会议，视察国家级生态示范区创建工作。视察组分两组实地视察梅城、杨村桥、大同、更楼等乡镇（街道）的垃圾填埋场、养殖场和无动力厌氧净化池建设工程。会议集中听取市创建办关于创建国家级生态示范区建设情况的汇报，与会常委针对“创建”情况，提出意见建议：提高认识，强化责任意识；立足发展，优化结构；加大投入，多渠道筹资；加大考核，强化督查；加强宣传，营造氛围。会议审议并通过《关于顺利推进国家级生态示范区创建工作的建议案》。

新型农村合作医疗制度实施　2005年6月15日，市政协召开十一届三十次主席会议，专题协商新型农村合作医疗制度实施情况。会议听取市卫生局关于建德市新型农村合作医疗制度实施情况和破解“看病难”工作的情况汇报。提出意见建议：继续大力推进新型农村合作医疗制度的覆盖率，设立门诊补助资金，降低起报点，提高封顶额，扩大农民就医定点医院面，及时结报大病医疗费用，重视网络信息化建设；努力减轻群众就医负担；优化配置卫生资源；加大监督检查力度。

国土资源保护用地　2005年10月13日，市政协专题议政“国土资源保护用地”，听取市国土资源局负责人有关工作情况汇报。提出意见建议：对全市土地形势要有清醒的认识，国土资源管理部门应继续为市委、市政府当好参谋；国土资源管理部门要继续为全市经济发展建功立业；着力打造一支“品德好、有能力、会干事、高素质”的国土资源队伍。

“康庄工程”建设　2005年12月13日，市政协召开十一届三十六次主席会议，对全市“康庄工程”建设情况进行专题视察。提出意见建议：提高对“康庄工程”建设意义的认识，加强对“康庄工程”建设的领导，做好“康庄工程”建设前后期工作。

助力创建国家卫生城市　2007年8月16日，市政协召开十二届九次主席会议，专题议政助力创建国家卫生城市工作。会议对“五小”行业、果农自产自销点、建筑工地、城中村、城郊结合部和农贸市场等现场进行视察，听取市创建办、卫生局、建设局、工商建德分局、城管局、新安江街道负责人关于本部门创“国卫”工作的情况汇报。会议提出意见建议：进一步提高对创“国卫”工作的认识，加大整治力度，具体研究长效管理措施，加强宣传和督查力度。

“国家生态市”和“国家环境保护模范城市”创建工作　2008年8月28日，市政协召开十二届八二十四次主席会议，听取市环保局关于建德市“国家生态市”和“国家环境保护模范城市”创建工作的情况汇报，针对国家环保模范城市30项考核指标中，尚有7项不达标，3项不确定等实际情况，提出意见建议：加强对“两创”工作的认识，加强对环境基础设施建设的投入，做好“两创”验收的前期准备工作，加大宣传和督查力度。

推进五马洲高新技术产业区块建设　2009年4月28日，市政协召开十二届三十五次主席会议，实地视察马目—南峰高新技术产业园五马洲区块，听取梅城镇及相关部门的情况汇报，提出意见建议：把马目—南峰高新技术产业园作为全市经济发展和的重要支撑点来抓，围绕园区开发形成上下一致促进园区建设气氛，切实抓好园区建设工作，尽快解决遇到的实际问题。

“建德珍贵树种发展示范市创建”工作　2010年6月12日，市政协召开市政协十二届四十九次主席会议，专题听取建德珍贵树种发展示范市创建工作情况的汇报。提出意见建议：与城市绿化相结合，坚持创品牌与林业产业发展相结合、苗木种植与散播相结合、林业产业发展与山地土地流转相结合；加大宣传力度，创新宣传方式，提高全社会对珍贵树种的知晓度；制定珍贵树种发展长远规划，要有打“持久战”的意识；落实好珍贵树种长效管理的机制。

建德市旅游产业提升　2010年6月22日，市政协召开十二届五十次主席会议，专题调研旅游产业提升工作。会议听取市旅商局和国资公司关于旅游产业提升工作的汇报。提出意见建议：转变观念，提高认识，合力推进；建立有效机制，协调统筹；制定好旅游产业发展规划；切实发挥资源优势，在创亮点、打品牌上下功夫；整合政策，提高旅游促销效果；注重引进民营资本，参与本市旅游产业建设。

加快农村住房改造推进宅基地整理　2010年9月15日，市政协召开十二届五十七次主席会议，专题议政“加快农村住房改造推进宅基地整理”。会议实地视察大同镇永盛、江头村农村住房改造情况，听取市农办、大同镇、大洋镇、乾潭镇、梅城镇、三都镇等部门单位关于农村住房改造和宅基地整理工作情况汇报。部分委员和村民代表参加会议并发表意见和建议。会前市政协分别到大同、大洋、三都、梅城四个乡镇进行走访调研，多次召开座谈会，了解农村住房改造工作进展情况及推进过程出现的困难与矛盾，对一些意见建议进行收集汇总，并在会上与相关部门进行交流。提出建议：明确指导思想，实现惠民、富民；优化规划，体现统筹科学发展；整合举措，实现工作效益最大化；加强农民培训，增强农民能力素质；加强科学统筹，促进农业农村可持续发展。

创建全国首批农村可再生能源建筑应用示范市　2010年9月21日，市政协召开十二届五十八次主席会议，对创建全国首批农村可再生能源建筑应用示范市工作进行视察并建言献策。与会人员视察半岛凯豪大酒店、金马中心的水源热泵技术，并听取市建设局关于创建农村可再生能源建筑应用示范市工作情况汇报。提出意见建议：加快新技术推广应用管理与扶持政策的研究；加大水源热泵建筑应用的宣传力度，让这一新技术为广大百姓接受。

加快推进中心村建设　2011年4月15日，市政协专题议政“加快推进中心村建设”。市政协成立“加快推进中心村建设”课题调研组，就中心村建设推进情况进行调研，提出意见建议：部门联动，科学编制中心村规划；强化培训，加快推进中心村建设步伐；保障资金，尽快启动中心村项目建设；统筹推进，注重建制镇所在村的培育建设；合力推进，整合部门力量重点扶持。

洋溪街道发展总部经济 2011年6月10日，市政协召开十二届七十二次主席会议，围绕洋溪街道发展“总部经济”议政建言。会议听取洋溪街道关于发展总部经济工作情况汇报。提出意见建议：一是重视科学规划。洋溪街道的总部、楼宇经济相关产业发展要上升到市级层面予以认真研究，明确定位，整体编制好总部、楼宇经济的产业发展规划。二是加快转型升级。三是整合政策推动。四是发挥引领作用。打造洋溪街道总部、楼宇经济发展的“洼地”和城市新型工业业态的重要增长极。五是破解要素制约。一要想方设法解决资金问题，帮助企业挺过难关，二要细化工作目标和措施。

五大传统产业提升改造 2011年10月13日，市政协召开十二届七十六次主席会议，专题议政五大传统产业提升改造。会议听取市经发局关于全市五大传统产业提升改造进展情况的汇报，提出意见建议：加强引导，引导企业走品牌之路、质量之路、“强企”之路；鼓励创新，逐渐形成“龙头支撑协会，协会引领行业”模式；重视人才，提升对企业家培训的水平；关注当前企业面临的融资难的问题；完善政策，根据新的发展阶段，对政策的扶持导向进行调整。

推动化工产业转型升级 2012年6月19日，市政协召开十三届八次主席会议，就建德化工产业转型升级进行视察议政。与会人员实地视察顺发化工助剂、白沙化工、新德环保科技、五星化工（澳赛诺化工）、福斯特药业5家企业，了解企业生产经营情况。召开座谈会，提出意见建议：认清形势，提高认识，切实增强加快化工企业搬迁的紧迫感；抓住时机，加大力度，坚定不移地推进化工企业搬迁；完善政策，落实举措，全面推进化工产业转型升级。

推进2012年重点项目建设 2012年8月21日，市政协召开十三届十一次主席会议暨2012年度政府投资重点项目建设专题咨询会。会议对洋溪大桥、白章线县道、梅城垃圾填埋场及保障房4个政府投资项目进行视察，听取市发改局关于2012年度重点项目建设情况的汇报。提出意见建议：强化组织领导，推动责任落实；强化项目协调，解决具体问题；强化要素保障，加快项目建设；强化前期调研，科学谋划项目。

推进现代农业园区建设 2012年9月19日，市政协召开十三届十二次主席会议，对全市现代农业园区建设开展委员视察和专题咨询。会议视察倚天农业和欣林苗木等现代农业园区基地，听取市农办、农业局、林业局、水利水产局关于现代农业园区建设情况的介绍，市政协调研小组作交流发言。提出意见建议：提高认识，加强引导，推动现代农业可持续发展；创新服务，强化招商，加快培育现代农业市场主体；加大支持，完善配套，提升农业园区现代化发展水平；注重实效，健全体系，增强园区建设的支撑作用。

农村文化建设 2012年10月25日，市政协召开十三届十五次主席会议，就全市农村文化建设工作开展专题视察。会议视察杨村桥镇综合文化站、岭源村农村书屋和下涯镇综合文化站建设情况，并听取市文广新局有关全市农村文化建设工作情况汇报。提出意见建议：突出持续性，构建有利于农村文化建设的长效机制；坚持农村文化内生培育，推进文化传承和创新；推进文化资源整合，破解投入不足问题；提高共建合力，增强区域性的文化“软实力”。

推动低收入农户增收　“实现低收入农户人均增收600元以上”是2012年市政府十大实事工程之一。2012年11月15日，市政协召开“低收入农户增收工程”专题咨询会，提出意见建议：掌握真实情况，为完善政策、确定目标提供第一手资料；实施分类指导，切实提高低收入农户收入水平；建立长效机制，坚定不移推动低收入农户增收工作；整合各方资源，营造全社会帮扶的良好氛围。

推进十大工业项目建设　2013年4月11日，市政协召开十三届二十五次主席会议，专题就全市十大工业项目建设情况进行视察建言。与会人员实地视察“云海休闲用品”“宏都寝具”“锦成实业”“克莱伯电梯”“史密斯重工机械”“深蓝科技”“电镀产业园”等企业的7个项目现场的建设情况。召开座谈会，提出意见建议：真情关心，真心服务；及时了解，及时协调；完善机制，强化保障；严厉打击，优化环境；投入到位，加快投产。

生态环境保护　2013年5月8日，市政协召开十三届二十六次主席会议，专题就全市生态环境保护情况进行视察建言。实地视察寿昌污水处理厂、杭州晶星有机玻璃、航头黄木岗水晶烫钻集聚点、航头田畈小灰窑整治点、李家镇垃圾收集运转设施建设等情况。召开座谈会，提出意见建议：牢固树立“生态立市”理念，切实增强对生态环境保护工作重要性的认识；科学应对生态环境保护新要求，加快推动可持续发展；真抓实干，保障生态环境保护各项措施落实到位。

加快推进国有资产整合　2013年5月21日，市政协召开“国资公司整合运行情况”专题调研会议。提出意见建议：加大力度，加快进度，推进国有公司整合工作尽快完成；分类指导，创新方式，推进整合过程中具体工作的有效落实；完善制度，规范运作，强化考核，推进国资公司现代化运作；着眼长远，狠抓当前，推动项目建设。

推进碳酸钙产业做强做大　2013年5月31日，市政协召开十三届二十七次主席会议，专题就全市碳酸钙产业做强做大进行视察建言。与会人员实地视察“南方水泥”“云峰钙业”“胜利塑胶”“天石纳米科技”等企业。专题听取国土局、商务局、安监局有关情况汇报。提出意见建议：认清形势，推进碳酸钙产业做强做大；因势利导，强化碳酸钙资源有效配置；集聚要素，重视碳酸钙企业扶优扶强；优化服务，保障碳酸钙产业可持续发展。

加快推进政府投资重点项目建设　2013年8月22日，市政协召开十三届三十次主席会议，专题视察2013年政府性投资重点项目建设会议。与会人员实地视察桥东区块路网及城防工程、市妇幼保健院迁建、洋安新城安置房、城东污水处理厂二期及配套管网工程、县道白章线改建工程（下涯段、梅城段）、新安江长途客运中心、建德市初级中学7个项目建设情况。召开座谈会，专题听取市发改局、交通运输局、国资公司有关情况汇报。提出意见建议：加快进度，推动项目按计划完成；加大力度，破解项目建设难点问题；科学组织，合理规划，确保项目投入使用以后安全有效；加紧谋划，确保政府投资项目的前瞻性、科学性、有效性和计划性。

重点工业企业发展 2013年8月，为深入贯彻落实市委十三届五次全会精神，积极参与和服务“百日行动”，助推经济发展，市政协在深入走访企业的基础上，于9月25日专题召开重点工业企业座谈会，广泛听取来自化工医药、建材水泥、碳酸钙、家纺、轻工机械5个重点行业20多名企业负责人的意见建议。提出3个方面意见建议：一是高度重视化工企业生存和发展。包括加强正面宣传引导，坚定信心；制订科学有效的化工发展规划；主动改善发展环境。二是改进服务，切实提高服务效率。包括加强前瞻性、方向性的指导；及时兑现承诺（协议）；切实提高办事效率。三是高度关注税务稽查、职工养老金缴纳、碳酸钙资源利用、马南电镀园区、媒体舆论正面导向、全市集装箱堆场分点项目建设、中小微企业的融资和担保问题。

寿昌江流域综合治理 2013年10月22日，市政协召开十三届三十二次主席会议暨寿昌江流域综合治理咨询会。会议组织部分政协委员、群众代表对寿昌江流域防洪工程建设及水土保持等情况进行实地视察，听取市水利水产等部门及沿线乡镇（街道）关于寿昌江流域综合治理情况的汇报。提出意见建议：以史为鉴，树立防大汛、抗大灾理念；统筹各方，完善流域防洪体系建设；建管结合，提升流域治理综合效益；强化领导，优化流域综合治理模式；完善应急预案。修改完善防洪预案。

推进化工企业入园集聚发展 2014年4月1日，市政协召开十三届四十一次主席会议，就全市化工企业入园集聚发展开展专题议政。与会人员实地视察“新德环保”“格林生物”“建业有机”3家企业以及“高新园IFF”“白沙化工”“顺发助剂”搬迁项目选址地。专题听取市环保局、经信局、国土局、高新园管委会有关情况汇报。提出意见建议：认清形势，切实增强化工企业集聚入园的紧迫感；对照要求，明确目标，及时制定搬迁计划；加快建设，加强服务，保障化工企业加快入园。

推进建德旅游“二次创业” 2014年4月23日，市政协召开十三届四十二次主席会议，专题议政旅游业发展。会议实地视察梅城严州古城改造提升工程、梅城“三江两岸”绿道建设和三都三江口村旅游提升工程，专题听取市风景旅游局关于旅游发展情况以及重点提案《关于加快建德市旅游业发展的若干建议》办理情况汇报，市国资公司、市农办等涉及旅游工作的相关部门进行补充汇报。提出意见建议：抓住机遇，乘势而上，扎实推动旅游二次创业；把准定位，发挥优势，着力打造旅游核心产品；强化保障，有机结合，加快提升旅游整体发展环境。

加快推进“二固”处置中心项目建设 2014年5月7日，市政协召开杭州市第二工业固废处置中心（以下简称“二固”处置中心）项目建设情况专题议政会议。市政协参政议政工委、市府办、国资公司、市环保局、发改局、经信局、住建局、国土局、财政局、高新园管委会、梅城镇政府以及“新安化工”“新化化工”“建业有机”“格林生物”“国际香料香精（IFF）”“福斯特药业”“大洋化工”“五星车业”等企业相关负责人参加会议。与会人员实地踏勘项目选址现场，并围绕加快项目建设，就项目立项、项目规模、土地征用、房屋拆迁、土地报批、工程施工和建成后运营管理等工作进行座谈交流。提出意见建议：高度重视，切实增强加快“二固”处置中心建设的紧迫感；倒排计划，齐心协力做好“二固”处置中心建设各项工作；及时呈报，确保“二固”处置中心建设按照计划开工建设。

生态环保设施建设运行 2014年5月29日，市政协召开十三届四十三次主席会议，对全市生态环保设施建设运行进行专题视察。与会人员实地视察大慈岩、李家、梅城、杨村桥和乾潭5个乡镇污水处理厂的建设和运行情况，并听取市环保局关于全市生态环保设施建设运行工作总体情况的汇报、市住建局关于生态环保设施管网配套建设等相关情况的汇报。提出意见建议：科学谋划，完善区域污水治理规划；加强建设，推动污水处理设施全面完工；严格管理，保障污水处理设施正常运行；加强研究，科学谋划运行的保障问题。

推进全市重大工业项目建设 2014年7月7日，市政协召开十三届四十四次主席会议，对全市重大工业项目落实推进情况进行专题议政。与会人员实地视察华电电站设备项目、融聚太阳能储能设备项目、万家创新充电机项目、建成生物复合B族维生素项目、“云计算”项目的推进和建设进展情况，并听取市经信局关于全市重大工业项目建设情况的汇报，市国土局、住建局作补充汇报。提出意见建议：关注发展重点，切实增强抓工业尤其抓项目推进的紧迫感；抓住难得机遇，有效解决项目建设难题；强化基础配套，全力保障工业项目建设有序推进；加强组织协调，保障工业经济稳定可持续发展。

加快农业产业基地化品牌化建设 2014年7月31日，市政协召开十三届四十六次主席会议，专题议政农业基地化品牌化建设。会议组织部分政协委员对霞雾油茶基地、开祥生态养殖场、航头草莓专业合作社育苗基地进行实地视察，听取市农办、市农业局、市林业局等部门关于全市农业基地和品牌建设情况的汇报。提出意见建议：加强引导，加快推动农业转型发展；突出优势，重视农业基地化品牌化建设；优化服务，增强农业基地化品牌化建设保障能力。

推进新叶古村保护与利用 2014年10月16日，市政协召开十三届五十次主席会议。会议实地视察新叶古村，并专题听取市文广新局、市风景旅游局、大慈岩镇和新安旅游投资公司关于新叶古村保护与利用工作情况汇报。提出意见建议：抓住机遇，加大投入，全面提升接待能力；统筹谋划，做好“大新叶”旅游文章；齐心协力，保障各项措施有效实施。按照“村落要保护，文化要传承，旅游要发展，百姓要增收”的工作思路，统揽全局，协调各方。

推进公共法律服务体系建设 2015年3月26日，市政协召开十三届五十八次主席会议，专题议政推进公共法律服务体系建设。会议实地视察市司法行政法律服务中心，春秋、贤哲、杭星律师事务所，杨村桥镇司法所等单位开展公共法律服务工作情况，专题听取市司法局、法院、检察院和公安局有关情况汇报。提出意见建议：深刻认识公共法律服务体系在建设法治社会中的重要意义，增强责任感；强化落实，全面实施《关于推进覆盖城乡居民的公共法律服务体系建设的实施意见》；各司其职，强化协作，共同推动公共法律服务体系建设。

统筹推进拆迁安置房建设 2015年4月15日，市政协召开十三届五十九次主席会议，专项视察拆迁安置房建设与管理工作进行。与会人员实地视察汪家保障房、洋富潭碧江花苑安置房1—4期项目现场，并听取市发改局、市住建局等部门单位关于全市拆迁安置房建设管理及房地产市场发展有关情况的汇报。提出意见建议：加强领导，建立组织机构，统筹谋划安置房建设与管理工作；深入调研，掌握全市实情，完善建设管理制度；强化统筹，盘活闲置房源，提高资金使用绩效；转变观念，建立市场理念，保障房产市场健康发展；注重民生，完善基础设施，营造良好居住环境。

加快推进梅城古城保护与开发 2015年4月22日，市政协召开十三届六十次主席会议，专题议政梅城古城保护与开发。会议实地视察梅城古街改造、梅城城防大坝二期建设和古城墙修复工作进展情况，并专题听取市风景旅游局、梅城镇和市资投公司有关情况汇报。提出意见建议：以可持续发展为导向，凝聚多方共识；以保护为前提，传承历史文化，加大对古城历史风貌的保护；以开发为依托，打造旅游精品；以市场为导向，实施多元化投入；高度关注古城墙的修复，切实展示古城墙悠久的历史。

加快新安江主城区学前教育发展 2015年5月12日，市政协召开十三届六十一次主席会议，专题议政新安江主城区学前教育。会议实地视察桥南幼儿园、新星幼儿园、贝贝幼儿园和麻园小区幼儿园4家主城区幼儿园办学情况，并专题听取市教育局、住建局和新安江街道有关情况汇报。提出意见建议：提高认识，进一步增强做好学前教育的责任感和使命感；统筹规划，进一步合理配置学前教育资源；多措并举，进一步提升学前教育的服务管理水平。

进一步加快特色农业产业融合发展 2015年5月29日，市政协召开十三届六十二次主席会议专题议政特色农业产业融合发展。会议组织部分政协委员对“江南春”堂铁皮石斛仿生基地、下涯红群草莓采摘基地进行实地视察，并听取市农办、市农业局等部门关于全市特色农业产业发展情况的汇报。提出意见建议：转变观念，高度重视特色农业产业融合发展；转变方式，创新特色农业产业融合发展机制；强化服务，有效推动特色农业产业融合发展。

村庄池塘整治 2015年6月2日，市政协组织部分政协委员，赴航头镇、李家镇对村庄池塘整治工作进行专题视察。委员们实地视察航头镇大店口村八鼓塘、武口塘和航头村蒋坞塘治理情况以及小江溪河道整治情况，以及李家镇李家村洞口塘、冷水塘治理情况，并召开座谈会，听取有关部门、乡镇关于村庄池塘整治工作情况汇报。提出意见建议：充分认识农村池塘整治的意义；开展村庄池塘整治，强化责任意识；切实加强管理，确保村庄池塘长效功能和作用的发挥。

推进水产业健康快速发展 2015年6月10日，市政协召开十三届六十三次主席会议，对全市水产业发展情况进行专题议政。与会人员实地视察“农夫山泉”四期建设情况和“青岛啤酒”建设运行情况，并听取市发改局、经信局、新安江街道关于全市水产业发展情况的汇报。提出意见建议：强化行政推动，切实增强水产业发展的保障力；坚持规划引领，切实增强水产业发展的内生力；优化发展环境，切实增强水产业发展支撑力，加大生态保护力度。

推进民宿经济和养老养生产业发展 2015年8月20日，市政协召开十三届六十六次主席会议，专题议政推进全市民宿经济及养老养生产业发展。与会人员实地视察寿昌镇河南里村、莲花镇戴家村的民宿及养老养生产业发展情况，听取市农办、市民政局关于全市民宿经济以及养老服务业发展情况的汇报。提出意见建议：强化政府推动，引导民宿经济及养生养老产业加快发展；整合优势资源，拓展民宿经济及养老养生产业发展路径；完善保障支持，优化民宿经济及养老养生产业发展环境。

主城区污水处理设施建设　2015 年 8 月 27 日，市政协召开十三届六十七次主席会议，就主城区污水处理设施建设进行专题视察。与会人员现场视察环城北路、白头坞两处污水处理设施建设工地，听取施工负责人关于工程概况、工程进度等情况的介绍，并专项听取市住建局关于 2015 年全市城区污水处理设施建设整治工作情况、新安江街道办关于月亮湾沿江排水口整治及岭后社区截污纳管项目、市城投公司关于全市主城区污水处理厂建设情况等的汇报。提出意见建议：重视主城区污水处理；狠抓落实，着力推进三年行动计划有效实施；完善保障，健全主城区污水处理设施的管理机制。

加快建德草莓产业提升发展　2015 年上半年，由市委书记戴建平点题，商请市政协牵头就全市异地种植草莓现状及发展进行调研。市政协组织部分委员和有关单位得力人员成立课题组，由市政协主席和分管副市长带队，深入行业调研，并赴异地种植草莓比较集中的湖北省武汉市新洲区、四川省双流县和陕西省渭南市临渭区、西安市长安区进行走访，与当地政府及莓农进行座谈、沟通，帮助莓农解决困难。对异地种植草莓的现状、各种有利和不利因素、莓农愿望进行分析、研判、梳理，形成高质量的调研报告报送市委、市政府。11 月 27 日，市政协召开十三届七十次主席会议，专项咨询草莓产业发展。会议组织部分政协委员对建德市欣和草莓专业合作社、寿昌镇农资配送点和航头草莓精品园进行实地视察，并听取市农办、市农业局、市市场监管局等部门关于市草莓产业发展情况的汇报。提出意见建议：统一思想，切实加强发展草莓产业的战略坚定性；加强引导，调动和激发产业可持续发展的积极性；发挥优势，加快提升草莓产业品牌化发展的影响性；优化服务，增强草莓产业发展保障能力的有效性。

切实保障社保基金安全　2016 年 3 月 17 日，市政协召开十三届七十四次主席会议，专题议政社保基金征缴。会议听取市人力社保局、财政局和审计局关于市社保基金运行管理情况汇报。提出意见建议：提高认识，增强责任感和紧迫感；坚定发展战略，强化财力保障；突出工作重点，尽快补齐短板；落实整改要求，积极争取补助；健全完善机制，切实落实责任。

强化寿昌江流域水土保持　2016 年 3 月 25 日，市政协召开寿昌江流域治理专题议政会，对寿昌江流域水土保持情况进行专题视察。与会人员实地视察新安江街道原凉亭坞石矿、农夫山泉四期、更楼街道超杰制砂厂、石马头衢化石矿，并听取市国土局、水利水产局等单位关于寿昌江流域河道治理及水土保持相关情况的汇报。提出意见建议：加强管理，严控水土流失；加强治理，严管流失源头；加强绿化，提升防范水平。

持续推进新叶古村保护与利用　2016 年 4 月 12 日，市政协召开十三届七十五次主席会议，对新叶古村持续保护与利用开展专题议政。会议实地视察新叶古村保护与发展相关建设情况，并听取市文广新局、新叶古村保护管委会、新安旅投公司、大慈岩镇等部门单位工作情况的汇报。提出意见建议：统筹空间、规模、产业三大布局，提高古村保护与利用的全局性；统筹规划、建设、管理三大环节，提高古村保护与利用的系统性；统筹文化、产品、人才三大动力，提高古村保护与利用的持续性；统筹政府、公司、村民三大主体，提高各方推动古村持续保护与利用的积极性。

扎实推进大气污染防治工作 2016年5月18日，市政协召开十三届七十六次主席会议，专题就全市大气污染防治工作进行视察建言。与会人员实地视察建德市通达机动车综合检测有限公司、青岛啤酒（杭州）有限公司锅炉“煤改气”项目，并专题听取市环保局、市经信局、市住建局、市交通局有关情况汇报。提出意见建议：加快结构调整，从源头上解决大气污染；突出整治重点，坚决打击各种环境违法行为；强化各项举措，全力打好大气污染防治攻坚战和持久战；动员社会参与，进一步营造良好氛围。

加快推进乡村旅游发展 2016年5月31日，市政协召开十三届七十七次主席会议，专题议政乡村旅游发展。实地视察下涯“康庆渔家灯火”休闲农庄、“烟渚之江”精品民宿，听取市旅委办、下涯镇关于乡村旅游发展情况的汇报。提出意见建议：以发展理念为引领，推动乡村旅游的新发展；以市场为抓手，着力打造一批具有竞争力的新景点；以规划引领为方向，提升乡村旅游发展水平；以服务保障为动力，切实帮助解决旅游企业发展中的困难和问题。

电子商务发展 2016年6月15日，市政协对全市电子商务发展工作进行专题议政。与会人员实地视察指来指往（中国）电子商务有限公司、农村淘宝建德服务中心、阿里汽车车码头和建德浙西跨境电商产业园等地，听取市旅游商务局、市经信局、市农办和洋溪街道有关情况汇报。提出意见建议：加强引导，加快新兴产业培育，加速电子商务发展；加强推进，加大招商引资力度，加快两个电商园区建设；加强领导，完善机制，整体推进全市电商产业发展。

加快推进健康产业发展 2016年7月20日，市政协召开十三届七十九次主席会议，专题议政健康产业发展。实地视察浙西国际心脏中心规划建设地块、乾潭福利中心和杭州福斯特药业有限公司，观看三江口—七里扬帆重点区块规划展板，专题听取市发改局、民政局、卫计局、体育局、旅委办等部门关于全市健康产业规划及发展情况汇报。提出意见建议：以浙西国际心脏中心的建设为契机，有效规划和引导高档次的休闲养老发展格局；以现行医疗环境改善为抓手，推动养老产业健康发展；以体育休闲产业发展为载体，大力倡导健康生活理念。

提升寿昌江流域防洪减灾能力 2016年8月3日，市政协召开纪念抗击“八三”洪水44周年暨寿昌江流域防洪减灾专题议政会。实地视察花坞安置房边坡治理工程、黄泥墩滞洪区、香槟郡滞洪区、更楼街（仁丰桥头）、寿昌江航头段和大同段，并参加寿昌抗击“八三”洪水纪念碑落成仪式。听取市水利水产局、国土局、民政局、住建局、林业局、更楼街道、寿昌镇等部门单位关于寿昌江流域防洪减灾工作情况汇报。提出意见建议：深化思想认识，转变观念，树立防洪减灾新理念；加强生态修复，优化环境，建立防洪减灾绿色屏障；高度关注由占补平衡引发的坡改地、林改地、园改地及宅基地整理等土地整治项目；强化风险防控，消除隐患，修复防洪减灾漏洞。

平安创建工作 2016 年 8 月 11 日，市政协召开平安创建暨 G20 峰会维稳安保工作专题议政会。实地视察市矛盾纠纷多元化解中心、市社会治理综合指挥中心（市 G20 峰会维稳安保指挥中心）和市 110 公安指挥中心，专题听取市委政法委、市法院、市检察院、市公安局、市司法局、市信访局等部门关于全市平安创建和 G20 峰会维稳安保工作情况汇报。提出意见建议：加强网络建设，强化责任落实，深化创新亮点品牌，做好保障工作，圆满完成安保任务。

全面推进重大工业项目建设 2016 年 8 月 22 日，市政协召开十三届八十一次主席会议，专题视察重大工业项目建设。实地视察寿昌航空小镇、新安化工白南山搬迁项目、新德环保科技有限公司和龙驹合成材料有限公司建设项目，听取市经信局、开发区（寿昌镇）、高新园等部门关于重大工业项目建设情况汇报。提出意见建议：深化服务、强化保障，切实解决项目建设中的问题；深入研究、精心谋划，切实增强重大项目的发展后劲；落实责任、严格考核，以全年目标任务倒逼工作落实。

推进妇女就业创业工作 2016 年 9 月 20 日，市政协召开妇女就业创业工作专题议政会。实地视察建德浙西跨境电商产业园内的杭州速亿贞网络科技有限公司、青少年综合服务站，以及莲花镇的杭州九仙生物科技有限公司、齐平村庭院经济实验项目、戴家民宿项目，听取市农办、团市委、市妇联、市人社局、莲花镇等单位关于全市妇女就业创业工作情况汇报。提出意见建议：典型示范，加大宣传，营造妇女就业创业的良好氛围；多措并举，整合资源，提升妇女就业创业能力；创新方式，搭建平台，拓宽妇女就业创业渠道；政策扶持，强化服务，加大妇女就业创业帮扶力度。

加强村级债务风险防控 2016 年 9 月 21 日，市政协召开十三届八十二次主席会议，专项咨询村级债务管理。听取市农办、乾潭镇、杨村桥镇、航头镇关于村级债务管理情况的汇报。提出意见建议：严格督查，确保政策执行到位；多措并举，有效促进债务化解；强化责任，规范村级三资管理；加强研究，深化农村管理改革。

加快体育健康事业和谐发展 2016 年 10 月 28 日，市政协召开十三届八十四次主席会议，就推进全市体育健康事业发展进行专题议政。实地视察位于杨村桥镇岭源村房车路亚基地、下涯镇之江村山地自行车基地以及洋安新区体育健身中心等项目建设情况，听取市体育局关于全市体育健康事业发展情况的汇报。提出意见建议：发挥市场作用，把体育产业培育成建德加快经济发展的新兴产业；履行政府职责，把体育打造成提升百姓幸福感的民生事业；强化组织实施，为体育健康事业发展营造良好环境。

创建省级森林城市推进工作 2016 年 11 月 10 日，市政协专题督查全市创建省级森林城市推进工作。实地视察 320 国道精品线路、新化化工厂区、一江春水小区、洋安江滨公园、桥东江滨公园等地的绿化情况。听取市林业局代表市创建省级森林城市领导小组办公室汇报了创建工作推进情况。提出意见建议：按照各自职责查漏补缺，巩固好前期创建成果；认真做好迎检前的方案准备、点位周边环境清理、营造氛围等各项准备工作，责任到点到人；创建办要加强督查，及时协调解决创建过程中出现的新情况、新问题，确保高标准通过验收。

加快推进科技孵化器建设 2017年4月26日，市政协召开十四届五次主席会议，就加快推进科技孵化器建设开展专题议政。实地查看市环保科创中心运行情况、洋溪街道联合金属公司区块整理和基础设施建设情况，听取市创新办、市高新园、市科技局等相关部门关于科技孵化器建设情况汇报，提出意见和建议：相关部门务必提高认识，进一步优化服务；科技孵化器定位上要强化，功能上要不断完善，机制上要不断健全；有关部门要不断加强自身建设，努力提升各项服务能力；切实发挥科技孵化器实效。

推进小城镇环境综合整治工作 2017年5月16日，市政协召开十四届六次主席会议暨小城镇环境综合整治专题议政会。实地视察寿昌镇、乾潭镇的集镇环境整治情况，听取市小城镇办和梅城、寿昌、乾潭、下涯、大慈岩5个首批创建验收乡镇关于小城镇环境综合整治工作情况的汇报。提出意见建议：提高认识，深刻理解小城镇环境综合整治的重要意义；突出重点，准确把握小城镇环境综合整治工作的目的和任务；强化保障，形成小城镇环境综合整治工作推进合力。

提高学前教育普惠率 2017年6月29日，市政协召开十四届九次主席会议，就提高学前教育普惠率进行专题议政。实地视察洋安幼儿园建设工地和福尔优幼儿园园区，并听取市教育局关于全市近年来学前教育发展情况的汇报。提出意见建议：优化布局、加快建设，进一步扩大全市学前教育资源总量；立足普惠、兼顾高端，进一步提升学前教育整体质量；抓住重点、强化管理，集中解决制约学前教育发展瓶颈问题。

高铁新区建设 2017年7月11日，市政协举行十四届十次主席会议，就建德高铁新区建设情况进行视察议政。现场视察杭黄铁路场站连接线及站前广场项目施工现场，听取高铁新区招商引资及项目推进、高铁新区规划、新安江综保工程推进和杭黄铁路场站连接线及站前广场建设等情况汇报。提出意见建议：科学编制高铁新区各项规划，加快推进各项工程建设进度，努力形成推进建设强大合力，加快项目和基础设施建设。

加快推进重大交通基础设施建设 2017年8月22日，市政协召开十四届十三次主席会议，对加快推进全市重大交通基础设施建设进行专题议政。实地视察杭州港建德港区十里埠综合作业区、23省道砚岭隧道和久山湖段等重大交通基础设施建设情况，并召开专题议政会，听取市交通运输局、市交投公司关于全市2017年度重大交通基础设施建设情况汇报。提出意见和建议：加快谋划对接，着力构建综合交通体系；科学推进重大交通基础设施建设；加大管理力度，强化安全管理，加强工地管理，加强养护管理，加强美丽公路建设。

加快推进农业特色小镇建设 2017年9月7日，市政协召开十四届十四次主席会议暨农业特色小镇建设专题议政会。实地视察大同镇“稻香小镇”、杨村桥镇“草莓小镇”建设情况，听取市农办、市农业局、大同镇和杨村桥镇关于农业特色小镇建设工作情况的汇报。提出意见建议：

提高认识，高度重视农业特色小镇的建设问题；突出重点，有效推进农业特色小镇的科学发展；强化管理，切实增强农业特色小镇的发展保障；以民为本，集中展示特色小镇富民增收的功能。

垃圾处置工作　2017年9月13日，召开市政协十四届十五次主席会议暨垃圾处置协商议政会。实地视察梅城、寿昌两处市级垃圾填埋场，听取市城管局、市农办有关垃圾处置情况的汇报，提出意见建议：高度重视垃圾处置工作，切实增强垃圾处置工作的责任感和紧迫感；把握关键环节，切实加大垃圾处置工作推进力度；凝聚各方力量，强化组织领导，明确权利、义务，加强宣传引导，落实长效管理。

全域旅游发展　2017年9月22日，市政协召开十四届十六次主席会议，专题议政全域旅游发展工作。实地视察大慈岩民宿、江南大冰洞等项目，了解相关基础设施建设、沿线环境整治、景区经营现状等情况，并召开会议，听取市全域旅游发展、乡村旅游发展以及旅游项目建设情况的汇报。提出意见建议：突出项目规划建设，在推进全域景区化方面求作为；突出基础设施配套，在提升游客体验方面求作为；突出旅游改革创新，在优化体制机制方面求作为。

统筹推进新安江综保工程建设　2017年11月7日，市政协召开十四届十九次主席会议，专题议政新安江综保工程建设。实地视察320国道至北滨江路连接线、下涯镇之江村黄饶自然村“彩绘田园”、山边自然村绿道等项目建设情况，听取综保工程指挥部、市水利局和下涯镇关于新安江综保工程建设工作情况的汇报。提出意见建议：提高站位，努力将新安江综保工程建设成为“城乡发展工程”；生态优先，努力将新安江综保工程建设成为“特色景观工程”；突出发展，努力将新安江综保工程建设成为“产业升级工程”；立足长远，努力将新安江综保工程建设成为“精品工程”；统筹谋划，切实加强新安江南岸的保护与保障。

全力推进小城镇环境综合整治工作　2018年3月22日，市政协召开十四届二十六次主席会议，对小城镇环境综合整治工作进行专项视察。实地视察下涯镇、寿昌镇环境整治情况，听取市小城镇办、寿昌镇、下涯镇等单位关于小城镇环境综合整治工作情况的汇报。提出意见建议：坚持目标导向，倒排计划，全面落实各项整治任务；坚持问题导向，创新举措，有针对性地解决突出问题；坚持效果导向，精益求精，全面展示整治工作实效。

乡镇电网建设　2018年4月9日，市政协召开十四届二十七次主席会议，对乡镇电网建设工作进行议政建言。听取国网建德市供电公司关于电网建设工作情况汇报，提出意见和建议：抢抓战略机遇，实现电网建设与社会进步的统筹协调；合理规划布局，以电网建设服务建德经济社会发展；强化全局观念，强化责任，加强考核。

传统制造业改造提升工作　2018年4月28日，市政协召开十四届二十九次主席会议，对本市传统制造业改造提升工作进行视察议政。现场视察大同正发药钙项目、建德海螺水泥产业园项目，听取市经信局有关全市传统制造业改造提升工作情况汇报和建德海螺水泥产业园项目及企业发展情况汇报。提出意见建议：明确目标，理清思路，科学有效推进全市传统制造业改造提升工作；抓平台优化，夯实传统产业改造提升的基础。

梅城古城综合保护工作 2018年5月8日，市政协召开十四届三十次主席会议，对梅城古城综合保护工作进行专题议政。实地视察梅城古城综合保护、棚户区改造、小城镇环境综合整治项目进展情况，听取梅城镇有关梅城古城综合保护工作情况汇报及同济大学关于梅城古城综合保护概念性规划与城市设计规划的汇报。提出意见建议：着眼长远，拉开框架，全面深化梅城古城综合保护规划；科学推进，坚持原则，全力打造梅城古城综合保护精品；求真务实，群策群力，共同推进梅城古城综合保护工作。

集中开工重点（大）项目建设 2018年5月25日，市政协召开十四届三十一次主席会议，对全市2017年集中开工重点（大）项目推进情况进行协商议政。实地视察桥东江滨景观公园建设项目、临金高速建德段工程、杭州港建德港区十里埠综合作业区工程以及市委党校新校区扩建工程。听取市发改局关于全市2017年集中开工重点（大）项目建设情况以及2018年重点（大）项目推进情况汇报。提出意见建议：攻坚克难，及时化解项目建设中存在的问题；强化管理，确保在进度、质量、安全上并行并举。

全市重点工业项目建设 2018年6月11日，市政协召开十四届三十二次主席会议，对2018年市重点工业项目建设情况进行专题视察议政。现场视察高铁新区小微企业创新创业园、新德环保科技有限公司、杭州贝兴新型环保材料有限公司等8个重大工业项目，听取项目建设情况汇报，详细了解项目建设进程、投产运行情况及存在的问题。召开座谈会，听取市经信局关于2018年市重点工业项目建设情况的汇报。提出意见建议：把握机遇，抓好梯度转移、传统产业升级、上下游产业链等项目；乘势而上，推动园区提档升级、提高园区承载能力、提升园区产业集聚水平；克难攻坚，在项目进度、要素保障、考核管理上求突破。

传统村落保护与利用工作 2018年6月13日，市政协对全市传统村落保护与利用工作进行专题议政。会前，市政协专门组织市有关部门负责人和政协委员代表赴松阳县、云和县，考察学习当地传统村落保护与利用工作经验做法。与会人员实地视察三都镇“云漫松间”精品民宿、前源自然学校和高山村落前源村上塘自然村等旅游开发项目。提出意见建议：增强对传统村落保护与利用工作的认识；深化普查，加强规划，突出重点加以保护和利用；统筹协商，从长谋划，加大投入，加强管理。

全力推进高铁时代综合交通体系建设 2018年6月27日，市政协召开十四届三十三次主席会议，围绕高铁时代全市综合交通规划建设与运营管理进行专题议政。实地视察高铁场站、汽车东站、府前路公交首末站建设与运营情况，听取市交通运输局、市交通投资发展有限公司等单位关于高铁时代综合交通规划建设与运营管理工作情况的汇报。提出意见建议：完善规划，全力打造方便快捷的市域交通体系；加快建设，有效满足百姓出行的现实需要；科学运营，合理安排公共交通运力的接驳；统筹安排，加快解决当务之急的问题。

打造美丽乡村建设升级版 2018年8月21日，市政协召开十四届三十五次主席会议暨美丽乡村建设专题议政会，实地视察三都镇松口村、镇头村美丽乡村建设情况，听取市农办、市美丽办、大洋镇和三都镇等部门单位关于美丽乡村建设工作情况的汇报。提出意见建议：把握趋势，增强美丽乡村建设的责任感和使命感；理清思路，牢牢把握美丽乡村建设的关键环节；突出重点，积极推进美丽乡村示范县的创建。

航空小镇建设 2018年8月27日，市政协召开十四届三十六次主席会议，对建德航空小镇建设进行专题视察议政。实地视察置信集团建德小微企业创业创新园项目，杭州千岛湖通航飞行服务站、浙江万丰通用航空有限公司、省通用航空产业发展有限公司生态自然城项目，听取航空小镇建设相关情况介绍。提出意见建议：强化定位，集中资源指标，加强产学研对接，立足先发优势，突出发展高端通航制造业；强化项目招引服务和要素保障；通力合作，处理好开发区（航空小镇）与三个镇街、新农村建设、寿昌新城的关系。

公共创新平台建设 2018年9月10日，市政协召开十四届三十七次主席会议，对市公共创新平台建设情况进行专题视察议政。实地视察超细粉末国家工程中心浙江分中心和建德科技大市场两大创新平台的建设情况，听取市科技局和各公共创新平台负责人关于公共创新平台建设情况汇报。提出意见建议：加快科技创新平台建设，促进产学研更加紧密结合；加强公共创新平台建设，加强平台考核管理；完善配套政策措施，加大科技投入，加强人才队伍建设，加大宣传推广。

开展"移风易俗"推进乡风文明建设 2018年9月14日，市政协召开十四届三十八次主席会议，对全市"移风易俗"推进乡风文明建设工作进行协商议政。实地视察大同镇徐韩、大同两个村寿坟集中分布点，听取市文明办、民政局、市场监管局和大同镇有关"移风易俗"推进乡风文明建设情况的汇报。提出意见建议：制定指标化政策，形成长效化的工作机制；以寿坟整治为重点突破口，加强对婚丧从业人员教育引导；落实责任，强化参与，发挥基层组织作用，强化考核力度，发动群众参与。

农业区域公共品牌建设推进 2018年11月12日，市政协召开十四届四十三次主席会议暨农业区域公共品牌建设专项咨询会，实地视察市天羽茶叶有限公司岭后茶园和航头草莓精品园建设情况，听取市农办、农业局、市场监管局和市供销总社关于农业区域公共品牌建设工作情况的汇报。提出意见建议：做大农业区域公共品牌；做强农业区域公共品牌；做优农业区域公共品牌；做实农业区域公共品牌创建工作。

再现梅城"千年古府"新面貌工程建设 2019年4月26日，市政协召开十四届五十次主席会议，就梅城美丽城镇建设中的古城保护开展专题议政。实地视察杭州市文物考古研究所建德考古工作站、澄清门、清邮局、玉带河及太平桥等点位历史文物挖掘和历史建筑修缮工作，听取梅城镇、运河严州综保公司等部门单位关于梅城美丽城镇建设中的古城保护工作情况的汇报。提出意见建议：坚持保护优先，维护好"千年古府"的传统格局和历史风貌；传承严州文化，着力发掘和打造"千年古府"的文化软实力；做好活化利用，切实发挥"千年古府"保护利用的现实意义。

千岛湖临湖生态环境综合保护 2019年5月30日，市政协召开十四届五十二次主席会议，专题议政千岛湖（建德境内）临湖地带生态环境综合保护。实地视察铁路千岛湖站周边区域、建铜集团办公区环境整治及新和管业等企业关停情况，听取生态环境局建德分局、新安江街道等部门单位对相关情况的汇报。提出意见建议：深刻认识临湖生态环境综合保护的重要性和紧迫性；扎实推进临湖生态环境综合保护工作；全面保障临湖生态环境综合保护取得实效。

高铁时代旅游产业发展 2019年9月3日，市政协召开十四届五十六次主席会议，调研高铁时代旅游产业发展情况。市政协主席会议组成人员调研江南秘境旅游度假区建设进度、高铁游客集散中心散客接待情况，并视察建德全域旅游大数据中心，了解全市游客数据统计、分析情况；听取市文广旅体局汇报建德旅游发展工作汇报。提出意见建议：切实增强发展旅游产业的责任感；全面推进适应高铁时代的旅游产品转型升级；全面提升旅游服务的保障水平；发展乡村旅游品牌；加强旅游宣传力度；分层次提升旅游接待能力；发展新业态。

招商引资项目建设 2019年9月12日，市政协召开十四届五十七次主席会议，就招商引资项目建设进行专题议政。实地视察德爱威（中国）有限公司特种涂料项目、浙江远金高科技有限公司年产50万套新能源车辆空调总成项目、浙江东翼新材料有限公司高端磁导线（体）建设项目，听取市商务局、发改局、经信局等部门关于全市招商引资项目建设情况的汇报。提出意见建议：提高认识，多措并举抓招商；坚定不移抓项目，着力扩大有效投资；全力以赴抓服务，营造良好的营商环境；有效规划土地空间，统筹好第一、二、三产业的协调发展。

六、社情民意

了解和反映社情民意，是人民政协履行职能的基础性工作，是政协各参加单位、各专门委员会、政协委员、各民主党派和工商联成员及无党派人士，围绕国家大政方针和地方的重要举措，以及经济、政治、文化、社会、生态文明建设和党的建设中的重要问题，人民群众关心的实际问题，通过政协内部适当方式，向党委、政府及有关部门反映情况，提出意见和建议。

历届建德市政协把社情民意列入政协重要议事日程，作为一项重要的经常性工作来抓。要求每位委员每年至少反映一条社情民意信息。

殡葬收费应更加合理（1998年） 市政协委员钟卫反映：在市政协九届五次会议上，委员们提出防止山头“白化”、努力推进殡葬改革的建议，得到市政府和民政部门的高度重视，新建殡仪馆，出台推行火化的各项措施。但在大力推进殡葬改革中，也存在着一些群众反映较多的问题。一是运尸车收费过高，二是租用悼念厅收费过高，三是殡葬品档次过高。建议物价部门对殡葬收费进行认真核查，尽可能降低费用，使推行殡葬改革工作更加顺利和完满。

加强草莓市场建设（1999年） 市政协委员姜渭反映：草莓生产为建德农村经济的发展做出了很大的贡献，但草莓的交易却没有一个像样的市场。尤其是320国道改建后，绪塘的草莓市场，变成了“马路市场”，严重阻碍了车辆的通行，成了不安全的因素，同时也有损建德的对外形象。为此，建议有关部门要加快市场规划并建设好草莓交易市场，为促进全市农业产业化进程作出贡献。

发行“绿色彩票”加快国土绿化（2000 年）　市政协委员邵树生反映：发行彩票，可以通过民众的参与，集纳社会闲散资金，集中用于某项社会发展事业。根据我国国土森林覆盖率低，且荒漠化日趋严重、灾害频繁、严重制约经济发展的实际，人们越来越认识到绿化国土是促进经济可持续发展的前提。建德森林覆盖率虽已达到 76%，但 320 国道建德段沿线仍存在大片荒山，生态建设任务十分繁重。为此，建议发行“绿色彩票”，加快国土绿化：一是抓住机遇，及早研究解决发行“绿色彩票”问题；二是绿色彩票每年发行一次；三是所筹资金，专款专用，加强监督检查；四是统一规划，分步实施；五是以利益作驱动、实行股份合作。

寿昌江的环境保护刻不容缓（2001 年）　市政协常委金寿山反映：寿昌江作为寿昌人民的“母亲河”，由于人们疏于对水环境的保护，致使污染严重，制约当地经济发展。1999 年以后，在市政府的支持下，经过四年努力，终于建成橡皮坝蓄水工程。但是，由于疏于管理，江中泥沙、石块、杂物没有完全清理，寿昌大桥上游近百米无江堤，两岸白色污染则更严重，这与人们对寿昌江蓄水工程建成后的期望有很大距离。为此建议：尽快全面清理寿昌大桥至市三院门口段江中的杂物；规划好江堤的修筑；加大环境保护的宣传力度；蓄水、放水要正常化、规范化。

重视扶持三都西红种植（2002 年）　市政协委员何新根反映：三都种植西红花农户有 1356 户，面积达 84 公顷。2001 年，西红花产值达到 2400 万元，占三都镇农业总产值的 23.8%。但因中间商外迁、西红花加工企业生产不正常和市场信息不灵，三都西红花销售受阻，价格下滑，花农积极性受挫。为此建议：市农业局要设立专门机构，加强技术上的指导；上级有关部门要把千亩西红花基地列入议事日程，特别希望能提供西红花销售信息。

将玉兰树作为建德市树、紫薇花作为建德市花（2003 年）　政协无党派人士界委员建议：将玉兰树确定为建德市树、紫薇花确定为建德市花。推选、确定市树、市花的意义：提升城市的品位；美化城市环境；有助于全市的花卉苗木业的产业化和规模化。选择玉兰树作为市树、紫薇花作为市花的理由：1. 两种植物都是我国著名的观赏植物，其栽培历史悠久，具有丰厚的文化底蕴；2. 两种植物在建德都广有分布；3. 两种植物的习性简单，适应性广，建德的自然条件足以满足其规模栽培。

为严中梅城校区增量扩容创造条件（2004 年）　市政协常委于远明反映：严中梅城校区是一所百年老校，原设计规模为 35 个班。虽经几次调整建设，但学生的容纳能力始终受教室所限，难以有大的发展。教室、食堂、寝室、实验室、运动场等都呈现严重不足状况，特别是食堂、寝室更为紧张。严中梅城校区隔壁曾经是冶金专科学校，几经变革，现在前半部为梅城镇中所在，后半部尚有 20 多亩的范围为几家工厂所用，有一些现存的设施稍加改造便可投入使用。若将这些小厂外迁，腾出来为严中梅城校区所用，便可以起到招生扩容的作用（能解决 10 个班学的食宿问题）。而且，年内要上的食堂建设项目可以重新考虑布局，以利于发挥整体功能。建议市政府及有关部门出面协调，动员办在原冶金专科学校的几家工厂搬迁，将工厂占用土地、校舍转让给严中梅城校区，为严中梅城校区增量扩容创造条件。

加快解决大洋镇苗木滞销问题（2005年）　市政协常委王振强反映：大洋镇现有占用良田的苗木基地2000余亩，上百万株苗木找不到"婆家"，其中胡店村就有500余亩，占了全村良田的一半以上。每亩500余株苗木，苗龄将近五年，已长到二三米高，品种有香樟、红枫、桂花、含笑等，每亩投入成本累计达7000余元。面对滞销的市场，苗木种植户有"两盼"：一盼政府及有关部门为种植户销售苗木提供更多的信息服务，二盼政府及有关部门多到农民中调研指导。希望帮助组建相关农业合作社，为农民提供更多的有效服务；可发展公司加农户、联市场的模式，通过公司这个纽带，把千家万户的种植与广阔的市场紧密联系起来，为农民多搞些"订单农业"。希望政府和有关部门提供更多有价值的致富信息。

关于加大在院集中供养老人医疗救助力度的建议（2005年）　市政协社会事业组反映：从2004年全市开始推行农村五保和城镇"三无"对象集中供养工作以来，实现60%的集中供养率，基本达到了预期目标。但按杭州市政府2005年农村五保和城镇"三无"集中供养率要达到85%以上的要求，还存在一定的差距。为此建议：发放"助医卡"，解决基本医疗问题，每位供养对象凭卡到定点医院诊治，包括门诊、急诊和住院在内的各类疾病，在一定额度以内的医药费全免，从而保障他们基本医疗问题；修改医疗救助政策。对在院农村五保和城镇"三无"对象的医疗救助政策取消1000元的起报额，改为零起点。

关于破解"看病难"的一点建议（2005年）　市政协常委王振强反映：从本市情况看，除少数偏远农村看病不方便外，"看病难"问题主要表现为看病贵，要害在"看病贵"。"看病贵"除了医院名目繁多的检查费高之外，主要还是表现为药价虚高，使"看病难"问题雪上加霜。一些医生还利用手中的处方权开药方吃药商的回扣。近几年来，政府及其有关部门为解决看病难、看病贵问题也采取了一些措施，如数次降低药价、推行药品集中采购公开招标、打破医院对药品卖方市场的垄断等等，但由于没有真正切断药商与医生之间的不正当利益链条，结果是事倍功半，效果未达预期。为此建议政府及有关部门要下决心认真研究解决这一"看病难""看病贵"的主要症结问题，通过医德教育、制度防范、事前警示、事中监督、事后惩处等环节，下猛药治顽症，坚决切断药商与开处方医生之间不正当的利益链条，还医药领域一块净土。

关于完善外来投资者和引进人才子女借读费收取政策的几点建议（2005年）　市政协委员练布捷反映：2004年，市政府出台了第13号文件，即《关于外来投资者和引进人才子女在建德就学的暂行管理办法》，但能享受优惠的人较少，因为能获得建德市级劳动模范、市级先进以上荣誉、投资额在500万元以上者并不多。根据建德目前的财政状况，按规定收取一定的借读费，对于教育资金的投入和控制生源的大集中能起到一定的调控作用。因此建议：1. 市政府〔2004〕13号文件应予以完善，如对外地来建德投资、经商十年以上者的子女可免收借读费；对每年向建德缴纳国税、地税达5000元以上者的子女可免交借读费等。2. 有关部门加大查处力度，不允许任何学校以任何借口多收借读费。在投资者子女借读费问题上，有关部门和领导要给予更多的重视、关注，研究相应的措施，并监督落实到位。

关于遏止水葫芦疯长净化三江水体的建议（2006年）　市政协委员蔡小珍反映：近几年来，新安江、兰江、富春江上水葫芦疯长，既影响船只通航、又使水体受到污染，这一问题得到上级领导的重视，采取了相应的措施，对江中的水葫芦进行打捞并实行无害化处理，一段时间江里看不到水葫芦。但是从本年8月开始，江里又出现水葫芦，并且呈现蔓延的势头，目前有不少江面已经成片发展，影响江水清澈与周围环境景观，如再不采取措施，将会重现“水葫芦封江”的情况，给本市的水利、农业生产和东线旅游带来严重影响。为此建议：有关部门尽快采取有效措施，打捞江里的水葫芦，遏止其疯长蔓延；要经常性开展对水葫芦生长情况的检测，发现影踪，立即采取措施，以减少处理成本。

关于推行农民建房人身意外伤害保险的建议（2007年）　市政协常委商国富反映：随着本市新农村建设的整体推进，农民生活水平的不断提高，农民依法审批建造新房，改善居住条件，与年俱增。然而在建房过程中，由于施工条件简陋、管理不到位、缺乏有效的风险防范措施，人身意外伤害事件时有发生。中国人寿保险股份有限公司建德支公司，因势所需，推出《农民建房人身意外伤害保险试行办法》，能帮助农民解决建房施工过程中的一些后顾之忧。为此建议：1. 加强宣传，推出农民建房意外人身伤害保险；2. 好事做好，在推行过程中要注意防止工作简单化，密切关注涉保对象的接受程度，自愿投保，不能搞强行，力求把好事做好，做到群众满意。

关于进一步重视草莓生产的建议（2007年）　市政协委员吴东良反映：在平时与草莓种植户的接触中，了解到草莓种植户热切期待政府能高度重视草莓生产，进一步加大对草莓生产的扶持力度。为此建议：加大对草莓生产种植基础设施的投入，加大对草莓钢架大棚等基础设施的扶持；加强对草莓生产科技的培训，帮助莓农全面掌握应用该项技术；政府要引导做好草莓观光旅游文章，引导做好这个新兴产业。

关于规范农药市场保障无公害生产的建议（2008年）　市政协委员程璐反映：随着经营方式的多样化，农民或经营者承包果园、种植西瓜、甘蔗颇多，有些使用国家明令禁止的农药，对消费者造成危害。现阶段农产品认证都是生产单位送检，国家没有抽检，农民生产的农产品往往不在送检范畴，是否能达到无公害农产品不得而知。目前乡镇存在的困难主要是没有执法权，对农药无权检查，无法治止有害农业产品投入市场。为此建议：工商部门要规范农药市场，对无经营执照单位和个人经营农农药的予以取缔；市农业执法部门要深入农户暗访，查禁国家明令禁止使用的农药；授予乡镇农业技术推广中心执法权，以便就近、就地查处，把有害农业投入品杜绝在使用之前。

失地农民养老保险参保率问题应予重视（2008年）　市政协委员王春根反映：近年来，市政府相继出台一系列关于失地农民基本养老保障的政策，并采取积极措施予以落实，取得一定成效。然而截至2008年6月底，全市失地农民为37586人，其中参加失地养老保险的只有2917人，仅占失地农民总量的7.8%。失地农民养老保险参保率低，将直接影响失地农民的生存发展，影响工业化、城市化进程，影响社会稳定。为此建议：一是完善政策，要改“自愿”参保为“强制”参保，凡属政策内的成员都必须无条件参加养老保险并按规定履行纳费义务。二是理顺机制，做到“三个纳入”，即把失地农民养老保险工作纳入市政府工作报告和社会发展总体规划，纳入乡镇领导干部目标责任制考核，纳入市人大、政协监督重要内容。三是加强服务，要进一步简化投保办理手续。四是促进就业，加强对失地农民的职业教育和技能培训，提高再就业能力，并在贷款、税收等方面给予一定优惠政策。

关于加强校园安全管理的几点建议（2010 年） 市政协委员吴霞反映：校园安全关乎每一个学生的人身安全，关系到每一个家庭的平安幸福，更关系社会大局的和谐稳定。学校安全要重人防、物防和技防，这在目前的学校仍是弱项。为此建议：一要加大排查力度，切实消除各类隐患和问题。二要加大打击力度，严惩侵害师生安全的违法犯罪活动。三要加大管理力度，全面落实内部安全防范措施。四要加大教育力度，强化师生的安全防范意识。同时，要采取各种形式，动员家长、社区及社会有关部门共同参与，让家长和社会共同关注、大力支持学校的安全防范工作。

关于被征地农民社会保障问题的建议（2011 年） 政协下涯镇工委反映：土地房屋征收工作是全市当前一项十分重要的工作，在依法推进征迁过程中，被征地农民总量逐渐增加。为保障农民的权益，市政府也先后出台和完善关于被征地农民基本养老保障的相关政策。但在实际操作过程中，一些农民对失地保障仍存有异议。为此建议：市政府有关部门针对被征地农民所反映的问题要加强调查研究，及时完善相关政策；对处于特殊年龄段已参加城镇职工养老保险的被征地农民，通过参加失地保险抵交部分年限后到法定退休年龄时仍达不到所要求的养老保险缴纳年限的，由被征地农民自己出钱进行一次性补缴；引导被征地农民的保障纳入城乡一体化的社会保障体系中。

关于提高农村社区卫生服务机构医疗水平的建议（2011 年） 市政协委员翁寿清反映：医疗卫生改革与群众生活密切相关，目前，在社区卫生服务机构执业的全科医师大多是从事某个专科的执业医师，虽经过培训，取得全科医师岗位培训合格证书后从事全科医疗诊疗工作，由于医学知识是一个长期实践经验积累的过程，其医疗技术水平短期内还不能满足群众就诊的需要。为此建议：1. 市级公立医疗机构要体现其公益性质，改变观念积极配合医改，将工作重心下沉，医疗关口前移，将专家资源引入社区。2. 市级各医院应定期派出具有副高职称以上的专家，到对口支援的社区卫生服务机构坐诊，使群众在家门口享受到专家的医疗服务。3. 市级医院应将本院具有副高级以上职称的专家名单及专业特长、联系方式列成菜单，提供给社区卫生服务机构。4. 市级医院应充分发挥利用本院退休专家资源，返聘退休专家，安排其到社区卫生服务机构继续发挥特长，派出的医院给予适当补助。5. 广泛宣传，改变群众多年形成的就诊观念。6. 社区卫生服务机构亟待引进正规学校毕业中专以上的检验、放射、B 超卫技人员，促进基本医疗诊断符合率，使社区卫生服务机构可持续发展。

关于加紧老城区危旧房改造促进城市建设健康发展的建议（2011 年） 市政协特聘委员陈建江反映：近年来，在城市东扩、南拓、中优的战略带动下，整个新安江城市新貌展现在世人面前。

但是还应看到老城区核心区块依然有不少危旧房屋存在，还需进行改造和整治。为此建议：政府有关部门对全城区危旧房进行排查、检测，制定一个系统科学的改造和建设总体规划；政府应有相应的优惠扶持政策，同时鼓励和引进社会力量参与开发建设；有关职能部门应进一步加大对危旧房火灾（安全）隐患排查整治，加强对临街店面装修改建监督的审批工作，切实消除各类安全事故。

关于切实重视养殖污染推进畜禽粪便无害化处理的建议（2012 年）　市政协委员刘水泉反映：2011 年，全市养鸡 1500 余万羽，猪、牛、羊等大型牲畜 42 万余头，总产值 13 亿元，为促进全市农业增效、农民和养殖企业增收发挥巨大的作用。但同时，由于畜禽粪便所造成的农村面源污染矛盾突出，虽然已经多年污染治理，畜禽养殖污染仍然比较严重。因此建议：切实加强规划引导，严格控制散、乱养殖；转变观念，大力推广使用经无害化处理的有机肥或经加工后的生物有机肥；积极扶持养殖小区和企业投资畜禽粪便无害化处理；建立长效管理机制，强化监督管理。

关于修建大洋镇集镇沿江防洪堤坝的建议（2012 年）　市政协委员王瑞仙反映：2011 年"6·19"及"6·25"洪水使大洋集镇的居民饱受了洪灾的苦难，1995 年至 2005 年之间也曾多次发生此类情况，主要原因：一是大洋集镇地势偏低，二是沿江地段没有防洪设施，三是沿江居民原建房时没有经过科学整体规划。因此建议：将沿江居民进行搬迁，搬迁后修筑一条沿江大道并增设防洪堤坝。

关于重视解决中小企业青年科技人才住房问题的建议（2013 年）　市政协科技组反映：近年来，随着社会经济的快速发展，各类青年科技人才汇聚建德，共同为建德的发展作出积极贡献。但随着大量外地人才的涌入，住房矛盾日益突出，人才住房困难问题需引起市政府和有关部门重视。主要存在的问题有：人才楼分配存在遗留问题，购房负担过重，幸福指数下降。因此建议：加快"人才公寓"的建设进程；加大住房补贴力度；多种渠道解决住房。

关于发展铁皮石斛特色观光园的建议（2013 年）　市政协委员钱幸福反映：铁皮石斛作为莲花镇的特色产业，经过多年的发展，目前已有 3 家公司，累计种植面积 1000 余亩，种类丰富、质量可靠。加上近几年铁皮石斛的知名度和市场认可度不断提升，发展石斛观光园有较高的市场前景。因此建议：旅游部门要适时规划、引导发展集石斛观赏、采摘体验、产品体验、美食品尝为一体的体验观光旅游线路，打造养生健康之旅；政府相关部门要结合铁皮石斛产业的特点，出台相关扶持政策，加强基础设施建设补贴、税费减免等。

关于农村专业合作社发展的建议（2013 年）　市政协委员陈瑛反映：农村专业合作社在发展现代农业，增加农民收入，建设社会主义新农村等方面都发挥着重要的作用。但基层调查发现，农村专业合作社小、散、乱、差的现象依然突出。主要原因有：规范化程度低，资金筹措渠道狭窄，专业人才缺乏。为此建议：政府部门要进一步加强农业专业合作社审批的严格性和管理的严肃性，有效促进专业合作社规范化建设；突出重点，集中扶持规模较大、运作规范的龙头合作社，增强龙头的辐射带动能力；加强对农民的市场营销、组织管理、农业技能等方面的教育培训；建立灵活的专业人才利用机制。

关于开办农业职业技术学校的建议（2014 年） 市政协特聘委员黄祥勇反映：由于大量农民工进城务工，而现在的绝大多数年轻人又不愿意务农，导致全市农村从事农业农村生产的人员老化，农业企业招工困难，在岗人员又普遍年龄偏大。为此建议：利用建德市工业技校扩建改造的机会，增设农业技术专业班级；根据专业设置，加强教学力量的配备；积极鼓励本市的农业龙头企业、农民专业合作社和农业大户与学校、学生签订委托培养合同，承担学生在校学习期间的适当费用，毕业后按合同到委托方就业。

关于加快建德市电梯制造行业发展的建议（2014 年） 市政协委员吴瑞华反映：建德电梯制造业历史悠久，形成以奥立达电梯、新马电梯为龙头的 10 多家配套企业的产业规模，具有产业基础较好、龙头企业实力较强、产业配套体系较完整、人才技术和销售队伍支撑有力、区位优势明显等优势，但是总体来说全市的电梯产业发展还是落后于近些年城镇化的发展速度。为此建议：制定规划，强化引导，就电梯产业的发展确定近期和远期目标；企业主导，政府推动，加大对电梯行业的扶持力度；强化招商，做强做大，大力引进电梯制造及配件生产企业，以及引进国内和国际知名品牌电梯企业进行股权合作。

加强“菜篮子”监管确保农产品质量安全（2015 年） 市政协委员陈伟霞反映：近年来，“菜篮子”安全问题越来越引起各个方面的关注，主要原因是使用农用化学物质过程中存在问题。因此建议：1. 对于目前的蔬菜、瓜果类市场，要建立进货备案手续，完善信息库，建立质量追踪制度。2. 政府相关部门要大力推广优化用肥结构，积极开展低流失、低污染的化肥施用技术与方法及作物耕作技术指导培训活动。3. 指导推广综合防治技术，及时合理用药，减少农药残留。4. 加强对源头管理。5. 加快蔬菜等农副产品的安全检测体系建设，将检查、检测工作细化到超市、农贸市场等，把好最后一道关。

进一步缓解医患矛盾（2015 年） 市政协委员叶鹃反映：近年来，医患矛盾纠纷不断增多，由此引起的暴力事件也时有发生。引发医患矛盾的原因很多，除了医患之间缺乏沟通信任、医方失误引发医疗损害、患方期望值过高等普遍存在的情况外，还存在着以下问题：一是医疗资源分布不均；二是部分科室医生严重缺乏；三是现有的医疗机制和环境增加了医患矛盾上升的概率。为此建议：完善医疗设施，全面建设覆盖全市的社区卫生服务站，切实提高医疗水平；提升医护技能，努力引进高级医疗人才，加强技能培训，提升现有医疗人员的服务水平；建立良好环境，规范医务人员行为，强化责任和服务意识。

对全市幼儿园、中小学校塑胶跑道进行全面安全监测评估（2015 年） 市政协委员刘水泉反映：近年来，全市幼儿园和中小学校塑胶跑道建设大有快速发展之势。由于塑胶跑道的生产和市场管理还不够规范，导致可能产生的挥发性有毒气体成分比较复杂。同时，由于幼儿园和中小学生正处于生长期和发育期，对这些挥发性有毒气体更为敏感，尤其是对幼儿园学生，所造成的危害性更大。因此建议由市政府牵头，教育、安监、环保、卫计等部门共同参与组成一个安全监测评估工作领导小组，通过委托第三方专业检测机构对全市有关幼儿园和学校塑胶跑道的安全性进行一次全面检测和评估，消除安全隐患，杜绝安全事故，为全市幼儿学生和中小学生创造一个安全的学习和生活环境。

加快寿昌民宿产业发展（2016年）　市政协特聘委员黄祥勇反映：乡村民宿是乡村旅游的重要载体，而乡村旅游业对农村经济发展具有积极的推动作用。寿昌镇河南里、桂花、绿荷塘等村具有得天独厚的自然环境和历史文化条件，如果能合理规划适当引导，民宿产业将为寿昌经济发展做出积极贡献。因此建议：突出景观和人文特色，发展乡村精品民宿；统一规范管理，增强民宿行业竞争力；加强经营者培训，强化民宿产业服务水平；搭建旅游文化体验平台，提高寿昌旅游业知名度。

加强农村生活污水治理后期管理工作（2016年）　市政协委员邵琳萍反映：自2014年开展“五水共治”以来，全市通过实施农村生活污水治理工程，农村生活污水污染得到有效控制，农村生活污水整治取得明显成效。但在后期运行管理中也存在着一些问题，主要表现在：运行维护资金未到位，运行维护管理职责不明确，运行维护覆盖未全面。因此建议：落实维护运行资金，加大财政投入力度，规范资金管理；完善长效管理机制，加强农村管网日常维护知识培训和农村居民健康教育宣传，对各村和专业服务公司的管理情况进行定期监督和考核，并将监管考核情况与管理资金拨付挂钩，奖优罚劣。

关于加快公共养老机构和服务设施建议（2016年）　市政协特聘委员方永红反映：随着建德老龄化程度不断加重，养老服务短缺成为民生幸福的短板。主要表现在：一是养老机构数量少、规模小。二是社区老人日间照料能力不足。为此建议：将养老服务项目建设列入城市建设规划，在新区建设和旧城改造中，对养老服务项目建设用地的开发和利用做出硬性规定；加大投入，给养老服务业“加油”；吸引民资办养老产业，降低民间机构进入养老服务领域门槛，形成“全资公办”“公办民营”“民办公助”等多种模式。

在“美丽乡村”建设中加快边界村发展（2017年）　市政协委员汪佳反映：应借“美丽乡村”建设的东风来提升边界村形象，促进边界村各方面发展，扮靓建德门户，同时推动全市乡村振兴战略的实施。因此建议：一是科学规划，分步实施。要整合边界村的特色和资源，科学编制村庄发展规划。二是统筹协调，共同推动。市美丽办要加大统筹协调力度，整合农业、林业、住建、水利、财政等部门资源，加大边界村基础设施建设投入。三是产业融合，加快发展。在边界村“美丽乡村”建设中，要依托当地的产业特点，推动茶叶、香榧、高山蔬菜等特色产业发展，要与乡村旅游相结合，积极探索民宿新政策，推动乡镇“美丽经济”发展。

加强农贸市场废弃物循环利用（2018年）　市政协联谊会反映：据不完全统计，全市有各类大小农贸市场68个，日产垃圾约120吨，统一混装运到寿昌、梅城垃圾填埋场填埋处理，其中80%以上是含水量高的有机物。因此建议，市政府要加强农贸市场废弃物循环利用工作。严格实施农贸市场垃圾分类处理制度，从市场每个商户抓起，形成良好的分类投放习惯。同时结合垃圾处置项目和资源综合利用项目建设，积极推进垃圾分类回收和利用，真正实分类投放、分类收集、分类运输和分类处理。

整合新叶民俗元素做强民俗产业链（2019 年） 市政协委员叶桂昌反映：2012 年，大慈岩镇新叶村入选浙江省第二批省级“非遗”旅游景区（民俗文化旅游村），“非遗”项目达到 6 项，民俗风情在浙西地区有一定的典型性和代表性。为了让每个走进新叶村的游客都能感受到新叶的民俗文化，建议尽快整合新叶民俗元素，以浙西传统婚礼民俗为纽带，共建民俗产业链，打造民俗文化大餐。具体建议如下：成立浙西民俗演艺公司，建设婚俗展示馆，组建民俗表演队，构建民俗产业链。

在乡村振兴中强化人才培养（2019 年） 政协钦堂乡工委反映：全市坚持以建设“美丽乡村”为目标，大力开展庄环境综合整治，农村人居环境和生产生活条件得到明显改善，但在工作推进过程中也遇到一些短板和瓶颈，其中最为突出的是农村人才短缺问题。因此建议：一是加强组织领导，建立激励机制，以乡情乡愁为纽带，吸引支持企业家、党政干部、专家学者、医生教师、专业技术人才回乡服务乡村振兴事业。二是加强农村基层干部队伍建设，选优配强各村的农村发展带头人，促进乡村产业发展。三是加强新型职业农民的培育，充分利用互联网农业科教云等线上培育平台和模式，引导农民接受新理念和新技术。

七、“请你来协商”

2019 年，浙江省政协出台《县（市、区）政协开展“请你来协商”平台建设工作的指导意见》，召开县（市、区）政协“请你来协商”平台建设工作推进会，部署平台建设工作。市政协自 2019 年 3 月开展该项工作，市委书记、市长也为该工作提出具体建议，尤其针对选题提出明确要求，为协商平台建设做了政治保障。市政协专门组织相关专委会前往本省平阳、温岭、义乌等地学习先进经验与做法，结合建德实际，制定计划，确定模式，建立评价体系、统一协商品牌，把好选题策划关、调查研究关、活动组织关、成果转化关。

是年开展“请你来协商”活动 6 期，提出“农村消薄增收”“老旧小区安装电梯”“城市生活垃圾分类”“乡镇工业平台改造提升”“优化公共交通网络”“医共体建设”等 6 个主题。其中市委书记和分管副市长参加“农村消薄增收”主题协商，市长和分管副市长参加“老旧小区安装电梯”主题协商，共形成协商纪要 6 期，其中 1 期获得市委主要领导批示。

请你来协商（第一期）——农村消薄增收 2019 年 7 月 1 日，市政协举行首场“请你来协商”活动，以农村消薄增收为中心内容开展协商议政。中共建德市委书记童定干、市政府副市长陈文岳出席活动并讲话。本次“请你来协商”活动组织观看“农村消薄增收工作”专题片，15 名市政协委员和社会群众代表围绕“农村消薄增收”与党委政府及相关部门领导进行交流协商。会议就村级经济收支、村级财务管控、消薄增收举措、消薄成果巩固、引领保障五个方面形成共识和建议。

一是关于村级经济收支方面：1. 针对村级债务化解难，特别是新债有所增加的问题，要化旧债、控新债、要促增收。2. 针对村级管理费支出超过集体经济经营性收入，村级负担较重的问题，要完善村级组织运转经费正常增长机制，要明确村级集体经济收益首先保障村级公共开支，要加大政策扶持力度。3. 针对清洁卫生费用较高，各级补助与实际支出缺口较大的问题，相关部门要统筹整合各项涉农资金，逐步提高清洁乡村专项补助标准。

二是关于村级财务管控方面：1. 针对部分村存在个人借款未清退的问题，一是要加强检查督促，严把村级举债审核关。2. 针对借款利息负担较重的问题，相关部门要引导村里将个人贷款转为银行贷款，降低村里利息负担。3. 针对日常费用高，“开门费”负担重的问题，树立绩效和节约理念，强化对村干部财务会计知识和财经纪律的培训，加大财务审计力度。

三是关于消薄增收举措方面：1. 针对农旅融合发展形势严峻的问题，编制全域旅游发展总体规划和重点区域策划，把农旅项目纳入旅游产品推广体系，培育新兴农旅产品业态。2. 针对人才激励政策的问题，在税收、信贷、项目等方面给予政策扶持与激励，重视对青年人才的政治引导。

四是关于消薄成果巩固方面：1. 针对种植业风险大的问题，在品种引进前要加强咨询及服务指导工作，在品种引进后要给予技术指导、政策支持，整理适合建德生产经营的种植业清单，供企业和农户选择。2. 针对项目建设费用的问题，乡镇和村（社区）要科学制定项目管理措施，相关部门要指导村（社区）做好科学论证。3. 针对道路等基础设施建设的问题，乡镇（街道）要指导各行政村尽快将有需要的村道建设项目按规定列入“四好农村路”三年行动计划项目，交通部门要积极争取将建德列入杭州市 2020 年“四好农村路”建设计划，财政部门要安排专项资金用于村级消薄项目的基础设施建设。

五是关于引领保障方面：1. 针对建设和发展延续性的问题，整合项目资金，建立健全群众投入机制，调动社会资本参与美丽乡村建设，争取项目化债。2. 针对乡贤作用发挥的问题，扩大乡贤朋友圈，搭好服务连心桥，推动乡贤回归家乡。3. 针对村“两委”班子作用发挥的问题，一是要选拔有干劲、会干事、作风正派、办事公道的人进班子，提升村干部能力，加强村级干部队伍建设。

请你来协商（第二期）——推动垃圾分类助力文明创建　2019 年 7 月 19 日，市政府、市政协联合组织召开城市生活垃圾分类重点提案办理专题协商会，专题协商市政协十四届三次会议 72 号提案——《关于加快城市生活垃圾的分类，全力助推文明城市创建的建议》，此为市政协首次将“请你来协商”活动与重点提案办理相结合。与会人员观看“城市生活垃圾分类”宣传片，提案主办单位市城管局汇报提案答复办理情况，提案人代表对提案承办答复提出意见和建议。8 名市政协委员和 2 名市民代表围绕“推动垃圾分类，助力文明创建”主题，围绕垃圾分类宣传和前端分类投放、中端分类收集运输、末端分类处理三大专题现场提出问题 13 个，相关部门对委员和市民代表的提问给予面对面回应，并提出下一步工作的改进措施：

一是抓好垃圾源头减量。加强示范带头，推进源头减量。二是抓好全程分类。加强基础配套保障，发挥社区和物业的管理作用。三是抓好设施建设。加快推进末端处置项目建设，优化垃圾末端处理方式。四是抓好全民参与。强化部门协作，引导全民共同参与。

请你来协商（第三期）——乡镇工业园区（功能区）改造提升　2019年8月16日，市政府、市政协联合召开乡镇工业园区（功能区）改造提升重点提案办理协商会，围绕市政协十四届三次会议1号提案——《关于规划改造建德市乡镇工业平台的建议》开展协商议政。会议以“请你来协商”的形式召开，副市长夏喜生应邀参加协商活动。

本次“请你来协商”活动组织观看“乡镇工业园区（功能区）改造提升”视频，听取市经信局关于提案办理和工作情况的汇报，部分政协委员代表围绕乡镇工业园区改造提升与相关部门单位领导开展了协商交流。会议提出以下建议：

一是关于乡镇工业园区改造提升的规划引领方面：1. 针对贯彻落实产业平台高质量发展实施意见的问题。持续加强开展传统产业改造提升，强化亩均绩效倒逼，加快推动小微企业园建设。2. 针对乡镇工业园区特色性、差异性发展的规划布局问题。做大做强建德经济开发区和高铁新区两大工业平台，进一步提升产业发展能级，突显乾潭工业园区和大同工业园区作为杭州市特色产业园区的发展定位，确定各乡镇工业园区特色性、差异性的产业发展导向。3. 针对小微企业园的建设问题。重点选择确定1—2个主导产业精准发力，体现出园区的特色性和差异性。

二是关于乡镇工业园区改造提升的配套完善方面：1. 针对乡镇工业园区改造提升财政支持的问题。要加快“腾笼换鸟”“空间换地”、城镇低效用地、分割转让税收奖励等扶持政策的落实。加强国有土地使用权收入补贴，加大力度支持乡镇工业平台基础设施建设。推进乡镇国有公司的规范和整合，加快纳入国资委统一监管运作，通过吸收合并等方式提升经营能力，强化服务水平。2. 针对乡镇工业园区内闲置土地盘活的问题。加快未供土地的消化利用，加大指标盘活、边角料核销、落实项目供应等工作力度，推进批而未供土地消化利用；摸排乡镇工业园区内“供而未用”土地原因，消除阻碍，加大督促考核力度，倒逼未用土地开工建设。3. 针对园区科技创新平台建设相对薄弱的问题。着力推进产业创新服务综合体建设，提升产业层次；加大力度支持行业公共创新平台的建设，通过项目引导创新券推广应用等；通过释放政策红利为企业减税降费，降低科研成本，提升企业加大研发投入的积极性。

三是关于乡镇工业园区改造提升的服务保障方面：1. 针对缓解小微企业融资难、融资贵的问题。深化银行“三服务”，建立受中美贸易摩擦影响的外贸出口企业清单和有实际贷款需求的企业清单，提升金融服务精准性；加强金融创新，大力推广无还本续贷、互联网线上信贷等业务服务，深化省级信用县创建成果，拓展融资渠道、提高办贷效率；完善政策，相关部门要会同金融主管部门修改完善房地产顺位抵押登记、不动产抵押登记查询网络化办理、小微企业贷款风险补偿、对公存款竞争性存放等办法，有效缓解小微企业融资难题。2. 针对企业用气成本较高的问题。加快推动《建德市燃气专项规划》的实施落地；加强与杭燃集团对接，加快市天然气高压管道的建设；相关部门要指导和协助燃气公司加快管道燃气基础设施建设。

请你来协商（第四期）——聚焦乡贤回归助力乡村振兴　2019 年 9 月 30 日，市政协举行“请你来协商”活动，以“乡贤回归”为中心内容，邀请政协委员、乡贤代表、部门负责人专题协商交流。副市长陈文岳应邀参加活动。

市委统战部在协商会上对建德乡贤回归相关工作作介绍。与会政协委员们围绕领导重视、建好组织，制定政策、鼓励回归，发挥作用、助力振兴三个方面，向部门、乡镇（街道）提出问题，部门、乡镇（街道）予以解答。

请你来协商（第五期）——聚焦既有住宅加装电梯工作　2019 年 10 月 7 日，市政协举行“请你来协商”活动，共同推进既有住宅加装电梯工作，邀请政协委员、市民代表、部门负责人共同参与，并进行线上同步直播互动，市长朱欢、副市长钱晓华应邀参加活动。

协商会上，政协委员、市民代表、在线观看直播的网友围绕费用、施工、维护、政策等方面提出问题。市住建局、市场监管局、供电公司、新安江街道、设计公司、物业公司代表逐一予以解答。

请你来协商（第六期）——聚焦市医共体建设　2019 年 10 月 12 日，市政府、市政协联合举行“请你来协商”活动，以“全市医共体建设”为中心内容。副市长郑志华应邀参加并讲话。本次“请你来协商”活动分基层医疗、公共卫生、医保保障、人才建设 4 个专题进行，市卫健局、医保局分别作相关工作情况汇报，部分政协委员、乡村医生和市民代表围绕医共体改革工作与相关部门单位开展协商交流。会议提出以下意见建议：一是高度认识，切实提高医共体建设重要性。二是齐心协力，全面提升全市的医疗健康水平。深化医共体改革工作推进，切实加强基层医疗卫生设施建设，加强医务人才建设，打造一支立足建德、服务建德、关爱建德的医疗卫生队伍。

第四节　委组活动

政协委组活动是帮助政协委员了解情况、研究问题、学习提高的重要形式，是委组成员履行委员职责的重要渠道。十届至十四届委员会委组有计划地组织本委组成员开展学习通报、专题调研、视察考察、咨询服务及其他形式的多项或专项活动，不仅增强了市政协工作活力，也使市政协在有效助推全市经济社会又好又快发展、实现建德新崛起中发挥积极作用。

一、各类学习

学习提高是委组活动的重要内容之一。十届至十四届委员会十分重视对委组学习活动的指导。做到学习活动目的有要求、内容有计划、方式有创新。

学习上级重要会议精神　1998 年 11 月 3 日，新安江联络二组组织学习中共十五届三中全会决定。1999 年 10 月 10 日，新闻组组织学习中共十五届四中全会公报。2002 年 3 月 15 日，社会事业组组织学习全国政协九届五次会议精神，并进行讨论；12 月 16 日，新安江联络一组组织学习中共十六大精神，讨论落实市政协关于深入学习中共十六大精神要求。2004 年，农业组组织学习中共十六届四中全会文件，以及市委十一届三次全委（扩大）会议精神。2007 年 3 月 26 日，寿昌联络组组织学习全国政协十届五次会议精神，安排全年工作；4 月 3 日，工业组组织学习全国两会精神；8 月 23 日，工业组组织学习中共建德市委十二届二次全会精神；10 月 26 日，乾潭联络组组织听取市政协领导关于中共十七大精神学习辅导；11 月 7 日，城建交通组组织学习中共十七大精神。2010 年 12 月 8 日，梅城联络组组织学习中共十七届五中全会精神。2012 年 11 月，大洋镇工委组织学习中共十八大精神。2015 年 10 月 8 日，钦堂乡工委组织学习传达全市政协工作会议精神。2017 年 11 月 14 日，乾潭镇工委组织学习领会中共十九大报告中提出的新概念、新名称，并从加深理解上下功夫。2018 年 8 月 8 日，洋溪街道工委组织学习中共建德市委十四届四次全会精神，布置下半年的工委活动。

学习上级领导重要讲话精神　1998 年 8 月 21 日，大同联络组组织学习全国政协主席李瑞环在全国政协九届四次主席会议上的讲话和浙江省政协主席刘枫在全省政协干部培训班即将结束时有关当前国内外形势部分讲话。1999 年 12 月 14 日，城建旅游委员会组织学习江泽民总书记在中国人民政协成立五十周年大会上的重要讲话。2000 年 3 月 7 日，教体组组织学习贯彻江泽民总书记《关于教育问题的讲话》精神；3 月 22 日，乾潭联络组组织学习李瑞环主席在全国政协九届三次会议闭幕会上的讲话及浙江省政协副主席龙安定在浙江省政协八届三次会议上的工作报告；3 月 27 日，民族宗教组组织学习李瑞环主席在全国政协九届三次会议闭幕会上的讲话；7 月 20 日，新安江联络二组组织学习“三个代表”重要思想；9 月 7 日，医卫组组织学习市政协主席刘志新在政协委员学习会上的讲话；9 月 14 日，法治组组织学习杭州市政协副主席沈者寿在杭州市政协常委读书会上《以“三个代表”重要思想为指导，开创政协工作新局面》的讲话，并进行认真讨论；9 月 28 日，农业组组织学习和讨论市委书记王金财在全市政协工作会议上的讲话。2001 年 3 月 9 日，新安江联络二组组织学习江泽民总书记在全国统战工作会议的重要讲话；7 月 4 日，工青妇组组织学习江泽民总书记在中国共产党成立八十周年大会上的讲话精神。2002 年 1 月 7 日，民族宗教组认真组织学习江泽民总书记在全国宗教工作会议上的重要讲话；3 月 28 日，新安江联络一组安排学习杭州市委书记王国平于 1 月 22 日在建德调研时的讲话精神；7 月 4 日，农业组组织学习江泽民总书记“5·31”重要讲话。2011 年 8 月 10 日，乾潭镇工委组织学习中共中央总书记胡锦涛“七一”重要讲话精神。三都镇工委组织学习胡锦涛总书记在纪念辛亥革命一百周年大会上的重要讲话精神。2012 年 11 月的委员学习日，航头镇工委组织委员认真学习胡锦涛总书记所作中共十八大工作报告，并做到边学习、边讲评、边讨论。2017 年 10 月 18 日中共十九大召开后，各委组都及时组织学习习近平总书记所作的中共十九大工作报告。

学习有关党和国家大局的大事要事内容　1998 年 11 月 12 日，市政协祖统委学习通报“汪辜会谈”情况。1999 年 4 月 1 日，市政协祖统委组织传达杭州市对台工作会议精神；5 月中旬，教体组组织理论学习，并谴责以美国为首的北约悍然对南联盟进行轰炸，用导弹野蛮袭击中国驻南联盟大使馆的罪行；5 月 27 日，梅城联络组组织学习江泽民总书记《在欢迎我国驻南斯拉夫联盟共和国工作人员大会上的讲话》，中共建德市委《关于学习贯彻中央通报精神、强烈抗议以美国为首的北约的野蛮行径，做好当前工作的通知》等；7 月 16 日，市政协祖统委、民革市委，举行台湾形势报告会，强烈抨击李登辉分裂祖国的言论。2000 年 3 月 3 日，市政协祖统委及市民革、台联、侨联、海联联合举行座谈会，学习《一个中国的原则与台湾问题》白皮书；3 月 10 日，财贸组组织学习《一个中国的原则与台湾问题》等文章；4 月 11 日，梅城联络一组组织学习《人民日报》关于中台办、国台办发言人发表的《任何分裂民族、国家的人都没有好下场》和《评吕秀莲的“台独”宣言》等文章。

二、考察调研

十届至十四届委员会期间，根据常委会工作要点和各乡镇（街道）重点工作，建德市政协各委组有计划地组织开展各类考察调研活动，既是委组履行政协职能的基本形式，也是其开展活动的传统而有效做法。考察调研的安排，充分考虑发挥委组及其成员的专业优势与特长，重点关注全市政治、经济、文化和生态文明建设中的热点和难点问题，创新方式，主动作为，力求考察调研严实有效。

考察调研工业经济　2000 年 5 月 15 日，提案委员会组织委员到李家镇对灰钙生产情况进行视察，针对灰钙业布点凌乱、工艺简单、设备落后、污染严重等情况，委员们建议对该行业进行整治。

2002 年 8 月 9 日，三都联络组组织委员视察镇工业园区建设情况。

2007 年 5 月 25 日，大同联络组组织委员视察海螺水泥有限公司生产管理情况和余热发电项目；6 月 26 日，工业组、财税金融组联合组织委员约请本市各家银行负责人，到李家镇与该镇企业主座谈沟通，帮助企业破解融资困难。

2009 年 3 月 23 日，人文环境组组织委员到杭州新安镁业实业有限公司，调查企业的生产经营状况，帮助企业破解发展中的难题；5 月 22 日，工业组组织委员视察马目高新技术园有机硅园区。

2010 年 6 月 23 日，新闻组组织委员视察寿昌经济开发区，了解寿昌经济开发区的建设与发展情况，视察寿昌温泉项目开发；10 月 28 日，工商联组组织委员就本市碳酸钙行业进行实地调研，察看杭州稳健钙业有限公司。

2011 年 10 月 19 日，农业组组织委员到罗村水库，调研本市自营水电站的建设与生产情况。

2012 年上半年，经济组、台侨组、大慈岩镇工委等深入工业企业针对融资、交通、供电等实际问题，积极帮助联系沟通，寻求解决办法。

2015 年，下涯镇工委积极开展“进厂入企 · 服务发展”主题活动，与镇人大积极对接，组织委员全面走访全镇 15 家规上企业，共收集问题 11 个。

2016年7月4日，钦堂乡工委组织委员和部分企业代表参加碳酸钙整治提升工作。11月23日，梅城镇工委组织委员就高新园梅城区块征迁工作开展协商，围绕加快推进园区征迁工作建言献策。

考察调研“三农”问题 1998年3月31日至4月5日，农业组组织成员，赴乾潭、杨村桥、航头、童家、劳村、李家、麻车、三都等乡镇，对森林防火工作进行专题视察；9月24日，寿昌联络组组织委员赴金华考察河盘桥橡皮坝蓄水工程，为建设寿昌江橡皮坝工程以改善水环境、实施小流域治理做好准备；12月18日，梅城联络一组组织委员调研建德林场“富春江森林公园的建设”情况。

2001年5月15日，寿昌联络组组织委员对航头镇农业产业调整情况进行视察。

2002年5月28日，新安江联络二组组织委员到莲花镇进行特色农业调研；10月11日，三都联络组组织委员视察本镇文明乡镇创建工作；11月22日，农业组组织委员到更楼街道办事处视察杭州市“49100”和本市“1340”帮扶工作。

2004年，农业组就放心菜工程、移民下山脱贫、带动农业劳动力转移、建立森林火灾扑救援助基金等，重点开展进行专题调研，形成《移民下山脱贫几点建议》等5篇调研报告。

2006年5月8日，民族宗教组组织委员赴钦堂乡大岩山少数民族村开展新农村建设调研活动；7月21日，农业组组织委员视察建德市土壤肥料检测站；10月21日，工青妇组组织考察下涯镇新农村建设情况。

2007年4月24日，农业组组织委员考察市天羽茶业有限公司生产经营状况，帮助该公司解决项目包装、品牌建设、茶园生态化建设等实际问题；5月11日，新安江联络组组织委员就涉及农民利益问题、城市开发与村级经济发展等问题进行调研；7月26日，医卫组组织委员到大慈岩镇开展“新型农村合作医疗，对解决农民看病难”调查；8月25日，医卫组组织委员到钦堂乡莆田村，调研新型农村合作医疗工作；11月19日，梅城联络组组织委员到三都镇大唐村调研香榧发展情况，重点对“湘旗香榧”开发与发展，提出意见和建议。

2009年3月23日，大同联络组组织委员到市霞雾农业开发公司调研国家级有机食品（油茶、竹笋）基地建设情况；4月15日，台侨组组织委员到三都、大洋调研柑橘产业发展情况。7月23日，民族宗教组组织委员到大慈岩镇双泉村，调研浙江省民族团结进步小康村的创建工作；8月1日，无党派组与市党外知识分子联谊会共40余人，赴大慈岩镇双泉村调研新农村建设工作；10月28日，科技组组织委员视察市国茂饲料有限公司，参观该公司万头生猪养殖基地。

2010年5月7日，工青妇组组织委员到浙江天赐生态科技有限公司茶园基地，实地察看茶叶采摘、加工、包装等主要环节，了解企业质量管理和制茶技术；7月13日，寿昌联络组组织委员视察航头镇桃园基地—桃源水果研究所；7月23日，农业组组织委员视察富春江沿岸的生态林建设。

2011年10月中旬，政协三都镇工委组织委员考察本镇“中心村的培育建设”工作。

2012年5月10日，台侨组组织委员视察建德市喜羊羊生态养殖有限公司，并针对企业融资难问题，提出多项建议。是月，钦堂乡工委组织委员赴本乡重点工程“养老服务中心”项目建设情况进行视察，就围绕完善养老设施、着力满足养老服务需求提出具体建议；8 月 19 日，钦堂乡工委组织委员到葛塘村开展调研，实地查看村容村貌，对存在的问题和困难进行现场建言献策；8 月 21 日，社科组与下涯镇工委联动视察下涯安置房工程项目，联动开展“重点项目推进过程中民生保障工作专题视察”。是年，李家镇工委、农业组围绕村级经济发展难点问题，多次开展调研活动，发挥委员优势作用，助推一些实际问题有效解决；莲花镇工委紧盯“畜禽养殖污染”整治工作不放，全程跟进，多次开展调查、视察活动，建言献策，助推畜禽养殖退养转产。

2013 年，无党派组组织委员调研莲花镇、下涯镇和杨村桥镇种植户、养殖户及种植企业。

2015 年，下涯镇工委利用在外莓农返乡契机，组织委员对全镇在外莓农生产生活情况开展重点抽查，座谈走访，提交《关于加强在外莓农服务保障的建议》。

2016 年 5 月 4 日，旅商组与杨村桥镇工委联合组织到杨村桥镇十里埠村岱头自然村视察和调研民宿经济发展；11 月 8 日，大洋镇工委组织委员视察大洋镇 2016 年土地综合整治项目，实地查看徐店、鲁塘、麻车、建南等工地，为杭州市整镇推进土地综合整治试点镇建设工作建言献策；11 月 15 日，大洋镇工委组织委员到大洋镇首个老年食堂——庆丰村竹竿坞爱心灶视察调研。

2017 年 2 月 23 日，大洋镇工委组织委员赴各村开展“美丽大洋、清洁乡村”视察活动；8 月 31 日，李家镇工委组织委员到李家村、白马村、三溪村共计 10 余处“美丽建德”点位进行视察。

2018 年 5 月 23 日，梅城镇工委联合杨村桥镇工委及科技组，开展委组联动督查“城中村改造提升暨小城镇环境综合整治工作”；11 月 15 日，新安江街道工委组织委员视察梅坪村“美丽庭院”打造工作；11 月 24 日，洋溪街道工委组织委员赴寿昌镇河南里村、大同镇富塘村、航头镇大店口村，实地考察当地“美丽乡村”“美丽经济”建设，为洋溪“十美”建设建言献策；11 月 30 日，农业组组织委员赴大同镇富塘村开展“美丽乡村”建设专题视察活动。

2019 年 1 月 22 日，医卫组、工商联组与市知联会一道赴大同镇富塘村，开展“助力乡村再出发暨民宿论坛”活动；8 月 5 日，钦堂乡工委组织委员调研“美丽乡村”工作，为美丽乡村建设建言献策，助力钦堂加快打造“田园诗画小镇”。

考察调研文教卫体旅事业建设　1998 年 7 月 31 日，新闻组组织委员对新安江镇音像市场进行视察；9 月 17 日，教体组组织委员赴杨村桥镇、梅城镇视察“创建教育强镇”工作。

2002 年 7 月 25 日，文史资料委员会邀请有关文史专家、学者，以及浙江大学地球科学系部分师生，赴大慈岩镇下金刘村、泉山村考察家族文化。

2000 年 4 月 7 日，新闻组、文艺组组织委员对本市正在筹建的文化图书馆新大楼选址工作进行视察；4 月中旬，医卫组对由民进市委会提交的《关于梅城、寿昌两镇卫生机构设置情况的调查》落实情况进行督查，及对“市妇幼保健站 13 站改院”和“市第四医院迁址”等有关问题征询意见；4 月 29 日，城建旅游委员会组织委员对新安江东区城市建设开发情况进行专题视察；6 月 25 日，医卫组组织委员赴钦堂乡调研春江职工院承包经营钦堂乡卫生院情况；7 月 9 日，新闻组组织委员视察市档案馆迁建工程项目；9 月 26 日，医卫组组织委员视察市卫生监督所有关执法情况。

2001年4月3日，教体组组织委员视察正在建设中的严州中学分校工地；6月6日，教体组组织委员赴乾潭镇初中视察；12月4日至8日，医卫组组织委员赴萧山、温岭等地考察农村卫生改革。

2002年9月中下旬，教体组组织委员赴寿昌、更楼、三都等地走访部分中小学，就义务教育阶段信息技术教育情况进行调研。

2006年10月27日，大同联络组组织委员调研大同镇、李家镇学生“放心车”运营情况；12月4日，医卫组组织委员视察市中医院大楼建设情况。

2007年4月5日，民宗组组织委员到玉泉寺视察，听取有关佛教文化知识及玉泉寺整体布局规划的介绍；5月10日，台侨组组织委员考察梅城古镇文化和佛教文化；5月23日，旅商组组织委员到新安江电厂，就如何打响中国第一水电城品牌进行调研；9月28日，旅商组组织委员视察市龙舟漂流有限公司，督查“十一”黄金周的安全工作；11月18日，工青妇组组织委员到杨村桥镇希望小学调研留守儿童现状。

2009年4月8日，乾潭联络组组织委员视察建强玫瑰园和东线旅游提升工程；6月11日，文史组组织委员视察李家镇沙墩头村新农村文化阵地建设。

2010年4月23日，教体组组织委员视察旅游培训工作，实地参观培训中心教室、计算机房等设施。

2010年6月2日，社会法治组组织委员对本市广播电视事业发展情况展开调研，实地参观市广播电台的机房和电视节目制作等，并提出意见建议；9月3日，旅商组组织委员到新安江镇丰产村龙野山庄视察乡村旅游建设；10月11日，医卫组组织委员深入医院和社区，了解医卫部门的管理水平和服务质量，就医疗服务质量的满意度展开问卷调查。

2011年4月7日，民宗组组织委员到大同民族小学考察“三月三”首届畲族文化节。6月23日，新闻组组织委员视察市广播电视台运行情况；10月13日，工青妇组组织委员对本市残疾人康复工作进行调研，实地察看市智培学校和梅城智科电子有限公司和亚星橡胶有限公司。

2012年11月23日，钦堂乡工委组织委员调研钦堂卫生院工作。

2013年，寿昌镇工委以保古城为调研课题，座谈了解、实地走访、考察学习，撰写《立足生态产业发展，做活寿昌古城保护》《以寿昌古城保护为抓手，促进寿昌全域化旅游发展》等调研文章；旅商组多次组织委员，针对“三江两岸”绿道项目存在多头管理及国有资产整合不到位、主体不明晰、旅游配套不完善等现状，开展视察调研，提出《关于尽快完善“三江两岸”绿道管理运营办法》的建议。

2014年11月20日，李家镇工委组织委员视察李家镇卫生院场所建设和“满意医院”创建工作。

2016年8月4日，三都镇工委组织委员对三都镇翁村新街农贸市场和三江口渔村的食品安全监管工作开展督查；8月19日，旅商组组织委员视察下涯镇之江村“烟渚之江”精品民宿；10月21日，李家镇工委组织委员视察李家镇卫生院长林门诊楼拆建工程和李家中心幼儿园长林分园建设项目；12 月 6 日，寿昌镇工委组织委员督查寿昌镇农村文化礼堂安全工作。

2017 年 8 月 21 日，医卫组组织委员到市第四人民医院开展专题视察活动；12 月 6 日，寿昌镇工委组织委员对全镇已建成的 7 个农村文化礼堂开展安全督查。

2018 年 3 月 20 日，乾潭镇工委组织委员视察乾潭镇大罗线胥岭国际生态村建设及下包勇峰骑行驿站；10 月，旅游商贸组组织委员赴航头灵栖洞、李家"建德人牙"洞、梅城古城、乾潭子胥旅游码头等景区景点及乾潭镇相关民宿点进行视察调研；12 月 12 日，洋溪工委与乾潭镇工委联合考察下包村茶文化主题民宿"子胥朴园"等建设中的乾潭全域旅游项目；12 月 19 日，旅商组就新安江主城区全域旅游基础设施建设情况组织专题视察。

2019 年 5 月 16 日，下涯镇工委与市政协之友社联合督查 2019 年政府民生实事票决制项目，就下涯中心小学教学楼改造项目座谈建言；5 月 29 日，旅商组组织委员与市餐饮协会专题建言助推严州餐饮文化建设；6 月 4 日，下涯镇工委与市政协之友社联动聚焦下涯镇卫生院"优质服务大比拼"，现场查看卫生院服务情况。

考察调研城市建设　2006 年 1 月，城建人口资源环境组组织委员视察严州大道建设和城市污水处理厂运行情况；12 月 13 日，梅城联络一组组织委员视察梅城镇城市建设重点工程西入城口改造项目。

2007 年 8 月 3 日，新安江联络二组组织委员到洋溪街道办调研洋安区块征地拆迁工作；11 月 10 日，新安江联络一组组织委员到府东社区调研"创建国家卫生城市"工作。

2010 年 4 月 28 日，城交组组织委员视察洋安新城建设情况；12 月 7 日，社科组组织委员视察市交警大队的事故处理中心、车管所、监测站等。

2011 年 7 月 14 日，城交组组织委员到桥东指挥部调研桥东区块的拆迁和建设工作。

2012 年 5 月 3 日，洋溪街道工委组织委员就洋溪街道重点工作项目实施及征迁工作推进开展协商建言。8 月 3 日，梅城镇工委和旅商组组织委员到梅城古街、大坝、玉泉寺及姚坞等点位，对古城保护示范街改造、大坝古城墙修复、三江口水上运动基地等旅游项目的建设开展视察调研；10 月 20 日，无党派组组织委员调研乾潭镇小城市培育工作。

2013 年，梅城镇工委组织委员就梅城大坝二期建设开展协商建言活动，提出意见建议，以《民主协商建议书》形式报送梅城镇政府和有关部门。

2014 年 7 月，梅城镇工委组织委员就古城保护示范街业态开展协商建言活动。

2015 年 4 月，梅城镇工委组织委员专题议政梅城古城保护与开发工作。

2016 年 2 月 24 日，大洋镇工委参与镇党代表、人大代表、政协委员联合开展的"无违建"创建督查活动；6 月 22 日，梅城镇工委组织委员与镇人大代表联合督查大坝二期滨江文化公园、城南路综合改造、梅花中路改造等民生实事项目；8 月 11 日，洋溪街道工委组织委员到"一江春水"景观改造工程实地考察。

2018 年 8 月 8 日，城建交通组组织委员赴洋安视察洋安商业综合体建设；10 月 9 日，梅城镇工委、科技组联动督查梅城“美丽城镇”建设；11 月 19 日，钦堂乡工委组织委员对国家卫生城市创建工作进行督查。

2019 年 6 月 12 日，李家镇工委和镇城建办、“美丽办”联合督查小城镇环境综合整治工作；7 月 24 日，洋溪街道工委、台侨组组织委员联合开展创建全国文明城市专项督察活动。

考察调研交通建设 2000 年 10 月 12 日，梅城联络一、二组组织委员联合视察严州大桥建设施工进展情况；10 月 19 日，新安江联络二组组织委员视察“三江联通”工程在建项目；12 月 3 日，三都联络组组织委员视察三都大桥建设工程。

2006 年 5 月 31 日，梅城联络一、二组组织委员联合视察梅城过境公路建设工程施工情况。

2007 年 5 月 19 日，城市交通组组织委员视察新安江城区交通建设情况。

2009 年 10 月 26 日，城交组组织委员视察麻车大桥工程施工现场。

2015 年 8 月 28 日，民宗组与寿昌镇工委组织联动专项检查开发区（寿昌镇）“两路两侧”“五水共治”工作及解放南路工程进展情况；8 月 31 日，医卫组与李家镇工委联动组织对李家镇“两路两侧”“四边三化”专项整治工作进行督查。是月，乾潭政协工委发动委员在第一时间带头做好本企业点位整治，点位摸排，协助排查点位 169 处，组织开展“两路两侧”专项督查；寿昌镇工委组织委员督查 23 省道、寿童公路及 320 国道两侧整治情况，杨村桥工委组织委员开展“四边三化”“两路两侧”专项整治督查工作。10 月 9 日，钦堂乡工委组织委员开展“四边三化”“两路两侧”专项整治督查工作。

2016 年 5 月 24 日，航头镇工委组织委员重点督查 320 国道、G60 高速、S33 及 S23 省道专项整治工作。11 月 30 日，寿昌镇工委组织委员开展“两路两侧”回头看专项督查。

2017 年 10 月 13 日，城建交通组组织委员到交警大队调研道路交通安全管理工作。

2019 年 1 月 14 日，无党派组组织委员考察新安江大城区慢行系统工程建设情况。

考察调研水环境保护和城乡垃圾分类处理工作 2014 年，新安江街道工委组织委员对千岛湖建德水域进行实地视察，对网箱养殖整治，提出分类处理的具体建议。是年，市政协发出实施“西湖蓝 · 委员行”系列主题活动的倡议，梅城镇工委积极响应，组织委员在倡议书上签名，引导全镇居民努力成为打造“西湖蓝”的积极参与者、有力助推者和表率示范者；社科组组织委员深入“五水共治”项目实际开展调查研究，协助市国资公司分析项目推进过程中的难点问题，提出解决问题的意见建议；寿昌镇工委围绕“五水共治”等重点工作，组织开展水环境整治专题视察，提出污水治理与景观改造相结合、美丽乡村建设与历史文化相结合等建议；钦堂乡工委围绕“清渚溪治理”，先后提交 5 件涉及清渚溪治理工作的提案，组织专题性协商 30 余次，组织参与“千人大战垃圾河行动”“守护母亲河，治理献计策”等活动 50 余次。

2015 年，针对“后时代”管理诸多问题实际，城建交通组组织委员调研后，形成《关于五水共治“后时代”管理建议》的调研报告；7 月 20 日，民宗组、寿昌镇工委联动开展专项民主监督活动，集中视察寿昌镇农村生活污水治理工程建设情况；8 月 26 日，台侨组和政协之友社联合组织委员赴大同镇开展农村建设和农村饮用水源保护视察活动；10 月 16 日上午，航头镇工委组织委员专项民主督查集镇污水管网项目。同年，航头镇工委组织委员对全镇 13 个项航头工委目涉及村开展督查，对实地调研该镇“河长制”落实情况。

2016 年 3 月 22 日，钦堂乡工委组织委员实地督查清渚溪（溪西段）干流河道治理工程、葛塘溪河道综合治理工程、葛塘村新农村建设；乾潭镇工委组织委员开展“‘五水共治’民主监督‘万千行’”活动，视察胥溪、乾潭污水处理厂、下梓村“牛奶河”等点位；杨村桥镇工委组织委员开展“‘五水共治’万千行”活动，督查岭源村和长宁溪“五水共治”工作；5 月 11 日，莲花镇工委组织委员督查林茶村农饮水工程、莲花镇污水处理厂、农村生活污水治理工程后期维护管理、已治理河道“河长制”落实工作；5 月 30 日至 6 月 1 日，更楼街道工委组织委员参与 2015 年农村生活污水治理工程终验工作，实地督查辖区内 10 个村工程施工质量及初验问题整改情况，现场评议农村生活污水治理工程，启动工农溪河道综合整治工程，同步实施截污纳管工程，开展“河道督查长”巡查活动 6 次，发现并整改到位问题 4 个；6 月，李家镇工委委员与“两代表”对李家镇畜禽养殖整治“回头看”专项工作进行多次督查；下涯镇工委组织委员全面开展“找短板”“五水共治”“大气污染防控”督查活动 6 次，组织督查大洲溪、施家溪等河流水质情况；8 月 29 日，李家镇工委组织委员对该镇“清洁乡村”“五水共治”、环境整治、整村推进等重点工作开展视察。

2017 年 2 月 21 日，航头镇工委组织委员赴航头镇航头村、乌龙村和东村村视察小沟、小渠、小池塘整治工作；2 月 28 日，李家镇工委组织委员督查李家村、诸家村小微水体整治工作，视察池塘沟渠 20 余处；3 月 9 日，下涯镇工委参与镇“两代表一委员”小城镇综合整治工作视察，助力小城镇综合整治；7 月 18 日，更楼街道工委组织委员助力“呵护地球母亲，点滴做起”环保活动，组织明镜小学、更楼小学 50 多名少先队员，集中听取环卫工人讲授垃圾分类、投放知识，增强环境保护意识；11 月 21 日，钦堂乡工委组织委员开展农村生活污水治理建设和设施运行维护视察活动。

2018 年 5 月 4 日，梅城镇工委、科技组组织委员联合对梅城镇范围内的“农村生活污水处理设施运维”及“城乡生活垃圾分类处理”开展专项民主监督活动；5 月 16 日，新安江街道工委、社科组组织委员赴梅坪村、叶家社区、溪头社区，联合开展“城乡生活垃圾分类处理”“农村生活污水处理设施运维”及“小城镇环境综合整治”民主监督活动；11 月 16 日，政治协商委、社科组、工青妇组、医卫组、寿昌镇工委组织委员到寿昌镇 23 个村 94 个农村生活污水运维点位视察污水运维情况。

2019 年 4 月 16 日，寿昌镇工委组织委员助力“洁化序化美化”百日攻坚大行动；5 月 8 日，梅城镇工委组织委员对农村“三化”整治工作开展督查；5 月 30 日，城建交通组、航头镇工委组织委员在航头镇航景村、乌龙村开展“城乡生活垃圾分类处理”民主监督专题视察活动，乾潭镇工委、教体组组织委员在乾潭镇开展“城乡生活垃圾分类处理”专项集体民主监督活动；5 月 31

日，大洋镇工委、农业组组织委员在大洋镇开展“城乡垃圾分类”政协委员专项督查行动；6月11日，杨村桥镇工委、经济组组织委员在杨村桥镇开展“城乡生活垃圾分类处理”专项民主监督活动；8月22日，新安江街道工委组织视察辖区内试点小区的垃圾分类工作。

专项调研政务及司法事务　2001年5月25日，社会事业组就《中华人民共和国残疾人保障法》颁布十周年的贯彻实施情况，听取市残联汇报，并赴建铜集团进行视察该企业安置残疾人就业情况；9月13日，社会事业组调研全市示范性老年公寓、老年活动中心、经济适用房筹建问题。

2004年4月27日至5月2日，台侨组组织成员到香港开展联谊考察活动，走访建德籍香港同胞，了解情况，宣传家乡的变化发展，积极宣传“和平统一、一国两制”的方针和国家经济建设、社会发展的成就。

2007年12月20日，社法组组织委员视察法院的审判、执行工作情况。

2010年6月25日，乾潭组组织委员赴浙江申通快递公司萧山总部，调研如何加快中小企业转型升级工作；8月19日，城交组组织委员视察“数字城管”工作。

2011年7月12日，文艺组组织委员视察市行政审批服务中心运行情况；8月31日，乾潭联络组组织委员视察“12315中心”和市消费者权益保护委员会工作情况。

2016年3月24日，社科组组织委员视察调研建设中的市社会矛盾纠纷多元化解中心和市社会治理综合指挥平台。

2018年3月29日，旅商组组织委员监督调研市行政服务中心“最多跑一次”改革工作；7月31日，农业组组织委员开展“养老服务机构建设”专题视察活动。

三、为民服务

十届至十四届委员会政协委员，在政协各专委会（组）的精心组织下，以自身优势和才华积极开展“科技下乡”等为民服务活动。

科技下乡　1999年，农业组借助劳村“二月八”寿昌“二月十”三都“二月半”等传统集市，开展送科技下乡活动。2001年，工业组多次组织委员深入乡镇、企业，开展轻钙生产技术、有机硅系列产品的开发等决策论证和技术咨询工作。2006年12月2日，农业组邀请浙江大学教授、博士生导师石伟勇等专家到乾潭镇陵上村为种梨大户辅导梨树黄化病预防。2015年10月，乾潭镇工委为助推燃煤锅炉专项整治，请专家为乾潭镇企业提供专业化咨询服务。

医疗下乡　1998年6月1日，医卫组、寿昌联络组会同市三医院、寿昌镇医院，为40余名儿童提供健康检查、评价和医疗咨询等项服务；6月24日和26日，医卫组到檀村镇为42名病人开展医疗咨询服务活动。1999年，医卫组组织委员和有关专家赴檀村镇为200多名患者提供医疗服务。2000年6月25日，医卫组随带医疗器械，赴钦堂乡开展送医服务。2001年6月1日，医卫组在新安江文化广场和寿昌镇开展“庆‘六一’医疗咨询服务”活动，共查治及咨询170余人次，发放资料120份；11月下旬，医卫组到大洋镇为30余名群众进行健康检查。2009年5月21日，医卫组到乾潭镇黄立垟工业园区，开展送医送药活动，并发放价值3000元的药品、健康教育资料1000余份；6月25日，医卫组与政协机关党员干部，到大洋镇新源村开展“庆‘七一’为民服务”活动，为当地村民提供医疗咨询和义诊200多人次，发送健康知识小折页1000余份，赠送价值5600余元的各类药品；12月11日，医卫组在新安江广场举行《杭州市健康生活农民读本》进农村百万家庭活动启动仪式，并组织开展以“健康生活进农村”为主题的健康科普知识宣传和专家咨询活动。2010年4月17日，医卫组联合市红十字会及大慈岩镇卫生院的医务人员，到新叶农耕文化节现场送医送药，共发放健康卫生宣传资料450份，接受现场咨询400余人次，诊治病人200余人，发放价值6000余元药品。2011年5月11日，医卫组会同市红十字会，到大慈岩镇市易通粉末冶金厂送医送药，免费发放药品价值3000余元。2006年11月15日，新安江联络二组与民盟市委会等联合组织专家医师15名，到小塘源村开展免费送医活动。2012年，医卫组组织进农村、进企业、进社区、进学校“四进送健康”活动。2017年3月21日，医卫组会同市卫生计生局直属机关党委在大慈岩镇新叶古村，开展“组团包干、八大行动”送医药下乡、送健康服务活动。2018年5月8日，无党派组组织到航头镇大店口村开展“送医送药下乡”活动；5月9日，下涯镇工委与医卫组联合市一院、市妇保院、市血站、市红十字会、下涯镇卫生院，到下涯镇江湾村、大洲村开展“送医送药下乡”服务活动。2019年5月12日，医卫组结合“爱心相伴‘救’在身边”和关爱母亲、关注女性健康，推进全国文明城市创建主题在三都镇开展系列健康义诊、宣传活动。

教育下乡 2000年6月7日，民族宗教组和市实验小学联合组织“送教下乡”活动，从市实验小学挑选语文、数学、美术3名高级教师，为大同镇中心小学学生上公开课。2001年“六一”前夕，民族宗教组组织委员教师赴大同等地开展“送教下乡”活动。2006年11月22日，教体组组织安排骨干教师到上马初中讲课交流。2007年5月25日，民宗组组织为大同一小上“语文、数学、外语”示范课；12月3日，教体组组织委员到钦堂乡中心学校进行对口支教活动。2009年11月25日，教体组组织委员到三都镇梓里小学送教支教。为该校开设小学低段教学《认识钟表》和小学高段语文作文教学《童年趣事》上示范课。2018年4月19日，无党派组组织建德市语文学科带头人送教到杨村桥初中。

文化下乡 1999年春节前夕，文艺组、市政协联谊会和市政协书画社，组织擅长书法的政协委员及书法爱好者，赴姚村村、劳村村、三合村、南山村、西华村，为当地群众义务书写春联1500余副。2007年8月22日，农业组组织委员为大慈岩双泉村购买一批新书，价值2500余元。2009年7月30日，文艺组联合新安书画院成员，到驻建德73812部队驻地慰问，给部队送去一批新书，并在军营创作并赠送作品30幅。2011年，民宗组与大同民族小学携手，共同开展畲族文化的传承和保护工作；5月，民宗组协同有关部门，在新安江城区举办“畲族文化传承”讲座；2012年，文艺组组织委员开展义务送春联、创作壁画等文化进村活动。至2019年，每年春节前夕，文史组与文艺组、联谊会等都组织深入3—5个山村，开展文化下乡、赠送春联活动。

法律咨询下乡 2011年，社科组认真指导乡镇（街道）司法所依法调解土地房屋征收过程中出现的矛盾纠纷。2014年，社科组组织参与五水共治普法工作，配合市司法局编印“五水共治”普法手册、挂图、折页宣传资料12000份；组建“五水共治”矛盾纠纷信息收集小组，帮助收集、分析和评估涉“五水共治”矛盾纠纷，提出相关法律意见建议；是年参与矛盾纠纷排查3次，化解矛盾纠纷11件。

捐款帮困助学 1999年，三都、梅城联络组和工青妇组等，为“三江”联通工程建设开展捐款1.8万余元。2001年，工青妇组为市实验小学一名身患绝症的学生募集医药费3570元；祖统委、民革市委会为结对的下涯镇初级中学3位贫困生捐助助学金1000元。2004年，民族宗教组筹措5800元资助6名在校大学生。2005年，各专委会（组）开展扶贫济困送温暖40余次，捐资助学10余所学校，帮扶学生200余人，各类捐款捐物折合人民币60多万元。2011—2014年，无党派组共捐助6万余元资助3名贫困大学生完成学业。2012—2016年，旅商组公益捐助27万元。2006年10月11日，寿昌联络组到大慈岩镇陈店村慰问5户火灾户，并捐赠慰问金2500元；11月22日，教体组组织委员为上马初中捐助1000元；12月7日，工青妇组委员捐款1500元，特为大慈岩中心小学购买电热台板。2007年5月22日，工业组为社区精神病患者董某，送去慰问金3000元；8月29日，无党派组到大同镇黄垄村，为5名家境困难的应届大学生捐资3000元；8月31日，大同联络组为贫困学生捐资1600元；9月初，乾潭联络集资5000元，资助贫困学生朱某上学；9月10日，台侨组组织捐款2400元慰问大同镇小溪源村农民饶某。2009年4月21日，旅商组组织到下涯初中慰问助学，为学校送去价值5000多元的电脑等教学用品；5月31日，民宗组赴大同镇民族小学慰问少数民族学生，送去3000元慰问金；7月7日，台侨组组织委员资助大同镇禹甸村贫困大学生骆某2600元；7月30日，旅商组组织委员筹集善款5000元，资助乾潭镇方家在浙江林学院就读的贫困大学生1名；8月8日，无党派组与市知联会联合，资助3名贫困大学生1.2万元。2010年6月1日，民宗组组织委员到大同民族小学，送赠书籍、篮球等文体用品；8月2日，台侨组组织委员到大同镇禹甸村，慰问贫困大学生1名，捐赠结对帮扶款4000元；8月27日，经济一组组织委员赴更楼街道洪宅村，看望和慰问贫困大学生1名，并捐赠慰问金7000元；9月28日，旅商组组织委员到浙江农林大学看望建德贫困学子1名，捐赠慰问金5000元。2011年5月2日，旅商组会同喜洋洋置业有限公司，在更楼街道喜洋洋家居城，举办“一元义卖，爱心助学”活动，有25件（套）家具参与拍卖，共筹得善款16380元，全部捐赠更楼街道办所辖范围的困难学生；5月31日，民宗组组织大同企业家委员到大同民族小学，捐赠20台电风扇；8月24日，旅商组委员到浙江林学院看望贫困生1名，捐赠慰问金5000元；9月16日，旅商组委员捐资更楼小学1.6万余元。2015年11月6日，钦堂乡工委倾力送矿泉水惠及全乡困难家庭和90岁以上老人300余户，全年给老人免费发放桶装矿泉水1.5万余桶。2018年5月29日，寿昌镇工委组织到寿昌镇第二小学和童家小学，为留守儿童开展“携手公益你我同行”活动，捐资1万余元。

第四章　提案工作

政协提案是政协委员和参加政协的各党派、人民团体以及政协各专门委员会，向政协全体会议或常务委员会会议提出的、经提案审查委员会或提案委员会审查立案后，交承办单位办理的书面意见和建议。提案是人民政协履行政治协商、民主监督和参政议政“三大职能”的重要方式，是坚持和完善中国共产党领导的多党合作和政治协商制度的一种重要载体，是协助中国共产党和国家机关实现决策民主化、科学化的一条重要渠道。

市政协始终高度重视政协提案工作。第十届一次会议至十四届四次会议期间，共征集提案5080件，经审查立案4400件，占86.6%。其中3672件，得到解决或部分解决，占立案总数的83.5%。

第一节　征集与处理

市政协历次全会前或会议期间，均安排提案征集和向全会报告提案的审查情况，基本做法是：每年由大会提案组对收到的提案，进行初审、分类、编号和登记，提出初审报告，经全会审议表决通过初审意见。会后，再经提案委员会全体成员会议进一步复审。同时，确定提案承办单位，对经提案委推荐确定的重点提案，报请本届政协主席会议审定后，一并移交市政府，召开“两案”交办会议进行集中交办。

一、第十届委员会

第十届委员会自1998年3月至2003年2月期间，共收到委员提案720件，经审查立案673件，办复率100%。有523件提案在办理中被采纳并得到解决或部分解决，或列入计划分期解决，占立案总数的77.7%。

十届一次会议　收到委员提案153件，初审立案148件，作社情民意或来信处理5件。立案的提案中，提案总数10件以上的有：旅游、环保48件，占32.4%；科技、教育、文化、体育28件，占18.9%；工业、交通、邮电19件，占12.8%；社会法治、劳动人事13件，占8.8%。此外，涉及农业、农村工作7件，占4.7%。医药、卫生5件，占3.3%。政协、统战工作4件，占2.7%。其他24件，占16.2%。

该年度提案和建议中提出的问题，通过各承办部门认真办理，至年底，有68件提案得到解决，占立案总数的45.9%；60件提案被列入分期解决，占40.5%。

十届二次会议 收到委员提案156件，初审立案133件，作来信或社情民意处理23件。立案的提案中，提案总数10件以上的有：城建旅游、环保48件，占36.1%；科技、教育、文化、体育25件，占18.8%；工业、交通、邮电14件，占10.5%；财贸、工商、金融13件，占9.8%；社会法治、劳动人事12件，占9.0%。此外，涉及农业、农村工作5件，医药、卫生5件，政协、统战3件，其他8件。

该年度提案通过承办部门认真办理，至年底，有90件提案被采纳或部分采纳，占立案总数的67.6%；32件被列入分期解决，占24.1%。

十届三次会议 收到委员提案112件，初审立案110件，作人民来信处理2件。其中党派、团体提案5件。在立案的提案中，提案总数10件以上的有：城建、旅游、环保37件，占33.6%；科技、教育、文化、体育22件，占20.0%；工业、交通、邮政13件，占11.8%；社会法治、劳动人事11件，占10.0%。此外，涉及农业、农村工作7件，医药、卫生6件，工商、财税、金融3件，涉及政协、统战工作2件，其他9件。

该年度提案和建议中提出的问题，通过承办部门认真办理，至年底，有56件提案得到解决，占立案总数的47.1%；28件列入计划逐步解决，占23.5%。

十届四次会议 收到委员提案171件，初审立案169件，作人民来信处理2件。其中党派、团体提案8件。在立案的提案中，提案总数10件以上的有：城建、旅游、环保48件，占28.4%；科技、教育、文化、卫生、体育26件，占15.4%；民政、社区建设25件，占14.8%；工业、交通、邮电22件，占13.0%；社会法治、劳动人事14件，占8.3%；农业、农村工作10件，占5.9%。此外，涉及工商、财税、金融6件，其他18件。

该年度提案和建议中提出的问题，通过承办部门认真办理，至年底，有58件提案得到解决，占34.3%；67件提案得到部分解决，占39.6%。

十届五次会议 收到委员提案128件，初审立案113件，作来信或社情民意处理的15件。其中党派、团体提案10件。在立案的提案中，提案总数10件以上的有：城建、旅游、环保43件，占38.1%；科技、教育、文化、卫生、体育20件，占17.7%；工业、交通、邮电18件，占15.9%。此外，涉及社会法治、劳动人事9件，农业农村工作6件，工商、税务5件，其他12件。

该年度提案和建议中提出的问题，通过承办部门认真办理，至年底，有55件提案被采纳并解决，占48.6%；41件提案被列入分期解决，占36.3%。

二、第十一届委员会

第十一届委员会自2003年3月至2006年2月期间，共收到委员提案839件，经审查立案800件，办复率100%。有721件提案在办理中被采纳并得到解决或部分解决，或列入计划分期解决，占立案总数的90.1%。

十一届一次会议　收到委员提案190件，经初审立案182件，作来信或社情民意处理8件。其中党派、团体提案4件。在立案的提案中，涉及城建、旅游和环保65件，占35.7%；工业、交通37件，占20.3%；科技、教育、文化、卫生、体育33件，占18.1%；社会法治、劳动人事24件，占13.2%；工商、财税和金融12件，占6.6%，此外，涉及农业、农村工作11件，占6.0%。

该年度提案和建议中提出的问题，通过承办部门认真办理，至年底，有85件提案被采纳并解决，占46.7%；80件提案列入计划逐步解决，占43.9%；受条件限制，一时难以解决的有17件，占9.3%。

十一届二次会议　收到委员提案245件，其中党派、团体提案10件，经初审立案237件，作来信或社情民意处理8件。立案的提案中，涉及城建、旅游、环保工作的63件，占26.6%；工业、交通51件，占21.5%；科技、教育、文化、卫生、体育45件，占18.9%；社会法治、劳动人事37件，占15.6%；农业、农村工作14件，占5.9%；工商、财税、金融22件，占9.3%。其他各类提案共5件。

该年度提案和建议所提出的问题，通过承办部门认真办理，至年底，有89件提案被采纳并得到解决，占37.6%；110件提案列入计划逐步解决，占46.4%；因条件限制、一时难以解决的有38件，占16.0%。

十一届三次会议　收到委员提案195件，其中党派、团体提案10件，初审立案180件，作来信或社情民意处理15件。立案的提案中，涉及城建、旅游、环保47件，占26.1%；涉及科技、教育、文化、卫生、体育33件，占18.3%；涉及工业、交通31件，占17.2%；涉及社会法治、劳动人事28件，占15.6%；涉及农业农村工作24件，占13.3%；涉及工商、财税、金融17件，占9.5%。

该年度提案和建议所提出的问题，通过承办部门认真办理，至年底，有78件提案被采纳并得到解决，占38.8%；99件提案列入计划逐步解决，占49.3%；因条件所限、一时难以解决的有24件，占11.9%。

十一届四次会议　收到委员提案182件，其中党派、团体提案8件，初审立案180件，作来信或社情民意处理2件。立案的提案中，涉及城建、旅游、环保51件，占28.3%；涉及科技、教育、文化、卫生、体育42件，占23.4%；涉及工业、交通、工商、财政、金融33件，占18.3%；涉及社会法治、社会保障、人事人才37件，占20.6%；涉及农业、农村工作17件，占9.4%。

市政协提案委员会，收到2005年全年提案209件。经审查立案201件，有20件转作社情民意或人民来信处理。至年底，上述提案和建议所提出的问题，通过承办部门认真办理，有78件提案被采纳，并解决或基本解决，占38.8%；99件提案列入计划逐步解决，占49.3%；因条件限制、一时难以解决的有24件，占11.9%。

三、第十二届委员会

第十二届委员会自2007年2月至2011年3月期间，共收到委员提案1215件，经审查立案1098件，办复率100%。其中，979件在办理中被采纳得到解决或列入计划分期解决，占立案总数的89.2%。

十二届一次会议 收到委员提案210件，其中党派、团体提案8件，初审立案203件，有7件作来信或社情民意处理。立案的提案中，涉及城建、旅游、环保49件，占24.14%；涉及科技、教育、文化、卫生、体育47件，占23.15%；涉及工业、交通、财政、金融42件，占20.69%；涉及社会法治、社会保障、人事人才38件，占18.72%；涉及农业、农村工作27件，占13.3%。

市政协提案委员会收到2006年全年提案210件。经审查、立案197件，有13件转作社情民意或人民来信处理。上述提案和建议所提出的问题，通过承办部门认真办理，至年底，有88件提案被采纳并解决或基本解决，占44.7%；90件提案已列入计划逐步解决，占45.7%；因条件限制、一时难以解决的有19件，占9.6%。

十二届二次会议 收到委员提案216件，其中党派、团体提案6件，初审立案204件，作来信或社情民意处理12件。立案的提案中，涉及社会法治、社会保障、人事人才等方面的提案53件，占26%；涉及科技、教育、文化、卫生、体育47件，占23%；涉及城建、旅游、环保40件，涉及工业、交通、财政、金融40件，均占19.6%；农业农村工作24件，占11.8%。

市政协提案委员会收到2007年全年提案228件。经审查立案212件，16件转作社情民意或人民来信处理。上述提案和建议所提出的问题，通过承办部门认真办理，至年底，有89件提案被采纳并解决或基本解决，占42.0%；102件提案列入计划逐步解决，占48.1%；因条件限制、一时难以解决的有21件，占9.9%。

十二届三次会议 收到委员提案240件，其中党派、团体提案15件，初审立案218件，作来信或社情民意处理22件。立案的提案中，涉及城建、旅游、环保58件，占26.6%；涉及科技、教育、文化、卫生、体育45件，占20.6%；涉及工业、交通、财政、金融42件，占19.3%；涉及农业农村工作33件，占15.1%；涉及社会法治、社会保障、人事人才30件，占13.8%；其他提案10件，占4.6%。

市政协提案委员会收到2008年全年提案242件。经审查立案220件，22件转作社情民意或人民来信处理。上述提案和建议所提出的问题，通过承办部门认真办理，至年底。有95件提案被采纳并解决或基本解决，占43.2%；101件提案列入计划逐步解决，占45.9%；因条件所限，一时难以解决的24件，占10.9%。

十二届四次会议　收到委员提案 233 件，其中党派、团体提案 11 件。经初审全部予以立案。其中，涉及城建、旅游、环保 65 件，占 27.9%；涉及工业、交通、财政、金融 52 件，占 22.3%；涉及社会法治、社会保障、人事人才 43 件，占 18.5%；科技、教育、文化、卫生、体育 32 件，占 13.7%；农业农村工作 21 件，占 9.0%；其他方面的提案 20 件，占 8.6%。

市政协提案委员会收到 2009 年全年提案 261 件。经审查、立案 239 件，22 件转作社情民意或人民来信处理。上述提案和建议所提出的问题，通过承办部门认真办理，至年底，114 件被采纳并解决或基本解决，占 47.7%；89 件列入规划逐步解决，占 37.2%；因条件限制、一时难以解决的有 36 件，占 15.1%。另外，提案办理，得到政协委员满意评价的有 232 件，占 97.1%；基本满意的有 7 件。

十二届五次会议　收到委员提案 275 件，其中党派、团体提案 16 件。经初审立案 267 件，8 件作来信或社情民意处理。在立案的提案中，涉及科技、教育、文化、卫生、体育方面，以及涉及社会法治、社会保障、人事人才等方面的提案，均为 54 件，均占 20.2%；涉及工业、交通、财政、金融 52 件，占 19.5%；涉及城建、旅游、环保 37 件，占 13.9%；涉及农业农村工作 31 件，占 11.6%；其他方面的提案 24 件，占 9%。

市政协提案委员会收到 2010 年全年提案 274 件。经审查、立案 230 件，有 44 件转作社情民意或人民来信处理。上述提案和建议所提出的问题，通过承办部门认真办理，至年底，120 件被采纳并解决或基本解决，占 52.2%；91 件列入规划逐步解决，占 39.6%；因条件限制、一时难以解决的有 19 件，占 8.2%。另外，提案办理，有 228 件得到政协委员满意评价，占 99.1%；基本满意的 2 件。

四、第十三届委员会

第十三届委员会自 2012 年 2 月至 2016 年 1 月期间，共收到委员提案 1406 件，经审查立案 1138 件，办复率 100%。933 件在办理中被采纳得到解决或列入计划分期解决，占立案总数的 81.9%。

十三届一次会议　收到委员提案 290 件，其中党派、团体提案 15 件，初审立案 235 件，作来信或社情民意处理 55 件。在立案的提案中，涉及城建、旅游、环保 62 件，占 26.4%；涉及科技、教育、文化、卫生、体育 41 件，占 17.5%；涉及工业、交通、财政、金融 41 件，占 17.5%；涉及社会法治、社会保障、人事人才 37 件，占 15.7%；涉及农业、农村工作 40 件，占 17.0%；其他方面的提案 14 件，占 6.0%。

市政协提案委员会，收到 2011 年全年提案 289 件。经审查、立案 253 件。上述提案和建议所提出的问题，通过承办部门认真办理，至年底，有 113 件提案被采纳并解决或基本解决，占 44.7%；118 件列入规划逐步解决，占 46.6%；因条件所限，一时难以解决的有 22 件，占 8.7%。

十三届二次会议　收到委员提案 256 件，其中党派、团体提案 34 件。其中，涉及科技、教育、文化、卫生、体育 57 件，占 22.26%；涉及城乡建设和管理 52 件，占 20.31%；涉及社会法治及其他方面的提案46件，占17.97%；涉及农业、农村44件，占17.19%；涉及工业商旅33件，占12.89%；涉及民生保障24件，占9.38%。

市政协提案委员会收到2012年全年提案256件。经审查、立案191件，并案处理15件，实际交办176件。至年底，该年度提案和建议所提出的问题，通过承办部门认真办理，有76件提案被采纳并解决或基本解决，占43.2%；90件列入规划逐步解决，占51.1%；因条件限制、一时难以解决的10件，占5.7%。经集体评议，173件提案办理获得委员满意评价，2件为基本满意，1件为不满意，满意率98.3%。

十三届三次会议 收到委员提案228件，其中党派、团体提案36件。经审查，全部予以立案。其中：涉及城乡建设与管理84件，占36.8%；涉及经济科技59件，占25.9%；涉及民生保障与社会管理方面47件，占20.6%。涉及教育、文化、卫生、体育38件，占16.7%。

市政协提案委员会收到2013年全年提案276件。经审查、立案238件，并案处理46件，实际交办192件。至年底，该年度提案和建议所提出的问题，通过承办部门认真办理，107件提案被采纳并解决或基本解决，占55.7%；67件列入规划逐步解决，占34.9%；因条件限制、一时难以解决的18件，占9.4%。经评议，176件提案办理获得委员满意评价，16件为基本满意，满意率100%。

十三届四次会议 收到委员提案269件，其中党派、团体提案36件。经审查，全部予以立案。其中，涉及城乡建设管理和生态环境保护85件，占31.6%；涉及经济科技67件，占24.9%；涉及民生保障与社会管理64件，占23.8%；涉及教育、文化、卫生、体育等方面的提案53件，占19.7%。

市政协提案委员会收到2014年全年提案301件。经审查、立案224件，并案处理32件，实际交办192件。至年底，上述提案和建议所提出的问题，通过承办部门认真办理，124件提案被采纳并解决或基本解决，占64.6%；57件列入规划逐步解决，占29.7%；因条件限制、一时难以解决的11件，占5.7%。经评议，186件提案办理获得委员满意评价，6件为基本满意，满意率100%。

十三届五次会议 收到委员提案296件，其中党派、团体提案40件。其中，涉及城乡建设管理和生态环境保护127件，占42.9%；涉及经济科技68件，占23%；涉及教育、文化、卫生、体育55件，占18.6%；涉及民生保障与社会管理46件，占15.5%。

市政协提案委员会收到2015年全年提案284件。经审查立案232件，并案处理34件，实际交办198件。至年底，上述提案和建议所提出的问题，通过承办部门认真办理，134件提案被采纳并解决或基本解决，占67.7%；47件列入规划逐步解决，占23.7%；因条件限制、一时难以解决的17件，占8.6%。经评议，187件提案办理获得委员满意评价，11件为基本满意，满意率100%。

五、第十四届委员会

第十四届委员会自2017年1月至2020年1月期间，共收到委员提案900件，经审查立案691

件，办复率 100%。其中 516 件在办理中被采纳得到解决或列入计划分期解决，占立案总数的 81.9%。

十四届一次会议　收到委员提案 275 件，其中党派、团体提案 70 件，经审查立案 264 件，其中，涉及城乡建设 73 件，占 27.7%；涉及经济科技 69 件，占 26.1%；涉及民生保障与社会管理 46 件，占 17.4%；涉及农业、农村和生态环境保护 42 件，占 15.9%；涉及教育、文化、卫生、体育 34 件，占 12.9%。

市政协提案委员会收到 2016 年全年提案 335 件。经审查，立案 219 件，并案处理 55 件，实际交办 164 件。至年底，该年提案和建议所提出的问题，通过承办部门认真办理，112 件被采纳并解决或基本解决，占 68.3%；37 件列入规划逐步解决，占 22.6%；因条件限制、一时难以解决的 15 件，占 9.1%。经评议，所有交办的提案办理，均获得委员满意评价，满意率 100%。

十四届二次会议　收到委员提案 273 件，其中党派、团体提案 65 件。立案的提案中，涉及城乡建设、交通 67 件，占 24.5%；涉及教育、文化、卫生、体育 54 件，占 19.8%；涉及经济科技 53 件，占 19.4%；涉及农业、农村和生态环境保护 50 件，占 18.3%；涉及民生保障与社会法治 49 件，占 18%。

市政协提案委员会收到 2017 年全年提案 275 件。经审查，立案 255 件，并案处理 44 件，实际交办 211 件。至年底，该年交办的提案和建议所提出的问题，通过承办部门认真办理，109 件被采纳并解决或基本解决，占 51.7%；77 件列入规划逐步解决，占 36.5%；因条件限制、一时难以解决的 25 件，占 11.8%。经评议，所交办的提案均获得委员满意评价，满意率 100%。

十四届三次会议　收到委员提案 212 件，其中党派、团体提案 61 件。立案的提案中，涉及经济科技 46 件，占 21.7%；涉及城乡建设、交通 70 件，占 33.1%；涉及教育、文化、卫生、体育 43 件，占 20.3%；涉及民生保障与社会法治 29 件，占 13.6%；涉及农业、农村和生态环境保护 24 件，占 11.3%。

市政协提案委员会收到 2018 年全年提案 290 件。经审查，立案 217 件，并案处理 26 件，实际交办 191 件。至年底，该年度提案和建议所提出的问题，通过承办部门认真办理，107 件被采纳并解决或基本解决，占 56.02%；75 件列入规划逐步解决，占 39.3%；因条件限制、一时难以解决的 9 件，占 4.7%。经评议，188 件提案办理获得委员满意评价，3 件为基本满意，满意率 100%。

十四届四次会议　收到委员提案 165 件，其中党派、团体提案 48 件。在收到的意见建议中，有关经济科技方面的提案 37 件，占总数的 22.42%；有关城乡建设、交通方面的提案 36 件，占总数的 21.82%；涉及教育、文化、卫生、体育等方面的提案 35 件，占总数的 21.21%；涉及民生保障与社会法治方面的提案 36 件，占总数的 21.82%；涉及农业、农村和生态环境保护方面的提案 21 件，占总数的 12.73%.

市政协提案委员会收到 2019 年全年提案 290 件。经审查、立案 213 件，并案处理 27 件，实际交办 186 件。至年底，该年度提案和建议所提出的问题，通过承办部门认真办理，133 件被采纳并解决或基本解决，占总数的71.5%；50件列入规划逐步解决，占总数的26.9%；因条件所限，一时难以解决的3件，占总数的1.6%。经评议，委员对提案办理满意的181件，基本满意5件，满意率为100%。

第二节　制度与规范

市政协提案工作，在新形势下不断完善工作机制，创建新制度，规范办案程序。在2000年、2003年、2010年、2014年，先后4次修订《政协建德市委员会提案工作条例》，对政协提案的提出、审查和办理等工作做较大的充实和完善。自此，对提案的一些常规性的工作程序和责任，开始逐步形成一整套规范化的制度。主要有：

一、会前告知制度。每次召开全会印发会议通知，都附上对委员撰写提案的要求和须知，以及统一印发的《政协委员提案表》。从2005年十一届三次会议开始，每次全会前还印发《提案征集通知》和《提案参考选题》。

二、提案审查立案制度。每次全会期间，对收集到的提案进行会中初审、会后复审，对提案进行分类、编号、登记，执行交办、催办、督办和信息反馈制度。

三、提案委员会例会制度。每年召开2—3次提案委员会全体成员会议，研究处理提案的复审、考评等工作，并向主席会议汇报工作。

四、提案集中交办制度。每年全会后，联合人大、政府召开“两案”交办会议，集中将代表议案（建议）和委员提案，移交给政府有关部门（单位）承办。2003年十一届四次主席会议审议通过《政协建德市委员会关于重点提案的产生办法和办理规定》，对提案的征集、立案、交办、督办、跟踪落实、意见反馈等环节，作出明确规定。2005年，市政协十一届四次会议修订《提案工作条例》的同时，与市人大办公室、市政府办公室，联合制定出台《建德市人大代表建议和政协委员提案办理工作考核办法（试行）》，对提案办理的领导参与率、办结率、面商率、满意率、落实率和复文格式、复文程序、复文质量等方面，提出具体要求，进行量化考核，有效推动了政协提案办理工作。2010年、2011年、2014年、2019年先后在全会上审议通过了《政协建德市委员会提案工作条例（修订稿）》《政协建德市委员会提案实施细则》《政协建德市委员会提案审查工作实施细则》。市政协在广泛听取委员（提案人）意见的基础上，积极创新提案工作平台。2016年4月，市政协在互联网上建起了提案工作平台——中国建德人大、政协提议案管理系统。为委员提供网上提交提案的新形式，便于委员快捷地提交提案。

五、提案工作评比表彰制度。十届政协以来，先后出台《承办提案先进单位、先进个人评选办法》和《政协建德市委员会评选优秀提案、提案优秀承办件》，建立提案工作的评比表彰制度。

六、重点提案重点督办制度。每年全会后，提案委员会均适时召开会议，在党派、团体提案中选择一定比例的提案为重点提案，通过加强与提案人和承办单位的联系，对重点提案组织力量开展调查研究，采用提案委集中督查，主席会议、常委会议不定期听取情况通报，以及领导分工上门协商等多种形式进行督查。2011 年 9 月，市政协第十二届第七十五次主席会议讨论通过“政协建德市委员会重点提案联合督办实施办法”；2014 年，市政协第十三届第三次会议后，重点提案督办，开始尝试由市委、市政府“一把手”领导领衔督办，逐步形成提案三级办理协商机制，即提案人、承办单位和政协组织共同参与，重点提案、集体提案和一般提案三级协商的提案办理工作平台，以扩大协商办理范围，推动提案办理从答复型向落实型转化。为了提高提案办理质量，2019 年 4 月，市政协办公室制订《政协提案办理工作目标管理考核评分细则》，对主办提案、协办提案和上年度 B 类提案考核内容及计分标准，均作了明确的规定，使提案综合考核评价有据可依，进而调动提案办理部门（单位）的积极性，加快提案办理进度。

择年政协建德市委员会提案办理督查工作一览表

表 4-1

届次	时间	督查形式				督查部门及内容	参检领导
		提案委员会督查	主席会议通报	常委会议通报	专案督查		
第十届委员会（1998—2002 年）	1999 年 6 月 14 日		听取重点提案办理情况通报				
	1999 年 9 月 15 日—17 日	组织提案委成员听汇报，协商建言				参加十届二次会议重点提案办理情况汇报会	穆先堂 程锦元 黄根华
	2000 年 4 月 19 日—20 日				▲	与市人大办、市政府办联合开展“两案”办理工作督查	黄根华
	2000 年 5 月 15 日	组织提案委成员听汇报，协商建言			▲	赴李家镇督查提案办理情况	程锦元 黄根华
	2000 年 5 月 18 日				▲	参加财政局提案办理情况汇报会	黄根华
	2000 年 12 月 28 日	组织提案委成员考核 2000 年度优秀提案					程锦元 黄根华

续表4-1

届次	时间	督查形式				督查部门及内容	参检领导
		提案委员会督查	主席会议通报	常委会议通报	专案督查		
第十届委员会（1998—2002年）	2001年3月15日	组织提案委成员对2001年度提案进行分析					黄根华
	2001年6月20日				▲	赴大同督查交通局办理的重点提案	黄根华
	2001年5月11日				▲	参加市财政局重点提案办理情况通报会	黄根华
第十一届委员会（2003—2006年）	2003年6月10日				▲	参加市旅游、民政、经贸、国土局提案办理情况汇报会	程锦元 陈庆祥
	2003年6月11日				▲	参加市教育、交通、财政局提案办理情况汇报会	程锦元 陈庆祥
	2003年7月10日				▲	参加市政府召开的提案、议案办理情况汇报会	陈庆祥
	2003年7月16日				▲	参加市文化局检查提案办理工作	马　晔 陈庆祥
	2003年12月16日	全体成员				参加市外经局、建设局重点提案办理情况汇报	程锦元 陈庆祥
	2003年12月24日				▲	参加市政府关于提案办理落实情况汇报	程锦元 陈庆祥
	2004年6月18日				▲	参加市卫生局提案办理情况汇报	谢春凤
	2004年6月25日				▲	参加市政府召开的“两案”办理情况汇报会	陈庆祥
	2004年7月5日				▲	参加市交通局提案办理情况汇报会	程锦元
	2004年11月30日				▲	参加市文化局、交通局提案办理情况汇报会	陈庆祥 程锦元
	2004年12月7日				▲	参加市发计局、建设局检查提案办理情况	程锦元
	2005年7月20日				▲	参加大同镇提案办理情况汇报会	程锦元

续表4-1

届次	时间	督查形式				督查部门及内容	参检领导
		提案委员会督查	主席会议通报	常委会议通报	专案督查		
第十一届委员会（2003—2006年）	2005年9月19日				▲	参加市发改局提案办理情况汇报会	王　伟
	2005年9月19日				▲	参加市府办召开的提案办理情况汇报会	王成土
	2005年9月22日				▲	参加重点提案办理情况汇报会	刘志新 程锦元
第十二届委员会（2007—2011年）	2007年10月15日	听取汇报，协商建言				市卫生局	提案委主任
	2007年10月16日				▲	市发改局办理的重点提案	王成土 郭昌友
	2010年10月17日				▲	市审批中心办理的重点提案	王成土
	2010年10月24日				▲	市水利局办理的重点提案	郭昌友 谢春凤
	2008年12月04日				▲	市经发局办理的重点提案	程茂红 蒋　华
	2008年12月08日		听取提案办理情况通报			市经发局	
	2009年10月20日				▲	市农办办理的重点提案	王成土
	2009年11月17日				▲	“发挥社区职能作用”	谢春凤
	2009年11月17日				▲	“培育企业集团”	王成土
	2009年11月18日				▲	“加强城区物业管理”	王成土
	2009年11月20日				▲	“加快推进重点项目建设”	程茂红 郭昌友 蒋　华
	2009年12月1日		听取重点提案办理情况通报			市政府办公室	
	2009年12月20日			提案、建议案办理情况通报		市政府办公室	

续表4-1

届次	时间	督查形式				督查部门及内容	参检领导
		提案委员会督查	主席会议通报	常委会议通报	专案督查		
第十二届委员会（2007—2011年）	2010年6月30日				▲	市发改局承办的第32号提案	程茂红 朱启鸿
	2010年8月27日				▲	参加2009年B类提案办理协商会	朱启鸿
	2010年10月13日				▲	“更楼市场建设”	吕　勇
	2010年10月13日				▲	参加第224号提案督办会	郭昌友
	2011年9月6日		年度重点提案办理情况通报				
第十三届委员会（2012—2016年）	2013年4月25日				▲	参加“交通两难”提案办理协商会	程　旭
	2013年5月23日				▲	参加2012年B类提案督查会	程　旭
	2013年5月28日				▲	市教育局办理的重点提案	程　旭 洪国根
	2013年6月6日				▲	市卫生局办理的重点提案	程　旭
	2013年6月27日				▲	参加2013年重点提案办理协商会	洪国根
	2013年9月3日				▲	民革建德市委会	严凌云 程　旭
	2013年10月30日				▲	参加第117号提案督办会	严凌云
	2013年10月31日				▲	参加第204号、205号提案督办会	张早林
	2013年11月8日				▲	参加第5号提案办理协商会	洪国根
	2013年11月12日				▲	参加第31号提案办理协商会	谢春凤
	2013年12月20日				▲	参加“交通两难”提案办理落实情况答复会议	程　旭
	2014年4月25日				▲	参加第114号提案办理协商会	张早林

续表4-1

届次	时间	督查形式				督查部门及内容	参检领导
		提案委员会督查	主席会议通报	常委会议通报	专案督查		
第十三届委员会（2012—2016年）	2014年5月16日				▲	参加第169号提案办理协商会	程　旭
	2014年6月5日				▲	参加市教育局落实民建提案答复会	谢春凤
	2014年6月11日				▲	参加第113号提案办理协商会	吴铁民 张早林
	2014年6月26日				▲	参加第114号提案办理协商会	张早林
	2014年7月3日				▲	参加第181号提案办理分析会	严凌云 谢春凤
	2014年9月1日				▲	参加第42号提案督办会	谢春凤
	2014年9月10日				▲	参加第6号提案督办会	洪国根
	2014年9月26日				▲	参加第137号提案督办会	吕　勇
	2014年10月16日				▲	参加第4号提案办理协商会	张早林
	2014年10月24日				▲	参加第40号提案督办会议	谢春凤
	2014年12月9日				▲	参加第39号提案办理情况汇报会	戴建平 吴铁民 严凌云 程　旭
	2015年5月14日				▲	参加第6号提案办理协商会	洪国根
	2015年5月27日				▲	参加第119号提案办理协商会	严凌云
	2015年6月16日				▲	参加第75号提案办理协商会	程　旭
	2015年6月19日				▲	参加第121号提案办理协商会	谢春凤
	2015年6月23日				▲	参加第63号提案办理分析会	谢春凤

续表4-1

届次	时间	督查形式				督查部门及内容	参检领导
		提案委员会督查	主席会议通报	常委会议通报	专案督查		
第十三届委员会（2012—2016年）	2015年6月25日				▲	参加第4号提案办理答复协商会	吕 勇
	2015年8月2日				▲	参加第101号提案督办会	叶志高
	2015年9月8日				▲	参加第182号提案督办会	严凌云
	2015年9月29日				▲	参加第212号提案办理情况汇报会	洪国根
	2015年11月12日				▲	参加市政府办理的第7号、第43号提案办理汇报会议	谢春凤 叶志高
	2015年12月8日				▲	参加十三届四次会议第8号提案办理情况汇报会	洪国根
	2015年12月29日				▲	参加十三届四次会议第2号提案办理汇报会	吴铁民 严凌云 谢春凤 程 旭 洪国根
	2016年5月18日				▲	参加十三届五次会议第166号提案办理协商会	严凌云
	2016年5月25日				▲	参加第47号提案办理协商会	叶志高
	2016年6月17日				▲	参加十三届五次会议第3号提案办理协商会	程 旭
	2016年6月28日				▲	参加十三届五次会议第89号提案办理协商会	严凌云 程 旭
	2016年8月18日				▲	参加第11号提案办理协商会	吕 勇
	2016年9月27日				▲	参加十三届五次会议第45号提案督办会	洪国根
	2016年10月21日				▲	参加第62号提案办理情况汇报会	谢春凤
	2016年11月23日				▲	参加第2号提案办理协商会	洪国根

续表4-1

届次	时间	督查形式				督查部门及内容	参检领导
		提案委员会督查	主席会议通报	常委会议通报	专案督查		
第十四届委员会（2017—2019第）	2017年5月24日				▲	参加十四届一次会议第228号提案办理协商会	叶志高
	2017年6月20日				▲	参加十四届一次会议第21号提案办理协商会	程　旭
	2017年6月21日				▲	参加第43号提案办理协商会	徐亚娟
	2017年6月22日				▲	参加十四届一次会议第29号提案办理协商会	叶志高
	2017年6月28日				▲	参加第108号提案办理协商会	程　旭
	2017年6月28日				▲	参加第56号提案办理协商会	叶志高
	2017年7月20日				▲	参加第62号提案办理协商会	严凌云
	2017年8月11日				▲	参加第167号提案办理协商会	程　旭
	2017年8月25日				▲	参加第16号提案督办会	叶志高
	2017年8月30—31日				▲	参加第103号提案办理协商会	吕　勇
	2017年9月19日				▲	参加第69号提案办理协商会	程　旭
	2017年9月22日				▲	参加第109号提案办理协商会	程　旭
	2017年11月17日				▲	参加第244号提案办理协商会	徐亚娟

续表4-1

届次	时间	督查形式				督查部门及内容	参检领导
		提案委员会督查	主席会议通报	常委会议通报	专案督查		
第十四届委员会（2017—2019年）	2017年12月29日				▲	参加十四届一次会议第5号提案办理情况汇报会	吴铁民 程　旭 严凌云 吕　勇 叶志高 徐亚娟
	2018年5月31日				▲	参加十四届二次会议第176号提案办理协商会	叶志高
	2018年6月6日				▲	参加第49号提案办理协商会	程　旭 徐亚娟
	2018年6月21日				▲	参加第2号提案办理协商会	程　旭 徐亚娟
	2018年6月22日				▲	参加第1号提案办理协商会	叶志高 徐亚娟
	2018年6月27日				▲	参加第72号提案办理协商会	严凌云 徐亚娟
	2018年7月19日				▲	参加市政府召开的第105号提案办理协商会	吴铁民 徐亚娟
	2018年7月27日				▲	参加十四届二次会议第15号提案办理协商会	叶志高
	2018年8月22日				▲	参加第192号提案办理协商会	吕　勇
	2018年9月28日				▲	参加十四届二次会议第94号提案办理协商会	程　旭 徐亚娟
	2018年10月11日				▲	参加调研“致中和产业发展”提案办理情况汇报会	徐亚娟

续表4-1

届次	时间	督查形式				督查部门及内容	参检领导
		提案委员会督查	主席会议通报	常委会议通报	专案督查		
第十四届委员会（2017—2019年）	2018年11月26日				▲	与市政府联合召开参加第3号提案办理情况汇报会	吴铁民 程　旭 严凌云 吕　勇 叶志高 徐亚娟
	2018年12月7日				▲	参加第89号提案办理情况汇报会	吴铁民 严凌云 叶志高 徐亚娟 蒋　华
	2019年8月2日				▲	参加十四届三次会议第101号提案办理协商会	叶志高 徐亚娟
	2019年9月24日				▲	参加十四届三次会议第58号提案办理协商会	徐亚娟
	2019年9月25日				▲	参加十四届三次会议第190号提案办理协商会	徐亚娟
	2019年10月10日				▲	参加第5号提案办理协商会	徐亚娟
	2019年11月6日				▲	参加十四届三次会议第46号提案办理协商会	程　旭 徐亚娟
	2019年11月8日				▲	参加十四届三次会议第19号提案办理协商会	严凌云 徐亚娟
	2019年12月15日				▲	参加市政府召开的第73号提案办理情况汇报会	吴铁民 程　旭 严凌云 吕　勇 叶志高 徐亚娟

续表4-1

届次	时间	督查形式				督查部门及内容	参检领导
		提案委员会督查	主席会议通报	常委会议通报	专案督查		
第十四届委员会（2017—2019年）	2019年12月23日				▲	参加第155号提案办理协商会	吴铁民 程　旭 严凌云 叶志高 徐亚娟 王百金 林　立

说明：提案督查形式中，“专案督查”中的“▲”是指专题听取某件或几件提案办理情况汇报并提出意见和要求

第三节　质量与承办

市政协抓住提案提出质量和提案办理质量这一中心环节，从多方面采取措施：

首先是扩大宣传，提高认识。坚持在每次政协换届后举办新委员培训班，组织学习《提案工作条例》和提案撰写基本知识；此外，在每年全会前，通过印发《建德政协》简报、召开座谈会和经验交流会、走访委员等形式，宣传政协提案工作的性质、地位和作用，提高委员对提案工作的思想认识，精选主题，深入调研，严格按要求写出优质提案，使其既具科学性，又具可行性；既有情况反映和问题分析，又有解决问题的具体建议。

其次是严肃对待委员提案的办理。一是依据立案标准，严把提案质量关。每年全会后，要求政协提案委员会对大会收到的提案，按相关的立案标准逐件审核，会后及时与提案人沟通，做好补充完善工作。二是认真交办。每年全会后，由政协提案委员会复审，并确定承办单位、重点提案，再报请政协主席会议审定，然后移交市政府召开“两案”交办会议，由市政府分别转交有关部门（单位）研究办理，并要求将办理结果及时函告政协办公室和提案人，原则上在3个月内办复。三是加强与承办单位的联系。政协领导要求提案工作人员，对提案承办单位积极做好服务工作。提案工作人员实时掌握提案交办后的落实情况和提案办理结果的总结与考核，至少召开一次提案办理工作经验交流会。四是建立提案办理工作班子。要求承办单位主要负责人挂帅，科室具体办理，采取走访调查、面对面协商、召开协调会等形式办理委员提案。五是加强提案督办。市政协每年都要筛选一批内容重要、事关全局的提案，作为主席督办的重点提案。十届政协之前，一般以党派、团体提案为重点。至十一届政协，这一督办形式目标更明确，分工更具体，办案更

规范。2012 年，十三届一次会议后，市政协对提案督办任务进行分解，一般提案由委组负责督办，重点提案及上年 B 类提案，由政协正、副主席或提案委跟踪督办，形成分工明确、责任清晰、重点突出的办案机制。2014 年，十三届三次会议后，市政协着力推进提案质量和办理质量的提升，建立提案办理“四级评价机制”（个人反馈、委组集体评价、提案委员会议综合评议、市政协主席会议评定）相结合的机制。

2016 年，提案工作进一步形成“一考核、二领衔、三协调、四评价”等多措并举、跟踪督办的运行机制。广泛采取现场办案、联合办案、开门办案和跟踪办案等形式，督促提案办理的落实。

1998—2002 年建德市政协第十届提案办理情况

表 4-2

年度	征集提案（件）	其中		办复（件）	办理结果						
		立案（件）	作来信或社情民意处理（件）		已解决（件）	占比（%）	列入计划逐步解决（件）	占比（%）	条件不成熟难解决（件）	占比（%）	满意或基本满意
1998	156	133	23	133	68	51.1	60	45.1	5	0.37	98%
1999	108	98	10	98	90	91.8（包括列入计划逐步解决）			8	0.81	100%
2000	133	119	14	119	56	47.1	28	23.5	35	29.4	95%
2001	185	144	41	144	58	40.3	67	46.5	19	13.2	98.6%
2002	149	127	22	127	109	85.8（包括列入计划逐步解决）			18	14.1	90%

建德市政协十一届一次会议至十四届三次会议重点提案承、督办责任者一览表

表 4-3

年度	届次	提案人	案由	承办单位	督办领导	满意度
2003	十一届一次会议	民盟市委会	关于强化经营，促进城市建设的建议	市建设局	王成土	满意
		民建市委会	关于从战略上重视发展建德市民营外向型企业的建议	市对外贸易经济合作局	王　伟	满意
		黄　锋	关于政府和企业共同承担培育人才的建议	市人事局	刘志新	基本满意
		民革市委会	关于进一步实施好“一号工程”，促进建德经济持续发展的建议	对外贸易经济合作局	程锦元	满意
		民进市委会	关于抓住依法确认人民调解协议法律效力的改革契机，切实加强建德市新时期人民调解工作的建议	市综治办	郭昌友	基本满意
		李来珍	关于加大再就业工程力度，切实解决困难群体的生产、生活问题的建议	市劳动和社会保障局	马　晔	满意
		江锡荣等 5 人	关于要求科学规划建德市水陆联运仓储区的建议	市交通局	谢春凤	满意
2004	十一届二次会议	民革市委会	关于建立健全六大体系，促进生态农业发展的建议	市农办	郭昌友	满意
		民盟市委会	关于加快建德市高中段教育发展的建议	市教育局	谢春凤	基本满意
		民进市委会	关于加大市级医疗机构体制改革力度，促进医疗卫生事业健康发展的建议	市卫生局	马　晔	满意
		工商联	积极营造发展环境，促进民营经济加快发展的建议	市经贸局	王　伟	满意
		郑　冰	关于积极化解乡镇负债，建立政府负债预警机制的建议	市财政局	刘志新	满意

续表4-3

年度	届次	提案人	案由	承办单位	督办领导	满意度
2004	十一届二次会议	徐高鸿	关于加快建德市交通基础设施的建议	市交通局	程锦元	满意
		吴德铮	关于加快桥东区块综合开发的几点建议	市建设局	王成土	满意
2005	十一届三次会议	民盟市委会	关于加快发展本市城市产业的建议	市府办	刘志新	满意
		民建市委会	关于推进本市效益农业发展新跨越的建议	市农办	郭昌友	满意
		民进市委会	关于建德古文化资源保护的调查与建议	市文化局	马　晔	满意
		民革市委会	关于强化食用农产品检测，确保市民“菜篮子”安全的建议	市工商局、市农业局、市质检局	谢春凤	满意
		翁祝青	关于加强对农村饮用水卫生状况检测的建议	市卫生局	程锦元	满意
		程　霄	关于完善政府投资项目管理机制的几点建议	市发计局	王　伟	满意
2006	十一届四次会议	民建市委会	关于推进建德市就业工作的建议	市劳动和社会保障局	程锦元	满意
		市工商联	关于大力扶持商贸龙头企业，加快商贸旅游业发展的建议	市旅游商贸局	马　晔	满意
		吴德铮	破解中小企业“贷款难”的几点建议	市经济发展局主办、人行建德市支行协办	王　伟	满意
		徐福君等委员	关于建立农资市场监管的建议	杭州工商建德分局主办、市农业局、市质监局协办	郭昌友	满意
		文史等专业组	关于在新安江城区新建“新安阁”的建议	市建设局	王成土	满意
		何其卫	关于建立液化气价格干预体系的建议	市发展和改革局	刘志新	满意

续表4-3

年度	届次	提案人	案由	承办单位	督办领导	满意度
2007	十二届一次会议	民革市委会	关于推进农村社区卫生服务工作的建议	市残联、市卫生局	程茂红	满意
		民盟市委会	关于重视加快更楼至寿昌区域工业经济平台建设的建议	市发改局	郭昌友	满意
		民建市委会	关于重视推行电子商务，引领企业提质增效的建议	市经发局	王　伟	满意
		民进市委会	关于要求政府资金以切实解决农村义务教育负债问题	市教育局、市财政局	朱启鸿	满意
		杨树耘	关于做好建德市石灰石矿产资源开发的几点建议	市经发局	朱启鸿	基本满意
		蒋建强	关于加快实施农村应用水安全工程的建议	市水利水局、建设局	谢春凤	满意
		林建平	关于要求行政审批简化程序，提高效率的建议	市行政审批中心	王成土	满意
		严利明等7人	关于控制挖沙船，整治新安江，提升建德东部群众生活环境的建议	市水利、水电局	郭昌友	满意
		王伟等7人	关于强化有机硅新材料工业园区规划与建设，加快有机硅产业发展的建议	市发改局	王成土	满意
		商国富委员	关于要求加快服务业发展的建议	市旅商局	吕　勇	满意
2008	十二届二次会议	民革市委会	对本市职业教育发展与改革的几点建议	市教育局、市劳动和社会保障局	—	满意
		民盟市委会	关于促进城乡教育水平发展的几点建议	市教育局	—	满意
		民建市委会	关于进一步发展乡村旅游业，促进本市经济发展的建议	市旅游商贸局	—	满意
		民进市委会	关于健全和完善本市农村救助体系的建议	市民政局、市劳动和社会保障局	—	满意

续表4-3

年度	届次	提案人	案由	承办单位	督办领导	满意度
2008	十二届二次会议	市工商联	关于实施“以企引企”战略，促进本市工业经济发展再上新台阶的建议	市外经局	—	基本满意
		任不凡	关于建德化工可持续发展的几点建议	市经发局	—	满意
		共青团建德市委市妇联	关于加强出租车管理，确保道路畅通安全的建议	市交通局	—	满意
2009	十二届三次会议	民革市委会	关于加快推进本市重点项目建设的几点建议	市发改局	程茂红	满意
		民盟市委会	关于培育企业集团的建议	市经发局	朱启鸿	满意
		市工商联	关于实施人才强市战略，提高本市工业经济核心竞争力的建议	市人事局	王　伟	满意
		叶　鹃	关于进一步加强新安江城区物业管理的建议	市建设局	王成土	满意
		商国富	关于引导发展 LED 产业的建议	市发改局、市科技局	郭昌友	满意
		郑志良	关于进一步发挥社区职能作用的调查与建议	市民政局、市人事局、市财政局	谢春凤	满意
		大同联络组	关于进一步做好招商引资工作的建议	市外经局、市行政审批中心	吕　勇	满意
2010	十二届四次会议	民革市委会	关于建德市农产品质量安全现状及对策的建议	市农业局、工商建德分局、市质监局、市卫生局	谢春凤	满意
		民盟市委会	关于加快发展本市碳酸钙、有机硅产业链的建议	市经济发展局、市国土资源局、市科技局	王　伟	满意

续表4-3

年度	届次	提案人	案由	承办单位	督办领导	满意度
2010	十二届四次会议	李新富	关于将洋溪、更楼街道纳入一体化管理的建议	市发改局、市建设局、市城管执法局、市卫生局、工商建德分局、市民政局、市财政局	朱启鸿	满意
		唐长生	关于加快城南市场建设的建议	更楼街道办、市建设局、工商建德分局	吕　勇	满意
		任不凡	关于加强本市固体废物集中处置的建议	市环保局	张早林	满意
		余小途等6人	关于要求加快梅城五马洲大桥建设的建议	市交通局	程茂红	满意
		邵　超	关于金融支持新农村建设的建议	市发改局、人民银行、银监办、市财政局	郭昌友	满意
2011	十二届五次会议	民革市委会	关于加强本市技工型实用人才队伍建设的几点建议	市教育局	—	满意
		民建市委会	关于科学治理蛋鸡养殖污染的建议	市农业局	—	满意
		民进市委会	关于依托资源优势，发掘特色潜力，加快推进本市水产业发展的建议	市发改局	—	满意
		市工商联	关于为本市非公有制经济健康发展培养企业家梯队的几点建议	中共建德市委人才办	—	满意
		徐福君	关于推行垃圾焚烧处理、培育带动新兴产业的建议	市发改局	—	满意
		沈伟娣	关于加快工业园区配套设施建设，优化企业发展环境的建议	市发改局	—	满意

续表4-3

年度	届次	提案人	案由	承办单位	督办领导	满意度
2011	十二届五次会议	汪为骏	关于要求出台鼓励股权投资基金注册落户政策的建议	市发改局	—	满意
2012	十三届一次会议	民盟市委会	关于加强政府投资工程建设项目标后监管的建议	市发改局为主	郭　坚 张早林	满意
		民进市委会	关于加快推进建德市服务业发展工作的建议	市发改局	郭　坚 张早林	满意
		民盟市委会	关于加强城市小区物管的建议	市住建局	叶万生 程　旭	满意
		邵　超	关于强化金融支持实体经济的建议	人民银行建德支行	徐建华 洪国根	满意
		游国平	关于加强建德市农村面源污染治理的对策和建议	市环保局为主	徐建华 洪国根	满意
		吴运全、黄昕等	关于加强食品安全监管工作的建议	市市场监管局	郑　冰 严凌云	满意
		郑小云	关于推进养老养生产业发展的建议	市民政局	祝　军 吕　勇	满意
		民革市委会	关于建德市现代农业园区和粮食生产功能区建设现状与建议	市农业局为主	尤荣福 谢春凤	满意
		陈淦涛等2人	关于加强农民安全饮水工程建设与管理的建议	市水利水产局	尤荣福 谢春凤	满意
2013	十三届二次会议	民革市委会	关于发展建德市小微农业企业的对策建议	市农办为主	董　悦 周友红	满意
		民盟市委会	关于重视发展建德市机械制造业的建议	市发改局为主	陈震山 洪晓明	满意
		市工商联	关于强化农业组织化程度，促进农业产业化发展的建议	市农办为主	沈　翔 吕　平	满意

续表4-3

年度	届次	提案人	案由	承办单位	督办领导	满意度
2013	十三届二次会议	民建市委会	关于打造“中国养生美食文化城”打响“吃在建德”城市品牌的建议	市商务局为主	汪华瑛 沈　波	满意
		民进市委会	关于加快新安江城区沿江休闲旅游业发展的建议	市风景旅游局为主	郭　坚 郑学龙	满意
		寿昌镇工委等	关于整合建德市职业教育资源的若干建议	市教育局为主	郭　坚 严凌云	满意
		汪建平	关于要求建立母料研发中心的建议	市科技局为主	李初排 洪国根	满意
		提案委员会	关于缓解主城区“行车难、停车难”的若干建议	市住建局为主	叶万生 程　旭	满意
		陈　茜	关于建德市旅游产业发展的建议	市风景旅游局为主	徐建华 洪国根	满意
		医卫组等	关于加强村级卫生技术人才队伍建设的若干建议	市卫生局为主	郑　冰 张早林	满意
		李友彬	关于关注城镇化建设中农村留守老人的建议	市民政局	祝　军 吕　勇	满意
		周　芳	关于加强建德市农产品质量安全监管工作的建议	市农业局主办	尤荣福 谢春凤	满意
2014	十三届三次会议	民革市委会	关于对建德市农业产业发展的建议	市农办为主	戴建平 周友红 严凌云	满意
		民盟市委会	关于建德市“秀美山村”建设的几点建议	市农办为主	陈震山 洪晓明 谢春凤	满意
		市工商联	关于建德市中小企业法律风险的分析对策的建议	市司法局为主	童定干 吕　平 张早林	满意
		民建市委会	关于完善“律师进村”工作 加大统筹城乡法律服务的建议	市司法局为主	汪华瑛 沈　波 张早林	满意

续表4-3

年度	届次	提案人	案由	承办单位	督办领导	满意度
2014	十三届三次会议	民进市委会	关于加大引导和扶持力度，促进民办学前教育健康发展的建议	市教育局为主	郭　坚 郑学龙 严凌云	满意
		社科组等	关于加强政府投资项目前期工作的若干建议	市发改局	郭　坚 张早林	满意
		麻凯等	推进电子商务行业发展的若干建议	市府办为主	洪国根	满意
		城建、交通组	关于新安江城区水污染情况分析及对策的建议	市住建局为主	叶万生 程　旭	满意
		民盟市委会	关于建德市化工产业转型升级的建议	市经信局	徐建华 洪国根	满意
		民建市委会	关于加建德市城区社区卫生服务中心建设的若干建议	市卫生局为主	郑　冰 严凌云	满意
		邵琳萍等	关于加快建德市旅游业发展的若干建议	市风景旅游局为主	祝　军 吕　勇	满意
		莲花镇工委	关于要求协调解决莲花镇，在推进“生态环境治理先行区”建设过程中有关问题的建议	市农业局为主	尤荣福 谢春凤	满意
		无党派组等	关于完善社会养老体系的若干建议	市民政局为主	吴引引 吕　勇	满意
2015	十三届四次会议	民建市委会、政协台侨组（并案）	关于加快发展建德市新兴产业的几点建议	市经信局为主	戴建平 尤荣福 吴铁民 洪国根	满意
		民盟市委会	关于加快建德市村级集体经济发展的建议	市农办为主	童定干 王伟平 张早林 谢春凤	满意
		市工商联	关于加强建德市新生代企业家培养的建议	市经信局为主	周徐胤 李顺华 洪国根	满意

续表4-3

年度	届次	提案人	案由	承办单位	督办领导	满意度
2015	十三届四次会议	民革市委会	关于优化投资项目审批流程的建议	市行政审批管理办公室	吕　平 朱红丹 严凌云	满意
		民进市委会	关于加强企业会计队伍建设提升企业经营管理水平的建议	市财政局为主	周友红 汤文全 谢春凤	满意
		参政议政委、林加善（并案）	关于加快建德市物流产业发展和税收征管的若干建议	市发改局为主	周友红 叶志高	满意
		政协经济组	关于加快推进智慧经济的几点建议	市经信局为主	梁克东 程　旭	满意
		民盟市委会	关于切实推进城镇低效用地再开发的建议	市国土资源局为主	叶万生 程　旭	满意
		陈春芬	关于建立“全市一盘棋”统筹协调招商引资项目落地机制的建议	市商务局为主	徐建华 洪国根	满意
		徐新平等4人	关于切实缓解新安江主城区学前教育资源紧张问题的建议	市教育局为主	郑　冰 严凌云	满意
		更楼街道工委、钱建军等2人（并案）	关于建立“五水共治”长效机制的若干建议	市“五水共治”办公室为主	张早林 谢春凤	满意
		旅商组、程璐（并案）	关于加快“民宿经济”培育和发展的若干建议	市风景旅游局为主	祝　军 吕　勇	满意
		社科组	关于加强建德市普法教育工作的建议	市司法局为主	吴引引 吕　勇	满意
2016	十三届五次会议	民革市委会、航头镇工委、童静等2人（并案）	关于加快新安江主城区棚户区改造的建议	市住建局为主	戴建平 尤荣福 吴铁民 严凌云	满意
		民盟市委会	关于着力提升建德市伞业块状经济的建议	市经信局为主	童定干 王伟平 洪国根	满意

续表4-3

年度	届次	提案人	案由	承办单位	督办领导	满意度
2016	十三届五次会议	民建市委会、市工商联、陈茜等3人（并案）	关于加快建德市电子商务产业发展的若干建议	市旅游商务局为主	周徐胤 李广运 吕　勇	满意
		民建市委会	关于加快发展建德市休闲体育产业的几点建议	市体育局为主	吕　平 朱红丹 严凌云	满意
		民进市委会、孙宁芳（并案）	关于加快草莓产业发展的若干建议	市农业局为主	汤文全 张早林 谢春凤	满意
		杨村桥工委、朱祖阳（并案）	关于加快杭黄铁路产业带规划建设的若干建议	市发改局为主	周友红 叶志高	满意
		李家镇工委	关于全市农村中小学师资优化配置的建议	市教育局为主	梁克东 严凌云	满意
		民革市委会、城建、交通组（并案）	关于加快老旧小区管道燃气改造，规范燃气行业发展的若干建议	市住建局为主	叶万生 程　旭	满意
		政协经济组	关于“工业强市”加快产业升级的几点建议	市经信局为主	徐建华 洪国根	满意
		民建市委会	关于在本市开展企业专利战略实施工作的建议	市科技局	胡晓立 程　旭	满意
2017	十四届一次会议	民革市委会、政协科技组、叶鹃（并案）	关于深入实施创新活市战略，加速建德发展的若干建议	市科技局为主	童定干 尤荣福 吴铁民 徐亚娟	满意
		民盟市委会、更楼街道工委（并案）	关于加快城南区开发建设的若干建议	市发改局为主	柴国庆 程　旭	满意
		民建市委会	关于以“小城镇环境综合整治”为抓手，全面提升全域生态化水平的建议	市住建局为主	周友红 程　旭	满意

续表4-3

年度	届次	提案人	案由	承办单位	督办领导	满意度
2017	十四届一次会议	民进市委会、叶强等4人（并案）	关于弘扬建德市传统文化的若干建议	市委宣传部为主	周萍英 叶志高	满意
		市工商联、李泽恩（并案）	关于促进建德市民营企业发展的若干建议	市工商联为主	叶万生 王　江 叶志高	满意
		民进市委会	关于充分发挥高铁效应，做足顺藤结瓜文章的建议	市发改局为主	胡海龙 程　旭	满意
		民盟市委会	关于加快推进新安江老城区有机更新的建议	市住建局为主	吕　平 程　旭	满意
		蔡剑毅	关于进一步强化建德市农村垃圾分类处理，助推环境综合整治工作的建议	市农办为主	张早林 严凌云	满意
		过承祁等人	关于加快小微企业发展的建议	市市场监管局为主	胡晓立 徐亚娟	满意
		医卫组	关于要求促进基层医疗机构能力建设的建议	市卫生计生局为主	俞朝晖 徐亚娟	满意
		下涯镇工委、陈茜等2人（并案）	关于促进建德市全域旅游发展的若干建议	市全域旅游办	何亦星 叶志高	满意
		城建组、交通组	关于开展新一轮交通治堵工作的建议	市住建局为主	柯汉根 程　旭	满意
		经济组	关于加快建德市信息经济产业发展的几点建议	市经信局为主	夏喜生 叶志高	满意
		王雪红等7人（并案）	关于推进建德市公交一体化的若干建议	市交通运输局为主	钱晓华 吕　勇	满意
2018	十四届二次会议	民建市委会（并案）	关于加快建德市美丽城区建设的若干建议	市美丽办为主	童定干 尤荣福 吴铁民	满意
		民建市委会	关于加快发展建德市“致中和”酒产业的建议	市全域旅游办为主	朱　欢 周萍英 吴铁民	满意

续表4-3

年度	届次	提案人	案由	承办单位	督办领导	满意度
2018	十四届二次会议	民盟市委会	关于进一步加强产学对接，构建建德市大职教格局的建议	市教育局为主	周友红 吕　勇	满意
		市工商联	关于加快建德市非公有制经济转型升级的建议	市经信局为主	叶万生 叶志高	满意
		民进市委会、李家镇工委（并案）	关于加快发展建德市西线旅游的若干建议	市全域旅游办为主	王　江 吕　勇	满意
		民盟市委会	关于加快推进“一区一园”产业平台提升的建议	市经信局为主	柴国庆 叶志高	满意
		民盟市委会	关于重视发展比较优势，加快发展高铁经济的建议	高铁新（高新园）管委会	胡海龙 程　旭	满意
		民革市委会、无党派组、李静	关于高度重视“乡村振兴”发展中人才队伍建设培养的若干建议	市人力社保局为主	吕　平 程　旭	满意
		徐新平等2人（并案）	关于加快医疗信息化建设的若干建议	市卫生计生局为主	孟关良 俞朝晖 叶志高	满意
		杨村桥镇工委	关于加快推进建德草莓小镇建设的建议	市农业局	张早林 严凌云	满意
		教体组	关于深化建德市教育系统综合改革的建议	市教育局为主	何亦星 吕　勇	满意
		唐建锋等2人（并案）	关于缓解建德市东入城口交通“两难”问题的若干建议	市住建局为主	柯汉根 程　旭	满意
		更楼街道工委、提案委员会（并案）	关于加快建德市水泥产业改造提升的若干建议	市经信局为主	夏喜生 叶志高	满意
		寿昌镇工委、傅水芳（并案）	关于完善320国道交通设施，畅通建德西部交通枢纽的若干建议	市交通运输局为主	钱晓华 徐亚娟	满意

续表4-3

年度	届次	提案人	案由	承办单位	督办领导	满意度
2019	十四届三次会议	民革市委会	关于建德市传统产业发展转型升级的建议	市经信局为主	童定干 尤荣福 吴铁民	满意
		民革市委会	关于建德市创建学习型城市的建议	市委宣传部为主	童定干 尤荣福 吴铁民	满意
		民建市委会	关于加快城南区块产城融合发展的建议	市规划和自然资源局为主	朱　欢 朱春根 吴铁民	满意
		民盟市委会	关于进一步优化服务提升营商环境的建议	市商务局为主	吕　平 王百金	满意
		无党派组	关于杭州城市国际背景下加强建德国际化建设的建议	市发改局为主	俞　伟 孟关良 程　旭	满意
		民进市委会	关于加快推进航空学院落地的建议	开发区（航空小镇）管委会	王　江 严凌云	满意
		民盟市委会	关于优化金融服务助力“乡村振兴”的几点建议	市发改局为主	周萍英 程　旭	满意
		市工商联	关于进一步加强建德市传统产业改造提升的建议	市发改局为主	张早林 王百金	满意
		大慈岩镇工委	关于新叶古村落保护与旅游开发的建议	市文化和广电旅游体育局为主	何亦星 严凌云	满意
		孟　洁	关于加强“美丽乡村”建设管理的建议	市农业农村局为主	陈文岳 徐亚娟	满意
		民建市委会	关于加快城市生活垃圾分类，全力助推文明城市创建的建议	市城管局为主	柯汉根 叶志高	满意
		民革市委会	关于规划改造建德市乡镇工业平台的建议	市经信局为主	夏喜生 王百金	满意

续表4-3

年度	届次	提案人	案由	承办单位	督办领导	满意度
2019	十四届三次会议	欧阳立明	关于优化建德市公共交通网络，方便百姓出行的建议	市交通运输局为主	钱晓华 叶志高	满意
		文史委员会	关于进一步服务“拥江发展”战略积极推进建德“唐诗之路”建设的建议	市文化和广电旅游体育局为主	郑志华 严凌云	满意

第四节　评比与表彰

总结评比、表彰先进，是历届市政协提案工作的基本做法。根据“优秀提案、提案承办先进单位和先进个人”的评比条件，政协提案委员会每年组织一次总结评比。

2003 年 5 月，十一届四次主席会议对《优秀提案评比条件》《承办提案先进单位和先进个人评选条件》进行修订，同时审议通过《提案“优秀承办件”评选条件》，并确定从 2004 年开始，增加“提案优秀承办件”的评选。表彰名单经主席会议审定后，政协全会上给予表彰。

附一：《承办提案先进单位评选条件》

1. 领导重视。把办理政协提案工作纳入本部门（单位）重要议事日程，主要领导或分管领导对本部门（单位）的提案办理工作做到有布置、有督促、有检查。对重点提案和党派团体提案，主要领导能亲自批办，亲自参与调查和办理。

2. 组织健全。单位分管领导和牵头科室明确，并有专（兼）职承办人员负责办理工作。

3. 制度落实。按照有关办理规则，制订本部门具体办理制度，并在实践中不断完善和提高，使办理工作规范化、制度化。

4. 承办效果好。能以积极负责的态度认真研究提案提出的意见和建议，对提案提出的问题解决和基本解决达到 70%以上；在办理中，注重与委员面商和沟通，基本做到办理一件提案，至少与提案人协商一次，委员对办理的满意率达到 90%以上，确保重点提案满意率达到 100%；办结率 100%；能认真抓好提案答复后的落实工作和对答复件不满意的续办工作。

5. 办文质量高。对提案者的答复符合规范要求，内容无差错。

附二：《提案办理先进个人评比条件》

1. 熟悉办理工作业务，掌握并熟练运用办理工作知识，在办理工作中，有开拓创新精神，当好领导参谋，积极出主意、想办法，提案办理质量高。

2. 热心办理工作，责任心强。认真负责地做好承办中的具体工作，搞好本系统内的联络协调，在办理工作中成绩显著。

3. 加强与有关办理工作部门和单位的工作联系。及时做好交办部门布置的工作，报告本单位的办理情况。积极主动做好与会办单位的联系协调，并认真做好本部门的会办工作。

4. 工作认真仔细，把好答复质量关。答复件符合规范要求，内容无差错，认真做好提案者意见的反馈的续办工作。

5. 积极主动地做好与委员的沟通、联系、做好面商、解释等具体工作。

附三：《优秀提案评比条件》

1. 反映大事。提案内容符合提大事、议大事原则，围绕国家的大政方针、市委、市政府的中心工作和本市重要事务及市民普遍关注的热点问题，提出比较科学的意见和建议。

2. 建议具体。提案具备准确性、科学性和可行性，观点鲜明，重点突出；并且做到有情况、有分析、有具体建议。

3. 效果明显。提案提出的建议具有现实性或前瞻性，对长远规划、客观决策有重要参考价值，对承办单位改进工作有推动作用。提案被采纳实施后能产生或将会产生较好的经济效益和社会效益。

4. 行文规范。提案撰写符合规范要求，一事一案，书写工整。

附四：《“提案优秀承办件”评选条件》

1. 办理委员提案成效明显。对委员提案中所提问题的解决率和采纳率高。

2. 对提案的办理能积极开展调查研究，并做好面商协调工作。

3. 答复委员提案的意见有分析、有对策，办文格式规范，表达准确，语言妥帖。

从十届一次会议至十四届三次会议，共表彰优秀提案256件、提案优秀承办件（2004—2019年）179件；提案办理先进单位（1998—2004年）20个；先进个人（1998—2004年）26名。

1998—2019年历次政协会议表彰提案工作各类先进一览表

表4-4

表彰时间	优秀提案（件）	提案办理先进单位（个）	提案办理先进个人（名）	提案优秀承办件（件）
1998年十届一次会议	8	3	4	—
1999年十届二次会议	7	3	4	—
2000年十届三次会议	5	2	4	—
2001年十届四次会议	10	3	3	—
2002年十届五次会议	10	3	4	—
2003年十一届一次会议	10	6	7	—
2004年十一届二次会议	10	—	—	7
2005年十一届三次会议	11	—	—	7
2006年十一届四次会议	9	—	—	6
2007年十二届一次会议	11	—	—	11
2008年十二届二次会议	10	—	—	6
2009年十二届三次会议	12	—	—	7
2010年十二届四次会议	12	—	—	7
2011年十二届五次会议	12	—	—	7
2012年十三届一次会议	15	—	—	15
2013年十三届二次会议	15	—	—	15
2014年十三届三次会议	15	—	—	16
2015年十三届四次会议	15	—	—	15
2016年十三届五次会议	15	—	—	15
2017年十四届一次会议	15	—	—	15
2018年十四届二次会议	15	—	—	15
2019年十四届三次会议	14	—	—	15

说明：从2004年十一届二次会议始，评“提案办理先进单位”和“提案办理先进个人”，改为评“提案优秀承办件”

1998—2003年建德市政协提案办理先进单位和先进个人一览表

表4-5

年度	提案办理先进单位	提案办理先进个人	
		姓名	所在单位
1998	市建设局、市水电局、市环保局	钟浩清	市劳动局
		胡景标	市交通局
		方来生	梅城镇政府
		李新富	市政协办公室
1999	市建设局、市水电局、市供电局	马燕子	市农业局
		占志忠	市政府办公室
		何睦贤	市环保局
		张建雄	市财政局
2000	市建设局、市财政局	徐建春	市政府办公室
		孙康明	市环保局
		钟浩清	市劳动局
		瞿天马	市水电局
2001	市科技局、市环保局、市农业和农村工作办公室	周肇人	市农业局
		王建武	市建设局
		何永生	市旅游局
2002	杭州市工商行政管理局建德分局、建德市城市综合管理委员会办公室、建德市卫生局	何睦贤	市环保局
		姚富良	市人事局
		胡建斌	市委农业和农村工作办公室
		任建洲	杭州市工商行政管理局建德分局
2003	市人事局、市财政局、市地税局、市经贸局、市民政局、市旅游局、新安江街道办	赵礼义	市人事局
		李新富	市城管办
		唐复忠	新安江街道办
		李　欣	市财政、地税局
		夏金根	市经贸局
		陈宏水	市国土局
		王建武	市建设局

1998—2019 年建德市政协优秀提案一览表

表 4-6

年度	提案人	案由
1998	陈龙飞	关于加强对老科技人员关心的建议
	胡力萍	关于广播电视增播天气预报节目的建议
	何新根等	关于要求建立“三江”地区交通联通工程筹备工作小组及设立专项基金的建议
	民建市委会	建议尽快治理梅城西湖
	姚善权	关于修建新中后巷至电大进修学校道路的建议
	朱允宽	关于加强和完善医疗急救保障体系和恢复出诊制度的建议
	民革市委会	建议在新安路上禁鸣喇叭
	钟　卫	关于要求拆迁寿昌仔猪市场的建议
1999	黄根华	关于加快农特产税的增收力度，加速农产品专业市场建设的建议
	潘增标等	关于加快儿童公园、江滨公园污水沟处理的建议
	毕建华等	关于大宗商品市政府要实行统一采购的建议
	三都联络组	关于要求改造三都低压线路的建议
	民革市委会	建议建德市尽快实行环境空气质量周报
	吴文沐等	建德市中小企业要尽早建立担保公司
	市工商联	规范收费行为，尽快给所有企业颁发收费登记卡
2000	叶素华	关于尽快修复梅城环城西路的建议
	黄根华	关于加快旅游开发的几点建议
	汪慧芬等 5 人	关于切实改善新安江居委会工作条件的建议
	郭昌友等 5 人	对建德市少数民族村的社会发展，要制订扶持政策，尽快脱贫致富奔小康
	李炳华等 5 人	关于对灰钙粉行业污染环境进行治理的建议
2001	郭昌友等	关于建立“放心菜”基地的建议
	叶卫生等	关于加强村级干部职务犯罪预防工作的建议
	政协提案委	关于加快建德市山区农民下山脱贫步伐的建议
	民盟市委会	关于尽快建立建德市远程网络教学基地的建议
	马燕子等	关于切实增加农业科技投入，促进效益农业发展的建议
	孔大元	关于开通环境污染有奖举报电话的建议
	朱水根	关于对全国优秀旅游城市管理要常抓不懈，及时查漏补缺的建议

续表4-6

年度	提案人	案由
2001	穆春生	关于加大千岛湖东铜官景区的整体开发和加强塘坞码头建设的建议
	周友红	关于对建德市拟建部分重点项目，重点工程进行广泛征集社会意见的建议
2002	民进市委会	关于尽快扭转建德市旅游市场缺乏建德特色旅游商品局面的建议
	民盟市委会	关于加快建德市信息化建设进程的建议
	提案委员会	关于进一步营造发展私营企业良好环境的建议
	周友红	关于进一步做好引进科技人才工作的建议
	民革市委会	关于建设“生态城市”的建议
	邓国祥等	关于加快建德市城乡卫生服务体系建设的建议
	新安江联络一组	关于发展花卉苗木经济的建议
	傅建平等	关于信贷扶持农业高新技术园区建设的建议
	唐长生	关于开发佛教文化资源，促进旅游事业发展的建议
	黄祥勇等	关于规范与整顿五加皮酒市场的建议
	民盟市委会	关于加快建立建德市农产品食品安全预警机制的建议
2003	民盟市委会	关于强化城市经营促进城市建设的建议
	民革市委会	关于进一步实施好“一号工程”，促进建德经济持续发展的建议
	民建市委会	关于从战略上重视发展建德市民营外向型企业的建议
	民进市委会	关于抓住依法确认人民调解协议法律效力的改革契机，切实加强建德市新时期人民调解工作的建议
	江锡荣	关于合理配置建德市碳酸钙矿产资源的建议
	刘　红	关于要求尽快建立被征土地农民的保障体系的建议
	陈国卿等	关于治理采沙船，净化两江水质的建议
	姜朝红等	关于大力加强社区建设，巩固党的执政基础的建议
	李来珍	关于加快再就业工程力度，切实解决困难群体的生产、生活的建议
	何其卫等	关于要求新建梅城过境公路的建议
2004	民革市委会	关于建立健全六大全系，促进生态农业发展的建议
	民盟市委会	关于加快建德市高中段教育发展的建议
	民进市委会	关于加大市级医疗机构体制改革力度，促进医疗卫生事业健康发展的建议
	市工商联	关于积极营造发展环境，促进民营经济加快发展的建议
	郑　冰	关于积极化解乡镇负债，建立政府负债预警机制的建议

续表4-6

年度	提案人	案由
2004	徐高鸿	关于加快建德市交通基础设施建设的建议
	吴德铮	关于加快桥东综合开发的建议
	赖有贵	关于重视建德非物质文化建设的建议
	马永红	关于以信息化带动工业化，促进建德市工业经济快速发展的建议
	郑屏芳	关于加快叶家火车站货物场搬迁，努力改善该地区居住环境的建议
2005	民盟市委会	关于加快发展建德市城市产业的建议
	民进市委会	关于建德古文化资源保护的调查与建议
	民建市委会	关于推进建德市效益农业发展新跨越的建议
	民革市委会	关于强化食用农产品检测，确保市民“菜篮子”安全的建议
	程　霄	关于完善政府投资项目管理机制的几点建议
	翁祝青	关于加强对农村饮用水卫生状况检测的建议
	应　红	关于加快新安江火车站危险品罐区搬迁的建议
	医卫组	关于创建国家卫生城市的建议
	金伟媛	完善市区公交服务，提升新安江城市品位
	叶　鹃	关于加强农村村镇建设规划和管理力度的建议
	梅志仁	关于要求尽快落实农村中小学教师的住房公积金的建议
2006	民盟市委会	关于加快“一组四团”集聚能力建设，促进建德经济快速发展的建议
	民进市委会	关于加强学校教育与预防未成年人犯罪的建议
	民建市委会	关于推进建德市就业工作的建议
	民革市委会	关于进一步加强生猪集中屠宰管理，保障老百姓吃上“放心肉”的建议
	市工商联	关于大力扶持商贸龙头企业，加快商贸旅游业发展的建议
	谢启平	关于加强网吧管理的建议
	吴德铮	关于破解中小企业贷款难的建议
	徐福君等3人	关于建立农资市场监管的建议
	何其卫	关于建立液化气价格干预体系的建议
2007	民革市委会	关于推进农村社区卫生服务工作的建议
	民盟市委会	关于重视加快更楼至寿昌区域工业经济平台建设的建议
	民建市委会	关于重视推行电子商务，引领企业提质增效的建议
	民进市委会	关于要求政府资金施以援手，切实解决农村义务教育严重负债问题的建议

续表4-6

年度	提案人	案由
2007	市工商联	关于加快中小企业担保机构发展和担保体系建设的建议
	商国富	关于要求加快发展服务业的建议
	杨树耘	关于做好本市石灰石矿产资源开发的几点建议
	蒋建强	关于加快实施农村饮水安全工程的建议
	林建平	关于要求行政审批简化程序，提高效率的建议
	严利明等	关于控制挖沙船，整治新安江，提升建德东部群众生活环境的建议
	王伟等	关于强化有机硅新材料工业园区规划与建设，加快有机硅产业发展的建议
2008	民革市委会	关于对建德市职业教育发展与改革的几点建议
	民盟市委会	关于加强学校教育与预防未成年人犯罪的建议
	民建市委会	关于促进城乡教育公平发展的建议
	民进市委会	关于健全和完善建德市农村社会救助体系的建议
	市工商联	关于实施“以企引企”战略，促进建德市工业经济发展再上新台阶的建议
	任不凡等	关于建德化工可持续发展的几点建议
	工青妇组	关于加强新安江城区交通管理，确保道路畅通安全的建议
	新安江联络组	关于完善长效管理机制，进一步巩固创国卫成果的建议
	胡伟钰	关于开展古村落普查，保护和开发农村文化记忆的建议
	商国富	关于大力培育科技型中小企业的建议
2009	民革市委会	关于加快推进本市重点项目建设的几点建议
	民盟市委会	关于培育企业集团的建议
	市工商联	关于实施“人才强市”战略，提升本市工业经济核心竞争力的建议
	叶　鹃	关于进一步加强新安江城区物业管理的建议
	徐兆林	关于加强新安江城区公交车和出租车管理的建议
	商国富	关于引导发展 LED 产业的建议
	新安江联络组	关于进一步发挥社区职能作用的调查与建议
	储　斌	关于传达涉农、惠农政策的建议
	应巧燕	关于保障本市食品安全的建议
	蒋建强	关于加强返乡农民工培训的建议
	潘　艳	关于建立政府引导的中小企业多方位融资体系的建议
	大同联络组	关于进一步做好招商引资工作的建议

续表4-6

年度	提案人	案由
2010	民革市委会	关于本市农产品质量安全现状及提升对策的建议
	民盟市委会	关于加快发展本市碳酸钙、有机硅产业链的建议
	余小途	关于要求加快梅城五马洲大桥建设的建议
	邵　超	关于金融支持农村建设的建议
	李新富	关于将洋溪、更楼街道纳人一体化管理的建议
	叶建新	关于开展倡导“低碳生活”的建议
	吴元福	关于加大新安江主城区治安防控设施投入的建议
	周红芬	关于推进本市养老产业发展的建议
	沈建婷	关于开发“大学生村干部”工作的几点建议
	宣永培	关于加快农村住房改造的建议
	唐长生	关于加快城南市场建设的建议
	任不凡	关于加强本市固体废物集中处置的建议
2011	民革市委会	关于加强本市技工型实用人才队伍建设的几点建议
	民建市委会	关于科学治理蛋鸡养殖污染的建议
	民进市委会	关于依托资源优势，发掘特色潜力，加快推进本市水产业发展的建议
	民盟市委会	关于加强幼儿老师队伍建设的建议
	市工商联合会	关于为本市非公有制经济健康发展培养企业家梯队的几点建议
	沈伟娣	关于加快工业园区配套设施建设，优化企业发展环境的建议
	新安江街道工委	关于要求完善有机硅b区块（新安江街道工业功能区）配套设施的建议
	张迪康	关于要求从战略的高度重视更楼区块建材产业布局优化的建议
	徐福君	关于推行垃圾焚烧处理，培育带动新兴产业的建议
	汪为骏	关于要求出台鼓励股权投资基金注册落户政策的建议
	张生友	关于规范村股份经济合作社管理的建议
	方焕生	关于对加强乡镇公共资源招标、施工监督的建议
	张　阳	关于在新安江建立旅游车站（建德市旅游集散中心）的建议
	董光海	关于切实规范新安江环卫所的用工和工资、福利制度的建议
	周继发	关于要求尽快实施白章线梅城至大洋段改造工程的建议
2012	民革市委会	关于建德市现代农业园区和粮食生产功能区建设现状与建议
	民盟市委会	关于加强城市小区物管的建议

续表4-6

年度	提案人	案由
2012	民建市委会	关于加强中小企业法治环境建设的建议
	民进市委会	关于加快推进建德市服务业发展工作的建议
	市工商联	关于构建和谐劳动关系，推动企业和谐发展的建议
	游国平	关于加强建德市农村面源污染治理的对策与建议
	倪国芳	关于加强涉农资金监管力度的建议
	邵茂萍	关于加强医疗机构行风建设，规范医疗行为优化医疗服务的建议
	邵　超	关于强化金融支持实体经济的建议
	楼凤琴等	关于加强对宅基地复垦及山改地土地管理利用的建议
	陈建江	关于加强新建住宅小区违章建筑查处和监管的建议
	余　侃	关于加强老年群体关爱的建议
	郑小云	关于推进养老养生产业发展的建议
	吴运全等	关于加强食品安全监管工作的建议
	沈友君	关于对民间文化、健身团体加强引导和扶持的建议
2013	民盟市委会	关于重视发展建德市机械制造业的建议
	民建市委会	关于打造“中国养生美食文化城”，打响“吃在建德”城市品牌的建议
	民进市会委	关于加快新安江城区沿江休闲旅游业发展的建议
	民革市委会	关于发展建德市小微农业企业的几点对策建议
	揭淑云	关于建德市服务业现状调查及发展对策的建议
	梅城镇工委	关于加快“三江两岸”生态景观建设，提升建德市东线旅游品质的建议
	市工商联	关于强化农业组织化程度，促进农业产业化发展的建议
	周　芳	关于加强建德市农产品质量安全监管工作的建议
	无党派组	关于健全“清洁乡村”长效管理的几点建议
	程星火	关于要求进一步完善环保执法体制和加强乡镇（街道）环境保护工作力量的建议
	李友彬	关于关注城镇化建设中农村留守老人的建议
	王钦钦	关于加强农村电子商务建设的建议
	唐正标	关于有效化解村企矛盾构建和谐村企关系的几点建议
	吕鹏云	关于进一步加强民间非法集资整治的建议
	寿昌工委、胡晓华	关于整合建德市职业教育资源的若干建议

续表4-6

年度	提案人	案由
2014	民革市委会	关于对建德市农业产业发展的建议
	民盟市委会	关于建德市“秀美山村”建设的建议
	市工商联	关于建德市中小企业法律风险分析与对策的建议
	民建市委会	关于完善“律师进村”工作，加大统筹城乡法律服务的建议
	民进市委会	关于加大引导和扶持力度，促进民办学前教育健康发展的建议
	市社科联、徐高鸿	关于加强政府投资项目前期工作的若干建议
	麻凯、陈正清	关于推进电子商务业发展的若干建议
	城建交通组	关于新安江城区水污染情况分析及对策的建议
	民盟市委会	关于建德市化工产业转型发展的建议
	民建市委会、吴元标	关于加强建德市城区社区卫生服务中心建设的若干建议
	彭思远等6人	关于加快建德市旅游业发展的若干建议
	莲花镇工委	关于要求协调解决莲花镇，在推进“生态环境治理先行区”建设过程中有关问题的建议
	无党派组、陈茜等5人	关于完善社会养老体系的若干建议
	揭淑云	关于提升工业评价指标体系位次的建议
	毛　磊	关于加大服务业政策导向，促进产业结构优化升级的建议
2015	民建市委会、台侨组	关于加快发展建德市新兴产业的若干建议
	民盟市委会	关于加强建德市村级集体经济发展的建议
	市工商联	关于加强建德市新生代企业家培养的建议
	民革市委会	关于优化投资项目审批流程的建议
	民进市委会	关于加强企业会计队伍建设提升企业经营管理水平的建议
	参政议政委、林嘉善	关于加快建德市物流产业发展和税收征管的若干建议
	经济组	关于加快推进智慧经济的几点建议
	民盟市委会	关于切实推进城镇低效用地再开发的建议
	陈春芬	关于建立“全市一盘棋”统筹协调招商引资项目落地机制的建议
	徐新平等4人	关于切实缓解新安江主城区学前教育资源紧张问题建议
	更楼街道工委、潜建军、吴璀福	关于建立“五水共治”长效管理机制的若干建议
	旅商组、程璐	关于加快民宿经济培育和发展的若干建议

续表4-6

年度	提案人	案由
2015	社科组	关于加强建德市普法及教育工作的建议
	李家镇工委、叶建新	关于加强农村文化礼堂建设、管理与持续作用的若干建议
	孟　洁	关于强化乡镇资产监管的建议
2016	文艺组、徐月芳等4人	关于加快建德市全域旅游发展的若干建议
	民革市委会、航头镇工委、童静等2人	关于加快新安江主城区棚户区改造的若干建议
	民盟市委会	关于着力提升建德市伞业块状经济的建议
	市工商联、民建市委会、陈茜等3人	关于加快建德市电子商务产业发展的若干建议
	民建市委会	关于加快发展建德市休闲体育产业的几点建议
	民进市委会、孙宁芳等3人	关于加快草莓产业发展的若干建议
	杨村桥工委、朱祖阳	关于加快杭黄铁路产业带规划建设的若干建议
	李家镇工委	关于建德市农村中小学师资优化配置的建议
	民革市委会、城建交通组	关于加快老旧小区管道燃气改造，规范燃气行业发展的若干建议
	经济组	关于“工业强市”加快产业升级的几点建议
	民建市委会	关于在建德市开展企业专利战略实施工作的建议
	民进市委会、寿昌镇工委、范锦新等2人	关于加快推进“航空小镇”建设的若干建议
	莲花镇工委、罗红军等2人	关于加快碳酸钙行业发展的若干建议
	孔建平	关于建德市推行分级诊疗工作的几点建议
	宁卫珍	关于加强政府投资项目建设后期管理的建议
2017	民建市委会	关于建德市创建国家森林城市的几点建议
	民革市委、叶鹏、科技组	关于深入实施创新活市战略，加快建德发展的若干建议
	民盟市委会、更楼街道工委	关于加快城南区片开发建设的若干建议
	民建市委会	以“小城镇环境综合整治”为抓手，全面提升全域生态化水平
	民进市委会、叶强等4人	关于弘扬建德市传统文化的若干建议

续表4-6

年度	提案人	案由
2017	市工商联、李泽恩	关于促进建德市民营企业发展的若干建议
	民进市委会	关于充分发挥高铁效应，做足顺藤结瓜文章的建议
	民盟市委会	关于加快推进新安江老城区有机更新的建议
	蔡剑毅	关于进一步强化建德市农村垃圾分类处理，助推环境综合整治工作的建议
	过承祁、叶杰	关于加快小微企业发展的几点建议
	医卫组	关于促进基层医疗机构能力建设的建议
	下涯镇工委、陈茜、包韩	关于促进建德市全域旅游发展的若干建议
	城建交通组	关于开展新一轮交通治堵工作的建议
	经济组	关于加快建德市信息经济产业发展的几点建议
	王雪红等七人	关于推进建德市公交一体化的若干建议
2018	民建市委会	关于加快建德市美丽城区建设的建议
	民建市委会	关于加快发展建德市致中和产业的建议
	民盟市委会	关于进一步加强产学对接，构建建德市大职教格局的建议
	市工商联	关于加快建德市非公有制经济转型升级的建议
	民进市委会、李家镇工委	关于加快发展建德市西线旅游的若干建议
	民盟市委会	关于加快推进“一区一园”产业平台提升的建议
	民盟市委会	关于重视发挥比较优势，加快发展高铁经济的建议
	民革市委会、无党派组、李静	关于高度重视乡村振兴发展中人才队伍建设的若干建议
	徐新平、林俊	关于加快推进建德市医疗信息化建设的若干建议
	杨村桥镇工委	关于加快推进建德草莓小镇建设的建议
	教体组	关于深化建德市教育系统综合改革的建议
	唐建锋、龚建欣	关于缓解建德市东入城口交通“两难”问题的若干建议
	更楼街道工委、提案委员会	关于加快建德市水泥产业改造提升的若干建议
	寿昌镇工委、傅水芳	关于完善320国道交通设施，畅通建德西部交通枢纽的若干建议
	叶晓敏	关于打造全国知名千年府城和杭州拥江发展示范区的建议

续表4-6

年度	提案人	案由
2019	民革市委会	关于建德市传统产业转型升级发展的建议
	民革市委会	关于建德市创建学习型城市的建议
	民建市委会	关于加快城南区块产城融合发展的建议
	民盟市委会	关于进一步优化服务提升营商环境的建议
	无党派组	关于杭州城市国际背景下，加强建德国际化建设的建议
	民进市委会	关于加快推进航空学院落地的建议
	民盟市委会	关于优化金融服务助力乡村振兴的几点建议
	市工商联	关于进一步加强建德市传统产业改造提升的建议
	大慈岩镇工委	关于新叶古村落保护与旅游开发的建议
	孟　洁	关于加强“美丽乡村”的建设管理建议
	民建市委会	关于加快城市生活垃圾分类，全力助推文明城市创建的建议
	民革市委会	关于规划改造建德市乡镇工业平台的建议
	欧阳立明	关于优化建德市公共交通网络，方便百姓出行的建议
	文教卫体委	关于进一步服务“拥江发展”战略积极推进建德“唐诗之路”建设的建议

2004—2019 年建德市政协表彰提案优秀承办件一览表

表 4-7

年度	承办单位	案由	提案人	提案编号	满意度
2004	市文化局	关于对新安江网吧进一步规范管理的建议	胡志群等 4 人	204	基本满意
	市财政局	关于积极化解乡镇负债，建立政府负债预警机制的建议	郑　冰	175	满意
	市卫生局	关于进一步完善农村新型合作医疗制度实施办法的建议	邵宏强	217	满意
	市农业局	关于提高劳动力科技文化素质，发展建德市农村地方经济的建议	杜　凤	188	满意
	市交通局	关于要求拓宽里浦公路建德段为四级公路的建议	楼凤琴等 6 人	73	满意

续表4-7

年度	承办单位	案由	提案人	提案编号	满意度
2004	市城管办	关于强化新安江城市卫生工作的建议	叶慧华等5人	59	满意
	市教育局	关于在乾潭镇新建建德市第二职业高中的建议	傅建平等4人	215	满意
2005	市农办	关于推进建德市效益农业发展新跨越的建议	民建市委会	4	满意
	市城管综合执法局、杭州工商建德分局	彻底整顿新安路夜市，合力打造文明建德	马　晔	162	满意
	市财政局	关于提高建德文艺奖奖励额度的建议	叶　欣	205	满意
	市国土局	关于对山区农民异地脱贫落实用地指标的建议	姜志云等4人	192	满意
	市劳动和社会保障局	关于行政机关和事业单位尽快实施生育保险制度的建议	蓝　燕	196	满意
	市发改局	关于完善政府投资项目管理机制的几点建议	程　霄	189	满意
	市交通局	关于城区公交车改造及交通秩序管理的建议	※	※	※
2006	市劳动保障局	关于推进建德市就业工作的建议	民建市委会	3	满意
	市人事局	关于设立中小学教师年终目标管理考核奖的建议	徐兆林	21	基本满意
	市经济发展局	关于破解中小企业贷款难的几点建议	吴德铮	44	满意
	杭州工商建德分局	关于建立农资市场监管的建议	徐福君等3人	91	满意
	市农办	关于建立健全新农村建设长效管理机制的建议	大同联络组	95	满意
	市发展改革局	关于建立液化气价格干预体系的建议	何其卫	125	满意
2007	市农办	关于引导、激励、推动民营企业家积极参与新农村建设的建议	叶　鹃	172	满意
	市发改局	关于重视加快更楼至寿昌区域工业经济平台建设的建议	民盟市委会	4	满意
	市经济发展局	关于有机硅新材料工业园区规划与建设，加快有机硅产业发展的建议	王伟等7人	210	满意

续表4-7

年度	承办单位	案由	提案人	提案编号	满意度
2007	市民政局	关于要求加强社区基础设施建设，提升社区服务，促进和谐社区建设的建议	汤志文	112	满意
	市财政局	关于要求政府资金施以援手，切实解决农村义务教育严重负债问题的建议	民进市委会	7	满意
	市人事局	关于要求加快解决寿昌镇城管体制改革综合执法主体的建议	鲁连忠	168	满意
	市劳动和社会保障局	关于加快推进农村养老保险工作的建议	吴　霞	48	满意
	市水利水电局	关于控制挖砂船，整治新安江，提升建德东部群众生活环境的建议	严利明等7人	199	满意
	市卫生局	关于推进农村社区卫生服务工作的建议	民革市委会	1	满意
	市旅商局	关于要求加快发展服务业的建议	商国富	73	满意
	市行政审批服务中心	关于要求行政审批简化程序，提高效率的建议	林建平	151	满意
2008	市教育局	关于促进城乡教育公平发展的几点建议	民盟市委会	69	满意
	市民政局	关于健全和完善建德市农村社会救助体系的建议	民进市委会	72	满意
	市经济发展局	关于建德化工可持续发展的几点建议	任不凡等6人	63	满意
	市交通局	关于320国道建德段收费站收费的建议	姜志云等4人	192	满意
	市劳动保障局	关于尽快建立城镇居民基本养老保障实施办法的建议	储　斌	102	满意
	梅城镇政府	关于加强梅城乌龙山佛教文化建设的建议	释演通等3人	205	满意
2009	市发展改革局	关于加快推进本市重点项目建设的几点建议	民革市委会	1	满意
	市民政局	关于进一步发挥社区职能作用的调查与建议	郑志良	94	满意
	市人事局	关于实施“人才强市”战略，提升本市工业经济核心竞争力的建议	市工商联	7	满意

续表4-7

年度	承办单位	案由	提案人	提案编号	满意度
2009	市劳动和社会保障局	关注企业新型弱势群体的建议	钱海林	46	满意
	市建设局	关于建立建筑业农民工工资规范管理办法的建议	徐拥军	98	满意
	市交通局	关于加快建德市农村道路联网建设的建议	赖有贵等5人	135	满意
	市城管执法局	关于建设“数字城管”系统的建议	董光海	60	满意
2010	市卫生局	关于农村社区卫生服务发展的建议	翁寿清	73	满意
	市经济发展局	关于加快引进扶持高新技术企业，促进建德市新兴产业发展的建议	应文珠等5人	170	满意
	市民政局	关于对村委会选举中的不正之风要引起高度重视的建议	王美蓉	100	满意
	市文广新局	关于优化青少年成长环境的建议	钟芝兰	126	满意
	市残联	关于尽快将“光明行动”纳入城乡医保范围的建议	陈　茜	167	满意
	市发展和改革局	关于进一步加强区域规划工作的建议	韩星亮	71	满意
	市建设局	关于消除新安江主城区内道路安全隐患点的建议	诸葛益龙等6人	120	满意
2011	市政府办公室	关于重视解决本市企业人员住房问题的建议	民盟市委会	4	满意
	市民政局	关于村委会换届选举工作的建议	吴元福	182	满意
	市人事局	关于如何进一步用好“大学生村干部”的建议	邵亚臣	20	满意
	市旅商局	关于加大玉泉寺佛教圣地的宣传力度，促进本市旅游产业发展的建议	宋金生	54	满意
	市国资公司	关于红枫小区房屋质量隐患亟待重视的建议	诸葛益龙等5人	202	满意
	市国资公司	关于进一步完善新安江硫温泉外围环境的建议	吴　霞	218	满意
	市财政局	关于鼓励扶持会务经济发展的建议	※	※	※
	市劳动和社会保障局	关于将外来务工人员纳入本地医保的建议	黄荣富	22	满意

续表4-7

年度	承办单位	案由	提案人	提案编号	满意度
2011	市法院	关于要求恢复大同法庭的建议	俞利海	214	满意
	市农办	关于要求进一步重视和关心农村低收入户收入增长的建议	童国芳	276	满意
	市教育局	关于加强本市技工型实用人才队伍建设的几点建议	民革市委会	1	满意
	市发改局	关于要求出台鼓励股权投资基金注册落户政策的建议	汪为骏等3人	272	满意
	市交通局	关于要求尽快实施白章线梅城至大洋段改造工程的建议	周继发等5人	108	满意
	市劳动和社会保障局	关于加强新农合基金监管，逐步提高群众医疗保障水平的建议	何根华等2人	57	满意
	市卫生局	关于如何加强疾病预防宣传，提高公众自我健康保护的建议	叶幸东	162	满意
2012	市政府办公室	关于要求建立提议案信息化系统的建议	方致远	25	满意
	市发改局	关于加强政府投资工程建设项目标后监管的建议	民盟市委会	4	满意
	市发改局	关于优化民营中小企业发展环境的建议	叶　鹃	62	满意
	市经信局	关于加强对中小微企业主有关知识培训的建议	胡建强	102	满意
	市经信局	关于进一步优化建德市中小企业发展环境的建议	吕益民	40	满意
	市民政局	关于加强养老服务体系和基础设施建设的建议	王钦钦	69	满意
	市公安局	关于重视村级巡防队伍建设的建议	吕鹏云	200	满意
	市农办	关于建德市劳动力技能培训中存在问题的建议	诸葛益龙等5人	71	满意
	市农业局	关于现代农业园区和粮食生产功能区建设现状与建议	民革市委会	2	满意
	市住建局	关于加强城市小区物管的建议	民盟市委会	3	满意

续表4-7

年度	承办单位	案由	提案人	提案编号	满意度
2012	市住建局	关于改进农村困难群众住房救助工作的建议	陈春芬	190	满意
	市人力社保局	关于把“新农合”补充大病险意外险纳入政府惠民工程的建议	叶桂昌	147	满意
	市交通运输局	关于加快农村联网公路建设的建议	叶永生	33	满意
	市交通运输局	关于建德市农村客运存在的问题及几点建议	俞利海	57	满意
	市国土资源局	关于破解建德市工业用地瓶颈制约的建议	吴瑞华	120	满意
2013	市商务局	关于打造“中国养生美食文化城”打响“吃在建德”城市品牌的建议	民建市委会	2	满意
	市科技局	关于要求建立母料研发中心的建议	王建平	4	满意
	市风景旅游局	关于建德市旅游产业发展的建议	陈 茜	5	满意
	市农办	关于强化农业组织化程度，促进农业产业化发展的建议	市工商联	31	满意
	市民政局	关于关注城镇化建设中农村留守老人的建议	李友彬	61	满意
	市经信局	关于加强农村电子商务建设的建议	王钦钦	64	满意
	市住建局	关于缓解主城区“行车难、停车难”的建议	提案委	67号等12份	满意
	市人力社保局	关于就业创业的建议	潘枝标	125	满意
	市财政局	关于推进财政预算透明化的建议	于远明	127	满意
	市机关事务局	关于加强政府机关节能管理的建议	毛 磊	141	满意
	市政府办公室	关于要求完善杆线迁移综合协调机制的建议	莲花镇工委	236	满意
	市民政局	关于重视农村殡葬管理，美化生产、生活环境的建议	楼凤琴	150	满意
	市国资公司	关于将新叶古村打造成文化产业村的建议	叶桂昌	199	满意
	市卫生局	关于加强村级卫生技术人才队伍建设的若干建议	医委组	204	满意
	市农办	关于规范镇乡（街道）招投标中心及镇乡（街道）村级项目工程管理的建议	姚根伟	225	满意
	市城管局	关于加强违章建筑防控的若干建议	社科组等	104	满意

续表4-7

年度	承办单位	案由	提案人	提案编号	满意度
2014	市农办	关于对建德市农业产业发展的建议	民革市委会	39	满意
	市司法局	关于建德市中小企业法律风险的分析与对策	市工商联	114	满意
	市教育局	关于加大引导和扶持力度，促进民办学前教育健康发展的建议	民进市委会	181	满意
	市发改局	关于加强政府投资项目前期工作的若干建议	社科组	4	满意
	市住建局	关于新安江城区水污染情况分析及对策的建议	城建交通组	169	满意
	市商务局	关于推进电子商务行业的若干建议	麻　凯	6	满意
	市农业局	关于要求协调解决莲花镇在推进“生态环境治理先行区”建设过程中有关问题的建议	莲花镇工委	42	满意
	市民政局	关于完善社会养老体系的若干建议	无党派组	137	满意
	市人力社保局	关于建德市企业高层次和紧缺专业人才引才、安才的建议	徐新平	21	满意
	梅城镇	关于依托山水人文优势，加快梅城古城旅游业发展的建议	梅城镇工委	34	满意
	市行政审批办公室	关于进一步发挥市行政审批管理办公室作用的建议	王国年	124	满意
	市经信局	关于加强破产重整政策衔接、促进新生企业健康发展的建议	饶一民	131	满意
	市环保局	关于要求围绕生态管理机制，强化宣传手段，共建美丽建德的建议	大洋镇工委	148	满意
	市文广新局	关于深化新叶古村保护、争创全国试点典范的建议	民革市委会	177	满意
	市委宣传部	关于建立“五水共治”新闻舆论监督机制的建议	民宗组	210	满意
2015	市经信局	关于加快发展建德市新兴产业的若干建议	民建市委会	2	满意
	市农办	关于加强建德市村级集体经济发展的建议	民盟市委会	43	满意
	市经信局	关于加强建德市新生代企业家培养的建议	市工商联	212	满意
	市审管办	关于优化投资项目审批流程的建议	民革市委会	119	满意

续表4-7

年度	承办单位	案由	提案人	提案编号	满意度
2015	市发改局	关于加快建德市物流产业发展和税收征管的若干建议	林嘉善	7	满意
	市国土资源局	关于切实推进城镇低效用地再开发的建议	民盟市委会	75	满意
	市教育局	关于切实缓解新安江主城区学前教育资源紧张问题的建议	徐新平	182	满意
	市“五水共治”办	关于建立“五水共治”长效机制的若干建议	潜建军	63	满意
	市司法局	关于加强建德市普法教育工作的建议	社科组	122	满意
	市旅游商务局	关于促进建德市农村电子商务品牌化发展的建议	叶桂昌	24	满意
	市农办	关于打造建德果蔬乐园的建议	赖志斌	47	满意
	市农业局	关于推进畜禽养殖户停养转产的若干建议	科技组	51	满意
	市审管办	关于进一步规范乡镇小型项目管理的建议	黄慧娥	115	满意
	钦堂乡	关于要求加强清渚溪治理力度的建议	乾潭镇工委	228	满意
	市农业局	关于加强建德市草莓种植过程中农药使用监管的建议	工青妇组	229	满意
2016	市住建局	关于加快新安江主城区棚户区改造的若干建议	民革市委会、航头镇工委、童静等2人	138	满意
	市旅游商务局	关于加快建德市电子商务产业发展的若干建议	市工商联、民建市委会、陈茜等3人	11	满意
	市体育局	关于加快发展建德市休闲体育产业的几点建议	民建市委会	165	满意
	市农业局	关于加快草莓产业发展的若干建议	民进市委会、毛磊等3人	62	满意
	市发改局	关于加快杭黄铁路产业带规划建设的若干建议	杨村桥镇工委、朱祖阳	47.46	满意
	市教育局	关于建德市农村中小学师资优化配置的建议	李家镇工委	166	满意
	市住建局	关于加快老旧小区管道燃气改造，规范燃气行业发展的若干建议	民革市委会、城建交通组	89	满意

续表4-7

年度	承办单位	案由	提案人	提案编号	满意度
2016	市经信局	关于“工业强市”加快产业升级的几点建议	经济组	45	满意
	市科技局	关于在建德市开展企业专利战略实施工作的建议	民建市委会	3	满意
	开发区（寿昌）	关于加快推进“航空小镇”建设的若干建议	民进市委会、寿昌镇工委、范进新等2人	7	满意
2017	市住建局	以“小城镇环境综合整治”为抓手，全面提升全域生态化水平	民建市委会	69	满意
	市委宣传部	关于弘扬建德市传统文化的若干建议	民进市委会	228	满意
	市发改局	关于充分发挥高铁效应，做足顺藤结瓜文章的建议	民进市委会	21	满意
	市农办	关于进一步强化建德市农村垃圾分类处理助推环境综合整治工作的建议	蔡剑毅	62	满意
	市市场监管局	关于加快小微企业发展的几点建议	过承祁等2人	43	满意
	市经信局	关于加快建德市信息经济产业发展的几点建议	政协经济组	16	满意
	市交通运输局	关于推进建德市公交一体化的若干建议	王雪红	103	满意
	市全域旅游办	关于创新建德市旅游营销的建议	郑　雄	3	满意
	市旅游商务局	关于深化支付宝县域城市发展的建议	民革市委会	17	满意
	市农业局	关于加快建德市中药材产业发展的建议	农业组	96	满意
	梅城镇	关于加快梅城旧城改造的若干建议	叶永生	147	满意
	市城管局	关于加强新安江农贸市场周边环境管理的建议	唐建锋	178	满意
	市文广新局	关于加强农村文化养老的建议	民进市委会	182	满意
	市教育局	关于加强儿童伤害干预力度的建议	吴礼庆等3人	185	满意
	寿昌镇	关于提升寿昌文化品位的若干建议	叶桂昌	217	满意

续表4-7

年度	承办单位	案由	提案人	提案编号	满意度
2018	市交通运输局	关于完善320国道交通设施，畅通建德西部交通枢纽的若干建议	寿昌镇工委	105	满意
	市美丽建德建设工作领导小组办公室	关于加快建德市美丽城区建设的若干建议	民建市委会	89	满意
	市人力资源和社会保障局（并案处理）	关于高度重视乡村振兴发展中人才队伍建设的若干建议	民革市委会	49	基本满意
	市卫生健康局	关于加快推进建德市医疗信息化建设的若干建议	徐新平等3人	176	满意
	市教育局	关于深化建德市教育系统综合改革的建议	新闻教体组	192	满意
	市住房和城乡建设局	关于缓解建德市东入城口交通“两难”问题的若干建议	唐建锋	94	满意
	市经济和信息化局	关于加快建德市水泥产业改造提升的若干建议	更楼街道工委	15	满意
	市商务局	关于推进建德市跨境电子商务发展的建议	旅商组	30	满意
	市文化与广电旅游体育局	关于拥抱高铁时代，发展特色“游”的建议	黄国朝	44	满意
	市住房和城乡建设局	关于要求将大洋镇纳入新安江自来水供水范围的建议	大洋镇工委等	144	满意
	市委宣传部	关于加强建德市农村文化礼堂建设的建议	大同镇工委	179	满意
	市文化与广电旅游体育局	关于统一打造标识系统为“美丽建德”升级加分的建议	徐月芳	134	满意
	市文化与广电旅游体育局	关于加快农村文化建设的建议	李根土	197	满意
	市农业农村局	关于进一步加快振兴村级集体经济的建议	蒋建强	71	满意
	市城市管理局	关于整治建德市城镇小广告的建议	张瑞平	120	满意

续表4-7

年度	承办单位	案由	提案人	提案编号	满意度
2019	市委宣传部	关于建德市创建学习型城市的建议	民革市委会	155	满意
	市经信局	关于建德市传统产业转型升级发展的建议	民革市委会	5	满意
	市规划和自然资源局	关于加快城南区块产城融合发展的建议	民建市委会	73	满意
	市商务局	关于进一步优化服务，提升营商环境的建议	民盟市委会	2	满意
	市发改局	关于杭州城市国际背景下，加强建德国际化建设的建议	无党派组	7	满意
	市发改局	关于优化金融服务助力乡村振兴的几点建议	民盟市委会	46	满意
	市农业农村局	关于加强“美丽乡村”建设管理的建议	孟 洁	58	满意
	市城管局	关于加快城市生活垃圾分类，全力助推文明城市创建的建议	民建市委会	72	满意
	市文化与广电旅游体育局	关于进一步服务“拥江发展”战略，积极推进建德“唐诗之路”建设的建议	文史委	190	满意
	市委统战部	关于鼓励乡贤经济回归，助力乡村产业兴旺的建议	民宗组	48	满意
	市住建局	关于进一步加大在新安江主城区老旧小区加装电梯推进力度的建议	张红平	102	满意
	梅城镇	关于加快梅城新时代“美丽城镇”建设的建议	梅城镇工委	124	满意
	市交通运输局	关于持证残疾人免费乘坐城乡公共交通工具的建议	王培森	142	满意
	市卫生健康局	关于取消食品等行业从业人员健康体检收费的建议	楼凤琴等 2 人	170	满意
	市教育局	关于加快推进和规范建德市中小学生研学旅行的建议	胡晓华	180	满意

说明：栏目中带※者，表示档案资料残缺

第五节　优秀提案选辑

各届政协委员将提案作为参政议政的重要形式，积极开展各类调研和撰写提案工作，特别是第十届委员会以后，提案内容日趋丰富，涉及建德市地方经济和社会各项事业发展的各个方面，且多数提案得到认真办理，在促进建德市物质文明、精神文明和生态文明建设，维护社会安定团结，推动国家统一大业，推动市政府决策的民主化、科学化等方面，发挥了积极作用。本节择取优秀提案17件附后。

关于要求建立“三江口”地区交通联通工程建设筹备小组及设立基金的建议（1998年）

提案人：何新根等4位委员

内容摘要：本市东部地区，不仅是革命老区，而且也是富春江库区和贫困村较多的地区，涉及十多个乡镇村的十多万人口。随着改革开放的不断推进，该地区的交通已严重滞后，其理由：

1. 交通，是解决东部地区民众心理失衡的首要问题。由于国家对新安江库区和富春江库区政策不一，造成富春江库区群众心理失衡。近些年来，虽然库区交通有所改善，但没有从根本上解决问题。纵观全市整个交通网络，东部地区的交通也是比较落后的。随着三都至兰溪、浦江、义乌等地公路全面开通，三都轮渡明显难以适应，主要是“运力严重不足”，受到泄洪、冬雾和候轮渡时间的限制，严重影响本地区经济发展和社会稳定。

2. 交通，是制约东部地区落实“富民工程”的主要瓶颈。东部地区的农业开发一度为本市发展较快的地区之一。许多农特产品像柑橘、青梅、西红花、茶叶、毛竹及渔业生产等农产品都形成了一定规模，产生了较好的经济效益。但由于富春江阻隔，影响了农副产品的生产与销售，经济效益急剧下降。如1997年三都柑橘销售难，尽管有市场因素，但交通不畅仍是最突出的问题。另外，根据市党代会和人代会提出的要尽快启动东部地区旅游开发这一目标的实现，关键也在交通。如果交通问题解决不了，东线各旅游景点都无法开发，即使开发，也不会有良好的经济效益。

3. 交通，是解决东部贫困山区农民脱贫致富的主要障碍。东部地区的前源、凤凰、姚村、洋尾、麻车等乡村，地处偏远山区，人民生活相对贫困，不少村年人均收入在1000元以下。山区农民要脱贫致富奔小康，需各方通力协作，多管齐下，其中“交通扶贫”不失为一条快捷之道。因此，我们要求按照许保水市长在政府工作报告中提出的“依托库区政策，拓宽筹资渠道、建立专项基金和相应组织”，积极筹划、逐步实施“三江口”地区交通连通工程的精神，尽早在富春江上修一座跨江大桥。为此建议：

1. 市政府真正把解决东部地区交通列入议事日程，将建造三都至梅城、乾潭方向的跨江大桥予以立项。

2. 建立“三江口”地区交通联通工程筹备小组，设立专项基金，尽早进行规划选址，组织论证。

承办情况：此提案交市政府承办后，市政府领导很重视，经研究认为加快“三江口”交通联通工程建设是本市东部地区广大人民群众多年的愿望。该工程的建设是完善全市交通大格局、改善“三江口”沿岸地区交通落后状况的需要，也是促进本市东南地区及全市经济、社会发展的需要。当前，实施“三江口”交通联通工程建设的条件已基本具备。设立“三江口”交通联通建设专项基金，以促进“三江口”交通联通工程的启动与实施；同时，也已被市第十二届人大一次会议列为议案。为了加快工程进度，市政府成立了“三江口”交通联通工程筹建领导小组，并积极争取立项和筹资。该工程立项报告上报后，很快就被省政府批准立项，并作为省重点建设工程安排。1999 年年底完成三都、梅城两座大桥的勘测设计，2000 年 1 月破土动工，2002 年 6 月 18 日建成通车。这两座大桥建成通车后，大大缓解了东部地区的交通压力，促进了该地区经济发展和社会稳定。

关于建立市“放心菜”基地的建议

（2001 年 5 月）

提案人：郭昌友等 7 位委员

内容摘要：随着人民生活水平的提高，市民对生活质量的要求也在不断提高。针对当前环境污染带来的蔬菜污染，市民要求吃上“放心菜”的呼声正在不断增强，并日益成为群众关注的热点问题之一。

过去，作为政府为民办实事之一，各级政府都成立了“蔬菜办公室”，建立“蔬菜基地”，对解决群众“菜篮子”问题做出了巨大努力。随着商品经济的发展，农副产品市场的丰富，有的人认为“菜篮子工程”已获得成功，政府没有必要再花钱去干这方面的工作，对“放心菜”问题有所忽视。其实，在当前实施“放心菜工程”，不仅是政府为民办实事的“民心工程”，而且对全市的农业开发也不失为一条重要途径。为此建议：

1. 市政府要把实施“放心菜”工程提上议事日程，专题研究、专题解决。杭州市政府工作报告把建设两万亩“放心菜基地”作为一件实事来抓，建德市也应像杭州一样，切实抓好这一“民心工程”。

2. 建立建德市“放心菜”基地。政府工作报告提到一句“认真实施‘放心菜’‘放心肉’工程”，应具体化。因建德市定点屠宰工作抓得较好，“放心肉”放在流通工作中是可以的；而“放心菜”是要从生产领域抓起。要通过调查论证，建立自己的“放心菜”基地，当然这个基地也可与发展高山蔬菜结合起来。

3. 从政策、资金、组织管理等方面保证“放心菜基地”实施。既然是“民心工程”，市政府应从政策、资金等方面予以倾斜，该花的钱就要花。特别是组织管理等方面有大量工作，不能什么人都可以自称“放心菜”，败坏信誉。应制定标准，明确认定机关，让市民真正吃上“放心菜”。

4. 把“放心菜工程”与农业产业化相结合，走出建德特色的“绿色食品”之路。建德市属山区，总体上环境污染不算严重。特别是高山蔬菜在建德市有发展前途。如果加强科技培训和加工，逐步推开“放心菜”基地建设，不仅可以满足本市市民需要，而且还能销往市外，甚至国外，走出一条开发农业的新路。

承办情况：此提案转交市农业局后，局领导高度重视，及时报告市政府并召开“放心菜工程”领导小组成员会议，传达贯彻省市关于加强“放心菜工程”建设的会议精神，研究采取六条措施：

1. 开展广泛的宣传工作，营造全民共建“放心菜工程”的氛围。由市政府出面召开实施“放心菜工程”会议，下文出台《建德市“放心菜工程”实施意见》；与各有关乡镇和职能部门签订责任书；通过新闻媒体开展各类宣传活动，使这项工程家喻户晓。2. 市蔬菜办在原来蔬菜生产示范的基础上，确立航头镇大店口村叶建青、下包乡和平村刘顺芳、寿昌镇河村郑永泉等农户为共建“放心菜”生产示范园，尔后面上推广。3. 根据杭州市政府要求，从 2001 年 11 月始，在全市范围内全面禁止和使用甲胺磷等高毒农药，推广高效低毒低残留农药。4. 准备在市技术监督局、农业局和工商局等部门配备 6 台上海产 CL-1 型蔬菜残留量检测仪，加强蔬菜检测工作，使其逐步正常化。5. 争取在全市各中心农贸市场设立 10 个以上“放心菜”直销摊位试点，并逐步铺开。6. 由有关职能部门负责，开展放心菜生产技术、标准、政策法规等业务培训。

关于进一步实施好“一号工程”，促进建德经济持续发展的建议

（2003 年 3 月）

提案人：民革建德市委会

内容摘要：近年来，在市委、市政府的高度重视下，通过全市上下的共同努力，建德的招商引资工作初见成效，招商引资项目数和投资额逐年上升。以近三年为例，2000 年，全市完成招商引资项目 17 个，协议总投资额 26384.80 万元，实际到位资金 17854.30 万元；2001 年，完成招商引资项目 85 个，协议总投资额 44315.40 万元，实际到位资金 29766.30 万元；2002 年，完成招商引资项目 127 个，协议总投资额 219701 万元，实际到位资金 51436 万元；一批大项目如海螺水泥、

兽王皮衣等企业落户建德，产生的经济效益将十分显著，仅海螺水泥项目投产后一年的税收，就可达 1 亿元以上。2003 年的招商引资工作更是开局喜人，如三狮水泥项目、六洞山水泥项目等相继开工建设。现在，以工业兴市，把工业经济作为第一经济、龙头经济的意识日趋升温，招商引资作为“一号工程”“生命线工程”得到全市人民的拥护和支持。为了进一步改善本市的招商引资环境，加大招商引资力度，形成全社会关注招商引资、参与招商引资的氛围。为此建议：

1. 要进一步重视招商引资工作。结合“招商引资年”活动，切实把招商引资作为经济发展的第一要务，作为经济工作的“生命线”，作为“一把手”工程来抓。充分发挥政府主导作用，以落实责任制为抓手，强化政府招商；充分发挥园区主战场作用，以开发区为主战场，强化园区招商；充分发挥企业主力军作用，以企业特别是民营企业为主力军，强化企业招商，形成“三位一体”合力招商的良好格局。与此同时，还要进一步营造“亲商、富商、安商”的招商引资环境，为投资者提供一流服务，让投资者有钱可赚，让投资者安居乐业。

2. 要继续加大招商引资服务力度。进一步改善建德的招商引资环境，让来建德投资的项目个个生根、开花、结果，必须建立和完善五项制度：一是建立每季一次各级领导一把手招商引资工作汇报例会制度。督促各级政府、部门把招商引资工作落到实处。二是建立每月一次重大项目（总投资 5000 万元以上）的协调会制度。使各招商项目，在实施中的困难都能及时得到解决。三是建立 2000 万元以上投资项目有市级领导分工联系、督察制度。做到各投资企业有领导关心，有关部门服务质量有人跟踪、监督。四是建立每月一次招商引资任务完成情况通报制度。增强各乡镇、部门完成招商引资任务的紧迫感。五是建立每年两次兑现招商引资奖励制度。鼓励招商者，继续努力为招商引资“牵线搭桥”。

3. 要加大奖励力度，继续激励招商引资工作。近几年来，市财政在十分困难的情况下，对全市招商引资工作，尽最大可能安排招商引资经费，从 2000 年的 50 万元，到 2001 年的 76 万元，再到 2002 年的 114 万元，在经费上确保全市招商引资工作激励机制的实施。目前全市招商引资的考核制度、引荐者奖励及投资项目优惠政策、招商项目库、招商网络等基础工作都已制定和建立。在此基础上，今后还要继续鼓励招商引资，加大招商引资的奖励力度和投资的优惠政策。

4. 推进招商引资的企业化，促进经济可持续发展。在市场经济条件下，企业是真正的最有活力的招商引资主体。因此，必须推进招商引资的企业化，在授权经营企业招商引资、国有控股企业招商引资、“以外引外”、大企业领办工业园区、民营企业招商引资等方面，实现新突破，迈出新步伐。近期，建议成立“建德市投资咨询服务中心”。按市场方式运作，在筹建时政府应给予必要的支持。

承办情况：此提案作为 2003 年度重点提案，交市对外贸易经济合作局承办后，该局领导高度重视，及时组织有关人员认真分析，采取措施，分头办理。具体抓了以下几项工作：

1. 局里组织力量，对市委、市政府提出要把招商引资工作，作为“一把手工程”来抓；主要领导，每年要有三分之一的精力花在招商引资上的决策落实情况，进行调查考察。据对全市 26 个乡镇、街道及省级经济开发区的情况调查，绝大多数的领导班子，都能贯彻落实市委、市政府这一重大决策，主要领导都在招商引资第一线。由于主要领导亲自抓招商引资，亲自与客商洽谈项目，大大提高了招商引资的成功率。

2. 在为招商引资服务上，进一步建立完善了有关制度。从 2003 年开始，市局利用“简报”，每月对全市 26 个乡镇（街道）的招商引资工作情况定期进行通报；同时与市委办、市政府办、建德日报社密切配合，定期公布招商引资最新动态，以增强各乡镇（街道）和机关部门完成招商引资任务的紧迫感。

3. 成立“建德市投资服务咨询中心”，在为企业招商引资服务上起到推动作用。比如组织本市各经济开发区，到上海、广州、昆山等地设立办事处或联络点，真正把开发区的主战场作用发挥出来。

4. 建立外经贸局招商网站。在网上公布一些招商引资项目资料，先后推出本局新包装的 106 个招商引资项目，并与国内外的一些网站实行链接，使有关项目资料得到最大限度的利用；另外，利用网站定期对本局工作人员和各乡镇、街道的招商引资人员进行业务培训，有效提高从业人员的素质。

关于积极营造发展环境，促进民营经济加快发展的建议

（2004 年 2 月）

提案人：市工商业联合会

内容摘要：改革开放以来，民营经济占国民经济的比重不断上升。2003 年本市民营经济 GDP 增加值占全市的 26.28%，对于全市的经济发展具有举足轻重的地位。民营经济具有产权明晰、风险自担、机制灵活、市场适应性和生命力较强的特点，是社会主义经济的重要组成部分。因此，要坚持“顶天立地”和“铺天盖地”一起抓，必须确保民营经济在公平、健康的发展环境中加快量的扩张、质的提高，做大做强。结合本市实际，提出以下建议：

1. 解放思想，积极为民营经济发展创造良好的环境。要充分认识加大发展民营经济的重大意义，把发展民营经济作为全市的工作重点来抓，积极营造发展民营经济的良好氛围和环境。政府各职能部门，应进一步牢固树立服务意识，在民营企业的起步、发展和上档次等各个阶段、积极做好培育引导工作。

2. 求真务实，努力为民营企业排忧解难。市委、市政府要进一步明确民营经济的工作重点，切实帮助民营企业解决人才、技改、融资和参与国企改造等提供支持；对国家法律法规没有明确禁止的行业、领域，都应向民营资本开放，大力减少行政审批项目，降低市场准入门槛。

3. 政策享受，要求与其他所有制企业一视同仁。在扩大再生产时，本地存量企业应同等享受

与引进企业（或项目）所享受的土地、税费、技改等各项政策待遇。

承办情况：市经贸局承接此提案后，局领导十分重视，要求对民营企业享受的相关政策做进一步清理，并做到在政策执行上不分企业所有制。在安排重点技改项目，实施技改资助政策时，严格按建政〔2002〕26号文实施，并与其他所有制企业一视同仁。同时，确定在本市存量企业增加投入、扩大生产、享受政策上，尽早拿出意见提交政府审批下文，鼓励民营经济入区、入园，实施工业集聚，并在用地等方面享受其他企业同等优惠条件。

关于民营企业的培育引导，为进一步加快发展步伐，今年，市委、市政府又出台了多项政策措施，如：《关于加快发展来料加工业的若干意见》《关于鼓励工业企业电源建设的若干意见》《关于加快外向型经济发展的若干政策意见》《关于开展乡镇（街道）和企业工业发展竞赛活动的若干意见》。

关于民营企业市场准入、人才引进及培训、融资、有序用电等问题，都有明确的政策规定。

综上所述，民营经济的发展壮大，与全市国民经济和社会的全面发展休戚相关，今后仍将不遗余力地支持民营经济的发展，更进一步完善政策，加强服务，促进本市民营经济更快、更健康的发展。

关于进一步加强生猪集中屠宰管理，保障老百姓吃上“放心肉”的建议

（2006年2月）

提案人：民革建德市委会

内容摘要：随着人民生活水平的提高，人们对食品安全的要求越来越高。作为主要肉类食品的猪肉，其质量安全越来越受老百姓重视，成为人们生活中关注的热点问题。

生猪集中屠宰，有利于肉品的安全把关和集中检疫检验，有利于市场监督。自国务院、浙江省出台《生猪屠宰管理条例》《浙江省动物防疫条例》后，本市就开始实施生猪定点屠宰，并取得显著成效，曾被当作杭州县、市、区的样板。然而，由于乡镇“撤、扩、并”及放松生猪定点屠宰管理方面的原因，致使定点屠宰监管不力，私屠滥宰行为愈演愈烈。据了解，大同镇私屠滥宰非常严重。起初由上马、李家开始私屠滥宰，而后溪口、劳村也跟样，至2005年5月，大同地区几乎失控。若再不进行整顿，将会蔓延到寿昌、新安江地区，以致全市定点屠宰陷入失控状态。由于私屠滥宰，猪肉得不到应有的检疫检验，就直接上市出售，造成国家屠宰费流失；一些注水、有病害、药物残留的肉类乘虚进入市场销售，对人民群众的身体健康构成严重威胁。为此建议：

1. 要加大打击力度。市政府应组织屠宰办，联合工商、卫生、公安、畜牧兽医等执法部门，对私屠滥宰行为要严厉查处，迅速纠正生猪集中屠宰中的不良做法。

2. 要履行职责，加强管理。各职能部门，特别是市生猪屠宰办公室，要督促各屠宰场完善屠

宰设施，提高服务质量。

3. 要立即采取措施，恢复大同地区定点屠宰工作。大同地区非定点屠宰场一律取缔。如若不行，就在寿昌设点，宰后将猪肉发送到大同地区各猪肉销售点。

承办情况：市旅游商贸局接此提案后，对本市生猪定点集中屠宰工作形势进行分析，尽管有这样那样的困难和问题，但还是坚持面对现实，知难而进，把生猪定点屠宰工作抓起来。具体措施如下：

1. 经与大同镇领导协商，决定在大同地区片内，包括李家、上马、劳村等地设一定点屠宰场点，明确了责任人、资金来源及管理体制。5 月底前，基本完成该区片的定点屠宰场点的设置和恢复正常屠宰工作。

2. 今年 4 月底前，经公开招标评议，明确新安江的定点屠宰场的新建搬迁方案及新建屠宰场的投资人，并将于近期内开工建设，力争在年内完成新建搬迁。与此同时，其他定点屠宰场点的新建搬迁方案也陆续明确。

3. 年底前，向市政府及相关部门，提交“定点屠宰稽查队人员名单”和“经费落实方案”。待市领导及相关部门审议批复后落实，确保定点屠宰的稽查力量。

4. 各乡镇（街道）的定点屠宰管理工作，与各乡镇（街道）的年度考核挂钩。

5. 进一步完善各部门，共同实施生猪定点屠宰检疫管理的职能和制度，加大联合执法过程中的打击力度。

6. 尽快理顺屠工、屠商的管理体制。与乡镇（街道）一起，对各区域内的屠工、屠商进行登记、培训和管理。

关于破解中小企业“贷款难”的几点建议

（2006 年 2 月）

提案人：吴德铮委员

内容摘要：目前，建德成长型中小企业约有 100 家。这些企业因生产发展需要，都存在着企业融资难的问题，要破解这一难题，必须从多方面着手，通过多种途径，整合利用本市的各项金融资源。现在，本市各家银行都已出台中小企业信贷管理办法，并将其作为信贷结构调整的方向，纷纷组织信贷人员抓营销。为此，特向市委、市政府提出如下建议：

一、加快成立专业信用担保投资有限公司

由市政府有关部门牵头，按建德区域经济的特点，可成立 2 到 3 家注册资金 1000 万元以上的担保投资有限公司，市政府在资金、税收及配套政策方面给以优惠，公司的性质可定性为建德市中小企业组成的民间经济担保组织，通过担保公司的运作，密切“银企”信用关系，解决中小企业贷款抵押担保的问题，专业担保投资公司以扶持企业发展为宗旨，接受政府有关部门监督，坚持社会效益和自身效益并重，为建德市中小企业经济的发展提供高效、优质的服务。通过担保投资公司的运作，每年为建德中小企业增加短期融资 1 亿元左右，以加快中小企业的生产发展。

二、启动政府“诚信工程”

“诚信”是政府和企业的行为准则。良好的社会信用，则是现代市场经济的标志之一，也是破解本市中小企业融资难的关键所在。中共十六届三中全会提出，要形成“以道德为支撑、产权为基础、法律为保障”的社会信用制度，这是规范市场秩序的治本之策。要实现这一目标，有赖于建德市政府的努力。政府要在社会信用体系的建设中发挥示范、带头作用。政府职责到位、工作到位；同时，要求本市贷款企业以诚信为本，成为社会信用体系建设的示范者和带头人；同时，还要经常组织工商、财税、文明办、行风办、督察室等行政执法机关，定期督查企业诚信情况，制订严格的奖惩措施，对有严重失信问题的单位实行“一票否决”，对不讲诚信的问题进行曝光，形成全社会对政府、企业的诚信承诺的监督网络，把建德的社会建设成诚信的社会；同时，也提升本市各融资企业的诚信度。从而实现建德经济全面、协调、可持续发展。

三、解决银行无序竞争问题

目前，建德的经济总量不大；真正规模大、经济效益好的企业屈指可数，银行放贷竞争白热化。市政府作为管理机构，必须出台适当的竞争规则，协调各机构的业务健康发展，珍惜金融资源，培育金融市场，力争政府、企业、银行各方利益共赢。对市政府的重点工程，通过市政府的平台，对经济效益深远的项目，可以组织由各家银行都参与的银团贷款，出台相应政策适时规避风险，提高银行参与的积极性，支持建德经济的可持续发展。

承办情况：建德市经济发展局、中国人民银行建德支行接到承办政协财贸组吴德铮委员的《关于破解中小企业“贷款难”的几点建议》的提案后，两个部门领导都很重视，多次开会协商、分析案情，并专门安排得力干部抓此提案的办理。两个部门，特别是中行建德支行，针对中小企业贷款难的问题，在原有措施的基础上，除设立“金融贡献奖”、出台贷款担保鼓励政策、申报中小企业贷款风险补偿试点、成长型小企业的风险补偿等措施外，又打算在以下几方面工作中下功夫，并努力抓好以下措施的落实：

1. 继续开展诚信企业评选工作。根据本市中小企业缺乏诚信、恶意逃避债务的现象还时有发生的实际，必须进一步加强金融生态建设，建立健全的企业信用评价体系，形成企业守信褒扬与失信惩戒机制。

2. 转变观念，积极吸引外来投资，实现自主融资。教育企业转变观念，克服“宁做鸡头不当凤尾”的陈旧套路，要在增强自我发展能力，提升企业综合竞争能力的同时，积极吸引外来投资。把外来投资，当作解决企业做大做强的重要融资方式，更要当作企业加快发展的有效途径。要学习台州德力西等企业的资本动作成功经验，重视境内、境外两个融资市场。

3. 积极推进担保机构建设。2003 年，本市出台支持担保机构发展的若干意见，与其他县市相比，扶持力度还有不小距离。在加强调查研究的前提下，力争出台针对性更强、效果更明显、财政资金作用更显著的促进担保市场发展的政策措施。结合建德块状经济的特点，鼓励企业家数多、企业资金需求量大的乡镇组建互助型、会员制担保机构，如乾潭、梅城、钦堂、寿昌、莲花等乡镇。同时，积极引导民间资金，投资成立商业性担保公司，有效优化本市贷款担保市场环境。

4. 引导企业规范财务制度，提高财务信息可信度。引导企业重视财务管理工作，将财务管理作为企业管理最重要的内容来抓。同时，健全企业管理基础工作，将生产经营情况如实记录，改善内部信息传递环境，确保企业经济信息的完整、准确。加强企业主、财务人员的职业道德、业务技术教育，不做假账，进一步提高财务信息的真实性和可信度。

5. 进一步推动银企协作，切实增加对中小企业的信贷投入。要指导和督促辖区内各商业银行、农村信用社，抓住各界对中小企业发展重视程度不断提高、支持中小企业发展的信贷产品日益丰富、中小企业自身经营管理能力显著改善的有利时机，转变作风，加强服务，增加投入，实现银企“双赢”。为此，采取以下措施：

一是进一步引导和督促各金融机构，强化对中小企业的信贷支持，把服务中小企业发展作为信贷工作的重中之重，落实措施，争取全年对中小企业的信贷投入有明显的增加。二是搭建银企协作平台。市经济发展局、人民银行将联合举办金融产品展示会，组织金融机构到部分乡镇召开银企洽谈会。三是开展“百名信贷员联系百家企业”活动。通过活动，评选出深入企业调研好、创新服务强、增加投入多的10名优秀信贷员给予表彰，每人奖励现金5000元。四是推动金融机构与担保公司的合作。五是推进金融生态环境建设，营造和优化有利一起增加信贷投入的外部环境。

关于加快实施农民饮用水安全工程的建议

（2007年2月）

提案人：蒋建强委员

内容摘要：本市现有行政村（社区）518个，农业人口近40万人。据调查，饮用水安全的有111个行政村，人口8.6万人，占22%；饮用水不安全的有190个行政村，人口15万人，占39%；饮用水质量需要进一步改善的行政村有211个，人口14，8万人，占39%。因此，加快实施农民饮水安全工程，解决农村“饮水难”和提高饮水安全问题已十分紧迫。为此，特提出如下建议：

1. 加强组织领导。实施农民饮水安全工程，涉及农业、卫生、环保、国土、供电等多个部门，必须形成“分工负责、密切配合、合力推进”工作机制。政府要成立专门班子负责实施，相关部门要明确职责，形成合力，共同推进。

2. 认真搞好规划。在调查研究、科学论证的基础上，提出实施农民饮水安全工程的建设目标，分年度实施计划，项目实施计划要逐一排到行政村。

3. 加大投入力度。农民饮水安全工程是农村基础设施，为公益性项目，资金筹措由上级、本市、乡镇、村集体等共同承担。市财政每年要安排专项资金用于补助，并逐年加大投入比例，各专项资金要足额补助到位。

4. 实行规范管理。在实施农民饮水安全工程中，应切实加强项目的建设管理，明确责任人，落实责任制；切实加强财政专项资金的管理，实行“以奖代补”政策，工程验收合格后才予以资金补助；切实加强日常的维护和管理，农民饮水安全工程验收合格后，应及时落实管护主体，确保专人负责管护，制定管理措施，建立健全各项运行管理规章制度，确保工程长期发挥效益，使农民饮水安全工程，真正成为执政为民的一项重要实事工程和民心工程。

承办情况：市水利水电局接此重点提案后，对如何办理好提案，及时进行研究。一致认为：改革开放以来，随着城区工业企业的外迁、各地工业功能区的建设和工业经济的发展，不可避免地带来了农村水污染，再加上近几年持续干旱气候的影响，造成本市广大农村供水水源不足、水质恶化。像航头等地水源，氟、钙、镁等元素超标，供水设施落后，已经严重影响新农村建设，影响构建和谐社会。

对解决农民饮水难和提高农民饮水安全问题，市委、市政府高度重视。决定从 2007 年开始实施农民饮水安全工程，先后制订下发《关于实施建德市农民饮水安全工程的意见》《建德市农民饮水安全工程建设管理办法》等政策文件。为了加强领导，市委、市政府专门成立农民饮水安全工程建设领导小组，由市长任组长；市四套班子相关领导、市农办主任任副组长；市级机关有关单位领导为成员。领导小组下设办公室（设在市水电局），在市农办牵头协调下开展工作，具体负责农民饮水安全工程的立项、建设和管理。

主要目标和完成情况：2007—2011 年，全市计划投资 2. 65 亿元。分别解决农民饮水困难人口 15 万人；改善饮水质量的人口 14. 8 万人，达到中心集镇优质供水、农村安全供水目标。其中，2007 年总投资 4595 万元，市以上财政投入 2947 万元；计划实施农民饮水安全工程项目 71 个，受益人口 6 万人。为加快工程建设步伐，缓解市财政资金困难，市人大专门通过决议，同意市政府向农发行授信融资 2 亿元，以备工程急需。年底，实际到位贷款 6600 万元。

工程进度，多数项目在建设当中，大部分可在 12 月底前完工。具体为一类项目 23 个，进展比较顺利，年内能完成的有大同、李家、新安江、洋溪、杨村桥、乾潭、梅城、大洋、三都等；二类项目 5 个，12 月底前能完工的有更楼街道、梅城镇；三类项目 43 个，已完工的有 12 个，进展顺利的有 23 个，较慢的 7 个，未动工的 1 个。

关于进一步发展乡村旅游业，促进本市经济发展的建议

（2008 年 2 月）

提案人：民建建德市委会

内容摘要：乡村旅游业是指在乡村地域内，利用乡村自然环境、田园风光、农耕文化、民俗文化、农家生活等资源条件，通过科学规划、开发设计，为人们提供观光、休闲、度假、体验的一种旅游经营活动。它是一个农业、农村、农民与旅游相交叉的农村新型产业，是一个农民受益、游客需求、前景广阔、效益明显的旅游新型产品。发展乡村旅游，对带动农业、农村经济发展，促进社会主义新农村建设，推动当地经济社会发展都起到了积极的作用。

目前，本市发展乡村旅游业的优势：市域自然风光秀丽，历史文化悠久、民俗风情浓郁、农产品种类丰富，具有发展乡村旅游业的良好基础。这种特殊的市情给乡村旅游业发展提供了广阔的发展空间。但也存在一些问题，主要是整体发展规划滞后，缺乏优惠政策支持；基础设施落后，资金投入困难；深度开发不够，特色不够鲜明；市场意识不强，宣传促销薄弱；从业人员素质不高，经营管理亟须规范；缺少专业人才队伍，无人管事现象普遍。为此建议：

1. 科学规划，加强引导；2. 成立机构，强化管理；3. 制定政策，加大扶持；4. 改善设施，优化环境；5. 因地制宜，体现特色；6. 统一标准，规范服务；7. 扩大宣传，打响品牌。

承办情况：市旅游商贸局接此提案后，就本市发展乡村旅游业的形势，与有关部门联合召开会议，专题作了分析和研究，一致认为，市委、市政府对发展乡村旅游业是十分重视的。2007 年年初，本市就正式成立乡村旅游发展领导小组，由市委副书记梁建华任组长，市委办、市府办、市农办、市旅商局、市委宣传部、市农业局、市林业局、市工商局、市财政局等部门领导为成员。在市委、市政府的正确领导下，本市已发展“农家乐”休闲旅游村（点）15 个，其中，被建德市认定的农家乐旅游示范点 6 个、杭州市认定的旅游示范点 4 个、浙江省认定的旅游示范点 1 个。当年接待游客近 30 万人次。大家结合目前乡村旅游业存在的问题，提出相应的措施：

1. 抓好规划编制，强化“特色”文章。为更好地推动本市乡村旅游业的发展，市农办、市旅商局将围绕《建德市乡村旅游业发展规划（2006—2010 年）》，开展各项农家乐休闲旅游工作，全力打造休闲度假型、农业观光型、民俗文化型等各类别的乡村休闲旅游区。各区均应突出“特色”建设，如三都的“渔家乐”休闲旅游点，要以挖掘九姓渔民婚礼文化为重点；新叶古村休闲旅游点，要以做好古村落文化保护与旅游基础设施建设相结合为重点；杨村桥草莓采摘旅游点，要以草莓文化的内涵、外延与旅游接待配套建设的提升为重点；大慈岩十里荷花观光旅游点，要以荷花的文化内涵与旅游接待配套建设的提升为重点，做好乡村休闲观光游的文章。

2. 资源共享，加强联合。乡村休闲旅游点的开发，要本着以下原则：一是开发乡村休闲旅游

项目，一定要与各景点沿线的特色农产品相结合，做到资源共享，互为补充。既为休闲旅游点提供了参与性项目，又丰富了各景区游客内涵。二是加强横向联合。通过市旅游协会的协调，使各乡村旅游点之间互利合作，做到资源共享、市场共享、产品共享、环境共享。

3. 借用平台，扩大影响。市旅游商贸局决定借“新安江乡村旅游网”为平台，加大乡村旅游的宣传。从 2007 年 4 月开始，专门组织力量，向各乡镇征集特色村、特色果园、特色农事活动等有关资料，协助各休闲旅游点建好网站，扩大本市乡村休闲旅游的宣传。

4. 抓好培训，提升质量。针对本市观光农业发展情况，从 2008 年开始，市里将陆续推出梅城大坞山生态休闲游、新叶古民居乡村游、乾潭骑龙村生态游、里叶十里荷塘乡村游等观光农业旅游点。为此，市旅游商贸局将举办农家乐经营主体服务技能培训、乡村旅游知识培训、乡村旅游网站管理人员培训和“农家乐”星级户创建工作培训等。同时，举办 1 期“农家乐”的“山村特色菜肴烹饪”大赛，以提高休闲观光旅游点的厨艺水平。

5. 政策扶持，引资发展。根据本市“农家乐”普遍存在资金短缺的实际，本局在规划旅游项目时，参照外地经验，打算包装 10 余个农业休闲观光项目，作为对外招商引资项目，以外来资本为本市农家乐的发展，带来更大的发展空间和后劲。

6. 扩大宣传，拓展市场。从 2007 年开始，本市先后组团参加长三角旅游交易会和多种旅游促销会。会上，重点推介建德作为“山水画廊，休闲天堂”的品牌旅游项目，为旅游市场印发了许多精美的“农家乐”宣传画册和宣传短片。并相继推出本市“三都镇柑橘节”“大慈岩荷花节”“新安江国际龙舟邀请赛”等旅游休闲观光产品。

关于推行垃圾焚烧处理，培育带动新兴产业的建议

（2011 年 2 月）

提案人：徐福君委员

内容摘要：近些年来，本市的生活垃圾数量，呈逐年增长态势，仅从市生活垃圾填埋场 2009—2010 年登记的数量来看，2009 年为 5. 39 万吨，2010 年为 5. 99 万吨，增幅为 11%。据了解，本市的生活垃圾处置方式均采用集中填埋；2008 年，在寿昌新建的市垃圾填埋场，主要处置新安江城区和寿昌镇居民的生活垃圾。本市对生活垃圾的处置，投入相当多的物力和财力；但从生活垃圾处置模式，以及减量化、无害化和资源化的总体要求看，还存在一些不均衡的问题，主要有：

一是处置方式单一。目前，全市生活垃圾基本采用集中填埋方式处置，这种方式占用土地资源较多，对区域环境也会造成长时间的严重污染，仅 2008 年建成的市垃圾填埋场，土地面积就达 260 亩。按照垃圾产生量持续增长、土地资源将逐步减少，今后可供填埋的土地将难以为继。

二是投资渠道单一。本市生活垃圾从收集到处置，从设施建设到垃圾运处均由政府承担，仅市垃圾填埋场建设投资概算就高达5100余万元。根据项目规划，还将在梅城新建垃圾填埋场，整个投资超亿元。作为市政公用行业，本市还未发挥社会资本参与投资建设和运营的潜力和可能。

三是减量化和综合处理程度不高。按照本市生活垃圾集中填埋的处置方式，没有从根本上实现垃圾减量化目标，仅是发生位移。垃圾的综合处置能力，还没有进入突破性阶段。

四是垃圾处理成本较高。仅以本市垃圾填埋场为例，第一期设计垃圾处理总量为25.2万吨，实际投资3800余万元，预计可使用四年。每吨垃圾处理和渗液处理费近60元，处理成本较高。本市虽较早探索垃圾焚烧等无害化处理办法，但至今尚未真正实施。

2004年引进的恒明环保公司，通过多年研试，投资开发垃圾焚烧（热解气化）和废弃物制砖生产工艺，建成了生产处理线。从企业试运行数据反映，气体排放指标远优于国家规定标准，其中关键指标二噁英为国家排放标准的千分之三。目前，该技术成果待国家权威部门认证评估，因未正式验收，无法进入实质性运营。建德海螺水泥有限公司回转窑焚烧固体垃圾处理技术，也正在研试过程中。

根据国家提出的节能减排、环境保护、资源综合利用等一系列可持续发展战略，结合本市实际，对生活垃圾综合处理及推进产业化发展提出以下建议：

1. 要有序推行生活垃圾无害化焚烧处理方式。生活垃圾通过燃烧，体积可缩小80%，利用燃烧产生的热量和灰渣，可以制砖、供热、发电。它与填埋处理相比，节省了大量土地，减少了二次污染；同时，充分利用再生能源，达到对垃圾处理的减量化、无害化、资源化的目的，社会效益显著。杭州市委、市政府2008年提出的“打造国内最清洁城市”规划要求，2011年生活垃圾无害化处理率达100%（其中生活垃圾焚烧处理率为50%以上）。今后发生的生活垃圾处理以焚烧为主，填埋为辅。从本市看，在利用现有符合规范要求的填埋场，进行卫生填埋的同时，逐步推行新产生垃圾和已填埋生活垃圾无害化焚烧处理，引入社会资本参与投资和运营，政府以购买服务的方式给予补贴。在具备焚烧条件的区域，限制或停止新建垃圾填埋场。

2. 要加快建立企业投资运营、政府购买服务的市场模式。政府的有限财力，要从投资垃圾处理设施建设中逐步转移出来，以购买服务的方式给予企业补贴，由企业承担垃圾处理设施的建设和运行。

政府自建填埋场进行垃圾处理，既要承担建设投入和运行费用，还要承担填埋结束后对场地的长期维护和治理费用。如引入社会资本投资建设垃圾焚烧设施，委托企业建设进行垃圾焚烧处理，在不高于政府自建填埋场成本的基础上，采用购买服务的方式给予企业补贴，可以减少土地占用和二次污染。

3. 要立足当前，解决垃圾综合处理企业发展中遇到的困难。对有志参与本市垃圾处理的企业，政府应支持和保护其热情和积极性，鼓励参与本市垃圾综合处理项目的投资建设，主动帮助沟通协调发展中遇到的困难。

4. 要着眼长远，培育和带动垃圾无害化处理设备制造和技术服务产业。政府相关部门，要立足与生态环保、节约用地、经济可持续发展、新兴产业培养的高度，指导企业规范设计、优化工艺、完善装备，加大技术推介力度，并朝着装备制造、技术转让方向发展。

承办情况：市发展和改革局接此提案后，及时进行了研究，由祝昌国局长亲自挂帅，产业科主办，就本市生活垃圾处置问题开展调查。并着力抓好以下几方面工作：

一、今后本市生活垃圾处置，以无害化焚烧处理为主。根据《市垃圾填埋梅城处理中心建设和生活垃圾焚烧处理项目专题论证会会议纪要》（建府纪要〔2011〕16 号），适度超前构建科学合理的垃圾处置体系，已列入市政府议事日程。

二、垃圾设备制造及综合处理产业化，将成为本市“十二五”新兴产业重点培育对象。近期，本局重点关注恒明环保公司垃圾处置技术成果鉴定进展情况，该公司研发的生活垃圾热解气化技术，已通过中华环保联合会组织的专家小组评审，并出具该项技术推荐函。专家组认为该公司垃圾热解气化技术，有效解决了二噁英产生、垃圾渗滤液无害化处理、炉渣防结焦等技术难题，垃圾燃烧产生的热能还可以发电等综合利用，使垃圾处理做到了无害化、资源化、再利用。最近，恒明环保公司《年产 60 台连续式生活垃圾热解气化燃烧系统成套设备建设项目可行性研究报告》也通过了由省发改委组织的专家论证，并向国家发改委申报资源节约和环境保护 2011 年环保重大技术装备和产品产业化中央预算内投资备选项目。一旦恒明环保公司的项目产业化，建德将成为生活垃圾无害化处理及综合利用的示范基地，连续式生活垃圾热解气化燃烧技术，将成为本市生活垃圾处理的主要方式，逐渐取代垃圾填埋场。

政府由投资生活垃圾处理设施建设，向企业购买服务的转变将成为可能。因此，市政府要求本局领导高度重视，要会同有关部门做好协调工作。目前，此项工作正有条不紊地进行之中。

三、要不遗余力地解决垃圾综合处理企业发展中遇到的困难。在建府〔2011〕16 号“纪要”中，市政府明确提出由本局牵头，城管执法局、财政局参与，对城市生活垃圾采用填埋处置、利用新型干法水泥窑焚烧处置和利用连续式热解气化燃烧技术处置等项目的垃圾保障、处置成本、建设时序、投资效率，进行深化调研、对换和测算，提出意见和建议，报市政府专题研究。

本局将根据市政府工作部署和要求，会同相关部门进一步支持和关注恒明环保、海螺水泥这两个企业的垃圾综合处理项目，不遗余力的协助企业解决困难和问题。

加快推进本市服务业发展的建议

（2012 年 2 月）

提案人：民进建德市委会

内容摘要：近些年来，市委、市政府高度重视服务业发展，各级、各部门认真贯彻落实“服务业兴市”发展战略，本市服务业得到了较快发展。2010 年，全市服务业增加值达到 61.5 亿元，占全市 GDP 的 32.6%，服务业从业人员超过 10 万人，占全市从业人员总数的 33%以上，税收达到 5 亿元以上，占同期地方财政收入的比重超过 50%。本市服务业虽有较大发展，但也存在着行业优势不明显、缺乏大企业的带动和知名品牌的打造，因此，存在服务业总量小、发展后劲不足等问题。主要是：组织协调力量较弱，协调机制不尽完善；资金投入相对不足，扶持政策有待整合；服务业面广量大，统计数据不准。

中共建德市第十三次党代会指出：“未来五年，是把握趋势、加快本市服务经济发展的重要机遇期，要确立服务业优先发展理念，深入实施‘服务业兴市’战略，不断提高服务业比重和层次。”为此，特提出如下建议：

一、要加大规划实施力度。根据本市服务业总体发展规划，认真做好主要目标、任务的分解落实工作，并做好与“旅游业总体发展规划”“商贸业、房地产业和物流业发展规划”的衔接等。进一步明确责任主体，制定实施方案，重点加快新安江旅游休闲集聚区、新安江温泉度假中心、杭州子胥生态休闲产业园区等服务业的建设，还有加快梅城—七里泷、新安江、瑞平山、新安江温泉、大慈岩五大旅游综合体、五大魅力乡村及新安江景区国家 AAAAA 级旅游景区、千岛湖源新安江生态经济示范区、斯达高等级宾馆、新安江水上运动休闲体验旅游等重大项目建设，提升服务业发展档次，形成新的经济增长点。

二、要创新管理体系。可借鉴本省其他县市的做法，如平湖市成立“服务业促进局”，作为服务业工作的常设机构，主要负责落实国家、省、杭州市关于发展服务业的重大方针政策，制定相关政策措施，健全协调例会等制度，协调处理发展服务业中的重大问题，推进服务业重大项目建设。

三、要加快推进项目建设。选择 1—2 个杭州市现代服务业重点类或培育类集聚区，作为试点。将重点类、培育类服务业集聚区内的项目，纳入市服务业重大项目计划，并优先推荐申报省、杭州市服务业重大项目。完善服务业项目管理，对省、杭州市、本市服务业重大项目直接进入绿色通道办理相关建设手续，并给予重点扶持。

四、要整合发展引导资金。要对本市现有各类扶持和奖励政策，进行一次调查与摸底，集中有限的政策资源，重点扶持服务业平台、集聚区及重大项目建设，真正发挥财政资金“四两拨千斤”之作用。建议市财政每年安排 2000 万元服务业发展引导资金（杭州地区兄弟县市均已设立），引导资金在服务业税收增量中安排；今后，随地方财力增长和服务业发展情况，逐步扩大服务业发展引导资金规模。

五、要健全统计工作体系。完善服务业统计工作体系，加强对部门服务业统计工作的协调、指导与管理。市各有关部门要设立服务业统计岗位，配备专（兼）职统计人员，增加经费投入。要抓住乡镇（街道）已成立统计科的机遇，落实和充实乡镇（街道）服务业统计力量，强化服务业统计工作。充分发挥部门和行业协会的作用，建立政府综合统计和部门统计互为补充的服务业统计体系，健全服务业调查统计制度，切实做好服务业统计、核算、监测和评价工作。

六、要加强人才培养和引进。加大服务业人才引进力度，加快引进文化创意、现代物流、金融、旅游、商贸、服务外包等方面服务专业人才。加强服务业人才的继续教育，充分利用职业技能教育培训机构，开展服务业人才培训。同时，开展服务业企业10强和现代服务业先进企业评选。

承办情况：市发展和改革局接到市政协十三届一次会议第6号提案后，感到这个问题很重要，局里及时开会进行研究，组织专门办案班子，并与市政府的工作进行了衔接。总之认为，本市近几年在推进服务业工作上，是有成效的。主要表现：

一是编制规划和出台扶持政策。现已编制《全市“十二五”服务业发展规划》《旅游业发展规划》《商贸业发展规划》《物流业发展规划》《养生养老产业发展规划》《房地产业发展规划》等。出台了促进股权投资类企业和物流业发展扶持政策。为加快推进本市服务业发展，2012年3月市政府出台《关于涵养服务业税源的若干意见（试行）》。

二是强化考核力度。在对服务业实行单项考核的同时，将服务业主要指标、主要工作和重点项目纳入乡镇（街道）、部门的综合考核目标范围。

三是及时下达服务业工作计划和有关重大项目计划。2012年服务业工作任务和重大项目计划，都已下达给乡镇（街道）和部门；今年，市政府重大项目计划安排23项，首次明确十大服务业项目，并列入《政府工作报告》任务分解中予以重点推进。5月中旬，本市召开重大服务业项目专题督查会议。会议要求对督查中，项目业主反映的有关问题，原则上三个月内落实到位，三季度再召开督查会，对有关问题做进一步协调督促。对下一步的服务业工作，采取以下举措：

1. 制定并实施服务业三年行动计划。根据《建德市“十二五”服务业发展规划》和其他相关发展规划，如《旅游业发展规划》《商贸业发展规划》《物流业发展规划》《养生养老产业发展规划》《房地产业发展规划》等制订服务业三年行动计划。并明确责任主体，认真组织实施。将规划中的主要目标和任务进行分解、细化、落实到各有关部门和乡镇（街道），并强化考核力度。

2. 健全服务业工作网络。一是加强组织机构建设。在主管部门增设服务业发展科，增加人员编制；服务业各牵头部门也要成立相应工作机构，增加服务业工作力量。建议各街道和4个中心镇，也应成立服务业工作机构或增挂服务业机构牌子，明确分管领导，配备2—3名专职工作人员，其他乡镇也应配备专职服务业工作人员。二是建立和健全服务业协调例会制度。充分发挥服务业协调例会作用，正确处理服务业发展中的重大问题。

3. 加快推进项目建设。一是切实推进服务业重大项目建设。各相关部门、乡镇（街道）要明确分管领导和具体责任人，扎实推进项目建设。二是加大协调力度。将《服务业重大项目计划》中所列项目，特别是十大服务业项目进入绿色通道，给予重点扶持。三是加快推进服务业集聚区建设。位于新安江旅游休闲集聚区的千岛湖新安江生态经济示范区项目、千岛湖皇冠假日酒店建设项目、千岛湖假日酒店二期工程3个项目已列入《服务业重大项目计划》，要认真组织实施并加快推进。千岛湖源新安江生态经济示范区项目、新安江温泉度假区项目、瑞平山旅游综合体项目为市重点项目，本局将会同有关部门加快推进，随着这三个项目的完成，本市服务业无论在总量或质量上都将会有大幅度提升。

4. 完善服务业扶持政策。今年，市政府出台《关于涵养服务业税源的若干意见（试行）》，杭州市政府出台《关于进一步加快发展服务业的实施意见》，进一步加大对服务业的支持力度。本市将根据上级相关文件精神，进一步完善现代服务业各类专项资金的使用办法，加大政策整合力度，优化支出结构，逐步建立服务业引导资金逐渐增长机制，完善并出台加快服务业发展的实施意见。

5. 健全统计工作体系。是各有关部门，要配备专（兼）服务业统计人员；各街道和 4 个中心镇配备专职服务业统计人员，其他乡镇配备兼职服务业统计人员。进一步健全服务业调查统计制度，做好服务业统计、核算、监测、评价。

6. 加大人才引进和培育力度。加强调研，出台扶持政策，加大服务业人才引进力度。同时，通过各类教育培训机构，开展服务业技能型人才再培训、再教育。加快旅游、金融、现代物流等重点行业的人才引进。建立多元化激励机制，为本市服务业发展育好人、用好人、留住人。

关于加快新安江城区沿江休闲旅游业发展的建议

（2013 年 2 月）

提案人：民进建德市委会

内容摘要：如何依托新安江奇特秀丽的山水资源，以“17 度新安江，清凉水世界”为主题，对城区沿江区域的吃、住、行、娱、购、游等相关配套服务设施，加以创意设计、开发建设或优化升级，使其成为特色旅游要素，增强个性与特色，让新安江主城区的沿江山水生态资源优势，转化为发展旅游、发展经济的优势，大力促进城市产业发展，经济转型升级，提升市域综合实力。

一、现状：城区沿江区域，是指新安江大坝底至洋溪大桥段沿江两侧，以公路或山脊线为界。沿途包括紫金滩、朱家埠、庙嘴头、假日酒店至新安江大桥；新安江大桥至白沙大桥两岸、白沙公园东侧一带；白沙大桥至洋安大桥沿江地带；洋安大桥与加油站之间的东入城口地块、洋安大桥南侧外垄地块、洋安和洋溪沿江两岸区域等重要区块，总面积约 35 平方千米，其中水面约 8 平方千米。

近几年来，市委、市政府和相关部门，围绕新安江城区沿江休闲旅游业的发展做了大量工作，特别是城区的第三产业，得到了较快发展。据统计，2011 年，城区三产经营单位超过 15000 家，占全市三产总数的 65%。三产增加值超过 150 亿元，占全市三产增加值的比重超过 75%。

二、问题：

1. 城区沿江区域用地空间相对狭小。从新安江水电站到罗桐埠，两岸多为山林陡坡，森林覆盖率较高，不太适合建设休闲旅游项目，从罗桐埠至建德大桥为城区段，沿江已有不少建筑，拆迁成本大，或者已规划为新区，休闲旅游用地预留较少，从建德大桥至莲花溪口段两岸公路基本与江水平行，且公路与江之间的距离为10—30米，休闲旅游用地受到公路交通的限制。

2. 城区沿江区域许多地段，至今仍为“处女地”，或停留在规划阶段，如：庙嘴头、南山路、白沙公园东侧一带，有的虽有一定基础，但有待改造提升；桥东区块，由于拆迁等因素制约，开发进度缓慢，致使城区沿江生态资源不能很好地转化为旅游、经济优势，城市产业发展步伐不快。

三、建议：

1. 科学编制规划。要抓紧编制城区沿江休闲旅游业发展规划，以分区规划为主。要进一步明确总体思路、发展定位、发展目标、发展重点、功能定位等。同时，要强化规划的科学性和可操作性。

2. 明确重点区域。城区沿江休闲旅游业发展的重点区域分两部分：第一，做好水上发展文章。为了打造新安江水上休闲旅游带，重点发展水上观光游览、水上休闲运动、水岸清凉度假等多元服务，沿途设置水上画舫、亲水平台、游船停靠码头或埠头、临岸生态游步道，使之与沿岸各景点和城区相连，并与水岸和水上游线相通，由此整体形成一条集景观、时尚、休闲、运动于一体的城市滨水休闲娱乐长廊。第二，抓好沿岸部分。重点是北岸。发展重点还有桥东、洋安、庙嘴头、南山路、东入城口、外垄、白沙桥公园等区块。加快桥东城市客厅、洋安旅游集散区和东入城口旅游综合体、庙嘴头会所集聚区、南山路茶室休闲区、白沙桥公园旅游商品区、白沙桥头北侧和江村埠高档会所区、桥东区块文体休闲区、秀水华庭等小区沿江地带休闲区、新安江广场精品购物街、外垄农家乐游乐区、洋溪风情体验板块等。

3. 明确实施主体。城区沿江区域范围广，涉及服务业的具体行业较多，必须明确一个实施主体，建议由国资公司牵头负责对城区沿江区域休闲旅游业的开发和建设，成立工作办公室，具体负责规划编制、项目包装和策划、实施、招商引资等。

4. 抓好项目招商。城区沿江区域休闲旅游业，由许多子项目组成，对各区块的子项目进行包装和策划，在此基础上，加大对外宣传和推荐力度，鼓励社会各界投资和开发城区沿江区域经营项目。实行“项目招商，产权招商”，对景点和项目，政府可以资源估价参股，进行招商引资。对前来投资的企业，除充分做好项目可行性论证等前期工作外，还要创造良好的投资环境，应采取“低门槛”做法，在现行政策允许的前提下，给予旅游投资者一定的优惠倾斜政策，减少投资者对项目投资风险的担心顾虑。

5. 创新投融资体制。可采取政府投入、招商引资、股份制合作等多种融资方式，千方百计尽快将规划区启动起来；盘足用好国资公司现有资产，积极采取银行抵押等形式取得银行贷款；以城乡统筹为契机，积极争取江干、下沙经济开发区参与本市城区沿江区域休闲旅游产业的开发建设。

6. 加快大项目推进。近几年，本市随着三产服务业的发展，引进了一批旅游休闲产业大项目，如：宋都集团瑞坪山旅游综合体项目、中心城区盛德国际广场项目、中房集团新安江生态经济示范区项目、绿城集团桥东区块城市综合体项目，以及打造新安江城区，为国家 AAAAA 级风景区。

这些项目的规划和实施，都将大大推动新安江城区，特别是沿江区域的休闲旅游产业发展，政府要进一步加大招商引资力度，加快推进这些项目的建设。

承办情况：市风景旅游局，接到市政府交办的政协十三届二次会议第 3 号《关于加快新安江城区沿江休闲旅游业发展建议》（以下简称《建议》）的提案后，局班子成员及时开会进行了研究，一致认为“提案人”就《建议》所阐述的问题，之前做了大量的深入细致的调研工作，建议宏观、实在，有一定的高度，是一份值得参考的好建议。

该局规划：在城区沿江区域原有旅游设施的基础上，由国资公司牵头，负责对城区沿江区域休闲旅游业的开发和建设，落实《建德市主城区沿江服务业提升概念性规划大纲》，明确“一带十一大板块”的空间布局，以千岛湖、新安江建德城区段水域及其滨江地块为主要依托，以两岸相关资源为整合对象，以“水清、雾奇、风凉”之新安三绝为特色资源，以江南滨水“清凉世界”为形象号召，以休闲度假为主导方向，融生态旅游、湖泊旅游、避暑旅游、城市休闲、康乐演艺、乡土体验、工业观光、科普教育等多种功能于一体的“长三角”都市圈、卧城休憩带大型综合休闲度假基地。

新安江水上休闲旅游区。从新安江大坝脚始，沿江至洋溪大桥，总长约 20 千米。作为游客的水上观光、水上运动、水上餐饮娱乐等多元服务活动区。目前，沿江已开辟新安江夜游、龙舟漂流、欢乐月亮岛、水上运动基地、虹鳟鱼场体验中心等观光、运动、休闲项目。今后沿途还要设置水上画舫、亲水平台、游船停靠码头或埠头、临岸生态游步道，使之与沿岸各景点和建德市城区相连，并与水上、岸上游线相通，整体形成一条集景观、时尚、休闲、运动于一体的城市滨水休闲娱乐长廊。

庙嘴头会所集聚区。位于寿昌江与新安江交汇处的西岸。对此地要进行整体规划，首先要搬迁原铁路宿舍，在临江地段建类似南昌滕王阁样的“望江阁”（暂名）。在“望江阁”周围建一系列与环境相适应的建筑群。主要出租给相关企业开设高档会所之用。为进出方便，可在新安江适当地段建一简易码头，供龙舟、游船和快艇停靠所用。

百姓艺术表演活动区。沿江罗桐埠至白沙大桥段，多处设为百姓艺术表演场地，可供本地文艺爱好者和广大游客表演。对现有码头进行规范和提升，以满足游客的水上游乐需求等。

南山路茶室休闲区。位于建德市区南岸，新安江大桥至白沙桥一带。根据地理实际，建造与环境相适应的 15—20 组特色建筑，供开设酒吧、咖啡馆、茶吧之用。建筑外观须与山水相协调，所有建筑设计和实施以国资公司为主。然后，以租赁方式供企业或个人经营使用。整体形成建高档休闲区，业态以休闲服务业为主。盈利以租赁建筑物租金为主要收入，营业时间以晚上为主。

整体设计，准备请中国美院进行策划，拿出初稿供审定。

白沙桥公园旅游商品区。位于白沙大桥南端桥头至白沙村综合办公楼之间的沿山地带。充分利用本区域交通地理位置优势，依山就势建设仿古类的建筑群（必须拆除白沙村办公楼），并与迎客亭等成为一个整体休闲区。主要以经营建德本地旅游纪念品、绘画艺术品和旅游土特产为主要业态。

白沙桥头北侧和江村埠高档会所区。位于白沙桥头北侧原儿童公园和原新化对面江村埠区块，规划建设2—3层档次较高的企业会所，为商务人士的商贸洽谈提供平台。

桥东区块文体休闲区。位于江北白沙大桥至建德大桥之间的桥东区块。已有规划建设建德市博物馆、建德市展览馆等，并且有严州府餐饮品牌店。充分利用建德市博物馆、建德市展览馆这两大优势，合理布局以书画展览为主的文体休闲内容；以严州府品牌餐饮为重点，再适当布局高档餐饮酒店，以形成一定的规模；利用企业综合办公楼，合理布局以足浴、咖啡馆等为主的休闲场所。

目前，已成功招商绿城集团桥东城市客厅项目，该项目将在沿江区域，规划打造高档商业街区。

御景园小区沿江地带休闲区。系指御景园小区、拉里维那小区的沿江地带。该区域目前已有铭人汇、澳门豆捞、金枝、盛武肥牛、小伍私房菜、小城故事6家中高档餐馆，有皇家至尊娱乐会所，有“虫二”足浴等旅游休闲设施。下一步只要提升现有的餐饮酒店的档次，适当增加足浴、KTV等休闲娱乐场所即可。

新安江广场精品购物街。位于新安江广场南侧，原国资公司办公楼沿山地带。规划依山就势，沿东西向建一欧洲建筑风格的二层建筑群，业态布局以手表、箱包、服装、工艺品、名烟、酒等奢侈品为主的商业主体。由国资公司统一建设，以租赁方式出租给企业或个人经营，以精品专卖店为主要经营形式。该区域与大润发、衣之家百货等一起，形成建德新兴的商业区。

外垄农家乐游乐区。位于洋安大桥南侧上段外垄区块，规划建设档次较高、设施齐全的游泳馆，对外经营。同时，改造提升现有农房，发展农家乐。

洋溪风情体验区。该区域位于洋溪规划区的东侧，从洋安大桥至莲花溪口之间。主要功能定位为湿地休闲、文化体验、艺术创作、生态人居。区域内大致分为江南、江北两大块，江北为洋溪古镇，本着“修旧如旧，古为今用”的原则，以“貌似古韵，实则时尚”为目标，对古镇进行大规模修复，使之成为建德旅游的次中心。

同时，用全新的眼光审视洋溪古埠、古街、新城，开发新安江沿江特色文化休闲街区（洋溪新天地）和产业园区，并在对岸建设洋安特有的滨水湿地环境，使之成为休闲、商务度假为一体的复合型生态人居新城。

关于建德市“秀美山村”建设的几点建议

（2014 年 4 月）

提案人：民盟建德市委会

内容摘要：从 2011 年始，建德市“秀美山村”建设正式启动。建设紧紧围绕“五美”主题，以市、村两级规划为龙头，以项目建设为载体，扎实推进，使建德市农村环境面貌有了较大改观，农业生产水平有了较大提高，农民的生活水平有了明显改善。但是与先进地区相比，对照上级提出的要求仍还差得很远，还有许多新情况、新问题亟待解决。为此，本委在组织专题调研的基础上，提出如下建议：

一、坚持求实避虚，讲求实效。“秀美山村”建设必须立足于客观实际，要紧紧抓住项目建设这个牛鼻子，把好中心村和精品村等各类建设项目审查、审批关，坚持“务实、惠民”的立项原则，将有限的资金优先用于发展农田水利、农村饮水、乡村道路、污水处理等基础设施，以及产业发展和民生类项目上，增强村级集体经济的造血功能，让老百姓感受到“秀美山村”带来的实实在在的好处。村庄绿化、美化，就地取材，不搞“一刀切”，不宜强求千篇一律，统一种植名贵树种和名贵花卉，从严控制修建牌坊和欧式花园等面子工程。此外，还要大力加强村级生态公墓的规划和建设，并将其纳入整个“秀美山村”规划建设当中，切实转变“重火化、轻葬管”的思想观念，防止青山“白化”现象。

二、坚持因村而宜，突出特色。首先，要突出文化特色。结合建德市“秀美山村”的精品线路和各村实际，注重挖掘传统农耕文化、山水文化、人居文化中丰富的生态理念，精心设计载体，体现创建特色，力避千村一面，逐渐形成“一村一景、一村一业、一村一貌”的总体格局。坚持保护与发展并重的理念，正确处理好环境治理与原生态保护的关系，注重保护古居古迹、古树名木等历史遗迹和文化传承，树立品牌意识，在保护中发展。其次，要突出产业特色。产业是发展的基础，只有产业兴旺，百姓安居乐业才有保障，“秀美山村”建设才不会成为一种摆设。要因村制宜，积极发展适宜本村特色的产业，重点发展生态农业、家庭农场、生态型养老、养生产业及农村休闲旅游产业等，可采取多种经营运作模式，如：入股、租赁或委托经营等，积极发展村级集体经济，包括种养殖业、乡村旅游和休闲农家乐等。

三、坚持量力而行，强化保障。资金和土地问题，是影响建德市“秀美山村”建设中两个最主要的制约因素。

一要看菜吃饭，量力而行。项目建设内容与投资规模，要与本村的实际情况和财力相符合，项目建设要求精不求大，求土不求洋。要充分考虑村级集体经济能力和村民经济状况，积极引导社会力量参与新农村建设。同时，要加强基层民主决策程序，严格执行村级项目“三议两公开一监督”制度，严格项目筛选和工程建设预算控制，加强工程质量监督，防治“假、大、空”项目上马和“豆腐渣”工程的出现。

二要建立项目建设信息公共平台，加强部门之间项目信息交流，强化项目整合，确保财政资金融合到位。另一方面，市级层面要尽力而为，在积极向上争取资金的同时，要千方百计完成地方配套资金到位，不失信于民。

三要加强协调，切实保障“秀美山村”建设用地及时有效供给，确保项目工程如期开工建设和顺利推进。

四、坚持长效惠民，健全机制。首先要进一步强化政府推动。“秀美山村”建设既要注重示范引领带动，集中力量办大事，着力打造精品亮点、精品区块和精品线路；又要立足长远，统筹发展，采取多种方式兼顾各村之间的有效平衡，促进公平，使改革开放成果惠及全市人民。其次，要夯实基础。紧紧围绕建德市第十三次党代会提出的建设“特色经济强市、美丽宜居江城、旅游休闲胜地、幸福和谐家园”的目标要求，以“三改一拆”“五水共治”“四边三化”等行动为抓手，按照城乡统筹发展要求，加强农村卫生和农业生产面源污染治理和基础设施配套建设，维护与管理，确保农村生活垃圾、生活污水和养殖污染物等得到有效处理。第三，建管并重。进一步巩固创国卫成果，创新机制，深化“清洁乡村”长效管理，建立健全考核激励机制，加强农村保洁队伍建设；进一步深化“清洁庭院”活动，改善庭院卫生面貌，大力促进农村居民生活品质的改善和提升。要树立“建管并重”理念，对于已建成的基础设施，要建立日常维护机制，加强管养，防止因失管、漏管造成损坏，导致二次建设。

承办情况：市农办接到市政府交办的市政协十三届三次会议第40号《关于对当前“秀美山村”建设的几点建议》的提案后，及时开会做了研究，就如何推进“秀美山村”建设进行深入分析，认为2011年以来，本市“秀美山村”建设，主要实施了“中心村、精品村、风情小镇、精品线路、精品区块、历史文化村落保护利用、村庄整治”等多项工作，涉及全市232个行政村和8个撤村建居社区，共计已实施环境整治、民生保障、基础设施建设等各类项目1139个，结合各部门项目实施和投入，完成投资5.9亿元，下达各级各类扶持资金共计4.01亿元，为本市新农村建设做出了巨大贡献。下一步，根据本市“秀美山村”建设存在的突出问题，特采取以下措施：

一、科学合理规划，严把立项审批关。一是确定项目实施村时，要牢牢把握择优选用的原则，挑选班子战斗力强、村级建设基础好、区位条件优秀、特色明显，具有创建潜力的村优先进行建设，不搞面上平衡。二是规划先行，结合实际、因地制宜地安排建设计划，提出合理的建设目标，不好高骛远、脱离实际，尤其要优先结合市委、市政府重点工作，安排民生效益明显的建设项目。三是要坚持“民生为重、量力而行、民主公开”的原则，因地制宜、科学合理申报项目，推进建设用材本土化，杜绝面子形象工程，按程序进行招投标，坚持公开透明，并在项目实施过程中严格项目化管理，定人、定时、定责任，加强资金管理一年一审，并及时开展日常项目建设资料的收集整理和积累，做到备案资料完整，台账记录清晰。

二、整合资金重点投入，打造亮点精品。改变原有建设资金平均分配的做法，在保障农村生活污水治理项目实施的前提下整合资金，和“五水共治”示范村建设相结合，明确安仁、春秋、十里埠、龙泉、下梓、幸福6个建设成效明显、特色挖掘有潜力的村，作为下一步秀美山村建设的亮点村，力争通过2年时间的重点投入和建设，使之成为展示建德市秀美山村建设成果的金名片。

三、实施农村污水治理，主推“五水共治”。将精品村建设资金优先用于农村生活污水治理工程，积极配合市“五水共治”办，全力以赴搞好“五水共治”工作。今年，建德市确定的精品村年度建设计划中，每个村除安排100万元一般性建设项目外，其他全部为农村生活污水治理项目，力争通过1—2年时间，实现所有中心村、精品村农村生活污水治理，达到“规划保留自然村覆盖率100%，农户收益率80%以上”的建设目标。并结合“三改一拆、四边三化、三江两岸和精品线路”建设等重点工作，力争在各方面抓出成效，走在全市前列。

四、抓好监管加快发展，实现建、管并重。按照《关于进一步加强村级工程项目监管的意见（试行）》（市委办发〔2013〕25号）文件精神，实行“市级指导监督、乡镇（街道）组织管理、村级协调实施”的管理体制，着重把握“立项、招标、建设、审价、验收、付款、归档”七个环节，并建立直观便捷的管理流程图指导体系，对精品村的项目建设进行全面监管。同时，借助精品村建设契机，在健全完善村级基础建设的同时，积极鼓励各创建村发展以产权物业、经济林、特有产业为主要内容的增收举措，并在立项审批等市级相关政策上给予优先权，进一步推动村集体经济壮大和农民增收，增强其“造血”功能，推动村集体自身解决长效管理资金来源问题。

关于建立“五水共治”长效管理机制的建议

（2015年5月）

提案人：潜建军、吴璀福、更楼街道工委（共3件提案，并案处理）

内容摘要：“五水共治”是本省建设“美丽浙江”的战略重点，对于推进经济建设、政治建设、文化建设、社会建设和生态文明建设都具有重要意义。本市地处钱塘江上游，保护好新安江，就是保护好全省、全杭州的水源。2014年，本市强势推进“五水共治”工作，制订三年行动方案，实施了铁腕治水、全民治水行动。全面完成14条垃圾河、20条黑臭河的治理任务。全市党员干部、工青妇组织以及志愿者6.5万余人次走到“治水”第一线，共组织开展清洁行动2300余次。累计清理垃圾河151.6千米，清理垃圾25.1万吨；整治黑臭河148.6千米，封堵排污口27个，清淤64.7万立方米，拆违18.1万平方米，境内主要河道均达到三类水质。但是要建立“五水共治”长效管理机制，任务依然繁重。为此建议：

一、制度建设有待完善。一是制定综合性地方法规。本市一些流域的治水成效不好，与周边县市治水不力是有直接关系的。因此，迫切需要制定一部综合性的地方法规，就有关“五水共治”的目标任务、实施阶段性管理，要对管理机构、资金和技术保障、跨区域联合治理等宏观问题，作出明确界定，以推动“五水共治”持续有效的开展。二是细化企业责任制度。要本着“谁污染、谁治理”的原则，明确企业责任。规定企业在预防、救援、事后治理三个阶段的责任与义务。企业必须明确自己的责任，不是等到污染事故发生后才启动，或者只承担治理由企业引起的重大污染事故，而是要把治污工作，贯彻落实到日常生产活动的全过程。依靠法律制度督促企业积极参与，把治水工作推进到最后一米。

二、执法监督亟待加强。一是严格企业准入制度。对那些高投入、高能耗、高污染、低效益的不符合水环境功能区的项目，一律不予审批，杜绝引进污染企业，严控新上高能耗项目和新建畜牧养殖场项目，控制现有养殖场的规模。对印染、造纸、制革和化工等行业开展整治提升。对矿山开采量超出年核定量的矿山企业，实行停产休整，凡违法、违规开采的都要严肃查处。二是严格执法力度。对违法行为要严厉打击，公开处理，追究其责任人。对环境造成严重后果的要从重处罚。通过严格执法，来制止破坏污染水环境的行为，将水环境保护的法律制度落到实处。三是强化日常监督。采取日常监督与专项检查、突击检查相结合的方法，强化监督力度，畅通渠道，通过开展公众有奖举报、组织公众参与水环境综合治理现场观摩评议等形式强化舆论监督。

三、法治教育需要提升。1. 开展主题宣传活动。要通过编导、摄制“五水共治”法治公益宣传片，开展系列宣传活动；同时，开展以“五水共治”为主题的学法、用法、守法和护法等环境法治宣传教育活动，形成全民浓厚的法治宣传氛围，使公众通过自身的学习，了解和提高环境保护方面的知识，增强环境法律意识，自觉参与“五水共治”的监督，做保护环境的践行者。2. 鼓励民众参与监督。各级政府要明确民众参与监督“五水共治”的渠道、参与形式和范围；制定适当的奖励措施，提高民众参与的积极性；开辟并制定民众监督投诉举报有奖制度，要在寻找污染源、确定污水治理方案等工作中，充分发挥民众的主体作用。最终实现政府、企业、民众相互监督和相互制衡。

承办情况：市“五水共治”办公室，接到市政府交办的市政协十三届三次会议提出的第63号《关于建立“五水共治”长效管理机制的建议》、第62号《关于加强农村污水管网工程监管的建议》等提案后，办公室领导十分重视，并作专题研究，落实专人负责办理。在研究中，大家一致认为2014年，是本市贯彻落实浙江省“五水共治、治污先行”决策部署的开局之年。通过全市上下共同努力，本市2014年，先后完成144个行政村的农村生活污水治理工作，农村生活污水治理考核排名全省前列。本市被授予全省首批“五水共治”工作先进县（市、区），成功夺得“大禹鼎”，荣获“浙江最具魅力新水乡”称号。与此同时，也分析了存在的突出问题，就下一步的工作，着重就农村污水管网工程监管问题采取以下措施：

一是项目设计精细化。具体要求细化设计标准，摸清基本情况，严审设计成果。二是施工组织严密化。要求严格人员准入，强化过程监管，坚持以制管事，落实监理责任。三是破解难题针对化。为防止农户漏接，明确接户和受益标准与要求，实行“一户一图”制，要求施工单位绘制“三股水”纳管示意图，等等。

关于加快推进“航空小镇”建设的若干建议

（2016 年 6 月）

提案人：寿昌镇工委、民进建德市委会、范锦新等 2 人（共 4 件提案，并案处理）

内容摘要：2014 年年底召开的全国低空空域管理改革工作会议上提出：要以促进通航产业发展和满足社会公众需求为目标，完善法规制度，最大限度盘活低空空域资源，促进通用航空产业快速健康发展。同时，杭州被列入国家 12 个 1000 米以下空域管理改革试点，这就意味着在杭州，私人飞机使用 1000 米以下空域，除了“禁飞区”，不必得到军方的批准。2015 年 10 月 12 日，省发改委和交通厅联合出台《浙江省通用机场发展规划》。根据规划，到 2020 年浙江 11 个市，都将有一个以上运输机场或一类通用机场。到 2030 年，浙江大部分县（市）都将拥有通用机场，并形成“9730”的总体布局。规划还对浙江各地机场的发展方向和功能定位进行了细分，其中建德千岛湖通用机场被确定为以旅游、培训为主的 A 类通用机场。

一、建德航空小镇发展优势分析。(略)

二、当前航空小镇建设的主要问题

一是基础设施不足。建设航空小镇，需要发达的通航产业作为有力支撑，而目前中国通航产业发展较为缓慢，通航机场、FBO 等地面保证设施较少，全国仅 78 个通用机场，网络不完整，无法形成点对点的网络飞行能力。虽然本市政府和开发区两级，都对航空小镇建设非常重视，但是机场扩建以及卜家蓬地块产业园区的基础设施建设进度并不理想，目前，尚未出台通用机场建设、运行补贴政策。

二是专业人才奇缺。由于国内飞行培训机构忙于培训运输航空飞行员，导致通航企业成熟飞行员短缺，民用飞行员的来源仅限于军航退役飞行员和极少数的自费训练飞行员。目前，开发区规划、征迁、招商三个办公室中，具有通航专业的工作人员数量为零。

三是有关航空小镇的宣传远未到位。虽然从 2014 年始，航空小镇的概念，在中国逐步被推广，但是范围依旧有限。目前，在“互联网+”的粉丝经济模式下，没有大众的参与，势必严重阻碍通航产业的发展。据初步统计，寿昌镇境内居民不知道寿昌有机场的在 40%以上，不知道航空小镇规划的达 80%以上。

三、进一步推动航空小镇发展的建议：

1. 加快产业布局，完善基础建设。要突破地域限制，把建德市寿昌航空小镇的概念，上升到杭州市、浙江省乃至全国，合力打造寿昌航空小镇品牌的高度。加快出台“航空产业园规划和横钢风情小镇规划”，进一步明确航空小镇的功能、产业、空间、交通、开发步骤和保障机制等内容，重点围绕基础设施配套建设，结合建德的旅游资源，加快促进空中旅游等项目的落地和发展。

2. 探索通用航空发展的“群众路线”。可以借鉴互联网的思维，

降低消费门槛，将通用航空变成一种大众消费品。开设相关网络飞行培训课程，探索以航空文化普及、航模、大型游戏机、高仿动感模拟机、全自动模拟机、最终到飞行体验、飞行培训、销售托管等通航“群众路线”。同步打造一站式航空运营服务平台，将通用航空和居民生活、医疗保健、高端社交、休闲娱乐紧紧结合起来。在全镇范围增加航空雕塑、航空涂鸦、航空路灯等标志物和艺术品，在小镇中山路等主街道两侧增立广告牌，加大宣传力度。

3. 加强专业团队建设。要突破用人藩篱，大胆引进人才，以多种方式扩充开发区航空人才队伍，提升规划的科学性、招商的精确性和服务的有效性，从而改变项目落地率低和落地缓慢的现状。统一航空小镇的开发模式与运营模式，确保无论是前期的定位、设计及经济指标的制定，还是后期的运营管理，都能得到统筹安排。

承办情况：寿昌镇人民政府，接到市政府交办的市政协十三届五次会议提出的第7—10号《关于加快推进“航空小镇”建设的若干建议》等4件提案后，开发区（寿昌镇）领导高度重视，并做了专题分析和研究。一致认为，“航空小镇”自创建以来，得到了市委、市政府的高度重视，专门成立由市委书记戴建平领衔的“航空小镇”建设领导小组；并组建“航空小镇”建设指挥部，由市委副书记周徐胤任总指挥，下设综合管理组、建设整治组、招商策划组、资产运营组等四个专项组，从市级机关部门抽调精干力量，实行实体化运作，统筹负责航空主题乐园、机场基础设施建设和日常管理工作。

在“航空小镇”建设指挥部的领导下，本着“规划先行、招商并进”的发展理念开展工作。促成建德市人民政府于2016年4月9日，与赛伯乐投资集团正式签订《建德航空小镇合作协议书》。明确以赛伯乐投资集团为主体，负责航空小镇的整体规划、设计、建设和运营，双方合作发展通用航空及旅游产业，着力将建德航空小镇打造成为中国首个通航旅游文化产业示范基地。

目前，航空小镇建设总体进度：一是规划制定。由赛伯乐合作单位中天建筑设计院，对2015年杭州市城市规划设计院制作的航空小镇总体规划和中国美院制作的航空乐园规划进行整合优化。二是招商项目。航空乐园区块，已与赛伯乐投资集团下属各公司展开全面合作，引进了联众度假集团等一批服务项目；航空制造区块，已与百事签订“百事特饮项目协议”，打造航空饮用水生产基地；与飞鹰航空签订无人机制造项目协议；航空服务区块，已与中航油签订航空油料经营合同，打造浙江中西部航空油料配送中心。三是基础设施建设。机场一期800米跑道扩建项目，已基本完工；卜家蓬工业平台二期路网正有序施工；航空乐园临时展厅已基本建成，小镇客厅、众创空间外立面、道路沿线外立面以及周边绿化等各项建设项目，已全面开工。四是根据规划，对原横山铁合金厂旧址，改建“横钢历史博物馆”。目前，已向全社会征集有关横钢历史的藏品。

关于充分发挥高铁效应，做足“顺藤结瓜”文章的建议

（2017 年 6 月）

提案人：民进建德市委会

内容摘要：杭黄、金建、衢建三条高铁都从本市穿境而过，三条高铁，现在已开工建设或即将开工建设。本市将迈入梦寐以求的“高铁时代”。高铁时代，必定要发展高铁经济，这就极大地缩短了本市与上海、杭州等国际大都市的时空距离；与安徽、江西以及本省的金华、丽水、温州、衢州等地经济合作与交流将大为增强，为本市加快开放融入、谋求跨越赶超，实现建德新崛起带来了极大的发展契机，给本市长远发展形成了巨大的推动力。高铁经济的到来，对本市现有区域发展、产业发展及空间布局和城乡一体化发展方向，均带来了新的变化，对相关重大基础设施建设、社会公共设施配套，以及生态环境建设提出了新的要求。

2016 年年底，市第十四次党代会提出了“积极拥抱高铁时代，牢固确立产城融合的田园城市理念，高起点推进高铁新区建设，更楼、洋溪、杨村桥、下涯等部分区域，积极打造功能互补、相辅相成的高铁沿线经济带”，为下一步推进高铁新区建设指明了发展方向。围绕高铁新区的发展，切实抓住高铁这条“长藤”，通过精心浇灌和培育，力争在本市这块土地上，特别是高铁站及附近区域，能结出更多、更大、更甜的“瓜”，为本市加快建设杭州西部门户城市、浙西综合交通枢纽、省级现代特色产业集聚区、长三角生态旅游目的地、国内一流宜居、宜业幸福城，实现建德新崛起，开辟一条行之有效的发展路径。为此，本委员会建议：

一、抓住高铁这条“长藤”，化空间布局，为“结瓜”找准空间方位。随着高铁建成通车，必将带来大量的人流、物流、资金流，以及由此带来的信息流。将对本市现有产业空间布局和功能定位，带来极大冲击，特别是对高铁站及附近周边区域，诸如：杨村桥、大洋、更楼，还有乌龙山抽水蓄能电站、十里埠码头综合作业区，以及沿新安江—富春江旅游黄金发展轴、浙西国际心脏中心等所在区域。还有 320 国道杨村桥至洋溪段两侧区域。

要坚持高起点，超前谋划，明确产业发展方向和发展功能，加强现有空间管制。对这些重要区域的规划要推行国际招标，景观立面规划设计方案，要请“高手”把关。

这些区域，重点发展休闲养生、健康医养、文化创意、体育产业、商贸物流等，强化产业融合、产城融合，通过规划、培育发展，这些区域将成为本市经济社会发展的重要区域，跃为未来建德经济发展的新引擎、新动力，为跨越赶超提供坚强支撑。

二、抓住高铁这条“长藤”，顺应居民向往，打响“在城市工作，在乡村居住”品牌。建德山清水秀、风光旖旎、空气清新，是大都市居民十分向往的好去处，随着高铁先后建成通车，从杭州到建德的路程大大缩短，只要半小时左右。建德，将由原来的杭州边远山区，转变为杭州郊

区。为此，要利用高铁开通带来的同城效应，利用本市房价远低于杭城的优势，把发展生态房产业，摆到十分重要的位置，结合“坡地村镇”建设用地试点工作，在高铁站附近、沿江小山湾、山塘水库附近，规划建设一批中高档的生态居住花园式别墅群，以吸引上海、杭州等地区中高端人士的居住需求，打响“在城市工作，在乡村居住”的建德品牌。由此吸引或带动一批高层创业型和紧缺型人才来本市创业发展。同时，还要加快高等级宾馆、精品酒店以及民宿旅游设施建设，对现有酒店、旅馆和宾馆进行改造提升，以满足广大游客的服务需求，提升本市旅游设施服务接待能力。

三、抓住高铁这条“长藤”，满足旅游需求，打造旅游精品。随着三条高铁先后建成通车，来本市旅游的游客有望迅猛增加，但这种跨域式的增加，必须以本市能向广大游客提供一批旅游精品、旅游吸引物，以及完善的旅游基础设施和配套设施为前提。因此，从现在起要把江南秘境、乌龙山休闲旅游综合体、大新安江AAAAA级景区、大新叶旅游区、通航温泉度假区等一批旅游项目，培育成深受广大游客喜爱的旅游精品。同时，还要大力发展运动休闲、养生养老、文化休闲、乡村体验等特色产品，以这些旅游精品招徕四方游客，特别是能成为游玩千岛湖游客的旅游目的地。要尽快启动在杨村桥高铁站附近的320国道南侧建设新安江旅游集散中心，成为域外游客来本市游玩的门户与转乘站。

四、抓住高铁这条“长藤”，强化生态建设，展示建德新形象。习近平总书记曾指出：“绿水青山就是金山银山”。发展高铁经济的基础，就是要强化生态建设，要把生态建设放到首位，加快实施新安江保护综合工程，加大“新安江母亲河”的保护力度，把新安江—富春江旅游黄金发展轴，打造成“中国最美绿道”、国家级湿地公园，把新安江这条母亲河的“水清、风凉、雾奇”的特色，与四方来客分享，让各地游客一下高铁，就能体验到建德的山水景观。

五、抓住高铁这条“长藤”，加快城市化进程，打造杭州西部门户城市。随着三条高铁先后建成通车，不仅极大地改善本市交通条件，还给杨村桥、下涯等重点区域带来新的发展机遇。高铁带来巨大的人流、物流和信息流，会加快提高城镇对外联系度，发展活力和发展潜力都将增强，开发价值随之提高，以适应本市加快实施“东扩、南拓、西进、中优”战略，把杨村桥、下涯、更楼等重要区域，作为今后城市发展的主攻方向，通过规划引领、项目带动、多点开发，以点带面，最终融入主城区，着力形成全省一流的宜居、宜业、宜游、宜行的新城区，成为建德融于杭州市都市区的大门户、“美丽江城”的新地标、创新创业的主平台。

承办情况：建德市发展和改革局，接到市政府交办的市政协十四届一次会议提出的第21号《关于充分发挥高铁效应，做足顺藤“结瓜”文章的建议》的提案后，局领导高度重视，作了专题分析和研究，并与提案领衔人徐月芳委员，就提案的有关问题进行沟通。现就下一步要采取的措施和要抓好的几件事，逐条答复如下：

1. 关于提案的第一条建议。围绕高铁新区建设，本局认为在原有工作的基础上，将重点做好高铁新区相关规划的优化与完善工作，启动高铁新区重要区块建设，重点发展休闲养身、健康医养、文化创意、体育产业、商贸物流等产业，强化产业融合、产城融合，着力推进规划的实施与落地，使高铁新区在不久的将来，就能结出更多的“好瓜”“大瓜”。

2. 关于提案的第二条建议。就发展生态房产业，着力打造国内一流的宜居、宜业幸福城工作：一是提前谋划布局。在高铁站等周边区域，选择一批适宜发展生态房产业的区域，并马上着手前期谋划布局，搞好基础设施和配套设施建设。二是加大招商引资力度。吸引上海、杭州等地区的中高端收入人群、专家教授等到新区居住。三是发展健康产业，积极吸引外地老人到本市颐养天年。

3. 关于提案的第三条建议。为了适应高铁时代的旅游新形势，本市将实施“融杭、联黄、接千”发展战略，全力打造长三角生态旅游目的地。重点实施：一是“造月亮星工程”；二是全域景区工程；三是快旅漫游工程；四是智慧旅游工程。

4. 关于提案的第四条建议。根据生态建设的实际，多年来，本市坚持生态绿色，重拳治疴，长效保护等治理措施，使本市生态环境出现了新面貌。下一步，还要继续坚持强化生态建设，并着力抓好美丽道路、美丽江道、美丽站点、精品村等建设。

5. 关于提案的第五条建议。随着高铁时代的到来，城市东扩南拓步伐会明显加快，本市的中心城区将由原新安江、更楼、洋溪三个街道办，扩展到下涯、杨村桥镇管区。按照《建德市高铁新区总体规划》要求，2016 年，高铁新区常住人口为 5 万人，预计 2020 年，将达到 10 万人，城市集聚能力得到较大程度的提高。

下一步，要以高铁建成通车和浙西心脏中心建设为契机，加快推进高铁新区建设，统筹布局一批金融服务、总部经济、研发创新、跨境电商、商贸旅游等城市综合体、“高大上”项目，加快完善高铁新区市政基础设施和公共服务设施的配套，提升城市功能，形成全省一流的宜居、宜业、宜游、宜行的新城区，成为建德融于杭州都市区的大门户、“美丽江城”的新地标、创新创业的主平台。

关于加快建德市非公有制经济转型升级的建议

（2018 年 4 月）

提案人：市工商联

内容摘要：目前，全市非公有制经济运行总体平稳，保持稳中有进势头。2017 年实现工业总产值 642 亿元，较上年增长 3.5%，其中规上工业总产值 444 亿元，较上年增长 10.8%；工业增加值 169 亿元，较上年增长 6.4%。产业投资增长迈出了新步子。2017 年全年完成工业投资 92 亿元，较上年增长 21.3%，其中现代化技改投入 66 亿元，较上年增长 13.3%；第三产业完成投资 132 亿元，同比增长 13.2%。

一、当前非公有制经济存在的主要问题：

1. 管理模式有待改善。现在非公有制企业，大部分是家族企业。随着企业发展不断壮大，企业经营管理与组织结构越来越复杂，这种以亲情为纽带的家族经营管理体制，越来越暴露出它的局限性和不足，已成为非公有制企业发展的瓶颈。非公有制家族管理与粗放经营模式不适应现代市场经济竞争规则，进一步发展则会遇到产权封闭、管理落后、责任缺失三大瓶颈制约。

2. 创新能力有待提升。部分非公有制企业，多年来满足于原有的成绩，缺乏创新需求和创新勇气、创新人才和创新能力。企业发展没有内生动力，更没有核心竞争力，大多数非公有制企业仍处于产业链低端、缺乏关键核心技术和自主品牌。当然，也缺乏有效地引导和激励。

3. 发展环境有待优化。多年来，在市委、市政府的关心下，非公有制经济发展环境虽然得到改善，但还需进一步优化。比如：垄断行业的市场准入问题；融资难、融资贵的问题；非公有制企业发展的社会人文环境问题。所有这些，都影响着非公有制经济的发展。

二、对继续发展非公有制经济的建议：

当前，我国经济增长速度逐步进入换挡期、结构调整面临阵痛期、前期刺激政策消化期，形成“三期叠加”的新常态。为此，建议：

1. 加快管理转型。要鼓励和引导非公有制企业超越家族企业经营、管理的局限性，加快建立现代企业制度，逐步建立公司法人治理结构，实现家族企业的财产与企业资本分离，由家族式、经验式管理，向精细化管理转型。在所有者、经营者、管理者之间建立回访透明的激励约束机制，使各方利益得到保护。要把现代信息技术全面应用到企业管理之中，优化业务流程、实施精细化管理、提高经营绩效。

2. 加快创新转型。要鼓励以技术（包括知识产权）为纽带的科技创新投资，逐步建立起以非公有制企业为主体、市场为导向、产学研结合的、高效协同的自主创新体系。政府采取相应政策支持和鼓励非公有制企业加大科技投入，在原始创新、集成创新和引进消化吸收再创新方面实现突破。要以自主创新重大项目为纽带，加强与科研院所、高等院校、大型国有企业开展产学研合作，推进自主知识产权的创造、运用、保护和产业化，从而提高企业核心竞争力。

3. 加快服务转型。市政府要继续大力简政放权，进一步深化“最多跑一次”审批制度改革，释放市场活力。要建立健全非公有制经济服务体系，搭建人才、信息、科技合作、金融等服务平台，为非公有制经济结构优化与转型升级提供重要制度性保障。要推动民间资本，向战略型新兴产业资本转化，适应产业结构优化与升级的要求。要进一步支持符合条件的非公有制企业，通过上市、引进战略投资者等方式，从资本市场融资。

承办情况：建德市经济和信息化局，接到市政府交办的市政协十四届二次会议提出的第56号《关于加快建德市非公有制经济转型升级的建议》的提案后，局领导会同科技等协办部门，进行了专题分析和研究，一致认为，非公有制经济是我国经济社会，健康发展的重要力量，在解放和发展社会生产力过程中，扮演了不可或缺的角色。近几年来，非公有制经济每年创造60%左右的国内生产总值、80%左右的社会就业和超过50%的财政税收，已成为经济社会发展的重要基础。为此，大家一致意见，本市非公有制经济发展，要在原有的基础上，努力克服目前所面临的困难和问题。着重采取以下四条措施：

1. 加大企业家队伍培育力度，提高企业经营管理水平。进一步加强对企业主要负责人、新生代企业家、高级管理人员的培训力度。每年组织重点企业、成长型企业主要负责人集中培训2次以上。通过业务培训、外出考察等形式，帮助企业开阔视野、厘清思路，明确发展方向，激发创业干事的热情。打算在4月下旬，与上海产业研究院联合组织对建德市企业家，进行1次学习培训。内容包括智能制造、信息经济等方面。另外，全年还将安排几次学习交流活动。

2. 狠抓传统制造业改造提升，推进非公有制经济转型升级。根据《建德市全面改造提升传统制造业行动计划（2017—2020）》（建政函〔2018〕36号）要求，全面推进化工、水泥、碳酸钙、家纺、五金工具、低压电器、竹木制品等7个重点行业的改造提升。按照计划，今年重点推进水泥、竹木制品两大行业的改造提升。水泥行业：要制定出台改造提升实施方案，启动三大产业园建设，年底前关停一批低小散粉磨企业，走集团化、集聚化发展之路。竹木制品行业：要以整治为主，在已关停取缔188家低、小、散企业的基础上，继续推进30家保留企业的改造提升。结合行业整治，加快启动小微企业园建设。今年计划引入社会资本，建设2个以上小微企业园，新建标准厂房10万平方米以上，通过“关停淘汰一批、整治提升一批、搬迁入园一批”的方式，逐步实现五金工具、低压电器、家纺等块状行业的小微企业入园改造提升、做大做强。进一步深化“亩均论英雄”改革，深入推进工业企业发展绩效评价工作，加强资源要素的市场化配置和差别化运用，加大D类企业、亩均税收贡献1万元以下企业的倒逼淘汰力度。同时，进一步加大低、小、散企业整治的正面舆论宣传力度，让社会充分认识，开展低、小、散行业整治的迫切性和必要性，为整治工作创造良好氛围。

3. 持续加大创新扶持力度，提升非公有制经济市场竞争力。一是加大政策引导力度。用活用好（1亿元）创新发展专项基金，加大对企业技术改造、研发投入、信息经济等领域的支持力度；支持一批成长性好、发展空间大、创新研发能力强的优质企业。二是引导企业开展产、学、研合作。进一步做好国家超细粉末工程研究中心浙江分中心、杭师大有机硅重点实验室等科研院所、平台与本市企业的产业化合作。对接上海产业研究院，在创新平台建设、人才培育等方面深入合作精准对接，与本市企业开发、应用相关技术，解决产业共性技术难题，促进成果转化。三是加强人才队伍建设。进一步做好人才新政相关配套政策的制定和落实，切实发挥人才黄金政策的黄金效益。培育引进国家、省级、杭州市级等人才及团队，努力打造一支具有强烈创新意识的新型企业家队伍，培养一批具有“工匠精神”的高技能人才。同时，引导企业充分发挥股权激励对人才的吸引力，加大人才引进力度，促进企业健康快速发展。四是鼓励企业上市融资。深入落实《建德市推进企业挂牌上市和并购重组五年行动计划（2017—2021）》《关于进一步推进企业利用资本市场加快发展的若干意见》等相关政策文件，全力推动企业股改、上市和并购重组，利用资本市场实现更好更快发展。

4. 进一步优化服务举措，营造非公有制经济良好的发展环境。一是深入开展“主动进企业帮助”活动。进一步深化完善市领导联系重点企业制度，由市领导定期走访企业，帮助企业解决生产经营中遇到的困难和问题，营造全市重视非公有制经济发展的良好氛围。实施“1050”工程，重点服务100家企业（重点企业50家、培育企业50家）、50个重大项目，当好“店小二”，第一时间协调解决企业难题。二是进一步完善招商引资、项目推进、服务企业“三大竞赛”活动机制，在充分发挥牵头抓总作用的基础上，强化“交办单”“督办单”的使用，激发乡镇（街道）、部门服务企业的积极性和主动性。三是加快推进审批制度改革。深化完善“最多跑一次”改革，启动投资项目一站式审批服务。建立健全重点重大项目代办机制。四是加快工业企业信息综合管理平台建设，争取在2018年上半年投入使用，当好“大数据”应用排头兵，以信息化手段提升企业管理服务的有效性和针对性。

关于杭州城市国际化背景下加强建德国际化建设的建议

（2019年2月）

提案人：市政协无党派组

内容摘要：城市国际化，是指城市在人、财、物、信息及整体文化等方面，进行跨国界的相互贸易往来与交流活动，城市的辐射力、吸引力已极大地影响到国外，逐步形成国际性城市的过程。随着经济全球化和信息技术的发展，几乎所有的城市都在主动或者被动地经历着国际化的过程。进入新世纪以来，杭州市委、市政府提出杭州城市国际化发展战略，并开全国先河，以地方立法促进城市国际化，将每年9月5日，设定为“杭州国际日”。

为配合推进区域协同发展，加快提升杭州国际化水平，2018年，杭州市委、市政府开始对各区县（市）分层级，实行国际化重点专项任务考核，建德、桐庐与淳安一并归入D级考核类别。显而易见，这三个县（市）的总体经济实力、产业质效、基础设施、人文环境、对外开放程度、社会治理能力、公共服务质量、市民素质和社会文明程度等国际化基础条件还很薄弱，在推进国际化建设底气不足又势在必行的情况下，建德迫切需要思考和解决“谁来建、建什么、能否建、怎么建”等问题，以期科学、合理地做出顶层设计与决策，既赋能杭州城市国际化，又闯出一条符合建德实际的国际化发展道路。

（一）现阶段生态宜居环境建设面临的问题与挑战

1. 城市建设者的认知水平和能力素养问题。面对发展新要求新任务，推进国际化遇到的最大挑战是我们建设者的理念、素质和能力问题。从我们制订的城市规划、实施的基础硬件设施、招商引资产业项目和开展的“五水共治”“美丽乡村”等生态文明建设工作来看，现在很大一部分政府机关工作人员都未意识到“国际化”的必要性和紧迫性，缺乏具有国际视野和国际化理念的工作决策，缺乏务实高效的工作方法；不熟悉国际规则，不了解国外文化，不关注国际城市的发展趋势。

2. 调整产业结构促进经济转型发展的问题。建德传统污染行业比重仍然较大，第三产业增加值不高，缺乏多样性和高端化的三产服务业，国际化旅游休闲、大健康产业（产品）和在建品牌项目少，大量的房地产建筑美学与宜居环境的匹配度不高。生态农业技术在种植养殖行业未得到实质性的大面积大领域推广，农村面源污染的可持续治理形势仍然严峻。

3. 形成独具地方特色的文化魅力的问题。地方文化魅力是环境宜居宜游宜业的灵魂，也是核心竞争力。建德市虽已完成“宜居建德”的城市视觉标识系统的设计与使用推广，并深挖“建德人”“严州文化”“17℃新安江水”等地方人文资源，打造自己的节庆赛事活动，但要形成区别于其他地域的差异性、独特性甚至唯一性的文化魅力还有一个长期的过程。特别遗憾的是，在自然生态环境越来越成为城市参与国际竞争的决定性因素的今天，我们对生态文化的弘扬和培育还很不够，由于生态文化意识的普遍缺失，导致“美丽乡村”建设成为破坏原生态的切入口。

4. 优化基础硬件设施和提升硬件服务水平的问题。建德市已迎来 38 分钟到杭州、60 分钟到黄山、68 分钟到上海的黄金发展期，对外开放程度大大提高，但是城乡公交一体化、汽车租赁点和充电桩配置、公共空间的景观建设、城镇垃圾分类处理设施以及多语种的公共资讯系统、旅游景区标识、政府门户网站界面、本地文化介绍资料都很不完善，已建成的绿道慢行系统和乡村旅游公路未能完全体现生态、文化、休闲、景观和交通等具有国际水准的综合功能，对外开放层次与品质不高，很难让“外来者”一踏上建德土地的瞬间就感受到扑面而来的国际范。

（二）推进国际化水准生态环境建设的几点建议

1. 健全协调工作机制，完善综合决策管理。以现有自然生态和资源环境为基础，以生态宜居生活为导向，以提升生态系统服务功能为目标，加快建设具有国际水准的生态环境是一项庞大的系统工程，必须构建形成市委、市政府自觉推动、各部门良好分工、各乡镇大力发展的体制机制。市美丽办应发挥其在美丽环境、美丽人文、美丽经济建设即生态文明建设重大事宜上的协调作用，负责好顶层设计、整合力量、组织实施等，实现目标协同、工程联动、合力推进，确保生态文明建设要求全面贯彻和深刻融入经济建设、政治建设、文化建设、社会建设的各方面和全过程。

2. 抓好先行试点建设，快速形成地域标杆。基于生态文明建设成果显现的滞后性与建德当前建设资金、人才等要素支撑的不足等现状，我们应以现有的特色小镇、省小城市、高铁新区、省级经济开发区、省高新技术产业园、省现代农业综合园区等区域为重点，集聚财力、物力和人力打造生态文明建设先行区，抓重大工程项目推进，在短期内展示生态文明建设的高度。建德东北门户重镇——乾潭镇，自 2014 年启动“杭州都市圈生态健康城”建设，目前已在胥岭村落地建设中国首个“国际生态村”，两年来开展一系列国际交流与培训活动，受到联合国教科文组织和国家行政学院的关注，今年生态村负责人入选国际生态村联盟亚澳片区战略愿景组委会五大成员之一，我们应利用好这个机会，尽快争取全球生态村联盟中国总部、国际生态村大会中国永久性会址落实建德，这将形成重大的国际影响力。

3. 大力培育生态文化，推广绿色生活方式。建议以“三江两岸”自然生态资源为基础，以“严州文化”为主线，建设新安文化国际研究中心和生态博物馆，培育新的生态文化载体，开展生态旅游，开发生态文化体验活动；并上接国家文化战略、大运河文化带战略天线，呼应省山海协作战略（金衢安徽方向），链接大湾区与大花园两大区域，以新的文化高地建设为目标，团结南孔文化、绍甬阳明学、安徽徽学研究等区域各路力量，形成儒释道研究的堡垒，辐射日韩东南亚中华文化圈，影响全球儒释道研究领域。结合全国文明城市创建、“美丽乡村”的全面建设，大力开展生态文明建设宣传，强势推进生态文化教育，营造深厚的生态文化氛围，引导市民提高低碳生活和绿色消费意识，使低碳节约成为建德市的一种生活态度和时尚潮流。

4. 加强政产学研合作，发展绿色高效经济。借助长三角一体化协同发展机遇，继续深化上海产业技术研究院浙江创新院服务地方经济的作用，聚焦建德市工业、农业和服务业领域的重点产业项目，构建产业创新链，加快推进建德科技成果转化及产业化协同发展，推动长三角区域科技成果转化及产业化协同发展。以创新院架设在上海与建德之间的纽带关系，搭建两地间合作桥梁，实现信息、项目、人才等资源的互联互通，继续开办高质量、高水平的论坛和展会。

承办情况：2019 年市两会后，市政府将政协无党派组提出的“关于杭州城市国际化背景下，加强建德国际化建设的建议”的提案，交给市发改局承办后，局领导很重视，专门召开了联办部门负责人会议，就有关问题进行了协商研究，统一思想认识，并组成了联合办案小组（领办领导与经办人参加），主要负责调研、收集资料、征求提案人意见、起草答复件等工作，并决定在原有的基础上，加强建德国际化建设，着重采取以下措施：

一、强化顶层设计，提升国际化推进能力

2018 年，杭州市城市国际化首次列入各区、县（市）综合考评工作任务，本市的考核名次位列 13 个区、县（市）第 7 位，体现了在建德市委、市政府的领导下，以及在各有关部门的努力下，建德城市国际化建设已取得一定成效。

1. 健全协调工作机制。为加快推进建德城市国际化水平，2018 年 11 月，市政府专门成立“建德市城市国际化推进工作领导小组”，由市政府主要领导任组长，常务副市长任副组长，市政府办公室、市委组织部、市发改局、市经信局等 16 个部门单位为成员单位，领导小组办公室设在市发改局。建立健全工作协调机制，不定期研究城市国际化推进重大事项，着力解决城市国际化推进中的突出问题。

2. 科学谋划发展思路。2018 年 12 月底，建德市出台了《关于全面提升建德城市国际化水平的实施意见》（建政办函〔2018〕169 号），城市国际化作为引领建德高质量发展的重要抓手，主动对标杭州城市国际化战略，明确着力推进产业发展国际化、城市环境国际化、公共服务国际化、文化国际交流融合四大主要任务，全面提升建德城市国际化水平。根据《建德市“十四五”规划编制工作方案》（建发改〔2019〕220 号），建德市的发展目标是全面融入全省“两个高水平”和杭州加快独特韵味，别样精彩世界名城建设，全面打造浙江大花园建设重要展示窗口、全省美丽城镇建设示范区、杭州拥江发展先行区和杭州西部门户城市。

3. 加强干部能力建设。今年以来，建德市积极举办领导干部及工作人员城市国际化推进能力等方面的学习、培训，拓展干部的国际视野，提升国际意识，增强同国际社会交往的能力。邀请杭州市委党校柯红波教授给中青班作题为《习近平外交思想》的授课，邀请杭州市台办巡视员梁建华给离退休党支部书记作题为《台海形势分析》的授课，近期将组织市管领导干部学习中美贸易战等相关课程。

二、调整产业结构，拓展产业化国际空间

1. 改造提升传统产业。近年来，建德市积极推进传统产业改造提升。按照化工产业试点方案要求，加快白沙化工、顺发助剂等搬迁项目实施，力争 2019 年年底前实现化工企业全部入园。全面推进水泥产业改造提升，关停南方水泥三狮松涛、杉翔建材粉磨生产线，启动建设海螺、红狮、南方三大绿色建材产业园，全市水泥粉磨企业将从 8 家减少至 3 家。目前海螺水泥粉磨站搬迁项目竣工投产，红狮水泥绿色产业园开工建设，南方水泥产业园项目列入“152”项目并已开工建设。加强“低散乱”企业和落后产能淘汰，开展碳酸钙、竹木制品产业整治提升工作，全市碳酸钙企业从 196 家整合为 33 家，实现全行业上规；224 家竹木制品企业整治提升至 27 家。

2. 做强两大工业平台。开发区（航空小镇）依托横山铁合金厂旧址上建设航空小镇，在通航旅游、通航服务、通航制造等领域全方位拓展，着力打造通航产业链，构筑起全省最完备的通航服务体系，逐步成为全省通航产业的发展高地，获评省级优秀特色小镇。高铁新区（高新园）智慧园区管理平台投入使用，被杭州市确认为“医药港”战略重要产业基地，成功创建省级功能性新材料高新技术产业园区。

3. 实施创新驱动发展。近年来，为进一步加快融入长三角区域一体化，建德市通过制定高标准引导政策，如对产学研合作项目给予合作金额的 30% 补助，加强与上海大专院校、科研院所的产学研合作与交流。目前全市企业与复旦大学、上海第二工业大学、江南大学、浙江大学、浙江工业大学等 20 余所院校开展各种形式的产学研合作，进一步推进建德市企业转型升级和产品换代。同时，加快创新平台建设，先后引进上海华明超细粉末国家工程研究中心浙江分中心、上海产业技术研究院浙江创新院、上海第二工业大学技术转移工作站和上海院士中心建德工作站，并与之建立了长期合作关系，在技术转移、创新平台建设和人才引进等方面取得多项合作成果。

三、优化环境质量，提升环境国际吸引力

1. 提升宜居环境品质。近年来，建德市开展“三改一拆”“四边三化”“五水共治”、小城镇环境综合整治、清洁乡村等环境整治工作，全面改善和提升城乡环境面貌，扮靓环境底色。“五水共治”成效被央视《朝闻天下》报道，获 2018 年度大禹鼎；小城镇环境综合整治连续 2 年获全省优秀县市，2018 年度成功承办全省现场会，“街长制”在全省推广；成功创建“基本无违建”县市，持续巩固深化创建成果，“四边三化”桥下空间利用成为全省样板；两年来通过全市环境整治百日攻坚、环境后进村“摘帽”、环境治理月攻坚月见效、美丽乡村精品线建设、主干道沿线环境整治等活动载体，城乡环境面貌得到有效改善，生态宜居的基础更加夯实。

2. 持续优化营商环境。近年来，建德市持续深入推进行政审批制度改革。截至2018年年底，建德市“最多跑一次”事项662项，零上门事项173项，已实现“最多跑一次”全覆盖。实现“一证通办”事项358项，实现比例为94.7%。大力推进投资项目审批领域改革，对2018年8月1日后赋码备案且需核发施工许可证项目，实现审批“最多100天”。从2019年4月1日开始，升级为审批“最多90天”。推行标准地+承诺制改革，对工业园区内涉及新增出让用地的工业投资项目试行“标准地”出让制度，对同时符合承诺制条件的项目，按照“标准地+承诺制”模式提供供地和承诺制审批服务。2018年7月，建德市出台了《关于进一步优化营商环境的实施意见》(市委办发〔2018〕57号)，推出了“护航企业‘3+X’体系”“新安亲商卡制度”“编外‘厂长’制”等“心安十条”，进一步优化营商环境。

3. 打造开放投资环境。今年以来，建德市积极组织20多家企业积极参与印度、菲律宾、泰国、土耳其、俄罗斯等“一带一路”沿线国家展会，在深耕欧美传统市场同时，拓展国际贸易新兴国家市场份额。实际利用外资3967万美元，与世界知名企业普洛斯物流等企业加强对接，争取通过引进国外高端生产线设备及专业技术人才，不断加快建德的城市国际化。

四、补齐功能短板，打好国际化硬件基础

1. 完善城区功能配置。一是完善新能源汽车充电桩配置，今年计划完成150个充电桩建设任务。二是合理增设停车位，在城区内30余条主次道路，增设机动车位520余个，非机动车位1769处。目前新安江城区人行道共有机动车停车位2023个，非机动车位1769处；各类停车场所大约可停放非机动车1.4万余辆。三是科学增设垃圾分类处置设施，新安江主城区范围内共增设分类垃圾桶1000余个，解决了垃圾分类“无家可归”的难题。同时，建成区范围内共设置“有害垃圾”专用收集箱78只，过期药品回收药店20家；“大熊猫”废旧衣物回收项目设置46个点，56只熊猫桶，确保每个小区都有一个“有害垃圾”和“废旧衣物”集中投放点。

2. 提升城乡基础设施。近两年来，建德市进一步提升城乡配套设施，安排“美丽建德”建设项目780余个，投入资金75亿元，有序推进5个示范村、28个特色村、80个达标村创建，积极打造大罗线、白章线精品线路和乡村道精品线，提升改造美丽河道。今年计划实施示范村2个，打造乡村公路精品线13.3千米，创建新安江、清渚溪、胥溪、后源溪4个美丽河湖，推进王谢高速桥文体公园等5个项目建设，开展洋溪、航头、李家、三都、莲花、钦堂、寿昌（部分）、梅城（部分）等乡镇（街道）污水零直排创建和主城区10个社区污水零直排创建调查以及更楼街道于合村农村生活污水治理项目。

3. 改善景区硬件设施。一是加快推进景区创建。目前乾潭完成创建省级旅游风情小镇，航空小镇完成国家AAAA级景区创建。今年梅城计划创建省级旅游风情小镇，新安江主城区完成省级

AAAA 级景区城镇创建。二是提升旅游接待能力。2018 年开元芳草地酒店、皇冠假日酒店、新安雷迪森酒店建成并开始营业。今年继续推进喜来登酒店、希尔顿酒店、开元溪西畈酒店、恒大温泉综合体等项目建设。三是完善景区功能配置。大力开展综保工程沿江绿道建设、旅游点旅游厕所建设、旅游沿线标识标牌建设等，并对标国际化标准，在标牌指示设计采用中英文双语标识，重大节点要求 4 国语言（中、英、日、韩）标识。

五、深化合作交流，扩大城市国际知名度

1. 加强教育国际合作。一是加强校际合作。通过与国外学校交流合作，提升教育国际化水平。严州中学与德国、美国学校建立友好交流关系并定期开展友好交流活动，新一中与阿奎那文法学校、英国克里弗顿学院开展教育国际合作，明珠小学与英国克利夫顿学院开展教育国际合作，新安江第一小学与外国学校也开展交流活动。二是加强研学交流。根据市教育局、市文广旅体局等 9 个部门《关于推进建德市中小学生研学旅行工作的实施意见》，有计划地组织中小学生参加境外研学旅行活动，鼓励学校、学生走出去学习。同时，每年选派优秀校长和优秀教师赴美国、英国、澳大利亚、希腊、新加坡等国家研学进修，2018 年外出进修人员达 10 人次。三是加强外教引聘。根据学校实际，适时聘请外教来学校上课。如严州中学新安江校区、新安江中学先后聘请外教来校教学。市教育局连续 2 年聘请足球外教到严州中学新校区、新安江中学、寿昌初中等地执教，寿昌二小在 2018 年杭州市市长杯比赛中荣获亚军，新世纪实验学校荣获第四名。

2. 举办国际赛事活动。今年 4 月，通过举办中法国际武术交流活动，以武会友，以武传承中华传统“武德”精神。6 月，举办第二届之江杯国际皮划艇邀请赛，来自俄罗斯、韩国、印度、美国、尼泊尔等多个国家选手参加。端午节举办国际大学生“浙江最美绿道”趣味毅行，吸引来自全国 1000 余名高校大学、几十个国家近 200 名国际大学以及各地徒步爱好者共计 3000 余人参加活动。下半年计划举办 17℃建德新安江“夏日冬泳”万人挑战赛、国际马拉松比赛、新安江啤酒节等。通过积极承办国际体育赛事，提升本土赛事品牌的国际知名度，进一步展现建德的城市形象，扩大城市的影响力。

3. 强化宣传推介力度。充分利用举办重大赛事和活动的契机，通过各种载体和途径对外宣传展示建德，不断提升建德的城市知名度、美誉度。今年以来，通过与新华社、《中国日报》、中新社、杭州外宣厨房等媒体、平台加强合作，积极对外推送建德相关报道，目前已在海外媒体平台刊发建德相关报道 4 篇，在海外社交媒体平台刊发报道 20 余条，浏览量超千万人次。

第五章　文史工作

征集、编辑文史资料是人民政协的特色工作，其宗旨是充分发挥政协广泛联系各界的独特优势，坚持“存真、求实”的理念，发挥文史资料“存史、资政、团结、育人”作用。市政协十届委员会以来，继续本着“征集无禁区，出版要慎重”原则，进一步加强文史资料的编辑、研究，并从内部出版逐步转向公开出版，扩大市政协文史工作的社会影响。

第一节　史料征集

文史资料工作是通过对历史见证人亲历、亲见、亲闻的历史资料进行回顾记录、整理出版，使之保存下来。十届至十四届委员会在文史资料的征集出版工作中，充分发挥“存史鉴今、教育后人”的作用。在具体的工作中，坚持史料征集范围“四性”要求、选题坚持“四注重”特色，以丰富多样的形式开展工作。

史料征集范围“四性”原则

资料的统战性　通过真实反映历史事件和公正评价历史人物，以达到“记述一个人，团结一大片”的功能。1998 年之前，文史选题定位为征集早期政协委员史料，其中多数为民国时期过来的统战对象，主要为工商界、知识界、军警界的代表人物和知名人士。

对象的广泛性　建德籍各界人士以及在建德工作的外籍人士，均在征集对象之列，向其征集求学史、创业史、奋斗史、生活史及亲情乡情等内容。

内容的丰富性　政协文史资料涉及面广，凡政治、经济、军事、文化、教育、科技、民族、宗教、华侨、社会、人物、人文、历史等领域涉及建德市者，均纳入征集和研究范围，并着力于补史之缺、续史之无、详史之略、纠史之错。

事件的特殊性　一是发挥亲历、亲见、亲闻的“三亲”特色。突出“当代人写当代事”的时限性，始终把征编“三亲史料”作为重点。在做好中华人民共和国成立以前相关史料征集的基础上，重点征集中华人民共和国成立后，特别是改革开放以后各级政协委员及其所联系的各方面人士有关建德的“三亲”史料。

选题“四注重”原则

1998年开始，市政协文史资料征集重点转移到地方特色文化挖掘、研究上来，按照政协特色，综合把握“四注重”原则确定选题。

注重地域文化特色　市政协文史工作，强调突出严州文化地域特色，将文史工作之树植根于地方文化沃土，进行深入挖掘研究。

注重政协文化特色　政协文史资料是政协文化建设的重要方面，也是地方文化的重要组成部分。建德是原严州府治所在地，历史文化资源丰富且地域特征明显，通过文史资料进行抢救整理，形成系统的政协文化。

注重历史事件特色　新中国成立后，对建德影响较大的事件有新安江水电站建设、改革开放、“5·12”汶川特大地震等，大量普通的参与者、亲历者的亲历史料鲜见记录，极其珍贵。

注重抢救优先特色　在坚持文史资料选题范围的广泛性原则的基础上，以“注重抢救优先”原则，安排选题顺序。一是历史资料抢救优先。特别是对健在的历史事件亲历者所掌握的史料进行抢救，成为迫切任务，最大可能地避免随着时间的推移，因亲历者辞世而造成史料佚失乃至中断。二是乡土文化抢救优先。随着城市化、现代化的快速推进，农耕文化渐行渐远，其所承载的文化信息也逐渐消失，传统文化面临传承断代乃至消亡。

征集模式

一是专题约稿，上门征集。采取召开座谈会和上门征稿的方式征集。积极动员各界别政协委员及其所联系的各方面人士撰写“三亲”文史资料，把经历和经验保留下来，作为对时代、社会及后人的贡献。对一些重大事件的选题，列出主要当事人、知情人名单，召开座谈会，通报征集思路和征集内容，并提出写作要求；对年老体弱或居住在外地的重点征集对象，上门约稿；对因各种原因难以执笔撰写稿子的，则安排人员上门作口述记录，再整理成稿。

二是加强协作，拓宽渠道。随着时代的发展，政协文史工作内容不断延伸，领域拓宽，任务加重，标准提高，市政协建立并不断完善“强内联外、团结协作”的文史工作机制，加强与史志、档案、文化、宣传等部门以及乡镇、相关社团等横向联系，争取社会力量积极参与，实现内外并举、信息互通、优势互补、资源共享、合作共赢，为文史征编工作奠定坚实基础。

三是精益求精，打造精品。市政协文史工作按照继往开来、教育后世、存史资政、促进发展的要求。在选题时，注重文史资料的史料价值与可读性，注重选择有重要历史价值、服务社会、贴近生活的题目。

四是激发活力，拓宽渠道。依托乡土文化爱好者力量，广泛发动和组织地方文史研究爱好者，依靠他们了解当地风土人情的优势，登门拜访知情人，了解挖掘历史记忆，收集第一手资料，然后收集整理图文资料，将熟悉地方掌故、地方历史、地方民俗等情况且有一定文字组织能力的社会热心人士，组成征集骨干队伍，深入乡村和街道社区，收集、记录、整理各地的地方史资料。

第二节　出版发行

编排审校

文稿编辑着重把好“三关”：文字关、政治关、史实关。

政治关　对拟采用的文史资料，强调“征集无禁区、出版有纪律”，确保出版内容不违反党和国家的方针政策、法律法规，正确把握涉及政治敏感问题和其他实际问题有关内容。如历史上地名、村名、山名变化，所有权调整变更等，进行反复核查，以避免记述不当引发矛盾纠纷。

史实关　重点开展对时间、地点、人物和内容表述的审核，通过查档案、查权威资料以佐证，或请当事人反复考证，以避免年代久远或行政区域调整等因素导致发生时间差错和地名混淆现象，避免因当事人记忆偏差导致史料失实。对于同一事件的不同记录、不同回忆、不同结论，进行多方比较核实后确认。及时核实、更正审稿过程中发现的问题，减少内容缺漏、偏差。定稿后，再请作者或当事人对稿件史实、文字作二次审核；作者或当事人确认无误后签字以示负责。文稿经编辑人员汇总审核意见并作必要修改后定稿，交付编印出版。

文字关　主要环节有审阅筛选书稿、分类编排、删节合并、修改校对、作者和当事人审核、出版社审阅等。每部书稿需经多人审核，从不同角度发现问题，修正差错，确保文稿内容真实、文字准确，避免大的失误发生。

编印出版

市政协文史资料出版经历了两个阶段：1981—1987 年期间，主要以“三亲”史料为主。在该时期，一批经历或见证辛亥革命以后相关重大事件的老人尚健在，资料的选题明显带有抢救性质，主要征集自清末至中华人民共和国成立的史料，其内容主要为革命斗争回忆、办学育人、文物、抗日战争、解放战争等。但一般都以内部编印出版方式成书。1988 年开始，编印出版方式发生变化。

从综合型转向专辑型　自 1988 年开始，陆续编辑《戴不凡专辑》《工商经济》《陈怀白》《畲族》《新安梨园录》《农业》等专辑共 14 辑，每辑文字规模 5 万字至 10 万字不等，均为内部刊印方式成书面世。

从单一的内部资料转向内部资料与公开出版并行　1997 年，《新安桃李》由中国文史出版社出版，《故乡情》由中国广播电视出版社出版，成为市政协第一批公开出版发行的文史资料书籍。此后，市政协编辑的文史资料书籍内部自印、临时书号准印、公开出版三种方式兼有并行，2003年，内部编印出版《陆游与严州》；2004年，由中华书局出版《严州古城——梅城》等。至2005年以后，基本转为出版社公开出版发行。且随着读者对书籍质量要求的提高，出版社等级也逐步提升，一批重要文史资料文献，由国家级出版社出版发行，提高了本市文史研究的知名度。

从专题型转向丛书系列型　2008年，编辑出版《严州文化丛书》第一辑，至2011年共编辑出版4辑13种14册，由天津古籍出版社正式出版发行。2017年至2019年，开始编纂《建德文献辑成》，先后完成《严州图经》《景定严州续志》《光绪严州府志》《光绪建德县志》《民国寿昌县志》5部图书的整理点校，并由浙江古籍出版社出版发行。

第三节　编纂成果

1998年至2019年，市政协文史委共出版发行各类文史书籍37种，约904万字。其中部分书籍在杭州市级以上政协文史类优秀书籍评选中获奖。如《严州古城——梅城》荣获杭州市优秀社科著作二等奖（政府奖）、杭州市政协优秀文史图书一等奖（时设一个）、建德市外宣制作品特别奖；《中国第一水电城——新安江》《古城寿昌》及《光绪建德县志》（点校本）被评为杭州市政协优秀文史资料图书评比一等奖；《岁月——新安江水电站建设纪事》、《严州文化丛书》（第三、四辑）被评为杭州市政协优秀文史资料图书评比二等奖；《严州文化丛书》（第一、二辑）、《民国寿昌县志》（点校本）、《建德婺剧丛谈》被评为杭州市政协优秀文史资料图书评比三等奖。

人物类

包括人物名录、传记和回忆录。

《当代建德人物录》　内部资料，1999年编纂，编委会主任刘志新，主编钟森水，14.4万字，印数2000册。该书共收录寓外建德籍人士131名，均为高级职称以上的专家学者。介绍各专家的生平、贡献及联系方式，对加强乡谊、促进地方经济发展有一定意义。

《范仲淹在睦州》　内部资料，1999年编纂，市政协文史委与市历史学会合编，主编周金奎，执行编辑朱睦卿，共12万字。该书收集研究范仲淹思想、学术及民本精神等方面的论文14篇，附录范仲淹的“睦州诗”“睦州文”“政论”“词”及其他文章、年谱、铭等，是本市开展对范仲淹研究取得的最早成果之一。

《建德文史资料·邹士洪专辑》　2000年编纂。该专辑为《建德文史资料专辑》第十五辑，分“邹士洪专辑”“教坛钩沉”“史海杂忆”“来函选登”，共收入各种史料203篇，约22万字。

《陆游与严州》　内部资料，陆游研究论文集，2003年与市党史地方志办公室、市科学技术协会、市档案馆、市历史学会合编，编委会主任刘志新，主编朱睦卿，收录论文23篇，约16万字。从不同角度、不同侧面研究南宋伟大爱国主义诗人陆游在严州任知州期间，爱国、忧民、劝农、治学等方面为严州留下的精神财富。

《胡才甫先生纪念专辑》 内部资料，2006年，编委会主任刘志新，主编陈庆祥，31.9万字，印数500册。该书分上、下篇，较为系统地收集了胡才甫生平资料及诗文资料。上篇为胡才甫作品选，收录《名胜与名人》等文章49篇、骈文12篇、诗词195首、联语17幅及书信20通；下篇为胡才甫纪念文集，收录回忆及悼念胡才甫的文章7篇。

地情资料及志书类

《建德市政协志》 政治类部门志。编委会主任刘志新，主编李干才，2002年5月由中华书局出版，38.67万字，印数1000册。该志上限为1949年10月，下限至1999年12月。以志为主，记、志、图、表、录诸体并用，结构为编章节体，共设5编26章84节，卷首设“序言”“概述”“大事记”，卷末有“附录”，照片82幅。

《严州古城——梅城》 城市（镇）专业志。《严州古城——梅城》编委会编，编委会主任刘志新，撰稿朱睦卿，2004年8月由中华书局出版，30万字，印数5000册。

梅城作为州治和县治，历史分别长达1200余年和1700余年，历史底蕴悠久，人文积淀丰厚。该书资料翔实，图文并茂，从严州的历史文化现象入手，分析、梳理其发展脉络。全书共分五章：第一章“梅花之城”，叙述梅城的创建、沿革、城垣、街衢坊巷等城市基本元素及历史意义；第二章“潇洒溪山”，以梅城及附近地区的自然环境为中心，描述周围的自然山水及古刹名观，融山水与人文于一体；第三章“悠悠文脉”、第四章“风流人物”、第五章“古风遗韵”，记述在严州历史上各种代表人物、掌故、特产，阐明梅城所承载的严州文化渊源和精粹。

《中国第一水电站城——新安江》 主编郭昌友，2010年1月由杭州出版社出版，约15万字。为纪念新安江水电站基本建成及第一台机组发电50周年暨新安江建城五十周年而编。介绍因水电站而崛起的新安江城在五十年间所发生的巨大变迁，讴歌社会主义建设初期的“自力更生、艰苦奋斗”创业精神。全书分三篇：“兴起篇”共收录11篇回忆文章，着重介绍新安江水电站建设时的艰难岁月，反映工程建设者们“叫高山低头，令河水让路”的英雄气概；“建设篇”收录10篇文章，着重介绍新安江城伴随着新安江水电站的建设而建成。“发展篇”收录11篇文章，着重介绍新安江城市新兴、发展和管理带来的新气象和新风尚。

《古城寿昌》 城市（镇）专业志。市政协文史委与寿昌镇政府合编，编委会主任吴铁民，主编吕勇，撰稿戴荣芳，2013年12月由浙江古籍出版社出版，35万字，印数5000册。

寿昌原为严州六县之一，有1700余年建县历史，文化积淀丰厚，风俗人情独特。该书图文兼具，文字朴实，概括为六部分。“历史悠久”，介绍寿昌城垣几度变迁、旧新时代人类活动遗址；“风情独特”，记载寿昌域内山川、寺观、桥梁和乡土风情；“生活和谐”，记载寿昌境内旧时的生产、生活情况，尤以土特产、饮食商贸为重点；“地灵人杰”，记载历史上寿昌各地重视教育、人才辈出而留下丰厚的文化遗产；“军事重地”，叙述寿昌境内曾发生的战争情况；“古村旧落”，选取境内17个代表性古村落，介绍其村落特色和风土人情。

《玉泉寺轶事》 内部资料，2013年10月，市政协文史委与建德市净土宗五祖少康文化研究会合作编撰，吕勇主编，约10万字。

玉泉寺位于建德市梅城镇乌龙山南麓，为中国100座佛教名寺之一。该书编辑旨在对挖掘建德地方特色文化（佛教文化）、丰富旅游内涵。收录有关佛教净土宗五祖少康大师的故事23则，内容包括少康大师少年轶事、求佛、出家及玉泉寺由来、寺内珍贵历史文物——息石的传说等。

《建德古树名木》 林木类地理专业志。编委会主任吴铁民，主编吕勇，撰稿钟森水，2014年12月由浙江古籍出版社出版，20万字。

建德历史悠久，境内古树名木众多。古树名木，不仅具有历史和欣赏价值的自然文化遗产，也是留存“乡愁”的实物载体。全市树龄100年以上古树有1500棵，分属48个树种，其中树龄500年以上一级古树67棵，树龄300—499年二级古树314棵，树龄100—299年三级古树1205棵。该书共分七个部分，“概述”介绍市域内古树名木资源及保护管理情况；“古树精华”收录800年以上古树名木11株，主要树种是樟树、银杏和罗汉松；“名木精华”收录百年以上古树名木5棵，主要为罗汉松、银桂、白玉兰、圆柏；“一级古树”收录树龄500年以上的古树50棵。“古树群林”介绍了全市群体分布在10棵以上的古树群11处，包括李家镇诸家村、新安江街道焦山和罗桐埠、寿昌镇石泉村4处樟树群，更楼街道石岭村、大同镇石门庄村、葛岭村3处柏树群，三都镇大库村、里陈村2处榧树群、大慈岩镇大塘里苦槠树群1处和寿昌镇绿荷塘村的楠木群1处等。书末“附录”，以表格详列各种古树名木分布及基本信息情况。

《建德的桥》 桥梁类地理专业志。编委会主任吴铁民，主编吕勇，2015年12月由浙江古籍出版社出版，31万字。

建德地处浙西丘陵山区，境内江河纵横，溪流交错，而跨水之间建设各式桥梁，成为便捷交通、方便村民的必然选择。该书从建德市现存的180余座古桥中，根据历史远近、文保等级、营造工艺（建筑风格及结构特点）等方面的代表性，选摭137座（其中中华人民共和国成立后建造的17座），全面展示了建德桥梁工艺水平和文物保护价值。

《行走寿昌江》 编委会主任吴铁民，主编吕勇，撰稿沈伟富，2016年12月由浙江古籍出版社出版，45万字。

该书分“源远流长”“蛟龙得水”“一苇航之”“缘溪修竹”“风送樵歌”五章，以寿昌江流域为经线，以100多个村落为纬线，以叙述流域内各村源流、地理、人文（风俗、传说、宗教）、经济、事件等为基本元素，图文并茂，展示丰富精彩的寿昌江流域乡村农耕文化。

《建德婺剧丛谈》 文化类专业志。编委会主任吴铁民，撰稿蒋羽泉、严先来，2019年1月由浙江古籍出版社出版，32.7万字。

全书分三章，“概述”记述建德婺剧发展的基本情况；“丛谈”介绍建德婺剧团的主要演员、导演及各级领导关怀爱护情况；“余论”介绍婺剧的演法、技法等。

事件纪念回忆录类

《岁月——新安江水电站纪事》 内部资料，编委会主任刘志新，2005 年 12 月编印，35.1 万字，印数 5000 册。该书获杭州市政协优秀文史图书资料二等奖。

该书为纪念新安江水电站基本建成及第一台机组发电 45 周年而编。全书分上下两篇，上篇“珍贵的剪影”：收录包括周恩来总理及党和国家领导人视察新安江水电站、建造过程中记录等珍贵照片 34 幅；下篇“沸腾的岁月”：收录回忆文章 41 篇，以电站建设者的亲眼所见、亲身经历、亲耳所闻的史实，翔实生动地再现了新安江水电站建设的过程，记载了“自力更生、艰苦奋斗”创业史，体现了“叫高山低头，令河水让路”的英雄气概，重温了老一辈革命家对社会主义建设的高瞻远瞩和无微不至的关怀，展示了水电设计专家们的聪明才智和建设者的劳动热情，反映了水电站建成后对我国经济建设所做出的巨大贡献。

《“5·12”与建德》 编委会主任吴铁民，主编吕勇，2016 年 1 月由中国文史出版社出版，23.4 万字。

2008 年 5 月 12 日，四川汶川发生里氏 8.8 级特大地震，造成正在四川卧龙参加奥运熊猫认养仪式的建德市大型企业新安化工集团代表团 46 人失去联系。为纪念这一不幸事件，专门编辑该书。全书分“遇险篇”“救援篇”“善后篇”“捐赠篇”4 章，通过当事人的回忆及对其采访，还原蒙难瞬间、应急援救过程和善后工作。

《冶校梅城三十年》 市政协文史委与嘉兴学院、梅城镇合编，主编吕勇，2018 年 10 月由浙江古籍出版社出版，15.75 万字。

1960 年，浙江省委决定筹建建德矿冶学院，宁波冶金工业学校迁到建德梅城，更名为“建德冶金工业学校”，1978 年升格为大专。1987 年，开始学校迁至嘉兴的工作，至 1991 年 1 月 5 日，最后一批冶校师生告别梅城。该书共五章：“冶校变迁”介绍冶校创办及发展过程；“冶校记忆”收录冶校师生回忆文章约 30 篇；“印象作品”收录 20 余名师生关于在建德求学、生活的诗、词、文等文艺作品；“冶校学子”主体为师生名录，记载冶校在梅城 30 年间造就的人才情况，对部分杰出学子做重点介绍；“文档选录”收录冶校部分重要文献。

第四节　严州文化整理专述

2007—2019 年，市政协文史委编纂出版《严州文化丛书》系列，共 4 辑 13 种，由天津古籍出版社正式出版发行；整理出版《建德文献辑成》，点校旧志 5 种，由浙江古籍出版社出版发行。

一、《严州文化丛书》

2007年4—10月间，市政协多次召开专题会议和作者座谈会，协商讨论《严州文化丛书》编纂方案和资料征集方案。

2008年开始专门成立《严州文化丛书》编辑委员会，郭昌友任主编，方韦任执行编辑。

2008年12月，《严州文化》第一辑《严州史话》《风俗漫谈》《建德姓氏》出版发行，共47万字。2009年12月，《严州文化丛书》第二辑《严陵山水》《人物春秋》《严州书画》出版发行，共40万字。2011年10月，《严州文化丛书》第三辑《古代建筑》《建德文物》《轶闻遗事》《严州诗词》（上、下册）出版发行，共70万字。2012年1月，《严州文化丛书》第四辑《名人故事》《建德经济》《严州金石》出版发行，共72万字。4辑丛书共13种14册，229万字。

《严州史话》（方韦编著）　该书以中国历朝为序，撷取各个朝代在严州地域内发生的历史人文的“闪光点”，挖掘严州文化底蕴。共分七卷：第一卷“史前旧迹”，介绍浙江文明源头“建德人”及古严州境内新石器时期情况；第二卷“先秦遗事”，介绍中华医药鼻祖桐君和楚国名臣伍子胥的情况；第三卷“秦汉风仪”，介绍秦时采铜、汉代朱买臣和严子陵及三国时期的孙韶；第四卷“六朝清韵”，介绍谢灵运、沈约等文人及本土贤才周文育为当地留下的文化和历史记忆；第五卷“大唐芳华”，介绍唐代文人墨客吟咏睦州山水诗文，及本土诗人李频等情况；第六卷“宋元惠泽”，介绍曾经在睦（严）州任职的范仲淹、陆游及本土文人江公望、胡国瑞、叶义问等活动史实；第七卷“明清流响”，介绍发生在严州的历史事件及人物活动情况，如李文忠、九姓渔民、海瑞、商辂等。后附“南宋严州二志”（即《严州图经》和《景定严州续志》）。

《风俗漫谈》（沈伟富编著）　全书共分十章：第一章“生育”，介绍当地生育孩子开生、做满月等禁忌和风俗；第二章“游戏”，介绍旧时儿童及成人游戏类型；第三章“居住”，介绍旧时建房时选址、动土、上梁等风俗；第四章“婚嫁”，介绍男女婚嫁过程中媒妁、看人家、接亲等风俗；第五章“服饰”，介绍穿戴服饰的禁忌及风俗；第六章“饮食”，介绍饮食方面的禁忌及风俗；第七章“岁时”，介绍旧时过春节、元宵等传统节日的禁忌及风俗；第八章“生产”，介绍农业生产过程中的禁忌及风俗；第九章“丧葬”介绍丧葬过程中禁忌风俗；第十章“其他风俗”，介绍出行、交往、日常生活过程中禁忌及基本礼仪等。

《建德姓氏》（戴荣芳编著）　本书分四部分，第一部分“主要大姓”，以本市姓氏的人数多少为序，介绍陈、徐等7个大姓的渊源、发展等情况；第二部分“主要姓氏”，介绍本地较多人数的27个姓氏；第三部分“主要小姓”，介绍82个小姓；第四部分为“偏异小姓”。另设“附表”，罗列全市其他姓氏情况。

《严陵山水》（罗嘉许编著）　严陵之山，雄峻壮丽；严陵之水，清幽秀美。该书以江带山，以山述史。主要描述严陵境内山水人文典故及自然风光。全书共分八章：第一章“新安江”，记叙新安江源流、流经区域、沿途风光及人文历史；第二章“千岛湖”，介绍千岛湖的由来及千岛湖内龙山、羡山、情人谷、好运岛等著名岛屿和历史古迹；第三章“寿昌江”，记述寿昌江流域的山、溪、湖及人文史实；第四章“洋溪与下涯溪”，介绍洋溪和下涯溪流域的山水风光及人文历史；第五章“三江口”，介绍三江口一带的山、湖及名胜遗迹；第六章“兰江”，介绍兰江建德境内两岸的山、河及古迹遗存；第七章“建德江”，记述建德江一带的江、溪、泷风光及人文历史；第八章“桐江”，记叙桐江一带的山、水及历史掌故。书末另设“附录”，简述建德山脉情况。

《人物春秋》（朱睦卿著） 该书主要记载客寓严州或严州本籍的历史人物。该书共分七篇，“诗人篇”记载谢灵运、沈约、吴均、孟浩然、刘长卿、杜牧、陆游等及本土方干、李频等人的诗文及活动史实；“人才篇”记叙袁枢、吕祖谦、钱时、王绎、刘基、赵起杲等历代文人为严州留下的文化印迹；“高人篇”记述桐君、严子陵、施肩吾等人才事迹；“高僧篇”记述智琚、慧朗、少康等高僧的文化留存；“贤牧篇”记载范仲淹、张栻等在严（睦）州任职时的历史贡献；“良将篇”记载孙韶、周文育、李文忠等历史名将；“忠义篇”，记载江公望、朱梦说、胡国瑞、叶义问等先贤事迹。

《严州书画》（叶欣、过承祁编著） 严州历史源远流长，文化绚丽多姿。该书记载从南朝、唐、宋、元、明、清到近现代，出现在严州这片土地上优秀书画家、传世之佳作，图文并茂，分析精当。

《古代建筑》（郭昌友主编） 古严州境内各式古建筑遗存颇多，基本承袭徽派建筑风格和精髓。该书选取部分现存祠堂、民居、拱桥、牌坊、亭、塔、井等建筑，作为代表，对其建筑特色、年份等进行分类阐述。全书按建筑类型分章节，共分8个部分。“祠堂”收录建德市现今保存较好的52座祠堂，记载其占地面积、建筑年代等有关情况及主要特色；“古井”收录建德市现存的8座古井，对其建造时代、风格特征进行专业阐述；“庙宇”收录市内有代表性的10座庙、社、殿等古建筑；“民居”收录有代表性的古民居18座，并对其特点进行研究；“牌坊”收录现存的牌坊2座，介绍其建筑特色；“桥梁”收录爱峰桥等50座乡村的古桥梁，记载其风格和特征；“塔宇”收录现存古塔3座；“亭榭”收录现存的古凉亭等3座。

《建德文物》（罗道平、尧志刚编著） 建德历史悠久，地下文物丰富，记述从新石器时代的“建德人”开始，到两汉古墓葬、古窑址，再到明清时期的古村落、古民居有关情况，重点为现存的寺庙、祠堂、古塔、桥梁、牌坊、古井及历代的碑刻、题刻、刻本等。对部分新发掘出土的石器、铜器、陶器的等级、年代、特点等作了较为详细的介绍。

《轶闻遗事》（罗嘉许编著） 古严州历史悠久，各色人物穿梭历史舞台，留下丰富的轶闻遗事。该书收集自先秦以来的各种口口相传的民间传闻、传说及方志、野史、笔记所载的轶闻遗事254则，较为详尽地反映建德（严州）历史上仕宦文人、平民百姓及风土人情、地名、名胜等趣闻。从民间的视角，弥补和丰富了严州文化宝库。

《严州诗词》（方韦、李新富选编） 严州风景秀丽、地理位置独特，人才辈出，历代文人、名人对严州情有独钟，留下的诗词歌赋数量极多，是严州文化的珍宝。该书收集时限上起南朝，下至清末，共收集诗人796名，诗词2501首，是历代诗人在古严州的活动轨迹及历史风貌较为全面的反映。

《名人故事》（方根发编著）　该书收集从东汉到民国期间，25名严州本土知名人物的故事、传说72则，记载他们为国尽忠、为民尽责、为人尽义、为亲尽孝的事迹，并以此激发后人爱国爱乡之情。

《建德经济》（钟森水编著）　该书分建德物产、商业贸易、手工业、工业、交通运输、财政金融邮驿共六章十一节，以翔实的资料反映从民国至今经济发展的沧桑变化。

《严州金石》（叶欣编著）　该书按原严州府所辖六县（建德、寿昌、淳安、遂安、桐庐、分水）分叙，收集六县境内所存或史书记载的碑文、碑记340余种，以特殊的载体反映严州历代建筑、文化等历史事件。

二、《建德文献辑成》

严州历代文献著述是建德文脉所系，是历史留给今人的珍贵财富。在现存古代建德文献中，《严州图经》《景定严州续志》《光绪严州府志》《光绪建德县志》《民国寿昌县志》等都具有珍贵的历史价值和参考价值。为了继承弘扬中华优秀文化，推进地方学术研究、促进资源开发为文化与经济建设服务，2017年，市政协成立《建德文献辑成》编纂委员会，开展古籍尤其是旧式地方志书发掘整理、保存利用工作。吴铁民任编委会主任，吕勇任主编，方韦任执行编辑。

2017年11月，以点校形式整理出版《严州图经·景定严州续志》、《光绪严州府志》（上、下册）共2种3册，2019年1月，整理出版《光绪建德县志》《民国寿昌县志》共2种2册，均由浙江古籍出版社出版。

《严州图经·景定严州续志》（罗嘉许点校）　共11.5万字。该书为《严州图经》《景定严州续志》2种合注本。《严州图经》《景定严州续志》在中国地方志发展史上具有重要地位，是图经类方志基本成型的标志。

《严州图经》原有两部。南宋绍兴九年（1139）董弅撰，八卷，原文已佚，现存董序。淳熙十二年（1185），南宋严州知州陈公亮主持重修，州学教授刘文富总纂修订，淳熙十三年（1186）告竣。故又名《淳熙严州图经》。现存三卷。卷首为《子城图》《建德府内外域图》《府境总图》《建德县境图》《淳安县境图》《桐庐县境图》《遂安县境图》《寿昌县境图》《分水县境图》，共九幅。卷一分历代沿革、分野、风俗、州境、城社、户口、学校、廨舍、馆驿、仓场库务、军营、坊市、桥梁、沟渠、物产、土贡、税赋、课利、寺观、祠庙、古迹、贤榜、登科记、人物、碑碣等；卷二记建德县；卷三记淳安县。其他属县部分皆佚。该书统合古今，名为“图经”，实已具方志之体。

因严州别称新定郡，故《景定严州续志》又名《新定续志》。南宋理宗景定年间（1260—1264）严州教授郑瑶、严州学录方仁荣同撰。该书所记始于淳熙元年（1174），讫于景定五年（1264）。

卷首有方逢辰序，载理宗立太子（即度宗）诏及咸淳元年（1265）升严州为建德府省札，纪事年代已逸，出景定下限，体裁略异于其他方志，也成为现代志书体例“重要事物适当突破下限以保证记载始末与原貌完整性”的滥觞。全书共十卷。卷一为州郡之志，分节镇、城关、户口、郡治、列廨、仓场库务、馆驿、坊市、桥梁。卷二为州郡之志，分郡官建置、知州题名、通判题名、添差通判题名、贤牧、名宦、瑞产、荒政、税赋、物力、军饷。卷三为州郡之志，分学校、书院、州学教授题名、贡举、登科题名、乡饮、乡会、人物。卷四为州郡之志，分山、水、寺观、祠庙、古迹、碑碣、书籍。卷五为建德县志，分学校、乡里、官廨、知县题名、山、水、桥梁、寺观、祠庙、古迹、碑碣、救荒记、咸淳御制字民铭、建德县进士登科记、孝行记。卷六至卷十分别为淳安、桐庐、遂安、分水、寿昌诸县志，分目大略与建德县志同。该志叙述简洁，有助于严州地方史与宋史研究。

《光绪严州府志》（曹剑波点校） 原版清严州府知府吴世荣主修。成书于清光绪九年（1883）。共三十八卷。分星野、建置、封域、营建、学校、典礼、秩祀、食货、官师、遗爱、武备、选举、人物、列女、佚事、艺文、忠义等。

《光绪建德县志》（罗嘉许点校） 该志为建德县知县吴俊、刘毓森、谢仁澍、张炤所修，俞观旭、郑继书、陈元善等纂辑，成书于清光绪十七年（1891），共二十一卷，分星野、疆域、营建、赋役、物产、风俗、学校、秩祀、职官、选举、人物、艺文、武备、古迹、祥异、杂记等共十六类九十细目。卷首载序、职名、凡例、图。

《民国寿昌县志》（沈伟富点校） 原版由民国寿昌县县长陈焕、潘绍隽、李任、陈举恺主修，叶诰书、李任、翁诗彦、蒋宗干、叶泉、诸葛信等共纂。成书于民国19年（1930），共十卷。卷一为《天文志》，包括星野、祥异。卷二为《疆域志》，包括沿革、四至、形胜、山川、桥渡、镇市、古迹、水利、城池。卷三为《食货志》，包括田赋、杂税、特产、风俗。卷四为《建置志》包括衙署、仓庾、局所、场圃、亭阁、坊表。卷五为《秩祀志》，包括丁戊祭、祠、庙、寺、庵、观、院、殿、宫、坛壝、墓、冢。卷六为《职官志》，包括县令、县长、儒学县丞、主簿、典史、教谕、训导、司法官、监狱、千总、警察、县警队、保卫团附、退伍兵、名宦。卷七为《选举志》，包括科第、杂职、封荫、学校毕业、众省议员当选、教农商等。卷八为《人物志》，包括乡达、忠义、孝友、儒林、文苑、隐逸、旌义、寓贤、耆行、烈女、方伎。卷九为《艺文志》，包括序、传、记、碑、跋、诗、赋、歌。卷十为《拾遗志》，包括佚闻、兵事、杂志、屏山书院租额附。

第六章　指导联谊

人民政协是最广泛的爱国统一战线组织。建德市政协高举团结、民主两面旗帜，加强上下指导、强化横向交流，活跃政协工作氛围，加强与各民主党派、港澳台同胞及海外侨胞的联系交往，充分发挥爱国统一战线组织作用，广泛开展团结联谊工作。

第一节　指导交流

随着我国政治经济的文明发展，全国政协组织之间交流活动日益增多，内容也更加广泛，有全国政协、浙江省政协、杭州市政协等上级政协对建德市政协工作一直有密切的指导；同时，建德市政协也积极参加全国各地政协组织的交流学习，组织本市政协委员外出考察取经，接待各地政协来访，达到广交朋友、相互交流、共同提高的目的。自 1998 年以来，建德市政协共接待全国各省（自治区、直辖市）、市、县政协组织的来访团组 368 批次，市政协机关、委组也先后有 95 批次到全国各地考察学习。

一、全国政协考察指导

1998 年 10 月 31 日，全国政协副主席孙孚凌等到建德考察。

2009 年 7 月 14 日，“全国政协委员走进建德摄影采风活动”在半岛凯豪大酒店举行开镜仪式；15—16 日，全国政协委员“走进建德摄影采风组”到下涯湿地、大慈岩新叶古民居、里叶十里荷花摄影采风；10 月 30 日，民建中央原副主席、全国政协常委陈明德到建德考察；11 月 12 日，全国政协常委、九三学社中央副主席冯培恩到建德考察。

2010 年 8 月 13 日，《中国政协》杂志社副总编姚振寰在杭州市政协副秘书长、研究室主任龚志南陪同下到建德调研采访政协工作。9 月 13 日，中共中央政治局常委、全国政协主席贾庆林到建德考察。11 月 19 日，全国政协副主席张梅颖，全国政协常委、人口资源环境委员会主任张维庆，全国政协党委、人口资源环境委员会副主任李金明，全国政协常委、人口资源环境委员会副主任张基尧率全国政协调研组到建德考察，省政协副主席陈艳华陪同参加调研，市政协主要领导陪同实地考察新安江电厂。

2011 年 4 月 29—30 日，全国政协理论研究会副秘书长刘春声等到建德调研；31 日，中国人民政协理论研究会秘书长，中国政协《理论研杂志》执行主编原冬平在市委中心组学习（扩大）会上主讲《党创立和发展人民政协事业的重大部署和光辉历程》。8 月 24 日，全国政协常委、中国人民政协理论研究会常务副会长李昌鉴带队到建德调研“做好新形势下人民政协群众工作，积极探索加强和创新社会管理”工作，省政协副秘书长、研究室主任李火林，杭州市政协副主席张鸿建，杭州市政协副秘书长、研究室主任龚志南，中共建德市委书记陈春雷，政府副市长徐建华，市政协领导参加调研座谈会。

2013 年 11 月 25—26 日，全国政协原副主席杨汝岱到建德视察新叶古民居。

2014 年 7 月 11 日，全国政协副主席罗富和到建德调研民进工作。

2015 年 11 月 4 日，全国政协办公厅秘书局局长杨小波带队的中央党校专题调研组到建德调研。

2016 年 7 月 27 日，全国政协副主席齐续春到建德考察新叶古村。

二、浙江省政协考察指导

1998 年 8 月 26 日，省政协副主席陈炜到建德考察。

1999 年 3 月 11 日，省政协副主席陈文韶到建德考察水利设施和农业结构调整情况。

2001 年 4 月 10—11 日，省政协主席刘枫到建德实地考察千岛湖养生堂饮用水有限公司。9 月 14 日，省政协副主席汪希宣到建德考察七里扬帆景区。2002 年 1 月 6 日，省政协副主席龙安定到建德视察；9 日，省政协副主席陈文韶、杭州市政协虞荣仁主席到建德考察“七里扬帆”和大慈岩景区。

2003 年 7 月 24 日，省政协副主席、省工商联会长徐冠巨到建德调研。

2004 年 5 月 22—23 日，省政协副主席、统战部部长李青到建德考察。

2005 年 5 月 10—11 日，浙江省政协主席李金明到建德调研。7 月 14 日，省政协副主席、民建省委主委吴国华到建德视察。

2006 年 1 月 1 日，浙江省政协副主席陈文韶、杭州市政协主席虞荣仁到建德梅城镇视察。

2007 年 9 月 11 日，省政协副主席龙安定到建德召开风景名胜区保护与开发调研座谈会并考察玉泉寺；12 日，省政协副主席李青考察梅城古镇。

2008 年 11 月 3 日，省政协副主席王永昌、杭州市政协主席孙忠焕到建德考察。

2010 年 4 月 1 日，省政协副主席陈艳华到建德调研。6 月 7—8 日，省政协原秘书长俞文华到建德调研。9 月 17 日，浙江省政协副主席、省民革主委冯明光到建德调研。10 月 14 日，省政协主席周国富、杭州市政协主席孙忠焕到建德调研政协专委会设置试点工作，督查中共杭州市委《关于进一步加强人民政协工作的意见》文件精神贯彻落实情况，并实地考察了绿荷塘古楠木林森林公园。

2012 年 2 月 21—22 日，省政协副主席王永昌到建德开展“进村入企”大走访活动。5 月 15 日，省政协副主席王永昌到建德调研。8 月 16 日，省政协副主席王永昌到建德督查“防止青少年溺水事故”工作。

2013 年 11 月 19 日，省政协副主席陈加元到建德走访省政协委员和市政协机关干部，听取建德市政协工作汇报。25 日，省政协原主席刘枫到建德考察玉泉寺。

2014 年 4 月 9 日，省政协副主席陈加元到梅城、杨村桥、寿昌等地调研。

2015 年 4 月 8 日，省政协副主席王建满到建德调研。10 月 23 日，省政协副主席王建满到建德督查“四边三化”“两路两侧”整治工作。27 日，省政协主席乔传秀到建德调研。

2016 年 8 月 1—2 日，副省长、省政协副主席黄旭明到建德调研农民就业、美丽乡村、文化礼堂等工作。24 日，省政协副主席陈加元到建德调研农村低收入人群帮扶情况。10 月 13 日，省政协副主席陈艳华到建德调研珍贵树种培育发展情况；省政协副主席陈小平到建德调研“送科技下乡”活动。11 月 23 日，省政协副主席王建满视察建德市小城镇环境综合整治情况。

2017 年 3 月 1 日，省政协副主席孙文友到建德调研少数民族乡村发展情况。9 月 5 日，省政协副主席陈小平到建德调研森林抚育工作。10 月 19—20 日，省政协副主席郑继伟到建德调研航空小镇工作。

2018 年 4 月 12—13 日，省政协及机关离退休干部到建德考察。6 月 4—5 日，省政协副主席孙景淼到建德调研“无障碍环境建设”工作。8 月 30 日，省政协副主席周国辉到建德专题调研“美丽浙江建设与生态环境资源开发利用”工作。12 月 4—5 日，省政协原秘书长陈荣高到下涯、大同调研乡村文化。

2019 年 9 月 25—26 日，省政协副主席马光明到建德调研民生领域短板工作。11 月 8 日，省政协副主席周国辉到建德考察梅城美丽城镇建设、寿昌林场绿荷塘林区森林抚育情况，到委员企业开展“三服务”活动。

三、杭州市政协考察指导

2000 年 4 月 19 日，杭州市政协副主席管竹苗到建德考察。8 月 1 日，杭州市政协副主席熊恩生到建德视察。9 月 6 日，杭州市政协副主席李明法到建德检查。

2001 年 4 月 9 日，杭州市政协主席虞荣仁率调研组到建德调研“加快县城经济发展问题”。12 月 7 日，杭州市政协副主席、工商联会长鲍世甲考察新潮竹木有限公司、大明化工有限公司。

2002年1月5日，杭州市政协副主席、统战部部长熊恩生到建德考察。4月28—29日，杭州市政协副主席俞国庆到建德调研。5月23日，杭州市政协副主席马时雍到建德调研。8月26日，杭州市政协副主席马时雍到建德调研。

2003年1月24日，杭州市政协副主席马时雍到建德三都镇走访。4月11日，杭州市政协副主席蒋福弟到建德考察。9月7—8日，杭州市政协原副主席沈者寿到建德考察旅游事业。

2004年1月14日，杭州市政协副主席马时雍到建德进行"49100"帮扶工作。11月18日，杭州市政协主席虞荣仁对建德市政协工作专项督查。

2005年1月10—18日，杭州市政协副主席俞国庆等到建德调研。24日，杭州市政协副主席马时雍到建德市三都镇开展扶贫工作。

2006年1月12日，杭州市政协副主席马时雍到建德市三都镇调研。7月20日，杭州市政协主席虞荣仁到建德调研。

2007年1月23日，杭州市政协副主席俞国庆到建德调研。10月10日，杭州市政协副主席、民进杭州市委主委赵光育到建德参加由民进杭州市委会组织的"三下乡"社会服务活动。12月19—20日，杭州市政协主席孙忠焕、副主席俞国庆到建德考察特色农业发展情况。

2008年1月4日，杭州市政协副主席张鸿建到建德进行"关注民生"调研活动；25日，杭州市政协副主席张必来到建德市慰问困难群众。4月7日，杭州市政协原主席虞荣仁到建德调研"联乡结村"工作。5月7日，杭州市政协原主席虞荣仁到建德考察。9月22日，杭州市政协主席孙忠焕到建德调研。

2009年5月4日，杭州市政协主席孙忠焕到建德调研。7月13日，杭州市政协副主席俞国庆到建德市航头镇大店口村开展结对帮扶工作。10月25日，杭州市政协孙忠焕主席调研建德市贯彻落实杭州市委政协工作会议精神和政协机构改革试点工作。12月9日，杭州市政协副主席张鸿建到建德调研指导政协机构改革试点工作。

2010年2月7日，杭州市政协副主席俞国庆到建德慰问航头镇结对困难户。3月4日，杭州市政协副主席张鸿建到建德调研政协机构改革试点工作。4月22日，杭州市政协主席孙忠焕到建德调研政协机构改革试点工作。8月25日，杭州市政协副主席董建平到建德考察梅城镇玉泉寺景区。9月19日，杭州市政协副主席张鸿建到建德调研政协专委会设置试点工作；26日，杭州市政协原副主席管竹苗到建德考察。10月20日，杭州市政协原副主席蒋福弟到建德考察。

2011年5月5日，杭州市政协副主席朱祖德到建德市杨村桥镇检查指导新一轮"联乡结对"帮扶工作。6月3日，杭州市政协主席孙忠焕到建德调研城乡统筹发展项目。11月1日，杭州市政协副主席朱祖德到建德检查指导新一轮"联乡结村"帮扶工作。

2012年3月9日，杭州市政协副主席赵光育到建德市李家镇开展"进村入企"大走访活动；13日，杭州市政协副主席俞国庆到建德市航头镇开展"进村入企"大走访活动。5月31日，杭州市政协主席叶明到建德走访调研。7月3日，杭州市政协副主席朱祖德到建德市杨村桥镇调研

“联乡结村”工作。11月2日，杭州市政协副主席张鸿建带队到建德调研提案工作。12月14日，杭州市政协副主席何关新到建德调研。

2013年7月18日，杭州市政协副主席张鸿建到建德调研“养生养老”工作。10月12日，杭州市政协副主席何关新到大同镇调研低收入农户增收工作。12月4日，杭州市政协主席叶明，副主席何关新、汪小玫到建德调研政协工作。

2014年3月10—12日，杭州市政协副主席何关新带队到建德调研职能性专委会改革试点工作。5月9日，杭州市政协副主席何关新到建德调研“五水共治”工作。7月3日，杭州市政协副主席何关新到建德调研政协工作向基层延伸工作。10月28日，杭州市政协副主席张鸿建到建德调研政协职能性专委会试点工作。11月7日，杭州市政协副主席何关新到建德调研致中和酒业整体搬迁项目。12月1日，杭州市政协副主席何关新到建德调研政协工作。

2015年4月1日，杭州市政协副主席何关新到建德调研致中和项目。6月24日，杭州市政协副主席何关新到建德调研重点扶贫村工作。9月10日，杭州市政协副主席何关新、朱祖德到建德调研城乡区域统筹发展工作。10月27—28日，杭州市政协副主席朱祖德到建德视察调研。11月4日，杭州市政协副主席何关新到建德调研联系督办的重大涉稳问题工作。12月14日，杭州市政协副主席何关新到建德调研扶贫开发工作；22—23日，杭州市政协副主席朱祖德带队到建德督查“两路两侧”“四边三化”工作。

2016年3月23日，杭州市政协副主席何关新到建德督导“‘五水共治’民主监督‘万千行’”活动。5月10日，杭州市政协副主席朱祖德到建德督查“两路两侧”“四边三化”工作。6月3日，杭州市政协主席叶明到建德调研“四边三化”等工作。30日，杭州市政协副主席何关新到建德调研“五水共治”工作。7月25日，杭州市政协主席叶明到建德调研G20峰会维稳安保工作。10月13日，杭州市政协副主席张必来到建德调研“送科技下乡”活动。10月24—25日，杭州市政协副主席赵光育到建德调研航空特色小镇建设情况。12月1日，杭州市政协副主席张鸿建到建德调研重大洽谈及签约项目；7日，杭州市政协领导到建德视察乾潭幼儿园、二小基础教育及建德市三院医养护等工作，并督查“六个领衔”胥江村杭派民居建设情况。20日，杭州市政协副主席张鸿建带队到建德督查“两路两侧”“四边三化”工作。

2017年3月13—17日，杭州市政协副主席汪小玫到建德钦堂乡开展“组团包干八大行动”；16—17日，杭州市政协副主席朱祖德到建德市杨村桥镇蹲点调研；29日，杭州市政协党组书记潘家玮到建德调研。5月14日，杭州市政协副主席冯仁强到建德调研小城镇环境综合整治工作。7月5日，杭州市政协副主席翁卫军到建德市大同镇蹲点调研。8月31日，杭州市政协副主席冯仁强到建德督查“助推文明城市与生态文明建设”工作。9月25日，杭州市政协副主席胡伟到建德市航头镇调研，为致公党杭州市委会法律服务团航头服务基地揭牌。10月18日，杭州市政协副主席张鸿建到建德市乾潭镇安仁村、胥江村调研“杭派民居”示范村创建工作。11月15—16日，杭州市政协副主席翁卫军到建德市大同镇蹲点调研。

2018年6月8日，杭州市政协副主席叶鉴铭到建德调研小城镇环境综合整治工作。8月3日，杭州市政协副主席叶鉴铭到建德开展“生态环境保护与中央环保督察整改工作”两级联动民主监督活动。9月20日，杭州市政协副主席胡伟到建德开展城乡低收入群体增收工作专项监督活动。10月18日，杭州市政协主席潘家玮到建德调研“拥江发展”工作。31日，杭州市政协原主席叶明到建德调研寿昌镇小城镇整治及航空小镇建设工作。11月14日，杭州市政协副主席汪小玫到建德走访民进会员之家，指导委员工作室建设工作。

2019年1月31日，杭州市政协副主席陈永良到建德开展走亲连心“三服务”活动。2月27日，杭州市政协副主席谢双成到建德走访座谈。3月12—13日，杭州市政协副主席翁卫军到建德开展“走亲连心三服务”活动。4月12日，杭州市政协汪小玫副主席到建德乾潭镇开展“推动支持民营企业各项政策落实，打造国际一流营商环境”专项集体民主监督活动；24日，杭州市政协副主席冯仁强到建德调研基层社会治理工作。7月19日，杭州市政协副主席叶鉴铭到建德开展“走亲连心三服务”活动。10月22日，杭州市政协副主席谢双成到建德开展“联乡结村”视察调研活动；28日，杭州市政协副主席汪小玫到建德开展“最多跑一次”改革和“美好教育”专项民主监督活动。11月21日，杭州市政协副主席叶鉴铭到建德就“农村集体经济消薄增收”开展专项集体民主监督活动。

四、横向交流

1. 外出考察交流

为扩大委员视野，提高参政议政水平，市政协确定调研课题之后，学习和实地考察各省、市、县的经济发展情况，交流政协工作经验。从十届到十四届期间，共外出考察95批次。

1998年1月21日，市政协党组书记刘志新、副主席陈宝珍等到淳安县交流工作。2月28日，副主席穆先堂、陈宝珍到余杭市政协交流工作。3月21—22日，副主席穆先堂率政协机关人员到金华、浦江考察。4月13日，主席刘志新，副主席王行健、马晔到上海闵行、青浦等县区政协考察。10月22—26日，副主席王行健率政协医卫组到江山、贵溪等地考察。11月3—6日，主席刘志新、秘书长黄根华到安吉、德清、湖州等地学习考察；18—20日，副主席郭昌友到浦江、义乌、富阳、余杭等地学习考察；24日，副主席郭昌友到淳安县学习考察。

1999年3月5日，秘书长黄根华到桐庐考察政协工作。4月23—28日，副主席程锦元、秘书长黄根华率政协文史委到安徽歙县、黄山、休宁等县市考察新安文化研究工作。5月12—16日，副主席郭昌友、马晔率各民主党派、工商联负责人到台州、温州等地考察学习。18日至19日主席刘志新到余姚市考察学习。6月3—4日，副主席王行健率领政协调研组到临安、安吉考察交流农特产税征管工作。8日—9日副主席程锦元、秘书长黄根华到嵊州市考察农产品交易市场建设情况。12月31日，主席刘志新到江苏如皋市政协学习考察。

2000 年 9 月 25—28 日，主席刘志新带领民主党派及有关人员到江西等地考察。10 月 28 日—11 月 5 日，副主席王行健率政协医卫组到江西、湖南考察医疗卫生改革。

2001 年 7 月 17—21 日，副主席程锦元带领调研组到江苏省考察文明乡镇建设情况。12 月 4—8 日，副主席王行健带领政协医卫组到萧山、温岭等地学习考察。

2002 年 4 月 3—13 日，副主席程锦元带领政协部分委组长到云南等地学习考察。5 月 10—20 日，副主席穆先堂、秘书长陈庆祥带领部分政协委组长到西安等地考察。10 月 16—18 日，副主席程锦元参加政协提案委到舟山考察学习。26—31 日，副主席王行健参加政协医卫组到海南考察。

2003 年 11 月 21—23 日，副主席程锦元组织政协旅游交通组成员到宁波、舟山等地考察。26—27 日，副主席程锦元、马晔，秘书长陈庆祥带领政协提案委成员到青浦、嘉善、桐乡等地学习交流提案工作。29—30 日，副主席马晔、秘书长陈庆祥率政协寿昌联络组到仙居、兰溪学习考察。

2004 年 4 月 13—14 日，副主席程锦元到江干区、临安市、桐庐县政协学习考察政协工作。5 月 7—11 日，副主席王成土带领政协委组长到海南考察生态农业建设。6 月 8 日，副主席郭昌友率市政协生态特色农业课题调研组到江西婺源县考察；9—10 日，副主席马晔率市政协“农村社会保障体系建设”调研组到江山、金华等地考察。副主席程锦元到云和县、武义县学习帮扶脱贫经验；21—22 日，副主席王成土、谢春凤率市政协“农业科技成果推广对策”课题调研组到安吉县学习考察。

2005 年 6 月 16—18 日，副主席马晔率市政协医卫组到遂昌县、丽水市就农村合作医疗及公共卫生体系建设作专题调研。9 月 1 日，主席刘志新、副主席王成土、秘书长陈庆祥到萧山区政协考察；9—11 日，副主席王成土、秘书长陈庆祥到杭州、扬州考察历史街区保护工作；11 月 14—17 日，副主席马晔、王成土到普陀区、象山县、宁波市政协考察学习；15—18 日，副主席程锦元到安吉县、长兴县、海宁市政协考察学习。12 月 2—4 日，副主席程锦元率市政协梅城联络一组到江苏昆山市政协学习考察。

2006 年 4 月 6 日，主席刘志新应邀参加萧山区政协成立五十周年庆祝大会。

2007 年 5 月 18 日，副主席王成土率市政协农业组到淳安县考察浙江新安江罐头食品有限公司。7 月 29—31 日，市政协办公室组织部分工作人员到乐清、平阳两地政协办公室学习考察。11 月 11—16 日，副主席郭昌友率市政协有关委组考察湖北等地；13 日，秘书长蒋华率办公室工作人员到东阳市政协考察。12 月 7—9 日，市政协领导及各民主党派负责人到江苏省镇江市、扬州市、泰兴市考察新安化工集团在外发展情况并进行工作交流。

2008 年 3 月 26—28 日，市政协部分领导到富阳市、杭州市余杭区、桐乡市考察学习政协工作。5 月 15—16 日，副主席郭昌友率政协调研组到龙泉市考察新农村建设。10 月 9 日，副主席王成土率市政协提案委到淳安县考察“促进城乡教育均衡发展”。11 月 20—22 日，市政协领导率各民主党派负责人、市政协机关各部门负责人到东阳市、义乌市、武义县交流政协工作经验，并于

22日在武义县召开政协主席读书会。

2009年6月18—20日，副主席王成土、郭昌友，秘书长蒋华带领政协委组长到江苏镇江、泰兴、江阴、常熟等地开展学习培训活动。11月6—8日，市政协召开常委读书会，到重庆、铜梁等地考察学习。12月4日，副主席王成土、郭昌友，秘书长蒋华到江山市政协学习考察。

2010年5月23—29日，市政协部分领导带队到山东、天津、河北有关县（市）、区考察学习政协自身建设、“十二五”规划编制、高铁经济等工作。6月7—9日，副主席吕勇率市政协台侨组到福建侨乡考察活动。7月6—7日，副主席郭昌友率市政协政治协商工作委员会和市发改局负责人到安吉、长兴、德清3县考察“十二五”重大项目规划编制工作；13日，副主席张早林，秘书长蒋华及政协委员学习和工作联络委员会负责人到临安市、桐庐县考察科技投入保障机制建设工作。9月25日—10月1日，市政协组织政协常委到天津滨海新区、新疆阿克苏市考察。11月5日，副主席郭昌友到丽水莲都区政协考察；11—12日，市政协组织全市乡镇（街道）工作委员会主任（工作人员）到浙江省温岭市学习考察乡镇政协工作。

2011年4月1—2日，市政协组织机关干部到安徽歙县、绩溪参观考察；23日，市政协部分领导赴重庆北碚区政协举行两地政协工作交流座谈会。11月3—4日，市政协部分领导到上虞市、普陀区政协考察交流；9日，副主席郭昌友到龙游县政协考察交流；10日，市政协部分领导到桐庐县政协考察交流。

2012年1月1—2日，市政协部分领导带队到福建省武平县政协考察交流。6月8—11日，主席吴铁民，副主席严凌云、吕勇、张早林、洪国根，秘书长蒋华到安徽亳州市政协、江苏溧水县政协考察“三化”建设。7月13日，副主席严凌云赴萧山参加建德、萧山政协工作交流会。16日，主席吴铁民、副主席张早林和秘书长蒋华参加建德、南湖政协工作交流会。11月8—9日，副主席洪国根率政协社科组到龙泉、缙云考察；11月19日，建德市政协常委会组团到福州市晋安区考察城市建设和管理工作。12月11日，主席吴铁民、副主席张早林到富阳市政协考察政协基层工委建设；12日，副主席张早林、程旭、正市巡视员郭昌友率政协社科组到桐庐考察城市建设工作；25日，主席吴铁民，副主席严凌云、张早林到临安考察乡镇工委建设。

2013年3月28日，秘书长蒋华带队到嘉兴南湖区政协考察交流。5月7日，主席吴铁民，副主席严凌云、张早林，秘书长蒋华赴本溪参加建德—本溪两地政协工作交流会。

2014年8月29日，主席吴铁民，副主席吕勇、张早林，秘书长蒋华参加建德·拱墅两地政协工作交流会。11月16—19日，副主席吕勇到四川玉龙纳西族自治县考察民宿经济及民族工作。12月3—5日，市政协召开常委读书会，安排到嘉善、平湖、淳安等地学习考察。

2015年12月18日，副主席程旭带队到文成县政协考察学习。

2016年8月26日，副主席吕勇、程旭到萧山区、富阳区考察政协换届人事安排工作。

2018年4月24—25日，副主席程旭率调研课题组成员到宁海县、临海市考察学习乡村治理相关工作；25—27日，副主席徐亚娟带领提案委成员到江苏南京江宁区政协、镇江市政协考察学习提案工作。7 月 10—12 日，主席吴铁民，副主席叶志高和秘书长蒋华到安徽泾县组织参加市政协委员培训，并学习考察安徽泾县、旌德全域旅游建设。8 月 13—18 日，副主席叶志高带领政协部分委组长到延安参加杭州市政协举办的建德、桐庐、余杭、江干 4 区（县、市）“不忘初心、牢记使命”专题培训班。11 月 13—15 日，主席吴铁民，副主席程旭和秘书长蒋华到丽水龙泉、景宁学习考察政协机关党组建设工作；21—24 日，副主席严凌云带领部分常委到湖南澧县、赫山考察现代农业产业发展和乡村旅游等工作；27—30 日，副主席程旭、叶志高带领部分常委到福建厦门海沧区考察学习生物医药园区建设；到漳浦县考察学习现代农业建设、台商创业园建设等。

2019 年 5 月 22—24 日，主席吴铁民、副主席叶志高到温州平阳县、台州温岭市、金华义乌市政协学习交流“请你来协商”工作。6 月 11 日，副主席徐亚娟带队到江干区政协学习交流“请你来协商”工作。7 月 3—5 日，主席吴铁民带队到江苏省无锡市开展流域综合开发课题调研；副主席徐亚娟带队到江西省樟树市、铜鼓县开展美丽乡村课题调研。8 月 5—9 日，副主席严凌云到贵州岑巩县参加委员培训班。12 月 1—4 日，副主席严凌云、徐亚娟组织部分常委到贵州施秉、玉屏和湖南怀化考察农业产业发展工作；4—7 日，副主席程旭、王百金组织部分常委到湖南君山、衡东、南岳考察农业生态园工作；8—11 日，主席吴铁民、副主席叶志高带领部分政协常委到湖南桃源、沅江、浏阳学习考察乡村振兴。

2. 各地政协到建德考察交流

随着形势的发展，全国政协组织的相互交流活动逐步频繁，1998 年至 2019 年，共接待全国各地政协组织来访团组 195 批次。

1998 年 4 月 2 日，武夷山市政协副主席、民盟主委倪木荣等到建德考察。

1999 年 7 月 25 日，上海市长宁区政协副秘书长史国祥到建德考察。11 月 25 日，余杭市政协到建德考察。

2000 年 10 月 24 日，海宁市政协马光明副主席到建德考察。10 月 25 日，余杭市政协主席李小花到建德考察。11 月 16 日，云和县政协副主席、统战部部长张瑞虎到建德考察。

2001 年 5 月 18 日，吉林省政协领导到建德考察千岛湖。6 月 23 日，上海杨浦区政协领导到建德考察。10 月 27 日，成都市政协主席骆隆森到建德考察。

2002 年 4 月 6 日，沈阳市政协副主席洪建生到建德考察。7 月 4 日，辽宁省锦州市政协到建德考察旅游情况；24 日，下城区政协主席王长春及江西樟树市政协主席到建德考察。

2003 年 1 月 4 日，丽水市政协副主席洪正到建德寿昌等地考察。3 月 17 日，萧山市政协巡视员、原主席周土林到建德考察；25 日，淳安县政协秘书长洪昌芳到建德交流。5 月 28 日，余杭区政协副主席钱杭根到建德交流政协志编写工作。8 月 29 日，丽水市政协副主席洪正到建德考察。9 月 24 日，常山县政协副主席、统战部部长刘建军到建德考察。

2004 年 4 月 6 日，桐庐县政协摄影书画采风团到建德采风。

2005 年 3 月 9 日，福建省将乐县政协到建德考察碳酸钙产业。6 月 2 日，淳安县政协主席沈建平到建德交流。9 日，余杭区政协到建德交流。7 月 6 日，临安市政协副主席陈法生到建德考察。28 日，江山市政协主席陆洪涛到建德考察乡镇区划调整工作。9 月 10 日，庆元县政协到建德考察。

2006 年 3 月 11 日，桐乡市政协领导到建德考察。4 月 5 日，河南省政协领导到建德考察；4 月 18 日，拱墅区政协代主席赵树华到建德考察；26 日，安徽省歙县政协领导到建德考察。

2007 年 4 月 17 日，江苏省吴江市政协副主席、统战部部长钱鹤林到建德考察；29 日，桐乡市政协到建德考察政协提案工作。

2008 年 5 月 25 日，河南省邓州市政协主席杨德堂到建德考察文史工作。6 月 25 日，江苏省江阴市政协副主席、工商联主席黄丽泰到建德考察。8 月 13 日，龙游县政协主席黄利荣率龙游政协书画联谊会到建德交流；29—31 日，青田县政协到建德考察。9 月 3 日，西湖区政协到建德考察。4 日，福建省福鼎市政协副主席吴祖霖到建德考察。23 日，宁波市鄞州区政协到建德考察。10 月 11—12 日，河南省商水县政协到建德考察。19 日，河北省廊坊市政协到建德考察；27 日，江西省瑞金市政协副主席宋元翎、杨荣强到建德考察；29 日，苏州市政协考察团到建德考察。

2009 年 3 月 27 日，义乌市政协领导到建德考察。5 月 8 日，桐乡市政协到建德考察。6 月 8—9 日，重庆铜梁县政协到建德考察交流。9 月 8 日，普陀区政协副主席胡永国到建德考察。12 月 5 日，江苏省徐州市政协副主席吕中亚到建德考察。

2010 年 1 月 23 日，上海市政协原副主席、统战部部长王生洪到建德考察。2 月 21 日，磐安县政协考察团到建德。27 日，嘉兴南湖区、平湖市政协分别到建德考察交流工作。5 月 20—21 日，重庆市北碚区政协到建德考察政协机构改革工作。6 月 11 日，天津滨海新区政协副主席刘胜和带队到建德考察。7 月 6 日，宁海县政协主席杨加和率队到建德考察企业属地管理工作。9 月 3—4 日，云南省红河县政协考察团到建德考察；14 日，桐庐县政协党组副书记、副主席王六堂带队到建德交流两地政协工作。11 月 9 日，瑞安市政协参观考察团到建德考察。12 月 1 日，桐庐县政协副主席濮樟明带队到建德考察交流乡镇政协机构设置工作。

2011 年 1 月 27 日，衢江区政协主席廖立生到建德考察交流。3 月 16 日，兰溪市政协到建德考察。4 月 15 日，上虞市政协主席卢一勤带队到建德考察学习。5 月 26 日，下城区政协主席赵洁生到建德考察政协专委会设置和乡镇（街道）工委建设情况。7 月 23 日，嘉善县政协吴金林到建德考察。8 月 3 日，福建安溪县政协到建德考察；8 月 4 日，青田县政协到建德考察。9 月 5 日，福建省武平县政协副主席刘立明到建德考察水利改革发展情况；9 月 17—18 日，萧山区政协主席王珠英到建德考察交流政协改革创新工作；9 月 24 日，安徽省池州市政协副主席带队到建德调研老年公寓建设；12 月 29 日，临安市政协主席赵法生到建德考察。12 月 8—9 日，山西省大同市政协副主席陈昌辉到建德考察。12 月 14 日，龙游县政协副主席雷樟发到建德考察政协民主监督委员管理工作。

2012 年 3 月 9 日，成都市政协副主席金嘉祥到建德考察政协专委会机构设置等工作；30 日，富阳市政协副主席张志根到建德考察。4 月 16 日，玉环县政协主席吴小平到建德考察交流政协工作；4 月 24 日，临安市政协副主席楼沛明到建德考察；4 月 26 日，拱墅区政协副主席钟黎明到建德考察。5 月 16 日，桐庐县政协到建德考察。6 月 1 日，永嘉县政协到建德考察。7 月 18 日，庆元县政协到建德考察；7 月 31 日，西湖区政协主席张岐到建德考察“三江两岸”沿江生态建设。10 月 9 日，临安区政协副主席斯嘉平到建德学习考察政协工作向基层延伸工作。11 月 15 日，下城区政协主席朱永华及遂昌县政协到建德考察；22—23 日，萧山区政协主席谭勤奋考察玉泉寺和“三江两岸”生态建设工作。12 月 6 日，苍南县政协到建德考察；19 日，天台市政协、温岭市政协主席王福生到建德考察。

2013 年 4 月 19 日，桐乡市政协副主席陈炳荣到建德考察乾潭镇工商联合会工作。9 月 9 日，江山市政协到建德考察；12 日，滨江区政协到建德考察。25 日，龙游县政协到建德考察。

2014 年 2 月 19 日，安徽省肥西县政协到建德考察。6 月 13 日，吉林省辽源市西安区政协到建德考察政协乡镇工作委员会建设情况。7 月 23 日，余杭区政协到建德考察网络提案平台建设工作。8 月 18 日，南浔区政协到建德考察。25 日，黄山市政协到建德考察。9 月 11 日，象山县政协到建德考察；19 日，鄞州区政协主席陈振国到建德考察委员主体作用发挥等工作；26 日，缙云县政协到建德调研考察秀美乡村建设。10 月 29 日，安徽省休宁县政协到建德考察水利基础设施建设工作；30 日，仙居县政协到建德考察。11 月 13 日，江苏省南通市通州区政协到建德考察；25—26 日，拱墅区政协到建德学习考察。12 月 26 日，余杭区政协到建德考察古镇、古村落保护工作。

2015 年 4 月 20 日，遂昌县政协副主席王凤琴到建德调研“四边三化”工作。5 月 8 日，嵊州市政协副主席袁辉尧到建德考察新叶村古民居保护与利用工作；15 日，桐庐县政协副主席雷国兴到建德考察。6 月 25 日，江干区政协主席朱关泉带队到建德考察。8 月 4 日，临安市政协副主席楼沛明、张亚联带队到建德考察商贸服务业；20 日，海宁市政协主席张炜芬到建德考察。

2016 年 3 月 25 日，江苏射阳政协主席到建德考察航空小镇工作。4 月 14 日，江苏省灌云县政协到建德考察地名标牌建设及地名文化保护挖掘工作；19 日，苏州市政协到建德考察古村落保护与开发。5 月 9 日，仙居县政协到建德考察乡村旅游发展；17 日，江苏省张家港市政协副主席刘会荪到建德考察大众创业工作情况。6 月 30 日，富阳区政协到建德考察卫生工作。7 月 23 日，安徽省宿州政协到建德考察。11 月 3 日，嘉兴市政协到建德考察生态旅游工作；14 日，兰溪市政协到建德调研提案工作。12 月 2 日，绍兴市政协副主席余利明到建德考察。

2017 年 3 月 2 日，常山县政协主席林红汉到建德考察民宿经济培育工作。5 月 25 日，临安市政协到建德考察航空小镇和梅城古镇。6 月 14—15 日，富阳区政协主席陆洪勤到建德考察新农村建设（江南秘境）工作；22 日，长兴县政协到建德调研剿灭劣 V 类水、小微水体整治和深化河长制等工作。7 月 26—27 日，黄岩区政协主席带队到建德考察全域旅游工作。8 月 2 日，淳安县政协到建德考察学习委员管理工作。9 月 6 日，江苏南通市通州区政协到建德考察。23 日，江苏省宜兴市政协到建德考察全域旅游工作。10 月 27 日，江西省上高县政协到建德考察医院 PPP 项目。

11 月 7 日，南京市江宁区政协到建德考察新农村建设。8 日，镇江市政协到建德调研特色小镇建设；26—27 日，河南省太康县政协到建德考察“稻香小镇”建设工作；30 日，兰溪市政协到建德考察开发区建设整合提升工作。12 月 8 日，临安区政协到建德罗桐社区、府东社区调研社区建设工作；11 日，平湖市政协到建德考察。

2018 年 4 月 11 日，江西省共青城市政协副主席雷声到建德调研考察草莓产业发展工作；18 日，兰溪市政协到建德调研基本养老保险工作。5 月 15 日，安徽省怀宁县政协到建德考察乡村振兴工作。桐乡县政协到建德考察绿道、三都渔村。6 月 5—6 日，安徽省旌德县政协到建德考察全域旅游；6 日，安徽东至县政协到建德考察中药材产业发展情况；13 日，广西蒙山县政协主席曾凡玺到建德调研考察；14 日，庆元县政协到建德调研城中村改造工作；28 日，安徽谯城区政协到建德考察药业经济发展。7 月 10 日，广东英德市政协到建德新叶古村、上吴方村考察传统村落保护与利用工作；28 日，上虞区政协副主席徐光华到建德调研考察高铁周边区域规划建设工作。8 月 3 日，江西省南丰县政协到建德考察村级集体经济发展情况。9 月 10 日，浦江县政协主席朱受明到建德考察田园综合体、小城镇环境整治和航空小镇建设等工作；13 日，长兴县政协到建德考察全域土地综合整治工作；14 日，江苏阜宁县政协到建德考察“乡村振兴”建设情况，实地参观杭派民居和幸福村；18 日，安徽省歙县政协到建德调研“最多跑一次”改革工作；21 日，贵州省玉屏侗族自治县政协到建德考察油茶产业发展。10 月 11 日，萧山区政协到建德调研政协机关建设情况。11 月 1 日，开化县政协副主席谷声到建德调研因病因残致贫户的扶贫工作；7 日，内蒙古喀喇沁旗政协主席到建德调研“美丽乡村”建设、“最多跑一次”改革等工作。天台县政协到建德参观清廉医院建设情况；9 日，湖北省谷城县政协到建德考察航空特色小镇建设工作；14 日，上海浦东新区政协副主席高德彪到建德调研“岸上污染源”整治工作。12 月 10 日，河北望都县政协到建德乾潭幸福村、三都新和村考察农村文化建设工作；14 日，苍南县政协主席陈国苗到建德考察垃圾分类处理工作。

2019 年 2 月 21 日，湖南衡东县政协到建德调研。3 月 20 日，广西环江毛南族自治县政协副主席卢俊章到建德考察高铁场站建设情况。4 月 2—3 日，江苏常熟市政协到寿昌镇、大慈岩镇、乾潭镇考察建德市康养事业，并前往盟员之家交流党派工作；9 日，江苏省昆山市政协到建德考察交流；11 日，余杭区政协副主席黄德伟到建德考察梅城美丽城镇建设；15 日，福建建阳区政协到建德调研民宿民居等工作；24 日，陕西大荔县政协到建德考察政协志编纂工作；26 日，重庆市忠县政协到建德考察。5 月 22 日，临安区政协副主席吴云川到梅城镇、三都新和村考察美丽城镇、美丽乡村建设；29 日，安徽省望江县政协到建德考察小微园区建设工作。6 月 11 日，黄山市徽州区政协到建德考察文旅融合工作。安徽省肥东县政协到建德考察农夫山泉、青岛啤酒、玺匠文化等企业的民营经济发展情况；13 日，安徽省青阳县政协行到建德考察交流；14 日，青田县政协到建德考察交流；18 日，舟山市定海区政协到建德考察。陕西省政协副主席祝列克到建德钦堂葛塘村，乾潭安仁村、胥江村参观考察；25 日，萧山区政协到建德考察梅城镇洋程村抗日纪念馆。7

月2日内蒙古和林格尔县政协到建德调研考察；11日，宁夏中卫市政协到建德考察“智慧医疗”工作；16日，珠海市政协到建德大慈岩镇里叶村、双泉村调研莲子产业，到葆元农场畜牧养殖业；19日，义乌市政协副主席吴伟兴到建德考察寿昌小城镇综合整治工作和航头镇乡村产业振兴助推农村增收工作；23日，安徽歙县政协到建德考察“旅游+体育”融合工作。丽水市政协到建德调研水源保护区工作；24日，江西奉新县政协到建德调研农村垃圾治理、污水处理等工作。8月1日，内蒙古林西县政协主席王春艳到建德学习考察；16日，衢州政协领导到建德考察美丽城镇建设；19日，磐安县政协到建德寿昌镇、梅城镇参观小城镇环境整治工作和美丽城镇建设；27日，嘉善县政协副主席陆才华到建德莲花戴家村和乾潭幸福村参观考察。9月2日，福建省政协副主席王光远到建德考察休闲农业产业发展；11日，安徽省旌德县政协到建德调研乡村旅游工作。10月11日，安徽省郎溪县政协考察新安江水电站、紫薯绿道和委员工作站建设；18日，金华市武义县政协到建德考察全域土地综合整治工作；24日，吉林省政协到建德调研乡村文化建设。11月1日，湖南省衡阳市蒸湘区政协副主席邹顺徕到建德考察饮用水源地保护工作；10日，湖北省当阳市政协主席孙照玉到建德考察高铁场站、高铁新区建设和小城镇环境综合整治工作；20日，海盐县政协到建德调研美丽城镇建设工作；21日，江干区政协到建德调研。12月10日，龙泉市政协到建德考察美丽城镇建设；12日，江西省安远县政协到建德考察美丽城镇建设；18日，临安区政协到建德考察航空小镇；21日，湖北省丹江口市政协到建德调研移民工作。

第二节　联谊活动

一、中秋、新年茶话会

促进国家统一，广泛联谊各界，是人民政协实施最广泛的爱国统一战线的重要手段之一。自20世纪80年代以后，建德市（县）政协每年都会同市委统战部在中秋节、新年来临之际，举行由社会各界代表人士参加的茶话会。十届至十四届委员会期间，一直坚持这一做法。

1. 中秋茶话会

每年中秋佳节之际，市政协、市委统战部均联合举行中秋茶话会，邀请市委、市人大、市政府、市人武部领导以及各民主党派、工商联、无党派人士、各人民团体、各界代表人士参加。茶话会由市政协、市委统战部领导主持或致辞，市委主要领导到会讲话，各民主党派、人民团体、代表发言。

1998—2019年建德市政协中秋茶话会一览表

表6-1

时间	主持人	致辞领导	讲话领导	党派团体发言代表	备注
1998年10月5日	郭昌友	刘志新	俞国庆	李干才	
1999年9月20日	穆先堂	刘志新	俞国庆	马　晔	暨庆祝政协成立50周年
2000年9月12日	郭昌友	刘志新	王金财	马　晔、程玲玲	
2001年9月28日	郭昌友	刘志新	赵纪来	（未详）	
2002年9月20日	穆先堂	刘志新	赵纪来	朱启鸿、洪德贵、汪积功、陈宝珍、赖肇雄、姚善权等发言	
2003年9月10日	刘志新	刘志新	赵纪来	严凌云	
2004年9月27日	刘志新	刘志新	赵纪来	郑　冰	
2005年9月16日	刘志新	刘志新	赵纪来	朱启鸿	
2006年9月30日	刘志新	刘志新	陈春雷	谢春凤	
2007年9月24日	程茂红	程茂红	陈春雷	朱启鸿	
2008年9月11日	程茂红	程茂红	陈春雷	谢春凤	暨改革开放30周年
2009年9月30日	程茂红	程茂红	陈春雷	谢春凤	
2010年9月20日	吕　勇	程茂红	陈春雷	朱启鸿	
2011年9月7日	吕　勇	程茂红	陈春雷	谢春凤	
2012年9月27日	吴铁民	吴铁民	董悦	朱启鸿	
2013年9月17日	吕勇	吴铁民	董悦	严凌云	
2014年9月4日	吕勇	吴铁民	陈震山	朱启鸿	
2015年9月25日	吕勇	吴铁民	童定干	谢春凤	
2016年9月13日	吕勇	吴铁民	戴建平	钱晓华	
2017年9月29日	叶万生	吴铁民	童定干	叶　强	
2018年9月19日	叶万生	程旭	童定干	徐拥军	
2019年9月11日	张早林	吴铁民	童定干	钱晓华	

2. 新年茶话会

每逢新的一年到来之际，市政协、市委统战部联合举行新年茶话会。各民主党派、工商联、无党派人士、各人民团体、社会各界人士以及建德籍港澳台同胞和海外侨胞应邀出席。市政协、市委统战部领导主持或致辞，市委领导到会讲话，各民主党派、人民团体代表发言。

1998—2019 年建德市政协新年茶话会一览表

表 6-2

时间	主持人	致辞领导	讲话领导	党派团体发言代表	备注
1998 年 1 月 15 日	郭昌友	葛彰生	俞国庆	徐土松	
1999 年 2 月 9 日	郭昌友	刘志新	俞国庆	王行健、黎德西	
2000 年 1 月 27 日	穆先堂	刘志新	王金财	徐土松、周友红	
2001 年 1 月 15 日	刘志新	刘志新	许保水	李干才、张冰莹	
2002 年 1 月 30 日	刘志新	刘志新	赵纪来	李干才、周友红	
2003 年 1 月 23 日	刘志新	刘志新	赵纪来	谢春凤	
2004 年 1 月 12 日	刘志新	刘志新	赵纪来	朱启鸿	
2005 年 2 月 2 日	刘志新	刘志新	赵纪来	严凌云	
2006 年 1 月 18 日	刘志新	刘志新	赵纪来	郑　冰	
2007 年 2 月 6 日	程茂红	程茂红	陈春雷	严凌云	全体会议期间
2008 年 1 月 24 日	程茂红	程茂红	陈春雷	郑　冰	
2009 年 12 月 30 日	程茂红	程茂红	陈春雷	严凌云	
2010 年 12 月 31 日	吕勇	程茂红	陈春雷	郑　冰	
2011 年 12 月 30 日	程茂红	程茂红	董　悦	严凌云	
2012 年 12 月 28 日	吴铁民	吴铁民	董　悦	谢春凤	
2013 年 12 月 30 日	吴铁民	吴铁民	董　悦	郑　冰	
2014 年 12 月 29 日	吴铁民	吴铁民	戴建平	郑　冰	
2015 年 12 月 29 日	吴铁民	吴铁民	戴建平	严凌云	
2016 年 12 月 30 日	吴铁民	吴铁民	童定干	巫海武	
2017 年 12 月 28 日	吴铁民	吴铁民	童定干	巫海武	
2018 年 12 月 27 日	吴铁民	吴铁民	童定干	徐拥军	
2019 年 12 月 25 日	吴铁民	吴铁民	童定干	巫海武	

二、书画、摄影联谊活动

市政协自书画社建立以来，受到党政领导、社会各界和书画爱好者的热情支持，并在许多重要纪念日、党委政府的重大活动以及兄弟县市政协交流中，举办书画作品展，受到社会的广泛好评。但由于诸多客观原因，市政协书画社活动在2004年后曾一度停滞。2011年，恢复书画、摄影交流活动。2018年，为各地政协之间的团结联谊，扩大书画交流活动的影响，成立建德市政协书画院，履行原书画社职能，并设立书画院专用场馆，以便经常化开展活动。

1998年1月12日和21日，市政协书画社、联谊会联合组织社员先后到洋尾乡高楼下、莲花镇郭村书写（赠送）春联。

1999年2月3—4日，市政协书画社组织社员到石屏乡南山村、童家乡西华村为村民义务书写（赠送）春联。9月13—27日，市政协举办纪念人民政协成立五十周年书画展，展出新老委员书画作品30余幅，同时，展出反映建德政协历史照片18幅。

2000年1月24—25日，市政协书画社、联谊会联合组织社员先后到航头镇大店口村、檀村镇新叶村书写（赠送）春联。

2001年1月13—14日，市政协书画社、联谊会联合组织社员先后到上马乡童源村、下涯镇大洲村书写（赠送）春联。7月1日，市政协（书画社）、各民主党派联合举办为期20天“庆祝中国共产党成立80周年”书画展。

2002年2月1日，市政协书画社、联谊会联合组织社员到大洋镇胡店村书写（赠送）春联。

2003年1月18—19日，市政协书画社、联谊会联合组织社员先后到大洋镇里黄村、李家镇石鼓村书写（赠送）春联。2月10日，政协书画社到大洋镇书写（赠送）春联活动。6月30日，市政协书画室召开工作会议。9月29日，市政协书画室与府西社区联合举办“喜迎国庆书画”笔会。

2004年4月6日，市政协书画室与桐庐县政协摄影书画采风团赴梅城开展采风活动。

2008年5月27日，庆祝中华人民共和国成立六十周年新安江书画院作品展开幕仪式。

2009年8月31日，市政协举行庆祝人民政协成立六十周年摄影艺术精品展。

2011年3月21日，市政协召开座谈会，部署市政协书画室恢复、市政协摄影社成立相关筹备工作。4月13日，市政协举行书画室恢复、摄影室成立仪式，并与桐庐、浦江县政协开展3县（市）政协书画、摄影交流活动。10月28日，市政协部分领导赴浦江参加浦江、建德、桐庐3县（市）政协书画交流活动；

2012年7月30日，主席吴铁民，副主席吕勇参加建德、桐庐、浦江三地政协书画摄影交流活动。10月23日，副主席吕勇参加桐庐、建德、浦江三地政协书画联谊活动。12月4日，副主席吕勇出席在杭举办的新安江两岸书画作品展。

2013 年 1 月 18 日，主席吴铁民、副主席吕勇带领政协机关党支部党员干部、市政协书画室书法家赴大洋镇新源村开展新春慰问，并书写、赠送春联活动。

2014 年 9 月 23 日，主席吴铁民、副主席吕勇、秘书长蒋华与兰溪市政协交流“建德、兰溪、浦江”三地“五水共治”书画摄影巡回展有关事宜。10 月 31 日，副主席吕勇赴兰溪参加兰溪、建德、浦江三地政协委员“五水共治”书画展。12 月 19 日，副主席吕勇出席“建德、浦江、兰溪”三地“五水共治”书画展浦江站巡回展；29 日，主席吴铁民，副主席严凌云、谢春凤、吕勇、程旭、洪国根，党组成员叶志高，秘书长蒋华参加“建德、浦江、兰溪”三地书画巡回展建德展。

2015 年 12 月 6 日，副主席严凌云参加“诗画梅城古韵严州”摄影联谊活动。

2016 年 3 月 8 日，副主席吕勇、程旭参加建德政协六十周年书画摄影展方案座谈会。8 月 18 日，正副主席、秘书长参加纪念建德政协成立六十周年书画摄影展。11 月 9 日，副主席吕勇参加“两江一湖”富阳、桐庐、建德、淳安四县（市、区）中国画作品交流展开幕式。12 月 7 日，副主席吕勇陪同温州市政协及书画社考察七里泷景区。

2018 年 6 月 1 日，市政协与市旅投公司签订协议，无偿使用江滨中路 630 号、631 号房屋，作为市政协书画院场所。9 月 29 日，市政协召开十四届四十次主席会议，专题听取市政协书画院筹备工作情况汇报，并研究政协书画院院长、副院长和秘书长等人选建议名单。正副主席、秘书长参加会议。9 月 30 日，政协建德市委员会发布《关于成立建德市书画院的决定》建政协〔2018〕5 号。10 月 10 日，副主席吕勇赴桐庐、淳安县政协考察学习政协书画院运作；31 日，市政协书画院举行成立仪式，西泠印社顾问、第十届杭州市政协主席叶明，浙江画院原院长张华胜，杭州市政协书画院副院长、杭州市政协文史委原主任宋涛，人民政协报驻浙江记者站站长李宏等出席仪式。12 月 19 日，主席吴铁民，副主席吕勇赴富阳区政协考察书画院工作。

2019 年 1 月 8 日，市政协书画院组织部分会员赴寿昌农商银行开展书写并赠送春联活动。3 月 6 日，第一期政协委员培训班在市政协书画院举办，30 余名委员参加培训。5 月 31 日，市政协原副主席、市政协书画院常务副院长吕勇带领市政协书画院部分书画师前往临安区政协学习考察，开展书画采风交流活动。6 月 1 日，著名雕塑家马鹏到访市政协书画院。12 日，副主席严凌云参加建德·婺城书画作品交流展的开幕式。9 月 29 日—10 月 3 日，举办庆祝中华人民共和国成立七十周年暨建德古诗百咏书画展。11 月 7 日，市政协书画院组织部分社员到玉泉寺采风。

三、政协联谊会活动

1. 全体会员大会

建德政协联谊会成立于 1989 年 10 月 7 日，自 1998 年以后，市政协联谊会每年召开一次全体会议，主要议程为：听取联谊会理事会工作报告，选举或增补理事、表彰先进、会长讲话等。

1998—2019年建德市历届次政协联谊会全体会议情况表

表6-3

时间	全体会议名称	主持人	报告人	领导讲话	会长	备　注
1998年5月15日	三届一次	陈宝珍	吴北海	刘志新	刘志新	通过《政协章程》
1999年3月18日	三届二次	陈宝珍	徐柏松	刘志新	刘志新	
2000年3月9日	三届三次	陈宝珍	徐柏松	刘志新	刘志新	
2001年3月28日	三届四次	陈宝珍	陈宝珍	刘志新	刘志新	黄裕民、蒋集贤、谈山雨等宣读调研报告
2002年3月20日	三届五次	季顺安	徐柏松	刘志新	刘志新	
2003年6月26日	四届一次	徐柏松	徐柏松	刘志新	刘志新	
2004年3月12日	四届二次	穆先堂	穆先堂	刘志新	刘志新	表彰先进（以下每年都进行）
2005年3月15日	四届三次	穆先堂	穆先堂	刘志新	刘志新	
2006年4月7日	四届四次	穆先堂	穆先堂	刘志新	刘志新	
2007年6月27日	五届一次	穆先堂	穆先堂	刘志新	刘志新	
2008年4月10日	五届二次	穆先堂	穆先堂	程茂红	刘志新	
2009年4月10日	五届三次	陈宝珍	陈宝珍	谢春凤	刘志新	
2010年4月13日	五届四次	穆先堂	穆先堂	程茂红	程茂红	程锦元作《政协章程》修改报告
2011年5月13日	五届五次	穆先堂	穆先堂	程茂红	程茂红	
2012年4月18日	六届一次	程锦元	穆先堂	吴铁民	吴铁民	
2013年3月22日	六届二次	王成土	程锦元	吴铁民	吴铁民	
2014年4月21日	六届三次	王成土	程锦元	吴铁民 刘志新	刘志新	吴铁民辞去会长一职
2015年3月13日	六届四次	程锦元	刘志新	吴铁民	刘志新	
2016年3月18日	六届五次	郭昌友	刘志新	吴铁民	刘志新	
2017年6月6日	七届一次	程锦元	刘志新	吴铁民	吴铁民	
2018年3月28日	七届二次	洪国根	程锦元	吴铁民	吴铁民	
2019年3月26日	七届三次	王　伟	洪国根	吴铁民	吴铁民	

2. 参观考察

1998 年至 2012 年，政协联谊会每年都组织会员开展老年保健讲座、门球、柔力球、木兰拳、象棋、围棋、麻将、垂钓等比赛；并选拔赛手参加全市老年运动会。

1998 年至 2002 年，政协联谊会组织会员，考察万福寺、玉泉寺、诸葛镇、兰溪八卦村、龙游石窟、三都·梅城三江联通工程、华海兴农实业公司、义乌小商品市场、杭州市西湖南区景点、萧山传化公司等。

2004 年至 2006 年，组织会员考察新安江中学、明珠小学、市体育馆、新安江生物技术有限公司、洋溪街道、玉泉寺院、杭州西湖、兰溪黄大仙、李渔纪念馆等等。

2007 年至 2011 年，组织会员考察五星车业、宝华洲、三都仁王寺、千岛湖秀水节、大洋镇工业园区、小凤农庄、大同溪口荒滩果园、李家麒麟山综合生态园、双超钙业、马目南峰高新技术园区、顾家工业园区、三都洪岭干果种植基地、西红花育种基地、梅城乌龙山玉泉寺、梅城大坝防护工程、乾潭牡丹园、胜奇山庄、江柏东源西源、寿昌省级开发区、绿荷塘楠木林公园、寿昌河南里小康村、洋溪街道洋安开发区、大慈岩工业园区、新叶古民居、双泉村农家乐等。

2012 年至 2016 年，组织会员考察了乾潭镇幸福村、江南春堂种植基地、三都镇春江源村、秋梅倒笃菜生产基地、严州府食品加工基地、严州中学梅城校区、梅城古城保护和古镇建设工作、玉泉寺、寿昌开发区安置建设工程、航头镇东村珍贵树种苗圃和楠木林园、乾潭镇骑龙村新农村建设、临海市、乾潭镇艾利斯玫瑰园、寿昌江治理工程和梅城防洪大坝改造工程、乾潭红地球葡萄庄园、桐庐深奥村考察历史文化建筑保护利用项目、杭州灵隐寺、桐庐窄浦新农村建设、三江绿道、三都渔村、杭州滨江、富阳区受降镇等。

2017 年至 2019 年，组织会员考察莲花镇河水治理工程、开化县金星村考察垃圾分类情况、杭州市 G20 会场、桐庐雅园养老产业项目、三都渔村、绿道、寿昌河南里村、航空小镇、寿昌西湖、下涯综保工程、黄饶花海及杨村桥高铁站、乾潭旅游码头、江西浮梁古县衙、大洋隐庐、千岛湖石林等。

3. 调查研究

联谊会会员始终关心社会关注的民生问题和经济建设中的难点、热点问题，利用专业特长优势，深入基层调查研究，积极参政议政，以社情民意的方式，向有关部门提出意见和建议，并形成一批有价值的调查报告，主要有：

1998 年，市政协会《华海农业实业有限公司调查报告》。

1999 年，程正盛《高山蔬菜种植的调研报告》《山区农民脱贫致富的新路子》、刘大中《大力发展私营经济的几点意见》。

2000 年，黄裕民《芦荟的功效和使用方法》《用好黄金小气候，做好花样大文章》；汪积功《素质教育是大教育》；张祖白《扩大内需，拓展消费市场》；刘大中《寿昌历史文化资源的保护和利用》。

2003年，毛恒甫、徐昉《要加强对梅城东湖的卫生治理工作》。

2004年，蒋集贤《新安江第一小学门前应禁止停车》；刘大中《河南里生态度假村风采》。

2007年，毛恒甫《创建文明和谐、优质服务车站》。

2013年，王振强《建德市林业工作情况》；陈庆祥《老村干部生活困难的报告》《防范与查处两手抓为农业园区营造平安环境》。

2014年，张祖白《关于强力推进和完善老人护理工作机制的建议》；施舍慷《关于要求更名黄浦公园的建议》；新安江二组《关于完善新安江城区公交车编号便于老百姓乘的建议》《关于完善新安江城区邮政报亭设置与管理的建议》；董梅云《对17度新安江生态环境建设规划的一点建议》；陈留声《梅城严州府路南端凌晨前照明问题》。

2015年，罗金培《雕塑应该贴近群众，让百姓看得懂》；陈炳春《要求开通严州大道至新中门口公交车的建议》；章笑萍《要求开通扫墓专线车或增加公交班次的建议》。

2016年，新安江二组《农村书屋功能有待进一步发挥》《关于对通往千岛湖好运岛和情人谷景区的横千线进行改造提升的建议》《关于加强农村报废车辆家具回收处理的建议》《关于加强乡镇汽车客运站建设与管理的建议》。

2017年，新安江二组《关于提升航空小镇公共卫生设施的建议》《关于加强农贸市场废弃市场循环利用的建议》《关于加强麦子流通，保护粮农积极性的建议》《关于提升航空小镇公共绿地设施的建议》《关于航空小镇公共消防设施安全的建议》；三组《关于加强建德市社会养老措施的建议》；寿昌组《寿昌镇要发展，首先要改路》《寿昌发展，改善居民居住条件也应列入发展规划》《如何改变寿昌镇溪边公路涌桥现象》《企业（原有国有企业）中级职称，未能在职工养老金中的体现》《民用燃气价为什么要与杭州同步，合理吗?》《航空小镇需注入活力》等。

2018—2019年，陈庆祥《关于加强对种粮大户安全生产检查培训的建议》《致敬烈士，不留缺憾——进一步加强革命烈士纪念馆建设与管理的建议》《加强食品安全建议》《关爱脑瘁中瘫痪病人，妥善处理药价虚高》；王振强《关于改善通往好运岛景区道路（横千线）横坑坞口至千岛湖隧道口路段通行条件的建议》《新安江大桥至庙嘴头清淤的建议》《关于扎实推进垃圾分类处置，让每一种垃圾都物尽其用的建议》；邹爱民《关于进一步加强乡村文化建设的建议》《学习后陈经验，升华清廉建德——关于借鉴武义后陈基层治理经验的几点建议》；陈国卿《关于提升大慈岩景区基础设施的建议》；徐兆林《关于增加5路车班次，提高始发密度的建议》《关于严禁在新安江沿江南岸公路以下地段开荒种菜和种农作物的建议》《关于做好下涯花海之江路山边村至马目大桥路段路灯座安全防护措施的建议》；钟卫《关于扩大管道煤气用户的思考》《关于发掘寿昌历史名餐饮小吃的思考》；范生来《关于把建德二院改造成高品质医养中心的建议》；何新根《关于新安江绿道对面农夫山泉厂房配合环境立面改造的建议》等。

四、政协之友社活动

1. 主要会议

2007年6月25日，市政协召开政协建德市第十二届委员会主席办公会议，会议研究决定成立“政协之友社”。8月9日，建德市民政局以建民审民〔2007〕19号文件《关于同意成立建德市政协之友社的批复》。30日，“建德市政协之友社成立大会”召开，会议由政协副主席王成土主持，应到会员82名，实到62名。表决通过建德市政协之友章程。选举产生由21位成员组成的第一届理事会。

12月12日，市政协之友社举行一届二次大会，协商讨论市政协之友社2008年工作思路，听取中共十七大精神辅导报告。省委党校汪岩桥教授到会作学习中共十七大精神辅导报告。大会组织成员视察马目大桥建设工程，听取下涯镇政府有关马目化工园区规划建设情况介绍。

2012年12月24日，市政协副主席张早林主持召开市政协之友社（企业家联谊会）召开第二届会员大会，杭州市政协副主席朱祖德，市领导吴铁民、郭坚、严凌云、张早林、程旭、洪国根以及正市级调研员郭昌友参加会议。

会议听取并审议由商国富所作的《市政协之友社第一届理事会工作报告》；审议通过市政协之友社（企业家联谊会）章程；选举产生市政协之友社（企业家联谊会）由36名成员组成第二届理事会。

2013年1月9日，根据《建德市政协之友社（企业家联谊会）章程》精神，决定将政协之友社会员（非委员和特聘委员）纳入政协委组，参加政协委组活动。

2017年6月5日，市政协之友社（企业家联谊会）召开第三届会员大会。成员单位85家，市政协主席吴铁民，市委常委、统战部部长叶万生出席会议并讲话。市政协副主席程旭、严凌云、吕勇、叶志高、徐亚娟出席会议。会议总结第二届市政协之友社（企业家联谊会）工作，选举产生由36名成员组成的第三届理事会。

2. 主要活动

2008年4月16日，民盟建德市委和市政协之友社联合在市图书馆举办《劳动合同法》法律知识讲座。是年，政协之友社与市体育协会共同举办“拳协杯”全国女子拳击锦标赛。

2009年，市政协之友社针对中小企业融资难问题，邀请银行与企业进行银企洽谈。为10余家企业解决困难。

2013年12月，市政协之友社邀请专家开展企业创新与发展专题讲座。

2016年4月24—27日，主席吴铁民、副主席叶志高率市政协之友社理事赴广西南宁高新技术产业开发区广西机械工业研究院、广西钦州保税港区考察调研“一带一路”工作。

2017年6月27—30日，组织部分会员赴江苏苏州、无锡考察当地民营经济发展情况。7月11

日至15日，政协之友社部分会员赴井冈山参加红色教育培训。7月17日，建政协办〔2017〕28号《关于政协之友社（企业家联谊会）会员参加政协委（组）分组活动名单的通知》，根据《建德市政协之友社（企业家联谊会）章程》精神，将之友社会员（非建德市政协委员）参加政协委（组）活动。9月13日至15日，部分会员赴常州考察当地旅游项目发展情况。11月1日，副主席叶志高赴航头镇走访之友社会员企业。

2018年5月30日，副主席徐亚娟带领大慈岩镇工委委员、之友社成员及无党派组委员赴大慈岩镇开展“城乡生活垃圾分类处理”“农村生活污水处理设施运维”和“小城镇环境综合整治”民主监督专项调查；31日，徐亚娟带领大洋镇工委、工商联组委员和之友社会员赴大洋镇，就上述三项工作开展民主监督专项调查。

2019年5月21日，主席吴铁民、副主席王百金组织梅城、三都、大洋片政协委员、政协之友社会员企业代表召开“走亲连心、示范引领”主题活动座谈会。

五、海外联谊活动

十届至十四届委员会为促进祖国统一、推进中华民族全面复兴，通过乡情、亲情广泛联系香港特别行政区同胞、澳门特别行政区同胞、台湾同胞及海外华侨华人密切联系，热情接待到建德的海外人士。以中秋茶话会、新年茶话会及登门拜访等形式，关注关怀重点统战对象、侨眷亲属，鼓励其加强与海外亲人的联系；并从政治、生活上给予关怀，通过其热忱欢迎海外同胞回大陆参观、考察、旅游观光，了解大陆经济发展、社会进步及各方面的变化。

1998年1月16日，市台胞台属联谊会召开第三届代表大会，选举产生第三届理事会，名誉会长汪积功、应天松、陈炳春，会长叶幸东，副会长张新陵、徐昉、蒋锦铭；3月24日，主席刘志新、副主席穆先堂接待杭州市政协香港委员；4月30日，政协副主席郭昌友赴三都镇看望台胞赖凤姣女士。7月10日，副主席郭昌友接待台商傅三连。9月27日，副主席郭昌友拜访到建德的加拿大华侨汪思孟。10月6日，主席刘志新、副主席郭昌友、秘书长黄根华参加市海外联谊会三届一次理事会。

1999年7月16日，市政协祖国统一联谊委员会与民革市委会联合邀请民革杭州市委会副秘书长徐子法作《台湾形势报告》，驳斥李登辉分裂祖国的言行。12月21日，市政协召开庆祝澳门回归座谈会。

2000年5月3日，副主席郭昌友接待台胞黄敬修等8人；30日，副主席郭昌友主持召开留学生家属联谊会一届二次代表大会。8月2日，台湾“原住民部落联盟”主席吴东祥3人到建德考察。10月25日，副主席郭昌友接待加拿大侨领汪昌孟夫妇；26日，主席刘志新接待泰国龙灯有限公司顾雨春、杜小龙等。11月28日，副主席郭昌友接待福州市台胞投资企业协会副秘书长郑德沙夫妇。

2001 年 1 月 18 日，浙江省台办副主任邵建伟、杭州市台办主任陈建伟看望省政协委员汪积功。3 月 28 日，副主席郭昌友接待赴香港定居的曾碧峰。4 月 14 日，副主席郭昌友接待杭州市台胞投资企业协会建德旅游的台胞 40 多人；20 日，副主席郭昌友参加建德市侨联第三次代表大会。6 月 23—24 日，副主席郭昌友接待台商刘龙飞。7 月 3—4 日，副主席郭昌友赴温州市拜访全德华侨华人联合会执行主席杨伟忠；22 日，副主席郭昌友接待中国国际投资公司田野。

2002 年 1 月 24 日，副主席郭昌友参加市侨联、留学生家属联谊会年会；26—31 日，副主席郭昌友到珠海参加杭州海外联谊春节团拜会。2 月 7 日，副主席郭昌友陪同杭州市统战部处长徐航慰问台胞叶先生。4 月 21 日，副主席郭昌友接待台湾建德同乡会副会长黄敬修；24 日，主席刘志新、副主席郭昌友参加接待台胞台商考察团。5 月 21 日、副主席郭昌友主持召开全市台、侨资企业负责人座谈会；27 日，主席刘志新、秘书长陈庆祥参加海外联谊会议。6 月 10 日副主席郭昌友接待香港厂主联合会会长黄鉴、副会长方浩然等。7 月 11 日，副主席郭昌友接待港商杨长明；26 日，副主席郭昌友接待台胞黄敬修。10 月 23—24 日，副主席郭昌友接待香港厂主联合会考察团；28 日，主席刘志新、副主席郭昌友接待台湾省文化艺术交流协会参访团。11 月 11—21 日，副主席马晔赴台湾考察学习。

2003 年 1 月 27 日，副主席郭昌友陪同杭州市台办陈建伟走访慰问新安江地区重点统战对象。2 月 17 日，副主席穆先堂接待香港中华电力考察团。4 月 8 日，副主席郭昌友参加全市台联台属第四次代表大会。6 月 6 日，副主席郭昌友在大同镇参加台湾籍代表人士座谈会。

2004 年 4 月 22 日，副主席王成土接待杭州市台商协会赴建德考察团。12 月 13 日，副主席郭昌友接待台商，就招商引资事宜进行实地考察和洽谈。

2005 年 3 月 31 日，主席刘志新、副主席郭昌友、秘书长陈庆祥参加杭州市政协主办的台海形势报告会。5 月 4 日，副主席郭昌友专程拜访会见中国国民党主席连战归来的汪积功。6 月 11—12 日，副主席郭昌友接待香港厂主职代会会长黄锺。

2006 年 4 月 5 日，副主席郭昌友拜访汪积功，就连战夫妇杭州之行有关事宜进行沟通；17 日，副主席郭昌友与汪积功商谈到杭州与连战夫妇会面相关事宜。

2007 年 7 月 1 日，市政协、市委统战部在市文化中心隆重举行香港回归祖国十周年庆祝活动；3—10 日，市政协台侨组组团赴台湾参观考察。

2008 年 6 月 22 日，副主席吕勇陪同海外华文媒体采访团到建德考察。12 月 4 日，副主席郭昌友、吕勇参加市台胞台属联谊会第五次代表大会。

2009 年 12 月 12 日，副主席吕勇参加市“留学生家属联谊会”第三次代表大会。

2010 年 9 月 19 日，副主席吕勇参加由市委统战部主办、市台办、市侨办、市侨联承办的台侨界中秋晚会。

2011 年 3 月 23 日，副主席吕勇主持协商侨眷王丁春房屋政策落实工作。

2012 年 9 月 25 日副主席吕勇参加华侨汪思孟捐赠的下涯大洲爱心幼儿园落成典礼。10 月 26

日副主席吕勇参加建德市第五次归侨侨眷代表大会；

2013 年 1 月 22 日，副主席吕勇参加市侨联五届二次全委会。6 月 30 日，主席吴铁民，副主席吕勇接待萧山香港同乡会到建德考察团。12 月 27 日，副主席吕勇参加建德市第六次台胞台属代表大会。

2014 年 10 月 28 日，副主席吕勇参加侨属王鼎槐私房调换协议签订工作。12 月 11 日，副主席吕勇出席建德市留学生家属联谊会三届会员大会；

2015 年 6 月 26 日，主席吴铁民接待台湾南投县名间乡参观团。11 月 2 日，副主席严凌云陪同台湾大学教授徐斯勤调研协商民主工作。

2016 年 3 月 31 日—4 月 3 日，主席吴铁民、副主席吕勇赴香港参加建德同乡会成立活动。8 月 16 日，主席吴铁民、副主席叶志高走访慰问黄埔军校联谊会成员；20—23 日，主席吴铁民、副主席吕勇陪同香港建德同乡会考察团考察建德。11 月 12—13 日，主席吴铁民参加“智汇新安”海外高层次人才走进建德暨省海高会电子信息 2016 峰会。

2017 年 1 月 7—9 日，副主席吕勇赴香港参加建德同乡会活动。3 月 3—7 日，副主席吕勇赴香港参加香港建德同乡会成立一周年庆典仪式。6 月 26 日，主席吴铁民参加香港同乡会副会长顾进跃在建德企业——横山钨业五十二周年庆典纪念活动。

2018 年 1 月 24 日，副主席程旭参加杭州区、县（市）政协港澳台侨和外事工作交流会。5 月 27 日—6 月 2 日，副主席严凌云参加浙江省民革代表团赴台湾考察文化建设。

2019 年 12 月，副主席严凌云接待台湾南投县考察团到建德考察。

第七章　自身建设

加强政协自身建设是推动政协高质量发展的重要保障。建德市政协自十届一次会议至十四届四次会议期间，坚持以抓好政协党建为引领，不断强化政协党组、政协机关党组和政协机关支部建设，抓好不同主题的教育活动，重视委员培训和制度建设及完善，以此有效推动建德市政协自身建设不断加强。

第一节　政协党建

人民政协党的建设集中体现在政协党组织在政协工作中的政治领导力、思想引领力、委员组织力、界别凝聚力上。十届至十四届委员会期间，政协党建工作坚持政协特点，从政协实际出发，不断提高党的建设质量，并以抓好各次主题教育活动为契机，把党中央的决策和中共建德市委的部署及对政协工作的要求落到实处，凝聚各方力量，以高度的责任感和使命感做好新时代政协工作，推动各界别委员为建德经济社会文化各项事业发展贡献力量。

一、党组织建设

十届至十四届委员会期间，市政协党组坚持党建统揽、党组统领，强化政治建设、思想建设、组织建设、队伍建设、作风建设、廉政建设，推动履行政协职能，有效发挥政协党组在政协工作中把方向、管全局、保落实的重要作用。在市政协党组和市直机关党工委多重领导下，市政协机关党支部结合政协工作特色和党员思想工作实际，认真开展机关党建工作，不断增强机关支部的凝聚力、战斗力，更有效地服务于党的中心工作、服务于政协职能。

（一）党组建设

1. 政治建设　讲政治是人民政协的优良传统和优势。十届一次会议至十四届四次会议期间，市政协党组坚持优良传统，严明政治纪律，确保政治定力。

中共建德市委加强对政协工作的领导。十届至十四届委员会期间，中共建德市委坚持每届召开一次全市政协工作会议，先后召开5次会议（2000年、2004年、2008年、2014年、2019年），相继制定出台《关于进一步加强新时期人民政协工作的实施意见》《关于进一步加强人民政协履行职能制度化、规范化、程序化建设性的意见》《关于贯彻落实〈中共中央关于加强人民政协工作的意见〉的实施意见》《关于进一步加强和改进人民政协政治协商的意见》《关于进一步加强和改进人民政协民主监督的意见》《关于新时代加强和改进人民政协工作的实施意见》等一系列重要文件。历任市委书记每年都主持召开市委常委会听取市政协党组工作汇报，市委办公室不定期向各级党组织转发相关文件。市委对文件落实进行检查并通报。1998年9月8日，中共建德市委印发《批转市政协党组关于开展政协工作规范化制度化建设情况检查报告的通知》；10月27日，中共建德市委办公室以《市委办通报》第23期，向全市印发《关于开展政协工作规范化、制度化建设检查情况的通报》，对全市政协工作“两化”建设的基本估价、存在问题表现，有针对性提出要求建议。2000年，市委办发出《关于开展对市委〈关于进一步加强新时期人民政协工作的实施意见〉贯彻落实情况进行检查的通知》。是年8月，市委派出检查组，对全市各乡镇、市级机关各单位关于文件贯彻落实情况进行检查，在各乡镇（街道）、市级机关各单位自查的基础上，重点抽查15个部门和6个乡镇（街道）；10月25日，专题听取市委检查组关于检查情况的通报。

历届中共建德市委常委会注重把市政协工作作为党委全局工作重要组成部分，每年安排会议研究并帮助解决政协工作中的具体问题。市委主要领导在相关会议上对全市各级党政组织负责人提出工作要求，坚持把政治协商纳入党政决策程序，对各级党政负责人参与政协重大活动和重要会议提出明确要求，经常向政协通报情况，支持政协组织的专题调研和各种视察活动，以民主、平等、真诚的态度倾听政协意见，自觉接受政协的民主监督，认真对待政协的建议案、提案、调研报告，抓好落实，做好办理情况的反馈工作，支持政协按照团结民主两大主题更好地履行职能。2012年8月14日，《市委办通报》（第10期）向全市各级党组织全文转发市委书记董悦在8月7日市政协十三届三次常委会会议上的讲话。对新一届市政协领导班子认真履行政协职能，积极推进工作创新，实现良好工作开局给予充分肯定，对为建德实体经济发展把脉建言给予高度赞赏。市党政领导分工联系并参与督办政协重点提案办理。2014年12月9日，市委书记戴建平听取市政协十三届三次会议39号提案《关于对建德市农业产业发展的建议》办理情况的汇报，并作为自己领衔办理的重点提案。提案主办单位市农办及农业、林业、水利水产等协办部门根据提案中的建议，重新定义“建德果蔬乐园”为集欢乐采摘、知识体验、健康游玩等为一体的乡村乐园，最终打造成全国第一个没有围墙的果蔬主题乐园，实现农业增效、农民增收。针对提案中重新确定优势、特色、新兴产业，突出产业发展扶持重点的建议，建德市农办联合提案的协办单位，共同研究起草《关于进一步加快现代农业发展实施意见》，由市委办发文，进一步明确重点产业及项目、农业精品示范园、区域农产品公用品牌、阿里巴巴·建德农食馆的扶持重点及标准。在第二次提案办理情况汇报会上，戴建平专题听取提案办理情况汇报后，再次分解任务，认真落实办理工作。

通过办理，让提案在促进农业产业转型升级、提高资金绩效、突出产业导向、提升生态发展、注重科技创新等方面发挥作用。是年 12 月 20 日，浙江省政协《联谊报》第二版以《书记领衔办理提案成效明显》为题作宣传报道。对于市政协有关专委会对口联系、政协重点提案办理、“请你来协商”等方面工作文件，市委办公室还适时予以转发。2019 年 11 月 1 日，市政协十四届五十八次主席会议通过《建德市政协“请你来协商”平台建设实施办法》（以下简称《实施本法》）。是年 12 月 16 日，《实施办法》由市委办公室向全市各乡镇（街道）党（工）委、市级机关各单位党组织印发执行。

市政协党组在市委领导下开展工作。十届至十四届委员会期间，市政协党组自觉在中共建德市委领导下开展政协工作。引领政协常委会认真贯彻落实市委决策部署，紧紧围绕改革发展大局，做到党政工作推进到哪里，政协力量就跟进到哪里，为建德的经济社会发展做出积极贡献。市政协党组坚持定期向市委汇报工作，重要工作、重大活动事先向市委提出请示报告。坚持每届政协换届、每年政协全会、每次重要活动都事先由中共市政协党组向中共建德市委请示报告。

贯彻市委意图，开展各项活动。1999 年，中共十五届四中全会通过《中共中央关于国有企业改革和发展若干重大问题的决定》，市委研究提出贯彻决定工作举措，市政协党组结合实际作部署，组织常委们深入千岛湖养生堂饮用水有限公司、新安化工集团股份有限公司等企业视察重点技改项目，为建德市国有企业改革和发展建言献策。2000 年，建德市企业改制进入攻坚阶段，市委对企业改制提出攻坚要求，市政协党组及时组织部分常委和经济科技界政协委员，深入石马头水泥厂等改制企业，开展视察调研活动，并就改制政策、资金兑现、工作组力量配备等方面，提出意见建议，引起市委领导的重视，市委专门召开书记办公会议和常委扩大会议进行研究，充实和加强企业改制工作组力量，进一步完善企业改制有关政策措施，有效推进全市特困企业清理劳动关系工作的顺利进行。2002 年 11 月 29 日，中共建德市委发出关于开展“加快发展、再创新业”大讨论活动的号召后，市政协党组积极响应并在政协委员中发出关于深入学习中共十六大精神，积极参与“加快发展、再创新业”活动的倡议，积极引导政协委员满腔热情地投入活动之中。市委发出春风行动号召，市政协党组带领党员干部一踊跃捐款。2005 年在第六次春风行动中，市政协党组成员捐款 9800 元。2009 年，市委发出开展“主攻工业年”“项目推进年”活动号召，市政协党组以“力挺经济发展，促进民生事业”为课题，组织政协委员开展调研，形成 5 份调研报告，为主攻工业年献良策；针对全市重点项目、重要举措的实施，积极开展形式多样的知情问政视察活动，为项目推进建言。2018 年，市委作出开展“三服务”活动部署，市政协党组决定开展“走亲连心、示范引领”服务委员企业主题活动。是年 4 月 29—30 日，市政协党组书记、主席吴铁民带队，先后前往建德经济开发区（航空小镇）、乾潭镇，分片主持召开委员企业（包括政协之友会员企业）座谈会，听取委员企业的意见和问题反映，正式拉开本次主题活动的序幕。其他政协领导都按分工深入一线，组织调研座谈，开展走访服务。

自觉接受浙江省委巡视组先后两次巡视。2012 年 2 月 2 日，浙江省委第一巡视组对市政协党组开展巡视，反馈内容如下：建德市政协党组坚持党的领导，自觉维护市委领导核心，认真履行政治协商、民主监督、参政议政职能。围绕市委提出的发展目标战略、重大决策和工作部署，认真履职开展政协工作。对经济社会发展中的重大问题和民生问题积极建言献策。组织委员对重大规划编制和重大决策，进行深入调研，提出意见建议。积极创新政协工作，根据（浙江）省（杭州）市政协工作会议的部署，探索开展职能性专委设置和政协工作向基层延伸试点工作；2011 年还创造性地开展协商民主与票决民主相结合的村级组织换届选举模式，试点村选举过程平稳有序，引起全国政协的高度关注。加强民主监督，注重提高提案质量。实行政府、政协领导领办、督办重点提案制度，本届（十二届）政协委员提案数达到 1149 件。重视班子自身建设，注重抓好学习，制定和完善政协内部各项制度，改进创新工作方法，班子成员工作热情高，事业心责任感强，得到干部群众认可。

2019 年 7 月至 9 月，浙江省委第九巡视组进驻建德开展巡视，市政协党组增强政治自觉，认真接受巡视监督。10 月 28 日，省委第九巡视组向十四届省委第七轮巡视的建德市委集中反馈巡视情况。被巡视的中共建德市政协党组增强政治自觉，把巡视整改作为一项严肃的政治任务，加强组织领导，强化责任意识，周密安排部署，坚决落实政治巡视要求和配合巡视工作有关规定，确保巡视反馈意见真正落实落地。党组书记吴铁民认真履行第一责任人的责任，对整改事项和重要问题认真研究决策、扎实有序推进、积极协调督办、逐一检查验收。班子成员按照分工承担分管领域的整改责任，真正做到把工作摆进去、把职责摆进去、把自己摆进去。全面推进成果运用，强化巡视整改的日常监督，以整改为契机，举一反三，既促进问题根本解决，又推动新时代建德市政协事业新发展。

2. 思想建设　十届至十四届委员会党组十分重视政治理论学习，坚持把加强理论学习作为自身建设的重要措施来抓。继续坚持每月 1 次主席例会、每三个月 1 次常委例会的“逢会必学”制度，并以此带动委组两个月 1 次和委员的自觉学习。1998 年印发《1998 年政协各委组理论学习活动意见》，确定六方面的学习内容，明确两方面的学习目的，提出 4 项学习要求，还作出委员培训、报告会、知识竞赛等活动安排。十届委员会先后举办常委读书班、委组负责人学习会、政协委员培训班 5 期，相继举办“双思”教育报告会、“三个代表”重要思想学习报告会、经济形势讲座、台湾问题讲座、WTO 知识学习讲座等 8 次，举行统一战线、人民政协基本知识竞赛活动 1 次。1999 年内组织多层次的学习活动 181 次。以十届委员会为例，附十届委员会主席会议学习情况一览。

政协建德市第十届委员会主席会议学习情况一览表

表 7-1

会议时间	会议名称	学习内容
1998 年 5 月 13 日	十届三次主席会议	全国政协九届一次会议决议
1998 年 7 月 3 日	十届四次主席会议	讨论决定 1998 年度委员学习的意见
1998 年 8 月 14 日	十届五次主席会议	全国政协主席李瑞环在全国政协会议上的讲话
1998 年 11 月 30 日	十届八次主席会议	中共十五届三中全会决定
1998 年 12 月 22 日	十届九次主席会议	中央政治局常委胡锦涛关于“三讲”教育的讲话
1999 年 6 月 14 日	十届十四次主席会议	全国政协主席李瑞环在地方政协主席座谈会上的讲话
1999 年 8 月 9 日	十届十六次主席会议	中共杭州市委关于政协统战工作会议精神
1999 年 9 月 29 日	十届十七次主席会议	中共十五届四中全会《关于国有企业改革和发展若干重大问题的决定》
2000 年 2 月 24 日	十届二十二次主席会议	江泽民总书记在庆祝人民政协成立 50 周年大会上的讲话；全国政协主席李瑞环在浙江省政协八届三次会议上的讲话精神
2000 年 3 月 16 日	十届二十三次主席会议	全国政协主席李瑞环在全国政协九届三次会议闭幕会上的讲话；并讨论决定下发关于组织学习李瑞环主席闭幕会讲话通知
2000 年 5 月 12 日	十届二十四次主席会议	讨论修改《进一步加强理论学习若干意见》等五个文件
2000 年 8 月 23 日	十届二十六次主席会议	杭州市政协副主席沈者寿在杭州市政协常委读书班上的讲话
2000 年 10 月 24 日	十届二十七次主席会议	中共十五届五中全会精神
2001 年 2 月 27 日	十届三十次主席会议	中共浙江省委书记张德江 2 月 9 日参加浙江省政协会议中共组讨论时的讲话；中共杭州市委书记王国平 2 月 19 日参加杭州市政协会议中共组讨论时的讲话
2001 年 4 月 27 日	十届三十二次主席会议	传达全国政协九届四次会议精神
2001 年 8 月 3 日	十届三十四次主席会议	江泽民总书记“七一”讲话；传达杭州市反映社情民意工作会议精神

续表7-1

会议时间	会议名称	学习内容
2001 年 10 月 11 日	十届三十六次主席会议	中共十五届六中全会精神
2002 年 6 月 14 日	十届四十三次主席会议	江泽民总书记“5·31”重要讲话
2002 年 11 月 29 日	十届四十八次主席会议	中共十六大报告；通过致政协委员关于学习报告的倡议书

十一届委员会党组在思想政治建设方面，坚持逢例会必学的理论学习活动制度，充分运用理论中心组学习会和座谈会、报告会、委员学习会、常委读书会、知识竞赛等形式，开展各类理论学习活动。2003 年 12 月 2 日，市政协召开十一届常委会第四次会议，集中交流学习中共十六届三中全会精神体会，唐长生等 6 名常委的《教育体制改革要“以人为本”》等 6 篇学习心得体会印发与会常委。2004 年 10 月 29 日，市政协召开十一届常委会第十次会议，听取市政协办公室主任王振强作的中共十六届四中全会精神辅导报告。2005 年十一届常委会运用多种形式和方法，认真学习中共中央〔2005〕5 号文件、胡锦涛总书记关于人民政协工作的论述，学习中共十六届五中全会及中共建德市委十一届七次、八次全体（扩大）会议等一系列会议精神。举办台海形势专题报告会，邀请浙江省台办的专家主讲。2006 年 2 月 22 日，十一届委员会党组举行扩大会议，组织安排学习中发〔2006〕5 号文件《中共中央关于加强人民政协工作的意见》。是年 9 月 15 日，市政协召开十一届四十五次主席会议，专题学习《江泽民文选》和胡锦涛总书记在学习《江泽民文选》报告会上的重要讲话。

十二届委员会党组始终把理论学习贯穿于政协工作的全过程，着力建设学习型政协。十二届委员会先后召开四次常委读书会，专题学习贯彻中共十七大精神、十七届五中全会精神、《中共中央关于加强人民政协工作的意见》和有关文件，学习胡锦涛总书记在庆祝人民政协成立六十周年大会上的讲话精神，学习浙江省委、杭州市委政协工作会议精神，把握新时期人民政协工作的新特点、新要求，提高做好政协工作的责任感和使命感。

十三届委员会党组按照市委统一部署和要求，认真抓好政协党组和政协机关党的群众路线教育实践、“三严三实”专题教育、“两学一做”学习教育。2012 年 11 月 30 日，市政协党组向各专门委员会、乡镇（街道）工作委员会、委员活动小组发出《关于认真学习宣传贯彻党的十八大精神的通知》。2016 年 5 月 12 日，中共建德市政协党组印发《关于在政协机关开展“学党章党规、学系列讲话，做合格党员”学习教育的实施方案》，在政协机关开展“两学一做”学习教育；11 月 1 日，市政协召开党组（扩大）会议，及时传达学习中共十八届六中全会精神和全市领导干部会议精神，结合政协工作实际研究部署贯彻落实工作；11 月 30 日，市政协召开十三届常委会第三十次会议暨读书会，学习领会中共十八届六中全会精神。

十四届委员会党组以政协党组理论中心组、常委读书会、主席会议、机关“新安夜学”、委员集中培训等平台，不断加强政治理论教育，积极开展“不忘初心、牢记使命”等教育实践活动，认真学习习近平总书记关于人民政协的新思想新要求。2019 年 10 月 28 日，市政协党组召开（扩大）会议，传达学习浙江省委书记车俊和省政协主席葛慧君在省委政协工作会议上的讲话精神以及杭州市政协十一届十三次常委会议精神；11 月 11 日，市政协党组召开（扩大）会议，传达学习贯彻中共十九届四中全会精神，推进全会精神在全市政协系统走深走实。

重视加强与党派团体合作共事。十届至十四届委员会党组不断巩固各民主党派、工商联、无党派人士和各人民团体的大团结，为扩大和巩固党的执政基础发挥了应有的作用。在实际工作中，市政协党组始终坚持“长期共存、互相监督、肝胆相照、荣辱与共”的方针。邀请民主党派负责人参与协商重大事项；安排民主党派成员参加调研视察活动和各种纪念会、座谈会、茶话会、恳谈会。政协全会、常委会、研讨会、协商讨论会等各类会议上，民主党派、工商联和人民团体的政协委员发言踊跃，约占发言总数的 66.5%。

注重密切与界别政协委员的联系，尤其是企业界委员的联系；协助有关方面共同做好建德籍海外侨胞、港澳台同胞的联络、牵线和接待工作。十届至十四届委员会领导坚持走访委员，走访委员企业，加强与各界委员，尤其是企业界委员的联系、沟通和交流。市政协先后召开非公有制企业委员座谈会 20 多次，相互交流经验，畅谈发展思路，提出意见建议，为全市经济建设献计出力。助力台属和台资企业解决实际困难。认真贯彻“以经济促政治，以民间促官方”的方针，使祖统联谊工作与经济建设服务更加有机地结合。配合有关部门人员上门了解企业生产、经营情况，召开台资企业负责人座谈会，主动与镇政府及有关单位联系，帮助台属企业解决资金等方面实际困难。协助有关方面做好回到建德海外侨胞、港澳台同胞的接待工作。市政协与有关部门一起，接待回到建德观光、探亲、访友、经商的“三胞”每年 100 多人次。还加强与其联系，为其知情出力做好服务。2018 年市政协以香港建德同乡会为平台，密切与在港建德籍人士的联系，力促其为新安江中学弘毅基金会捐款 100 万元。

按照“团结的人越多越好，团结的面越宽越好”的要求，增强人民政协的感召力、凝聚力，密切与市委统战部联系，做到工作上相互支持，加强协作，共同做好全市统一战线工作。1999 年，市政协以中共中央〔1989〕“14 号文件”颁发十周年为契机，专题召开市级有关部门和重点单位负责人参加的发挥民主党派作用座谈会，交流经验，探讨问题，促进 14 号文件在建德市的进一步贯彻落实。坚持中秋节、春节等重大节庆活动，与统战部联合举行相关会议，邀请“三胞”亲属及社会各界人士参加。2007 年 7 月 1 日，市政协和市委统战部联合举行香港回归祖国十周年庆祝活动。市政协委员、各民主党派、工商联和社会各界人士，与市四套班子领导共同出席庆祝活动。重视支持政协联谊会开展工作；成立并支持政协之友社开展活动。支持市政协联谊会开展学习、参观、座谈等联谊活动，及时安排向老同志通报政府和政协工作，知情参政，为建德改革、发展、稳定献计出力。组织有专长的老同志进行咨询、义诊和义务写春联等活动，积极为社会服务，组织他们继续为建德改革和发展发挥余热。坚持每年为年满 70 岁、80 岁、90 岁的老委员祝寿，不断增强亲和力。

3. 组织建设　十届至十四届委员会期间，市政协先后建立五届次政协党组、一届次机关党组、九届次机关干部党支部和四届次的机关离退休干部党支部。每届政协换届时建立相应的临时党委或临时党支部。1998 年建有 1 个政协党组、1 个政协机关支部、2 个党小组。根据政协全会选举需要，建立若干临时党支部。2005 年 3 月，经市机关直工委批复分设市政协机关离退休干部党员支部。2018 年 9 月，按照中央、浙江省委及杭州市委要求政协机关建立党组之规定，经市委批复成立市政协机关党组。完善政协党组、政协机关党组、政协机关党支部三级党的组织体系，党建责任体系得到进一步优化。2019 年 11 月，政协党组会议决定成立政协专委会党支部。

政协党组　市政协党组坚持民主集中制原则。严格执行集体领导和个人分工负责相结合的制度，党组成员根据集体的决定和分工，切实履行职责。坚持重大问题集体领导、民主集中、个别酝酿、会议决定，形成团结民主、体谅包容、协作配合、宽松和谐的氛围。完善市政协党组成员联系专委会和走访联系委员工作机制，专委会、工委、活动小组和政协委员上下互动、横向联合，紧密衔接。积极发挥党外副主席作用，党组民主生活会邀请党外副主席参加，听取意见建议。严格委员届中调整简则规定，认真把关做好委员届中调整。针对委员单位变动等实际情况，密切与市委组织部、统战部沟通，规范委员届中调整。

政协机关党组　政协机关党组建立后，及时作出党组成员工作分工，并建立工作规则严格规范履职，认真做实机关党组工作。2019 年 1 月以政协机关党组名义，向中共建德市委呈送建议拟任人选的请示；5 月向机关各科室下发《市政协机关中层干部竞争上岗实施方案》；8 月向机关各科室下发《关于扎实做好“不忘初心、牢记使命”主题教育先行工作的通知》；9 月向市委组织部送交《关于市政协机关职级职数的请示》；12 月向政协党组及上级党组织提交《关于履行党风廉政建设主体责任落实情况报告》。

政协机关党支部　市政协党组切实加强对政协机关党支部领导，坚持政协党组书记带头参加党支部、党员大会，并认真上好党课。党组成员坚持以普通党员身份带头参加支部活动和组织生活会，切实发挥支部的战斗堡垒作用。

政协会议临时党组织　坚持重要会议、重大活动设置临时党组织，发挥好临时党组织把握方向的重要作用。每次大会选举前均由政协党组向中共市委请示，建立临时党组织。1998 年市政协十届一次会议选举前、2003 年市政协十一届一次会议选举前、2007 年市政协十二届一次会议选举前、2012 年市政协十三届一次会议选举前、2017 年市政协十四届一次会议选举前，市委按照有关规定都研究决定建立会议临时党组织。多数建立政协会议临时党支部，也有与市人大会议一起建立两会临时党委的。不仅每届一次会议换届选举建立临时党组织，如有选举任务的政协全会例会，也建立政协临时党组织。2016 年 1 月 8 日，为加强对市两会的领导，根据中共中央有关规定，在市两会召开前夕，市委决定建立中共建德市第十五届人民代表大会第五次会议和政协建德市第十三届委员会第五次会议临时委员会，市委书记任临时委员会书记，市长、市人大常委会党组书记、市政协党组书记、市委副书记任临时委员会副书记。2019 年 2 月 2 日，市政协党组向中共建德市委呈送《关于成立中共建德市政协十四届三次会议临时党组的报告》，建立1个临时党组，政协党组正副书记任临时党组正副书记，同时建立6个临时党支部。

4. 队伍建设　十届至十四届委员会党组着力加强常委会成员队伍建设、专委会（组）负责人队伍建设、政协委员队伍建设及政协机关党员干部队伍建设，从而充分发挥政协委员主体作用，力促建德市政协事业不断取得新发展。

常委会成员队伍建设　十届至十四届委员会党组在常委会成员队伍建设上，既重视成员结构优化，注重成员思想素质提升，又加强制度建设规范政协常委会工作。

每届常委成员组成的推荐，做到既按照统战政协组织要求、贴近建德市政协实际，又与时代相合拍。充实各民主党派、各人民团体的负责人，增加党政有关部门的领导，安排经济界企业家和有港澳台及海外关系的人士。各届常委会组成人数为：十届34名、十一届36名、十二届37名、十三届39名、十四届37名。按照统战组织要求，由从事党政工作多年的领导干部、民主党派成员和各界优秀人士组成，非中共人士不少于65%的比例，并确保女性、少数民族等界别委员的一定比例。

十届至十四届委员会党组，每届坚持组织安排2—3次常委会成员的集中培训，定期举行常委会例会，组织专题辅导，安排交流讨论。2001年8月13—14日，市政协十届二十二次常委会议，邀请中共建德市委书记王金财作学习中共中央总书记江泽民在中国共产党成立八十周年大会上讲话的辅导报告。2003年12月2日，市政协召开十一届四次常委会议，邀请市委党校教师胡玮作学习中共十六届三中全会精神的辅导报告。2004年10月29日，市政协召开十一届十次常委会议，由市政协办公室主任王振强作中共十六届四中全会精神辅导报告。2010年12月2—3日，十二届委员会召开常委读书会，学习中共十七届五中全会精神，2014年12月3—5日，市政协十三届十五次常委会议，组织学习中共十八届四中全会精神。2017年12月1日，市政协十四届五次常委会，听取市委党校副校长钟德智作关于“中共十九大精神的宣讲报告”。

十届至十四届委员会党组高度重视加强常委会工作制度的制订和完善，以此规范常委会工作，提升常委会成员队伍建设实效。

委员队伍建设　十届至十四届委员会党组高度重视政协委员的履职素质提升，深入开展委员走访，保持经常性的沟通联系，主动以创新方式的实践激发政协委员履行政协职能的热情，加强委员履职登记管理，建立委员诫勉谈话、劝退机制，创新委组计分考核，委员责任意识不断提高，优势作用较好发挥，委组工作富有生机与活力。

市政协坚持为每位委员订阅《人民政协报》《联谊报》，举办政协理论知识讲座，邀请全国政协、浙江省政协、杭州市政协相关领导到建德讲课，为委员学习政协理论知识和提升履职水平提供平台。十届至十四届委员会党组运用多种形式和方法，组织委员学习。十三届委员会党组与市委党校联合创新开展的培训活动。十四届委员会党组深入推进与市委党校联合开展委员培训，举办委员履职培训主体班2期。深入学习中共十九大精神、习近平新时代中国特色社会主义思想，特别是中共中央总书记习近平关于加强和改进人民政协工作的重要思想，学习全国政协系统、浙江省政协系统党的建设工作会议和杭州市委政协工作会议精神。十四届委员会的前三年共有160余名委员参加党校培训。

利用委员联系广泛、有专长特长等优势，提供多建言、建真言的平台。仅2001年，十届委员会党组围绕中心，组织委员集中性的视察、考察、调研活动17次，向市委、市政府提出建议案8件。2004年，十一届委员会党组围绕社区工作开展民主评议，组织5个调研监督小组召开各类座谈会议8次。评议中提出的建议，得到市委主要领导批示。民主评议后撰写《积极开展民主评议，切实强化监督职能》一文在杭州市政协研讨会上获三等奖，并在浙江政协《联谊报》上发表。2008年，十二届委员会党组深入开展“为民服务年”活动，政协委组开展医疗、卫生、法律咨询、给高温下坚守岗位的交通警察、环卫工人送清凉，慰问贫困学生和受灾居民、给下涯镇大洲村赠送书籍等各类活动。2012年，十三届委员会党组共组织相关界别政协委员代表60余人次参加杭州市、建德市政府工作报告和各类政策意见征求会、组织工作通报会、行风评议大会、重点项目开工典礼等重大活动。2013年，十三届委员会党组共组织110多名委员参与视察调研、协商议政活动，80多名委员参与党政部门的政情通报、行风监督活动。2018年，十四届委员会党组以三级联动和委组联动并用方式，成立5个督查组、16个监督小分队，开展联动视察活动45次，实地查看村（社区）96个、垃圾处置终端27家，提出意见建议187条；对全市226个行政村880个农村生活污水处理终端进行全面普查，政协委员参与调查活动300余人次，提供调查材料37份。

十届至十四届委员会党组在委员队伍建设上，各具特色。1999年，十届委员会党组创新“三个一”载体，即提供一条信息、献上一计良策、办好一件实事。创建开展“六句话”的新形象活动，即努力塑造政治坚定、善谋实干、团结合作、热情服务、廉洁自律、勤于好学的新形象。2004年，十一届委员会党组按照中共建德市委的要求，精心策划“狠抓落实年”，集中围绕社区工作，开展有组织的民主监督。2011年，十二届委员会党组组织政协委员扎实开展“五个一”活动，即每个委员每年至少参加一次有影响的调研活动、提交一份有质量的提案、反映一则有分量的社情民意、提出一条有价值的建议、办好一件有意义的实事。2013年，十三届委员会党组完成市政协门户网站改版提升，创办《委员手机报》、“委员履职”宣传专栏。2019年，十四届委员会党组组织开展“新时代人民政协的新样子”专题讨论活动，创新提出“六个一”活动载体，即一次“政协人新时代、新风貌”专题笔谈，一次“新样子、金点子”征集活动，一次“我和我们的政协”主题系列活动，一次“学习新思想、树立新样子”专题研讨活动，一次集中查找“新时代政协新样子”存在问题，一次“歌颂祖国歌颂党、不忘初心强使命”主题演讲活动。设立1家委员工作室，为委员提供履职和联络的新平台。

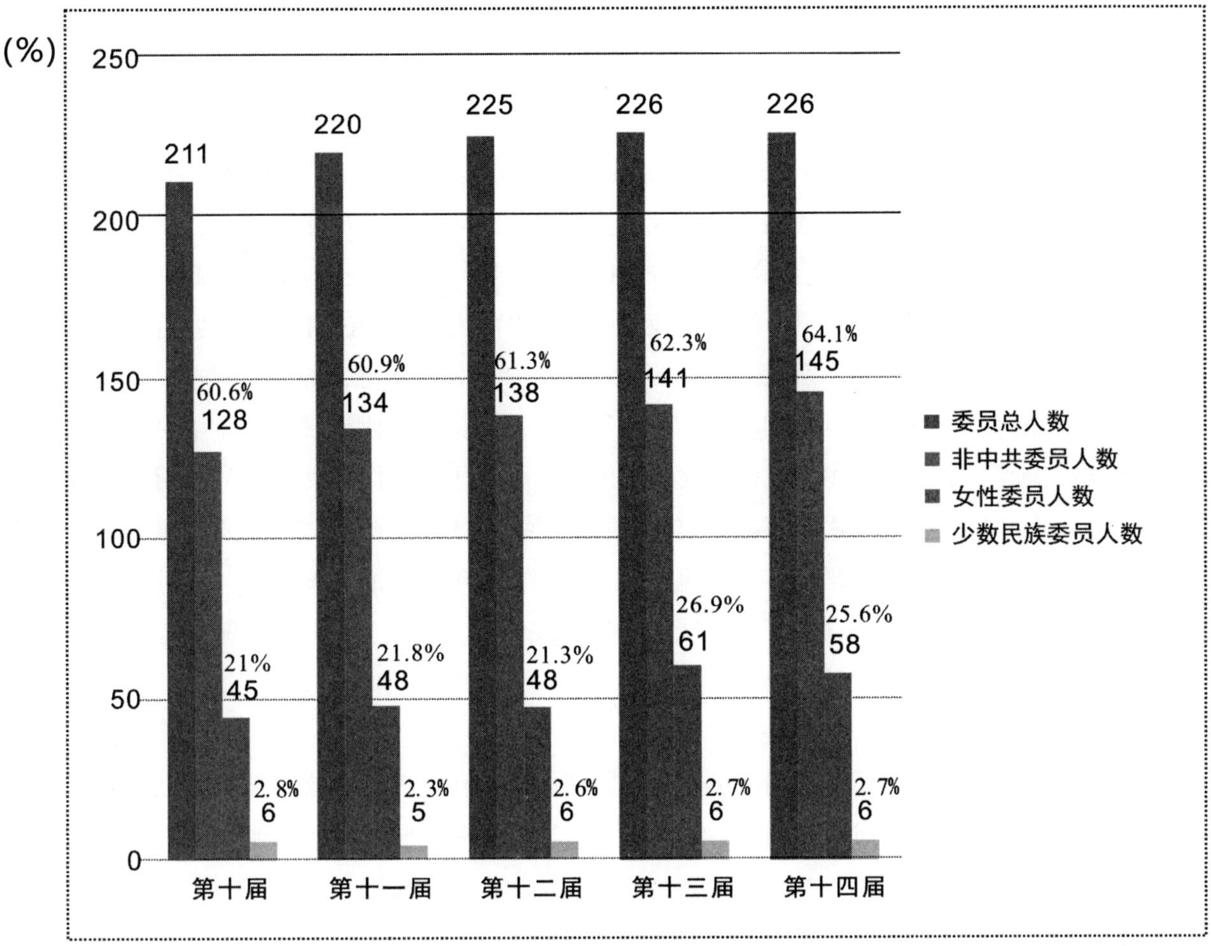

十至十四届建德市政协委员构成比例示意图

委员活动量化考核，试行委员管理办法。十届委员会党组制定出台《政协委组工作年度考核试行办法》，对委组五个方面具体工作内容进行量化，建立制度进行考核。十一届委员会党组在“一办四委”机构调整到位的基础上，明确各专委会管理和联系的专业组、联络组，进一步完善委组工作评比计分办法，推动委员争创“双好”，即本职工作好和政协工作好。十二届委员会党组对委员考核管理办法进行修订，还建立委员履职档案。十三届委员会党组通过规范年度履职计划，深化“五个一”活动、进一步完善委组工作考核办法、优化委员分组等举措，加强委员履职登记管理，建立委员诫勉谈话、劝退机制。十四届委员会党组制定委组履职工作规则，完善委组工作考核办法和优秀评选机制。根据政协工作需要，完善履职管理机制。及时对各专委会及乡镇（街道）工委、委员活动小组、政协之友社组成人员进行调整，构建职能与专业相匹配、区域与界别相结合的组织体系。倡导委组在实践中出实招：城建交通组建立的小组活动委员轮值制，航头镇工委建立的委员学习日制，对完善委组履职机制、激发委组履职活力创新实践经验。

机关党员干部队伍建设　十届至十四届委员会期间，市政协委员会党组高度重视加强机关党员干部队伍建设，以推动政协机关干部“三型”机关创建，为履行政协职能发挥服务保障作用。

学习型机关创建。2007年5月15日，市政协办公室印发《市政协机关政治学习制度》，2011年4月6日，市政协办公室印发《关于进一步加强学习型机关建设的意见》，对创建学习型政协机关建设作出制度规定。

2004年9月27日，市政协召开学习会，纪念人民政协成立五十五周年。会议组织学习中共中央总书记胡锦涛在庆祝中国人民政治协商会议成立五十五周年大会上的重要讲话，并交流学习心得。2007年3月19日，市政协党组举行全体机关干部专题学习会，传达学习全国政协十届五次会议精神和温家宝总理在全国两会上所作的《政府工作报告》内容。2019年，市政协机关持续深化开展“新安夜学”活动。结合“组团包干”活动，围绕“学习新思想，加快新崛起”开展主题宣讲；以“新安夜学”为载体，组织机关干部开展习近平总书记系列讲话精神和党中央治国理政新思想新战略专题学习；响应党中央“坚定文化自信，传承中华优秀传统文化”的号召，积极开展“建功立德”大讨论，提炼机关人文精神。与市政协机关党支部共同做好学习活动统筹安排，建立完善的学习台账，坚持每周一学、每月一讲、两月一请、每年一评的基本做法，每月第一个星期一晚开展集中学习，其他时间结合工作开展集中学习或自学。形式多种，有专题讲座、观看教育片、学习研讨、交流发言等。建设“指尖课堂”“线上”时时学习。充分运用微信等网络工具，搭建“互联网+”学习平台。

服务型机关创建。十届至十四届委员会党组以抓好规范化管理推进服务型机关创建，不断完善机关办文办会办事制度，以制度规范工作，修订和健全机关财务财产管理制度、接待工作制度、档案资料管理制度等；明确机关办、局、室、专委及各科室工作职责；力促机关与各委组的联系，建立政协机关干部联系委组工作制度。认真抓好这些制度的落实，有力促进机关干部服务型机关创建。（详见本章第三节“制度建设”内容）

创新型机关建设。2005年12月，十一届委员会党组召开2006年工作务虚会。会上，与会人员对2006年政协工作思路安排畅所欲言，市政协党组书记、主席刘志新对推动2006年市政协事业发展提出创新要求：确保服务大局要有新作为，确保政治协商要有新成效，确保民主监督要有新探索，确保团结联谊要有新加强，确保履职水平要有新提高。2006年，认真落实刘志新主席提出的创新要求，3月，以“加快发展全市现代服务业”为内容，组织开展重点调研活动；8月，以“加快发展全市高速公路经济产业带”为政治协商课题开展调研；10月以“看病难、看病贵”为课题开展民主问政会。十三届委员会党组认真总结十二届协商民主的试验性做法，持续探索协商新领域。在坚持党委领导、依法协商、票决选举的原则下，机关领导精心安排，干部积极努力，充分发挥人民政协协商民主优势，以“选对人”“选成功”为目标，在全市19个村开展村级组织换届票决民主和协商民主结合试点工作，共协商事项75项，协商达成共识70项，协商成功率93.3%。2015年，市政协机关积极探索“互联网+政协”新方式，把互联网思维、互联网技术、互联网方式充分运用到政协履职之中。十三届委员会建立市政府、市政协联席会议制度，拓展市政府与市政协工作交流平台。积极探索创新民主监督新模式，围绕“五水共治”“工业扶持政策绩效”“民生保障”开展的专项民主评议监督入选浙江省政协十大创新案例。建立“一考核、二领衔、三协商、四评议”提案办理工作机制。不断深化职能性与专业性相结合的专委会履职工作机制，以主席会议为统领，以履职课题为纽带，构建专委会、乡镇（街道）工委、委员活动小组三者联动机制。

5. 作风建设　市政协党组把作风建设摆在重要位置，以市政协党组作风建设的率先作用，把各次主题学习教育活动所激发出的工作热情引导好。引领常委会始终高度关注改革发展稳定中的难点工作，对事关经济社会发展的重大问题敢于建言，对党委政府交办的重要任务勇于担当，在难题破解、项目推进、招商引资等工作中充分展示政协的务实作风和实干精神。

2000年始，十届至十四届委员会党组严格按照上级要求，精心组织开展“三讲”教育、思想政治教育、先进性教育，学习实践科学发展观教育，认真抓好政协党组和政协机关党的群众路线教育实践、“三严三实”专题教育、“两学一做”学习教育、不忘初心牢记使命的系列教育活动。在专题教育活动期间，市政协党组善于以创新工作作风载体加以引导，力推政协职能切实履行。

十届委员会确定2002年为“工作深化之年”。在市政协党组成员和市政协领导带头下，市政协委员围绕加快市特色工业经济发展专题深入开展各项调研。在市政协党组成员、驻会主席的带队下，机关党员干部与政协委员深入基层、深入企业48家，听取意见100多条，分析整理提出具体意见和建议25条；在对市行政中心运作情况民主评议中，党组成员和政协委员，走访单位企业18家，召开9次座谈会，共有87人与会，分发问卷表250份，归纳提出具体建议6条，都有较强的针对性和可操作性。

2005年，十一届委员会创新开展“委员服务年”活动，开展送科技、送文化、送医疗、送法律“四下乡”服务60余次，发放各类宣传资料1.7万余件（份），扶贫帮困送温暖40余次，捐资助学10余所学校，帮扶学生200余人，委员各类捐款折合人民币60多万元。市政协委员、浙江申通快件有限公司总经理奚春阳捐资10万元，帮助26位贫困大学新生，并与建德市当年高考文科“状元”、大洋镇倪家村的童伟结成助学对子，资助其完成在中国人民大学的四年学业。工业组全体委员捐款1.67万元，共同资助一名从小失去双亲关爱的女生就读大学。此举赢得浙江省政协常务副主席、树人大学董事长梁平波的高度关注，他本人拿出5000元资助该生，传递着浙江省、建德市两级政协的浓浓关爱之情。是年，十一届委员会首次开展政协委员约谈活动，创新民主评议工作，组织问政活动1场。

2007年，十二届委员会试行集中时间开展“政协领导集中调研部门单位”活动。7月至9月间集中3次开展调研。政协正副主席、巡视员及秘书长携机关各部门负责人、各民主党派负责人分别于7月23日、8月13日、9月5日，到市国税局、市移民局、市城乡建设局就国税工作、水库移民工作和城建工作开展调研，结合实情，提出有针对性的建议与意见。是年11月至12月间，正副主席、巡视员及秘书长到市国资公司、市人民检察院、市公安局、市人民法院进行集中调研。

十三届委员会党组围绕规划编制、经济发展、营商环境、城市管理、民生问题等重大问题进行重点协商。组织政协委员、各民主党派、机关干部、基层群众等共同参与的调研协商活动共计40余次，编发《协商纪要》20期，报送协商意见170余条，促成对重要工作形成共识，有效推进市委市政府决策部署。积极发挥政协协商民主作用，在村（社区）换届选举工作中深化民主协商工作，得到中央党校、中央编译局等部门领导肯定。十三届委员会先后围绕生态环境保护、美丽乡村建设、重点行业整治、重大项目推进、重点产业发展等开展视察监督40余次，形成意见建议150余条。2013年11月，十三届委员会围绕市委、市政府提出的“美丽江城”建设要求，针对存在的问题，集中“洁之美、畅之美、秀之美”三个方面内容，专题举办“美丽江城”委员论坛活动。分别请市住建局、水利水电局、环保局、城管局、交警大队主要负责人，与部分委员和市民代表面对面对话，当场提问，当即回答，全程制成短片播出。继对“五水共治”“工业政策扶持绩效”“民生保障工作”“扩大有效投资”“民生保障回头看”等进行专项民主评议监督，其中“五水共治”的专项民主评议被浙江省政协评为年度十大创新案例之一。积极落实浙江省政协、杭州市政协“三级联动”监督要求，围绕“五水共治”“四边三化”“小城镇整治”“垃圾分类”等课题，开展各类联动视察监督活动200余次，委员参与1600余人次，有效促进专项工作的落实。强化监督持续性，围绕“五水共治”工作连续五年开展监督助推工作，得到浙江省政协领导的充分肯定和专门批示。十三届委员会先后围绕“‘十三五’规划编制”“全域旅游发展”“产业转型升级”“乡村振兴”等50多项事关发展大局的重点课题开展调研，形成调研成果32篇，为市委决策提供重要参考，尤其是《建德市异地种植草莓现状及发展对策》，得到市委书记戴建平的肯定，为市政府制定出台《建德市草莓产业三年行动计划》《建德市“放心草莓”工程实施方案》提供重要参考。对重点水源保护、水产业发展、草莓产业提升、化工企业搬迁入园、重大工业项目建设等持续跟踪、反复建言，促进政协履职成果转化，在助推重点工作上展现政协作为。累计开展专题视察议政40余次，形成建议130余条，得到市党政主要领导批示10余次。围绕医疗教育均衡化、交通治堵、食品安全、社会保障等事关民生的重要事项进行视察议政20余次，积极推进民生改善。广泛开展走访企业和走访群众活动，“组团包干”共计走访企业、群众650余户，协调解决问题120余件，开展慰问90余人次，形成基层调研材料52份。认真开展“走亲连心、示范引领”服务委员企业主题活动，分片召开座谈会6个，收集问题96件，完成委员企业实地上门走访47家，切实帮助委员企业解决发展难题、增添发展动力、提振发展信心。

十四届委员会党组坚持弘扬优良党的工作作风，推动政协工作更好围绕党政工作中心开展，着力发挥建言献策和凝聚共识的双重作用，聚焦民生，组织多层次多形式建言活动。2019年11月5日，组织开展“政府民生实事项目”民主评议专项视察。市政协主席吴铁民，副主席严凌云、徐亚娟带领部分政协常委，先后到下涯镇体育健身中心、李家中心幼儿园和李家中心小学对校园安全“个十百千万”工程，前往杨村桥镇徐坑村单村供水站，乾潭镇县道大中修工程、乾潭初中实验室等，对农村饮用水达标提标工程、管道燃气延伸工程、“四好农村路”建设项目、农村体育健身工程等政府民生实事项目进行民主评议专项视察，就如何把民生好事办好实事办实提出建议。

2019 年市政协扎实开展浙江省、杭州市、建德市政协“城乡生活垃圾分类处理三级政协联动”专项民主监督工作。市政协层面成立 5 个督查组，委组层面选择 20 个农村生活垃圾分类处理示范村和 14 个主城区居民小区，建立“一委组联系一个村+社区”制度。实地查看村（社区）84 个，垃圾处置企业、处理终端 18 家，提出意见建议 130 多条，相关问题和监督建议及时反馈给有关部门或乡镇（街道）进行整改。坚持督在一线、议在实处，精准实施协商性监督，发挥凝聚共识和建言资政双向作用，为高质量建设美丽建德献智出力。积极开展“请你来协商”，搭建协商平台，全年共开展 6 期“请你来协商”活动，均以《协商纪要》主送市委、市政府。

每年专题调研活动的开展正是作风建设的集中体现。组织政协委员，切实改变作风，搞好专题调研，积极建言立论，这是政协的一大传统。十至十四届委员会期间，一年一个专题（专题下分若干子课题），由政协统一部署，从政协委员、民主党派成员和机关干部中每年抽调专门人员，组成数个调研组，分别由正副主席带队，广泛深入地开展调查研究。自十届委员会以来，共形成 129 篇专题调研报告，提出 610 多条具体建设性意见。集中研讨后，每次专题调研均形成建议案，送达市委、市政府，许多调研报告得到上级领导的批复。

1998—2019 年各级领导对市政协履职成果批示件一览表

表 7-2

年份	履职者	成果要点	批示领导
1998	钟卫委员	殡葬收费应更加合理	市委书记俞国庆
	叶卫生委员	关于莫让基层人民法院人民陪审员制度流于形式	副省长李长江
1999	十届十三次主席会议	关于加快富春江景区开发的建议	市长许保水
	钟卫委员	遏制建筑腐败应从源头抓起	省委副书记李金明、副省长卢文舸
	杨海贤委员	关于简化申报企业项目审批程序加快全市工业经济发展建议	常务副市长谢康春
2000	特困企业清理劳动关系工作调研组	关于特困企业清理劳动关系工作建议	市委书记王金财
	新安江东区开发调研组	关于新安江东区开发建议	市长许保水
2001	市政协	关于经济适用房、老年公寓、老年活动中心建设的建议	市长杨军

续表7-2

年份	履职者	成果要点	批示领导
2002	十届常委会二十九次会议	关于2002年市政府下半年工作协商建议	市委书记赵纪来
	市政协办	铜官峡景区深度开发还需要关心和支持	市委书记赵纪来
	市政协办	建议把溪头区块开发建成精品	市长杨军
2004	市政协办	关于防洪搬迁的四点建议	市委书记赵纪来
	十一届十六次主席会议	建议把旅游业作为新的经济增长点来抓	市长杨军
2006	十一届三十八次主席会议	关于推进市政府重点项目建议	市委书记赵纪来
	市政协办	建议审计工作切实为建德经济发展保驾护航	市委书记陈春雷
2009	十二届三十六次主席会议	立足发展留足空间科学编制建德市林地保护利用规划建议	市委副书记董悦
	十二届常委会十四次会议	关于力挺经济发展促进民生事业建议	市委书记陈春雷
2010	市政协办	进一步推进建德“十二五”重大项目规划编制并积极申报争取更多项目列入浙江省杭州市重大项目规划建议	市委书记陈春雷
	市政协办	关于《建德经济开发区控制性详细规划》的协商意见纪要	市委书记陈春雷
2011	市政协办	十二届五次会议协商讨论市政府工作报告意见建议汇总	市长董悦
	市政协办	2011市政协重点提案和党派（团体）提案应重点办理	市委书记陈春雷
	十二届常委会二十八次会议	关于“实现城乡统筹推进建德经济发展”建议案	市长董悦

续表7-2

年份	履职者	成果要点	批示领导
2012	市政协城建交通组	关于水源热泵技术在住宅项目推广应用过程中值得关注的问题建议	市委书记董悦
2015	市政协办	关于异地种植草莓现状及发展对策	市委书记戴建平
2017	市政协	市政协“五水共治”民主监督“干查督”活动的视察建议	市委书记童定干
	市政协	念好五字经打赢攻坚战——建德市助推“打造劣V类水剿灭行动升级版”情况专报	浙江省政协副主席王建满 杭州市政协主席潘家玮

6. 廉政建设　市政协党组始终注重机关党风廉政建设，自觉接受各级纪检监察、纪检组和党内外各方的监督，发现问题及时纠正、整改。

落实党风廉政建设责任制。2000年，市政协党组以市管干部“三讲”教育为契机，按照“团结、务实、高效、廉洁”的要求，抓好政协机关党风廉政建设。2001年12月24日，市政协专向市委、市纪委呈送《落实党风廉政建设责任制情况报告》，认真总结检查市政协机关全年在党风廉政建设方面的情况。2006年12月26日，市政协向市委、市纪委呈送报告：主要在抓好党风廉政建设、落实党风廉政建设责任制、领导干部带头执行廉洁自律的各项规定三方面内容的执行情况。是年市政协党风廉政建设责任制执行情况量化考核自评获百分。中共十八大后，市政协党组召开专题研讨会，集中学习《中国共产党章程》《关于新形势下党内政治生活的若干准则》《中国共产党党内监督条例》等中央党内法规，邀请驻政协机关纪检组成员开展警示教育，及时通报中共中央、浙江省委、杭州市委三级纪委查处的党员领导干部违法违纪典型案件。

2017年年初，市政协制定《关于印发市政协办公室2017年度党建工作责任清单的通知》和《市政协机关党支部书记抓2017年度党建工作责任清单》，压实党建责任，明确具体责任人，对机关组织建设、队伍建设、作风建设等重点工作实施项目化管理。2018年共完成包括班子成员在内的24名党员岗位风险排查，谈话30人次、查找廉政风险点8个，制定防控措施10条。2019年，市政协机关党组制定《市政协机关2019年党风廉政建设工作计划》，全年按照计划开展党风廉政建设工作。机关党组书记为“第一责任人”，党组成员和其他市管干部严格落实“一岗双责”，对分管专委会和科室负直接领导责任。印发《市政协机关2019年党风廉政建设问题清单》和《市政协机关2019年党风廉政建设主体责任问题清单》，主要领导亲自抓，分管领导具体抓，严格履行党风廉政建设主体责任。是年12月，市政协机关党组专题呈送《关于履行党风廉政建设主体责任落实情况报告》。

整改上级巡视的问题。2012年，浙江省委巡视组对建德市政协首次巡视后反馈两个方面问题：

一是“三超两乱”整治不到位问题，主要是擅自设立乡镇（街道）工委。二是领导干部事业心责任感不够强的问题。在收到巡视问题反馈后，市政协党组积极落实整改举措。1. 积极配合开展“三超两乱”整治，不断规范政协机构建设。按照整改意见，积极配合市委组织部、市编委办开展机构编制人员的整治，对16个乡镇（街道）政协工委机构全部撤销到位，巡视反馈的3名政协工委副主任编制也在第一时间整改消化到位。2. 深入落实“六个领衔”工作，着力提升领导干部事业心责任感。市政协党组每年下发推进“六个领衔”文件，由市政协领导全面承担重点工程、重大项目、招商引资和难题破解等事关经济发展的重要工作，建立由领衔领导和专委会、机关科室负责人组成的“六个领衔”工作推进小组。至2019年年末，市政协共承担和推进领衔工作190余项。

（二）支部建设

1. 凝聚力工程　市政协机关党支部根据党章规定和机关党工委“标准化党支部”的条件，扎扎实实开展“凝聚力工程”活动，“三会一课”制度不断完善。1998年，坚持每月一次党小组会议制度，两个党小组共24次活动，召开4次支部大会、10次支委会、2次党课、2次民主生活会。2002年，在重视规范机关党建工作基础上，建立支委会成员分片联系党员活动制度。在机关党支部的号召下，积极参加市直党工委举办的“颂歌献给党，喜迎十六大”文艺晚会演唱活动，获得三等奖；先后组织的“春风行动”、为救火英雄、抗洪救灾开展三次捐款活动，机关党员干部纷纷解囊，共计捐款8600元。2003年机关支部继续认真贯彻《中国共产党和国家机关基层组织工作条例》（以下简称《条例》）和市委出台的《实施意见》，坚持以“机关党建条例为标准”切实规范市政协机关的党建工作。坚持每月一次党小组会，每两月一次支委会，每三月一次支部大会，每半年进行一次党课教育的“三会一课”制度。有计划地组织党员干部学习毛泽东、邓小平、江泽民关于党风廉政建设论述，学习胡锦涛关于要牢记“两个务必”的重要讲话，学习《条例》中关于党内监督的主要内容，适时剖析一些违法乱纪案例，对党员干部严格加强教育和管理。2005年坚持以支部改选为起点，按照《条例》和《实施意见》要求，重视规范机关支部党建工作。2011年是中国共产党成立九十周年，也是建德市政协成立五十五周年，市政协机关支部根据党章规定和机关党工委“标准化党支部”的条件，认真扎实开展“凝聚力工程”建设活动，规范市政协机关的党建工作。2017年，以“两学一做”常态化制度化为主线，规范民主生活会和专题组织生活会，规范党员领导干部“双重组织生活”制度，完善党内定期谈心谈话制度，推动机关支部组织生活正常化、常态化、长效化。2018年，机关支部认真执行“三会一课”制度，坚持每月组织开展一次主题党日活动，每月召开一次支部委员会会议，党员领导干部每人上一次党课。加强党员日常管理，完善党员先锋指数考核体系，每季度对党员先锋指数进行统计，并作为党员年底评先评优的重要依据。积极推进党员活动阵地建设，制作党建知识宣传牌、党务工作公示牌。2019年，机关支部按照党章的有关规定，认真做好机关新一届支部委员会换届工作，并明确各自的分工。运用智慧党建系统，加强党员日常管理。运用“西湖先锋”APP，对党员干部实行线上管理与服务。坚持推进支部标准化建设，建立支部党建工作责任清单，明确工作任务，按照清单推进支部各项工作。执行“三会一课”制度，坚持每月组织召开一次主题党日活动，每月召开一次支部委员会会议，党员领导干部每人上一次党课。严格执行“三重一大”等党风廉政相关制度，加强党员干部廉政风险点排查，开展作风建设专题教育，推进廉政机关建设。

2. 政治思想教育　1998 年，机关党支部组织学习邓小平理论、中共十五大报告及《毛泽东、邓小平、江泽民论世界观、人生观、价值观》《中国共产党和国家机关基层组织工作条例》等理论文章，组织观看《周恩来》等 6 部党性党风教育片；组织参与“学习党的十五大报告知识竞赛”“国家行政监察法知识竞赛”“改革开放 20 周年纪念学习竞赛”等多次竞赛活动。2000 年，机关支部多次集中学习讨论“三个代表”重要思想，组织学习中共十五大及十五届四中、五中全会精神，学习毛泽东、邓小平、江泽民关于政协统战工作论述以及江泽民在庆祝人民政协成立五十周年大会上的讲话、李瑞环主席在全国政协九届三次会议上的讲话。组织机关党建知识竞赛，参与率 100%。2005 年坚持以先进性教育为契机，组织党员认真学习《保持共产党员先进性教育读本》和上级党委关于先进性教育活动的文件和领导讲话精神。机关党支部坚持“逢会必学”制度，运用学习会、专题讲座等形式，以及党员远程教育网模式，深入学习邓小平理论和“三个代表”重要思想，学习党章原文、全国政协十届四次会议精神、中共十六届六中全会等一系列会议精神以及《江泽民文选》等。2012 年机关支部除学习中共建德市十三次党代会精神、全国政协十一届五次会议精神、中共十八大精神、2012 年党员读本外，还有《经济为什么会崩溃》《历史的轨迹》《加强和改善中国共产党对人民政协事业的领导》等 26 本书或文章，形式有党员个人自学、党小组安排学习、支部集中学习，做到每季确定一个主题，每月读一本书，实行学习奖励制度，营造创建“学习型”机关支部的浓厚氛围。2015 年 5 月，机关支部借“三严三实”教育活动契机，认真学习、深入思考，结合思想实际、政协实际、领导干部队伍实际，在静学深思提炼中深化认识。市政协党组书记、主席吴铁民为政协机关党员上专题党课，与大家共同分享学习认识成果。

2017 年 10 月 18 日，市政协机关支部组织全体党员干部集中收看中共十九大开幕式，认真聆听习近平总书记作工作报告；10 月 31 日市政协机关支部组织开展中共十九大精神学习会；12 月 15 日，利用党员固定活动日，支部组织全体党员进行学习贯彻中共十九大精神专题测试。2017 年制定《市政协关于推进“两学一做”学习教育常态化制度化工作的实施意见》，细化机关支部年度学习计划，始终将“两学一做”作为党的思想建设重要工作来抓。执行每月 15 日认真组织党员固定日活动制度，全年共组织开展各类集中学习 12 次。2018 年年初，机关支部特组织开展重温入党日活动，邀请市国税局离休老党员、老志愿军战士袁家睿讲述抗美援朝党员发挥模范带头作用的故事；组织机关党员干部赴淳安红军北上先遣队纪念馆参观学习。

2019 年，机关支部以“不忘初心、牢记使命”主题教育为契机，运用主题党日、新安夜学、学习强国等形式和平台，继续深入学习习近平新时代中国特色社会主义思想和关于“不忘初心、牢记使命”论述选编。

3. 参谋服务　为探索开好政协会议、提升会议质量当好参谋，搞好服务。1999年，机关支部组织党员干部精心安排专题调研，并与部分委员赴全市27个乡镇67家企业和专业户，就全市水利基础设施管理改革、农业产业结构调整、农产品市场建设、农业龙头企业发展、农特产税征管方面开展调查，历时1个多月的调查，提出意见建议26条。这些意见建议在市政协常委会第八次会上集中研讨后，形成建议案，在市政府“政务参考”七期全文刊发。2000年，机关支部以市政协领导班子和党员领导干部“三讲”教育为契机，引导机关党员干部关注和服务市政协领导班子的“三讲”教育，帮助找准、助力解决好领导班子中的党性党风方面存在的突出问题，同时，还以市管干部开展以“三讲”为主要内容的思想作风建设教育和机关的“双思”教育活动为契机，对机关党员干部强化思想作风教育，把党员干部的思想和行动有意识地引导到“达标创先”和“三优一满意”活动中去。2002年机关党支部精心组织开展“优化发展环境，提高服务水平”和“加快发展、再创新业”两次大讨论活动。扎实有效的活动，赢得杭州市指导组的肯定，并以好典型向上级推荐。是年超额完成市委、市政府下达市政协机关的50万元招商引资任务，全年实际完成100万元。2003年，为完成市里下达的招商引资100万元任务，由一名驻会党员政协领导带队，一名机关党员领导具体负责，多次与市二轻工业总公司组团，赴宁波开展招商活动。经协商达成投资意向并签订合作协议，决定投资506万元新建年产3.5万吨的高档项目，招商引资实际完成数是任务数的5倍多。2005年继续加强与外界的联系，共引进内资500万元，超额完成市委下达的招商引资100万元的内资任务。是年，政协机关党员干部积极参与“委员服务年”活动。筹集资金和实物计14万多元，资助26位贫困大学新生，慰问困难群众26户，并为大洋镇中心小学筹集解决了部分办学资金等。2007年，市政协机关党员干部切实转变机关作风，与部分村（社区）干部分4个组，对寿昌、大洋镇等3个镇的9个村1个社区，进行逐户调查并座谈，历时1个月，全面了解困难群体生活状况，形成调研报告。2012年，机关党员干部负责联系做好桥东征迁户的思想工作，通过数月的努力，促成征迁户如期签订征迁协议书。2017年，机关支部先后组织开展“三提一争”“组团包干八大行动”和“组团竞赛工作”等活动。按照《市政协办公室开展“三提一争”“组团包干八大行动”实施方案》，机关党员全上阵，由班子成员分别带队到联系镇村开展蹲点调研，通过集中调研、自主调研等形式，深入基层走访村（社）7个，提出各类发展建议60余条，报送走访调研报告7篇。认真开展“深入基层大走访大调研”活动，着重围绕农业产业发展、村级债务管理、美丽乡村建设等问题，对31个村进行实地走访调研，收集调研材料40余份，形成专题调研报告，为全市实施乡村振兴战略建言献策。开展“夏送清凉、冬送温暖”结对帮扶活动。中层以上党员领导干部定期走访慰问困难家庭，对结对的18户低保户、困难群众送上慰问金和物品。党员干部积极参与社区共建工作，开展府西社区“微心愿”认领活动。2018年至2019年，机关支部党员在文明城市创建工作中，积极参与开展文明劝导、路面巡查活动，与相关单位积极配合，完成江滨路网格的应对检查工作。在“组团包干”蹲点调研工作中，党员领导干部带头开展走访活动。

4. 联村工作　1998 年始，机关支部先后联系大洋镇胡店村、麻车村、新源村，大同镇富塘村等。2000 年 6 月受暴风雨灾后，帮助所联系的胡店村研究生产自救方案，向有关部门争取救灾资金 3 万元。2002 年，机关支部组织专家，为联系村讲授《以“三个代表”重要思想为指导，切实加强公民道德建设》《认真学习党的十六大精神，为实现全面建设小康社会而努力》的主题党课；邀请市林业专家为联系村开展菜竹种植辅导。2003 年，机关支部两次组织胡店村干部、专业户代表，赴江西省玉山县红心柚示范基地考察学习种植培育技术，引进红心柚优质苗 100 株；为联系村胡店村争取资金 12 万元；募集抗灾款 2000 元；在“百万粮食赈灾下乡”活动中，联系组织 3 个部门共落实资金 1.5 万元。2005 年上半年，机关支部积极向杭州市农业局争取低产田改造项目资金 10 万元；帮助麻车村争取水利建设补助金，增加补助款 3 万元，比规定补助标准提高了 10 个百分点。2006 年，机关支部向麻车村赠送 3000 元的慰问金、慰问物；加强与部门的联系，促使麻车村改地造田 14.3 亩通过验收，并获取 14.3 万元的补助款；推进麻车村下山脱贫和新农村建设进程；帮助联系村成功创建新农村“三星”社区。2012 年，机关支部组织党员积极参与“进村入企”大走访活动。2016 年，机关支部组织党员积极参与大洋镇爱心造林活动，组织党员到大洋镇庆丰村参与“爱心灶”活动，党员干部捐款 2000 元。2018 年年初，与大同镇劳村村共同开展绿化植树和环境卫生大整治等活动。2019 年 3 月，支部组织了文明城市创建志愿服务活动；赴大同镇各联系村开展“三化”整治工作，助推大同镇美丽乡村建设；10 月，组织党员干部赴主题教育红色教育点大同镇富塘村参观学习；11 月，组织党员干部赴杭州“五四宪法”陈列馆参观学习；结合“不忘初心、牢记使命”主题教育活动，开展“万名党员做好事”活动，主动到联系村上党课，与困难群众进行结对帮扶，认领微心愿。1998 年至 2019 年间，市政协机关党支部 12 次被市直党工委评为先进支部。机关党员被评为市直党工委优秀党员 29 名、优秀党务工作者 15 名、建德市级优秀党员 17 名。2003 年，机关支部书记邹爱民在市直党工委表彰会上，作题为《发挥党员作用，利用政协优势，扎实推进市政协机关党建工作》的典型交流发言。

5. 离退休党员活动　1998 年至 2005 年 2 月，政协离退休干部党小组坚持每月 10 日的学习制度。1999 年结合澳门回归，组织学习邓小平“一国两制”等重要论述。老党员潘文达仅 1999 年 4 月至 12 月，就为全市 50 多所中小学校学生作报告 49 场，参加听报告的师生共有 32733 人次。

2005 年 3 月市政协机关离退休干部党员单设支部后，坚持每月一次的集中学习活动制度。2016 年，在组织“两学一做”学习教育中，按照市直机关工委和市老干部局的统一安排，集体学习《中国共产党章程》《中国共产党廉洁自律准则》和《中国共产党纪律处分条例》。2017 年，根据上级党委的统一部署，党支部及时组织学习传达中共十九大会议精神，及时了解中共十九大召开盛况及习近平新时代中国特色社会主义思想的精神实质。2019 年，机关离退休支部认真组织“不忘初心、牢记使命”主题教育学习活动，9 月至 10 月，组织党员学习《习近平关于“不忘初心、牢记使命”重要论述选编》和《习近平新时代中国特色社会主义思想学习纲要》。学习教育活动期间，组织党员实地考察学习三都镇镇头村、钦堂乡葛塘村农村党支部建设工作；组织党员参观童祖恺和童润蕉烈士纪念馆、参观南浦革命斗争史纪念馆、蒋治烈士纪念馆；赴江西省考察廉政文化教育基地——浮梁古县衙；邀请建德市家谱文化研究会的人员为党员作传统文化、孝道文化、古贤故事的宣讲；赴新叶、李村、上吴方、富塘等村落考察优秀传统文化弘扬与美丽乡村建设情况；参加“我和我的祖国”——庆祝中华人民共和国成立七十周年征文活动，其中郭昌友《马兰花开》在杭州市和建德市两级征文活动中均获一等奖，潘文达《我所亲历的大同区农村第一步改革的成功实践》论文获得建德市一等奖。

机关离退休干部党支部为党员知情出力创造条件。2015 年 5 月、2016 年 9 月，先后组织到大洋镇高垣村和新源村、乾潭镇幸福村参观视察，了解新农村建设情况。2017 年 10 月和 11 月，组织视察莲花溪“五水共治”整治成果、戴家民宿和九仙铁皮石斛基地、小香生态农业公司、三江两岸绿道及三都渔村建设情况。2018 年，组织党员考察寿昌镇参观古镇改造工程、西湖水街和航空小镇建设情况；2019 年 5 月，组织党员赴黄山歙县考察高铁经济的发展，是年，赴梅城、乾潭、大同、三都等镇考察学习乡村振兴，考察下涯黄饶花海旅游项目和新安江主城区紫金绿道工程等等。机关离退休支部党员结合参与考察、调研等活动，联系平时所掌握的实情，进行分析思考，提出一批有针对性的建设性意见，得到市党政领导的重视和肯定。2005 年至 2019 年，市政协离退休干部党支部通过政协联谊会先后向市委、市政协送交信息或建议共 30 多件；支部多次被评为建德市直机关工委党建工作先进单位、建德市和杭州市两级离退休“五好”支部；支部书记钟森水、穆先堂、王成土被评为建德市先进党务工作者、建德市基层党建工作优秀党员、建德市老干部学习之星。

二、主题教育活动

进行集中学习，组织集中教育，这是中国共产党加强思想政治工作的一种优良的历史传统。在 1998 年至 2019 年期间，按照党中央统一部署，在中共建德市委的直接领导下，政协建德市十届至十四届委员会有序有效地开展系列主题内容的学习教育活动。

“三讲”教育　2000 年 3 月 1 日至 4 月 27 日，在市政协领导班子和领导干部中，集中开展以“讲学习、讲政治、讲正气”为内容的“三讲”教育活动，是年 3 月 1 日始，三讲教育按方案要求有序进行。一是集中组织理论学习。对指定的学习资料，组织班子成员认真学习，并结合个人经历、工作现状、建德实际，写出 10 多万字的读书笔记。二是认真查准突出问题。对照中央提出的“四个基本要求”“五个方面的问题”，从“三个代表”重要思想的高度，根据干部群众提出的存在 21 类问题，认真查找在党性党风方面存在的突出问题，先后召开市政协老领导、老委员、老干部座谈会议，十届委员会第十四次常委会议，市政协机关党员干部会议，听取意见，认真补充。三是严格剖析问题根源。自觉按照“三讲”教育的基本要求和反馈意见，认真检查分析认真反思和剖析。在个人剖析材料起草过程中，为确保剖析材料的质量，经107个单位627名干部的民主评议，市政协领导班子剖析材料满意率达99.5%。四是积极开展思想斗争。市政协主要领导带头，用5天时间，广泛开展谈心交心活动，主要领导与班子成员谈心8人次，党员领导干部相互间谈心37人次，并于4月16日召开民主生活会，积极开展相互批评。五是及时提出整改措施。针对市政协领导班子和领导干部存在的主要问题，市政协党组研究提出6方面的整改措施，随后陆续出台6方面制度性文件。11月6日始，市政协领导班子认真开展“三讲”教育“回头看”活动。先后召开市政协党组会议、市政协领导班子和领导干部会议，对照“三讲”教育整改意见，重点围绕“五个看”的要求，逐条逐项地认真自查自看。11月9日，为了切实搞好自查自看，还专门邀请政协常委，民主党派、工商联、工青妇领导，政协委组负责人，机关干部、离退休干部进行座谈，听取意见。根据各级组织和各界群众的意见建议，对整改进行认真的思考和分析，查找存在的问题和思想认识上的差距，提出深入整改的意见。

思想政治教育　2000年7月25日至8月11日，在市政协机关全体市管干部中，集中开展以“讲学习、讲政治、讲正气”的“三讲”为主要内容的思想政治教育活动。是年7月25日始，历经三个阶段：一是组织安排学习。采取集中自学和集中专题发言的形式，认真学习指定的必读篇目和文件。二是征求和反馈意见。广泛征求到意见253条，其中对班子意见126条，四位市管干部意见共127条。及时反馈意见建议有6个方面20条，个别意见按照相同合并，四位市管干部共30条。三是开展剖析和评议。市管干部认真撰写剖析材料。8月4日，召开民主评议动员会，切实搞好民主评议，四位市管干部剖析材料满意率均达100%。四是谈心交心和民主生活。开展市管干部之间相互谈心交心活动18人次。召开民主生活会，相互开展批评和自我批评20多人次，提出批评意见20多条次。五是重视整改。8月10日，市政协机关组织“思源增信心，思进创新业”解放思想大讨论。机关市管干部结合理论学习、征求意见、先进典型学习和自我剖析的情况，联系政协工作和个人思想实际，带头在讨论会上发言，提出整改意见。

保持共产党员先进性教育　2005年2月1日至6月21日，在市政协机关党组织及全体党员中，集中组织开展以学习实践“三个代表”重要思想为主要内容的保持共产党员先进性教育活动。是年2月1日，召开机关动员会，市政协党组书记、主席刘志新作动员讲话，及时传达学习市委先进性教育活动动员会精神，作出全面部署。是月下旬，市政协党组领导带头向机关全体党员干部和离退休干部党员作动员、上党课，党组成员以普通党员的身份参加机关所在党支部的集中学习。3月，举办市政协领导和离退休干部共同参与的专题讲座，组织机关党员赴嘉兴南湖参观，缅怀革命先烈；组织全体党员认真开展“市政协机关党员先锋形象”大讨论活动、谈心谈话活动。是月还建立群众监督评估小组，召开群众等多个座谈会，广泛征求意见和建议。6月，市政协党组逐条对照征求到的意见和党组民主生活会上查摆出的问题，制定6大项25条整改措施。支部针对自身组织建设、党员队伍存在问题等情况，认真制定整改方案。党员个人针对自己在思想、工作、作风、纪律等方面存在的问题以及群众提出的意见和党组织的评议意见，认真制定个人整改措施。对党员和党组织制定的整改措施，向党员和群众公开，广泛征求党员和群众的意见，接受党员和群众的监督。认真开展“回头看”，以巩固教育成果。

学习实践科学发展观教育 2009年3月24日至8月，在市政协机关党组织及全体党员中，集中组织开展以学习实践科学发展观为主要内容的教育活动。3月中旬，市政协党组按市委要求制定《中共建德市政协党组关于开展深入学习实践科学发展观活动的实施意见》。3月24日始，活动采取集中学习与个人自学、专题辅导与集中培训、学习讨论与集中交流相结合的学习方式进行。在学习调研阶段，共召开学习会4次，学习实践心得交流会4次，深入乡镇、企业开展调研10次，撰写学习体会9篇，市政协领导组织宣讲会、辅导报告会4次。深入到各自联系的学习实践活动联系点和蹲点调研单位开展调查研究，市政协确定“块状经济发展”“增加农民收入”“发展生产性服务业”“房地产业发展”“做精农业产业”5个重点调研课题，开展专题调研，形成5篇调研报告。围绕干部群众提出的33条意见和建议，制定整改落实方案。6月9日和26日，分别召开两个座谈会，请市政协机关全体党员干部、群众和离退休干部参会，听取对政协党组、机关党支部的意见和建议。6月29日，市政协党组召开专题民主生活会，党组成员及领导班子其他成员共8人参加会议，开展批评与自我批评。7月23日，召开全体党员干部专题组织生活会，分析查找自身存在的问题。发放评议表，对政协党组织及党员个人问题查找、原因分析、思路理清、措施提出等认真开展评议。相继出台就完善委员约谈制度等4份文件。

群众路线教育实践 2014年2月25日至10月17日，在市政协机关党组织及党员领导干部中，集中组织开展以为民务实清廉为主要内容的党的群众路线教育实践活动。是年2月25日，市政协机关成立党的群众路线教育实践活动领导小组，党组成员、秘书长、办公室主任蒋华任组长。同日，举行开展党的群众路线教育实践活动的动员部署会。党组成员、副主席张早林作动员。4月22日，市政协党组召开群众路线教育实践活动“三严三实”讨论会。5月6日，市政协党组召开群众路线教育实践活动征求意见座谈会。5月12日，市政协党组举行扩大会，政协党外副主席参与。在学习调研阶段，共召开学习会8次，学习实践心得交流会4次，深入乡镇、企业开展调研10次，撰写学习体会9篇，市政协领导组织宣讲会、辅导报告会4次。6月27日，市政协党组成员讨论政协党组对照检查材料。7月15日，市政协党组举行专题民主生活会。7月22日，市政协机关领导班子召开专题民主生活会。在市委第三督导组的督导下，两个层次的民主生活会，紧密结合政协工作实际和特点，紧扣“为民务实清廉”的主题和“照镜子、正衣冠、洗洗澡、治治病”的总要求，深刻剖析，作出对照检查。党组书记对党组成员个人对照材料进行逐一严格审阅，秘书长对机关班子成员个人对照检查材料进行逐一严格审阅。

“三严三实”主题教育 2015年5月7日至2016年1月29日，在市政协党组成员（县级以上党员领导干部）中，组织以“三严三实”为专题内容的集中教育活动。本次集中教育活动的特定做法是：省地县三级统筹联动，轮训、研讨、通报有机结合。是年5月7日和30日、7月6日、12月11日，分别收看全省“三严三实”电视电话会议、收看全省领导干部电视电话会议、参加全省县（市、区）委书记工作交流会、收看全省《中国共产党廉洁自律准则》和《中国共产党纪律处分条例》宣讲报告电视电话会议。8月10日至12日、17日至19日，分期参加杭州市县处级以上党员干部党章党规党纪专题集中轮训。自5月始，市政协党组成员每次均参加中共建德市委组织的“三严三实”主题教育活动和其他专题学习会。7月22日，市政协召开“三严三实”严以修身专题研讨会；8月24日，市政协召开“三严三实”专题学习研讨会；10月30日，市政协召开学习贯彻浙江省政协主席乔传秀到建德调研时讲话精神会议；11月6日，市政协召开“三严三实”谋事创业专题研讨会。2016年1月29日，市政协党组举行“三严三实”民主生活会。除党组成员外，还邀请两位党外副主席列席会议。党组书记吴铁民首先代表党组并个人带头作对照检查，其他党组成员随后作个人对照检查，并相互开展批评。吴铁民对党组其他同志逐个进行点评，并进行会议小结。根据中央和省、杭州市委的部署要求，在市委专题教育办的具体指导下，市政协党组通过多方面征求意见、召开3次专题研讨、班子成员自我剖析、成员之间互相谈心等方式，认真查找班子自身存在的“不严不实”问题，深刻分析问题产生的原因和危害，制定相应的整改措施。

“两学一做”学习教育 2016年5月4日至2017年6月7日，在市政协机关全体党员干部中，组织以“两学一做”为专题内容的集中教育活动。活动在政协党组领导下进行，由市政协办公室牵头组织实施，各专委会及机关支部配合做好相关工作。是年5月4日，市政协党组书记、主席吴铁民主持召开市政协党组（扩大）会议，研究部署“两学一做”学习教育工作安排。5月9日，市政协举行“两学一做”专题内容集中教育活动部署会，党组书记、主席吴铁民作动员讲话。5月13日，市政协常委在市政协十三届二十七次常委会上，进行“两学一做”集中学习。6月23日，市政协党组书记、主席吴铁民主持召开市政协党组（扩大）会议暨“两学一做”学习教育活动第一专题研讨会，围绕《党委会的工作方法》开展学习讨论。党外副主席应邀参加。6月7日、27日，市政协机关支部举行“两学一做”学习会。7月14日，市政协机关支部组织学习习近平总书记在中国共产党成立九十五周年大会上的讲话精神。8月15日，市政协机关党支部组织学习《中国共产党问责条例》，传达全市G20峰会维稳安保工作再动员会议精神。9月26日上午，市政协党组召开“两学一做”学习教育第二专题学习研讨会，以“学系列讲话”为主题开展专题研讨。2017年1月31日，市政协党组举行民主生活会，开展个人对照检查。会后，向市委呈送对照检查情况报告。是年6月7日，市政协党组专门印发《关于推进“两学一做”学习教育常态化制度化工作的实施意见》，落实中央、浙江省委、杭州市委、建德市委有关学习教育常态化制度化的部署要求，着力健全常态化实践机制的三方面意见。在常态化学习机制上，市政协机关支部把党员固定活动日和“三会一课”制度的基本内容固定化，每月召开一次支委会会议和支部党员会议（党员固定活动日），每季度组织一次专题党课，每年开展一次组织生活会并做好党员“党性体检”和民主评议党员工作。

“不忘初心、牢记使命”主题教育 2019年7月至12月，在市政协机关党组织及全体党员中，集中组织开展“不忘初心、牢记使命”主题教育活动。“不忘初心、牢记使命”主题教育不划阶段、不分环节，把学习教育、调查研究、检视问题、整改落实及专题讨论有机融合、贯穿始终。按照建德市委《关于扎实做好“不忘初心、牢记使命”主题教育各项准备工作的通知》《关于印发“不忘初心、牢记使命”主题教育“五项先行”任务书的通知》等文件精神，自2019年7月起，市政协党组每月召开不少于两次的党组会议，专题交流研讨主题教育学习内容，党组成员在会前对相关学习内容开展先行自学；市政协机关党组每月召开不少于两次机关党组会议，机关支部每月召开不少于两次支部党员大会，机关党组成员和支部党员围绕主题教育学习开展交流分享。对党中央和浙江省委、杭州市委明确的9项重点问题进行全面对照、梳理归纳，积极研究解决对策，做好边整边改工作。对短期内无法解决的问题，制定出具体解决方案，作为下一步主题教育中重点解决的问题。市政协党组全面负责市政协的主题教育活动，成立领导小组加强组织领导。市政协办公室做好主题教育推进过程中的综合协调、上下联络、活动安排、后勤保障等工作。10月28日，市政协党组书记、主席吴铁民深入大同镇为基层党员上党课。市政协领导先后参加由市委常委会组织的“红色印迹、初心之行”“跨越赶超、担当之行”“对标检视、清正之行”专题读书会。市管干部分批参加市委统一组织的“不忘初心、牢记使命”专题培训班。市政协机关党组和支部结合“两学一做”学习教育常态化制度化，依托党组会议、主题党日、“三会一课”，组织开展集中学习、交流心得、现场考察等活动，确保集中学习时间不少于5天。12月2日，市政协党组召开“不忘初心、牢记使命”主题教育专题民主生活会，党组书记、主席吴铁民代表市政协党组班子首先作检视剖析，并带头进行个人检视剖析，主动接受批评。其他党组成员逐一进行检视剖析，开展批评和自我批评。12月5日举行专题民主生活会，市政协机关13名党员领导干部全部参加，市政协党组成员、机关党组书记林立主持并先代表市政协机关党组作对照检查；机关党员领导干部分别进行个人对照检查，并开展相互批评。机关支部相继召开专题组织生活会，开展“党性体检、民主评议”工作。在活动中，对九项专项整治发现的问题、“新时代人民政协的新样子”专题讨论反映的问题、巡视巡察和巡回指导反馈的问题、自我检视剖析的问题、民主生活会查摆的问题、对标年度目标任务存在的问题等，及时列出清单，突出重点，逐步进行整改。

第二节　业务培训

委员是政协工作的主体。十届至十四届委员会党组始终坚持“以委员工作促全局工作”的指导思想，注重加强委员的学习培训和考核管理。在培训方式上，从2009年十二届委员会始，创建培训工作与党校联合，且在对象上从常务委员、专委会负责人拓展至政协委员。

一、常委培训

历届市政协委员会党组十分重视政协常委的学习培训。坚持为他们提高知识素养、水平能力创造条件。十届至十四届委员会期间，市政协常务委员的学习培训方式主要有两种：一是举行常委会议，组织安排有关内容学习，以会代训形式进行。二是常务委员集中听取有关专家或领导的专题辅导，组织几位骨干作学习交流、分期合办读书会、与考察学习有机结合等多途径。举办读书会主要有：2002 年 12 月 25 日，十届三十次常委会会议，组织学习中共十六大精神。2007 年 10 月 30 日，十二届委员会召开常委读书会，专题学习贯彻中共十七大精神，邀请杭州市委党校教授高国舫作辅导。2008 年 8 月 25 日，十二届委员会举行常委读书会议，组织学习《中共建德市委关于贯彻〈中共中央关于加强人民政协工作的意见〉的实施意见》（市委〔2008〕11 号）；围绕“如何进一步规范政治协商，完善民主监督，推进参政议政，加强常委会自身建设”等方面开展讨论。2009 年 11 月 4 日，召开十二届十五次常委会议（政协常委读书会），传达贯彻中共十七届四中全会精神，组织学习中共中央总书记胡锦涛在庆祝人民政协成立六十周年大会上的讲话精神，邀请杭州市政协副秘书长、研究室主任龚志南和建德市委常委、副市长陈建忠分别作基层民主政治建设和科技与经济发展专题辅导讲座。2012 年 11 月 18—22 日，市政协十三届常委会第四次会议暨读书会，组织学习中共十八大主要精神。2018 年 12 月 13 日，市政协十四届常委会十二次会议暨读书会，集中学习习近平总书记关于加强和改进人民政协工作的重要思想。

二、专委会（工委、组）负责人培训

专委会（工委、组）是政协履职的重要抓手，让专委会工作专起来，委组工作活起来，对委组负责人的素质提升至关重要。十届至十四届委员会高度重视切实加强委组负责人的学习培训工作。各届培训做法呈现不同特色。

十届委组负责人培训　1999 年 7 月 28—30 日，十届委员会举行委组负责人学习会，请市委常委、宣传部部长梁建华作领导干部参加“三讲”教育的报告。市政协副主席程锦元、秘书长黄根华分别作《政协经常性工作》和《政协专委会工作》的知识讲座，何新根等 5 位委员在会上交流如何撰写提案、反映社情民意及开展委组活动的经验体会。

十一届委组负责人培训　2004 年 8 月 25 日—26 日，十一届委员会举行委组长培训班。邀请杭州市政协办公厅副主任、研究室主任龚志南作《政协章程》辅导报告，并安排学习台海形势及统战知识、科学发展观及如何当好委组长等内容。新安江联络二组、工青妇组、社会事业组就如何发挥委组优势、组织有特色活动、委组活动体会和担任委组长感受进行经验交流。

十二届委组负责人培训　2009 年 6 月 16—18 日，十二届委员会举办委组长学习培训班，组织赴江苏省镇江、江阴、常熟等地政协学习。2010年5月10日，十二届委员会举行反映社情民意信息工作培训会，邀请杭州市政协办公厅信息处处长张少华主讲如何撰写社情民意、信息，参加对象为各民主党派、工商联分管信息领导，各委员活动小组信息员及机关人员。2010年7月8日，十二届委员会举行各界别委员活动小组组长培训会，主要内容为汇报交流各界别活动小组开展活动情况、进行提案撰写培训。2010年11月11—12日，十二届委员会召开政协各乡镇（街道）工委主任（工作人员）培训会，邀请杭州市政协副主席张鸿建作辅导讲座。

十三届委组负责人培训 2012年11月18—22日，市政协“一办六委”负责人参加十三届四次常委会议暨读书会。2014年12月3日，市政协“一办六委”负责人参加十三届十五次常委会议暨读书会。

十四届委组负责人培训 2017年12月1日，“一办六委”负责人参加十四届五次常委会议，听取市委党校副校长钟德智关于中共十九大精神的宣讲报告，并交流专委会工作。2018年8月13—18日，在延安举办委组长培训班，共有17名委组长参加；12月13日，“一办六委”负责人参加十四届十二次常委会议暨读书会，集中学习习近平总书记关于加强和改进人民政协工作的重要思想，并交流专委会工作。2019年12月，十四届委员会召开委组长工作会议（以会代训），安排各委组长进行工作情况交流。

三、委员培训

十届至十四届委员会切实抓好政协委员的学习培训，作出计划、明确内容、落实分工。1998年至2019年，共举办政协委员培训21次，其中十届4次、十一届3次、十二届3次、十三届6次、十四届5次。

十届委员培训 1998年7月27—29日，市政协举行第十届新委员学习会。副主席郭昌友作《新时期统战理论》讲座，杭州市政协原副秘书长孙再香作政协基本理论、基本知识的辅导报告，市经委主任朱效瑜作《当前经济形势报告》。1999年7月16日，十届委员会祖国统一联谊委员会与民革市委会联合举行台湾形势报告会，民革杭州市委会副秘书长徐子法应邀作《台湾形势报告》，参加对象是市政协委员、民革会员。2000年7月24日，十届委员会举行委员学习报告会，邀请杭州市原台办主任钱炳富进行《台湾问题讲座》的两岸形势报告，请市委常委、宣传部部长梁建华作“双思”教育报告。2002年8月6日，十届委员会举行“WTO知识与县域经济发展”辅导报告会，特邀浙江省WTO专家、浙江大学博士生导师卫龙宝作辅导报告。

十一届委员培训 2003年6月18—19日，十一届委员会举行新任委员培训会，副主席郭昌友作“统一战线理论与实践”基本知识讲座，副主席程锦元作“人民政协业务知识”讲座，并邀请市委常委、副市长章舜年作“建德市经济形势和招商引资情况”报告。2005年4月26日，十一届委员会举行台海形势报告会，请浙江省台办宣传处原处长王维友讲解《中华人民共和国反分裂国家法》的制定背景及颁布后的台海形势和动态。

十二届委员培训　2007 年 4 月 25—26 日，十二届委员会举办政协委员培训班，请浙江省政协副秘书长、办公厅主任陈金寿作《中共中央关于加强人民政协工作的意见》辅导报告；杭州市政协提案委主任蔡卫平就如何撰写提案、反映社情民意和开展调查研究工作进行业务辅导；市人武部政委徐俊明作台海形势报告；郑志良、潘增标、汪纪红、罗上争 4 位委员交流担任委员及小组长的工作经验与体会。2010 年 4 月 15 日，邀请中国人民大学经济学院院长、教授、博导杨瑞龙，就当前全国宏观经济形势的解读及未来经济走势的预测为政协委员作报告。2010 年 10 月 14 日，十二届委员会邀请全国政协理论研究会秘书长原冬平、全国政协文史和学习委员会驻会副主任（曾任第十届、十一届全国政协副秘书长）卞晋平作政协理论辅导报告。

十三届委员培训　2012 年 5 月 17 日，十三届委员会举行政协委员培训会，邀请杭州市政协副主席张鸿建作政协理论知识专题辅导报告。2013 年 4 月 23—24 日和 5 月 22—23 日，市政协先后举行第十三届政协委员第一、二期培训班，共有 112 名政协委员参加，开设委员履职（撰写提案和社情民意）、中共十八大精神、城乡统筹、健康知识等五门课程。2014 年，继续组织实施委员轮训，组织 109 名委员参加与市委党校联合开展的轮训活动。2015 年 4 月 29 日和 5 月 27 日，十三届委员会先后举办政协委员 2005 第一、二期培训班。本届历次培训会主席吴铁民均亲临授课。

十四届委员培训　2017 年 1 月 20 日，举办十四届委员会委员培训会，主要内容为委员履职要求、提案业务知识。是年 6 月 13—15 日，在市委党校举办 70 多名政协委员参加的培训。2018 年 7 月 10—13 日，在安徽泾县党校举办 40 名委员参加的培训会。2019 年 5 月 6—10 日，在井冈山举办 56 名政协委员参加的学习培训。8 月 5—10 日，十四届委员会组织 10 名政协委员赴贵州黔东南州党校举办为期 6 天的学习培训。本届历次培训会，主席吴铁民均亲临授课。

第三节　制度建设

十届至十四届委员会期间，建德市政协党组、常务委员会按照上级政协要求，结合建德市政协工作实际，高度重视制度建设，先后制定完善政协工作意见、规则、简则、通则、条例、办法等制度性文件，为十届至十四届委员会工作规范有序、扎实有效、创新发展提供制度保障。

一、政协工作制度建设

十届委员会制度建设　1998 年，十届委员会修订完善政协各专门委员会与各部门的对口联系制度，制定《委员视察简则》《委员届中调整意见（试行）》《关于认真做好社情民意反映工作的意见》《关于政协宣传工作奖励办法》。1999 年 3 月，十届委员会第十二次主席会议通过《政协委组百分制年度考核计分办法》。是年，市政协办公室印发《建德市政协机关保密工作规定》。2000年5月11日，市政协党组制定《中共建德市政协党组工作规则》《中共建德市政协党组关于改进工作作风的若干意见》。5月23日，十届十五次常委会议通过《关于进一步加强理论学习的若干意见》《关于进一步推进履行政协职能的若干意见》《关于改进工作作风的若干意见》，修订《常委会工作规则》《秘书长工作规则》和《提案工作条例》。是年市政协办公室印发《政协机关规章制度及工作职责》。

十一届委员会制度建设 2003年3月8日，十一届一次常委会议修订《政协建德市委员会常务委员会工作规则》。5月19日，十一届四次主席会议审议通过《政协建德市委员会关于重点提案的产生办法和办理规定》《建德市政协优秀提案、提案优秀承办件和承办提案先进单位、先进个人评选办法》。5月27日，十一届二次常委会议修订《中国人民政治协商会议建德市委员会专门委员会组织通则》《政协建德市委员会提案工作条例》。是年对《政协机关规章制度及工作职责》作了修正。2005年，十一届委员会对《政协建德市委员会专业组、联络组年度工作考评标准和办法》作了完善。市政协党组修订完善《中共建德市政协党组关于进一步加强理论学习的意见》《中共建德市政协党组关于改进工作作风的若干意见》等规章制度。2006年1月20日，十一届十六次常委会议审议通过《政协建德市委员会提案工作条例（修订意见）》。

十二届委员会制度建设 2007年3月13日，十二届三次主席会通过《政协建德市委员会主席会议规则》《市政协关于加强委员小组活动的若干意见》《市政协先进委组评比办法》。5月15日，市政协办公室印发《市政协机关政治学习制度》。7月9日，市政协办公室印发《关于做好市政协机关离退休干部工作的若干意见》《市政协机关机动车辆使用和管理规定》《建德市政协机关接待工作制度》《建德市政协机关印信管理办法》。7月18日，十二届八次主席会议通过《政协建德市委员会关于加强反映社情民意工作的意见》。7月20日，十二届二次常委会议修订《政协建德市委员会常务委员会工作规则》《政协建德市委员会秘书长工作规则》《政协建德市委员会专门委员会通则》。11月1日，市政协办公室印发《关于政协信息宣传奖励办法》。11月6日，市政协办公室印发《政协建德市委员会全体会议会务工作规程》《建德市政协机关公文处理办法》。2009年3月3日，十二届三十三次主席会议通过《关于完善市政协委员约谈制度的意见》。5月31日，市政协党组与市纪委、市委统战部、市监察局共同研究制定《关于政协委员担任民主监督员的若干意见》。7月17日，十二届十四次常委会议审议通过《政协建德市委员会关于加强委员管理的暂行规定》。

2010年3月10日，市政协办公室印发《建德市政协机关作风建设实施意见》。7月18日，十二届五十二次主席会议通过《秘书长专委会主任联席会议制度》。8月31日，市政协办公室与市纪委、市监察局联合形成《关于开展专项民主监督的工作意见》。9月3日，十二届二十一次常委会议修订《政协建德市委员会提案工作条例》。12月28日，十二届二十三次常委会议通过《政协建德市委员会乡镇（街道）工作委员会工作规则》。

2011 年 2 月 15 日，市政协办公室印发《市政协机关关于开展作风建设的实施意见》。3 月 25 日，十二届六十八次主席会议审议通过《关于反映社情民意及政协信息工作的若干规定》《政协建德市委员会主席会议规则》《政协建德市委员会秘书长工作规则》《政协建德市委员会大会发言工作规则》《政协建德市委员会委员视察简则》《市政协乡镇（街道）工委和委员活动小组工作考核办法》。其中《政协建德市委员会大会发言工作规则》为新制定，其他为修订完善。4 月 6 日，市政协办公室制定并印发《关于进一步加强学习型机关建设的意见》《市政协机关会务工作规程》。4 月 21 日，十二届二十七次常委会议审议通过《政协建德市委员会常务委员会工作规则》《政协建德市委员会专门委员会通则》《政协建德市委员会常务委员会关于加强自身建设决定》《政协建德市委员会关于加强委员管理的办法》。6 月 24 日，十二届七十二次主席会议审议通过《政协建德市委员会提案工作条例实施细则（试行）》。

十三届委员会制度建设　2012 年 3 月 5 日，市政协办公室制定并印发《市政协机关会务工作规程》《市政协机关机动车辆使用和管理规定》《建德市政协机关接待工作制度》《关于做好市政协机关离退休人员工作的若干意见》《建德市政协机关印信管理办法》《建德市政协机关公文处理办法》《建德市政协机关保密工作管理制度》《建德市政协机关财务管理制度》《建德市政协机关档案管理制度》。3 月 14 日，十三届三次主席会议通过《政协建德市委员会委员视察简则》《政协建德市委员会主席会议规则》《政协建德市委员会秘书长工作规则》《政协建德市委员会大会发言工作规则》《政协建德市委员会关于反映社情民意及政协信息工作的若干规定》《市政协优秀提案、提案优秀承办件评选办法》《关于加强委员管理的办法》《市政协乡镇（街道）工委和委员活动小组工作考核办法》。5 月 22 日，十三届二次常委会议通过《政协建德市委员会常务委员会工作规则》《政协建德市委员会专门委员会通则》《政协建德市委员会加强委员管理办法》。

2014 年 11 月 28 日，十三届五十一次主席会议通过《政协建德市委员会大会发言工作规则》《政协建德市委员会秘书长专委会主任联席会议制度》《政协建德市委员会委员视察简则》《政协建德市委员会关于进一步加强调查研究工作的意见》《政协建德市委员会秘书长工作规则》《政协建德市委员会全体会议会务工作规则》《政协建德市委员会提案工作条例实施细则（试行）》。12 月 5 日，十三届十五次常委会议通过《政协建德市委员会常务委员会工作规则》《关于加强委员管理办法》《关于委员密切联系群众的若干规定》《政协建德市委员会主席会议规则》《政协建德市委员会专门委员会通则》《政协建德市委员会提案工作条例（试行）》第四次修订。12 月 11 日，市政协党组制定《中共政协建德市委员会党组关于加强自身建设的意见》。

十四届委员会制度建设　2017 年 2 月 17 日，十四届二次主席会议审议通过《政协建德市委员会委员视察简则》《政协建德市委员会主席会议规则》《政协建德市委员会秘书长专委会主任联席会议制度》《政协建德市委员会秘书长工作规则》《政协建德市委员会大会发言工作规则》。5 月 2 日，市政协办公室下发《关于印发〈市政协委组工作考核办法〉的通知》。6 月 1 日，十四届二次常委会议审议通过《政协建德市常务委员会工作规则》《政协建德市委员会专门委员会通则》《政协建德市委员会提案工作条例》。6月，市政协党组专门印发《关于推进“两学一做”学习教育常态化制度化工作的实施意见》。2018年5月8日，十四届三十次主席会议通过《建德市政协委员履职工作规则》。2019年4月4日，市政协办公室印发《政协提案办理工作目标管理考核评分细则》。4月19日，十四届四十九次主席会议通过《政协建德市委员会提案审查工作细则》。9月，市政协机关党组印发《中共政协建德市委员会机关党组议事规则》。11月1日，十四届五十八次主席会议通过《建德市政协“请你来协商”平台建设实施办法》。

二、市委加强政协工作制度建设

1998年4月24日，中共建德市委办公室、建德市人民政府办公室、政协建德市委员会办公室联合下发《关于进一步完善市级机关有关部门与市政协各委员会对口联系制度的通知》（市委办〔1998〕58号）。2000年9月市委下发《关于进一步加强新时期人民政协工作的实施意见》。2004年9月21日，市委下发《关于进一步加强人民政协履行职能制度化规范化程序化建设的意见》（以下简称“三化”意见）。2005年市委下发《关于进一步加强人民政协工作的意见》。2008年市委下发《关于贯彻〈中共中央关于加强人民政协工作的意见〉的实施意见》。2010年市委下发《中共建德市委关于进一步推进改革创新加强人民政协工作的意见》。2012年市委下发《关于进一步加强人民政协提案办理工作的实施意见》。2014年市委下发《关于进一步加强和改进人民政协政治协商的意见》和《关于进一步加强和改进人民政协民主监督的意见》。2019年12月16日，市委下发《关于新时代加强和改进人民政协工作的实施意见》，市委办公室转发《建德市政协“请你来协商”平台建设实施办法》。

第四节　先进表彰

政协工作先进集体和政协工作积极分子的评比是建德市政协历年来鼓励政协各参加单位、政协基层组织和政协委员提升履职积极性、创造性的工作方法之一。经制订并不断完善《优秀政协委员评选表彰暂行办法》，明确对先进委组与优秀政协委员的考核标准、评选方式、表彰内容，促进先进表彰的制度化、规范化、科学化。本节收录1998年度至2019年度政协工作各类先进集体、先进个人、优秀政协委员名录。

1998 年度建德市政协先进集体（单位）、个人表彰名单一览表

表 7-3

项　目	名　单
政协工作先进集体	新闻组　工青妇组　财贸组　农业组　三都联络组　寿昌联络组　乾潭联络组
政协工作先进个人	唐长生　孙樟根　蒋　斌　赖肇雄　洪连坤　钟　卫　潘增标　朱水根　吴金寿　蓝金法　何新根　黄大庆　周友红　罗上争　叶幸东　孙智鸿　洪燮鑫　周根禄　叶　欣　罗建利　许奇峰　江锡荣　叶卫生　邓国祥　王文蔚　朱睦卿
提案办理先进单位	（详见第四章第四节）
提案办理先进个人	（详见第四章第四节）

1999 年度建德市政协先进集体（单位）、个人表彰名单一览表

表 7-4

项　目	名　单
政协工作先进集体	提案委员会　城建旅游委员会　工业组　农业组　会财贸组　教体组　医卫组　工青妇组　新安江联络一组　三都联络组
政协工作先进个人	李伟忠　陈龙飞　李巧生　吴文沐　陈　颖　叶卫生　谭　洁　林连生　程玲玲　黄玉连　樊顺明　姚善权　陈爱英　陈国卿　邓国祥　汪国云　蒋锦铭　罗建利　唐长生　郑丰平　叶素华　孙智鸿　李丰平　童　静　董拥军　何新根　李新富　朱睦卿
提案办理先进单位	（详见第四章第四节）
提案办理先进个人	（详见第四章第四节）

2000 年度建德市政协先进集体（单位）、个人表彰名单一览表

表 7-5

项　目	名　单
政协工作先进集体	提案委员会　工业组　工青妇组　教体组　新安江联络一组　乾潭联络组　三都联络组

续表7-5

项　目	名　单
政协工作先进个人	何善良　祝志明　翁位明　何　群　江锡荣　钟　卫　商发银　吴金寿　朱允宽　罗　鑫　唐长生　高惠忠　冯　烈　蓝金法　鲍　鸣　宋国平　巫樟云　韩春荣　邓国祥　林德连　毕建华　朱国昌　汪顺生　郑志华　傅建平　何新根　李新富
提案办理先进单位	（详见第四章第四节）
提案办理先进个人	（详见第四章第四节）

2001 年度建德市政协先进集体（单位）、个人表彰名单一览表

表 7-6

项　目	名　单
政协工作先进集体	祖国统一联谊委员会　工青妇组　新安江联络一组　乾潭联络组　三都联络组　工业组　农业组　医卫组
政协工作先进个人	钱忠道　蒋锦铭　徐效良　朱水根　邵树生　吴文沐　徐拥军　叶卫生　钟芝兰　郑　钧　王文伟　陈国卿　王建平　王宝春　邓国祥　汪国云　徐永芬　郑志良　唐长生　李炳华　徐根清　金根贤　李慧强　徐志仙　叶　梅　杨海贤　朱坤溶
提案办理先进单位	（详见第四章第四节）
提案办理先进个人	（详见第四章第四节）

2002 年度建德市政协先进集体（单位）、个人表彰名单一览表

表 7-7

项　目	名　单
政协工作先进集体	提案委员会　农业组　工青妇组　教体组　新安江联络一组　乾潭联络组　三都联络组
政协工作先进个人	黄根华　朱睦卿　蒋锦铭　司马义　朱水根　邵树生　钟　卫　李元喜　罗　鑫　林大宏　罗上争　程玲玲　邵元生　姚善权　邓国祥　林德连　洪燮鑫　朱国昌　唐长生　卢丁潮　汪顺生　释兴慧　董拥军　张志宏　赖肇雄　徐彭浩　戴建龙

续表7-7

项　目	名　单
提案办理先进单位	（详见第四章第四节）
提案办理先进个人	（详见第四章第四节）

2003 年度建德市政协先进集体（单位）、个人表彰名单一览表

表 7-8

项　目	名　单
政协工作先进集体	农业组　旅游交通组　民族宗教组　工青妇组　乾潭联络组　三都联络组　社会事业组　教育体育组　医卫组　新安江联络二组
政协工作先进个人	江锡荣　李顺荣　朱水根　陈筱萍　钱　航　徐彭浩　唐　毅　洪宗福　陈继康　谭　洁　程玲玲　黄建生　郑鸿根　邓国祥　钟清鸿　郑志良　陈建江　张运雄　郑根寿　于远明　徐根清　李丰平　郑志华　吕雪军　应文珠　陈继平　楼凤琴
提案办理先进单位	（详见第四章第四节）
提案办理先进个人	（详见第四章第四节）

2004 年度建德市政协先进集体（单位）、个人表彰名单一览表

表 7-9

项　目	名　单
政协工作先进集体	农业组　旅游交通组　工青妇组　社会事业组　医卫组　梅城联络一组　大同联络组　乾潭联络组
政协工作先进个人	黄卫平　任不凡　朱水根　陈筱萍　郑屏芳　徐彭浩　钱晓华　陈国卿　陈继康　胡家俊　方建威　孙爱春　程玲玲　邹爱民　徐兆林　胡志群　邹培华　钟清鸿　范秋华　洪国根　何　群　汪益根　练布捷　童　静　林国元　王胜奇　谢启平　姜志云
优秀提案	（详见第四章第四节）
优秀提案承办件	（详见第四章第四节）

2005 年度建德市政协先进集体（单位）、个人表彰名单一览表

表 7-10

项　目	名　单
政协工作先进集体	农业组　工青妇组　教育体育组　医卫组　新安江联络一组，　新安江联络二组　大同联络组　乾潭联络组
政协工作先进个人	何秋鸣　任不凡　朱水根　叶　强　徐彭浩　王寅彪　程　霄　张言生　马永红　郑培洪　叶幸东　洪淳生　胡造林　徐兆林　汪纪红　汤峥嵘　陆秀娟　洪国根　邵宏强　朱迪海　李炳华　杨树耘　姜志云　董拥军　胡爱芳　黄卫平
优秀提案	（详见第四章第四节）
优秀提案承办件	（详见第四章第四节）

2006 年度建德市政协先进集体（单位）、个人表彰名单一览表

表 7-11

项　目	名　单
政协工作先进集体	农业组　工青妇组　教体组　医卫组　新安江联络一组　新安江联络二组　梅城联络一组　大同联络组
政协工作先进个人	江锡荣　任不凡　朱水根　郑屏芳　钱晓华　张志明　胡光伟　李来珍　孙爱春　蓝志平　程玲玲　洪淳生　徐兆林　陈乾芳　范润娟　周　霞　欧阳良　吴　霞　邵宏强　胡挺富　汪志荣　梅志仁　余文斌　王胜奇　应文珠　黄卫平　陈庆祥　方　韦
优秀提案	（详见第四章第四节）
优秀提案承办件	（详见第四章第四节）

2007 年度建德市政协先进集体（单位）、个人表彰名单一览表

表 7-12

项　目	名　单
政协工作先进集体	农业组　旅游商贸组　大同联络组　台侨组　梅城联络组　工业组　城建交通组　乾潭联络组

续表7-12

项　目	名　单
“双好”委员	吴礼庆　叶　鹃　邵爱秀　蔡小珍　江　涛　严利明　吴　威　叶丽娟 应文珠　吴运全　李新富　王盾华　杨圣桂　龚成中　李建涛　范秋华 胡俊成　余　炫　郑鸿根　叶幸东　童国方　张志清　盛振宇　韩星亮 邵黎华　徐兆林　翁寿清　沈建婷
先进专委会	社会法治和港澳台侨委员会
优秀提案	（详见第四章第四节）
优秀提案承办件	（详见第四章第四节）

2008年度建德市政协先进集体（单位）、个人表彰名单一览表

表7-13

项　目	名　单
政协工作先进小组	台联侨联组　农业组　工青妇组　大同联络组　乾潭联络组　城建交通组 旅游商贸组　工业组
优秀委员	沈伟娣　黄卫平　孙　巍　俞利海　姚　勤　储　斌　吕益民　吴　霞 朱祖阳　郑屏芳　吴运全　刘国金　杨　安　孙宁春　余菊英　陈国卿 吴潮来　邱剑娟　金鹏飞　邵亚臣　洪宇锋　吕鹏云　鲁连忠　洪建波 韩春荣　郑小云
先进组长	徐拥军　蒋建强　杨　安　王建雄　朱林全
优秀社情民意	汤志文《关于对养老医疗保险缴费进行信息提醒的建议》 市政协农业组《重视粮食生产切实把各项补贴落实到位》 王春根《失地农民养老保险参保率问题应予以重视》
反映社情民意先进个人	唐长生　李新富　何其卫
优秀提案	（详见第四章第四节）
优秀提案承办件	（详见第四章第四节）

2009 年度建德市政协先进集体（单位）、个人表彰名单一览表

表 7-14

项　目	名　单
政协工作先进小组	大同联络组　农业组　台联侨联组　旅游商贸组　医卫组　教育体育组　新安江联络组　文艺组
优秀委员	沈伟娣　徐拥军　方永仙　章娅仙　汪桂仙　李巧生　吴　霞　邵海建　郑屏芳　叶丽娟　吴运全　陈惠娟　杨　安　黄国华　余子龙　钱晓华　吴元福　林小香　孙爱春　叶晓敏　王建雄　蔡剑雄　童国方　叶立静　谢伟东　周　霞　徐兆林　郑小云　方焕生　江海增
先进组长	徐拥军　蒋建强　沈光炎　翁祝青　翁寿清
优秀社情民意	唐长生　《关于建德市申报第二批太阳能光电建筑应用示范项目的建议》 金根炎、刘早根《关于对乡村古树名木加强保护管理的建议》 郑小云　《关于加强城市管理的建议》 洪宇锋　《关于建德市碳酸钙企业可持续发展的建议》
反映社情民意先进个人	唐长生　刘早根　刘国金
优秀提案	（详见第四章第四节）
优秀提案承办件	（详见第四章第四节）

2010 年度建德市政协先进集体（单位）、个人表彰名单一览表

表 7-15

项　目	名　单
先进小组	大同组　医卫组　旅游商贸组　农业组　台联联络侨联组　城建交通组　文艺组　教育体育组
优秀委员	方永章　蓝　燕　周新柱　吴潮来　李新富　王一中　胡向卫　赵国芬　朱祖阳　李巧生　吕益民　徐燕飞　翁建平　何增良　章娅仙　吴元福　张生友　汤峥嵘　胡伟钰　于远明　周红芬　邹培华　郑小云　陈国梅　吴运全　金根炎　钱海林　洪宇锋　欧阳立明
特色工作先进小组	乾潭联络组
先进组长	汪丽萍　沈光炎　姚国兵　徐拥军　翁寿清　周爱花

续表7-15

项　目	名　单
信息宣传工作先进	姚　勤　刘早根　吕鹏云　李新富　余菊英　童　俊　吕根生　宋胜清
优秀社情民意	1. 唐长生《关于避免再次发生山体滑坡造成人员伤亡的建议》 2. 郑鸿根《关于加强管道燃气安全管理的建议》 3. 舒小青《关于小区违章搭建整治难的几点建议》 4. 叶永生《关于规范无物业住宅区停车位的建议》
反映社情民意先进个人	唐长生　王越胜　卢新安
优秀提案	（详见第四章第四节）
优秀提案承办件	（详见第四章第四节）

2011年度建德市政协先进集体（单位）、个人表彰名单一览表

表7-16

项　目	名　单
政协工作先进工委（小组）	梅城镇工委　乾潭镇工委　大同镇工委　大洋镇工委　李家镇工委　新闻教体组 城建交通组　旅游商贸组　农业组　民宗组
政协工作先进个人（优秀委员）	孙宁春　洪宇锋　黄益新　沈伟娣　徐燕飞　钱海林　吴仁康　詹根松 汪小明　盛振宇　诸葛益龙　蓝　燕　邵卫红　姚　勤　蔡小珍　童志云 吴运全　钟国良　邵秀萍　杨海贤　吕建强　吕益民　朱祖阳　汪为骏 邵　超　叶丽娟　叶　军　王瑞仙　陈惠利　钟芝兰
先进组长	徐拥军　徐　强　巫海武　沈光炎　蒋建强　王建雄
民主监督先进小组	市建设局小组　市工商局小组
优秀社情民意	翁寿清《关于提高农村社区卫生服务机构医疗水平的建议》 政协下涯镇工委《关于被征地农民社会保障问题的建议》 郑小云《关于设立危重产妇救助基金的建议》 徐新平《关于解决电动自行车充电难的建议》 楼凤琴《关于加快农村宅基地复垦安置工作的建议》 王文伟《建议尽快修复更石大桥段前30米路面》
反映社情民意先进个人	唐长生　卢新安　巫海武

续表7-16

项　目	名　单
信息宣传工作先进个人	姚　勤　刘早根　邹培华　李新富　余菊英　孙　巍　范红杰　方　芳　吕根生　宋胜清
优秀提案	(详见第四章第四节)
优秀提案承办件	(详见第四章第四节)

2012 年度建德市政协先进集体（单位）、个人表彰名单一览表

表 7-17

项　目	名　单
优秀工委（小组）	乾潭镇工委　新安江街道工委　大同镇工委　洋溪街道工委　莲花镇工委　台侨组农业组　城建交通组　旅游商贸组社科组
优秀委员	陈建江　黄慧娥　方永红　吕益民　施树康　姚　勤　叶桂昌　叶立静　吴晓峰　王钦钦　洪　浪　黄少华　郑应宏　潘枝标　叶海林　黄　昕　潘晓军　钱幸福　黄向阳　余晓兵　胡特能　蒋哲远　陈惠利　释演通　李新富　胡向卫　陈国卿　叶　卫　楼凤琴　应文华　陈　茜　胡文静　刘雪芬　王　强　韩星亮　沈友君　汪小明　邵秀萍
先进工委主任（组长）	刘国金　汪丽萍　沈光炎　汪为骏　李友彬　吴建杭
优秀社情民意	许善文《关于重视和拓展杭州高校旅游促销的建议》 李彩娥《关于提升物业管理服务水平的建议》 刘水泉《关于切实重视农村养殖污染积极推进畜禽粪便无害化处理的建议》 章娅仙《关于简化惠民报销及医疗救助手续的建议》
优秀提案	(详见第四章第四节)
优秀提案承办件	(详见第四章第四节)

2013 年度建德市政协先进集体（单位）、个人表彰名单一览表

表 7-18

项　目	名　单
优秀工委（小组）	梅城镇工委　莲花镇工委　杨村桥镇工委　寿昌镇工委　新闻教体组　农业组　旅游商贸组　医药卫生组　经济组　城建交通组

续表7-18

项　目	名　单
优秀委员	欧阳立明　陈伟霞　吴荣伟　姚　勤　蔡爱芳　黄祥勇　吴仁康　吴运全　陈惠娟　陈益君　吴　敏　章进通　陈志昌　江志钧　黄胜明　徐旭辉　汪建平　罗红军　诸葛益龙　吴　霞　董光海　陈惠利　钟芝兰　仇　峰　钱云芳　吕建强　揭淑云　饶一民　徐月芳　毛　磊　陈　茜　徐新平　邵茂萍　过承祁　周　霞　胡晓华　邵秀萍
先进工委主任（组长）	方　华　游国平　翁炳昌　汪丽萍　沈光炎　熊兴
优秀社情民意	李新富《关于缓解城区停车压力的建议》 邹锡良《关于加强媒体广告监管的建议》 陈　瑛《关于农业专业合作社发展的建议》 黄国华《关于加强建德市网上法律服务工作的建议》 胡文静《关于重视新农村建设中建筑垃圾处理管理的建议》
反映社情民意先进个人	唐长生　范红杰　徐新平　胡文静
宣传信息工作先进个人	王兴　翁炳昌　邵秀萍　胡晓华　卜旖旎　甘雯　吕根生　宋胜清
优秀提案	（详见第四章第四节）
优秀提案承办件	（详见第四章第四节）
“服务项目建设、助推实体经济发展”主题活动先进集体	洋溪街道工委　大同镇工委　乾潭镇工委　大慈岩镇工委　社科组　科技组

2014年度建德市政协先进集体（单位）、个人表彰名单一览表

表7-19

项　目	名　单
优秀工委（小组）	李家镇工委　大同镇工委　寿昌镇工委　钦堂乡工委　旅游商贸组　社科组　农业组　新闻教体组　城建交通组　科技组
优秀委员	叶　强　王文伟　钱建华　姚　勤　陈建荣　叶桂昌　李银顺　王钦钦　陈惠娟　陈益君　唐正彪　陈新女　陈志昌　周善华　翁炳昌　邱瑞林　汪建平　黄向阳　吴　霞　诸葛益龙孙宁芳　蔡剑雄　吴潮来　仇　峰　唐建锋　吴瑞华　张晓斌　张瑞平　宁卫珍　徐月芳　楼凤琴　陈　茜　徐新平　杨吉元　过承祁　周　霞　于远明　洪国武
先进工委主任（组长）	李　刚　巫海武　沈光炎　熊兴　操吴兵　范红杰

续表7-19

项　目	名　单
优秀社情民意	叶桂昌《关于建立八三洪水纪念碑的建议》 唐德芳《关于加强农村中小学心理健康教育的建议》 王　鑫《关于进一步利用网络平台加强政府形象和服务能力建设的建议》 黄晓红《关于市民卡真正成为便民卡的建议》 徐新平《关于妥善处置农药包装废弃物的建议》
反映社情民意先进个人	汪小明　陈　茜　饶卫玲　楼凤琴
宣传信息工作先进个人	王兴　陈黄琴　徐惠珠　胡晓华　吴瑞华　甘雯　穆亚琴　吕根生　宋胜清
优秀提案	(详见第四章第四节)
优秀提案承办件	(详见第四章第四节)
建议案优秀承办单位	市农办、市住建局、市农业局、市水利水产局、市卫生局、市环保局、市城管局（《关于以“五水共治”为突破口加快推进全域生态化建设的建议案》）
“助力‘五水共治’、共建美丽建德”主题活动先进集体	洋溪街道工委　梅城镇工委　大慈岩镇工委　航头镇工委　农业组　经济组

2015年度建德市政协先进集体（单位）、个人表彰名单一览表

表7-20

项　目	名　单
优秀工委（小组）	李家镇工委　下涯镇工委　钦堂乡工委　寿昌镇工委　大慈岩镇工委　旅游商贸组　医药卫生组　社科组　城建交通组　农业组　工青妇组　经济组
优秀委员	陈建江　方永红　吕益民　姚　勤　陈国梅　汪建良　邹锡良　王钦钦 周建金　陈益君　王锡春　郑应宏　黄　昕　李英姿　翁炳昌　邱瑞林 钱幸福　王　鑫　诸葛益龙　方　燕　胡文静　张　毅　释演通　仇　峰 唐建锋　余菊英　杨圣桂　林加善　徐新平　徐月芳　毛　磊　陈　茜 王利民　宣永培　过承祁　李　眉　胡晓华　邵秀萍
优秀组长	巫海武　沈光炎　陈春芬　黄伟斌　程　璐　熊　兴
优秀社情民意	邵琳萍《关于加强新安江文化广场地下商场卫生管理工作的建议》 陈秋林《关于高度关注建德市在外创业人员的建议》 李新富《关于高度重视新安江主城区段江面船只建造与管理的建议》 朱祖阳《关于加强对中小学生托管服务管理的建议》 赖志斌《关于尽快出台经济适用房上市交易和回购管理的建议》

续表7-20

项　目	名　单
反映社情民意先进个人	胡文静　陈国梅　王才洪　翁炳昌
宣传信息工作先进个人	杨　俊　叶　瑾　徐惠珠　陈　芳　余菊英　甘　雯　穆亚琴　吕根生　宋胜清
优秀提案	(详见第四章第四节)
优秀提案承办件	(详见第四章第四节)
“聚焦‘十三五’合力促发展”主题活动先进集体	洋溪街道工委　梅城镇工委　乾潭镇工委　杨村桥镇工委　民宗组　新闻教体组
建议案优秀承办单位	市发改局（《关于推进“多规融合”深化规划管理的建议案》）

2016年度建德市政协先进集体（单位）、个人表彰名单一览表

表7-21

项　目	名　单
优秀工委（小组）	梅城镇工委　航头镇工委　下涯镇工委　钦堂乡工委　医药卫生组　旅游商贸组　工青妇组　经济组　无党派组　台侨组
优秀委员	欧阳立明　方永红　邵琳萍　姚　勤　范锦新　黄国朝　王钦钦　王才洪　陈益君　黄少华　官建强　陈志昌　江志钧　李可大　洪益琴　钱幸福　范银姣　诸葛益龙　方　燕　金　美　范宇鹏　苏　菲　汪永刚　唐建锋　方　弘　李彩娥　阙长峰　叶　卫　徐月芳　夏根清　陈　茜　王利民　包　韩　李　眉　胡　青　龚建欣　邵秀萍
优秀组长	巫海武　赖志斌　叶　鹃　陈春芬　王建辉　范红杰
优秀社情民意	柳建靓《关于规范架设各类杆线的建议》 应永江《关于对更邓公路进行维修改造的建议》 黄少华《关于尽快解决白章线公路建设遗留问题的建议》 城建交通组《关于整顿江滨公园摊位的建议》 联谊会《关于进一步发挥“农家书屋”功能的建议》
反映社情民意先进个人	王才洪　方永红　胡文静　陈志昌
宣传信息工作先进个人	陈友明　胡晓华　徐惠珠　杨　俊　陈　芳　吕根生　宋胜清　甘　雯　张建华
优秀提案	(详见第四章第四节)

续表7-21

项　目	名　单
优秀提案承办件	(详见第四章第四节)
“助推完善和落实‘五水共治’长效机制”民主监督活动先进集体	下涯镇工委　乾潭镇工委　大洋镇工委　莲花镇工委　更楼街道工委　寿昌镇工委
建议案优秀承办单位	市旅游商务局(《关于加快推进全域旅游发展的建议案》)

2017年度建德市政协名单先进集体(单位)、个人表彰名单一览表

表7-22

项　目	名　单
优秀工委(小组)	航头镇工委　下涯镇工委　梅城镇工委　乾潭镇工委　更楼街道工委 新闻文艺组　农业组　医卫组　无党派组　民宗组　城建交通组
优秀委员	吴　君　李刚成　钱幸福　张文城　卢　萍　应永江　詹根松　王素平 陈　茜　徐新平　钱志翔　邱志辉　洪素萍　徐月芳　陈德余　方永红 陈志昌　徐旭辉　邵笑燕　杨吉元　蒋　维　陈学良　王　运　李忠平 释果通　李　俊　叶桂昌　张继宏　胡晓华　邵秀萍
优秀组长	程　璐　刘水泉　蒋富华　操吴兵　陈友明　范红杰
“履职规范”示范工委(小组)	洋溪街道工委　更楼街道工委　下涯镇工委　城建交通组　医卫组
优秀社情民意	徐月芳《关于在新安江江滨公园增加休闲驿站的建议》 徐新平《关于规范建德市餐饮业污水处理及排放的建议》 严国民《关于进一步提升低压电器检测中心服务能力的建议》 陈丽云《关于加强公共健身设施规范化管理的建议》 汪佳《关于在“美丽乡村”建设中加快边界村发展的建议》
反映社情民意先进个人	朱　峰　黄胜根　洪素萍　刘学松
宣传信息工作先进个人	曾望　鲁芳芳　叶欣怡　徐惠珠　黄倩　杨吉元　邵秀萍　吕根生　宋胜清
优秀提案	(详见第四章第四节)
优秀提案承办件	(详见第四章第四节)

续表7-22

项　目	名　单
"深化剿灭劣Ⅴ类水"专项民主监督活动先进集体	莲花镇工委　大同镇工委　大慈岩镇工委　钦堂乡工委　经济组　教体组
建议案优秀承办单位	市林业局（《关于创建国家森林城市的建议案》）

2018年度建德市政协先进集体（单位）、个人表彰名单一览表

表7-23

项　目	名　单
优秀委组	梅城镇工委　杨村桥镇工委　寿昌镇工委　更楼街道工委　航头镇工委 下涯镇工委　医卫组　城建交通组　农业组　无党派组　旅商组
优秀委员	吴　君　叶慧华　包松海　胡文静　郑　雄　钟炳有　叶海林　王素平 刘学松　刘水泉　吴朝阳　徐惠东　洪素萍　崔东柱　陈伟霞　方永红 金建宇　徐旭辉　邵笑燕　沈永进　蒋　维　陈益君　吴礼庆　郑　聪 苏　菲　黄　倩　谢莉花　汪　佳　李新运　朱　峰
优秀组长	程　璐　蔡剑毅　叶晓敏　杨吉元　肖　虎　范红杰
乡镇（街道）工委联络员	（一）优秀奖： 赵露莹　江温　鲁芳芳　戴旭旸　张　琳　苏思思 （二）鼓励奖： 刘玉宏　叶荣　余莎莎　徐惠珠　王赛　蔡昊洋　高维娜　郑莹　黎钰文 杨　俊
优秀社情民意	李刚成《关于推进汪家区块棚户区改造的建议》 徐新平《关于消除江滨路建德大桥至洋安大桥安全隐患的建议》 徐惠东《关于保护和培育建德传统手工艺的建议》 杨村桥镇工委《关于创建生态公墓示范点的建议》 联谊会《关于加强对种粮大户安全生产检查培训的建议》
反映社情民意先进个人	范红杰　胡文静　朱　峰　唐建锋　黄胜根
宣传信息工作先进个人	陈友明　范红杰　刘水泉　邵笑燕　徐惠珠　杨　俊　郑　莹　魏婷婷 宋胜清　吕根生
优秀提案	（详见第四章第四节）
优秀提案承办件	（详见第四章第四节）

2019年度建德市政协先进集体（单位）、个人表彰名单一览表

表 7-24

项　目	名　单
优秀委组	航头镇工委　更楼街道工委　梅城镇工委　杨村桥镇工委　洋溪街道工委　寿昌镇工委　农业组　科技组　经济组　城建交通组　台侨组　教体组
优秀委员	雷建祥　邵琳萍　钱幸福　胡文静　胡　青　张瑞平　彭思远　徐惠东　洪素萍　徐月芳　潘余明　李泽恩　沈卫立　杨晓霏　唐建锋　叶　晔　王钦钦　王　运　刘自强　邓林林　黄燕君　李根土　陈志昌　徐旭辉　黄胜根　叶桂昌　王红颜　陈学良　朱红泉　张红平
优秀组长	蓝　燕　吴　峰　诸葛林　李　萍　郑芳华　吕建忠
乡镇（街道）工委联络员	（一）优秀奖：叶慧华　徐惠珠　郑　莹　余莎莎　高维娜　黄赟婷 （二）鼓励奖：刘玉宏　苏思思　叶　荣　江　温　王　赛　鲁芳芳　黎钰文　戴旭旸　赵露莹　杨　俊
优秀社情民意	雷建祥、邵琳萍《关于增强城区至高铁站通行能力的建议》 叶秀英《关于破解小学生课后托管难题的建议》 胡文静《关于改进公交车辆座椅的建议》 吕美娟《关于加强高新技术产业园道路交通安全管理的建议》 吴　峰《关于采取有效措施减轻基层用水负担的建议》
反映社情民意先进单位和个人	市政协联谊会　胡晓华　黄胜根　王素平　徐月芳
宣传信息工作先进个人	陈友明　黄　倩　邵秀萍　郑　莹　苏思思　王　赛　黎钰文　方　仙　邵　悦
优秀提案	（详见第四章第四节）
优秀提案承办件	（详见第四章第四节）
“走亲连心、示范引领”服务委员企业主题活动问题承办先进单位	市经信局　市农业农村局　市住建局　市交通运输局　市规划和自然资源局　市交警大队　高铁新区管委会　梅城镇　乾潭镇

附：市政协年度专项活动表彰名单

2008 年市政协委员“为民服务年”活动先进名单：

1. 特别奖

奚春阳

2. 先进组

梅城联络组　乾潭联络组　城建交通组　大同联络组　教育体育组

3. 先进个人

王瑞仙　陈远平　蔡小珍　叶建新　张树有　吴东良　邵　超　应文珠　赵国芬　李新富　陈建江　龚成中　王一中　童国方　陈惠利　楼春棋　诸葛益龙　张志清　钱海林　王生良　邵黎华　翁寿清　盛振宇

2009 年市政协委员“为企业服务年”活动先进名单：

1. 爱心助学特别奖

奚春阳

2. 先进小组

工商联组　科技组　城建交通组　社科法治组　医卫组

3. 优胜小组

梅城联络组　乾潭联络组　人资环组　工青妇组　文史新闻组

4. 先进个人

叶　鹃　俞利海　王玉伟　汪为骏　吕益民　吴海林　叶建新　汪建强　李新富　吕建强　黄宣人　洪作鹏　钟浩清　汪丽萍　程　璐　钟芝兰　吕鹏云　王　强　王生良　叶　强　邹培华　周爱花

5. 宣传信息工作先进个人

姚　勤　邵　超　吕鹏云　李新富　余菊英　孙宁春　吕根生　宋胜清

2010 年市政协委员“为企业服务年”活动先进名单：

1. 先进组

社科法治组　城建交通组　科技组　工商联组　教育体育组　乾潭组

2. 先进个人

陈继康　楼春棋　郑鸿根　童国方　杨　安　胡永军　刘国金　江　涛　刘　红　朱玲香　储　斌　周美良　俞利海　唐　郡　钟　君　陈音飞　吕美娟　方焕生　姚　勤　应文珠　倪国芳　吕鹏云

2011 年度市政协委员“为企业服务年”活动先进名单：

1. 先进工委（小组）

寿昌镇工委　工商联组　社科组　医卫组　经科一组　台侨组

2. 先进个人

汤志文　邵爱秀　陈正清　方永章　楼春棋　李新富　刘早根　余菊英　江　涛　叶建新
蔡剑雄　翁永良

2012 年市政协“进村入企摸实情，加强学习提素质”主题活动先进名单：

1. 先进工委（小组）

更楼街道工委　寿昌镇工委　下涯镇工委　大洋镇工委　莲花镇工委　钦堂乡工委

2. 先进个人

叶　强　黄国华　吴荣伟　何建中　钱海林　吴仁康　吴运全　姚根伟　唐德芳　章进通
陈志昌　徐　强　翁炳昌　周继发　许善文　罗红军　陶国强　蓝　燕　程　璐　王建雄
仇　峰　吴瑞华　饶一民　徐月芳　赖志斌　汪益根　俞利海　李友彬　邵益娟　叶　丽

第八章　宣传研究

积极组织开展各种理论学习活动，发挥委员主体作用，服务全市中心工作，动员和鼓励委员开展调查研究、宣传政协工作亮点，是市政协第十至十四届委员会的重要工作。

第一节　宣传报道

利用各级新闻媒体宣传政协的工作亮点和活动特色，是扩大政协工作影响力、提升委员社会形象的重要途径。十届至十四届委员会重视信息宣传与报道工作，建立信息员队伍，健全信息报道制度，发挥政协委员主体作用和信息员骨干作用，加强与《今日建德》《杭州日报》《联谊报》《人民政协报》及建德电视台、建德新闻网等新闻媒体的联系沟通，每届还在有关报刊安排一二期专版宣传。通过新闻媒体报道政协工作创新，提炼成功经验，展示委员风采。十届至十四届委员会期间，市政协积极向国家、省、杭州市和本市新闻媒体投稿，宣传市政协工作和活动。其中《人民日报》刊用 3 篇，《人民政协报》刊用 19 篇，《联谊报》刊用 91 篇，《浙江日报》刊用 40 篇，《杭州日报》刊用 5 篇。

十届至十四届委员会期间建德市政协在《人民日报》发表文章一览表

表 8-1

标　题	作　者	日　期
省政协科技下乡图片新闻	祝旭阳 宁文武	2017 年 5 月 17 日
厨余垃圾占比大，需把“湿垃圾”分出来	范红杰	2018 年 6 月 12 日
缓解旅游城市节假日“停车难”	范红杰	2018 年 9 月 26 日

十届至十四届委员会期间建德市政协在《人民政协报》发表文章一览表

表 8-2

标 题	作 者	日 期
浙江省建德市政协对专委会进行量化管理	邹爱民	2001 年 12 月 8 日
为加快经济发展献计出力	刘志新	2002 年 10 月 22 日
浙江建德市政协为特色工业经济献策	邹爱民	2002 年 9 月 17 日
不让委员“被满意”建德政协为民生提案“较真”	甘 雯	2013 年 4 月 8 日
建德市政协首演同类提案集中办理协商“重头戏”	甘 雯 林 宏	2013 年 5 月 9 日
为百姓保护好一江秀水——浙江建德市政协持续建言推进水源治理	甘 雯	2014 年 4 月 12 日
将资源优势变成旅游优势——建德市政协专题协商会“秀”出旅游亮点	甘 雯	2014 年 5 月 8 日
顺势而为精谏言，同频共振善履职——建德市政协探索精准调研成果转化的新路径	甘 雯	2015 年 1 月 21 日
政协建议受肯定——浙江省建德市确定多元化拆迁安置试点	穆亚琴	2015 年 5 月 6 日
浙江建德市政协追求调研更精准成果更管用——书记点题委员献策政协解忧	甘 雯	2015 年 9 月 8 日
浙江建德市政协专题议政推进大气污染防治	甘 雯	2016 年 6 月 7 日
浙江建德市政协助推乡村旅游发展——农耕文化也是旅游卖点	甘 雯	2016 年 8 月 29 日
浙江建德市政协呼吁依托生态优势发展健康产业，把建德打造成长三角知名养生福地	张建华	2016 年 8 月 27 日
“政协力量在建德”——基层民主监督工作的建德实践	甘 雯	2017 年 1 月 27 日
机场大巴上路了——浙江建德市政企联手推动委员提案落地生根	黄 倩 甘 雯	2017 年 7 月 28 日
人在树下走，车在林中行——建德市政协持续助力创建森林城市	甘 雯	2018 年 5 月 26 日
浙江建德政协书画院成立	祝旭阳 方 芳	2018 年 10 月 31 日
吟诵建德古诗词、展示政协新样子	甘 雯	2019 年 7 月 22 日
59 个问题集中交办给 24 个单位——浙江建德市政协服务企业活动初见成效	甘 雯	2019 年 8 月 3 日

十届至十四届委员会期间建德市政协在《联谊报》发表文章一览表

表 8-3

标　题	作　者	日　期
浙江省建德市委书记与政协领导集体面谈	邹爱民	2000 年 10 月 14 日
建德市政协为特色工业经济搭脉开方	邹爱民	2002 年 10 月 24 日
协商议政于决策之前的实践探索	甘　雯	2013 年 2 月 7 日
受人力挺的“会议 style”——建德市政协十三届二次会议侧记	甘　雯	2013 年 3 月 2 日
建德政协便民服务进山村	甘　雯 徐燕飞	2013 年 4 月 11 日
建德政协“较真”提案办理，不让政协委员“被满意”	甘　雯	2013 年 4 月 18 日
建德政协首场同类提案集中办理协商会呼吁，从严治堵，走出囧途	甘　雯 林　宏	2013 年 5 月 4 日
精美石头唱响转型升级歌——建德政协给力碳酸钙产业“发展起跳”	甘　雯	2013 年 6 月 20 日
保护生态就是最好的建设——建德政协调研“三江两岸”绿道建设	旅商组 吴瑞华	2013 年 7 月 20 日
把协商民主结合到票决民主中——建德政协给力社区组织换届	甘　雯	2013 年 7 月 27 日
抗旱，建德政协在行动	甘　雯 郑广明	2013 年 8 月 13 日
议政专刊：推进公共资源交易规范化	政治协商委	2013 年 8 月 22 日
委员建议周详，部门回答坦诚——建德政协为建设“美丽江城”绘多彩画卷	甘　雯	2013 年 12 月 7 日
谋良策，做实功——建德政协全方位助推“五水共治”工作	甘　雯	2014 年 3 月 20 日
省政协领导赴建德调研“五水共治”民主监督工作	甘　雯	2014 年 4 月 12 日
建德政协“政协很忙”成常态	郑广明 甘　雯	2014 年 4 月 19 日
建德政协委员抢麦“脱口秀”——旅游“二次创业”正当时	甘　雯 穆亚琴	2014 年 5 月 8 日
建德政协：半朵梅花香古城	甘　雯	2014 年 7 月 10 日
让梅城古色古香显古韵	吴瑞华	2014 年 8 月 21 日

续表8-3

标　题	作　者	日　期
建德政协建言献策“开方”实	甘　雯	2014年10月11日
社会主义核心价值观视野下的协商民主	吴铁民	2014年12月11日
建德政协委组联动视察农村生活污水治理	吴瑞华	2014年12月19日
书记领衔办提案成效明显——建德“无围墙的乐园”成了游客富了民	穆亚琴	2014年12月22日
适应新常态，激发新活力，助推新发展	甘　雯	2015年2月14日
律师进村来“疙瘩”解开来——建德市政协持续推动“律师进村”受点赞	巫海武	2015年3月26日
理“一团麻”为“一股绳”建德市政协建言安置房建设与管理工作	穆亚琴	2015年4月23日
异地种植草莓发展对策	吴铁民	2015年5月28日
市政协工青妇组开展留守儿童走进军营暑期夏令营活动（图片新闻）	蓝　燕 吴　琴	2015年7月30日
为血战建设开“良方”——建德市政协持续关注无偿献血事业	范红杰	2015年8月20日
主动领题，专注破题，善于解题——建德市政协调研建言获点赞	甘　雯	2015年8月29日
多措并举持续关注跟踪督办——建德市政协聚焦主城区污染	穆亚琴	2015年9月24日
规范处理危险废物及城市污染	洪国根	2015年9月24日
八年爱心深种，八年馨香蛮远——建德市政协旅游商贸组持续帮扶贫困大学生小记	余菊英	2015年12月12日
水韵图片	沈光炎	2015年12月12日
抢麦议旅游，蛮拼——建德市政协持续关注旅游业发展	甘　雯	2015年12月19日
倾情履职，演绎精彩——建德市政协十三届五次会议建言侧记	甘　雯	2016年1月21日
农场来了委员救援队——建德市政协航头镇工委助农抢救火龙果	陈　芳	2016年2月18日
和衷共济60年，继往开来谱新篇——建德市政协成立60周年系列活动序幕开启	甘　雯	2016年3月17日
保护传统古村，留住文化乡愁——建德市政协持续关注新叶古村保护与利用	甘　雯	2016年4月16日
民生保障怎么样，政协评议来助力——建德市政协启动民生保障工作民主评议	甘　雯	2016年5月19日
建德市政协多渠道为大气污染防治发声	甘　雯	2016年6月4日
揽一方好水，打一手好牌——建德市政协助推乡村旅游发展	甘　雯	2016年6月30日

续表8-3

标　题	作　者	日　期
一心履职为民生——记建德市政协委员张红平	范红杰 邵秀萍	2016年7月28日
一条建议催生一座纪念碑——建德市政协专题议政寿昌江流域防洪减灾工作	甘　雯	2016年8月20日
为健康产业发展搭搭脉——建德市政协专题调研妙方	张建华	2016年9月22日
村小	杨吉元	2016年11月1日
不但“通”，更要“畅”——建德市政协集智交通基础设施建设	穆亚琴	2016年11月10日
考核、领衔、协商、议政——建德市政协“四部曲”给力提案办理	穆亚琴	2016年11月12日
推进政协协商民主工作的实践与思考	张建华	2016年11月24日
三年助“两难”——建德市政协持续力助交通治理	穆亚琴	2016年12月15日
守住历史“筋骨肉”，传承文化“精气神”——建德市政协持续关注古村古镇保护与利用工作	甘　雯	2017年1月5日
政协委员怎样加油干	陈友明	2017年2月28日
食品安全保“胃”战请再较较真——建德市政协持续关注多方助推	甘　雯	2017年4月6日
整治乡村环境卫生要打组合拳——建德市政协寿昌镇工委督查建言	周　睿	2017年4月27日
当好建德“老娘舅”，合力解疙瘩——建德市政协助力村级组织换届活动	唐　杭	2017年6月24日
学前教育发展要抓牢“普惠性”——建德市政协专题议政会热烈互动协商	甘　雯	2017年7月13日
新委员提案助推建德机场大巴上路	黄　倩 甘　雯	2017年7月27日
建德市政协做深做细“河长制”，委员来当沟渠长池塘长	唐　杭	2017年8月3日
“最多跑一次”政协来助跑——建德市政协建言做好“加减乘除”	甘　雯	2017年8月19日
难忘乡村有线广播	杨吉元	2017年8月22日
病人的利益是最高的——记建德市政协委员孔建平	范红杰 邵秀萍	2017年9月7日
一场关于“草莓”和“稻香”的头脑风暴——建德市政协专题协商农业特色小镇建设	甘　雯	2017年9月23日
小小垃圾，委员关心——建德市政协持续助推垃圾处置工作	唐　杭	2017年10月1日

续表8-3

标　题	作　者	日　期
推进提案由答复型向落实型转变——建德市政协创新运行机制增强办理实效	方　芳	2017年11月9日
图片新闻——党员口袋书宣传十九大	王淑娟	2017年11月23日
美丽乡村踏歌来——建德市政协委员热议乡村振兴	甘　雯	2018年2月24日
民主评议监督的建德实践	张建华	2018年1月11日
人在树下走，车在林中行——建德市政协持续助力创建森林城市	甘　雯 刘学松	2018年4月26日
帮助别人，快乐自己——记建德市政协委员李新运	黄　倩	2018年4月29日
梅开二度，重振古城雄风——市政协持续推进梅城古城综合保护工作	甘　雯	2018年5月31日
疾病防控的守护者——建德市政协委员邵秀萍	范红杰	2018年5月31日
发挥优势　精准助推——建德市政协聚力重大建设项目	唐　杭	2018年6月21日
“五个好”激活乡贤在乡村振兴中作用	陈友明	2018年6月21日
残疾人权益保障难在哪——建德市政协头脑风暴支实招	唐　杭	2018年8月18日
选题求精调查求实研究求透建言求真——建德市政协精准助推乡村振兴战略	甘　雯	2018年8月25日
把脉找短板，开方献良策——建德市政协持续助力重点工业项目建设	甘　雯 巫林怿	2018年9月15日
让非遗技艺不断传承下去——记建德市政协委员钱建华	唐　杭	2018年10月9日
职业教育，别掉队！——建德市政协开展专题议政	甘　雯	2018年10月13日
红白喜事不是小事儿——建德市政协建言乡风文明从群众身边做起	唐　杭	2018年11月15日
和“停车难”死磕到底——建德市政协建言成效实打实	邵笑燕	2018年12月8日
建德市政协唱响为民好声音——收费站取消了！篱笆拆除了	穆亚琴	2018年12月22日
建德党政“一把手”5年领办重点提案	穆亚琴	2019年1月10日
来，听听建德政协全会上的热词	甘　雯	2019年2月21日
森林走进城，宜居更幸福——建德市政协持续关注创森工作	甘　雯	2019年5月11日
在“三服务”中展示委员担当	陈友明	2019年5月16日
建德市政协首场“请你来协商”聚焦农村消薄增收——书记点赞开了个好头	方　芳	2019年7月18日
努力树立政协协商民主建设新样子	吴铁民	2019年7月20日

续表8-3

标　题	作　者	日　期
百首古诗颂家乡——建德市政协专题讨论传播传统文化	甘　雯 黄　倩	2019年8月1日
走亲连心、示范引领——建德市政协开展服务委员企业主题活动	甘　雯	2019年8月8日
助力协商民主开花结果——建德市政协深入推进“请你来协商”平台建设	黄　倩 甘　雯	2019年12月19日

十届至十四届委员会期间建德市政协在《浙江日报》发表文章一览表

表8-4

标　题	作　者	日　期
“一线”作为，“时时在线”——建德市政协聚焦“五水共治”	郑广明 甘　雯	2014年4月11日
决不能让旅游业“掉队”——建德市政协把脉旅游献良策	甘　雯 穆亚琴	2014年5月6日
合力推进全域生态化建设——建德市政协首个全会建议案落实快成效显	甘　雯	2014年6月12日
建言献策，保护梅城	甘　雯	2014年7月17日
为重大工业项目“把脉开方”——建德市政府快速采用政协计策	甘　雯	2014年8月6日
开拓创新履职责，建言献策重实效——建德政协汇聚社会正能量	甘　雯	2014年9月15日
调研历史文化，名村提升发展	方　韦 甘　雯	2014年10月24日
市政协十三届十五次常委（读书）会（图片新闻）	施克贵	2014年12月12日
建德“39号提案”催生“无围墙乐园”	穆亚琴	2014年12月29日
律师进村庄　服务送上门　建德政协持续推进“律师进村”受点赞	巫海武	2015年3月30日
建德积极破解拆迁安置房建管难题	穆亚琴	2015年4月23日
抓住机遇加快古城科学保护——建德政协持续关注推进梅城历史文化传承利用	张建华 穆亚琴	2015年5月11日
市政协医卫组牵头组织送医药下乡活动图片新闻	范红杰	2015年5月28日
把脉农村治污工程	邵秀萍	2015年6月15日

续表8-4

标　题	作　者	日　期
建言献策持续监督——让碧水江面美如画	李新富 穆亚琴	2015 年 7 月 29 日
建德市政协积极履职——议政建言成果丰硕	甘　雯	2015 年 8 月 27 日
城即是景，景即是城——建德聚焦城区治污打造全域旅游	穆亚琴	2015 年 9 月 28 日
建德市政协植造“政协林”	甘　雯 祝旭阳	2016 年 3 月 31 日
保护传统古村留住乡愁根脉——建德市政协持续推进新叶古村保护利用	甘　雯	2016 年 4 月 26 日
天更蓝气更净更白——建德政协专题议政推进大气污染防治	甘　雯	2016 年 6 月 3 日
建言献策助推乡村旅游	甘　雯	2016 年 6 月 30 日
做好基层政协工作的新探索	吴铁民	2016 年 7 月 26 日
依托生态又是发展健康产业——把建德打造成长三角知名养生福地	张建华	2016 年 8 月 16 日
建德市政协工青妇组开展“最美夕阳红”慰问活动图片新闻	吴　琴	2016 年 9 月 18 日
建德市政协服务项目建设——履职创新　助力发展	林　宏	2016 年 11 月 28 日
持续跟踪力促“交通治堵”	穆亚琴	2016 年 12 月 15 日
持续打好食品安全保胃战	甘　雯	2017 年 4 月 25 日
念好“五字”真经，建设美好家园	张建华	2017 年 5 月 4 日
建德公共自行车上街	甘　雯	2017 年 6 月 18 日
建德机场大巴上路了	甘　雯 黄　倩	2017 年 7 月 25 日
建德集聚智慧推进“香、甜”小镇建设	甘　雯	2017 年 11 月 9 日
图片新闻——综保工程视察	巫林怿	2017 年 11 月 28 日
建德市政协民宗组开展专题帮扶工作	苏　菲	2017 年 6 月 20 日
建德：乡村振兴踏歌来	甘　雯	2018 年 2 月 24 日
“梅”开二度，建言献策	甘　雯	2018 年 5 月 27 日
绿色江城入画来	甘　雯	2018 年 7 月 17 日
建德：推进重点工业项目建设	甘　雯 巫林怿	2018 年 9 月 21 日
建德合力推进教育综合改革	甘　雯	2018 年 10 月 24 日
一份提案引来各方关注——建德合力擦亮“五加皮”金名片	穆亚琴	2018 年 12 月 15 日

续表8-4

标　题	作　者	日　期
森林走进城，宜居更幸福	甘　雯	2019年5月13日
“请你来协商”建德硬碰硬	方　芳	2019年7月17日
走亲连心示范引领——建德集中开展服务企业活动见实效	甘　雯	2019年8月2日

十届至十四届委员会期间建德市政协在《杭州日报》发表文章一览表

表8-5

标　题	作　者	日　期
暴雨成了工作的好天气——建德市政协助力排涝水工作小记	穆亚琴	2014年5月26日
探索农场+电商模式——瑞德火龙果做品质网红	陈　芳	2016年9月29日
机场大巴上路了——政企联手推动委员提案落地生根	黄　倩 甘　雯	2017年7月28日
委员干部齐上阵，喜闻乐见做宣传	曾　旺 郑晓亮	2017年11月21日
乡村旅游如何振兴？委员干部跟着调研、群策群力	郑　莹	2019年12月11日

第二节　理论研究

坚持和发扬政协重视理论学习的优良传统，积极组织和推动委员学习党和国家领导人的重要思想、党和国家各项方针政策，提高政治认识，加强自身建设和参政议政水平。十届至十四届委员会在各届常委会领导下，每年举行一至两次政协委员专题学习报告会，进行理论知识辅导，丰富知识、扩大视野，加深对党和国家重大改革措施的理解，提高参政议政能力。通过学习思考，认真探索理论，领导带头开展理论研究，撰写论文，推进学习研究型政协组织创建活动的开展。

附：理论研究文章选登

以讲话精神为指导，切实做好提案工作

建德市政协主席　刘志新

江泽民总书记“七一”重要讲话，全面总结回顾了中国共产党八十年的光辉历程、奋斗业绩

和基本经验，全面阐述了“三个代表”重要思想的科学内涵和相互之间的辩证关系，对关系党和国家前途命运的一系列重大问题作了精辟的论述，深刻回答了加强党的建设的基本要求，指明了党在新的历史时期的任务和奋斗目标。江泽民总书记“七一”重要讲话，是一篇划时代意义的马克思主义纲领性文献，是面向新世纪的新的“共产党宣言”，也是我们做好政协工作的理论指南和强大的思想武器。认真学习贯彻江总书记“七一”重要讲话精神，自觉实践“三个代表”重要思想，以创新的精神进一步做好提案工作，是新时期人民政协的一项重要任务。根据我担任基层政协主席三年多来的亲身感受，按照“三个代表”重要思想要求，切实做好提案工作，必须增强“三个意识”，做到“三个加强”，提高“三个质量”。

增强“三个意识”

一是增强全局意识。围绕中心，服务大局，这是提案工作必须遵循的原则，也是政协工作实践“三个代表”重要思想的根本体现。提案工作要从政协自身的优势和特点出发，把握全局，找准位置，扬长避短，发挥优势。应站在全局的高度，发现和判断问题，善于抓住那些带有宏观性、战略性、前瞻性的重要课题以及人民群众普遍关注的社会热点、难点问题，开展调查研究，提出富有建设性和可操作性的意见和建议。政协委员来自社会各界，生活和工作于自己所处的界别，是本界别的代表，对本界别的情况、愿望和要求都比较熟悉。界别的局限性虽然是难免的，但作为政协委员又必须尽力避免。政协委员要对国家大政方针和群众生活的重要问题进行政治协商，就必须立足全局。

二是增强超前意识。在改革开放和现代化建设中，新的情况、新的问题和新的矛盾不断出现，形成纷繁复杂的社会现象。这些新的现象，并不都是代表未来的新生事物，我们必须透过复杂的现象，抓住事物的本质，准确地把握事物的发展方向，旗帜鲜明地站在发展潮流的前头，代表先进生产力的发展要求，尽量当“事前诸葛亮”，不当“事后诸葛亮”，绝不为保守和落后代言，更不与改革和发展相悖。这就要求提案工作要有超前性，必须在正确判断新旧事物的前提下，充分注意事物发展的前瞻性。提案要提到点子上，准确反映问题并提出解决问题的办法。为使提案能够产生良好的效果，提案前要深入实际，调查研究，寻找事物的症结，发现解决问题的实招。

三是增强群众意识。政协委员和提案承办单位，要把广大人民群众的根本利益作为提案工作的出发点和归宿。政协委员要根据“三个代表”重要思想的要求，密切联系各阶层、各界别的群众，多形式、多渠道及时了解社情民意，了解老百姓在想什么，有什么困难，积极把人民群众的真实想法，通过提案形式客观地反映上来。参加政协的各民主党派、人民团体和政协委员，来自社会的方方面面和各个层次，代表了各方面的利益，反映了各方面的呼声，是密切联系人民群众的桥梁和纽带。办好提案，对团结各方面的力量，促进经济发展、社会稳定和进步起着重要的作用。提案承办单位要从“三个代表”重要思想要求的高度，把办好提案作为密切联系群众、代表人民群众根本利益的具体体现，取信于民。

做到“三个加强”

首先，要加强对提案工作的领导。一是市委重视和政府支持到位。建德市党政对提案工作十分重视，列入议事日程，明确一名市委常委、常务副市长分管提案工作，政府办公室有专人负责提案工作，及时研究部署和检查提案工作，不断提出指导性意见，积极帮助解决实际问题，为政协提案工作的顺利开展创造条件。二是政协领导责任到位。正副主席不仅主动向市委汇报、同政府联系，赢得党政重视和支持，而且身体力行，亲自参与实践，撰写提案，联系重点提案，跟踪检查督办，深入实际调查研究，总结推广典型经验。三是政协提案委服务到位。结合本届政协工作实际，认真制定提案工作计划，从选题、调研、论证到提案提出、立案、交办、督查、催办、结案，每个环节都抓好组织落实，一环扣一环，环环扣紧，使提案件件落到实处。四是承办单位工作到位。各承办单位都建立提案办理领导小组，明确分管领导，配备工作人员，制定工作计划，落实具体措施，做到人、财、物“三保证”，认识、制度、工作“三到位”，扎扎实实办好每件提案。

其次，要加强提案工作“两化”建设。制度建设关系到提案办理是否程序规范、有质量保障的大问题。为保证提案工作的健康开展，根据工作实际，本届政协修订了《提案工作条例》，建立了以下几项制度：一是调研制度。委员在提案前，必须深入实际调查研究，掌握第一手材料，使所提建议有理有据，便于操作，科学性强；内容立足大事、要事，热点、难点，事关全局。二是审查立案制度。对委员提出的全部提案，政协提案委都要根据立案标准进行严格审查，对符合立案标准的提案给予立案交办。三是督查催办制度。通过采取电话催办、上门催办、视察催办等形式，使已交办的提案“件件有回音，事事有结果”。四是跟踪回访制度。对重点提案进行排查走访，对已落实的提案实行跟踪问责促其真正落到实处。

再次，要加强提案工作的宣传。采取多种形式，宣传提案工作，这是做好提案工作的有效途径。一是展览宣传。在政协全委会期间，举办提案工作展览，进一步扩大政协提案的影响，引起领导的重视和社会的关注，激发委员参政议政的热情。二是典型宣传。换届伊始，我们编印了上届政协《优秀提案成果选编》，发送到每个政协委员和承办单位，为撰写提案和办理提案提供了典型经验，促进了提案质量和办理质量的提高。三是新闻宣传。在报纸、电台、电视台等媒体刊登和播出一些重点提案及有关提案工作的信息，推进提案的办理速度和办理质量。四是表彰宣传。每年在全委会上表彰提案承办先进单位、先进个人和优秀提案，通过大力宣传，让全社会都来重视支持办理提案，促进提案工作上新水平。

提高“三个质量”

一要提高提案质量。提案质量是提案工作的生命。提高提案质量必须把好“三关”：一是提案撰写关。本届政协领导班子既重视对提案工作的领导，更重视抓委员的学习培训，组织新加入政协的委员，接受提案知识培训，从而让委员懂得如何撰写提案的方法，严格按照要求撰写提案。二是征集质量关。高质量的提案来自深入细致的调查研究，我们在全委会召开前三个月就召集委组负责人会议，专题研究提案工作，提出具体要求。认真做好知情服务和检查指导工作，按照议大事、抓重点、办实事的要求，组织委员深入实际调查研究，发现和收集那些党政重视、群众关注的重大问题，提出意见建议，确保所征集提案整体水平的提高。三是审查立案关。实践告诉我们，一份高质量的提案，必须具备“三性”（严肃性、科学性、可行性）、“三有”（有问题、有分析、有建议），这是衡量提案质量高低的标准和尺度，并以此作为立案的依据，对不符合条件的不作为提案。

二要提高办理质量。提案的办理质量，直接影响提案真正发挥作用和进一步调动委员积极性。在提案办理过程中，坚持做到常规提案归口办、重点提案重点办、多头提案会同办、疑难提案积极办，严格办案程序，加大办理力度。对一些事关全局的重点提案，由正副主席亲自督办落实情况，提案委参与办理全过程，开展专题视察，跟踪督办，一抓到底。加强同承办单位的联系与协作，对疑难提案、不满意提案，进行“三见面”办理，对有条件解决的，尽可能予以落实；因条件所限一时不能落实的，列入规划，创造条件，逐步落实；确实不可行的，实事求是地说明理由，作出详细解释，从而提高提案办理中的解决率、见面率和满意率，提高提案办理质量。

三要提高服务质量。政协提案委及其工作人员，是联系提案人和承办单位的桥梁，其职责就是搞好服务。一是为委员提供知情条件和业务指导。组织和帮助委员深入基层，调查研究，了解社情，撰写提案。二是加强联系与协作。坚持“走出去、请进来”，改变以往“一收二转三结案”的关门办案方式，努力联系两头，即提案人与承办单位，从单纯的“文来文往”转向“人来人往”的接触和联系，面对面直接进行沟通，在提案人与承办单位之间架起沟通协商的桥梁，推动提案办理。三是做好信息反馈。认真收集、处理提案办理答复的反馈意见，及时了解和督促提案办理情况。四是典型引路，引进激励机制。在委员和承办单位中开展评比表彰活动，有效推进提案工作。

（该文于2001年10月参与杭州市政协工作研讨会研讨）

推进政协协商民主工作的实践与思考

建德市政协

人民政协作为协商民主的重要渠道和专门机构，在协商民主广泛、多层、制度化发展中具有重要地位。近年来，建德市政协以围绕中心献良策、凝心聚力促发展为协商目标，在政协协商民主制度、方式、渠道等方面进行了积极探索和有益尝试，逐步形成了“市委主导、政协主动、广泛协商、注重实效”的协商格局。

一、建德政协开展协商民主工作的实践与成效

1. 党委主导、政协主动，精心选择主题。

选准选好协商议题，是谋划协商工作的首要环节。每年年初，建德市政协通过市委领导具体交办、政府政协联席会议共同协商、各专委会与联系部门对口协商等渠道，研究提出年度协商课题和工作计划，报市委确定后转发实施，把政协的协商意图转化为市委的工作任务，增强协商工作的刚性要求。十三届政协成立以来，先后围绕党委政府工作报告、体制机制改革、“十三五”规划编制、重大产业发展、重点专项工作等十余项议题开展专题协商，对促进党委政府科学民主决策，推动建德科学发展起到了积极作用。由于协商议题是市委研究确定的，政协的协商议政更加紧扣中心工作，协商建言更具有针对性，协商成果更易于被党委政府采纳吸收。比如建德市作为“中国草莓之乡”，近年来草莓产业发展中存在的品牌整合力度不强、产业链深化延伸不足、外出莓农生产生活缺乏保障等突出问题，引起了市委市政府的高度关注。2015 年市委把促进草莓产业持续健康发展这项课题交办给市政协，要求市政协就草莓产业发展中存在的突出短板开展调查研究，提出协商意见。

2. 求真务实、深化调研，确保建言质量。

深入调查研究，是提高协商质量的重要保证。在协商议题确定后，建德市政协随即拟定调研方案，组织相关委员成立调研组，通过走访有关部门单位、召开不同层面座谈会、征求群众意见等多种方式，起草撰写调研材料，研究提出意见建议。通过调研，做到情况了然于胸、问题分析透彻、建议切实可行，打“有准备之仗”。2015 年，建德市政协接到市委提出的助推草莓产业发展的协商任务后，迅速组织政协委员和相关单位人员成立课题组，由政协主席和分管副市长带队，深入草莓种植大户和基地开展调研，并赴湖北、四川、陕西等外出莓农较多的省份进行实地走访，与当地政府及在外莓农进行座谈交流，全面深刻分析了建德草莓发展现状，形成《建德市异地种植草莓现状及发展对策》调研报告。调研成果得到了市委书记的重要批示，为市政府制定出台《建德市草莓产业三年行动计划》《建德市“放心草莓”工程实施方案》提供了重要参考。

3. 广泛参与、形式多样，灵活开展协商。

丰富协商形式，是有效开展协商的重要条件。近年来，建德市政协在协商的形式上作了积极探索，逐步形成了全体会议、常委会议、主席会议、界别小组、基层工委等多个层面、多种形式的协商模式。本届政协以来，市政协全体会议期间围绕政府工作报告向市政府报送具体协商意见 170 余条、围绕“五水共治”“多规融合”“全域旅游”审议报送大会建议案 3 件；常委会议围绕城乡统筹、产业振兴、生态建设、“十三五”规划等主题协商报送调研成果 30 余篇；主席会议围绕政府投资项目、草莓产业发展、水产业规划落实和化工产业集聚入园等主题开展 30 余次专题协商议政活动；乡镇（街道）工委和界别小组围绕村级组织换届、畜禽退养转产、医疗教育、城镇建设、传统文化保护等本辖区本界别热点难点问题开展对口协商、界别协商200余次。通过政协开展的全方面、宽角度、多形式的协商活动，有力地促进了共识的形成，为市委、市政府重大决策的丰富完善、重要工作的贯彻落实提供了更多的民意支撑。

4. 持续关注、跟踪问效，力促成果转化。

成果转化运用，是发挥协商作用的关键所在。近年来，建德政协针对重点水源保护、水产业发展、草莓产业发展、化工企业搬迁入园、新叶古村保护利用等党政关注的重大问题开展持续协商议政，反复建言，协商成果得到了良好运用和转化，在助推相关工作上发挥了积极作用。比如在草莓产业发展问题上，建德市政协牵头提出的《建德市异地种植草莓现状及发展对策》得到市委、市政府重视和采纳后，为了助推相关政策的进一步落实，建德市政协又以主席会议的形式对草莓产业发展开展专题协商，重点围绕实施草莓产业“走出去”发展战略，引导畜禽养殖业向草莓种植业转型，助推“五水共治”“三改一拆”工作进行协商议政。2016年，政协全会上又组织委员以《实施“草莓+”战略，推动产业深度融合发展》为题进行大会发言，3月市政协主席再次带队赴外省走访调研，实地了解草莓产业“走出去”发展战略实施情况。通过政协的持续助推，《建德市草莓产业三年行动计划》《建德市“放心草莓”工程实施方案》得到有效实施，草莓产业发展服务体系进一步健全，品质安全进一步强化，规模效益进一步提升，2016年建德市草莓产业总产值达26.92亿元，其中外出异地种植莓农6500户、1.5万余人，足迹遍布全国19省份61个区、县（市），种植面积5.5万余亩，产值达23.05亿元，成为农业增效、农民增收的支柱性产业。

二、探讨与思考

1. 党政重视，是做好协商工作的重要前提。

对于在政治协商中处于主导地位的地方党委来说，对政协协商民主的认识高度、重视程度至关重要，直接影响协商的效果和目标的实现。要使政协的协商民主取得实效，首先就要争取各级党委政府的重视和支持。如果党委政府对政治协商认识不足、重视不够，没有从全局的角度把政治协商摆到议事日程上来，各种形式的协商工作就很难开展。2014年，建德市委在原有文件基础上又专门出台了《关于进一步加强和改进人民政协政治协商的意见》，对政治协商的协商内容、协商形式、协商程序、意见报送和督办反馈等作出了更加具体全面的规范，为政协开展协商民主提供了制度保障。文件提出市委、市政府要把政治协商工作摆上议事日程，纳入全局工作统一规划部署、统一协调实施、统一检查落实。建德市委、市政府在实践中认真落实“把政治协商纳入决策程序”要求，不仅主动提出或与政协会商确定协商议题，市委市政府领导和有关部门负责人积极参加协商会议，并认真研究、积极采纳政协报送的协商意见，确保了协商议政活动的顺利开展。

2. 完善机制，是提高协商水平的重要保障。

通过近年来建德政协协商民主的实践活动，我们认为，建立健全选题、调研、组织和办理等一系列工作机制，是提高协商水平的重要保障。选题机制方面，要通过党委政府“交题”，有关职能部门“点题”，结合界别和委员提交的提案、社情民意和调研报告等材料，以党政关注、群众期盼、政协所能为原则，重点围绕体制机制改革、经济社会发展、社会民生保障中的热点难点问题，归纳和筛选重大课题进行协商。调研机制方面，要规范调研活动的组织开展和成果报告等环节，强化调研活动的大局意识、精品意识和实效意识，确保调研活动组织到位、分析到位和建言到位，切实提高调研质量。组织机制方面，要通过构建专委会与乡镇（街道）工委、委员活动小组与乡镇（街道）工委、基层政协与上级政协联合的联动履职机制，有效拓展协商的层次和深度。要加强委员培训，定期举行政府政情通报会，有效提升委员的协商议政能力和水平。办理机制方面，党委要出台文件对政协报送信息、材料的督办落实机制进行规范和完善，增强协商意见落实、办理和反馈的刚性约束；政协要主动与政府和有关部门对接沟通，推动协商意见的有效落实。

3. 系统履职，是提升协商成效的有效途径。

近年来，各地政协开展了形式多样的民主协商活动，由于协商民主相关制度设计还不够规范，如何避免协商的随意性，切实提升协商成效，是当前我们面临的最大挑战。建德政协立足改革实际，大胆创新方式，近三年来分别以“五水共治”“‘十三五’规划编制”“全域旅游”为协商主题，通过发挥常委会议的领衔作用，统筹安排政治协商、民主监督、参政议政等各项活动，系统性开展履职，取得了明显成效。我们认为，以协商主题来统领政协全局工作，通过整合各种优势，灵活运用委员视察、提案督办、专题议政会、大会发言、主席会议等不同形式开展协商议政，有助于汇聚政协的工作力量，有助于发挥政协的整体作用，有助于提高协商活动的系统性、针对性和实效性。

4. 持续关注，是深化协商成果的有力举措。

当前政协的协商民主还处于探索发展阶段，各级党委政府对协商民主的重视认识程度不一，协商民主相关制度执行也还不够规范到位，政协作为协商民主重要渠道的作用发挥还有待加强。协商民主作为柔性民主，不具有人大监督的法律刚性，协商活动能否顺利开展、协商成果有多少能被采纳吸收，主要取决于党委政府主要领导的意愿和气魄。对一些事关地方经济社会发展的全局性、关键性问题的协商意见，政协组织有必要根据工作推进情况开展持续跟踪问效，连续采取各种形式持续建言献策。政协持续关注、反复助推，有助于进一步发挥政协的优势，有助于进一步汇聚委员的智慧，有助于进一步凝聚各方的共识，推动合理建议的采纳落实，更好地促进地方经济社会的健康快速发展。

（该文为浙江省政协理论研究会第七次理论研讨会论文）

社会转型关键期人民政协在国家治理中的重要作用

建德市政协主席　吴铁民

中国改革开放30多年，经济社会进入了转型发展的关键时期，对国家治理提出了新的挑战。人民政协作为中国特色社会主义的重要组成部分，在这关键期，如何充分发挥好作用，更好地促进国家治理体系和治理能力现代化，是值得我们探讨与思考的。

一、社会转型关键期国家治理面临的压力和挑战

当前我国的发展已经到了一个新的阶段，经济体制市场化改革带来的政治、社会、文化、思想等各方面的变革及其各种矛盾纠结在一起，并且呈现前所未有的管理压力，对国家治理体系和治理能力建设提出了重大挑战。

1. **社会阶层的复杂性**。随着市场经济的不断深入发展，我国经济和生活结构发展了深刻变化，社会经济成分、组织形式、就业方式、利益关系和分配方式日益多样化，社会阶层也不断分裂变化，日趋复杂。2001年中国社科院在“当代中国社会阶层研究”中划分了十大社会阶层：国家与社会管理者阶层、经理人员阶层、私营企业主阶层、专业技术人员阶层、办事人员阶层、个体工商户阶层、商业服务业员工阶层、产业工人阶层、农业劳动者阶层和城乡无业失业半失业者阶层。但是，经过10多年的发展，有学者在研究社会阶层的过程中发现这一研究成果已经与当前的社会现状不相符。比如借助信息网络平台快速发展起来的网店店主、网络写手，甚至是网络推手，他们基本游离在体制管理之外，但是对经济和社会的影响极大。因此，现在又有学者提出将中国当前的社会阶层笼统的划分为四个阶层：国家管理人、资本家、中产阶级、劳动者。不管对当前社会阶层如何的划分，阶层分化的快速性和复杂性是不容置疑的现实，不同的阶层相互依存、相互适应、相互竞争与合作，共同生活在同一个社会里。

2. **现状社会的多元性**。当今世界已进入一个多元化时代，多元化是当代社会最本质的特征，中国也不例外。社会的多元化有许多方面，包括利益多元、社会舆论多元、价值观多元、社会生活多元、社会组织多元、思想与政治理念多元等等。比如社会舆论的多元化，主要表现为，一是主体的多元化，舆论宣传不再是党和政府的专利，甚至党和政府已经不能完全掌握所有的社会舆论传播。二是影响的多元化。现在中国每一件重大的事项或新闻的出现都会有不同的评价，发出各种不同的声音，几乎任何正面的宣传报道都会引来“作秀”“作假”的质疑。三是传播方式的多元化。相比报纸、杂志这些传统渠道，微博、微信等网络平台的传播速度更为迅速。四是力量的集聚化。网络舆论已经呈现出强大力量，最典型的是“表哥杨达才”事件，原本是一件很普通的领导处理交通事故报道，但是当网络的力量集聚到他的“表”上后产生的效果是惊人的。再比如价值观念上的多元化，改革开放后，社会经济的发展、外来文化的冲击、大众传媒的膨胀和社会阶层的分化，使原本相对单一的社会价值观念发生变化，走向价值观念多元化的时代。价值观念的多元化带来了社会的宽容，可以包容各种利益诉求。但是，中国目前因价值观多元化而导致两个方面的问题是需要引起关注的：一是社会价值观中的“追名逐利”的世俗化和功利化日趋明显；二是社会正义与公平、平等、责任与义务、诚信等社会的基本价值观被边缘化，甚至不断被贬低。我们应该看到，多元化是一柄“双刃剑”，既能促进发展，也能产生巨大的负能量。对于政府来说，应该将社会多元化视为建立一个更民主、更自由、更富裕、更充满活力、更和谐、更文明的社会的一股重要力量，而不是一种麻烦。

3. **民主进程的强烈性**。当前，我国推进民主政治建设的强烈性表现为两个方面。一个方面是扭转人民对民主政治冷漠态度的需要。习近平总书记在人民政协60周年庆祝大会上说到“让人民的代表来参与国家生活和社会生活的管理是十分重要的”。但是由于民主制度存在的缺陷，以及诸多改革都是在不触及既得利益的前提下进行的，导致人民关心政治、参与改革的意愿已经非常淡薄，越来越多的各阶层民众已成为政治旁观者。中国人民大学前不久完成的一项调研显示：自20世纪90年代以来，曾经以关心国家大事而闻名的北京市民，对政治的关心程度呈现大幅下降趋势，被访者当中表示关心政治的人只有65.1%，较20世纪90年代前大幅下降了21.4个百分点。对于一个13亿人口的大国而言，如果人们对国家政治的重大事务，持一种“事不关己、袖手旁观”的态度，那将是十分危险的社会现象。另一个方面是规范各种民主诉求的需要。与北京市民对国家政治大事关心程度降低形成对比的是，另两个方面的民主要求却越来越高。一是涉及自身切实利益的民主需求，比如村级组织换届选举、杭州垃圾焚烧项目引发的群体性事件；二是集聚民意表达功能的网络民主，在传统参与方式、利益表达功能受限的情况下，民众把政治参与和民意表达的兴趣点转移到互联网空间，并且迅速传播和集聚，现在发生的多数群体性事件都可以看到信息网络在其中扮演的重要角色。我国传统公民参与政治存在的一个突出问题就是民主参与渠道不畅通，相关制度不健全，民众进行意愿和政治表达的渠道十分有限，这是推进民主进程面临的一个急需解决的问题。

4. **管理体制的薄弱性**。中共十八届三中全会提出“创新社会治理体制”。从管理到治理，这一字之差，反映了我国在社会管理中的两个缺陷。一是管理力量的失衡，相对于党委、政府，作为社会管理主体和基础的公民自我治理能力不强，公民对社会管理的参与程度很低，极大地限制了社会公共事务管理在社会中介组织、自治组织的自我治理中实现。二是政府在社会管理中应扮演什么样的角色、起什么样的作用、管理哪些社会事务、怎样管理、如何与社会组织共同进行管理等问题没有厘清。这两个方面的缺陷导致在社会管理中出现诸多问题。比如政府管理的越位、缺位和错位现象，日常管理不到位，往往依靠集中整治、专项整治等“运动式”手段来弥补；部门之间的相互推诿扯皮；应对公共事件的能力脆弱；回应社会诉求的缓慢等等。

5. **法治建设的迫切性**。法治建设虽然不是国家治理的全部内容，但是它关系中国特色社会主义制度建设的全局，是国家治理体系和治理能力现代化的必然要求和重要标志。中共十八届四中全会公报提出从中国实际出发全面推进依法治国，为国家治理体系和治理能力现代化找到了方向。推进法治建设，有三层含义：一是法律体系的完善；二是法律执行的规范；三是法治意识的树立。从法律体系的完善来看，从新中国成立到改革开放近 30 年时间里，是“五四宪法”和《中华人民共和国婚姻法》“两部法律治天下”时期。改革开放到现在 30 多年时间，在经济社会不断发展的背景下，中国的法律体系也是不断发展，虽然还存在不少缺陷，但也基本形成了具有中国特色的社会主义法律体系。从法律的执行来看，则情况不容乐观，无论是政府还是公民，“有法必依、违法必究、执法必严”并未真正落到实处，司法公信和司法权威尚未树立。正如习近平总书记在中央政法工作会议上所说的“执法不严、司法不公，一个重要的原因就是少数干警缺乏应有的职业良知。许多案件不需要多少法律知识，凭良知就能明断是非，但一些案件的处理偏偏弄得是非界限不清楚”。比如政府管理中庞大的信访维稳问题，出现这样的结果固然与百姓法治意识不强有关系，但是不相信法律却情愿相信信访能解决一切问题也与司法不公有着千丝万缕的联系。从法治意识来看，良好的法治生态环境远未建立，契约精神在中国还是相当的淡薄，比如经济生活中的诚信经营问题。如果说在改革开放初期，我们还处于制度摸索阶段，许多问题如何处理还无章可循，无法可依，还在探索，许多事情还靠个别性调整，先行先试。而到了现在这个阶段，体现中国特色社会主义制度的法律体系已经基本形成，实现治理体系的现代化，已经有了制度和法律的依托，就必须充分发挥制度的优势，尊重法律，严格执行法律。

二、人民政协在国家治理中的重要地位

推进国家治理体系和治理能力现代化有很多方面的内容，其中一个重要途径，就是全面深入推进协商民主。2014 年 10 月 27 日，习近平总书记主持召开中央全面深化改革领导小组第六次会议，审议了《关于加强社会主义协商民主建设的意见》，这是中央第一次就协商民主问题制定专门的文件。协商民主作为一种制度化体系，渗透到国家根本政治制度和基本政治制度运行的各个环节，其中人民政协以其鲜明的特点和独特优势，成为协商民主的重要渠道，在国家治理体系和治理能力现代化建设中具有重要地位。

1. 人民政协有开展协商民主的组织系统优势，是国家治理体系和能力现代化的重要依托。人民政协是中国共产党领导的各党派、各团体、各民族、各阶层大团结、大联合的组织。它以界别为单位组成，在组织构成上具有广泛的代表性、巨大的包容性和鲜明的党派性。各个界别都广泛联系和代表着各自的界别群众，代表着本界别的利益。可以说，人民政协的一个界别就是一条重要的民主渠道，可以比较及时、准确、系统地收集和反映每个界别最具代表性的意见建议，有利于协商民主的开展。目前，人民政协已建立和完善了全国、省级、地级、县级政协的四级完整的组织体系。全国各级政协组织已达 3000 多个，政协委员超过 60 万人，形成了有利于协商民主和国家治理的规模庞大、上下贯通、联系密切的组织体系。

2. 人民政协有开展协商民主的制度优势，是国家治理体系和能力现代化的重要组成。经过 65 年的发展，人民政协已经形成了以宪法、中共中央文件和政协章程为核心的一整套规章制度，人民政协协商民主的制度化、规范化、程序化达到了一定水平，为推进国家治理体系和能力现代化奠定了重要基础。与此同时，各级地方党委也先后出台了加强和改进人民政协工作的意见、制订了加强政治协商的意见或规程。这些都为人民政协开展协商民主提供了政策依据。可以说，人民政协这种制度化的协商民主形式，是国家治理体系中最稳妥的制度规范。

3. 人民政协有开展协商民主的经验优势，是国家治理体系和能力现代化的丰富沃土。近几年来，各级政协按照中央要求，着力坚持围绕中心、服务大局，就经济社会发展重大问题和涉及群众切身利益的实际问题广泛协商；着力健全协商的平台载体，探索形成了全体会议广泛协商、常委会议集中协商、主席会议重点协商、专题协商会议专题协商、专门委员会对口协商的工作格局；着力拓展协商民主的深度广度，吸收社会各界人士参与国是，最广泛地反映各方面的意见建议；着力完善协商的程序保障，初步建立了协商议题的提出和确定、协商活动的安排和准备、协商活动的组织和实施、协商成果的整理和报送、协商意见的办理和反馈的工作运行机制。这一系列行之有效的做法与经验，是人民政协在已有的实践中探索创新的结果，为国家治理体系和能力现代化建设提供了宝贵借鉴。

4. 人民政协有开展协商民主的智力优势，是国家治理体系和能力现代化的重要力量。人民政协汇集了各行各业的精英，是人才库、智囊团。他们大多政治上有地位、社会上有影响、学术上有造诣、海内外有广泛联系。他们有条件、有能力就国家和地方的大政方针，以及政治、经济、文化、社会生活中的重要问题进行调查研究，开展政治协商，坦诚建言献策。各级政协主席、副主席和专委会负责人大多是各级党委、政府或相关部门的领导转岗过来，他们对相关情况比较熟悉，把握政策比较准确，分析问题比较客观，研究问题比较理性，提出办法比较科学，容易被党委政府接受和采纳，从而使决策更科学、更民主、更合理。

三、社会转型关键期人民政协协商民主对促进国家治理体系和能力现代化建设的重要意义

运用和发挥好人民政协的协商民主对于促进国家治理体系和治理能力现代化建设，特别是在社会转型的关键时期，更好地应对各种矛盾和压力，具有重要意义。

1. 通过平等对话协商，使社会各阶层、各主体充分表达和了解各方的利益诉求，有助于拓宽利益表达渠道，推动公民个体、社会组织与政府以及相互之间的对话和交流，促进各方形成共识，扩大公共利益，形成协调有序、和谐共处的社会发展环境。

2. 通过群众参与协商，可改善公共决策和监督，规范公共部门行为，保障政府尽职尽责，避免其越位、缺位、错位，有助于推进法治政府、责任政府、透明政府、廉洁政府和服务型政府建设，提高政府管理的能力。

3. 通过民主协商，鼓励公民自觉参与政治对话、民主选举、政策监督，能够有效地推动基层民主向纵深发展，有助于促进公平有序的政治参与，提高公民对民主法治建设的关注度和认可度，激发社会发展的活力。

4. 通过协商民主，可培养负责、协助、合作的公民精神，增强自我约束能力，防止情绪化诉求，避免极端化倾向，有助于营造宽容、理解、对话、倾听和理性的民主氛围，形成和谐社会的精神纽带，奠定社会主义民主和法治建设的社会基础，为共同参与社会治理提供良好的环境。

（该文收录在政协杭州市委员会《政协理论与实践》2014 年第七辑）

做好基层政协工作的实践和探索

建德市政协主席　吴铁民

今年是建德政协成立六十周年。六十年来，建德政协事业在党的领导和政府及社会各界的支持下，取得了长足发展。特别是十三届政协成立以来，建德政协在围绕中心、服务大局上发挥了重要作用，在做好基层政协工作上作出了积极探索并取得了宝贵经验。

一、做好基层政协工作，必须坚持党的领导，增强工作的全局性。

习近平总书记在庆祝人民政协成立六十五年大会上讲到“中国共产党的领导是中国特色社会主义最本质的特征，也是人民政协事业发展进步的根本保证。要自觉把中国共产党的决策部署贯彻到人民政协工作中去”。基层政协要在服务发展上作出贡献、展现作为必须更加坚定地坚持党的领导，紧紧围绕党委的工作中心选择重点开展履职活动，增强工作的全局意识和中心意识。建德政协在坚持党的领导方面基本上形成了“党委出题、政协解题；政协选题、党委定题”两套工作机制。所谓“党委出题、政协解题”是指建德市委确定一些重点工作、重点课题交给政协，借助政协的职能优势和智力优势进行推动。2014 年，全省上下全面开展“五水共治”时，建德市委要求政协负责牵头开展“五水共治”的视察监督工作。建德政协按照市委要求，结合省政协部署的“三级政协联动、万名委员同行、助推五水共治”专项民主监督工作，与市“五水共治”办公室建立联合视察机制，组织政协委员对垃圾河黑臭河整治、农村生活污水治理设施建设、农民安全饮水工程等开展视察监督，形成监督意见由市“五水共治”办负责分解落实到有关部门和乡镇，并进行跟踪督办，对推动全市的“五水共治”工作起到了重要作用。2015 年，建德政协又按照市委要求，开展了草莓产业、健康产业、水产业发展的专题调研，调研成果为市委、市政府制定出台相关政策提供了重要决策参考。所谓“政协选题、党委定题”是指每年年初，建德政协根据党委政府工作的重点、人民群众关注的热点，提出年度政治协商、民主监督、参政议政履职课题和具体工作计划，与政府协商后交市委审定并转发实施，主动将政协工作纳入党委全局工作中去，增强政协腹职的制度保障。“党委出题、政协解题；政协选题、党委定题”这两套制度的实行有效保证了党委作出的决策部署在政协的贯彻落实，也有效保证了政协工作始终与党委保持同心同向，成为建德政协事业发展的根本性保障。

二、做好基层政协工作，必须坚持改革探索，增强工作的创新性。

习近平总书记强调，人民政协是国家治理体系的重要组成部分，要适应全面深化改革的履职要求，以改革思维、创新理念、务实举措大力推进履职能力建设，努力在推进国家治理体系和治理能力现代化中发挥更大作用。近几年来，建德政协在改革创新方面作了不少有益探索，也取得了一些成效，在地方治理中发挥了积极作用。比如机构设置的创新。从2010年开始，建德政协根据浙江省委政协工作会议的要求，开展了专委会设置改革工作，按照政协职能设立了政治协商、民主监督、参政议政三个职能性专委会。这项改革工作没有任何先例，没有任何经验可以借鉴，难度很大，也碰到了不少困难。但是，通过几年的不断探索和完善，基本形成了一套相对有效的履职机制，为政协三项职能的有效发挥提供了重要组织保障。再比如民主监督工作的创新。2014年，建德市政协根据省委、杭州市委出台的关于加强政协民主监督工作的文件精神，探索建立了专项工作民主评议监督机制，先后围绕政府的“五水共治”、政策扶持绩效、民生工程开展专项民主评议监督，取得了良好效果。建德政协开展的专项民主评议工作也被省政协评为十大创新案例之一。再比如提案工作的创新。办理落实难一直是政协提案工作的短板。2013年建德政协开始探索开展提案办理满意率集体评价，由界别小组对提案办理进行集体评价，避免了提案人与承办单位“一对一”评价的“人情关”问题，当年就有一件关于违章建筑防控的提案办理被评定为不满意，对第二年全市的“三改一拆”工作起到了重要推动作用。到2015年，通过几年的实践和完善，我们建立了“两项领衔、三级协商、四级评价”提案办理机制，由市委、市政府领导领衔办理重点提案，提案人、承办单位和政协组织共同对重点提案、集体提案和一般提案进行协商办理，提案人、委员小组、提案工作委员会、主席会议逐级对提案办理工作进行满意度评价。这项机制的建立对提高提案办理质量起到了重要促进作用。习近平总书记说：“生活从不眷顾因循守旧、满足现状者，而将更多机遇留给勇于和敢于、善于改革创新的人们。”政协工作亦是如此。基层政协面对基层一线，情况各不相同，必须要有改革探索的勇气，根据实际需要不断推进工作创新，这样才能使政协履职活动富有成效，才能在地方治理中发挥更大作用。

三、做好基层政协工作，必须坚持主题主线，增强工作的系统性。

基层情况错综复杂，工作任务繁多，人民政协力量又相对有限，不可能面面俱到，只有抓住其中的重点，确定主题主线，以主题主线来统领政协全局工作，充分运用各种优势，系统性地开展履职活动，才能更好地发挥作用、服务发展。2014年，建德政协确定以推进生态文明为履职主题，以助推“五水共治”工作为履职主线，除了开展民主评议监督、联合视察监督以外，还在政协全体会议上提出关于“五水共治”的大会建议案，围绕“五水共治”规划和项目开展民主协商，围绕生活垃圾生态化处理、河流生态化建设、农村生活污水治理等课题开展专题调研，围绕化工企业搬迁、生态环保设施建设、污染行业专项整治开展议政建言，围绕“助力五水共治、促进转型升级”举办委员论坛。可以说，2014年，建德政协围绕生态文明这一主题、“五水共治”这一主线，集中了政协的各种优势和力量，充分履行了政治协商、民主监督、参政议政三项职能，在建德的“五水共治”工作中发挥了重要作用，为建德市捧得“大禹鼎”做出了积极贡献。2015年，建德政协又以深化改革为主题，以建言“十三五”规划为主线开展了规划课题的调研、规划纲要的协商等一系列履职活动，也是取得了良好的成效，得到了市委、市政府的充分肯定。

四、做好基层政协工作，必须坚持群众路线，增强工作的人民性。

人民政协是爱国统一战线组织，是中国共产党领导的多党合作和政治协商的重要机构，是我国政治生活中发扬社会主义民主的重要形式。人民政协的广泛代表性和巨大包容性特点，决定了坚持群众观点、践行群众路线应当贯穿于人民政协工作各个方面和全过程之中，以人民利益为重理应是人民政协开展工作的基本出发点和最终目标。建德政协作为基层政协，始终注重发挥政协委员直接来自于基层，与各界群众联系紧密的组织优势，始终坚持履职为民的工作要求，始终努力把实现好、维护好、发展好最广大人民根本利益作为做好政协工作的出发点和落脚点。一是坚持为民协商。习近平总书记强调，人民政协要充分发挥作为协商民主重要渠道作用，围绕经济社会发展重大问题与涉及群众切身利益的实际问题广泛协商。建德政协一直把协商于民、协商为民作为重要工作来抓。特别是在2011年和2013年两轮村级组织换届工作中，建德政协在党委的领导下，都以第三方的身份参与其中，在票决之前，通过走访调研、座谈交流等方式组织村民代表、老同志、老党员、候选人广泛深入地开展民主协商活动，通过协商促进更多共识的形成，减少了票决过程中的矛盾和纠纷，对促进选风好转、保障选举平稳、化解基层矛盾、促进和谐稳定起到积极作用，得到了党委和群众的充分认可。二是坚持为民代言。2014年，全省上下深入开展“三改一拆”工作，建德也不例外。但是在工作推进过程中出现了一些新情况、新问题，群众反响强烈。建德政协及时组织人员通过走亲访友的形式，全面真实地掌握了基层工作推进的真实情况和人民群众的真实想法。通过汇总整理，形成了“关注农村文化传承、关注生产性用房、关注农村养老特点、关注农村住房刚需、关注资源综合利用、关注拆违后续处理”六条建议报送市委，引起了市委的高度重视，在后续出台的相关政策中得到了充分采纳。三是坚持为民解困。建德政协每年都围绕民生实事组织开展系列履职活动，助推为民办实事工程的有效落实。比如医疗卫生事业发展方面，建德政协连续三年组织委员开展视察议政活动，围绕基础设施建设、资源均衡配置、人才引进培养等方面积极建言献策，为解决群众看病难、看病贵问题积极出谋划策。此外，建德政协还坚持每年组织委员开展扶贫帮困活动，发挥政协委员的界别优势和人才优势，为困难群众送温暖、献爱心，在群众中树立良好形象。

（该文刊登在2016年7月26日《浙江日报》第1342期）

处理好“五种关系”　积极探索和深化协商民主

建德市政协主席　吴铁民

政协的协商民主，从各地近几年的实践情况看，总体上是大同小异。从协商层次看，有全会协商、常委会议协商、主席会议协商、专委会协商、界别协商、基层协商；从协商形式看，有对口协商、专题协商、提案办理协商等方面；从协商内容上看，重点就是围绕当地经济社会发展重大问题、涉及群众切身利益的热点问题，以及党委政府的重大决策、重大规划、重点工作、重要事务等方面开展协商；从协商目的看，主要是推进党委政府科学民主决策、完善政策举措、推动工作、协调政治经济和社会矛盾等方面；从协商成果转化看，主要是建议案、提案、调研报告、社情民意等方面。从一定角度讲，政协履行三大职能以及提案办理，都应整合到协商民主的总体框架内，协商民主都应贯穿于全过程。也就是说，根据协商民主的要求开展政治协商、实施民主监督、进行参政议政、促进提案办理。近几年来，建德市政协在探索实践协商民主上，重点从四个方面努力：

一是体制改革上，最明显的是两个方面：一方面是开展职能性专委会设置改革，成立三大职能性专委会（政治协商、民主监督、参政议政），并增设三个职能性专委会办公室，增配工作人员；另一方面是推动政协工作向基层延伸，设立政协乡镇（街道）工委。

二是机制完善上，2010 年出台《关于进一步推进改革创新加强人民政协工作的意见》、2012 年出台《关于进一步加强人民政协提案办理工作的实施意见》。这两个文件，首先完善了政协三大职能和提案办理的工作机制，包括内容、程序、形式及要求；其次充分体现了协商民主内涵；第三制度化水平有了明显提升，比如政治协商内容是什么、协商形式有哪些、按什么程序协商、协商意见怎么报送、协商意见如何督办反馈等方面；第四增强了计划性，政协三大职能年度工作计划由“两办”转发实施；第五创新履职成果报送模式，包括《协商纪要》《民主监督建议书》《参政议政》《政协专言》。

三是内容拓展上，改革后，除了常规的内容，市委党代会报告、市委全委会报告也列入协商范围，以前是没有的。另外，2010 年建德市政协首次在村级组织换届选举中开展协商民主和票决民主结合试点，开创了政协的协商民主工作先河。在这方面，2012 年还将做两件事：第一，将总结提炼上届市政协在村级组织换届选举中开展协商民主的探索实践，为下一次村级组织换届选举开展协商民主提供借鉴。第二，在 2012 年社区（居民区）居委会换届选举中探索协商民主实践。

四是组织力量上，主要有三个层面：第一，增强基层政协工作力量。去年换届时，委员名额向基层倾斜，16 个乡镇（街道）工委负责人全部吸纳到委员队伍中，并确保每个乡镇工委有 5 名委员（包括特聘委员）以上。第二，调整专委会组成结构。每个专委会都由基层工委与委员活动小组的委员共同组成，改变原来专委会组成人员仅局限于所联系的小组。第三，探索建立委员“双向”活动模式。部分委员既参加界别小组也参加区域小组活动。这种条块结合的委员活动方式，便于委员就近活动、服务基层，既体现区域特色，又发挥界别作用。

通过上述四个方面的努力，建德市政协的协商民主工作有了比较大的推进。但许多工作都处于探索实践，还需要不断完善。县级政协有别于杭州市这样层面的政协。所以，我们认为，要进一步推进协商民主广泛、多层、制度化发展，应从各地实际出发，在实践中应重视处理好“五种关系”：

一是纵向关系。从县级政协的协商民主工作所产生社会影响、成果看，全会、常委会议、主席会议层面的协商作用更为明显，而专委会、界别、基层协商就要弱得多。因为，第一是层级平等性。后者的能量与资源会存在较大的不平等，容易造成形式主义。包括团体组织也一样，如残联、文联、妇联等几乎官办，实际上都是党委政府的一部分。第二是协商需要资质与能力。县级政协的界别人员结构、组织化程度低，组织支撑弱。另外，现在政协委员普遍呈年轻化，社会经历少，也没有以前政协委员所具有的社会影响力。比如我们换届后，来自部门的政协委员多数是中层，担任局领导的比例明显下降。第三考虑有些委员的“双重”身份。比如乡镇（街道）工委主任，多数地方是党委副书记兼任的，在开展基层协商时肯定有所顾虑的。基于这种现实，一方面要推进上下联动。2012 年，我们就将乡镇（街道）工委年度工作计划由市政协下发，并选择部分工委年度重点协商课题纳入市政协的重点任务，由分管和联系的副主席、专委会主任会同工委联合开展协商民主。另一方面以课题统揽各层面协商。就是以课题选界别、政协委员的“菜单式”、专委会与界别小组（基层工委）“联合式”的协商工作机制。比如 2011 年市政协开展农业方面协商建言活动，就把主席会议、提案办理、农业组、部分工委及委员论坛捆绑起来搞，效果明显。今年服务业发展方面协商活动也是如此。

二是横向关系。主要是三个层面：市级层面一协商课题的确定做到与市委、市政府高度契合，比如常委会议的专题调研题目，市委常委领办党派、工商联集体重点提案，在确定前都进行充分协商，以及下步协商过程中的互动问题。专委会层面一除了三大职能性专委会，提案委、学联委和文史委都结合联系的委组优势开展协商。另外，按照“课题式”协商要求，参与协商的委员实行“全员选配”。委组层面一高度重视工委与界别的优势互补、工作互动，资源共享、业绩共创。县级政协界别人数参差不齐，在闭会期间，有些界别很难开展有效活动。为此，一方面根据委员行业、个人擅长、居住地等实际情况，实行界别与区域相结合的编组方式，既有利于少数界别参与活动又增强了工委履职力量。另一方面也实现了工委和委员活动组工作良性互动。

三是质与量的关系。人类社会是一个永不休止的发展过程，情况复杂多变，新生事物层出不穷。特别是处于改革开放时期，新旧体制的摩擦、思想观念的冲撞、利益格局打破的平衡、贫富不均的扩大等矛盾和问题，对此，协商民主必须突出重点，在“质”上做文章，否则会过犹不及，就像螃蟹吃豆腐，吃得不多，抓得很乱。一方面要重视“案例化”。也就是说，每年确定若干重点协商课题，以“案例化”要求，整合政协各种资源，把常委会议、主席会议、基层协商、委员论坛、视察调研、提案办理、主题活动等协商形式有机结合起来。比如去年，我们围绕实体经济发展，先后以常委会议形式开展“产业振兴”协商建言，6 次主席会议形式协商了重大项目安排、化工产业转型升级、实体经济资金保障、现代农业园区建设，另外还举办了 3 次委员论坛。另一方面要唱好“连续剧”。就是围绕重点协商课题，打造协商民主“链条”。有些关系区域发展的重大战略性问题，必须连续多年开展协商。这就像搞科研，要想出高水平的成果，需要坚持于一个领域甚至一个问题深入地做下去，浅尝辄止，是出不了好成果。比如对水产业发展问题协商，该产业是建德市最有发展潜力、最具区域优势、最具条件做强做大的产业。继去年对水产业发展规划落实情况视察并提出协商意见后，今年将以“回头看”形式，重点就协商建议落实情况进行再协商，今后几年还将继续跟踪协商。前面讲到的实体经济发展的协商民主，也是如此。今年我们将在协商民主的侧重点、协商层级协商方式进行新的探索。如在协商民主的侧重点上，突出项目建设；协商层级上，结合了重点提案的协商办理，筛选的民主党派、工商联 5 件集体提案全都是经济方面，并且首次由市委常委领办；协商方式上，更注重协商成果转化、协商建言落实，如提案协商办理努力推进由“委员提、部门办”向“委员提、共同推、合力办”转变。主席会议协商更重视现场解答，如今年的十大项目建设协商建言会，针对委员提出的项目建设方面的意见，有关部门、乡镇（街道）直接在会上提出解决办法，并形成《参政议政》报送市委、市政府。

四是个体与整体的关系。主要三层意思：第一是委员主体、界别（工委）载体、专委会基础和市政协舞台四者作用如何形成协商合力，政协整体协商优势如何发挥。比如提案协商办理方面，首先是着力提高集体提案比例，把委组内委员个体的建议汇聚成集体的建议；其次是在办理过程中，重视与承办单位协商，共同推进提案实质性办理；再次就是开展办理满意度集体评议，一方面解决了以往委员个人的“被动满意”问题，另一方面推动提案办理由答复型向落实型转变。第二是虽然政治协商侧重“共识性”、民主监督侧重“推动性”、参政议政侧重“建设性”但要真正提升协商民主的整体性、全局性，最好要以课题为纽带，串联起来。第三要重视委员素质和能力提升，只有这样才能真正实现政协协商民主的整体提高。因此我们在组织委员培训时，重点就是引导委员如何关注经济社会发展的重点问题、需要关注哪些重点问题。今年，我们要求全体政协委员高度关注“六大”问题。因为从某种程度上说，这六大问题，是政协全年履职、开展协商民主的主线。通过这种引导，使委员的关注度更集中，可以提前思考，提前学习和掌握情况，提前介入协商前的准备工作。

五是形式与成果的关系。协商民主是我国人民民主的重要形式，会议协商则是政协开展协商民主的重要形式。形式是必要的，但要避免形式主义、走过场。事实上，有些协商活动特别是基层和界别协商确实也存在流于形式的问题，没有实质性的效果。因此，我们开展协商民主必须处理好形式与成果的关系，要高度重视协商活动前通气、活动中通畅、活动后通报的“三通”机制的建立和完善。首先要重视协商选题。现在党委政府最关注的是经济发展和民生保障，所以政协也必须重点围绕这些方面开展民主协商。其次要充分调研。只有真情实意、真实可靠、真知灼见，才有协商民主的实效性。要实现这个目标必须经过一定时间的谋划调研，没有“十月怀胎”，哪能“一朝分娩”。第三要重视沟通交流。围绕协商内容，协商双方要加强沟通交流（沟通不能等同协商），一方面便于及时了解上级最新政策措施，了解工作已做到了哪一步、问题的关键和瓶颈在哪里？另一方面有利于双方找到更接近公共利益的平衡点，提高协商、对话、讨论的效率。

做好新形势下人民政协群众工作，积极探索加强和创新社会管理

建德市政协

近几年来，建德市政协在省、杭州市政协的指导和中共建德市委的领导下，认真贯彻党的群众路线，把党的群众路线工作方针政策贯穿于人民政协的工作始终，牢固树立履职为民的工作理念，紧紧围绕全市经济和社会发展工作大局，认真研究和分析新情况、新问题，在推进人民政协工作重心下移、改进履职方式、做好新形势下群众工作等方面做了一些探索和实践，并取得了初步成效。

一、创新政协机构设置，为做好新形势下群众工作探索“新机制”

2009 年，中共浙江省委、杭州市委先后召开政协工作会议，提出选择 1 一 2 个县（市）开展职能性专委会设置和政协工作向基层延伸试点工作，建德是试点单位之一。按照省委、杭州市委要求，在上级政协的指导和建德市委的领导、市政府的重视支持下，建德市政协紧紧把握改革试点契机，结合基层政协工作实际，进行了体制调整的探索。

（一）探索实践专委会设置改革

建德市政协专委会原来是对应政府分工，按专业领域设置，设为经济科技委员会、城建和人口资源环境委员会、社会法治和港澳台侨委员会、文史和教文卫体委员会、提案委员会等五个专委会。按照这样的设置，专委会主要是负责组织相对应专门领域开展履职活动。尽管各届政协做了大量的工作，取得了一些成效。但从实践来看，我们感到，基层政协这样的专委会设置有其局限性：一是淡化了人民政协政治组织的性质。这种按专业领域设置政协工作部门，客观上将政协的职能仅仅局限于与政府间的民主协商的政治组织的性质，与人民政协本来是党派间、国家权力机关间进行民主协商的政治组织原意不相符。二是模糊了政协与政府、人大的职能区分。人民政协作为协商机构，其主要职能是政治协商、民主监督、参政议政，理应有体现三大职能的机构，现有的机构设置与政府、人大雷同，使人民政协作为政协组织的主要职能和组织优势不能得到很好体现。三是影响了政协职能作用的发挥。三项职能履行过程中出现了“分不清、做不深、走过场”的状况，政协履行职能的系统性和全局性差，不利于政协履职的制度化、规范化和程序化建设。按照胡锦涛总书记在庆祝人民政协 60 周年大会上提出的“要积极探索专门委员会工作新思路

新方式，切实增强工作活力和成效”的要求，建德市政协立足于改革创新，尝试设立政治协商工作委员会、民主监督工作委员会、参政议政工作委员会等三个职能性委员会，同时根据政协工作特点设立提案工作委员会、文史工作委员会、委员学习和工作联络委员会等三个专业性委员会，尝试建立了职能性与专业性相结合的专委会设置。从近二年的运行情况看，改革工作取得了初步成效，形成了政协履行职能“有机构议事、有人员谋事、有机制理事”，做到工作规范有序，使政协专委会工作出现了“四个提高”。一是提高了职能性。政协专委会不再对口政府专业领域来划分，而是按照政协的三项职能设置，使政协专委会工作不再局限于政府某一专业领域，而是从整体来履行其职能。二是提高了全局性。原来的专委会由于受专业对口的限制，往往从对口联系的政府部门工作中选择自己相对熟悉的履职课题，工作面窄，内容单一。按三项职能设置专委会后，无论是政治协商工作委员会，还是民主监督、参政议政工作委员会，履职内容都涉及政治、经济、文化、社会建设的方方面面，客观要求各职能性专委会必领从区域经济和社会发展的全局来综合考虑履职重点，围绕一些全局性、宏观性、战略性、超前性问题开展政治协商、民主监督、参政议政活动，因而专委会工作的“四个性”特点更为明显。三是提高了规范性。过去专委会承担的履职活动既有政治协商课题，又有民主监督、参政议政的内容，并且往往以参政议政代替政治协商和民主监督，对如何有效履行三项职能研究不深、考虑不多。设立三个职能性专委会后，有了专门的机构和工作力量来谋划三项职能的有效履行，使政协研究履行三项职能更趋规范化、制度化和程序化，更加符合政协履职“三化”建设要求。四是提高了主动性。随着工作机构设置调整，政协专委会的工作重点和方式都发生了新的变化。原有专委会工作主要是根据政协常委会和主席会议的部署安排，被动地在各类会务、调研、视察等活动的具体服务上做些工作。而设置职能性专委会后，调研、视察的实施从议题的提出、工作方案制定到具体调研活动安排、调研课题撰写都由专委会来承担，客观上各职能性专委会的工作从一般的基础服务性工作向独立统筹协调运作方向转化，提高了专委会工作的独立性和主动性。通过改革，政协专委会的工作实现了“三个促进”：一是促进了学习和调研。专委会设置改革后，随着政协工作全局性、宏观性的增强，对政协提高履职能力提出了更高要求，促使专委会的同志自觉不断地加强学习和调研，以扩大自身知识面和信息量，做到知情知政知趋势，努力提高履职能力。二是促进了履职层次的提升。按三项职能设置专委会后，三个职能性专委会在履职内容的确定上一改过去只征求部门意见的做法，在政协前期调研的基础上，与市委市政府共同协商确定，把政协履职的工作内容放在市委市政府全局工作中来研究和部署，这既是市委市政府对政协工作提出的要求，更是政协自身履职层次提高的表现。三是促进了履职质量的提高。根据市委市政府对人民政协工作的要求，政协能够紧紧围绕全市经济和社会发展大局开展履职工作，立意较高；在履职选题上更加紧贴发展、紧贴民生，履职计划年初就由市委办转发至各级各部门，不仅增强了工作的计划性，而且增强了政协履职的刚性，促进了履职质量和实效的提高。

（二）探索实践政协工作向基层延伸

中共中央办公厅转发《全国政协党组关于〈中共中央关于加强人民政协工作的意见〉贯彻落实情况的报告》指出："以人为本、履职为民是人民政协固有属性的体现，是人民政协履行职能的应有之义，把关心群众、服务群众的工作切实做好，才能从人民群众创造历史的伟大进程中汲取智慧和力量，为人民政协事业发展注入不竭动力"。当前，社会发展的主战场在基层，新兴的社会阶层广泛分布在基层，社会矛盾大量积聚在基层，最大的民生诉求也在基层。基层是社会基础，解决基层社会矛盾，维护基层和谐稳定，实现基层团结和民主，人民政协具有责无旁贷的政治责任。在建德市委的领导下，建德市政协积极探索，努力把政协工作向基层延伸，推动政协工作重心下移，在全市16个乡镇（街道）建立了乡镇（街道）政协工作委员会，性质为市政协派出机构，职级为正乡（科）级，受市政协常委会和乡镇（街道）党（工）委的双重领导。为有利于工委工作的顺利开展，我们积极探索实践界别小组与区域相结合的活动平台，将原来22个界别小组整合为14个界别小组和16个工委（区域小组），将部分工作关系隶属于当地乡镇（街道）的政协委员由原来的参加界别小组活动调整为参加当地乡镇（街道）工委活动，并对个别委员人数较少的乡镇（街道），采取增补委员、聘任特聘委员的方式进行充实。调整到乡镇（街道）工委参加活动的政协委员平时活动以区域为主，界别有重大活动也可参加，调整到界别参加活动的政协委员平时以界别活动为主，也可受邀参加区域活动。这种条块结合的划分形式，便于把政协工作重心下移，也便于委员就近活动。从运行的情况看，效果是明显的。一是增强了广泛性。把人民政协的工作基础建立在基层，更能广泛地联系基层各界，更能贴近群众、了解群众诉求。二是增强了群众性。各乡、镇（街道）情况差别大，工作重点不尽相同，群众关注点也不尽相同，按照区域性开展履职活动更能体现群众特点。三是增强了影响力。自政协乡镇（街道）工委成立以来，在市政协．的指导和当地党委的领导下，各工委都较好地开展了履职活动，在推进"五个一"（每个委员每年至少参加一次有影响的调研活动、提交一份有质量的提案、反映一则有分量的社情民意、提出一条有价值的建议、办好一件有意义的实事活动）的"规定动作"基础上，"自选动作"开展也有声有色，人民政协在群众中的影响力大大提高，形成了党委满意，群众欢迎的良好局面。比如，钦堂乡工委针对今年出现的"抢购食盐"风波，及时组织辖区政协委员上街下村进行宣传，消除居民的"缺盐"恐慌，并对辖区"盐荒"原因进行专题调研，及时建言，促进了乡党委政府加大进村入户科普宣传力度，进一步加强市场监管，严厉打击道德缺失、造谣惑众、囤积居奇、哄抬物价的商贩。下涯镇工委以推进土地房屋征收、集镇与中心村建设等工作为重点，组织政协委员扎实开展调查研究，走进被拆迁家庭，面对面地听取意见，了解到不少拆迁家庭成员对市政府出台的失地农民保障政策的理解不一致的情况后，及时撰写了《关于被征地农民社会保障问题的建议》的社情民意，引起了市劳动保障部门的高度重视。市劳动保险部门及时和镇工委取得联系，由镇工委牵头，市劳动保障部门参加，组织村民代表召开政情咨询会，认真听取群众意见，耐心讲解政策。对群众提到的政策中一时覆盖不了的问题，劳动部门表示将进行进一步调研，在上级劳动保障体系的框架内，结合建德实际，适时进行政策调整完善。这种面对面的交流，达到了群众对政府工作的理解和支持，消除群众对政策的误解和思想上的顾虑。该镇一名领导说，政协组织的这种做法，比镇干部上门一百次做工作更管用，更能加强与人民群众的沟通。该镇工委还针对大洲溪流域畜禽养殖、生活垃圾污染等问题，组织委员进行视察，积极为破解农村环境整治难建言献策。

二、注重提高履职效能，为做好新形势下群众工作探索“新方法”

专委会设置调整和乡镇（街道）工委设立后，如何提高履职效能，更好地做好新形势下群众工作是摆在我们面前重要课题。实践中，我们主要做好以下三个方面工作：

（一）*在履行三项职能上下功夫*

一是强化政治协商。过去往往把政协主席列席市委书记办公会、市委常委会和市长办公会、政府常务会议当作是政治协商，对协商内容、规定程序没有明确要求，往往是临时被邀请参加会议，参加会议的人员由于没有时间进行调查研究，也就提不出好的意见建议，参会也只能是一种形式。2010 年年初，中共建德市委制定了《关于进一步推进改革创新加强人民政协工作的意见》，对政治协商的内容、形式、程序和要求做出了具体规定，根据市委对政协政治协商工作的要求，我们在履职过程中做到“三个提前”，即：提前计划、提前调研、提前建议。提前计划，就是严格按照市委规定的政治协商 10 个方面的内容，结合市委市政府年度工作，按照常规协商内容，计划协商内容，在年初就制定年度政治协商计划，并以市委办文件形式下发到各级各部门，增强协商的计划性。根据工作需要，年中还可以临时增加协商内容。提前调研，就是由政治协商工作委员会根据协商计划，牵头制定具体实施方案，主席或分管主席带队，组织相关政协委员就协商课题开展调研。由于计划制定出台早，调研的时间能够充分保证，调研的内容也更有针对性。提前建议，就是在调研中发现的问题及时向市委市政府提出意见和建议，完善了过去单一的协商会议建言的做法。2011 年市政协在开展《建德市国民经济和社会发展第十二个五年规划》协商课题调研时，发现有很多部门对规划的编制工作很不重视，对“十二五”期间重大项目前期准备不充分、编制工作进展缓慢等情况后，及时向市委市政府报送了《关于进一步推进建德市“十二五”重大项目规划编制并积极申报争取有更多项目列入省、杭州市重大项目规划的建议》，引起了市委陈书记的高度重视并作出批示。又如：政治协商工作委员会在牵头调研建德市中心村培育建设课题时，针对在推进过程中存在的对中心村规划编制不重视、中心村项目推进缓慢的情况后，及时以《协商纪要》形式向市委市政府提出建议意见。自政治协商工作委员会成立以来，根据市委要求，共牵头组织协商活动 10 次，内容涉及《建德市国民经济和社会发展第十二个五年规划》《建德经济开发区控制性详细规划》等事关建德市经济和社会发展的大事要事，还首次对市委全委会报告进行了协商。市政协对所有协商事项都形成《协商纪要》报送市委市政府，所提出的意见建议大多被采纳。二是加强民主监督。一直以来，民主监督是政协工作的薄弱环节。市政协民主监督工作委员会成立后，对如何做好民主监督工作进行了深入研究，在民主监督的高度、广度、准度、力度上努力探索。在高度上，原来专委会开展民主监督工作只是在各自的专业领域选择课题，提出的意见建议也只是针对对口联系的几个部门，没有全局性。民主监督工作委员会成立后，选择民主监督课题，坚持从全市发展的大局出发，选择监督重点，提出的意见建议也是针对全局工作，层次更高。这两年，我们着重就旅游产业提升、集约节约利用土地、可再生能源建筑应用示范市创建、重大工业项目推进、农村水利工程建设、违法用地和违章建筑防范体系建设、市政府为民办实事等事关发展大局和群众切实利益的重大事项开展了民主监督活动。在广度上，原来专委会开展监督工作只能是针对对口的几个部门。现在民主监督工作委员会开展工作，面对的是全市各个部门，工作面更广，监督范围更大，更有广泛性。建立了民主监督员制度，向经发、教育、建设、农业、旅商、工商、马南开发区等 7 个重点部门单位选派了民主监督员。下一步我们计划在总结经验的基础上，进一步扩大监督范围，把民主监督员监督深入到全市应该监督的各个部门单位。在准度上，原来民主监督往往比较随意，活动形式往往以视察为主，走马观花，浮光掠影，以“完成任务”为主，提出的意见建议也缺乏针对性和操作性。有专门的机构去组织民主监督活动后，为了保证监督质量，需要做大量的前期调研准备工作，选择的课题更准，提出的意见建议也更具有针对性和操作性。比如，针对建德市查违拆旧过程中，违章建筑屡禁不止的情况，市民主监督工作委员会通过调研，提出了完善工作机制强化效能问责等四方面的监督建议，都被市政府采纳。在力度上，为了增强民主监督的效力，我们在工作方式和制度保障上作了一些创新，比如民主监督员制度，由市政协与市纪委、监督局联合进行，把政协的民主监督与党委的纪律监督、政府的行政监督结合起来，整合监督资源，增强监督的力度，委员们提出的监督意见可以随时转变为党委、政府的工作要求。同时，取消了过去部门自由聘任的方式，改由政协和纪委、监察局联合统一选派，变“被邀监督”为“派出监督”，每个部门不是选派一名委员，而是至少选派三名，变“单个监督”为“集体监督”。我们还通过《民主监督建议书》这一载体，每次民主监督活动结束后，根据委员们提出的监督意见，整理形成民主监督建议书报送市委、市政府。下一步我们将建立民主监督建议书办理反馈制度，进一步促进民主监督意见的办理落实，增强民主监督的成效。三是提升参政议政水平。坚持把专题调研作为参政议政的重要工作来抓，力求“参政参到点子上，议政议到关键处”，在工作机制上形成了“市委定题、政协献策、政府实施”的工作机制。市委定题，就是由市参政议政工作委员会在研究年度工作思路时，拟选课题，报政协主席会议讨论，经讨论后市政协又主动与市委进行协商，最后由市委确定年度市政协的重点调研课题。政协献策，就是每年市政协根据市委提出的重大调研课题，由市政协正副主席带队，组织相关委员组成若干个调研组，开展专题调研活动，形成具有前瞻性、针对性和可行性的调研报告，调研报告在政协常委会上进行交流，市委市政府及相关部门和乡镇（街道）主要负责人到会听取意见建议，政协常委会还将调研报告提出的建议意见形成《建议案》报送市委市政府。政府实施，就是政府对政协建议案中提出的意见，召集相关部门进行专题研究。市政府对政协的调研报告都非常重视，在今年的政协常委会交流会上，董悦市长当即要求市政府各位分管市长及政府办正副主任人手一册市政协编印的调研报告集，并要求认真研究，把调研成果转化为政府抓工作的具体措施。2010 年，市政协所开展的农村低收入农户情况、养老养生产业发展情况等多篇调研材料，所提出的建议意见都被采纳，市政府都及时出台了相关扶持政策。本届市政协分别围绕市委提出的“主攻工业”和“城乡统筹”两项中心工作，以“力挺经济发展，促进民生事业”“加快融入大杭州，提升建德发展水平”和“实现城乡统筹，推进建德经济发展”为主题开展了一系列专题调研活动，形成了一批有质量的调研报告，所提出的意见建议被采纳后，有力地推动相关工作的顺利开展。此外，参政议政工作委员会还牵头组织对建德市国有资产管理、农村住房改造及宅基地整理、环保模范城市创建、农资价格管理、金融创新等工作开展专题议政，都取得了非常好的效果。

（二）在发挥委员作用上下功夫

政协委员是政协工作的主体。为了进一步发挥政协委员主体作用，搭建履职平台，我们针对本市工业经济与周边县市的差距，为助推建德市工业经济发展，连续五年开展了以“服务企业”为主题的“委员服务年”活动，充分发挥政协人才荟萃、智力密集、联系广泛的优势，通过四个方面的活动，助推经济发展。一是鼓劲。2009 年，面对金融危机影响，通过举办专家论坛活动，邀请了专家和学者作专题讲座，组织开展了“百名政协委员谈发展”论坛活动，组织近百名委员参与访谈活动，内容涉及工业、农业、三产服务业以及政府部门服务等多个方面，积极建言献策，营造众志成城应对挑战、群策群力力保发展的氛围，为全市经济发展提振信心，加油鼓劲。二是献策。化工产业一直是建德市的支柱产业，针对化工产业发展过程中存在的“谈化色变”的片面现象，组织开展了“化工产业转型升级”专题调研，与杭州市政协联动，在杭州召开建德化工产业可持续发展专题座谈会，邀请杭州市发改委、环保局等十几家部门负责人、专家学者和杭州市政协委员参加，共同为建德市化工产业转型升级支招。围绕建德市工业平台建设，先后对大同镇工业功能区、大慈岩镇工业功能区建设进行了调研，提出了一些具有前瞻性的意见，对两个区块的开发建设起到积极推动作用。目前大同、大慈岩两个工业功能区都已经列入市级“一区一园四区块”开发建设总体规划范围，成为承接金华、义乌、温州产业转移的重要平台。三是助力。充分发挥各界别小组优势，为企业发展助力。政协科技组积极参与引进上海支点创业投资管理有限公司，帮助企业在建德市成功注册 4 只股权投资基金，实现建德市股权投资基金发展零的突破。社法组充分发挥委员法律、财务专业知识优势，为 7 家企业提供财务会计服务，帮助企业争取享受国家高新技术企业研发费加计扣除政策。四是解困。充分发挥委员个体影响力和活动小组的整体优势，帮助企业解决实际困难。政协工商联组为杭丝针织服装公司融资 30 万元，解决企业资金周转难题等等。乾潭镇工委帮助迪旺毛绒有限公司和乾通工具有限公司解决了拖延 6 年之久的项目扩建用地问题。寿昌镇工委积极参与红狮水泥皮带廊项目建设协调工作，协助项目组开展工作 10 余次，帮助做好拆迁工作，还改善了村企关系。大同镇工委积极帮助久晟茶业有限公司协调解决土地办证问题，使企业顺利完成了土地证办理工作，为企业向银行融资抵押创造条件。

（三）在畅通群众诉求上下功夫

面对新形势，新要求，建德市政协在进一步密切与群众的联系和沟通，畅通群众诉求方面做了一些有益的探索。一是发挥提案主渠道作用，努力当好反映群众诉求的代言者。通过开展提案目录预先征集工作，以报刊、电视和网络等方式向社会公开征集提案线索，对征集的提案目录进行梳理编印成《提案选题参考》寄送给委员，引导委员更多地关注民情民生，并进行深入调研，形成提案，使提案进一步贴近群众，反映群众诉求。据统计，本届以来，共收到提案1149件，其中涉及社会事业和民生方面的提案638件，占56%。在提案办理的环节上，市政协选择了一批有关社会管理和民情民生方面的提案作为重点提案，供各位市长领办和各位主席督办，确保这方面内容的提案得到重视和落实。二是畅通社情民意渠道，努力当好党委政府了解群众诉求的联系者。政协社情民意是反映和落实群众诉求的一种行之有效形式，也是党委政府了解群众诉求的重要渠道。近几年来，我们一直在提高社情民意的民意性上下功夫，努力通过社情民意更广泛、更全面、更真实的反映群众诉求。在工作中，我们要求每个政协委员每年至少撰写一则有质量社情民意，并列入政协委员的年度考核，对撰写社情民意多的、并被市委市政府决策采纳的给予表彰。把反映社情民意工作作为先进委员评比的一个重要内容。充分利用各种会议、专题调研、小组活动、委员约谈、走访座谈等途径，利用“社情民意”邮箱、政协网站和电话传真等渠道，广泛收集社情民意，并及时收集整理，必要时还组织委员进行调研，与反映人进行沟通交流，系统、综合、真实地向党委政府反映。进一步加强与市政府的沟通联系，建立了社情民意反馈和落实机制，市政府对市政协编发的《社情民意》确定专人负责登记、交办，每一则都转市政府领导批阅，并及时交有关部门办理，对市委、市政府领导作出批示的实行重点督办，办理情况及时向反映人及市政协办公室进行反馈，有效地提高了社情民意的办理质量和落实率。本届以来，市政协共收到委员反映社情民意1000余条，按照内容实、有价值的标准，整理编发《社情民意》175期，引起了党政领导的重视。《乡镇信访工作期待制度的改革》《建议将艾滋病患者及艾滋病毒感染者纳入城乡低保范围》被全国政协采用。三是创新联系群众载体，努力当好畅通群众诉求的拓宽者。几年来，市政协始终把密切联系群众，作为履职的一项重要内容，不断地创新工作载体，拓宽群众诉求渠道，建立了委员联系群众的“三项制度”。建立了委员进社区制度。政协委员为所在社区居民反映民意、办实事、提供相关专业服务。年终政协委员在社区公开述职，由政协领导、社区工作人员、社区居民代表、委员所在单位代表组成的评议团对其进行评议。建立了委员走访制度。乡镇（街道）政协工委、政协界别组组织政协委员经常深入基层，与普通群众、各界人士广泛接触、谈心，了解民意。在走访中，发现矛盾及时与当地党委政府联系，努力将矛盾消除在萌芽状态，发挥政协委员在加强和创新社会管理中的作用。建立了委员接访制度。部分乡镇（街道）工委成立了委员接待日制度，每月固定日期，由委员坐班接待群众，做好群众诉求的记录和汇总，在此基础上形成书面意见报送当地党委政府，同时负责向群众做好反馈工作。委员接访制保证了社情民意收集的经常性，进一步拉近了委员与群众之间的距离，社会对政协委员的评价越来越高。四是积极为民办实事，努力当好落实群众诉求的服务者。为人民群众办实事一直以来建德市政协委员履职的重点。几年来，我们坚持把服务为民作为政协委员联系群众、了解民意、为民解困的载体，推进政协工作向基层延伸的重要抓手，努力提高政协委员为民服务意识，把服务群众化为每个政协委员的自觉行动。本届以来，全市各级政协组织及政协委员共开展各类科技服务 97 次，免费文艺演出 100 余场，为民义诊 4800 余人次，维修电器 1530 台（件），法律咨询 3200 余人次，发放科技宣传资料 1.1 万余份，捐资助学 380 余万元，帮助百余名贫困学生顺利跨进大学门槛；为四川汶川、青海玉树地震和云南旱灾等捐款捐物共计 830 余万元。各活动小组及政协委员不断深化和丰富工作载体，通过深入开展送医、送药、送技、送艺、送法“五下乡”，深入农村开展访贫问苦等活动，既直接服务群众，让群众受益，感受到党和政府的温暖，更重要的是每个政协委员能够通过这些活动，更加贴近群众，走进群众，真正成为群众的真朋友、贴心人，从而当好“四个者”。

三、发挥协商民主作用，为做好新形势下群众工作探索“新路径”

中共中央办公厅转发《全国政协党组关于〈中共中央关于加强人民政协工作的意见〉贯彻落实情况的报告》指出：“人民政协通过选举、投票行使权利和人民内部各方面在重大决策之前进行充分协商，尽可能就共同性问题取得一致意见，是我国社会主义民主的两种重要形式。人民政协这种民主形式融协商、监督、合作、参与于一体，极大丰富了我国社会主义民主的内涵，成为协商民主的重要渠道。”村级组织换届选举是农村党员和群众政治生活中的一件大事，是各级党委政府的一项重要工作。从前几届村级组织换届选举工作来看，情况错综复杂，在选举过程中，一些村不同程度上出现贿选、拉票、家族宗族势力甚至黑社会势力的现象，砸票箱、打架斗殴甚至拦警车的现象也时有发生，直接影响选举工作的正常开展。如何引导党员群众有序选举、文明选举、和谐选举，是加强基层社会管理的应有之义。建德市政协认为，充分发挥人民政协协商民主的优势和作用，努力把政协协商民主结合到村级组织换届选举当中去，使协商民主与票决民主实现有效结合，是符合当前农村现状并可以积极探索的“新路径”。

（一）认真调研，精心组织

在市委研究部署村级组织换届选举前期，市政协通过认真学习中华人民共和国村民委员会组织法》《浙江省村民委员会选举办工作规程》（试行）等相关法律法规，又和市委组织部、市民政局的领导进行探讨，认为人民政协可以在村级组织换届选举过程中运用协商民主这一手段为换届工作助力。基于这样的认识，在向市委提出建议并得到支持以后我们着手开展探索工作。2010 年 11 月，建德市政协选择乾潭镇人口最多的乾一村开展了试点工作。2011 年 2 月，又在全市 15 个乡镇（街道）选择了 18 个前几届选情相对复杂、村规模较大、自然村较多的村进一步扩大试点工作。在工作中，我们制定了切实可行的操作方案，并以政协文件形式下发，政协各乡镇（街道工委）选派了解农村选举情况及相关政策的政协委员担任协商工作人员进驻试点村，明确协商工作在当地党委领导下开展工作，市政协由各位主席带队，各专委会牵头，分六个指导组，加强面上工作的指导。

（二）把握原则，明确目标

在试点中，我们始终把握“坚持党的领导、坚持在法律法规的框架内协商、坚持先协商后票决、坚持走群众路线”的工作原则，以“选对人”“选成功”“选和谐”为工作目标，运用协商方法，为建德市村级组织换届选举工作助力。

（三）协商尽力，力求实效

在工作中，委员们严格按照市委市政府关于村级组织换届选举工作的相关程序要求制定协商工作计划，并根据不断变化的选情，及时调整和充实协商内容，协商内容主要涉及村民委员会选举办法的协商、村民代表中妇女代表的协商、村民选举委员会组成人员的协商、村委会成员自荐参选人的协商等等。通过对这些事关选举顺利开展的重要环节广泛开展协商，促进共识形成，力求协商取得实效。自试点工作开展以来，各政协委员充分发挥自身优势，广泛开展协商，取得的效果大大超出预期想象，主要表现在以下四个方面：一是协商的成功率较高。据统计，全市 18 个村共开展协商事项 75 项，其中：协商达成共识的事项 70 项，协商成功率 93.3%。二是选风好于历届和本次换届的其他村。通过相关选情的协商，共识形成后，过去贿选成风、家族势力、团伙势力嚣张、抢夺撕毁票箱成为家常便饭的混乱现象不复存在。在选举正式投票阶段，建立了政协委员观察员制度，组织各乡镇（街道）工委政协委员对投票过程进行观察，增强了选举的严肃性，拓展了政协民主监督的新领域。据统计，共有 120 名政协委员（含特聘委员）参与了一些协商事项的协商或观察了村级组织的选举过程，参与率达 35%。三是选举结果达到了上下满意。政协组织所确定的试点村，市委提出的“党员村主任比例有所上升”等“七升一降”目标完全实现，和全市平均水平比，大部分指标好于全市平均水平，试点村选举秩序井然有序。取得这样的成果是不容易的，前几届，这 18 个村都是换届选举的“信访大户”，上访不断，当地党委政府都作为重点村安排精兵强将“严阵以待”，不仅一次选成功率很低，而且现场选举秩序很混乱，其中有一个村把警车阻拦在村里出不来，为了解决这些问题，当地党委政府耗费了大量的人力物力财力。而本次换届选举，试点面占全市的 8.2%，而党员群众来信来访只有一起，仅占全市的 0.84%。达到这样的效果，当地党委作为选举工作的组织者感到满意。利益群体能够就相关选情达成共识，在平和的环境中有序竞争，村选举机构作为选举工作实施者感到满意。党员群众在行使权利投票时，不需要顾及不同利益代表的想法，能够完全按照个人意志表达，党员群众作为选举工作的当事者感到满意。充分发挥人民政协自身优势，在新的领域拓宽履行政治协商、民主监督职能，政协委员的履职能力得到检验和提升，政协委员作为选举工作的参与者感到满意。四是选出的村级班子战斗力大大增强。洋溪街道城东村是试点村，不仅是以往几届选举都很“热闹”，信访不断，拉票、贿选，破坏选举现场、阻拦警车等情况都曾发生的“综合混乱”村，而且换届后村班子不团结，工作抓不上去，是该街道的落后村。这一届选举非常平稳，选出的村级班子目前在该街道各项工作走在前列，在全市“百日土地征收攻坚战”中，率先完成了征收工作，在该街道起到了带头示范作用。大慈岩镇陈店村，原村级班子的各项工作都处于该镇的末位，新的村级班子选好后，村级各项工作开展有条不紊，村党组织的核心领导地位得到了很好的体现。建德市本届村级组织换届工作比以往几届都做得好，达到了“七升一降”的目标。这是因为市委领导有力，工作计划严密，换届纪律严明，部门乡镇执行得力的结果。但就试点村的情况看，这与政协委员在村级组织换届选举过程中探索发挥协商民主的作用也是不无关系的。通过探索实践，我们有三个方面的体会：一是拓宽了党员群众反映真实意愿的渠道。政协委员在当地都是有一定知名度、有一定影响力和公信度的人，通过他们深入试点村走村串户，和广大党员群众面对面交谈，能够了解到广大党员群众希望新一届村干部由什么样的人担任更适合的一些真实想法，能够了解到党员群众对以往村干部的真实评价，也能够了解到当前加快农村发展所面临的需要破解的一些困难和问题。这种面对面的个别交谈，原汁原味地把了解和掌握的选情及时反馈给乡镇（街道）党委，为党委决策进一步提供依据，确保了换届选举工作按照工作计划顺利推进，拓宽了党员群众反映真实意愿的渠道。二是增加了化解矛盾的渠道。由于村级组织换届老百姓关注度高，往往是矛盾的高暴期，平时一些不被关注的问题会因选举而重提，有的甚至以选举作为条件给当地党委政府施压，一些村民出于自身利益的考虑采取不配合的消极态度，致使选举的组织者和实施者需要花很多的精力来应对和化解各种矛盾。政协委员在开展协商民主工作过程中，发挥“第三方”客观公正、位置相对超脱的优势，以相关法律法规为依据，通过平等对话，真情沟通，使能通过解释化解的矛盾及时化解，要解决具体问题的向当地党委政府反映及时解决，通过努力把矛盾化解在萌芽状态，把共识形成在票决前面。三是引导了群众有序竞争。通过协商，让各种矛盾在票决前充分暴露，通过解释、解决，努力消除分歧，促进共识的形成。因为政协工委不是权力机关，政协委员也没有行政权力，作为协商的组织者和具体协商人，和所有协商对象都是平等的，没有上下级的关系，协商对象可以充分表达各自主张和诉求；协商对象之间通过平等的对话、交流、沟通和争论，能够促进各方面利益平衡和共识的形成。而且，在组织和引导的过程中，政协委员也不需要顾及方方面面的关系，更不代表一级党委政府的观点，只是把广大党员群众的思想和意愿引导到法律法规、相关规章制度上来，统一到村里的发展大局上来，促进了党员群众有序参与竞争，同时也促进了选风的根本好转。

（该文获2011年度杭州市政协理论研讨文章一等奖）

第九章　专项综述

本章记述建德市域内的4个民主党派、市工商联及无党派人士，在建德的浙江省、杭州市的政协委员，市委召开的5次全市政协工作会议，政协专委会机构改革试点工作，协商民主实践活动，市政协助力市委、市政府重要工作。

第一节　民主党派、工商联和无党派人士

建德市各民主党派、工商联和无党派人士是我国各民主党派、工商联和无党派人士的地方组织，也是参加建德市政协的重要单位。本节简要记述建德市4个民主党派和工商联及无党派人士的组织概况以及参政议政等情况。

一、民革建德市委员会

组织概况　中国国民党革命委员会（以下简称民革），是具有政治联盟性质的、致力于建设中国特色社会主义和祖国统一大业的政党，是中国共产党领导的多党合作和政治协商制度中的参政党。

民革建德市委员会是民革地方组织。2005年5月，根据建德市民革党员向新安江城区集聚的实际，经民革建德市委会研究决定，对支部构成作适当的调整。将横铁支部并入寿昌支部并成立新的寿昌支部；在新安江增设新安江二支部，同时将原新安江支部更名为新安江一支部，粮食支部更名为新安江三支部。至2019年为第八届委员会，共有新安江一支部、新安江二支部、新安江三支部、新安江四支部、新安江五支部、寿昌支部、梅城支部7个支部，党员114人，其中有杭州市政协委员1名、市政协委员16名。

1998—2019 年民革市委员会主要负责人一览表

表 9-1

届次	时间	主任委员	副主任委员
四	1997 年 12 月—2002 年 8 月	李千才	严凌云　何　群
五	2002 年 8 月—2006 年 7 月	严凌云	何　群　徐彭浩
六	2006 年 7 月—2011 年 6 月	严凌云	何　群　徐彭浩　吴　霞（女，2010. 11 增选）
七	2011 年 6 月—2016 年 9 月	严凌云	徐拥军　吴　霞（女）　胡文静（女）
八	2016 年 9 月—2019 年 12 月	徐拥军	吴　霞（女）　胡文静（女）　杨晓华

参政议政　参政议政是民主党派的基本职能，民革市委会重视中共建德市委、市政府、市政协及中共市委统战部组织的交心谈心会、民主协商会、意见征求会、情况通报会、双月座谈会等活动，参与全市经济社会建设等中心工作的协商讨论。自 1999 年中共建德市委完善与民主党派对口联系制度以后，民革市委会参加市委召开的与市委书记面对面交心谈心会近 20 次，分别就民主党派建设、农业农村工作、环境保护、城市建设、社会保障、教育发展、旅游业发展、卫生事业发展、生态经济发展等问题提出意见建议数百条。市委会每年年中听取市政府半年工作通报，年底参加市政府组织的征求民主党派对《政府工作报告》意见建议的座谈会。每年两会前参加市委组织部关于人事任免的协商。自 1998 年始，民革市委会及民革党员中的政协委员在历届杭州市、建德市政协会议上提交集体提案 68 件、个人提议案 400 余件、大会发言 22 件，有 18 件提案被市政协确定为重点提案，20 余件提案被市政协评为优秀提案，提交社情民意 300 余件，其中被中共中央办公厅、中共中央统战部专报及民革中央录用 10 余篇。市委会围绕市委、市政府的中心工作，先后就“三农”工作、产业发展、职业教育、美丽城镇建设、古村落保护等工作开展调研，共撰写调研报告 50 余篇。2017—2018 年，民革市委会连续被评为民革杭州市信息工作先进集体，2013—2019 年 5 次评为民革杭州市参政议政先进集体。

社会服务　积极拓展社会服务工作领域，打造“同心博爱”品牌，在市环卫所和大慈岩镇新叶村设立“同心博爱”社会服务基地。联合新安小额担保公司捐资 10 万元开展三年扶持计划，包括为全市近 400 名编外环卫工人开展健康体检、经费资助等爱心慰问活动。为环卫所新成立的图书室赠送书籍，慰问高温下工作的环卫工人，为环卫工人送法律咨询、心理咨询、医疗咨询及健康检查服务，书写春联、开展急救知识技能培训等。2013 年，在新叶村设立社会服务基地，坚持多年开展为村民定期医疗服务、书画赠送、为村图书室赠书、为孤寡老人家庭检修电路、赠送文体用品等活动。同时，整合各方资源和载体作为社会服务汇聚力量的有力手段，联合省、杭州市民革社会服务团开展送医送药送文化服务，积极组织各支部及党员开展以捐资助学、慰问帮扶、送医下乡、关爱弱势群体等形式的活动。

自身建设 民革市委会在2009年提出“三力”建设工作目标，着力打造一支“政治思想素质高、参政议政能力强、合作共事平台宽、社会服务表现优、团结互爱氛围浓”的参政党队伍，《加强自身建设的有益尝试——民革建德市委会开展“三力”活动纪略》一文被民革中央《团结》杂志刊发。市委会创建“建德民革党员之家”，以此为平台开展各类活动，不仅为市委会会议、支部学习会、参政议政专题会等学习活动提供场所，也为服务社区及学校开展剪纸和合唱等活动提供场地。活动报道分别被《团结报》刊登。建德民革党员之家被评为全国优秀民革党员之家。

二、民盟建德市委员会

组织概况 中国民主同盟（以下简称民盟）是由从事文化教育以及科学技术工作的高中级知识分子组成的，具有政治联盟特点的，接受中国共产党领导，同中国共产党通力合作，致力于中国特色社会主义事业的参政党。

民盟建德市委员会是民盟地方组织。截至2019年年底，民盟市委会下辖1个总支（民盟严州中学总支）、10个支部（新安江科技、新安江文教、新安江医卫、寿昌、新安江中学、新安江第一初中、严州中学新安江校区、严州中学梅城校区、民盟杭科院严州校区、梅城）。2019年6月13日始，民盟杭科院严州校区支部划归民盟杭州市委会直属，1名盟员组织关系转至民盟梅城支部，支部其他12名盟员组织关系转往杭州。民盟建德市第九届委员会共有盟员180名，主要分布在文化教育、科技、医卫等领域。其中文化教育界盟员111名，占比62%；科技界盟员36名，占比20%；医卫界盟员26名，占比14%；其他界别盟员7名，占比4%。其中有杭州市政协委员1名、市政协委员16名。

1998—2019年民盟市委员会主要负责人一览表

表9-2

届次	时间	主任委员	副主任委员
五	1997年12月—2002年8月	马　晔（女）	朱启鸿　唐长生
六	2002年8月—2006年8月	朱启鸿	刘水泉　唐长生
七	2006年8月—2011年6月	朱启鸿	刘水泉　唐长生
八	2011年6月—2016年9月	朱启鸿	刘水泉　钱晓华（女）　徐新平
九	2016年9月—	钱晓华（女）	徐亚娟（女）　徐新平　胡晓华

参政议政　民盟市委会积极参与市委、市政府和有关职能部门召开的座谈会、情况汇报会、通报会，与市委举行谈心会，围绕市委、市政府的中心工作，开展调查研究、考察、视察等活动，为建德经济建设和社会发展做贡献。至2019年年底，共在历届省、杭州市、建德市的政协会议上提交提案763件；有31件提案被市政协确定为重点、优秀提案。全体盟员积极反映社情民意，共反映社情民意1130余件，一批意见和建议获得市委市政府主要领导的批示，部分优秀社情民意被民盟中央、省民盟等采纳录用。民盟每年都围绕中共建德市委、市政府的中心工作，开展工业、农业、教育、精神文明建设、国有土地规划开发、城市化建设、科技人才培养、信息化建设、城市产业发展、教育事业发展、乡村振兴发展、美丽城镇建设等方面问题开展课题调查研究，撰写调研报告百余篇，得到党委政府重视和采纳。

社会服务　民盟市委会成立以来，发挥盟组织的特长和优势，开展科技下乡、送医送药送教、济困助学等社会服务。至2019年年底，开展各种科技咨询活动、举办各种讲座230余场次，送医送药50余次，助学帮教110余次。2016年，建德市新安江中学被确立为民盟中央倡导的“农村教育烛光行动”全省首家示范学校，共开展慰问调研、帮扶支教、专题讲座、教师培训、交流学习等帮扶活动30余次，培训教师400多人次，受益师生家长4000多人。2019年，又在该校启动第二轮“农村教育烛光行动”示范基地建设。立足自身优势，成立华夏建德书画苑，筹建建德民盟艺术团。民盟浙江省委会主委、副省长成岳冲先后两次到新安江中学专程指导“烛光行动”。2018年5月，民盟中央社会服务工作会议在建德召开，全国人大常委、民盟中央副主席龙庄伟出席会议并讲话，民盟各省、自治区、直辖市委会的专职领导和社会服务部部门负责人近百人参加会议。

自身建设　民盟市委会注重自身建设，积极探索参政议政新路，创新方法、畅通渠道，推进盟务工作制度化建设，促进盟务工作规范化有序开展。持续吸纳年纪轻、学历高、素质强的新盟员，为盟组织注入新鲜血液；建立实施“入盟介绍人导师制”，关心关注新盟员的成长。开展各类节日慰问、纪念新中国成立、学盟史读盟章、学习考察红色基地、参加各类主题征文及书画和摄影比赛等活动。全面启动“盟员之家”建设，到2015年7月共建成“盟员之家”8个，率先在全省实现市委会和基层支部两级组织实现“盟员之家”全覆盖；坚持在“盟员之家”组织开展“专题学习日”“专题议政日”及各类学习交流活动。新安江医卫支部开展老盟员健康结对，该活动受到民盟省委会领导的高度肯定；新中支部打造书画艺术、茶道艺术苑；新一中支部建设“音乐之家”；寿昌支部打造“心灵加油站”；梅城“盟员之家”建立民情联络点；严新支部“盟员之家”开展“临界生帮扶”等等。强化“盟员之家”对外交流平台作用，民盟中央副主席龙庄伟，民盟省委会主委、副省长成岳冲，中共杭州市委常委、统战部部长佟桂莉，民盟省委会副主委徐燕峰等领导，以及上海、湖北、云南、青岛、宝鸡、广州、黄山等地和浙大40余批省内外民盟组织领导莅临建德参观指导“盟员之家”。民盟市委会先后获得民盟中央组织发展先进集体、民盟中央社会服务先进集体、民盟浙江省委会先进组织、民盟浙江省委会“坚持和发展中国特色社会主义学习实践活动先进集体”“人才建设先进集体”等荣誉，民盟市委会“盟员之家”被盟中央授予“全国优秀盟员之家”称号，被民盟浙江省委会授予五星级“盟员之家”称号。盟员朱启鸿获“全国创建国家生态示范区先进个人”“全国盟务工作先进个人”，盟员柯汉云获“全国植保专业统计先进个人”，盟员钱薇获“民盟中央参政议政先进个人”，盟员徐新平获“民盟中央社会服务先进个人”，盟员洪国武获“民盟中央抗震工作先进个人”，盟员钱晓华获国土资源部“土地执法先进个人”。

三、民建建德市委员会

组织概况 中国民主建国会（以下简称民建）是由经济界人士组成，具有政治联盟特点的政党，是接受中国共产党领导，与中国共产党通力合作的中国特色社会主义参政党。

中国民主建国会建德市委会是其地方基层组织。根据市民建会员向新安江城区集聚的实际，对支部构成作适当调整。2005 年 7 月，撤销民建新安江支部，分设民建新安江一支部、新安江二支部、新安江三支部。2015 年，根据会员数量与分布情况，调整成立新安江四支部。至 2019 年年底，民建市委会第八届委员会下辖 6 个支部（新安江 4 个支部及梅城支部、寿昌支部），共有会员 128 名，其中有杭州市政协委员 1 名，市政协委员 16 名。

1998—2019 年民建建德市委员会主要领导人一览表

表 9-3

届次	时间	主任委员	副主任委员
四	1997—2002 年	徐土松	程武华（女） 贾泽民
五	2002—2006 年	徐土松（2002 年 7 月—2004 年 2 月）、 郑 冰（女，2004 年 2 月—2006 年 7 月）	贾泽民
六	2006—2011 年	郑 冰（女）	叶 鹃（女） 黄 锋 陈 茜（女）
七	2011—2016 年	郑 冰（女）	黄 锋 陈 茜（女） 巫海武
八	2016 年 9 月—	巫海武	叶 鹃（女） 洪宇锋 王素平（女）

参政议政 民建市委会积极参加中共建德市委、市政府、市政协及中共市委统战部组织的交心谈心会、民主协商会、意见征求会、情况通报会、双月座谈会活动，参与全市经济社会建设等中心工作的协商讨论。自中共建德市委完善与各民主党派对口联系制度之后，民建市委会分别就建德市的民主党派建设、农业农村工作、经济建设、环境保护、城市建设、社会保障、教育发展、旅游业发展、卫生事业发展、生态经济发展等问题提出意见建议。参加市政府组织的征求民主党派对《政府工作报告》意见建议的座谈会。每年两会前参加市委组织部关于人事任免的协商。积

极组织民建会员中的政协委员撰写调研报告和提案，努力建言献策，履行好参政议政职能。据资料统计，1998—2019 年，累计提交政协提案 426 件，其中 50 件被列为重点提案，30 余篇信息被民建中央、民建浙江省委会、民建杭州市委会和杭州市政协录用。

社会服务　民建市委会坚持做好民建社会服务基地市培智学校、童家小学的爱心助学活动。开展“建德民建光明行动”，每年前往社区、农村、为群众开展免费检查眼科疾病。开展珍贵树种种植活动，助力美丽建德建设。为环卫工人、消防干警开展“夏季送清凉活动”。开展扶贫帮困，助力光彩事业，各支部和会员在开展“春风行动”“服务 G20 爱心捐款”、为台风“利奇马”受灾地区捐款、助力贵州黔西县化屋村精准脱贫捐款等公益和慈善活动中慷慨解囊、回报社会。其中会员洪宇锋在助力村集体经济建设中，向李家镇长林村捐资 20 万元。

自身建设　2018 年，民建市委会和 4 个基层支部的“民建之家”建成并投入使用，梅城支部主委徐小珍参加全省民建基层组织主委培训班学习，作支部建设先进典型发言。开展“专题议政日”“专题学习”“讨论调研报告提案议案”“知识讲座”等活动。会员严利明被民建浙江省委会评为“改革开放 40 周年浙江民建优秀企业家”、会员王拥军获“改革开放 40 年浙江餐饮行业卓越企业家”称号，宏都寝具、万家电器等一批会员企业被评为行业龙头企业、重点工业企业。

四、民进建德市委员会

组织概况　中国民主促进会（以下简称民进）是以从事教育文化出版传媒以及相关科学技术领域高中级知识分子为主、具有政治联盟性质的政党，是接受中国共产党领导与中国共产党通力合作的中国特色社会主义参政党。

民进建德市委员会是其地方组织。2004 年 10 月，原严中支部分设为“严中新安江校区支部”与“严中梅城校区支部”。2013 年 6 月，原新安江支部分设为新安江支部、文化支部、经济科技支部。2016 年 9 月换届选举产生民进建德市第九届委员会，委员 9 人，下属 9 个基层支部。2019 年 8 月，市委会机关增加专职干部 1 名。共有会员 163 人，其中教育界 67 人，占 41. 2%；医卫界 52 人，占 31. 9%；文化界 7 人，占 4. 3%；其他界别 37 人，占 22. 7%。具有高级、中级职称 142 人，占 87. 1%。会员中有省政协委员 1 名、杭州市政协委员 2 名、市政协委员 16 名。

1998—2019年民进建德市委员会主要负责人一览表

表9-4

届次	时间	主任委员	副主任委员
五	1998—2002年	王行健	李海泉（1998年1月—2001年） 郑志良 谢春凤（女，2002年6月—2002年8月）
六	2002—2006年	谢春凤（女）	郑志良 金寿山
七	2006—2011年	谢春凤（女）	郑志良 金寿山
八	2011—2016年	谢春凤（女）	楼凤琴（女） 叶 强 徐月芳（女）
九	2016—2019年	叶 强	楼凤琴（女） 徐月芳（女） 吴瑞华

参政议政 民进建德市委会积极参加中共建德市委、市政府和有关职能部门召开的座谈会、情况汇报会、通报会、谈心会，围绕市委、市政府的中心工作，在教育、医卫、生态文明建设、城市建设、现代农业、科技人才培养、乡村振兴、美丽城镇建设等方面开展调查研究、考察、视察等活动。2016年6月，民进市委员会出台、完善《进一步加强参政议政工作的意见》《参政议政经费管理办法》《建立反映社情民意信息联络员队伍》，连续多年参政议政工作考核名列杭州民进前茅。1998—2019年间共在历届省、杭州市及本市政协会议上提交提案475件，有23件提案被市政协确定为重点提案，12件提案被市政协评为优秀提案，反映社情民意1200余件，其中有10余篇社情民意被全国政协、民进中央采用。

社会服务 发挥民进组织的特长和优势，开展送医、送药、送教、送文化和帮困助学等社会服务，在钦堂卫生院、大慈岩双泉村、航头初中、三都中心小学、新安江卫生服务中心、梅城宝华洲社区和总府社区建立“同心服务工作基地”，开展各种社会服务活动250余场次。积极响应民进中央倡导的“同心·彩虹行动”，组织会员赴贵州金沙开展帮扶活动。2013年，市委会获民进中央“参与毕节试验区建设‘同心·彩虹行动’”先进集体荣誉称号。积极响应民进中央倡导的“春联万家”活动，每年组织建德开明画院书画艺术人才到乡村、到社区开展写春联送祝福活动，打造文化服务品牌。

自身建设 民进市委会重视加强自身建设。组织会员开展政治学习、主题教育、会史会章知识教育。不断完善学习制度、履职制度、会员发展制度、经费管理制度、考核评比制度、慰问制度等。2016年成立社情民意信息联络员队伍，出台参政议政工作意见。2010年新安江支部会员之家成为杭州民进首个基层支部会员活动场所。2014年9个基层支部活动场所建设全面完成，达到杭州民进考核验收标准。2018年7月，建德民进会员之家成为杭州民进2.0升级版会员之家的典范。2011年新安江支部试行大型活动支委轮值制度，在全市民主党派推广。2012年开始民进之友制度，2014 年开始会员入会承诺制度，2011 年 9 月，民进中央“树立和践行社会主义核心价值体系暨学习贯彻‘七一’讲话精神座谈会”在建德召开。2014 年 7 月 11 日，全国政协副主席、民进中央常务副主席罗富和到建德出席基层组织建设工作座谈会。民进中央社会服务部副部长刘文胜、省委会以及建德市领导出席建德民进举办的“美丽江城‘五水共治’”油画作品展开幕式。2013 年 1 月 16 日，创办全国民进第一个县级组织开办的“开明画院”。2017 年市委会开始实施支部轮值观摩活动制，2019 年 10 月寿昌支部轮值活动，杭州民进市直机关支部现场观摩。会员潘秋梅先后获全国三八红旗手、全国十大农民女状元、全国城乡妇女岗位建功十大标兵、全国农村女能手、民进全国学习践行社会主义核心价值体系先进个人等称号，出席中国妇女第十一次全国代表大会。2015 年，谢春凤获民进全国先进个人；2017 年，徐月芳获民进中央宣传工作先进个人；2019 年，叶强获民进中央组织建设工作先进个人。2010 年，新安江支部被命名为浙江省统一战线教育培训实践教学基地、省民进自身建设学习培训首个现场教学点，获民进全国先进基层组织；2014 年，文化支部获民进全国组织建设先进基层组织。

五、建德市工商业联合会

组织概况 建德市工商业联合会，是由建德市工商企业、工商界人士、工商社团组成的人民团体和民间商会，是党和政府联系非公有制经济人士的桥梁和纽带，是政府管理非公有制经济的助手。

1999 年，经市机构编制委员会〔1999〕06 号文件批准，建德市工商业联合会增挂“建德市总商会”牌子，与市工商联实行一个机构、两块牌子合署办公，调整完善非公有制经济代表人士名单，将经常性的联系对象由 21 名调整充实为 36 名。2006 年成立建德市商会，选举产生第八届执委会委员共 75 名，吴秋明当选为会长。2011 年市工商联第九次会员代表大会选举产生九届执委 81 人，潘余明当选主席。2016 年 10 月 26 日，选举产生十届工商联执常委 77 人，潘余明当选工商联主席，钟利平、王利民、李永祥、包江锋、吴利钢、吴康孟、张毅、项建平、胡益飞、徐竹清、傅水芳等为工商联副主席。

1998—2019 年建德市工商联主要负责人一览表

表 9-5

届次	时间	主席	副主席
六	1998—2001 年	陈维达	吴建平 朱昌发 黄超凡 穆春生 蒋 斌 傅国柱 施国清
七	2001—2006 年	吴秋明	施国清 朱昌发 穆春生 冯 烈 陈阳贵 傅光明 蒋宝锡 方五龙 潘余明 洪伯山 唐发电 叶 鹃（女）

续表9-5

届次	时间	主席	副主席
八	2006—2011 年	吴秋明	施国清 黄宣人 汪德文 陈华强 叶 鹍（女） 潘余明 蒋宝锡 陈阳贵 傅光明 胡 健 毕国财 杨树耘 徐竹清 王拥军 吴康孟
九	2011—2016 年	潘余明	黄宣人 王利民 李永祥 王拥军 包江峰 毕国才 吴飞星 吴康孟 项建平 胡益飞 徐竹清 唐 郡 仇锡洪 冯金水 陈阳贵 陈音飞 杨树耘 奚春阳 虞云新
十	2016—2019 年	潘余明	钟利平 王利民 李永祥 包江锋 吴利钢 吴康孟 张 毅 项建平 胡益飞 徐竹清 傅水芳 吕一华 倪宪红 吴严明 沈子恒 奚春阳 仇锡洪 陈音飞 吴飞星 程涛啸 虞新云

参政议政 至2019年年底，市工商联在历届省、杭州市及本市的政协会议上共提交提案540件、大会发言11件，有16件提案被市政协确定为重点提案，8件提案被市政协评为优秀提案，反映社情民意42件。《建德市探索民营企业参与东西部精准扶贫新路径显成效》一文在中共中央统战部网站发表，被《浙江政务信息》《建德信息》录用，并先后得到浙江省委常委、常务副省长冯飞，浙江省工商联副主席、杭州市政协副主席冯仁强、建德市委书记童定干的批示。

社会服务 1998—2019年，共组织63家民营企业参与“千企联村”精准扶贫行动，投入320万元，建设2个项目，惠及508名贫困人口。2018年4月之后，有11家基层商会会长、64家会员企业赴贵州岑巩与当地企业、学校、贫困村进行对接，募集捐赠资金计25余万元，捐赠书包、衣服、教学用品等折款约6万元。《建德市民营企业开展产业扶贫协作》入选2020年国务院扶贫办“携手奔小康”行动案例选编。

六、建德市无党派人士

组织概况 无党派人士部分具备现代政党的特征，是一个没有党派组织但有党派性质的特殊群体。2000年，中共中央统战部下发《关于加强无党派人士工作的意见》，正式规范对无党派人士的称谓，明确对无党派人士群体称无党派人士，对无党派人士中的代表人物称无党派代表人士。

2005年12月5日，中共建德市委下发《中共建德市委关于进一步加强中国共产党领导的多党合作和政治协商制度建设的实施意见》，对无党派人士在多党合作和政治协商中的地位、职能和作用作了规范。根据中央统战部同中央组织部、人事部共同商定的《关于“无党派人士”政治面貌规范使用的意见（试行）》（统发〔2007〕14号）精神，建德市委统战部下发《关于“无党派人士”登记工作的通知》，2008年，经市委统战部认定登记无党派人士28名。至2018年，经市委战部认定的无党派人士为 73 名，其中省人大代表 2 名、杭州市人大代表 1 名、杭州市政协委员 3 名、建德市人大代表 2 名、建德市政协委员 42 名。

1997 年之前后，无党派代表人士黄裕民任建德市政协第七届至九届副主席（1987—1998 年），陈宝珍（女）任建德市政协第九届至十届副主席（1993—2003 年）。2003 年，建德市政协十一届委员会始增设无党派人士届别。

十一至十四届委员会无党派人士界别人员名录

表 9-6

时间（届次）	姓　名
2003—2007（十一届）	*任不凡　*陈拥军　仇锡洪　宣永培　冯　滔　金伟媛（女）
2007—2012（十二届）	*任不凡　*陈拥军　俞利海　宣永培　王一中　邵爱秀（女）
2012—2017（十三届）	*陈春芬（女）*俞利海　朱红泉　吴利刚　宣永培　胡建良
2017—2019（十四届）	*包韩（女）*俞利海　杨吉元　方宁江（女）　沈永进　范建芳（女）

说明：*者为政协无党派界别小组组长

参政议政　政协无党派人士界别委员充分发挥自身优势，认真做好建言献策工作。截至 2019 年年底，通过政协、人大提交提案议案和社情民意近 400 件，每年开展调查研究，撰写 40 余篇调研报告。其中《关于加快推进建德市城乡公交一体化建设的建议》《建德市扎实推进乾潭镇小城市培育》等获得市委、市政府的批示，《建德市莲子产业现状与发展构想》被市委办《建德信息》采用，得到市长童定干的批示，《全域旅游视角下建德乡村旅游发展的困局与对策探析》在政协大会发言，《建德油茶产业发展的建议》被市委统战部统战专报采用。

第二节　在建德的浙江省、杭州市政协委员一览表

1997—2019 年，在建德的第八至十二届浙江省政协委员每届有 1 名，五届共有 5 名；第七至十一届杭州市政协委员各届名额不等，五届共有 33 名。

在建德的第八至十二届浙江省政协委员一览表

表 9-7

届次	时间	委员名单
八	1997—2003 年	汪积功
九	2003—2008 年	朱启鸿
十	2008—2013 年	朱启鸿
十一	2013—2018 年	潘秋梅（女）
十二	2018—2019 年	潘秋梅（女）

在建德的第七至十一届杭州市政协委员一览表

表 9-8

届次	时间	委员名单
七	1997—2003 年	卢有根　何金勇　练布捷（女）　尉祥舫
八	2003—2008 年	卢有根　徐彭浩　潘秋梅（女）　董先炎　李巧生　钟芝兰（女）
九	2008—2013 年	徐彭浩　潘秋梅（女）　董先炎　刘雪珍（女）
十	2013—2018 年	吴铁民　吕　勇　徐彭浩　吴中华　蔡小珍（女）　任不凡　徐江波（女）
十一	2018—2019 年	吴铁民　叶万生　张早林　叶　强　钟晓华（女）　巫海武　吴　霞（女） 王才洪　陈春芬（女）余　珊（女）　吴利钢　程啸涛

第三节　全市政协工作会议

政协建德市第十至十四届委员会期间，市委先后召开 5 次全市政协工作会议，坚持每届 1 次，每次会议市委书记出席并讲话。

2000 年 9 月 15 日，中共建德市委召开全市政协工作会议。市委副书记邵胜主持会议，市委书记王金财在会上作《深入贯彻“三个代表”重要思想，努力开创政协工作新局面》的报告。报告肯定了市政协围绕工作大局，主动建言献策，积极履行职能所取得的新成效。对如何统一认识、认清形势、不断增强做好新时期人民政协工作的责任感和使命感提出了新要求。强调要进一步加强和改善党对政协工作的领导，努力推进政治协商、民主监督、参政议政的制度化、规范化；进一步坚持和完善中国共产党领导的多党合作和政治协商制度；进一步发挥政治协商在重大决策中的作用，自觉接受政协的民主监督，为政协参政议政创造良好的条件。强调要认真落实“三个代表”重要思想，按照代表先进生产力的发展要求，为提前实现现代化建言献策，按照代表先进文化前进方向的要求，为加强精神文明建设建言献策，按照代表人民群众根本利益的要求，为维护人民群众利益建言献策。加强政协自身建设，开创政协工作新局面。

2004 年 9 月 24 日，中共建德市委召开全市政协工作会议。市委副书记梁建华主持会议。市委书记赵纪来讲话。市卫生局党委、新安江街道党工委就政协工作情况作典型发言。会议总结近年政协工作情况，研究部署进一步加强和改善党对政协工作的领导，支持政协推进履行职能制度化、规范化、程序化建设，发挥政协组织在促进“三个文明”协调发展中的重要作用，努力开创政协工作新局面。赵纪来在会上指出，加强党的领导，是做好政协工作的根本保证，各级党组织要认真贯彻落实市委《关于进一步推进人民政协履行职能，制度化、规范化、程序化建设的意见》，加强和改进党对政协工作的领导，规范关系，完善制度，突出重点，创造条件，不断开创政协工作新局面。市政协主席刘志新从坚持和完善中国共产党领导的多党合作和政治协商的基本政治制度，推进“三化”建设，切实提高履行职能，不断加强自身建设，努力开创政协工作新局面等方面提出要求。

2008 年 6 月 10 日，中共建德市委召开全市政协工作会议。市委副书记梁建华主持会议，市委书记陈春雷作《加强改善党的领导，不断推进政协工作，为建设秀美、繁荣、和谐的新建德提供基本政治制度保障》讲话。陈春雷指出，市政协围绕中心、服务大局，积极履行职能，做了大量卓有成效的工作，发展有新力度，参政议政有新作为，民主监督有新成效，自身建设有新进步。市政协工作要围绕团结和民主两大主题，发挥人才荟萃、位置超脱、凝聚力量三大优势，在建设秀美、繁荣和谐新建德中再创佳绩。强调加强党的领导，是做好政协工作的重要保障，政治上关心，工作上支持，不断推进政协事业发展。要把政协工作列入市委、市政府重要议事日程，大力支持政协组织认真努力为政协工作开展创造良好环境条件，切实加强人民政协的自身建设。

2014 年 8 月 22 日，中共建德市委召开全市政协工作会议，市委副书记、市长陈震山主持会议，市委书记戴建平作重要讲话。戴建平在讲话中肯定了近年来市政协组织始终坚持和依靠党的领导，牢牢把握团结和民主两大主题，紧紧围绕全市工作大局，积极主动履行职能，为推进建德科学发展做了大量卓有成效的工作，发挥了非常重要的作用。市政协胸怀大局，紧扣中心履职尽责，情系民生，促进社会和谐稳定，同心同德，广泛凝聚各方力量，创新引领，切实强化自身建设。市委要站在全局和战略的高度，不断深化对人民政协性质、地位、职能、作用的认识，推动政协事业不断向前。充分发挥人民政协的独特优势，为建德加快科学发展凝聚智慧和力量。要进一步发挥政治协商优势，促进科学民主决策；进一步发挥民主监督优势，推动重大决策部署落实；进一步发挥参政议政优势，服务推动中心工作；进一步发挥桥梁纽带作用，努力营造改革发展良好环境。不断加强和改善党对政协工作的领导，强化政协履职的支撑和保障。健全组织领导机制，发挥政协党组作用，支持履职能力建设，加大工作保障力度。陈震山结合政府工作，就如何贯彻落实好会议精神，更好地支持政协履行职能提出要求。

2019 年 12 月 17 日，中共建德市委举行政协工作会议。市委副书记吕平主持会议，市委书记童定干讲话。民进建德市委会、新安江街道、寿昌镇、市交通运输局、市教育局、市政协民族宗教组相关负责人作交流发言。市委书记童定干在讲话中强调，要深入学习贯彻习近平总书记关于加强和改进人民政协工作的重要思想，全面落实中央、省委、杭州市委政协工作会议精神，进一步提高政治站位，强化使命担当，不断加强和改进人民政协工作。强调要持续推动新时代政协工作高质量发展，在思想政治引领上有新担当，在推进协商民主上有新突破，在建言献策上有新作为，进一步助推全市中心工作，在加强民主监督上有新举措，在凝心聚力上有新贡献。切实加强党对政协工作的全面领导，高度重视人民政协工作，大力支持政协履行职能，切实加强政协工作支持保障，真正做到思想上重视、政治上关心、组织上保障、工作上支持。市政协主席吴铁民要求市政协和全体政协委员要自觉把思想和行动统一到会议精神和市委决策部署上来，在理论武装上取得新收获，在专门协商机构上发挥新作用，在服务大局上体现新作为，在自身建设上展示新样子。

第四节　政协机构改革试点工作

2009 年 6 月 24 日，中共浙江省委召开全省政协工作会议，提出“要加强专委会建设，选择一至两个县（市）政协先行试点，尝试设置政治协商工作委员会、民主监督工作委员会、参政议政工作委员会，为更好履行三大职能提供组织基础”。9 月 18 日，中共杭州市委召开杭州市政协工作会议，出台《中共杭州市委关于进一步加强人民政协工作的意见》，提出“要进一步加强政协专委会建设，按照综合性与专业性相结合的原则，科学设置政协专委会，积极稳妥地在建德市政协开展政治协商、民主监督、参政议政工作委员会试点。”建德市政协机构改革试点工作随之展开。

试点工作主要有三项内容：一是政协机关机构设置的调整；二是职能履行机制的建设，包括内部运行机制和外部运行机制两方面；三是职能向基层延伸。任务下达之后，市政协先后召开主席会议、常委会议，传达贯彻中共浙江省委、杭州市委政协工作会议精神，成立机构设置和机制建设两个小组，分头调研，开展工作。组织赴重庆、铜梁、江山等地考察学习，收集相关资料，借鉴外地经验。召开专题会议，组织讨论改革试点工作方案，分析可行性，模拟操作性，不断明晰思路，为市委进行政协机构改革当好参谋。12 月 25 日，市委常委会听取政协机构改革试点工作情况汇报，同意政协机构改革方案。方案明确政协机关由原来的办公室、城建和人口资源环境委员会、提案委员会、文史和教文卫体委员会、社会法治和港澳台侨委员会、经济科技委员会的

“一办五委”调整为办公室、政治协商工作委员会、民主监督工作委员会、参政议政工作委员会、委员学习和工作联络委员会、提案工作委员会、文史工作委员会的“一办六委”。2010 年 2 月 23 日，根据市委对政协机构改革方案的意见，经十二届十七次常委会会议研究，决定设置“一办六委”。

根据政协机构改革试点要求，中共建德市委出台《关于进一步推进改革创新加强人民政协工作的意见》，批准在全市 16 个乡镇（街道）设立政协工作机构，名称统一为“政协建德市委员会×××乡镇（街道）工作委员会”。2010 年 10 月 30 日，根据市委意见，经十二届二十二次常委会会议研究，决定在乡镇（街道）设立政协建德市委员会乡镇（街道）工作委员会，其性质为市政协派出机构，受市政协常委会和乡镇（街道）党（工）委的双重领导。级别为正科级实职，配备专职工作人员 1 至 2 名，工作经费列入乡镇（街道）同级财政预算。政协乡镇（街道）工委工作职责包含 9 个方面内容：1. 根据市政协工部署，制定年度工作计划并组织实施，总结工作经验。年度工作计划和总结分别报送市政协和本乡镇（街道）党（工）委。2. 加强与党（工）委、政府（办事处）和人大主席团（工委）的联系，及时向党（工）委汇报工作和传达市政协全体会议、常委会议、主席会议精神。争取党（工）委的重视和政府（办事处）的支持，努力为委员参加学习和开展活动创造良好条件。3. 围绕党委、政府中心工作和群众普遍关心的重点、难点问题，组织委员开展调研、视察、座谈、研讨等活动，并提出意见和建议。4. 加强与本区域部门、企业群众的联系，及时了解和反映社情民意，协助党（工）委、政府（办事处）做好群众工作。5. 组织区域委员开展“五个一”活动，即每个委员每年至少参加一次有影响的调研活动、提交一份有质量的提案、反映一则有份量的社情民意，提出一条有价值的建议、办好一件有意义的实事。6. 组织委员开展各种联谊活动，团结和动员社会各界人士为推动科学发展，加强和创新社会管理，促进社会和谐献计出力。7. 切实加强自身建设，建立和完善工作委员会学习与活动等各项制度，组织委员开展履职考评工作。8. 积极探索新形势下政协工作在基层开展的新机制、新方法，充分发挥政协人才荟萃、联系广泛、智力密集特点和优势，组织委员开展政治协商、民主监督和参政议政，推进基层民主政治建设。9. 完成市政协和所在乡镇（街道）党（工）委交办的各项工作任务。至 2010 年 11 月上旬，16 个乡镇（街道）均完成政协建德市委员会乡镇（街道）工作委员会挂牌仪式。

2010 年 4 月 22 日，杭州市政协主席孙忠焕对建德市政协机构改革试点工作进展情况进行调研，主持召开建德市政协机构改革试点工作汇报会。是年 9 月 13 日，全国政协主席贾庆林、副主席兼秘书长钱运录到建德调研政协机构改革试点工作情况。10 月 14 日，省政协主席周国富、杭州市政协主席孙忠焕到建德，围绕设置政治协商、民主监督、参政议政专委会试点工作和政协工作向基层延伸展开调研。12 月 16 日，全国政协副主席郑万通在北京听取建德市政协机构改革试点情况汇报。全国政协副主席张梅颖、中国人民政协理论研究会副会长李昌鉴、浙江省政协副主席斯鑫良、杭州市政协副主席张鸿建等先后到建德调研政协机构改革试点工作情况。

2019 年 1 月 24 日，市委常委会召开关于政协机关机构改革情况通报会。4 月 28 日，政协建德市第十四届委员会常务委员会第十六次会议决定，对政协专委会机构设置作如下调整：1. 撤销政治协商工作委员会、民主监督工作委员会、参政议政工作委员会，设立法治财金民宗港澳台侨委员会、城建资源环境委员会、经济科技委员会。2. 文史工作委员会更名为文史和教文卫体委员会。

第五节 协商民主

中共十八大以来，中央对政协协商民主作出战略部署。建德市政协认真贯彻落实中央有关精神，积极推进协商民主制度建设和实践创新，在规范和完善协商形式、创新协商工作平台、完善协商工作机制、加强协商能力建设的基础上，积极开展在基层选举中介入协商民主建设的试点及推进工作。

2010 年年底，中共杭州市委作出在基层村级组织换届选举中介入政协协商民主试点决定。中共建德市委在研究市村级组织换届试点工作实施意见时，同意把“充分发挥协商民主作用”作为做好建德市乾潭镇乾一村组织换届选举试点工作，市政协探索和发挥协商民主作用工作正式开启。在情况复杂的基层选举中，市政协发挥协商民主的柔性作用，促进共识，一定程度上减少二次、三次票决的概率，降低政府在选举上的成本。在协商中使村民代表、村“两委”委员的布局进一步合理，并帮助自荐人分析利弊关系，减少直接“对抗”，消除误解，化解矛盾，降低社会成本。引导广大党员群众有序、依法依规参与竞争，减少贿选情况，降低参选人的个人成本。

2011 年 2 月，建德基层村级组织换届中介入政协协商民主试点做法在全市 18 个村推广。其中在三都镇三江口村，有三人自荐报名竞争村主任职位，三人各有优势，如果按照“自荐海选”模式直接推出作为候选人参选，极有可能三人得票都过不了半数，需要进行二次选举，甚至是多次选举。而且三人分布在三个自然村，容易因选举使自然村之间产生矛盾。对此，政协三都镇工委在个别听取意见的基础上，主持召开村民代表、党员代表、老干部代表会议，就这一选情开展协商。随后，政协委员们又把了解到的意见反馈给各个自荐人，帮助分析利弊关系，使其中一人主动退出竞争，保证该村选举一次性成功。在大慈岩镇陈店村，考虑该村班子的实际情况，镇党委通过考察了解，有意想请在企业工作的一名党员回村任村书记。但这名同志因长期在外工作没有党员群众基础，通过个别协商等方式，在候选人之间形成共识，在广大村民之间形成共识，有效地避免了因候选人恶性竞争产生的不正当竞选行为，促进了选风的好转。

市政协将民主监督引入选举，在投票过程中，各乡镇（街道）工委还组织委员挂着“观察员证”到投票现场监督。佩戴“观察员证”的政协委员在当地名望相对较高，又熟悉村情，使得投票过程井然有序，对维护选举秩序发挥积极作用。

建德市政协把促进基层协商民主作用发挥，作为政协工作向基层延伸为突破口，以村级（社区）组织换届选举为载体，探索以相关的法律法规为指导，以“选对人”为工作目标，把握村级组织换届选举的几个关键环节，通过探索实践，协商在基层，把协商民主结合到选举民主中去，使“两种形式”的民主优势同时得以发挥，拓展了社会主义民主的深度和广度，为村级组织换届选举助力，推进基层民主建设。2013 年 5 月和 11 月市政协分别在全市 6 个重点社区和 15 个乡镇（街道），分阶段开展发挥协商民主作用工作。此后至 2019 年的历次村级组织换届选举，市政协均将协商民主介入其中。

附录：

“乾一村”换届选举“试水”协商民主案例

司马一民

杭州市村级换届选举在建德乾潭试点，乾潭镇 24 个村全面进行换届选举。包括村党委的换届、村民委员会的换届、村经济合作社的换届、理财监事委员会的换届。建德市政协党组针对杭州市在乾潭镇进行村级组织换届选举试点，组织探讨怎样在村级换届选举中把政协的协商民主和票决民主有机结合。并在建德市委的支持下，在乾潭镇的换届选举试点中进行了尝试。

为了使在选举中实施的协商民主“一炮打响”，他们确定了两条原则：

一是根据 2010 年的 10 月 28 日刚刚颁布的《中华人民共和国村民委员会组织法》，以及《浙江省村民委员会换届的规程》和《建德市关于村级组织换届的实施意见》，在这些框架内进行协商。

二是在具体的工作中确定具体的协商组织。根据建德市政协的要求，市委在讨论实施意见的时候，把充分发挥协商民主作用作为这次村级组织换届的一个工作要求写进实施意见。试点领导小组中要有政协人员参与。政治协商工作委员会的主任就是这个领导小组的成员。政协乾潭镇工委在市政协政治协商工作委员会的指导下具体介入了这项工作。

根据上述原则，建德市政协与乾潭镇党委研究，确定“乾一村”为试点村。协商主要围绕“选对人”开展。如：在村委会换届选举操作的程序上，有一个环节叫作自荐海选，谁都可以报名，大家来投票。这种形式确实能反映民主，但是在选好人上还有欠缺。宗族势力、家族势力的影响干预容易造成各种形式的贿选。政协乾潭镇工委在候选人的产生过程中采取座谈、商量、面谈的形式。这次乾一村村民委员会村主任的选举，有两个旗鼓相当的候选人。考虑到两个人实力接近，可能都当选不了。

为此，政协工委召开座谈会，听取村党委委员、村老同志、村民选举委员会成员及企业的意见。在听取意见时，都采取背靠背的方式。综合各方面的意见后，觉得两个人素质都还不错，但是其中一个任职优势相对弱一些。如果两个人都作为候选人，票数肯定都过不了半。后来政协工委把了解到的情况原汁原味向相对弱势的报名人进行交底分析，同时得出两种不利结果，一是两个人都选不上，二是两人因为这次的竞选产生矛盾，不仅两个人的感情被破坏掉，而且还会对村里的工作造成影响，群众当中也会产生两派。入情入理的分析使其中一位候选人主动退出。

因为有了这样一种真正的平等协商，使选举非常平稳成功，没有什么请客送礼，更没有什么贿选，而且真正把老百姓心目当中的人选选出来了。

"通过这样的协商，真正做到了公正、透明、反映群众的意愿。我们还有个具体措施，把乾潭镇区域内的政协委员（一共12名）都组织起来，聘为村级换届选举的观察员，挂牌上岗，集体观察，根据乾潭镇党委的要求，12个政协委员挂牌参与选举投票的监督。结果被观察的村的选举秩序特别好，超历史的秩序井然。"建德市政协主席程茂红谈起此案例非常兴奋。

"我现在想，为什么政协参与村一级换届选举的协商和监督工作能够成功？总结起来应该有两点：一是我们政协是第三方，没有直接的利益关系。二是我们协商的对象和方式是正确的。2011年4月，建德市的村级换届选举将全面铺开，我们市政协将主动请缨，要求协助全市当中往年选举工作表现最差的两个村做好选举工作。我领这项任务，可能成功，也可能失败，但是在政协工作向基层延伸后，我很想做一次挑战，为以后更好地开展工作积累经验。"

（原载《杭州政协通讯》2011年1月第1期）

第六节　助力市委、市政府重要工作

市政协十届至十四届委员会领导，按照市委、市政府的统一分工和要求，在联系乡镇、联系企业、联系重大项目、参与重点工作任务中，共同助力建德经济社会新发展。

乌龙山抽水蓄能电站项目的争取工作

1998年继续着手筹划、争取乌龙山抽水蓄能电站项目。十届委员会党组书记、主席刘志新与副书记、副主席穆先堂等领导争取项目工作从未间断。2015年，十三届委员会党组书记、主席吴铁民与有关领导先后11次参与具体活动。2016年，主席吴铁民又先后40次参与具体活动。2017年，经过与国家和省级有关部门30余次的请示沟通，乌龙山抽水蓄能电站项目前期各项工作进展总体顺利，上山道路一期工程已完成10千米，投资1.03亿元。2019年，主席吴铁民就乌龙山抽水蓄能电站项目的招商引资，与乌龙山抽水蓄能电站指挥部及市发改局、市规资局、市林业局相关人员一道，为江苏协鑫电力有限公司招引108亿元资金而努力。

320国道建德段一、二期改建工程

1997年下半年，320国道建德段一、二期改建工程开始征迁土地政策处理。十届委员会副主

席穆先堂担任320国道北线一、二期改扩建工程总指挥。1998年3月16日，穆先堂参加市长许保水主持召开的320国道改建工程领导小组组长会议，是月第一期安仁至绪塘段开工。6月26日，穆先堂陪同市长许保水视察320国道改建工程情况。8月21日，穆先堂参加320国道建德段改建工程攻坚动员会，并陪同杭州市副市长丁德明检查交通建设情况。8月28日，穆先堂参加市计经委召开的外来投资企业座谈会和320国道绪塘至新安江入城口段招标开标评标会议。9月28日，主席刘志新、副主席穆先堂参加320国道绪塘至新安江入城口段改建工程开工典礼。1999年1月，第一期安仁至绪塘段竣工通车。2000年8月，第二期绪塘至新安江入城口段竣工通车，里程约41千米，总投资4.4亿元。320国道工程改建后，由原9米宽两车道拓宽至24米宽四车道，极大改善杭州方向进建德市城区交通拥挤状况。

三江交通联通项目工程（三都、严州两座大桥）建设

九届市政协副主席陈宝珍于1998年十届委员会换届后担任副市级巡视员。是年下半年，市委三江交通联通项目工程开始筹建，陈宝珍担任三江交通联通项目工程筹建领导小组副组长（兼筹建办主任）。1999年年底三都、严州两座大桥完成勘测设计，在即将开工之际，市委又建立三江交通联通项目工程建设指挥部，陈宝珍任总指挥。1999年12月28日举行开工典礼，2000年1月正式动工，2002年6月18日建成通车。该工程按原设计五年工期，预算1.35亿元，最后不仅提前三年完成建设任务，而且为工程节省3000万元资金。此项工程获得建德市政府嘉奖。

玉泉寺核心景区提升工程建设

乌龙山玉泉寺景区改造工程项目是建德东线旅游一大亮点工程，项目总投资6000万元，占地面积18公顷。整个工程分两期实施。2008年7月，市委、市政府决定建立玉泉寺核心景区提升工程建设领导小组，十二届委员会副主席吕勇担任副组长兼办公室主任。2009年4月7日至9日，吕勇率队赴东阳、临安、杭州等地考察提升工程投标报名单位，并多次主持召开提升工作领导小组办公室成员会议，研究安排落实具体工作。5月10日，玉泉寺核心景区改造提升工程举行开工典礼仪式。一期工程开工后，吕勇又组织审查二期工程初步设计，是年5次到现场检查玉泉寺核心景区项目工程推进情况。2010年1月2—6日，副主席吕勇赴福建考察玉泉寺核心景区工程建设材料；坚持每月不少于一次到现场检查玉泉寺核心景区建设项目推进情况，发现问题及时主持召开玉泉寺景区领导小组办公室成员会议，做到问题及时解决。2011年提升工程进入扫尾阶段。6月24日，市长董悦督查玉泉寺核心景区提升工程并参加专题座谈会提出要求，适时指导。副主席吕勇组织办公室成员督查到位，确保玉泉寺核心景区项目工程进展顺利。11月15日，举行玉泉寺核心景区落成典礼暨开光法会筹备会议。12月9日，玉泉寺核心景区提升工程落成典礼暨开光法会如期举行。杭州市政协主席孙忠焕，杭州市政协常委、市委统战部常务副部长金志强，建德市委书记董悦，代市长陈震山，市委常委、组织部部长沈翔，市人大常委会副主任严凌云，市政协

主席及副主席朱启鸿、谢春凤、吕勇等参加典礼活动。

寿昌镇小城镇环境综合整治

2017年4月，建德市全面启动寿昌镇小城镇环境综合整治工作。6月16日，市政协主席吴铁民、副主席叶志高参加寿昌镇小城镇环境综合整治规划方案论证会，并就寿昌古镇江南运动型、江北休闲生活型总体定位，以及强化水系打造布局、全面恢复西湖景观、合理规划建筑规制、打造南门广场核心、强化文化植入等方面提出意见建议。6月20日，吴铁民赴寿昌西湖及西湖段水系整治现场指导，指出要将水系全域整治作为小城镇综合整治的核心，引水入城、依水而改、以水为魂，全线疏通改造西湖水系，全面恢复西湖景观。同时专题召集水利局、寿昌镇，就西昌大桥建设项目方案进行论证。8月22日，寿昌西湖拓宽恢复及水系整治全面启动。9月22日，吴铁民、叶志高赴寿昌镇就西湖水街延伸建设及蒋宅、翁宅古迹修复利用等提出建议。随后，吴铁民邀请省市文史研究专家、严州文化研究协会等，收集寿昌文化史料，参与和助力周宣灵王庙、三元宰相坊、徐庄进士坊等古迹修缮恢复，并邀请全国著名书法家吕国璋、蒋北耿为寿昌镇标志性建筑书写楹联。2018年2月27日，吴铁民、叶志高赴寿昌镇专题研究“状元廊”标准性项目建设。3月22日，市政协召开十四届二十六次主席会议，专题视察寿昌南门外广场、西湖水街等环境整治项目进度。6月12日，吴铁民就寿昌牌坊及“济通桥”（金水桥）建设方案及选材进行实地指导；7月19日，实地踏看状元廊建设进度，就状元廊“二十四史”“二十四孝”文化植入及中山路步行街建设及业态布局提出意见建议。市政协还通过积极争取上级政协重视，全力打响寿昌古镇知名度。9月25日，杭州市政协主席潘家玮到寿昌镇开展杭州“六大行动”比学赶超现场视察。10月31日，杭州市政协原主席叶明视察寿昌小城镇环境综合整治工作，并予以高度肯定。2019年2月1日，吴铁民、叶志高参加寿昌镇小城镇环境综合整治建成仪式，为寿昌牌坊、状元廊、“永寿恒昌”牌楼揭牌。寿昌镇小城镇环境综合整治工作圆满完成，成为全省首个小城镇环境综合整治样板镇“免考”乡镇。

第十章　艺文及人物传略

本章由第十至十四届委员会期间反映政协内容的艺文和逝世的建德政协领导生平事迹两部分组成。

第一节　艺文

本节选录由部分政协领导、政协委员创作的有关政协和政协工作的诗、词、联、文 13 篇（首、副）。

一、诗

政协三字经

新中国，将诞生。紧筹备，协商成。新纲领，大法行。担使命，大国兴。党领导，各派迎。大团结，表同心。十六字，为方针。同合作，共心声。分界别，定章程。显特色，立正名。大统战，合家亲。大民主，政协魂。三职能，任在肩。开言路，辟新坛。重协商，决策前。大方略，有建言。重监督，意更坚。有评议，不畏难。重议政，开新元。为拓展，献策延。常学习，传统观。提素质，代相连。新形势，新开端。求凝聚，学为先。有提案，义务搴。形式好，渠道宽。定思路，调研沿。依要求，程序全。有民意，愿望传。重民生，职能含。真实据，时效鲜。价值高，深意潜。三亲史，特色涵。供资政，出新篇。可育人，树百年。多视察，勤调研。知情旨，最相关。汇成果，供谋参。此一举，实灵丹。讲团结，不落单。讲联谊，共相欢。合思想，棋一盘。自身硬，何畏艰。强建设，主体宣。思想正，作风严。制度善，队伍尖。政协事，意高悬。促统一，情更虔。委员责，莫放闲。千秋业，不一般。吾往矣，虽万千①。

注：《孟子》：“虽千万人吾往矣。”

（作者：方韦）

二、词

柳含烟·纪念建德政协成立六十周年

东风笛，占晴光。且看众贤妙墨，分明寄语向春江。倾衷肠。　　六十春秋弹指少，今又严州唱好。披肝沥胆写华章，再飞扬。

（作者：严凌云）

三、联

题建德政协大楼

沥胆披肝，同心同德；
建言资政，为国为民。

（作者：方韦）

四、文

在政协工作的日子里

陈桂女

2009年适逢建德市政协成立六十周年，我感到十分欣慰。我看到了建德市政协工作蒸蒸日上、蓬勃发展的大好局面，感到由衷的高兴，也为自己能在政协岗位上做过一点工作而感到自豪。

1983年12月，我是从县委常委、副县长岗位转任县政协主席的，是省里下的文件，1984年1月到职。当时调到政协工作是有些想法的。记得时任杭州市委组织部部长王国平找我谈话时，我谈了我的一些想法，王国平充分肯定了我的工作，特别是在拨乱反正、落实“文化大革命”中的遗留问题，能严格遵守当时的若干准则。他也很直爽地对我说，要贯彻中央“四化”干部的方针，你的学历不够；又讲了政治工作的重要性，政协主席要德高望重的人来担任，鼓励我要好好工作，在政协岗位上做出成绩来。

通过他的谈话教育后，自己也对政协组织性质、地位、作用等进行学习，端正了思想、提高了认识，决心要同在政府工作一样投入，努力工作。针对我县政协组织恢复的时间不长，面临专职人员少、经费缺、工作条件比较差的状况，在县委的重视支持下，首先从加强领导班子入手，在抓紧解决票子、房子、车子等工作条件的同时，集中精力开展工作，发挥作用，为改革开放和经济建设服务。

一是充实政协机关干部力量，加强班子建设。我到政协之前，政协机关只有专职干部 2 人，1984 年 1 月，我同原副县长毛恒甫任正副主席，调入原大同区委书记潘文达、白沙镇许勇担任正副秘书长，连同政协工作的王冲 5 人组成政协党组，加强领导，并陆续调入一些干部，到 1984 年下半年，专职工作人员增加到 9 人。

二是增加活动经费。之前政协机关全年的活动经费 1000 元，且由县府办公室统一管理，从 1984 年开始增加到 1. 5 万元，由政协自己管理。

三是解决交通工具。当时县四套班子只有三辆吉普车的编制配备，县委、县政府各一辆，政协无车安排了，我们从旅游局下属公司借用一辆 18 座半新旧面包车，后由政府拨款 2 万元，将面包车买下归政协使用，车的户口仍放在旅游公司。

四是建造办公楼。政协机关只有两间旧房，1984 年 2 月就向县委提出解决办公室的问题，经县委同意由政府拨款 15. 4 万元，建三层办公楼，面积 1071 平方米，1985 年 9 月竣工，并交付使用。

政协机关力量的加强，工作条件的改善，进一步加强了政协委员、政协工作人员做好政协工作的信心，得以集中精力，认真履行政治协商、民主监督的职能，开展了政治协商、智力引进、智力支农、专业培训、经验交流，调查视察，积极为改革开放和发展经济服务。

首先，组织参观学习。组织到汕头、广州、厦门、泉州和安徽等地考察学习政协工作，学习如何围绕经济建设和改革开放的工作经验，如何发挥政协综合人才库的作用，以及各民主党派联系广泛的优势，为经济建设献智献力。我曾于 1984 年 7 月和 1985 年 10 月两次召开会议，组织政协和民主党派为“四化”服务献计献策经验交流。1984 年 8 月，县政协与民盟县委会在杭州举办电子计算机应用技术培训班，请浙大老师讲课，我县有 39 人参加培训学习。1984 年春天，参照省政协智力支持丽水地区经济建设的做法，我和政协工作人员与农业局两位技术员到三都区调查茶叶生产加工茉莉花，提高茶叶品位，提升茶农收入，把前源乡作为县政协重点支援单位，多次帮助他们制定发展山区经济的计划、重点和方向，帮助解决具体困难，成绩显著。1985 年全乡工业总产值比 1984 年增长 45. 8%，人均收入 318 元，比上年增加 108 元，由后进乡变为先进乡。

通过一系列工作扩大政协的影响，提高了知名度，改变了过去一些人把政协看作是“大牌子、空架子、老头子、捧杯子、看板子”的陈旧观念。县委领导也多次表扬政协工作，上级政协也对我们作了充分肯定。在 1985 年 9 月召开的全省政协工作会议上，我作了《争取党委重视、支持、关心是做好政协工作的保证》的发言，受到了与会人员的高度关注。

（作者系建德政协第五、六届委员会主席）

把握时代要求，不断提高政协工作水平

吴北海

在建德政协成立六十周年之际，我们来回顾一下六十年来的发展历程：政协委员由最初的45人到现在的219人；政协机构由开始的一委三组到现在的一办六委，并且每个委员会都配备了专职人员；由最初的14个界别发展到现在的23个界别；机关工作人员由开始的几个人发展到现在的38人。建德市的民主党派，也由最初的一个民盟支部发展到现在的民革、民盟、民建、民进四个市委员会，成员500多人。政协工作，由过去以学习、务虚、交流思想为主到现在的虚实结合，围绕市委市政府确定的目标开展政协工作。

我是从政府转到政协工作的。从1986年起到1996年退休止，担任了十一个年头的政协主席。从政府到政协工作，这是一个大转折。怎样适应政协工作呢？我的感受是：

一、提高对政协工作的认识，积极投身于政协工作

我曾在建德、临安两县担任县长多年，到政协工作后，许多同志不理解，看到我就问："你怎么到政协工作？怎么去做党派工作？"等等。开始有点别扭，但也促使我去学习毛泽东、周恩来、邓小平等老一辈革命家关于人民政协理论的论述，学习全国政协章程，加深对人民政协的认识，认识到人民政协工作是党的工作的重要组成部分，人民政协是统一战线的总部，人民政协始终要高举"社会主义"和"大团结"两面大旗，调动各民族、各党派、各界爱国人士为发展经济、建设社会主义的积极性。认识上了高度，思想开阔了境界，讲话就理直气壮，一方面能积极宣传人民政协工作，一方面更能积极地投身于政协工作，通过工作使人民政协在社会上，在人民群众中树立了一个良好的形象。

二、适应形势，摆正位子，把政协工作做到实处

政府工作，大量的是抓经济工作，是党的中心工作，任务、目标十分明确。而政协工作的职能是"政治协商、民主监督、参政议政"，因此政协就不能像政府那样"呼风唤雨"。要做好政协工作，首先必须转变观念，适应新的形势，由主动出击转变为配合党委、政府作战，牢牢把握工作大局，紧贴党政工作中心，找准切入点，选好着力点，围绕党的中心工作，确定议题、调查研究，献计献策，当好党政参谋。有些专题的调查，对当年工作有前瞻性、针对性，就向党委、政府汇报，请党政领导和部门领导参加，专题发言建言献策，把工作做到实处，在实践中探索政协工作，发挥人民政协"政治协商、民主监督、参政议政"的职能作用。

三、把握时代要求，提高政协工作水平

人民政协在履行职能中，一切问题的归宿就是为民。反映社情民意，是政协工作发展的又一深度。在政协工作中，坚持把人民群众的需求作为第一选择，把人民群众的情绪作为第一信号，把人民群众的满意作为第一标准。为维护群众的根本利益，必须深入开展，深入各界群众，或调查研究，或召开各种座谈会，方方面面听取群众意见，反映群众呼声，收集社情民意，紧扣群众关心的热点和难点问题，及时向政府和部门反映和协商。这样做，既反映了社情民意，又化解了群众当中一些矛盾，改善了党群关系，有利于社会和谐稳定。同时，也使政协工作跟上时代的发展，在实践探索中不断地提高政协工作的水平。

如今，中国的社会发展已进入新的历史阶段，政协工作也应进入一个新常态。

政协工作要围绕大局、服务中心，就是围绕市委、市政府确定的中心任务，选准题目，特别是群众最关心的问题开展调查研究，建言献策。对“五水共治”等一些重大项目、重大工程，开展民主监督，促进工程项目保质保量按期完成。

对重大项目、重点工程，对市、镇（乡）、街道、村、社区换届选举开展民主监督、参政议政，但都离不开商量，政治协商，实质就是商量办事，商量是中国的民主智慧。商量出共识，商量出团结，商量出感情，商量的过程就是一个发扬民主、集思广益的过程，是一个科学决策、民主决策的过程，也是一个实现人民当家作主的过程。正如习近平同志所说：“在中国社会主义制度下，有事好商量，众人的事由众人商量，找到全社会意愿和要求的最大公约数，是人民民主的真谛。”不沟通就有可能不畅通，不知情就难免不领情。当今中国，利益更加多元，观念更加多样，思想更加多变，群众的民主诉求就更加强烈。如果能尊重民意，有事情早商量，就不难把好事办实，把实事办好。就会促进提高自己有事不慌的实力，遇事不怕的定力，做事不乱的能力。

希望市政协发扬“商量办事”的好传统，为社会开出一个好风气，为实现伟大的中国梦，为实现全面小康社会，为实现“百强县”作出贡献。

（作者系建德政协第六、七、八、九届委员会主席）

一点感悟

葛彰生

建德政协成立，至今已六十周年了，身为一名老政协人，我感到非常高兴。

在庆祝建德政协成立六十周年座谈会上，市委书记戴建平在讲话中充分肯定了建德政协六十年来取得的成绩，为建德经济社会发展做出了积极、巨大的贡献。

我于 1996 年到政协工作，接的是吴北海主席的班，1998 年就去人大工作了。虽然在政协工作时间很短，但觉得还是很有感情的，每年都参加杭州市政协联谊会。在来政协之前，我先是在政府部门工作，后担任市纪检委书记，当时社会上流传政协是一块大牌子、一批老头子，政协拍拍手、人大举举手，社会上对政协工作不是很肯定。到政协以后，在参与政协工作中，我意识到政协的重要性，认为是国家经济建设不可或缺的一股力量。我前面三任主席，对政协工作的恢复、硬件建设、组织机构的完善等做了很多工作，积累了经验，为我开展工作奠定了很好的基础。我在政协工作期间，全国政协主席李瑞环对政协事业提出了许多新观念，强调政协要尽职而不越位、帮忙而不添乱。我在政协两年，主要是在前几任主席基础上开展了一些工作。从我后任的刘志新主席开始，政协工作做得越来越好，有很多创新，为全国政协提供了经验，为全国政协事业发展做出了我们自己的贡献，对此我们也引以为荣。

从政协这些年的发展来看，我的体会是要坚信国家的政治建设，设立政协的重要性和必要性。现在强调要有理论自信、道路自信、制度自信。以前有人认为政协的协商不是民主，是做给外国人看的。习近平总书记在全国政协成立六十五周年上的讲话，充分肯定了政协协商民主的重要性，我感到非常高兴。政协的政治协商是中国民主的特色，对这一点，我们要充分自信。建德政协在这方面取得了一些成绩，比如参与村级组织换届选举等。发挥协商民主，能广泛征求社会不同层面的意见建议，对科学决策很有好处，我们一定要有这方面的自信。

祝愿政协在今后的工作中，按照戴书记提出的四点要求，进一步发挥政治协商、民主监督、参政议政的作用，为我们建德的经济社会发展做出新的贡献，我也相信建德政协的前景会越来越好！

（作者系建德政协第九届委员会主席）

我在政协工作的几点体会

刘志新

我记得到政协工作，接到组织安排通知是在 1997 年的 12 月，担任政协党组书记，当时的主席是葛彰生；一直到 2007 年 7 月在政协退休，前后十一个年头，正式当主席是九年半。我是军人出身，在部队工作二三十年，1996 年到地方当纪委书记，才当了一年半，地方工作经验相对比较缺乏。所以到政协之后，对政协不是很了解，是在之后的工作中慢慢了解的。

我在担任主席期间，除了发扬前几任主席好的做法之外，我主要干了两件事：一是做了发挥委员主体作用的工作。委组工作比较规范，委员的考核制度是在我手上建立起来，自此委员的活动有制度，有考核。二是编了政协志。怎样把政协工作从被动到主动，有了很大进步。文史工作也有了新起色。

在此，我想谈谈对政协工作的体会：一是政协组织要有为有位。政协组织“有为”，就是有所作为；“有位”，是指有平台和地位。要发挥政协组织“智囊团”“人才库”的作用，主动做好衔接、寻找工作、干些事情。二是政治协商要切实有效。履行政协三项职能，最难的是政治协商。发展到现在，中央和省里都很重视政治协商，出台了一系列文件，要求政治协商常态化。在政治协商中要发挥委员的主体作用，要做到让委员有话想说，有话敢说，有话会说；说重要的话，说关键的话。现在中央在这方面做得很好，经常开展双月座谈会，邀请专家学者参加，协商效果很好。县级政协对市委、市政府的大事要事开展协商，要充分发挥委员作用。三是民主监督要有服务意识。对市委市政府落实党的方针政策和部门工作开展监督，监督的目的是为了工作做得更好，使党和政府的工作跟上时代要求。坚持“监督就是支持”的理念，寓监督于支持服务之中，对党和政府的工作不横加指责，而是积极出谋划策，利用政协上达党政、下通各界的优势，为部门工作营造环境，解决困难。我觉得本届政协在这方面做得很好，比较积极主动。现在市委对政协工作抓得紧，不是“火线”也是“一线”了，政协变成“第二个政府”，工作量非常大。四是参政议政要有前瞻性。参政议政工作不在于多，而在于精，要参到点子上。参政议政的成果要经得起历史检验，不能一阵风就过去了。我在政协工作期间，对建德工业经济发展做了些调查研究，重点对有机硅、碳酸钙、水产业、香精香料、电力五个方面的产业发展提出了一些意见建议。从现在的发展来看，这五个产业的发展还是很有生命力的。

（作者系建德政协第十、十一届委员会主席）

九年政协工作记忆

周金奎

我于1990年从县委办公室调到县政协工作，直至1998年在政协退休，前后共九个年，这是我四十八年革命生涯中工作时间第二长的单位。九年的时光虽然短暂，却给了我深刻的印象，一个多年从事党务工作而转到统一战线岗位上来的老党员，使我接触到了许多新的事物，更广泛地联系了各界群众，更深切地感知了基层群众对党与政府的关注，更深刻地思考全县经济、改革需要急切解决的问题。政协组织不是摆设，政协工作不是可有可无；政协组织是党和政府联系群众的桥梁，是多党合作的民主政治制度，政协工作是聚才合力、促进改革发展的一支不可缺少的力量。九年来，我的忆念很多，这里我且讲四点较为深刻的感受：

一、围绕中心，为党和政府添力。20世纪90年代初期，政协内部有个争论，叫作“政协工作是给党和政府工作添乱还是添力?”我们这些从党政部门出来而进入政协的人，深知党和政府工作的繁重，我们到政协工作后比较超脱，应该多为党委和政府分担，围绕改革和经济发展增添力量。于是，我们积极争取参与政府的工作，为政府分担出力。在八、九届政协中，穆先堂副主席具体分担政府筹划的乌龙山蓄能电站筹建工作，从建立项目组织、选址到项目设计、引进资金技术和前期勘察等，都全身心地投入此项工作。虽然后来项目暂停，但基础工作已投入1000多万元，为今天项目重新上马奠定了扎实的基础。这个总投资100多亿元，集发电蓄能、旅游为一体的大项目，将有力带动梅城、乾潭、三都等东部地区的发展，促进全市经济发展上一个新台阶。陈宝珍副主席在任期间，协助政府负责修建严州大桥、三都大桥，构建建德东南交通，促进物流和经济发展。在八、九届政协中，我担负市政府外引内联领导小组的工作，促进建德的干部走出去、引进来，思想更解放、经济更开放。在上海、广州、海口、福建等地建办事处，与云南、贵州、福建、上海等有关县市建立友好县市，促进交流，相互发展。牵线搭桥把里叶荷花出口到日本，亲自带领有关部门领导到上海、石家庄飞机制造厂、衢州机场考察开发建德航空旅游，踏勘寿昌马坪庙建机场，还乘机到建德、千岛湖上空察看空中旅游资源和航线。这些工作，为今天寿昌航空小镇的发展作了前期的铺垫。在任期间，我还参与政府对彩虹桥的集资和建设，协助政府做好新安化工集团的上市，配合市长到金华、衢化推销股票。

我们的实际工作充分说明政协工作的添力作用，虽然当时有人说这是“越权”，但今天政协工作的发展事实，完全证明了这是政协工作必然的发展趋势。

二、调查研究，为参政议政取得第一手资料。参政议政、民主监督，是政协工作的基本职能。随着政治体制改革的深入，参政议政、民主监督已不是要不要的问题，而是研究如何参得准、议得深。要做到准与深，唯一的办法就是抓住热点深入实际调查研究，摸清真实情况反映民生民意，提准参政建议。八、九届政协抓住当时党委、政府在改革和发展中的热点与难点问题，组织政协委员开展调查研究，提出真知灼见，然后通过专题研讨会、全会发言、印发“资政建言”和简报等形式，为党委和政府参政。1991年，八届政协围绕建德市加快外向型经济发展的问题，组织政协委员进行了为时4个多月的调查研究，然后邀请召开政府领导及有关部门领导150多人参加的研讨会，会上有14位政协委员作了发言，围绕组建建德市工业大集团，解决散而小的问题；合理布局发展外汇农业；理顺发展外向型经济的有关政策、工贸结合、农贸互补，以及外向型经济人才培训、引进、管理激励机制等问题，发表了创建性的意见，既有准度也有深度。市委市政府领导听取意见后，认为发言抓住了建德市经济发展的薄弱环节，选题准确，内容丰富，建议中肯，实践可行，表示要发动全市上下全力发展外向型经济，加快建德市的经济发展。

1992年，市政协在调查研究的基础上又召开了发展建德市旅游业的专题研讨会，会上就“发展建德旅游的前景与对策”“培育旅游市场，扩大旅游宣传”“改革和完善旅游业管理体制”“开发旅游，改善交通”“加强旅游业队伍建设，提高服务质量”“创建卫生城镇，改善旅游环境”，以及加强景区建设等问题发表了意见和建议，对建德市旅游事业的发展起到了积极的促进作用。

1995年11月，九届政协应市政府的要求，召开了“新安江城区综合管理”专题研讨会，会上有9名政协委员就新安江城区规划、交通市容、旅游市场、文化市场、环境卫生管理、社会治安综合治理、增强市民的综合管理意识等问题作了发言，提出了“尽快建立城市管理的综合机构”“建立一支高素质的城市管理队伍”“加快基础设施建设”“加强宣传力度，开展建文明城市、做文明主人的系列活动，提高市民整体素质”四条意见建议，为市政府加强城市综合治理起到了很大的促进作用。

三、征编文史，发挥政协文史资料独特的团结育人作用。政协集聚了各行各界的人才，他们自己或亲朋好友了解各个历史期的许多史实，把这些史实收集起来，征编出版，既保存了历史，又可以作为团结教育今人和后代的极好教材。文史资料的征编是政协极具文化特色的一项工作。

20世纪90年代初，由于认识的滞后与经济发展的缓慢，文史资料工作面临缺少征编经费、缺少编纂人才的困扰。经反复思考、总结经验，九届政协对文史工作提出三方面的改革创新，一是文史工作要围绕改革发展展开，抓住为改革发展服务这一切口；二是走与各部门联合征编的道路，解决人、财缺乏这个难题；三是提高质量，正式出版，扩大影响。

新的思路为文史资料征编工作开创了新的局面。1990年，党中央提出要对青少年开展近代史、现代史和国情教育，市政协文史委认为这是一个重要任务，决定征编一辑“两史一情”教育资料，命名为《悠悠故乡情——建德》，收文65篇，5章18万字，以通俗的形式全面介绍建德古今历史上的政治、经济、文化等重要内容和著名人物。这辑文史资料发行后引起了社会各界的强烈反响，获得了社会的关注与好评。为了扩大效果，市政协文史委即与市教委联系，决定修编后正式出版、公开发行。这辑《故乡情》成为广大群众和中小学生进行爱乡爱国教育的辅助教材，深受群众欢迎，发行了3万多册，收到了良好的社会效益，上海市金山县政协还派人专程来建德交流经验。

九届政协文史资料工作的新思维，为新时期政协文史资料工作探索了一条新路子，开创了新局面，也为日后的文史资料工作提供了有益的借鉴。

四、培育人才，重视政协机关干部队伍建设。我刚到政协工作时，社会上对政协机关的议论还是“一块大牌子、一班老头子”，我们感到这种状况是不适应新形势下对政协工作的要求的。于是，我们向组织提出，今后政协机关干部的配备，领导班子的年龄可以大些，工作班子要按照“四化”要求来配备，要把政协机关同样看作是培养干部的园地。党委组织部门采纳我们的意见，从基层选拔文化程度较高的符合“四化”要求的干部进政协机关，又从政协机关中选拔优秀干部到基层交流。这样，政协机关的干部就流动起来了，有流即活，市政协机关的干部队伍也更有生气了。我们鼓励政协机关的年轻干部下基层锻炼，参与县机关部门领导竞争上岗。八、九两届政协中，市政协机关有两名年轻干部被选拔进入市政府领导班子，这在市政协发展历史上还是第一次。

在机关干部队伍建设中，我们强调政协既然是团结各界群众的政治组织，那就要有人情味。我们相继建立了对老政协常委生病的探视制度，对70、80岁老政协常委的祝寿制度，对政协机关离退休老干部一月一次的电话问候以及一年一次的生日祝贺制度，使政协成为一个深有情感的、温暖的大家庭，团结各方力量，为建德的发展献计出力。

（作者系建德政协第八、九届委员会副主席）

在政协工作的十六年

王行健

从 1987 年到 2003 年期间，我在政协整整工作了十六个春秋。其中有许多值得回忆的往事，并给了我深深的感受。

政协是一个充满活力的政治大舞台。刚跨入政协的大门，我就感到政协并不清闲，更不是社会上所流传的“人大举举手、政协拍拍手”，而是体现中国共产党领导的多党合作、政治协商的政治特色与政治优势的重要机构，是一个社会各界人士参政议政的大舞台。关系到全市社会与经济发展的人民群众所关心的重大问题、重要的人事任免等等，都将在这里进行讨论、协商、论证，然后由党政机关作出决策，付诸实施。尽管我是一名不驻会的党外副主席，可是在政协要做的事依然太多太多，接连不断的大会小会、学习视察、专题调研、对口联系、建言献策等等工作，每个月都安排得满满当当。

在政协工作中，时时处处都能充分感受到浓厚的民主和团结的气氛。记得我初到政协时，与市委及政协的领导相处共事，言谈举止中不免带有几分拘谨，可是不久，这种拘谨很快就被他们平易近人、求真务实的工作作风所感染，那些拘谨日渐消除。

上下级关系在这里被淡化了，更多的是诤友与挚友的情意。我在政协工作期间，虽然调换过好几位书记，可是他们对政协工作的重视，对民主党派党外同志的关怀、爱护却是始终如一的。市委领导十分尊重民主党派同志的意见，经常就人民群众关心的大事征求我们的意见，倾听我们的看法，后来这种做法还形成了市委常委与民主党派的交心谈心制度以市委文件形式固定下来。在我印象中较深的一件事是，有一年浙江冶金专科学校从梅城搬迁后，对原校址地块如何开发使用的问题，当时在社会上有各种不同的意见，而时间上又不允许再拖延。一天夜里，时任市委书记金胜荣把我们四个民主党派的主委请到他的住室促膝谈心，先谈市委的打算，然后倾听我们的意见。市委一把手这种民主作风给我留下了很深的印象。俞国庆书记每次参加政协会议也总是充分肯定政协的调研成果，夸奖政协的建言献策有水平。有一次政协开常委会，议题是如何加快发展建德市旅游事业，他亲自与常委们一道风尘仆仆实地考察建德市东线旅游布局。只要回忆起政协工作，这样的事例、这样的情景在我的脑海中立刻就会浮现出来。

政协是一所人才荟萃的“大学校”。我在这所“学校”里学到了不少书本上学不到的东西。原先我学的专业是医学，对工业、农业、文化、教育等诸多领域的知识知之甚少。而要搞好政协工作，提高参政议政水平，就必须不断加快自身的学习。政协里汇聚了各界别、各行各业的精英，人才济济，他们都是我的良师益友，多年来，我从他们那里学到了不少东西。在政协工作是紧张的，但心情却是舒畅的。政协工作的性质相对比较超脱，政协委员心中考虑的都是国家繁荣与民族振兴，人民的幸福，没有个人名利的追逐；政协委员的发言说的是真话、实话，是自己心中的话，所谓各抒己见才能集思广益。老政协主席经常对我们说，在政协一定要敢于说真话，党派同志更要敢于说真话，在政协中不分党内与党外，它强调的是“长期共存、互相监督、肝胆相照、荣辱与共”的多党合作“十六字”方针。因此在我的心目中，政协就是一个高度政治文明、和谐社会的缩影。

政协是一个大家庭。在这个大家庭中充满着温暖，充满着亲情，这不仅仅是在建德政协，全国的政协都是一家。有几件小事至今记忆犹新。有一年我带领政协医卫组的委员去江西湖口考察，途经景德镇市郊区时，汽车抛锚了。当时夜幕已经降临，天还下着大雪，地上结着冰冻，前不着村，后不着店，可把大家急坏了。幸好当时有辆过路车，我和二人先搭乘此车去景德镇设法寻找汽车修理厂，到了景德镇，情急之中我从邮电局查到了景德镇市政协的电话，冒昧地给其中一位副主席的家中挂了电话，告知我们的情况，但也说不上汽车抛锚的具体地点。没想到这位素昧平生的景德镇市政协副主席立即派出小车四处寻找我们，后来又给我们安排好住处，第二天一大早办公室主任赶到宾馆陪我们用餐……还有一次，我们去江苏无锡调研外向型经济，受到当地政协的热情接待，并专门抽出一位领导全程陪同我们考察。与我们同去的一位部门同志在回家的途中大惑不解地问我：“你们政协的经费使用是不是各地区统一的?”其他委员笑着回答地说“我们有句老话叫作全国政协是一家嘛!”这样的例子不胜枚举。在如此温暖的大家庭中生活工作了这么多年，无怪乎在2003年即将离任的政协常委的座谈会上，刘志新主席深情的一席话，使在座的同志无不为之动容，当时我感觉到我的眼眶也湿润了。刘主席说：“政协始终是大家的家，希望今后一如既往关心政协的工作，常回家看看。”是的，我是要常回家看看的。

将要结束这篇短文时，抬头望见挂在书房墙上的著名书法家郭仲选送给我的一幅墨宝，上面写着：“与有肝胆人共事，从无字句处读书。”我想，这正好是我在政协工作这段岁月的真实写照。

（作者系建德政协第七、八、九届委员会副主席）

团结、友谊、欢乐

陈宝珍

在庆祝人民政协成立六十周年的大喜日子里，我怀着十分喜悦的心情，怀念在建德市政协工作五年多时间里的欢乐、友谊、团结气氛。

1993年，我从副市长位置上退下来时，首先选择到政协工作，因为我仰慕政协委员中人才济济，知识界的老朋友多，有许多共同的语言，同时多年的忙碌身不由己，很想找一个地方让自己放松一下，也可以安静地谈点事，还可以和百姓朋友贴得近一些。所以到政协的这几年里我生活得最愉快，朋友交得最多，学的东西也多。对民情了解深入的五年，也就是收获最大的五年。

五年多的政协工作体会很深。建德市政协有着优良的传统，坚持团结、民主两大主题，始终把发扬民主、凝聚力量作为政协工作的中心环节。在政协工作心情舒畅、和谐相处，充分调动委员的积极性，营造了一个宽松的参政环境。如我在兼任政协经济科技委员会主任期间，当时正是经济转轨的关键时期，我们发动委员围绕着建德市经济如何适应新形势，抓住机遇加快发展的问题，开展了深入调研。有100多名委员深入工厂、农村进行调查，并写出了30多份有实力的调研报告，在市领导和各部门负责人参加的会议上作了专题发言。当时的杭州市政协主席陆祖德自始至终听取了发言，并给予高度评价，展示出了政协人才荟萃的优势。委员的这些积极参政精神，至今使我十分感动。

我在政协工作的时间不算长，体会却很多，令我感受最深的，主要有这么几点：一是要做好政协工作，一定要学习好，不断地充实知识，并且要紧跟形势，只有站得高看得远才能提得出有见地的意见建议；二是要贴近群众，深入调研，广交朋友，真实地反映社情民意，化解矛盾，为建德创建和谐社会献计出力，为发展经济创造良好的环境；三是政协工作要围绕市委的中心工作，在重点难点上开展调研，为市委市政府献计献策。

人民政协已经度过了六十年的光辉历程，让我们为它庆贺，为它自豪，也更期待它创造出新的更大的成就。

（作者系建德政协第九届委员会副主席）

政协，令我魂牵梦萦的地方

郭昌友

建德市政协走过六十年光辉历程，值得纪念。中国人民政治协商会议是中国人民的伟大实践和创造，是中国共产党领导下的人民民主的重要形式，是世界民主历史上的重要里程碑。1949年10月，人民政协代行人大职权，缔造了中华人民共和国。1956年后，人民政协继续在中国革命和建设中发挥不可替代的作用。建德市政协于1956年应运而生，是县级较早成立的人民政协组织。六十年来，建德市政协在历届市（县）委领导下，围绕中心，服务大局，积极履行职能，为建德经济社会发展做出了积极的贡献。

我在建德市政协担任过三届副主席、一年巡视员，与市政协一路前行，怀有深厚的感情。可以说市政协副主席是我这辈子担任时间最长的岗位，现在又退休在政协大家庭，是个不折不扣的“政协人”。“政协人”是令我自豪的称谓，政协大家庭是令我魂牵梦萦的地方。

今天，为纪念政协成立六十周年，我想以一个“政协人”的身份，对政协大家庭讲几句心里话。

我认为，中华人民共和国的政治体制还在发展演变中，但人民政协将长期存在。作为县级政协组织，应当发挥自己的优势，因势利导，取长补短，在民主政治建设中贡献力量。政协是有自己独特优势的：

一是可以广交朋友。政协地位超脱，既不像党政，工作在第一线，又不像人大，是权力机关。“天下精英在政协”是毫不夸张的说法。毛泽东主席说过：统一战线就是把朋友搞得多多的，把敌人搞得少少的。政协作为最大的统一战线组织，广交朋友天经地义，即使有所付出也是无可非议的。我在政协十五年，结交了一批朋友，其中有许多党外朋友。对党外朋友要肝胆相照，还要荣辱与共。

二是必须善纳民意。政协能否作为“民意机关”，这是高层探讨的问题，依我看，善纳民意应是人民政协应有之义，也是优势所在。因为政协是由界别组成的，政协委员大多是社会各界代表人士，有广泛的民意基础。虽然党政和各部门都有反应民意的渠道，但说实话，谏真言不易。中国正处于社会激发期，各种思想层出不穷。因此了解基本民意十分重要。有的事党政需要政协出面，如撤县设市、区划调整等都要人大、政协形成决议；有的则需要直接反映社情民意，比如建设工业园区、“生态立市”等就是政协最早提出的。建德市政协还有一个优势，就是有直通中央的反映社情民意的“直通车”（全国政协机构改革试点），其他机构不太能做到。

三是可以建言立论。政协是人才库、智囊团。政协汇聚了方方面面的精英人才。李瑞环在担任全国政协主席时说过：政协有条件可以“立论”，为后代留下精神财富。建德市政协每年建言献策都有丰硕成果，仅提案就有几百件。文史资料也是硕果累累，如《古镇梅城》《古城寿昌》等。十二届政协期间我为驻会副主席，主编了一套《严州文化丛书》，从山水、人物到诗词、书画，从经济、建筑到逸闻、轶事，五年出了十三种书，基本反映了严州文化的方方面面。其间还出版了《中国第一水电城——新安江》。现在看来，自己分管的其他工作如过眼云烟，唯这套丛书和《中国第一水电城——新安江》一书聊以自慰。这就是“立论”的功效，可以为后代留点东西。

四是更多的人文关怀。在政协工作过的同志都有一个体会，政协氛围十分宽松，人文环境十分优越，非常有“人情味”。比如坚持了几届的对政协退休老干部每月一次的问候电话，就是一种人文关怀。按照马斯洛的人的需求理论，人类最原始的需求往往是最精神层面的。政协在这方面有特殊优势。因为政协具有广大的政治包容性，决定了政协工作的灵活性。所以，许多人常说：到政协工作可以多活几年。这话是有道理的。这就是政协大家庭的情怀，是政协魅力所在，我们要万分珍惜。

（作者系建德政协第十、十一、十二届委员会副主席）

结缘一甲子，风雨聚同心

潘文达

我八十八岁了，与人民政协结下了一个甲子的情缘。今天迎来了建德政协建立六十周年的大庆之日，让我感慨万千！

想起1949年5月5日，寿昌县（后与建德县合并）解放这一天，我弃教从军，当上解放军寿昌县大队一中队的文化教员（前身是金萧支队三大队），经过短暂的整训，就投入到剿灭10股武装土匪的战斗。在战斗和组织群众工作中，被金华军分区评为工作模范，并荣立二等功。

是年10月1日，寿昌县在南大门大操场隆重举行中华人民共和国诞生庆祝大会。早晨，大会还未开始，就发生震惊全省的“阴谋劫走匪首叶禾”的事件，迫使大会停止召开。县委、县大队决定：各武装工作队立即返回原地，更楼二区还增加了县、区、公安等部门4名干部，仍以陈真指导员和我为正副队长的7名武工队员，一起步行至更楼。经过五天五夜的彻查，真相大白。陈真队长回城向县委、县大队汇报案情真相后，10月6日回到武工队，异常兴奋地向我们宣布：“劫匪的为首分子已经逮捕，而且我大队三人被邀为寿昌县各界人民代表大会的军人代表，大队长方日川、二中队长陈廷鑫、一中队文化教员小潘。”话音刚落，掌声经久不息，队员黄龙溪动情地说：“你们代表的是全大队全体指战员，任重而道远啊！”

在全国政协《共同纲领》通过后的10月11日早上，寿昌县城的各路群众、学生，手举红旗、标语，扭着秧歌，齐集翁家会堂，热烈庆贺寿昌县第一届各界人民代表大会的召开，参加会议的有工人、农民、干部、解放军，以及工商界、医务界、少数民族和爱国开明人士等方面的代表共70余人。我自1929年出生以来，第一次经历这样的场面，幸福感与使命感油然而生。

大会主持人隋长文县长，首先介绍了9位主席团成员。当介绍到工商界人士吴文彬时，大家特感新鲜。这位寿昌最大的商业老板，在我军驻城期间，慷慨解囊，倾其全力，捐粮捐款，为我军乘胜南进出了大力；为帮助农民恢复生产，扩大经营，不遗余力，秋粮余粮和农副产品，解决生产资金，春荒平粜粮食，与农民共渡生活难关。我作为知情者，更觉和衷共济的可贵。

会议在主席团的领导下，认真学习了全国政协9月29日通过的《共同纲领》，听取了县委书记兼县大队政委李铁锋的开幕讲话。他讲了“形势与任务”，明确指出：《共同纲领》具有国家宪法的职能，是中华人民共和国成立的政治基础，各界人民代表大会就是凝聚各阶层爱国民主人士，结成爱国统一战线，和衷共济，风雨同舟，是建设新中国克敌制胜的法宝。他希望成为国家主人翁的各界代表，畅所欲言，建言献策。

当时，寿昌县有5个区，因我来自二区的武工队，还兼任更楼乡的副乡长，所以就编在二区代表组，大家比较熟悉，发言时也无拘无束。年近花甲、身材魁梧的泰隆协记老板吴淡如，深有感触地说："我在更楼镇经营桐子、茶叶等山货生意，亲眼看见国内军阀混战，外受帝国主义列强侵略，灾荒连年不断，日本鬼子来了烧光，国民党兵来了抢光，洪水来了冲光，几十年的腥风血雨，直到解放，我才认识到只有跟共产党走，工商业者才有出路。"他的肺腑之言，使我想起刚参军的第三天，在更楼接待站正为无粮草而发愁，吴淡如就把自己的1000斤稻谷、2000斤松柴和10多担稻草送到接待站，并动情地说："昨晚，过往的解放军都睡在街道两旁的屋檐下，任凭你怎么劝说，就是不肯进屋，以后再也不能让这些可敬的子弟兵风餐露宿了。"我听罢，深受感动地说："谢谢你，人民不会忘记您。"

代表组里有位老中医诸葛焕然，话不多却句句在理，他说："我日日夜夜盼救星、找救星，终于盼来了共产党大救星，这就是医务界唯一的'芳草地'。"（后来他儿子诸葛教就以《芳草地》为书名写了长篇小说，记述他父亲的一生）

大会开得振奋人心，各界代表都以主人翁的姿态，表示要在人民民主统一战线的旗帜下，同心同德跟党走，风雨同舟渡难关，为建立、保卫新政权和发展而奋斗。

回顾地方政协的前身，各界人民代表大会就显示出人民政协这一政治制度，具有强大的生命力。我作为中国人民解放军的代表，连续三年被邀出席寿昌县一、二、三次各界人民代表大会(原称三届)，直至1952年5月1日全中队奉命调浙江警备八团侦通连，代表资格自然终止。思前想后，一个小小的寿昌县在党的领导下和各界人民和衷共济、风雨同舟的凝聚中，至1952年年底，就基本剿灭了10股武装土匪，俘获土匪骨干72人，缴获各种枪支500余支，还为抗美援朝捐献飞机大炮折合人民币7.8亿元（旧币，下同），1951年超额完成预借公粮930万斤（市秤），商业税收8.2458亿元，生产得到恢复，社会稳定，人民安居乐业，为各级政权建设和土地改革打下了坚实的基础。

1956年3月中旬，经两县各界人民代表协商委员会充分协商议定：建德、寿昌合并，建立建德县第一届委员会，至1966年5月，建德县政协四届一次会议后，在以阶级斗争为纲和极"左"思潮的影响下，经历"大放大鸣""整风反右""插红旗拔白旗"和"文化大革命"，各式各样的政治运动，取代政治协商制度，致使一大批各界代表、政协委员和知识分子被打成右派分子、"三反分子""牛鬼蛇神"，不少人的家被查抄，工资被扣发。当时有位非党政协委员戏称："当一届委员，十五天运动。关门学习，闭门思过。祸从口出，谁敢议政。"只要谈起政协，人人心有余悸。

中共十一届三中全会后，改革开放的春风吹遍了祖国大地。1981年6月，建德县政协第五届委员会第一次会议在白沙镇召开，标志着政协工作进入一个崭新的时期。当时的县委书记朱怀兴在祝贺时指出："中断十五年的建德政协，在改革开放、拨乱反正中恢复活动，既是全县人民政治生活中的大喜事，又是加强社会主义民主政治制度的必然趋势。"他要求全体委员进一步解放思想，实事求是，团结一致向前看，为调整、发展国民经济，维护社会安定等工作，开创政协工作新局面，作出新贡献。语重心长，振奋人心。

1983年年底，我从大同区委书记岗位调到五届建德县政协担任秘书长，深感责任重大。当想起解放初《共同纲领》和各界代表相处的往事，使我增加了重塑政协民主团结大家庭的信心。

在县政协第五、六、七届秘书长任内，除正常职责和提案工作外，领导要我负起拨乱反正、落实党的政策之重任。在中央连续下达三个文件和省、市、县的领导亲自督查下，与县委落实政策办、统战、公安、信访等部门的协同配合，经过调查摸底，自报申请，上门走访、清查档册，终于对97人次的政策，全部得到落实，不留尾巴。其中：省、市、县三级政协委员右派摘帽13人，平反冤假错案17人，“文化大革命”查抄物资、扣发工资、私房政策等共45人，全部作了退赔，做到物在退物，物无退钱。抓住落实三级政协委员政策的牛鼻子，还对非政协委员的知识分子共22人的政策也得到落实，极大地调动了政治热情，增强了各党派和各界人士向往人民政协的凝聚力。

随着党和国家工作重点的转移，政协工作紧紧围绕经济建设这个中心，政协委员从心有余悸转变为放开手脚，深入调查研究，参与专题研讨，开展部门协作，发挥人才专长，为经济增长点献计出力。仅据资料统计，“为四化服务交流会”举办了4次，印发了107位委员的发言稿；为物质、精神两个文明献计献策的调查报告475篇；先后举办了31次专题研讨会，以及在历次全会上作专题调查发言983篇（仅据打印成册的数字）。可见建德政协大兴调查研究之风，至今不衰。

六十年的风雨里程，始终站在和衷共济的政治舞台上。喜见今日的建德市政协，始终高举团结、民主两大旗帜，坚持科学发展观，把促进发展作为政协的第一要务，找准履行职能与促进发展的结合点，自觉地把政协工作纳入全市工作的大局之中，并不断探索，完善政治协商、民主监督、参政议政，多党合作、各专委会与提案工作走上制度化、规范化的轨道，充分发挥建德市4个民主党派市委会与工商联的独特优势，凝聚各界人士的力量，为实现振兴中华伟大复兴的中国梦，开拓进取。

我与建德政协结缘六十年，耄耋之年欢庆政协花甲，心潮澎湃，思绪激昂。忆往昔，从《共同纲领》中，悟出人生应走的道路；想今朝，在人民政协的大家庭中，欢度夕阳红的幸福。我深信，大有作为的政协，明天会更加光辉灿烂。

（作者系建德政协第五、六、七届委员会秘书长）

政协是一所大学校

朱睦卿

大概是从小失学的缘故罢，我十分向往读书。无缘进中学和大学，也无缘进解放军这所“大学校”，只能向“流氓无产者”的文学大师高尔基（鲁迅语）学习，读“人间”和“社会”这所没有围墙的大学了。幸运的是，后半生能够进入人民政协这所大学校学习，而且一“上”就是十六年，直到退休。现在回想起来，这十六年是我一生中最值得回味的阶段，是学习最多，受益最大，感受最深的一段人生历程。我深深地觉得：政协“谈笑有鸿儒，往来无白丁”，是世界上门类最齐、层次最高的大学校，是一个学习的好地方，读书的好地方，是培养人、熏陶人的好地方，人在其中，如入芝兰之室，不觉陶醉。

“立论”以培养人才

“政协是一所大学校”的性质是由政协“立论”的职能决定的。

李瑞环主席曾经说过：“人大立法，政协立论。”“立论”是政协的重要工作，也是最能显示政协优势和特色的工作。政协的大小活动和工作都可以通过“立论”来显示，或者换句话说，“立论”是政协工作的重要手段和主要成果。举凡提案、建议案、调研报告、社情民意，无不体现着委员们的论点、观点，包含着立论者们忧国忧民的炽热心肠，这些论点、观点提炼和升华的过程，是委员们调查研究、学习了解国情民情、社情民意的过程，是在政协这所大学校里学习的“学员”们提交的“作业”。这些作业不仅有理论、有观点，并且切合实际，绝不是书生论道，纸上谈兵；不仅提出问题，而且还有解决问题的办法，有很强的可操作性，可以付诸实施，能够解决实际问题。其研究社会、接触实际的深度和广度，其筛选“课题”、论证方法的准确和力度，是任何一所大学所不能比拟的。世界上没有任何一所大学能具备这样的优势，没有任何一所大学能如此深入社会、了解民情，没有任何一所大学能承担如此庞大的“研究课题”，没有任何一所大学能拥有这么齐全的“学科”和这么高精尖的“师资力量”，没有，绝对没有！也不可能有。这所大学培养的不是某行某业的专门人才，而是治国安邦的通才，经天纬地的大才，是几千年来中国人一直追求的“修身齐家治国平天下”的理想人才！

与社会同步的“学科”

政协融合三教九流、社会各界，僧俗政党、文才武略皆备，每个界别都拥有自己的优势“绝活”，这些优势“绝活”异彩纷呈，亮点无数，构成各有特色和特长的“学科”；而掌握这些优势“绝活”的都是本阶层、本党派的代表人物，是真正的社会精英，是各门“学科”的带头人，他们汇聚在政协这所大学校里，是绝对高精尖的“师资”。

政协的“学科”因社会的发展和需要而设立，有工有农，有商有学，有天有地，有山有水，有内政外交，有财贸金融，有教育医卫，有经济科技，有旅游环保，有法治社会，有文学艺术……等等，等等，其门类远超过综合性大学的文、史、哲、经、法，理、工、医、农、兵。至于“师资”力量，则有文有武，有官有民；有理论家，也有实干家；有政党代表，也有民间人士；有佛道神仙出家人，也有男耕女织俗家子；有科技精英、文艺尖子，也有生产能手、种田大户；有私营企业红色资本家，也有保家卫国铁肩扛枪人……

进入这所大学学习，能使读书人了解稼穑之艰难，劳作之辛苦，不至于五谷不分，四体不勤；

做工务农的可知脑力劳动之不易，能理解知识的价值，使科学技术转化为实际的生产力；执政者可以直接聆听底层的呼声，感受百姓的冷暖，了解社情民意，贴近时代的脉搏；参政者可以面陈己见，将民间的万家哀乐直通上层，直至中央，使江湖不再远不可及，使庙堂不再高不可攀。在这所大学校里，只有对话而没有对立，只有争鸣而没有争斗；有中心而无偏心，有补台而没有拆台。从这所大学校里毕业的学员，一个个都胸襟开阔、目光远大，都是安邦定国的优秀人才。

和而不同的“治学方法”

在这所大学校里，教师和学生、教育和学习是互为的，互动的，每个人都可以是先生，也是学生。边学边教，互教互学，互相吸取，互相借鉴。不同的观点可以碰撞，可以交流，通过交流碰撞，产生出新的智慧之花。“如切如磋，如琢如磨”（《诗经·卫风·淇奥》），交流碰撞就是切磋琢磨。允许也应该有各种不同的声音存在。犹如一部大合唱，一部交响乐，必须有不同的声部交合，不同的乐器演奏，才能使整部作品和谐华彩，才能给人带来美的享受。

这样的学校更接近于吾国传统的书院，而非西方的学校（今日吾国的学校是1905年废止科举后从西方引进的模式），师友间可以互相交流，互相辩难，为师者因材施教，因人而异；为学子者，不仅可以互相交流，也可以与先生争鸣，可以充分发挥自己的思想，阐明自己的观点，而不是统一学制，统一教材，统一模式，最终铸造出统一的“产品”——这种僵硬的教育模式不知扼杀了多少有特殊才能的人才！中国式的书院是为人才的成长而设计的，充分考虑到了学生的差异，体现了人性化的教育思想。这种教育方式深刻地体现了中华民族古老的“和”的思想。

和是承认差异，允许差异，但并不是杂糅，不是和稀泥，而是对立统一，是各种不同的事物存在于一个共同体内，是“和而不同”。孔子说：“君子和而不同，小人同而不和。”（《论语·子路章》）在中国古代的哲人那里，和而不同是宇宙间的常态，在人类的社会活动中也是这样。晏子说：“君所谓可，而有否焉，臣献其否以成其可；君所谓否，而有可焉，臣献其可以去其否。”（《左传·昭公二十年》）人民政协的创立，正是“和而不同”这一古老的东方智慧的产物，是中国共产党在革命实践中学习、继承中华民族优秀文化的结果，是古老的民族文化传统在现代的创新，具有强烈的东方色彩。要说“中国特色”，人民政协的组织形式、指导思想就具有最为鲜明的中国特色。正是“和而不同”这一东方智慧，创造出了各阶层、各党派互相切磋、互相协商的政治范式，为保证共和国的繁荣兴旺、和谐稳定，发挥了其他政治形式无法替代的作用。

说到个人的学习感受，我认为，政协这所大学校中的每一个委员都是我的老师：年长者，学他的丰富经验、光荣传统；年轻的，学他的敏锐朝气，开拓精神。在政协这所大学校里，只要肯学习，知识是学不完的，老师是数不尽的，不同“学科”的碰撞，可以锻炼你辩证思维的方式，避免片面性，可以开阔你的视野和胸襟，这无论对于做人还是治学都是至关重要的，这一点，使我受益无穷。

（作者系建德市政协原专职文史干部）

第二节　人物传略

本节收录逝世于1998年1月至2019年12月期间，建德县（市）政协领导的生平事迹。按人物生年为序。

王汇东

王汇东（1915—2017），山东省长清县（今济南市长清区）人，中共党员，政协建德县第二、三届委员会副主席。1941年6月参加革命工作，历任山东省峰山县（长清县）七区抗日乡公所通讯员、行政助理，县七区抗日联合会工作员、县作鞋厂会计，冀鲁豫行署东记商店峰山支店工作员，中共长清县七区分委会工作员，区公所财粮助理员。浙江省建德专署财政科科员，寿昌县财政科科长、县供销合作总社主任，中共寿昌县委常委、副县长兼财贸部部长，建德县杨村桥公社副书记、梅城公社书记，中共建德县委统战部副部长、县梅城指挥部工作员、两局一社合并建立领导小组副组长、县防治院革委会委员、县商业革委会党支部委员、县机关党委书记、县商业局党组成员副局长、县政协副秘书长、县政协副主席。2017年8月3日去世。

姜锦书

姜锦书（1916—2001），浙江省开化县人，民进会员，政协建德县第五、六届委员会副主席。1946毕业于上海“国防医学院”，1949年在浙江省立衢州医院工作，1955年调入解放军浙江省第三康复医院（建德第二人民医院），历任建德县第一、二人民医院内科主任，科协副主席，政协副主席。1982年加入中国民主促进会，为民进建德县第一届支部主任、民进建德县第一届委员会主任委员。退休后，继续担任民进建德市（县）名誉主委、顾问。2001年1月去世。

徐慕越

徐慕越（1918—2001），浙江省杭州市人，民建会员，政协建德县委员会第五、六届副主席。新中国成立后，先后在建德大同照相馆、新安江照相馆工作。历任民建建德县支部主任、民建建德县委会主委，县工商联副主委、主委，县政协第二、三、四届常委，县七届人大代表，县政协副主席。2001年2月13日去世。

汪积功

汪积功（1921—2017），江苏省南京市人，民盟盟员，政协建德市（县）第一、五、六、七、八届委员会副主席。1945 年浙江大学英语系毕业，1950 年严州中学任教，历任民盟省委直属建德县临时小组副组长、新安江中学副校长、民盟建德支部副主委、民盟建德市（县）委员会第一、二、三届主委、浙江省第六、七、八届政协委员。1993 年经杭州市委批准退休。生前曾数次邀请国民党副主席连战夫妇访问杭州、建德，为海峡两岸和统事业做了许多有益的工作。2017 年 11 月去世。

高　峰

高峰（1922—2011），江苏省睢宁县人，中共党员，政协建德县委员会第二、三届主席。1943 年 11 月参加工作，历任江苏省睢宁县义合乡乡长、县公安局侦察股股长，华中七分区新安镇检查站副站长，山东省周村市人和镇委联合会主任、信阳县委秘书，浙江省松阳县城关区委书记、县委委员、县农会主任、县委宣传部部长，衢州地委直属区委书记，衢县县委副书记、书记，建德专署林管处主任、农村口党组书记、专署副专员、建德县政协主席、县委书记，杭州市农办主任、拱墅区委书记，杭州市委常委、市农办主任、市委副书记、市革委会副主任、市委农委副书记，政协浙江省委员会常委、秘书长、机关党组书记等职。2011 年 4 月去世。

张书声

张书声（1923—2019），山东省庆云县人，中共党员，政协建德县第四届委员会主席。1943 年 2 月参加革命工作，并加入中国共产党。历任山东省庆云县受益村民兵队长、党支部书记，山东省柴林庄乡人民政府党总支副书记，山东省庆云县任家区委宣传科副科长，遂昌县委组织部组织干事、组织科科长、干部干事，遂昌县城关区委书记，县委组织部副部长，县委常委、组织部部长，寿昌县委常委、县委副书记，建德县委副书记、副书记兼县长、县委书记，淳安县委书记，富阳县委第一副书记、书记、人大常委会主任等职。1985 年 4 月离休，2019 年 12 月去世。

张曰龄

张曰龄（1927—2018），山东省肥城县人，中共党员，政协建德县第一、二届委员会副主席。1945 年参加革命工作，历任山东省太西县工商局干事，建德县财科工员，地方国营利群油厂兼印刷厂负责人，建德县委统战部干事，县财委秘书，县委第三秘书、第二秘书，县委办公室副主任，县文教部副部长，县委统战部副部长，县政协副主席等。离休前曾先后在建德县政工组、县委宣传部、县右派摘帽和右派改正办公室、侨务办公室等单位协助工作。2018 年 5 月去世。

应天松

应天松（1930—1998），浙江省永康县人，民革党员，政协建德市七、八、九届副主席。1960

年毕业于苏北农学院畜牧兽医系。长期在基层兽医站从事猪牛养殖、良种繁育事业，先后担任建德县（市）畜牧场，大同区、三都区农技站畜牧兽医技术员，县农业局畜牧兽医站畜牧助师、畜牧师、高级畜牧师。1983 年调县饲料公司任经理，在饲料公司工作期间，曾获浙江省粮食系统劳动模范、建德市优秀科技工作者等光荣称号。1984 年 9 月加入中国国民党革命委员会，为民革建德市委第一、二、三届主任委员。自 1984 年始，先后当选为浙江省八届人大代表，杭州市政协第五届常委、第七届委员。1998 年 3 月去世。

毛恒甫

毛恒甫（1930—2014），浙江省建德市人，中共党员，政协建德县第五、六、七届委员会副主席。1949 年 12 月参加革命工作，历任建德县城关区工作员，县委宣传部干事、副部长，大洋区委副书记兼大洋乡总支书记，县委办公室副主任、县委宣传部副部长、县文教局局长、县移民办公室工作员，县文化局革委会总支书记、主任，县文教局局长、县政府副县长、县政协副主席。2014 年 12 月去世。

苏尧庭

苏尧庭（1931—1998），浙江省建德县人，中共党员，政协建德市第七届委员会副主席。1952 年 2 月参加工作，1954 年 4 月参加中国共产党。1955 年在乾潭区泷江供销社任主办会计，被评为浙江省供销合作社系统先进工作者，并出席全国首次供销合作社系统先进工作者代表大会。1956 年调中共建德县委审干办公室工作，1972 年任县委组织部办公室副主任。1977 年始，历任县委组织部副部长、部长，县委常委、县纪委书记，县政协第七届副主席。1992 年 5 月退休，任建德市老龄工作委员会主任。1998 年 4 月去世。

黄裕民

黄裕民（1932—2005），浙江省象山县，无党派人士。建德（县）市政协七、八、九届副主席（兼）。1954 年 7 月毕业于宁波农业学校栽培专业，同年 8 月参加工作，任原寿昌县和建德县农业局、寿昌区农技站技术员，历任建德（县）市农业局农业股副股长、股长、农艺师、高级农艺师。杭州市第七、八届人大常委会委员，建德（县）市政协副主席。先后多次被评为浙江省勘测队先进工作者、省科协农村科普工作先进个人、省农业系统年度先进工作者等，1997 年被聘为“建德市人民政府专家咨询委员会委员”。2005 年 4 月去世。

吴北海

吴北海（1935—2019），浙江省建德县人，中共党员，政协建德县第六、七、八、九届委员会主席。1949 年 5 月参加革命工作，历任寿昌县溪口村副村长、县文教科副科长（主持工作），建德县寿昌镇镇长、县政府办公室副主任、县农村工作生产指挥组副组长（主持工作）、三都区委负责人、县农办主任，建德县常务副县长，副书记、县长，临安县委副书记、县长，政协建德市（县）委员会主席。退休后任建德市老年体育协会主席、癌症康复协会理事会会长等。2019 年 10 月去世。

丛 录

○重要文件辑存

关于进一步加强理论学习的若干意见

（2000 年 6 月 23 日市政协十届十五次常务委员会议通过）

为了进一步加强理论学习，不断提高政协领导干部、全体政协委员的思想政治水平和履行政协职能水平，特提出以下意见：

一、增强理论学习的自觉性和紧迫感，明确理论学习的内容和重点

1. 深刻认识理论学习的重要性。学好理论，是坚持正确的理想信念、坚持党的基本路线不动摇的重要保证，是提高我们自身素质、掌握各种科学规律，并自觉将所学理论和知识运用到改革开放和现代化建设中去的客观需要。每个政协委员和政协机关干部都必须高度重视理论学习，制订学习计划，保证一定自学时间，并积极参加政协组织的各类学习活动。

2. 准确把理论学习的重点。邓小平理论是当代中国的马克思主义，是马克思主义在中国发展的新阶段。根据中共十五大提出的要用邓小平理论来指导我们整个事业和各项工作的要求，要在全面、正确领会和掌邓小平理论科学体系和精神实质上下功夫。为此，要认真刻苦地研读邓小平原著，学习邓小平建设有中国特色社会主义理论的一系列重要论述。同时，还要选学马列著作和毛泽东著作，学习中共十一届三中全会以来党和国家的重要文献，尤其要注重学习“三个代表”重要思想等重要讲话。

3. 系统学习新时期党的统一战线和人民政协理论。学习党的统战、政协理论对推动政协工作的开展具有十分重要的意义和指导作用。为了不断提高新时期人民政协履行职能的实效，必须认真学习统战、政协理论，认真学习老一辈革命家对人民政协工作的一系列重要论述，认真学习江泽民、李瑞环同志在庆祝人民政协成立五十周年大会上的讲话，认真学习全国政协的有关文件资料。

4 积极主动地学习新知识，面对新世纪的挑战，需要我们拓宽眼界，既要坚持学习专门知识，更要重视学习新的知识，全面提高思想政治素质和业务素质，努力使自己的思想和知识水平跟上时代的需要，重视学习经济、政治，法律、科技、历史、文化等方面的知识，还要学习国际政治和经济方面的知识。

二、进一步健全学习制度，分层次开展理论学习活动

1. 建立导班子读书会制度，市政协领导除参加中共建德市委理论学习中心组学习外，根据学习要求和政协工作实际，每半年举行一次领导班子读书会，时间 1—2 天。

2. 健会常委学习例度。全体常委除参加政协组织的其他学习活动外，坚持逢委会会议必学制度。

3. 组织引导政协委员学习。政协委组要坚持每两个月组织一次学习的制度，政协委员要积极参加所在委组学习，学习委员会每年要组织 1—2 次学习报告会，学习文史研究室要不定期印发一些学习资料，供委员学习。

4. 抓好机关工作人员学习。市政协机关工作人员的学习由办公室负责组织，结合政协工作实际，制订学习计划，并按计划认真实施。

三、发扬理论联系实际的学风，注重学习成效。

1. 自觉端正学风，紧密联系思想实际和政协工作实际。要通过理论学习，坚持在改造客观世界的同时，努力改造自己的主观世界，进一步振奋精神，重视并解决好自身在党性修养、工作作风等方面的问题，理论学习要联系和思考改革、发展、稳定方面的重要问题和突出问题，要研究和思考政协工作面临的新情况、新问题，进一步探索履行政治协商、民主监督和参政议政职能的有效形式和方法，以推进政协工作的规范化、制度化建设。

2. 加强对理论学习的指导。政协领导班子成员和政协常委在理论学习中要起带头作用，作出表率。学习委员会要加强对委组学习的指导，认真研究和探索理论学习的方法和形式，提高学习成效；专委会及组要采取有效措施，确保理论学习计划落实到位。

3. 继续坚持政协学习的“三自”“三不”原则。即提倡自己提出问题、自己分析同题、自己解决问题；坚持不抓辮子、不扣帽子、不打棍子。在坚持四项基本原则的前提下，做到放开思想、各抒已见、求同存异，增进共识。

中共建德市委
关于进一步推进改革创新加强人民政协工作的意见

（2010 年 2 月 8 日）

为深入贯彻《中共中央关于加强人民政协工作的意见》（中发〔2006〕5 号）、《中共浙江省委关于加强和完善人民政协政治协商促进科学民主决策的意见》（浙委〔2009〕60 号）和《中共杭州市委关于进一步加强人民政协工作的意见》精神，全面落实省委和杭州市委在建德开展政协机构设置改革试点工作的要求，推进人民政协履行职能的制度化、规范化、程序化建设，促进人民政协事业新发展，为加快建设秀美繁荣和谐新建德做出新贡献，提出如下意见：

一、加强和改善党对人民政协工作的领导

1. 深刻认识加强人民政协工作的重要意义。人民政协是中国人民爱国统一战线的组织，是中国共产党领导的多党合作和政治协商的重要机构，是我国政治生活中发扬社会主义民主的重要形式。推进改革创新，加强人民政协工作，是提高党的执政能力、扩大党的执政基础的重要途径，是坚持和完善中国共产党领导的多党合作和政治协商制度的内在要求，是保证人民当家作主、发展社会主义民主政治的重要任务，是最广泛最充分地调动一切积极因素、构建社会主义和谐社会的迫切要求，是全面贯彻落实科学发展观、实施“工业强市、商旅活市、环境立市”三大战略、加快建设秀美繁荣和谐新建德的客观需要。因此，各级党委要站在巩固党的执政地位、发展社会主义民主政治的战略高度，充分认识加强人民政协工作的重要意义，增强多党合作意识、民主决策意识、主动协商意识、接受监督意识、支持参政意识，切实把思想认识统一到中共十七大、中央 5 号文件精神和胡锦涛总书记在庆祝人民政协成立 60 周年大会上的讲话精神上来，把中央和省、市的各项规定落到实处，扎实做好新形势下的人民政协工作。

2. 巩固和完善人民政协工作的良好格局。各级党委要按照总揽全局、协调各方的原则，协调好人民政协与其他国家机关之间的关系，支持人民政协依照章程独立负责、协调一致地开展工作，形成党委重视、政府支持、政协主动、各方配合的良好政协工作格局。要把人民政协工作纳入总体工作布局，把是否重视人民政协工作、能否充分发挥人民政协作用，作为衡量执政能力的重要标准；把是否具有民主观念和意识、是否支持配合人民政协工作，作为干部选拔任用的重要内容。各级政府及职能部门要切实支持人民政协履行职能的各项工作和活动，做到工作上大力支持、经费条件上充分保障。

3. 坚持和完善党委加强人民政协工作领导的各项制度。

（1）每届市委任期内，至少召开 1 次政协工作会议，专门研究部署政协工作。

（2）党委主要领导亲自负责政协工作，党委和政府都要明确 1 名领导联系政协工作，加大对政协工作的统筹协调和支持力度。

（3）市委常委会每年至少听取1次政协工作情况汇报，及时了解和研究解决政协工作中的重大事项和实际问题。

（4）市委召开常委会议和其他有关重要会议，应请市政协党组书记列席；政府召开全体会议、常务会议及重要专题工作会议等应邀请政协领导参加；市委和市政府组织的重大活动，应邀请市政协领导和专委会负责人参加。

（5）建立政协工作协商联席会议制度，由市委主要领导召集，市委市政府主要领导、联系政协工作的领导以及市政协正副主席、秘书长、专委会主任参加，协商讨论市委、市政府需要与市政协进行政治协商、民主监督、参政议政的主要内容、政协常委会专题调研主要课题以及其他需要协商讨论的议题。一般应在每年年中、年底各召开一次，必要时临时召开。

（6）市政协召开全体会议，市委、市人大和市政府领导及有关部门负责人应参加，与委员们协商讨论、共商发展大计；市政协召开常委会议，市委、市人大和市政府及有关部门应安排领导同志参加，通报情况、听取意见，其中市委、市政府主要领导每年至少参加1次。

（7）市委要把重大事项主动提交政协政治协商、接受政协民主监督、支持政协参政议政等工作作为常委会向全委会报告工作的重要内容。要把政协工作纳入乡镇（街道）、市级机关部门的年度工作考核目标，占有一定分值，并作为党政主要领导及联系政协工作领导干部述职、述廉的重要内容。

（8）各级党委应把中央、上级党委有关加强人民政协工作的重要指示、决定和本级党委作出的意见的贯彻落实情况纳入督查范围，及时督促检查，促进有关政策和制度的贯彻落实。

（9）各乡镇（街道）要建立政协工作制度，未进入党委班子的专职主任或主持日常工作主任，应列席同级党（工）委会议。

4. 切实推进政协改革创新。要按照省委和杭州市委的要求，认真做好政协机构设置改革试点工作，积极探索专门委员会工作新思路新方式，切实加强工作活力和成效。加强对改革过程中出现的新情况、新问题的研究，在实践中不断探索，在探索中不断总结，在总结中不断提高，推进制度创新和工作创新，努力使改革工作具有超前性、科学性和可学性。做好改革试点工作相关资料的收集整理和总结提炼工作，为全省政协机构改革提供借鉴经验。

5. 充分发挥政协党组的领导核心作用和政协组织中共产党员的先锋模范作用。市委要重视通过政协党组实施对政协工作的领导。市政协党组要在市委的领导下开展工作，在履行职能过程中遇到重大事项、重大问题应及时向市委请示报告。要切实肩负起实现党对人民政协领导的重大责任，保证党的路线、方针、政策和市委的重大决策部署贯彻到人民政协的全部工作中去。要建立政协党组成员联系各民主党派、工商联制度，推动参加人民政协的各民主党派、人民团体和各族各界人士自觉接受中国共产党的领导，使党的主张成为各民主党派、人民团体和各族各界人士的共识。要按照市委统一部署和政协章程的规定，配合市委有关部门共同研究换届时有关界别设置、政协委员名额、人选和常务委员人选以及届中委员调整的有关问题，并积极提出建议。重视发挥政协委员和政协机关中的共产党员的作用，真正成为合作共事、发扬民主、求真务实、廉洁奉公的模范。

6. 切实加强人民政协理论学习和宣传。各级党委要重视人民政协理论的学习。党委理论学习中心组要把人民政协、统一战线理论作为重要学习内容；市委党校要把人民政协、统一战线理论政策作为党政领导干部和公务员培训的必修内容，设置专门课程，确保市中青年干部培训班、正职班、公务员任职班和市管干部进修班等每期不少于4课时，并纳入学习考试范围。市委宣传部门要把人民政协工作纳入宣传工作的总体部署，制定相应的意见和办法，建立联席会议等制度，共同研究年度宣传计划和重点，形成宣传人民政协工作的长效机制。

市政协要加强内部刊物、建德政协网站等媒体和宣传队伍建设。各新闻媒体要及时报道政协的有关重要会议和履职活动，开设并办好宣传人民政协工作和民主政治建设的专版、专栏和专题节目。

二、切实把人民政协政治协商纳入决策程序

7. 政治协商主要内容：

①市党代会、市委全委会的工作报告和重要决定；

②市政府工作报告、人民法院和人民检察院工作报告、国民经济和社会发展年度计划报告、财政预决算报告；

③国民经济和社会发展中长期规划、本市市域总体规划、土地利用总体规划和城市建设总体规划等重要规划方案及其重大调整；

④市委、市政府机构改革和重大体制改革方案；

⑤重要人事安排：换届时市委提出的市人大常委会、市政府、市政协领导成员和市人民法院、市人民检察院主要领导的建议人选；市委在较大规模干部调整时确定的总体原则；

⑥本市级及以上市政府重点建设项目的决策和调整；

⑦重要的政府政策规章；

⑧关系人民群众切身利益的重大决策及其调整；

⑨市各党派参加人民政协工作的共同性事务、市政协内部的重要事务以及有关爱国统一战线的重要问题

⑩市委、市政府、市政协认为有必要进行政治协商的其他经济、政治、文化和社会生活中的重大问题。

8. 政治协商主要形式：

（1）会议协商。

①市政协全体会议：协商讨论市政府工作报告、人民法院和人民检察院工作报告、国民经济和社会发展年度计划报告、财政预决算报告。

②常务委员会会议：协商讨论市党代会、市委全委会的工作报告和重要决定；市政府工作报告；国民经济和社会发展中长期规划等重要规划方案及其重大调整；市委、市政府、市政协认为有必要进行政治协商的其他经济、政治、文化和社会生活中的重大问题。

③主席会议：协商讨论本市市域总体规划、土地利用总体规划和城市建设总体规划等重要规划方案及其重大调整；市委、市政府机构改革和重大体制改革方案；换届时市委提出的市人大常委会、市政府、市政协领导成员和市人民法院、市人民检察院主要领导的建议人选及其他重要人事安排的相关事项；本市级及以上市政府重点建设项目的决策和调整；重要的政府政策规章；市各党派参加人民政协工作的共同性事务、市政协内部的重要事务以及有关爱国统一战线的重要问题；市委、市政府、市政协认为有必要进行政治协商的其他经济、政治、文化和社会生活中的重大问题。

④其他会议：根据协商内容的需要，还可以通过市政协党组受市委委托召开的座谈会、市政协秘书长会议、各专门委员会会议及有关界别委员专题协商会等形式进行协商讨论，听取意见建议。

（2）书面协商。市委、市政府及其部门就本意见规定的协商内容，以书面形式征求政协的意见，或市政协以《协商纪要》、建议案、提案等书面形式，向市委、市政府及其有关部门提出意见和建议。

（3）恳谈协商。市委和市政府领导或部门负责人以约请面谈的形式，围绕协商内容同市政协领导、政协专门委员会负责人或政协委员进行恳谈，沟通情况，交换意见。

9. 政治协商程序：

（1）协商议题的提出和确定。协商议题由市委、市政府提出。一般于每年年底前，由市委、市政府办公室发出通知，要求有关部门（单位）根据下一年度工作计划，提出需要提交政协进行协商的议题建议；每年年初由市四套班子办公室主任联席会议研究并初步提出政治协商议题、协商形式和参加范围的建议方案，报市委确定，列入市委、市政府、市政协年度工作计划，转发各方面共同执行。临时提出的协商议题，由相关部门直接向市委、市政府办公室提出，报市委、市政府主要负责同志审定。

（2）协商活动的准备。每年协商议题确定后，市委和市政府及有关部门要为政协提供了解情况、掌握政策的必要条件。协商的文件和相关材料，有关部门一般应提前 10 个工作日送交政协。市政协要认真制定具体协商方案，围绕协商议题，及时组织政协委员深入开展调研论证。

（3）协商活动的组织。市政协党组根据市委的部署和要求，按照政协章程和有关规定安排协商活动。市委和市政府有关领导及有关部门负责人要积极参加政协的政治协商活动，并就协商议题作出具体说明，开展双向交流，认真听取意见。属年度计划安排的协商会议，应提前 7 个工作日通知与会人员；临时提议的协商会议，应提前 3 个工作日通知与会人员。

（4）协商意见的报送。市政协要认真综合整理协商中提出的意见建议，并形成《协商纪要》

等，及时报送市委和市政府及有关部门。

（5）协商意见的处理和反馈。要高度重视政治协商提出的意见和建议，及时研究，落实办理部门，并以一定形式向市政协反馈采纳落实情况。市政协全体会议、常委会议、主席会议协商后形成的《协商纪要》，应在一周内送市党政主要领导阅批，落实办理部门并及时反馈。特别重要的应提交市委常委会议、市政府常务会议讨论。市委、市政府领导或委派专人应及时将《协商纪要》的采纳落实情况向市政协常委会议或主席会议通报。

10. 政治协商基本要求。市委和市政府要高度重视人民政协的政治协商工作，把政治协商工作摆上重要议事日程，纳入全局性工作统一规划部署、统一协调实施、统一检查落实，保证政治协商的严肃性、经常性和实效性。按照在决策之前和决策执行过程中进行协商的原则，增强政治协商的自觉性和主动性，高度重视和不断完善政治协商这一重要的民主形式，严格按照规定的内容和程序进行政治协商，不能以通报情况的形式代替政治协商，不能以个别征求意见代替应当以组织形式进行的政治协商。市政协党组作为市委的派出机构要主动提出政治协商的建议，也可受市委委托积极做好政治协商准备工作。在协商活动中坚持民主协商、求同存异的原则，充分发扬民主，广开言路，集中民智，广纳良策，增进共识，努力形成民主团结、生动活泼、安定和谐的政治局面。

11. 政治协商机制保障。要修订完善市委、市政府的议事规则、工作规则，把重大问题在决策之前和决策执行过程中主动提交政协协商的要求纳入党委议事规则、政府工作规则，使人民政协政治协商作为党委、政府决策的重要环节予以明确。要建立政治协商办文制度，按照党政办文规则，把重大事项是否经过政协协商、政治协商过程、政治协商意见等纳入市委、市政府及其办事机构的日常办文办会必经程序和重要内容。凡是进行过协商的重要议题，在提交市委和市政府决策讨论时，应当附上政协的协商意见；凡是本意见规定的政治协商内容未经协商的，做到不上会、不讨论、不决策，使中央提出的政治协商“在党委决策之前、人大通过之前、政府实施之前”的要求真正落到实处。

12. 建立政治协商意见督办落实机制。市委办公室负责牵头政治协商的协调、督办和落实工作，建立政治协商意见督办落实联席会议制度，召集市政府办公室、市政协办公室，就政治协商的组织实施、跟进落实、督办反馈等工作进行沟通、协调和研究。并由市委办公室牵头，每年组织上述部门对政治协商意见的落实情况进行检查。市委、市政府要把能否重视政治协商、能否发挥好政治协商的作用作为检验领导水平和执政能力的一项重要内容，纳入领导班子和领导干部考察考核的重要内容。

三、进一步完善人民政协民主监督机制

13. 民主监督内容。主要包括：（1）国家宪法、法律、法规和省、杭州市地方性法规及行政规章在本地区的实施情况；（2）党和国家重要方针政策及省、杭州市和本市市委、市政府重大决策的贯彻执行情况；（3）国民经济和社会发展规划、财政预算、城乡规划建设等执行或实施情况；

(4) 关系人民群众切身利益的民生问题的解决情况；(5) 国家机关依法行政及其工作人员履行职责、遵纪守法、廉洁从政等情况；(6) 政协建议案、提案和社情民意的办理情况；(7) 参加政协的单位和个人遵守政协章程和执行政协决议的情况；(8) 其他需要监督的重要问题。

14. 民主监督形式。(1) 会议监督。组织召开政协全体会议、常委会议、主席会议、专题会议等形式，以建议案或民主监督建议书的形式向市委、市政府提出意见建议。(2) 提案监督。着力提高提案质量、办理质量和服务质量，坚持重点提案和重要提案督办制度，建立健全市委常委、市政府领导领办和市政协领导督办重点提案的制度，完善承办单位主要领导领衔办理集体提案的制度，推动政协提案意见建议的办理和落实，充分发挥提案的民主监督功能。(3) 民主监督小组监督。由市政协根据年度工作安排，从界别和专委会中挑选政治素质好、履职能力强、具有专业知识的委员，组成民主监督小组，对某项工作或某部门开展专项监督，通过明察暗访、视察调研等途径，客观公正地行使监督权利，提出建议和批评，促进部门改进作风、提高效能，推动有关工作。(4) 视察监督。建立健全“点”“线”“面”相结合的视察工作机制，组织委员就重要工作和重大问题开展调研视察，或有选择地对市政协建议案、提案、调研报告等的办理反馈情况开展跟踪视察，提出批评和建议。(5) 民主评议监督。在市委的统一部署下，市政协组织委员对国家机关及其工作实施民主评议，在深入调查研究、充分听取各方意见的基础上，形成《民主评议建议书》，开展专项监督。(6) 政情咨询监督。通过政情咨询或交流的形式，向政府部门了解政务、知情明政，直接与部门负责人进行对话和沟通，推动有关工作开展。(7) 反映社情民意监督。畅通政协反映社情民意的渠道，加强与各界别群众和委员的联系，广泛收集社情民意信息，及时向市委、市政府和上级政协机关反映各界的呼声，促进有关问题的解决。(8) 民主监督员监督。由市政协统一选派政协委员担任部门的民主监督员，履行民主监督职能。民主监督员应每年向市政协书面汇报监督履职情况。任何部门不得直接向市政协委员个人聘任民主监督员。

15. 民主监督机制。(1) 完善知情环节。建立重要情况通报制度，市委、市政府至少每半年向政协通报一次经济社会发展等情况。各部门的重要工作和重大问题应及时通报，保障政协组织和委员的监督知情权。(2) 完善沟通环节。建立和完善市委、市政府有关部门与政协专委会的对口联系制度，每年至少开展 2 次对口联系活动，畅通交流渠道，加强工作联系。党政部门作重大工作决策和部署、召开重要会议应邀请政协对口专门委员会参加，并应视情邀请本单位、本系统委员及民主监督员列席。政协在开展相关监督活动时，市委、市政府分管领导及有关部门负责人应积极参加，加强交流，听取意见。(3) 完善反馈环节。要认真研究处理政协提交的监督意见建议，及时办理和反馈。对领导批示、落实措施、取得成果等都要及时向市政协书面通报反馈。市政协要将党政部门采纳落实监督意见的情况，及时告知各参加单位或委员个人。

16. 民主监督有关要求。(1) 市政协每年要制定年度民主监督的工作计划和具体实施方案，并认真组织实施。(2) 各级党委、政府和市级机关各部门要把政协的民主监督作为推进工作、改进作风、加强廉政建设的重要手段，大力支持政协开展民主监督，认真倾听来自人民政协的批评和建议。(3) 要切实尊重和依法保护政协委员民主监督的权利，对抵制和阻挠监督甚至打击报复的行为，必须严肃查处。(4) 各级党政机关、司法机关和有关部门要了解和熟悉政协民主监督的性质、内容、方式和原则，自觉支持和配合政协履行民主监督职能，自觉接受政协民主监督。(5) 市委和市政府的监督机构要密切与市政协的联系，加强工作协调和配合，促进政协民主监督与法律监督、行政监督、纪律监督的结合，提高民主监督的质量和成效。(6) 市政协要增强履行民主监督职能的意识，不断提高民主监督能力，积极探索民主监督形式，提高民主监督实效。对关系到人民群众利益等重大问题的监督内容、评议意见和建议以及有关职能单位的整改落实情况，可采用新闻媒体进行公示，接受政协委员和社会各界的监督。(7) 建立民主监督意见督办机制。由市政府办公室牵头，召集市政协办公室、行政监察部门，就民主评议意见的办理落实情况进行督办，促进监督意见建议的落实。

四、着力提高人民政协参政议政实效

17. 参政议政内容。主要有：本地区经济社会发展中具有综合性、全局性、前瞻性的重大问题；人民群众普遍关心的热点、难点问题；人民群众关注、党政部门重视、政协有条件做的课题。

18. 参政议政形式。主要有：开展专题调研、视察考察、咨询论证等活动；向市委和市政府提出建议案、提案、调研报告、考察报告；举办专题议政会、研讨会、座谈会、约谈会、通报会；反映社情民意；政协委员参加党委和政府的有关会议和活动。

19. 参政议政要求。(1) 提出方式。市委、市政府于上一年年底或当年年初要提出交由市政协调研的课题，由市政协主席会议选定后报市委。(2) 办理和反馈。要建立健全支持和办理人民政协参政议政工作的各项制度，高度重视和办理落实政协参政议政的意见建议。对政协各民主党派和委员提出的重要意见和建议，要认真研究、积极采纳、及时办理。对市政协全体会议、常委会议、主席会议建议案，党政主要领导要亲自阅批，落实办理部门，由办理部门书面反馈办理情况或由有关领导在政协同层次会议上通报；特别重要的建议案应交市委常委会议、市政府常务会议研究。要认真办理政协提案。市政府领导每年要向政协常委会议通报一次对政协建议案和提案办理落实情况。对市政协编发的《参政议政》、各类调研报告、专题议政会等形式提出的意见和建议，有关部门要认真研究，积极采纳，并给予书面反馈。对以社情民意信息形式反映的意见和建议，由市政府办公室统一批复交有关部门研究办理，再由办理部门予以反馈。

五、不断加强人民政协的自身建设

20. 思想作风和履职能力建设。市政协要高举中国特色社会主义伟大旗帜，以邓小平理论和“三个代表”重要思想为指导，深入贯彻落实科学发展观，牢固树立党的观念、大局观念、民主观念、群众观念、创新观念、围绕中心，致力发展，关注民生，履职为民，增强做好新形势下人民政协工作的使命感和责任感，紧紧围绕团结和民主两大主题，全面履行政治协商、民主监督、参政议政职能，充分发挥协调关系、汇聚力量、建言献策、服务大局的作用。要进一步健全完善人民政协自身的各项工作制度，推进人民政协履行职能的制度化、规范化、程序化。要适应新形势、新任务的需要，不断加强学习，进一步提高自身素质和能力，积极探索政协工作的有效途径和方式方法，努力提高履行职能的成效，推进建德市人民政协事业新发展。

21. 政协专委会和机构建设。为适应政协事业发展的需要，根据浙江省委和杭州市委的要求，建德市政协进行内设机构改革试点工作．市政协机构设置为“一办六委”：办公室、政治协商工作委员会、民主监督工作委员会、参政议政工作委员会、提案工作委员会、文史工作委员会、委员学习和工作联络委员会。每个专委会配备1名专职领导和1—2名专职工作人员。专委会主任应为市政协常务委员。

22. 政协界别建设。要认真研究并合理设置界别，使政协界别设置更加适应经济社会发展实际和社会阶层结构的变化。进一步建立和完善政协界别与政府部门工作沟通交流机制。为界别和委员知情问政和履行职能创造条件。切实发挥界别联系各界、渠道畅通的优势，密切联系群众，扩大群众有序政治参与，做好协调关系、汇聚力量的工作。积极探索界别小组工作量化考核的办法，支持开展先进界别小组评比活动。市政府要将政协界别调研和活动经费纳入财政预算，为界别有效履职提供必要保障。

23. 政协委员队伍建设。进一步完善委员的推选制度，规范委员推荐提名程序，优化委员构成。政协委员的人选推荐工作，中共党员人选由市委组织部提名，非中共委员由市委统战部提名，建议名单由统战部汇总，在征求组织部、政协党组的意见后，报市委审定，然后按政协章程规定的程序办理。在推荐政协委员人选时，各界别要发扬民主，充分协商，实行差额推荐的办法，并征求委员所在地政协组织的意见。要保证每届政协留任委员比例占委员总数的三分之一以上，对拟继续留任的政协委员人选，由政协党组根据委员平时履职情况，提出建议名单。建立健全政协委员的学习培训（轮训）制度，加强对委员履职情况的考核。

尊重和依法保护政协委员的各项民主权利，政协委员所在的单位要在时间、经费、工作条件上支持其参加政协活动，保障其各种待遇不因参加政协活动而受到影响，并邀请其参加本单位重要会议，听取意见和建议；乡镇人代会应邀请本辖区政协委员列席会议，支持政协委员参与社区（村）建设和民主管理；公安司法机关对涉嫌犯罪的政协委员采取限制人身自由措施，纪检监察机关对涉及政协委员违纪行为需要实施“两规”“两指”措施，应按照有关规定及时向政协党组通报情况。

24. 政协机关建设。要把政协机关干部的培养使用和管理纳入党政干部队伍建设的总体规划，切实推进政协机关与党政机关及乡镇（街道）之间干部的双向交流，每年交流1—2名，使政协机关干部队伍建设形成能进能出、良性循环、充满活力的机制。要根据上级党委对市政协机关机构设置的有关要求，适当增加市政协机关干部编制。政协主席、副主席、秘书长和专职常委编制单列，市政协副主席（公务员）的供给关系可由本人选择。

25. 政协基层组织建设。要着眼于推进政协协商民主的创新发展，积极探索政协工作向基层延伸的有效形式和途径。根据上级党委有关文件精神，为适应乡镇（街道）经济社会发展和民主政治建设需要，在全市乡镇（街道）探索试行建立政协工作委员会。政协乡镇（街道）工作委员会为市政协派出机构，机构职级为正乡科级，受市政协常委会和乡镇（街道）党（工）委的双重领导。政协多乡镇（街道）工作委员会工作经费列入乡镇（街道）财政预算。

26. 本意见自下文之日起执行，其他文件与本意见规定不符的，以本意见为准。

中共建德市委关于进一步加强和改进人民政协政治协商的意见

（2014 年 8 月 21 日）

为进一步推进政治协商工作，充分发挥人民政协协商民主作用，促进社会主义民主政治发展，根据中共十八大、十八届三中全会和《中共杭州市委关于进一步加强和改进人民政协政治协商的意见》（市委〔2013〕16 号）精神，结合建德市实际，现就加强和改进人民政协政治协商工作提出如下意见。

一、加强和改进人民政协政治协商的重要意义和指导思想

1. 人民政协政治协商是中国共产党领导的多党合作的重要体现，是党和国家实行科学民主决策的重要环节，是党提高执政能力的重要途径，是健全社会主义协商民主制度的重要内容。加强和改进人民政协政治协商工作，有利于广纳群言、广集民智，扩大公民有序政治参与，发挥社会主义协商民主的优势和作用；有利于增进共识、增强合力，形成团结民主、生动活泼、安定和谐的政治局面；有利于加强和改善党的领导，巩固党的执政地位，全面提高党的建设科学化水平。要充分发挥人民政协作为协商民主重要渠道作用，构建程序合理、环节完整的协商民主体系，完善人民政协制度体系，规范协商内容、协商程序，拓展协商民主形式，增加协商密度，提高协商成效，推进协商民主广泛多层制度化发展。

2. 人民政协政治协商要以邓小平理论、“三个代表”重要思想、科学发展观为指导，坚持党委总揽全局、协调各方的原则，由党委统一部署、协调并组织实施；坚持把政治协商纳入决策程序，就重大问题在决策之前和决策执行过程之中进行协商的原则，切实做到协商在党委决策之前、人大通过之前、政府实施之前；坚持民主协商、平等议事、求同存异、增进共识的原则，发扬民主，广开言路，集思广益，鼓励和保障各种意见的充分表达和沟通，促进决策科学化、民主化。

二、人民政协政治协商的主要内容

3. 纳入协商计划的内容，主要包括：

①市党代会、市委全委会的工作报告和重要文件；

②市政府工作报告、国民经济和社会发展年度计划报告、财政预决算报告、人民法院和人民检察院工作报告；

③国民经济和社会发展中长期规划；

④市政府重点建设项目的决策和调整；

⑤换届时市委提出的市人大常委会、市政府、市政协领导成员和市人民法院、市人民检察院主要领导的建议人选，以及政协界别设置，政协委员、常委人选和政协各专委会负责人人选。

4. 根据年度实际工作安排提出协商的内容，主要包括：

①市委市政府作出的有关建德市经济、政治、文化、社会、生态文明建设以及党的建设的重要决定、意见；

②市委、市政府机构改革和重大体制改革方案；

③本市市域总体规划、土地利用总体规划和城市建设总体规划等重大专项规划的制定和重大调整，行政区划的重大调整；

④关系人民群众切身利益的重大决策及其调整；

⑤重要人事安排；

⑥各党派参加人民政协工作的共同性事务、政协内部的重要事务以及有关爱国统一战线的重要问题；

⑦其他需要协商的重要问题。

三、人民政协政治协商的基本形式

5. 政协全体会议。一般每年举行一次。听取和审议政协常务委员会工作报告、提案工作情况报告、政协全体会议建议案；选举政协常务委员会组成人员；协商讨论市政府工作报告、国民经济和社会发展年度计划报告、财政预决算报告，市人民法院、市人民检察院工作报告，以及协商讨论第 3、第 4 条的有关内容。市委、市人大、市政府领导班子成员，人民法院、人民检察院主要负责同志和有关部门负责人出席会议，听取意见，与各界代表人士共商发展大计。

6. 政协常委会议。一般每季度举行一次。重点讨论市委提出的协商议题和事关建德市经济、政治、文化、社会和生态文明建设的重要建言议题，听取市委、市政府及有关部门关于所涉议题的报告或说明，提出意见和建议；审议市政协常委会工作中的重大事项，审议提交政协全体会议的文件。与协商建言议题有关的市委、市政府领导及有关部门负责人到会听取意见，共同协商。

7. 政协主席会议。一般每月举行一次。主要根据市委工作部署和市政协常委会工作计划，协商讨论第 3、第 4 条有关内容，就市委、市政府的重大决策及经济社会发展中的重大问题进行重点协商；审议提请市政协常委会议协商的议题；安排协商活动，决定协商的形式和内容；研究讨论市政协工作部署和内部事务。与协商议题有关的市委、市政府领导及有关部门负责人到会通报情况，听取意见。

8. 政协党组专题座谈会。受市委委托并按照市委确定的专题，由市政协党组组织相关界别的委员围绕主题进行协商讨论，听取意见，提出建议。

9. 政协秘书长会议。主要就各党派参加人民政协工作的共同性事务、政协内部的重要事务、有关爱国统一战线的其他重要问题以及提交市政协主席会议协商讨论的重要议题，共同协商，提出意见和建议。

10. 市政府市政协工作协商联席会议。一般每年举行两次，由市政府和市政协分别主持，市政府和市政协领导班子成员参加。双方相互通报有关工作安排及实施情况，听取工作意见和建议，协商讨论市政府拟提请市政协开展政治协商的议题、调研课题，协商解决市政协履职中需要市政府支持的有关问题。

11. 市政协专题协商会。由市政协主席会议根据工作需要决定。主要协商讨论市委、市政府提出的需要市政协协商的议题，或市政协提请市委、市政府及有关部门协商的议题。与协商议题有关的市委、市政府及有关部门负责人到会通报情况，听取委员意见。

12. 界别协商会。由市政协根据工作需要组织举行。侧重于界别代表性、领域深度性、行业专业性，重点协商相关领域中带有基本性、长远性、战略性的问题。与协商议题相关的市委、市政府部门负责人到会通报情况，参会的界别委员提出意见和建议，相互交流，协商讨论，增进共识。

13. 对口联系协商会。由市政协专委会根据工作需要组织召开。重点就经济社会发展某一领域的行业性、专业性的方针政策或重要问题，市委、市政府有关部门与市政协相关专委会进行对口协商。协商议题一般由市委、市政府有关部门提出，也可由市政协专委会提议。相关部门负责人到会通报情况，听取意见。进一步健全政府部门同民主党派对口联系制度，不断拓展对口联系的领域。

14. 提案办理协商会。由市政协组织、提案者和提案承办单位协商举行。建立健全提案预交办协商、集体面商、综合协商、专题协商等制度，完善承办单位、提案者、市政协组织三方沟通协商机制，在协商中增进共识，推动工作的落实。对市政协全体会议建议案，市委、市政府主要领导要亲自批阅，并提交市委或市政府有关会议专题研究办理。对市委、市政府领导领办的重点提案和民主党派集体提案，要加大办理协商力度，发挥引领示范作用。完善提案办理的考核评价机制和体系，促进提案的有效落实。

15. 情况通报会。市委、市政府就经济社会发展的重大问题和重要工作，纪检监察机关就党风廉政建设情况，市人民法院、市人民检察院以及公安等部门就工作情况，每年在政协情况通报会上进行通报，并听取各民主党派、工商联、无党派人士和各界代表的意见和建议。

16. 政协基层民主协商。进一步推进政协工作向基层延伸，充分发挥政协在基层民主协商中的优势和作用，为基层党委政府、政协委员和各界人士搭建协商平台，着重就基层经济社会发展的重要问题和涉及基层群众切实利益的实际问题进行协商。创新基层民主协商的途径和方式，通过开展丰富多样的履职活动，发挥协调关系、解疑释惑、化解矛盾、协商建言的作用。

17. 恳谈协商。市委和市政府领导或部门负责人以约请面谈的形式，围绕协商内容同市政协领导、政协专门委员会负责人或政协委员进行恳谈，沟通情况，交换意见。

18. 书面协商。除上述形式外，市委、市政府及有关部门以书面形式向市政协征求意见，市政协通过协商纪要向市委、市政府及有关部门提出协商意见。

四、人民政协政治协商的运行机制

19. 制定协商计划。每年年初，由市委、市政府、市政协制定并组织实施协商年度工作计划。市委办、市府办组织党政各部门（单位）提出年度协商议题。市政协党组可就年度协商议题和工作计划提出建议。市委办根据市委、市政府的年度工作重点，有关部门的协商议题以及市政协党组的建议，综合汇总提出市政协政治协商年度工作计划，经市委确定后执行。临时提出的协商议题，由相关部门直接向市委、市政府、市政协办公室提出，报市委、市政府、市政协相关领导同意后实施。

20. 准备协商活动。协商计划和议题确定后，有关单位一般应在协商活动前 15 个工作日，将需要协商的文件材料送交市政协。市政协一般应提前 10 个工作日通知相关人员，并提供相关协商材料。临时提交的协商议题，应提前 3 天通知相关人员，并提供相关协商材料。为保证协商质量，政协要组织相关专委会和委员开展专项调查研究，听取各方面意见和建议，形成协商意见。与协商议题有关的市委、市政府部门要支持和做好专题调研、委员视察、咨询通报、提供资料等工作。

21. 召开协商会议。市委、市政府有关领导及有关方面负责人参加政治协商活动，并就协商议题作出具体说明，开展双向交流，认真听取意见。市委、市政府主要领导每年应至少参加一次政治协商活动。市政协根据协商内容，可邀请新社会组织、新经济组织等社会各阶层人士参加会议，广泛听取意见。重要人事的协商根据市委要求和有关条例，可在市政协常委会议、主席会议上进行。加强协商过程中的沟通交流，使参加协商的各方能够充分发表意见建议，提高政治协商的实效性。

22. 整理和报送协商成果。市政协的协商会议和活动，一般由政协办、有关专委会及有关界别在协商活动结束后 7 个工作日内，将委员提出的意见建议汇总、整理，形成协商纪要，报送市委、市政府及有关部门。

23. 办理和反馈协商意见。对市政协全体会议、常委会议、主席会议、专题协商会形成的协商纪要，由市委、市政府主要领导阅批，明确办理部门，提出办理意见；其他会议形成的协商纪要，由市委、市政府领导阅批。特别重要的政治协商意见要列入市委常委会或市政府常务会议进行研究，作为决策的重要参考和依据。经过协商的重要议题，在提交市委、市政府决策讨论时，一般应附上协商纪要。对协商意见的采纳情况，市委办、市府办及有关部门应以书面形式反馈给市政协办。对本年度政治协商开展情况及其成效年末应有总结，由市委、市政府在次年的市政协全体会议或常委会议上通报。

五、人民政协政治协商的保障落实

24. 改善党对人民政协政治协商工作的领导。各级各部门要增强政治协商的自觉性、主动性和计划性，切实把政治协商放在全市发展大局中加以部署和推进，全面统筹协调开展协商活动。要避免随意变更协商计划、议题和时间，不能以简单的情况介绍代替政治协商，不能以个别征求意见代替应当以组织形式进行的政治协商，不能以决策后的通报代替决策前的政治协商。

25. 保证人民政协政治协商的规范性。本意见第3条规定的内容，都应纳入年度政治协商计划；第4条规定的内容，应在决策讨论之前及时提出，未经协商的原则上不上会、不讨论、不决策。

26. 推进人民政协政治协商制度的有效衔接。市委、市政府要把重大问题在决策之前和决策之中主动开展政治协商的要求纳入市委议事规则、市政府工作规则，使政治协商成为共同遵守的行为准则。把政治协商过程和协商意见的采纳情况纳入市委、市政府及其办事机构日常办文办会办事的必经程序，严格按规定的内容和程序开展协商活动，实现政治协商与市委、市政府工作和程序的有效衔接。建立政治协商信息公开制度，及时向社会公布协商的有关情况。

27. 建立健全人民政协政治协商的督办落实机制。加强对政治协商工作的考核，把政治协商开展情况纳入对各级各部门年度工作考核的重要内容。建立政治协商督办落实联席会议制度，由市委领导牵头，召集有关方面定期研究、沟通和协调政治协商计划的制定、协商活动的组织实施、协商纪要的办理采纳等工作。市政协可通过视察、调研、座谈、走访等方式，对协商意见进行跟踪问效，促进协商意见建议的落实。

28. 加强人民政协政治协商的能力建设。根据经济社会发展和社会阶层结构的变化，进一步调整和优化界别设置，增强界别的代表性、包容性，更加充分了解和反映社会各界的愿望和诉求。完善政协委员推选制度，优化委员推荐报名程序，改进委员产生办法，委员推选的总体原则、方案、名额及具体人选等要充分听取市政协党组的意见。加强委员的学习培训和服务管理，提高委员履职的整体水平。政协委员所在单位要积极支持和保障委员参加政协的各类学习培训和履职活动。强化政协专委会的基础性作用，健全专委会工作机制。视情增加市政协机关的人员编制。加强市政协与市委、市政府机关的干部交流使用，加大政协机关干部对外交流力度，激发政协干部队伍的生机和活力。认真研究解决政协开展工作面临的实际困难和问题。

29. 要充分发挥政协党组在政治协商中的作用。市委要鼓励和支持市政协开展制度创新和实践创新。市政协党组要在市委领导下开展工作，履行职能过程中遇到的重大事项、重大问题应及时向市委请示报告，确保市委关于加强政治协商的部署要求贯彻落实到政协工作中去。

中共建德市委关于进一步加强和改进人民政协民主监督的意见

（2014年8月21日）

为推进人民政协履行民主监督职能的制度化、规范化、程序化建设，充分发挥人民政协民主监督职能，更好地服务党委、政府中心工作，促进建德市改革发展和民主法治建设。根据中共十八大、十八届三中全会，以及《中共浙江省委关于加强人民政协民主监督的意见》（浙委发〔2013〕35号）、《中共杭州市委关于进一步加强和改进人民政协民主监督的意见》（市委〔2014〕

8号）及《中共建德市委关于进一步推进改革创新加强人民政协工作的意见》（市委〔2010〕4号）等有关文件精神，结合建德市实际，现就加强和改进人民政协民主监督工作提出如下意见。

一、充分认识加强人民政协民主监督的重要意义

1. 人民政协的民主监督是我国社会主义监督体系的重要组成部分，是在坚持四项基本原则的基础上通过提出意见、批评和建议的方式进行的政治监督，是参加人民政协的各党派团体和各族各界人士通过政协组织对党政机关及其工作人员的工作进行的监督，也是中国共产党在政协中与各民主党派和无党派人士之间进行的互相监督。作为政治监督，它是坚持和完善中国共产党领导的多党合作和政治协商制度的重要内容，是发展社会主义协商民主的重要体现，是我国权力运行制约机制的重要环节，是人民行使监督权力的重要形式，具有层次高、范围广、组织性强、影响力大的特点和优势，在我国政治体制运行中具有独特的不可替代的作用。

2. 加强和改进人民政协民主监督工作，有利于加强和改善党的领导，提高党的执政能力；有利于改进政府工作，推动重大决策和工作部署的落实；有利于推进党风廉政建设，促进党政干部勤政廉洁；有利于促进经济发展和社会和谐稳定，凝聚起强大的社会正能量；有利于保障改善民生，维护人民群众利益。充分发挥人民政协民主监督职能，对于贯彻落实市委关于全面深化改革再创体制机制优势的决定，实现建德创业再出发，具有重要意义。

二、把握人民政协民主监督的基本原则

1. 坚持党的领导。始终坚持党委的统一领导，认真贯彻党委的决策部署，切实把牢正确政治方向。

2. 坚持服务大局。始终围绕党委、政府重大决策部署和经济社会发展的重点难点问题开展监督，紧扣中心，贴近中心，寓监督于参与、支持和服务之中。

3. 坚持维护民利。始终把维护人民群众根本利益作为监督工作的出发点和落脚点，真实反映群众意愿，真心维护群众合法利益，助推保障和改善民生工作。

4. 坚持民主协商。始终把民主协商贯穿于民主监督工作之中，发扬民主，协商议事，体谅包容，认真听取各方面人士的意见建议。

5. 坚持实事求是。始终发扬求真务实精神，一切从实际出发，察实情、讲真话、求实效，如实反映情况，客观分析问题，敢于和善于提出批评意见和建议。

三、明确人民政协民主监督的主要内容

1. 国家宪法、法律、法规和省、杭州市地方性法规及行政规章在本市的实施情况。

2. 党和国家重大方针政策及省、杭州市和本市党委政府重大决策部署的贯彻执行情况。

3. 国民经济和社会发展规划及年度计划、城乡规划、财政预算、重大改革方案的制定和执行情况。

4. 政府重大投资项目、民生工程、生态文明建设和环境保护工作的实施情况。

5. 人民群众关注的热点难点问题的处置解决情况。

6. 党政机关及其工作人员依法执政、依法行政、公正司法、执政为民、工作作风、效能建设、廉洁从政的情况。

7. 政协组织和政协委员所提意见建议的办理落实情况。

8. 参加政协的单位和个人遵守政协章程、执行政协决议的情况。

9. 其他需要监督的重要问题。

四、完善人民政协民主监督的主要形式

1. 会议协商监督。召开政协全体会议、常委会议、主席会议、专题协商会议、对口协商会议、界别协商会议、提案办理协商会议、专委会会议等，以建议案、政协专言、协商纪要、民主监督建议书、参政议政、大会发言、分组联组讨论、面对面沟通交流等形式，向党委、政府提出意见建议。

2. 专项集体民主监督。按照党委统一部署和政协总体工作安排，围绕事关改革发展稳定的重大问题和人民群众反映强烈的热点难点问题，组织政协委员综合运用调研视察、座谈走访、问卷调查、公开听证、明察暗访等多种方式开展监督，向党委、政府提交专项集体民主监督报告。

3. 民主评议监督。根据党委、政府中心工作，由政协选择社会各界关注、与人民群众切身利益密切相关的部门（单位）或专项工作，组织政协委员开展民主评议，提出民主评议监督意见建议。

4. 民主监督员监督。根据《关于统一选派政协委员担任民主监督员工作的实施意见》（市委办发〔2010〕97 号）的规定要求，由市政协、市纪委、市监察局联合向政府部门、司法机关及有关单位统一选派民主监督小组，或应邀推荐政协委员担任特约监督员、行风监督员，对有关部门（单位）及其工作人员工作情况进行经常性监督，提出民主监督建议。

5. 提案监督。通过政协提案，对党政机关及其工作人员的工作提出意见建议。通过建立健全市委常委、市政府领导领办和市政协领导联系督办建议案、重点提案及党派团体重要集体提案机制，完善承办单位主要领导领衔办理集体提案制度，加强提案办理协商，网络公开办理提案，开展提案办理专项视察、民主评议和“回头看”，公开提案和提案办理答复意见等形式，对提案办理落实情况进行跟踪问效，督促监督。

6. 视察监督。组织政协委员对经济社会发展和事关人民群众切身利益的重大项目、重点工程和重要工作进行视察，发现和反映问题，提出监督意见建议。

7. 反映社情民意监督。畅通政协反映社情民意信息的渠道，向市委、市政府及上级政协机关反映社会基本情况和人民群众的意见愿望，推动人民群众最关心最直接最现实的利益问题的解决。

8. 政情咨询问政监督。通过政情通报、咨询、交流和听证等形式，组织政协委员向党政有关部门（单位）和司法机关了解工作情况，与部门负责人进行面对面地对话沟通，提出批评和建议。

9. 对口监督。由政协界别、专委会单独或联合对所联系的党政部门（单位）相关领域重点工作和人民群众普遍关心的重要问题，通过调研、视察、交流等形式进行监督，提出意见建议。

10. 联动联合监督。配合省、杭州市政协围绕经济社会发展中的重大事项，开展联动监督。与纪检监察部门、新闻媒体等就社会普遍关注的热点问题，开展联合监督。政协各乡镇（街道）工委、委员活动小组围绕本区域、本界别重要问题，开展委组联动监督。

11. 参加党政部门组织的监督。根据党委、政府统一部署，由市政协选派政协委员参加党政部门组织的调查和检查活动。

12. 其他形式监督。通过委员举报、委员座谈、工作约谈、网络议政、媒体专栏等形式，有组织地开展民主监督。

五、建立健全人民政协民主监督的工作机制

1. 完善民主监督的知情沟通和督办反馈机制。要在民主监督的知情环节、沟通环节和督办反馈环节上进一步建立健全制度，畅通民主监督的渠道。（1）完善知情环节。建立重要情况通报制度，市委、市政府要定期向政协通报经济社会发展情况和重要工作。党政有关部门和司法机关要定期向政协组织和委员通报相关情况，保障监督知情权。政协要认真组织开展多种形式的学习培训和政情通报活动，为政协委员知情明政创造良好条件。（2）完善沟通环节。市委、市政府及其部门的重要会议和活动应邀请政协领导和机关、专委会负责人参加。坚持和完善党政部门与政协专委会、民主党派、界别的对口联系制度。党政部门作出重大工作决策和部署、召开重要会议时应邀请对口专委会参加，并视情邀请本单位、本系统政协委员及派驻的民主监督小组成员参加。政协在开展相关监督活动时，市委、市政府分管领导及有关部门负责人应积极参加，加强交流，听取意见。（3）完善督办反馈环节。对政协民主监督提出的意见建议，被监督部门（单位）要认真研究，积极采纳、办理和反馈。对政协以《民主监督建议书》提出的监督意见，党政主要领导、分管领导应阅批，被监督部门（单位）主要负责人要向政协党组或主席会议专题汇报办理情况。对监督意见未能及时采纳反馈的，政协可通过视察、调研、约谈等形式进行跟踪督办；对因办理不力造成不良后果和影响的，政协可向市委、市政府提出责任追究建议，市委、市政府要及时检查处理并作反馈。政协要将民主监督建议办理落实情况及时告知有关参加单位或委员。

2. 健全政协民主监督与其他监督形式协作配合机制。按照健全社会主义监督体系的要求，推进政协民主监督与其他监督形式的有机结合，提高政协民主监督的质量和成效。（1）推进政协民主监督与党内监督的有机整合。组织政协委员参加党委及其部门组织的重大事项调研监督活动，纪检监察机关要邀请政协委员参与党风廉政建设和反腐败工作的监督检查，健全委员来信举报通道，会同政协联合评议部门（单位）工作，积极听取政协及委员批评意见。（2）推进政协民主监督与人大监督的有机结合。探索人大与政协围绕经济社会发展的重大问题和重要工作开展协商监督活动。（3）推进政协民主监督与行政监督的有机结合。积极组织政协委员参加政府及其部门组织的重大事项调查、检查、听证和联合执法等活动。建立民主监督意见联合督办工作机制，由市委办、市府办牵头，会同市政协办、行政监察机关，就民主监督建议的办理落实情况进行联合督办，促进监督建议的有效落实。（4）推进政协民主监督与司法监督的有机结合。法院、检察院要邀请政协委员参加相关重要会议活动，旁听重大案件的办理庭审，接受政协委员提交的群众举报、控告、申诉。(5) 推进政协民主监督与舆论监督的有机结合。在新闻媒体开设政协论坛、政协视点、政协之窗等专题节目栏目，利用新闻媒体开展网络民意调查，设立委员论坛、博客、微博、微信、网上工作室等，扩大民主监督的影响。对关系到人民群众利益等重大问题的监督内容、评议意见和建议以及有关职能单位的整改落实情况，可采用新闻媒体进行公示，接受政协委员和社会各界的监督。

3. 健全发挥民主党派、工商联和无党派人士在民主监督中的重要作用的机制。各乡镇（街道）、部门要从完善我国基本政治制度和健全协商民主制度的高度，积极通过政协渠道，利用政协平台，密切与各民主党派、工商联和无党派人士的沟通交流，认真听取各民主党派、工商联和无党派人士提出的意见、批评和建议，自觉接受来自民主党派、工商联和无党派人士的监督。政协要在各种形式的民主监督活动中，营造讲真话、谏诤言的氛围，创造条件，搭建平台，支持各民主党派、工商联和无党派人士在政协提出意见、批评和建议。支持各民主党派、工商联和无党派人士通过政协组织，加强对党委依法执政及党员领导干部履行职责、为政清廉等方面情况的监督。

六、加强和改善对人民政协民主监督的领导

1. 重视支持和自觉接受政协民主监督。市委按照总揽全局、协调各方的原则，进一步加强和改善对人民政协的领导，把政协民主监督作为完善权力运行制约机制的重要环节，作为推动和改进工作的重要手段，及时研究并解决政协民主监督工作中的重要问题，确保政协民主监督工作的正确方向。要把能否重视支持和自觉接受政协民主监督，列入市委、市政府督查机构的督查内容，列入各乡镇（街道）、部门工作的年度考核内容，列入检验党政领导干部基本政治素质的一条重要标准和选拔任用干部的重要参考。要推进政协民主监督制度的整体设计和衔接配套，使之有章可依、按章办事，提高民主监督的制度化、规范化和程序化水平。

2. 积极为政协民主监督创造良好条件。市政府要把政协民主监督工作经费列入财政预算，各乡镇（街道）党（工）委、委员所在单位要支持政协乡镇（街道）工委和委员行使民主监督权利，并提供必要的时间、经费和工作条件等保障。党政部门、司法机关和有关单位要主动支持配合，积极为政协委员了解情况、查阅资料、走访座谈等提供方便。要切实尊重和保护政协委员履行民主监督职能的权利，正确对待政协各参加单位和委员提出的意见、批评和建议，做到不打棍子、不扣帽子、不抓辫子。对阻挠政协民主监督的，政协可建议党委、政府追究有关单位和个人的责任。市委宣传部和各新闻媒体要加强对政协开展民主监督工作的宣传，营造良好舆论氛围。

3. 着力提高政协民主监督能力水平。市政协党组要切实发挥在政协民主监督工作中的领导核心作用，找准民主监督工作的结合点和着力点，周密做好民主监督的组织、协调和实施工作，确保民主监督规范有序开展。要把民主监督寓于政协履行职能的各项工作中，统筹推进，注重实效。每年年初由市政协提出政协年度民主监督工作计划建议，报市委同意后转发执行。要充分发挥政协委员的主体作用，切实加强对政协委员的学习培训和考核管理，组织委员及时了解和把握国家重大方针政策、党委政府重大决策部署和经济社会发展形势，不断提高政治素质和履职能力。继续探索政协民主监督的新形式、新载体、新方法，切实增强民主监督实效。

政协提案工作条例

（1995年2月21日政协建德市第九届委员会常务委员会第九次会议通过，2003年5月27日政协建德市第十一届委员会常务委员会第二次会议修订，2006年1月20日政协建德市第十一届委员会常务委员会第十六次会议修订，2010年9月3日政协建德市第十二届委员会常务委员会第二十一次会议修订，2014年12月5日政协建德市第十三届委员会常委会第十五次会议修订）

第一章　总则

第一条　为发挥人民政协提案（以下简称提案）在履行政治协商、民主监督、参政议政职能中的重要作用，根据《中国人民政治协商会议章程》和有关规定，参照全国政协、浙江省政协《提案工作条例》，结合本市提案工作实际，制定本条例。

第二条　提案是政协委员和参加政协的各党派、各人民团体以及政协各专门委员会、界别活动组（以下统称提案者），向政协全体会议或常务委员会提出的、经提案审查委员会或提案工作委员会审查立案后，交承办单位办理的书面意见和建议。

提案是履行人民政协职能的重要方式，是坚持和完善中国共产党领导的多党合作和政治协商制度的重要载体，是发扬中国特色社会主义民主的重要形式，是协助中国共产党和行政机关实现决策民主化、科学化的重要渠道。

第三条　提案工作以马克思列宁主义、毛泽东思想、邓小平理论和“三个代表”重要思想为指导，深入贯彻落实科学发展观，全面落实习近平总书记系列重要讲话精神，坚持走中国特色社会主义政治发展道路，遵循“长期共存、互相监督、肝胆相照、荣辱与共”的方针，充分发扬民主，广开言路，调动一切积极因素，为推进改革开放和社会主义现代化建设、推进祖国和平统一大业、维护世界和平与促进共同发展服务。

第四条　提案工作要注重政治性、协商性、建设性和求实性，坚持围绕中心、服务大局、提高质量、讲求实效的方针，加强制度化、规范化、程序化和信息化建设，提高提案质量、办理质量和服务质量。

第五条　提案工作是人民政协的一项全局性工作，政协委员和参加政协的各党派、各人民团体以及政协各专门委员会、界别活动组，应当密切协作，充分运用提案的方式履行职能。

第六条　政协全体会议听取和审议常务委员会关于提案工作情况的报告。

第二章　提案审查委员会和提案工作委员会

第七条　每届政协第一次全体会议成立提案审查委员会，由主任、副主任和委员若干人组成，成员从本届政协委员中产生，由第一次全体会议预备会议决定；负责第一次全体会议期间提案审查立案工作，并向全体会议报告提案审查情况。

第八条　每届政协第一次全体会议闭会后，经常务委员会会议审议通过，在提案审查委员会的基础上成立提案工作委员会，列入专门委员会序列，在常务委员会和主席会议领导下，负责提案工作，每届任期五年。提案工作委员会组成人员的调整，依据有关规定办理。

第九条　提案工作委员会的职责：

（一）起草常务委员会关于提案工作情况的报告。向政协全体会议报告提案审查情况。向政协常务委员会会议、主席会议报告工作；

（二）制订全体会议期间提案工作方案和提案工作委员会年度工作计划；

（三）依照本条例的规定，组织征集提案；

（四）对收到的提案审查立案，协商确定承办单位；

（五）对提案办理工作进行检查和督促，对办理不符合要求的，及时商请承办单位重新办理；

（六）对提案进行综合分析，采取多种形式反映重要意见、建议；

（七）组织重点提案的遴选与督办；

（八）组织提案工作的宣传报道，逐步推动提案工作公开化；

（九）组织提案工作学习研讨，开展提案工作理论研究；

（十）加强与市委、市人大、市政府以及各承办单位的联系；

（十一）加强与市政协委员和各民主党派、有关人民团体以及政协其他专门委员会、界别和界别活动组的联系与协作；

（十二）接受省、杭州市政协提案工作委员会的工作指导，加强与兄弟县（市）政协提案工作委员会的联系，互通情况，交流经验，指导工作。

第十条　以提案工作委员会名义形成的文件，须经提案工作委员会全体会议讨论通过，并由提案工作委员会主任审定、签发。

第十一条　提案工作委员会下设办公室。办公室是提案工作委员会的办事机构。提案工作委员会全体会议每季度举行一次，必要时可以临时召集。提案工作委员会主任、副主任及办公室负责人组成主任办公会议，讨论日常工作。

第三章　提案的提出

第十二条　提案的提出方式：

（一）本届市政协委员可以个人或者联名方式提出提案。

（二）市政协全体会议期间，可以界别、小组或者联组名义提出提案。

（三）参加市政协的党派、团体，可以集体名义提出提案，也可联合提出提案。

（四）市政协专门委员会及界别委员活动小组，可以委（组）名义提出提案，也可联合提出提案。

第十三条 提案的基本要求：

（一）提案应当坚持严肃性、科学性、可行性，围绕市委市政府的重大方针政策、战略部署和重要事务的贯彻实施情况以及人民群众普遍关心的热点、难点等方面问题建言献策。

（二）提案应当一事一案，实事求是，简明扼要，做到有情况、有分析、有具体建议。

（三）提案应当通过建德市政协提案管理系统，按照规定的格式撰写后提交。

第十四条 对于在建德市经济、政治、文化、社会生活中发挥重大作用的提案，提案工作委员会应报请主席会议审定后予以表彰。

第十五条 提案可以在市政协全体会议期间提出，也可以在闭会期间提出。提案工作委员会应当加强闭会期间的提案征集工作。提案者应当重视在闭会期间提出提案，可将有关调研报告或者在政协全体会议、常务委员会会议和专题协商会议上的发言按照要求转化为提案。

第四章 提案的审查和处理

第十六条 提案审查委员会、提案工作委员会本着尊重和维护提案者的民主权利、保证提案质量的原则，对收到的提案进行审查，符合本条例第三章、第四章规定的，予以立案。

市政协全体会议期间以提案形式提出的意见建议，由大会提案工作委员会（每届第一次全体会议期间由大会提案审查委员会）初审，并向大会报告提案收集和初审工作情况。市政协全体会议闭会后，市政协提案工作委员会召开提案审查会议，对市政协全体会议期间的提案进行复审，提出能否立案和确定提案承办单位的审查意见，并向主席会议提交提案审查情况的报告。

市政协全体会议闭会期间的提案，作为平时提案处理，由市政协提案工作委员会审查是否立案。

经审查立案的提案，应当根据提案内容和有关单位的职责分工确定承办单位。凡涉及两个或两个以上承办单位办理的提案，应当确定主办单位和会办单位，并由主办单位统一答复提案者。

第十七条 有下列情形之一的，不予立案：

（一）涉及党和国家秘密的；

（二）国家明令禁止的；

（三）中共党员对党内有关组织、人事安排等方面有意见的；

（四）民主党派成员反映本组织内部问题的；

（五）进入民事、刑事、行政诉讼程序或者行政复议、仲裁程序，尚未结案的；

（六）对处分、行政处罚、刑事处罚有异议的；

（七）执纪执法机关正在审查的违纪违法问题的；

（八）属于学术研讨的；

（九）为本人或亲属解决个人问题的；

（十）宣传、推介具体作品、产品的；

（十一）指名举报的；

（十二）超出本市管辖范围的；

（十三）内容空泛、没有具体建议的；

（十四）其他不宜立案的。

未予立案的，应当及时通知提案者。所提意见和建议视不同情况以委员来信、社情民意等方式转送有关部门研究处理或参考。在征得提案者同意的情况下，也可作撤案处理。

第十八条 经审查，有下列情形之一的，可作并案处理：

（一）提案内容基本相同的，经与提案者协商同意后并案，确定一位提案者为领衔人，其余提案者作为附议人；

（二）提案所涉问题相同，提出的意见建议不同的，由提案工作委员会或者提案审查委员会进行并案处理，并案后原提案领衔者均列为领衔提案者。

第十九条 提案工作委员会对涉及建德市全局性重要问题的提案，可以提请主席会议审议通过后，以建议案形式向有关方面提出。

第二十条 对于反映全市改革开放、经济建设和社会发展中的重要问题，人民群众普遍关心的热点、难点问题，对推进经济与社会发展、转变党政机关工作作风等方面有重要作用的建议意见，且在各类提案中有一定代表性，提案内容全面具体，建议科学合理，可行性强的若干提案，应列为重点提案，进行重点办理。

第二十一条 重点提案的产生程序：

（一）初审。市政协提案工作委员会根据重点提案的要求，从各类别提案中选出若干件提案作为重点提案初选件。（对以党派名义提出的提案应列为初选件。）

（二）评选。召开市政协提案工作委员会全体成员会议，对重点提案进行审议，然后通过票决方式，确定提交主席会议审定的重点提案候选件。

（三）审定。市政协提案工作委员会审议后的重点提案必须经市政协主席会议审议通过。

第二十二条 市政协全体会议期间的提案经审查立案后由市政协办公室会同、中共建德市委办公室、市人民政府办公室召开提案交办会议，按归口管理的原则，集中送交有关单位承办；市政协全体会议闭会期间提交的提案，经审查立案后，由提案工作委员会会同中共建德市委办公室、市人民政府办公室及时送交有关单位承办。承办单位对承办主体有异议的，应当在交办后 5 个工作日内退回中共建德市委办公室、市人民政府办公室，以便提案工作委员会重新确定承办单位。

第五章　提案的办理

第二十三条　承办提案的中共建德市委和市人民政府、市检察院、市法院，市有关部门、乡镇（街道）党（工）委和政府、有关人民团体等，根据国家法律、法规、政策和有关规定办理提案，并对提案者作出书面答复，提案办理过程、答复文件、落实情况应当通过提案管理系统提交。

（一）提案办理工作应当健全制度，严格程序，保证质量。凡是有条件解决的，要及时落实；承诺列入计划解决的，应当及时向提案者反馈；确实无法采纳的，要实事求是地向提案者说明情况，作出明确的解释。

（二）承办单位应当在规定的时限内对提案进行答复，其中主办单位应在交办会后3个月内办复，会办单位应在交办会后2个月内将办理意见书面告知主办单位。因情况特殊，在规定时限内难以完成的，必须提前10个工作日向市政协提案工作委员会和市政府办公室提出延期申请，说明理由（如超过办理时限且未提出延期申请的，属未按时办理），经同意后可适当延期。会办件延期时间不得超过1个月；主办件延期时间不得超过2个月。对提案人在闭会期间提出的提案，要严格按照办理时限，最迟必须在当年年底前办复。提案的答复应当按规定的格式行文，由承办单位主要领导或分管领导审核签发，并加盖公章，注明联系人、联系电话和邮政编码，以公文形式答复提案人。对不予采纳的意见和建议，要说明情况。提案办理须逐件答复，答复意见直接寄送提案人，对联名提出的提案，应当将答复意见分别寄送政协委员。所有办理复文和提案者反馈意见应抄送中共建德市委办公室、市人民政府办公室和市政协提案工作委员会。

（三）提案者在收到承办单位办理复文后，应当在半个月内通过建德市政协提案管理系统对提案办理态度、落实情况填报满意度及办理意见进行反馈。提案者所在委组对提案办理等级、落实情况集体评议，提案委成员会议开展综合评议，不满意提案提请市政协主席会议最终审定。

（四）涉及两个或两个以上单位会同办理的提案，主办单位应主动协商，会办单位应当积极配合，及时主动将会同办理意见告之主办单位，由主办单位统一答复提案者；当承办单位之间办理意见不一致时，由主办单位负责协调；需两个以上单位分别办理的提案，由承办单位依照各自的职责办理，并分别答复提案者。

（五）在提案办理过程中，提案者可以通过提案工作委员会向承办单位了解有关提案办理情况，参与提案的办理。

（六）承办单位应当主动加强与提案者沟通，共商解决问题的办法，并征询对办理复文的意见。如提案者对办理结果不满意，承办单位应重新研究，并在1个月内作进一步的答复。

（七）办理党派、人民团体、政协专门委员会的提案，在书面答复前，应征求党派、人民团体、政协专门委员会的意见。

第二十四条　经主席会议审议通过的重点提案，由主席、副主席分别进行重点协商办理。对于重点提案，确定由市委办、市府办为牵头单位，负责联络重点提案的协商办理，提案工作委员会可以采用座谈协商、实地考察、专题调研、走访承办单位、定期联络等方式，配合承办单位抓好重点提案的办理。对承办单位已经承诺，但需按计划分步落实的重点提案，提案工作委员会要跟踪督办，促进提案的落实。

第二十五条 党派、人民团体、政协专门委员会的提案和其他重要提案，提案工作委员会应按市政府办公室确定交办的要求，及时报送主席、副主席，同时由市政协办公室转报市委、市政府有关领导。市政协主席、副主席及各专门委员会应组织督办。

第二十六条 市委常委、副市长领衔的重点提案，由市政协正、副主席和专委会主任参加协商办理；集体提案由政协各活动委组开展协商办理；个人提案由提案承办单位与提案者进行面商。

第六章 附 则

第二十七条 本条例经市政协常务委员会审议通过后组织实行。

政协建德市委员会
二〇一四年十二月十一日

提案审查工作细则

（2019年4月19日建德市政协第十四届委员会第49次主席会议审议通过）

第一条 为加强提案审查工作制度化、规范化、程序化建设，根据《中国人民政治协商会议提案审查工作细则》《中国人民政治协商会议建德市委员会提案工作条例》制定本细则。

第二条 提案审查工作是按照提案标准、原则、程序等确定提案是否立案及其处理方式的过程。提案审查工作遵循围绕中心、服务大局、提升质量、讲求实效的提案工作方针，严格立案标准，规范审查程序，提高审查质量，保障提案者通过提案履行职能的权利，充分发挥提案作用。

第三条 提案审查时依提交时间分为大会提案和平时提案。中国人民政治协商会议建德市委员会全体会议（以下简称政协全体会议）开幕前3个月至政协全体会议规定的提案提交截止时间前提交的提案为大会提案，其他时间提交的提案为平时提案。

第四条 提案审查工作的主体。每届政协建德市委员会第一次全体会议的提案审查工作由提案审查委员会负责，之后的提案审查工作由提案委员会负责。

提案审查的具体工作，在政协全体会议期间由大会秘书处提案组承担，在闭会期间由提案委员会办公室承担。

第五条 予以立案的提案，须符合下列基本条件：

（一）以个人或联名形式提出的提案，提案者应为本届政协委员；以集体形式提出的提案，提案者应为参加政协的各党派、人民团体，政协各专门委员会和政协全体会议期间各界别、小组。

（二）提案内容围绕市委、市政府中心工作建言献策，包括人民群众普遍关心的实际问题，具有严肃性、科学性、可行性。

（三）提案一事一案，实事求是，简明扼要，内容完整，有情况、有分析、有具体建议。

第六条 有下列情形之一的提案，不予立案：

（一）与党的理论和路线方针政策不相符的；

（二）国家宪法和法律法规禁止的；

（三）涉及党和国家秘密的；

（四）与中国人民政治协商会议章程或政协全体会议决议、常务委员会会议决议相违背的；

（五）由委员中的中共党员提出的对党内有关组织、人事安排等方面有意见的；

（六）由委员中的民主党派和工商联成员提出的反映本组织内部问题的；

（七）进入诉讼程序或者行政复议、仲裁程序，尚未结案的；

（八）涉及执纪执法机关正在审查的涉嫌违纪违法问题的；

（九）超出人民政协履职范围，对国家机关及其工作人员要求进行质询或追责的；

（十）涉及举报单位和个人的；

（十一）单纯要求机构编制，或为具体项目争取资金的；

（十二）为本人或亲友解决个人问题的，或代转他人来信的；

（十三）宣传、推介具体作品、产品的；

（十四）属于纯学术讨论的；

（十五）所提问题已经得到解决的；

（十六）超出建德市职权范围的；

（十七）提案审查委员会或提案委员会全体会议审定不予立案的其他情况。

第七条 大会提案的审查工作分为初审、复审、终审三个环节。大会秘书处提案组进行初审，提案审查委员会或提案委员会进行复审、终审。

平时提案的审查工作分为初审、终审二个环节。提案委员会办公室进行初审，提案委员会有关负责人进行终审。

第八条 初审

（一）核对提案者资格。提案者的资格应符合第五条第（一）项的规定，通过提议案系统平台接收个人、集体提案。

（二）核对提案是否有涉密内容。如有涉密应按保密规定处理。

（三）核对提案是否重复提交。如一个提案者重复提交相同提案，只保留一个提案。如不同提案者提交相同提案，保留第一个提案，之后提交的退回。

（四）提出是否立案的建议。对拟立案的提案，确定提案类别等；对拟不立案的提案，提出相应理由及初步处理建议。审查提案的内容，视情做必要的文字整理。

（五）每年的提案应在次年 6 月之前打印存档。

第九条　复审

（一）由提案委或提案审查委员会成员按类别对提案进行复审。

（二）对提案是否立案提出明确意见。审查提案内容，不同意初审拟立案建议的，提出相应理由及处理建议。

（三）确定提案承办单位。对拟立案的提案，根据提案内容及提案者意向和部门单位职能，确定立案及主办、会办或分办等事项。对一个部门办理为主，需要其他部门协商的，应确定主办、协办单位；对涉及多个部门且不能明确牵头单位的，应确定分办单位。

第十条　终审

复审后的大会提案，提交提案审查委员会或提案委员会成员会议审定。

初审后的平时提案，提交提案委员会有关负责人审定。

第十一条　在政协全体会议闭幕会上，向大会全体成员报告大会提案审查情况。

提案审查情况报告由大会秘书处提案组起草，内容包括提案审查基本情况、提案主要内容分类及提案交办等后续工作情况。提案审查情况报告由提案审查委员会或提案委员会成员会议讨论，报经主席团或常委会审议通过后，政协全体会议闭幕会上报告。

第十二条　大会提案的预交办和调整。预交办主要是：将终审后的大会提案移交至市委办、市府办，由市委办、市府办核对后，送交提案承办单位。承办单位进行核对，对提案审查有异议的，在五个工作日提出具体调整意见，提案委有关负责人参与承办单位调整。

第十三条　提案的正式交办和处理。立案提案按程序正式交办。对符合立案标准，但反映同一问题、建议相似的，合并为一件提案，原第一提案者均并列为第一提案者，承办单位需同时答复全部第一提案者。

对不予立案的提案，应视情分别处理。对属于第六条第（十四）（十六）项规定范围的，但有参考价值的，以意见和建议形式转送有关部门；对其他具有一定参考价值的，但不宜以提案形式处理的，转为社情民意或委员来信，送有关部门；对不需要作出任何处理的，应退回提案者。不予立案的提案，均应与提案者沟通协商并书面告知。

第十四条　本细则由政协建德市委员会负责解释，自主席会议通过之日起施行。

中共建德市委
关于新时代加强和改进人民政协工作的实施意见

为全面贯彻落实习近平新时代中国特色社会主义思想和中共十九大、十九届四中全会精神，深入贯彻落实习近平总书记关于加强和改进人民政协工作的重要思想，认真贯彻落实中央、省委和杭州市委政协工作会议以及《中共中央关于新时代加强和改进人民政协工作的意见》（中发〔2019〕40号）、《中共浙江省委关于新时代加强和改进人民政协工作的实施意见》（浙委发〔2019〕25号）精神，现就加强和改进建德市人民政协工作提出如下实施意见。

一、总体要求

新时代加强和改进人民政协工作，要以习近平新时代中国特色社会主义思想为指导，深入贯彻落实党中央决策部署，增强“四个意识”、坚定“四个自信”、做到“两个维护”，把坚持和发展中国特色社会主义作为巩固共同思想政治基础的主轴，把服务“八八战略”再深化、改革开放再出发在建德的生动实践作为工作主线，把加强思想政治引领、广泛凝聚共识作为中心环节，坚持团结和民主两大主题，提高政治协商、民主监督、参政议政水平，更好凝聚共识，担负起把党的决策部署及对人民政协工作的要求落实下去、把各党派团体和各族各界人士的智慧力量凝聚起来的政治责任，奋力干出新时代人民政协的新样子，为推进县域治理体系和治理能力现代化建设，全方位融入长三角高质量一体化发展，加快实现建德新崛起作出贡献。

二、发挥人民政协专门协商机构作用

（一）明确专门协商机构职能责任。突出协商主业，更好发挥政协组织及其协商平台、机制程序等作用。加强专门协商机构制度建设，践行党的群众路线和民主集中制，坚持建言资政和凝聚共识双向发力，充分协商交流、开展民主监督、宣传政策法规、深化思想沟通，广集良策促进决策优化，广聚共识推动决策实施，在协商中促进广泛团结、推进多党合作、实践人民民主。

（二）完善协商内容和方式。坚持人民政协为人民，围绕全方位融入长三角高质量一体化发展、加快实现建德新崛起这一目标，聚焦党委和政府中心工作，紧扣解决好发展不平衡不充分问题，就党的代表大会、市委全会的有关重要文件、国民经济与社会发展中长期规划及重大建设项目、“一府两院”工作报告、事关改革发展和民生的重大问题以及爱国统一战线的重要问题等开展协商。围绕贯彻落实党委和政府重要决策部署情况开展民主监督，并占有一定比例。党委和政府及有关部门就有关重要决策、重大政策在政协听取相关委员意见建议。

（三）丰富协商形式和平台。完善以全体会议为龙头，以专题议政性常委会会议、主席会议为重点的协商议政格局。加强“请您来协商”平台建设，围绕党委和政府工作的重点、群众生产生活的难点、社会治理的焦点开展协商，每年安排6次以上重点协商活动。以政协乡镇（街道）工委、委员活动小组为依托，以专委会为基础，更加灵活更为经常地开展界别协商、专题协商、对口协商、提案办理协商。通过各类委员履职载体，推动政协协商同基层协商相衔接、同社会治理相结合。

（四）健全协商制度和机制。坚持市委会同市政府、市政协制订年度协商计划制度，重点民主监督议题纳入年度协商计划。完善协商于决策之前和决策实施之中的落实机制，对明确规定需要协商的事项必须经协商后提交决策实施。完善市委、市政府领导出席政协全体会议、常委会会议、专题协商会，听取大会发言，参加会议分组协商讨论和领办重点提案等工作规范。坚持政府主要领导在政协会议上通报经济社会发展情况、党委政府分管领导在政协重要协商会议上通报有关工作情况和有关部门重要情况通报的制度。市纪委监委、法院、检察院每年向政协通报工作情况。落实党政部门与政协专委会对口联系制度。将政协重点协商活动纳入党委政府工作总体部署，实施情况列入督查事项，促进协商成果的采纳、落实和反馈。制定政协协商工作实施办法，对协商的参加范围、讨论原则、基本程序、交流方式等作出规定。

（五）提高协商能力和质量。大力推进协商能力建设，提高政治把握能力、调查研究能力、联系群众能力、合作共事能力。完善协商议题遴选机制，增强选题的科学性。坚持调研于协商之前，做到不调研不协商、先调研后协商。加强专委会建设，整合资源、系统履职。加强具有政协特色的人才智库建设，支持同周边地区政协协同履职。落实协商议政质量评价体系和工作办法，为全面提高政协协商能力和水平提供支撑。培育协商文化，把协商互动列为必要环节，促进不同思想观点的充分表达和深入交流。

三、把加强思想政治引领、广泛凝聚共识作为人民政协履职的中心环节

（一）坚持思想政治引领的方向。健全完善以政协党组理论中心组学习为引领，市政协常委读书会、主席会议集体学习和专题讲座、委员轮训、委组学习等相配套的学习体系，引导参加人民政协的各党派团体和各族各界人士深入学习党的创新理论，学习时事政策，学习中国共产党史、新中国史和统一战线历史、人民政协历史，树立正确的历史观和大局观，夯实团结奋斗的共同思想政治基础，在事关道路、制度、旗帜、方向等根本问题上统一思想和步调。坚持一致性和多样性统一，求同存异、聚同化异，增进一致而不强求一律、尊重差异而不扩大分歧、包容多样而不丧失主导，推动各党派团体和各族各界人士实现思想上的共同进步。

（二）创新凝聚共识的载体。把凝聚共识融入视察考察、调查研究、协商履职活动中，在建言成果、思想收获上一体设计、一体落实，把党的主张转化为社会各界的共识、在各界群众中传播共识。建立健全谈心谈话、联系走访委员等制度，拓展团结联系各族各界人士新渠道，把更多的人团结凝聚在党的周围。优化界别设置，增强界别代表性，以专委会为依托，建立委员联系界别群众制度，鼓励和支持委员深入基层、深入界别群众，及时反映群众意见建议，做好思想政治工作。积极运用网络信息技术，发挥政协媒体平台作用，传播共识、凝聚人心。

（三）广泛汇聚团结奋斗的正能量。建立健全各党派参加人民政协工作的共同性事务情况交流机制。畅通党外知识分子、非公有制经济人士、新的社会阶层人士意见诉求表达渠道。密切同少数民族界和宗教界代表人士的经常性联系，做好界别委员专题学习考察、界别协商、反映社情民意等工作。扩大政协对外交往，加强与香港建德同乡会、各地建德商会的交流，密切与建德籍在外人士的联系，讲好建德故事，增强认同感和归属感，为建德发展画出最大同心圆、汇聚最大正能量。

四、健全人民政协工作制度

（一）健全发挥新型政党制度优势的机制。发挥人民政协作为实行新型政党制度重要政治形式和组织形式作用，做好政协协商同政党协商有关活动在协商议题、时间等方面的衔接工作。支持和保障各民主党派和无党派人士参与政协履职活动，对各民主党派以本党派名义在政协发表意见、提出建议等作出机制性安排。完善民主党派和无党派人士在政协开展经常性工作的机制，通过联合调研、共同举办协商活动等方式，为民主党派和无党派人士更好履行职责、发挥作用创造条件。

（二）完善政协履职制度。建立健全会议组织、履职活动等规则。定期召开政协常委读书会、委组工作交流会，交流研讨解决工作中的共性问题，推动政协工作创新发展。健全政协办公室、专委会向政协常委会议、主席会议报告工作等制度。加强政协专委会建设，理顺工作关系，更好发挥其在政协工作中的基础性作用。健全政协领导和专委会联系委员活动小组和乡镇（街道）工委制度，完善委组联动履职、评价激励、经费和服务保障等机制。强化提案工作质量导向，提高提案的精准度和实效性。健全视察调研、反映社情民意、新闻宣传、理论研究、文史资料、对外交往等经常性工作制度。坚持市委、市人大、市政府、市政协秘书长（办公室主任）联席会议制度，通报情况，协调工作。

五、更好发挥政协委员在人民政协工作中的主体作用

（一）强化政协委员责任担当。政协委员要旗帜鲜明讲政治，深入学习习近平新时代中国特色社会主义思想，深刻理解党的基本理论、基本路线、基本方略，不断增进对中国共产党和中国特色社会主义的政治认同、思想认同、理论认同、情感认同，坚决做到“两个维护”，坚定不移走中国特色社会主义政治发展道路，在重大原则问题上立场坚定、敢于发声，在关键时刻站得出、靠得住。要增强人民政协是国家治理体系重要组成部分的意识，以新时代奋斗者的姿态和干劲，把尊重人民政协制度、维护人民政协制度、展现人民政协制度生机活力的要求，落实到凝心聚力、决策咨询、协商民主、社会治理第一线的具体实践中。要落实“懂政协、会协商、善议政，守纪律、讲规矩、重品行”要求，广泛学习各方面知识，积极参加政协委员培训，准确把握履职方式方法，全面增强履职本领。要自觉遵守宪法法律和政协章程，积极践行社会主义核心价值观，锤炼道德品行，严格廉洁自律，主动接受监督，坚定不移反对腐败，在构建亲清新型政商关系上发挥积极作用。要强化团结引导界别群众责任，主动联系服务界别群众，积极走进基层、走进群众，反映诉求、排忧解难，自觉做党的政策宣传者、群众利益维护者、社会和谐促进者。

（二）优化政协委员履职服务。尊重支持委员依照政协章程履行职责，为委员行使权利、履行职责、担当责任提供保障。加强委员学习培训，突出培养政治能力和协商民主的专业能力，完善换届当年委员全员培训、届内委员分批次轮训机制。完善委员履职量化考评体系，健全委员履职档案、委员履职情况统计、委员年度述职和常委提交履职报告等制度，委员年度履职情况以适当方式向市委组织部、市委统战部和委员所在单位及本人通报反馈。委员历年考评结果作为拟继续提名委员的重要依据。

（三）完善政协委员推荐提名和退出机制。完善委员推荐提名办法，突出政治标准，坚持道德品行要求，严把素质关、廉洁关、形象关，真正把代表性强、议政水平高、群众认可、德才兼备的优秀人士吸收到委员队伍中来。优化委员构成，在以界别为主协商推荐委员人选基础上，适当兼顾区域，实现委员名额安排覆盖所有乡镇（街道），每个乡镇（街道）安排3名以上政协委员。健全政协委员退出机制，对不履行职责的委员，视情节给予提醒、约谈或责令其辞去委员；对严重违反政协章程或全体会议和常委会会议决议或决定的委员，依据情节给予警告或撤销委员资格处分。

六、加强党对人民政协工作的全面领导

（一）各级党委要高度重视政协工作。坚持市委常委会定期听取政协工作情况汇报制度，把发挥好专门协商机构的作用作为重大工作任务进行研究部署，对政协党组织执行党的路线方针政策等情况进行督促检查，每届召开一次政协工作会议。将市政协机关列为市委统战工作领导小组成员单位，市委统战部部长兼任市政协党组副书记。完善和落实市政协领导、市政协专委会负责人、政协委员代表参加或列席市委全会、市政府全体会议等重要会议制度。市级机关部门和乡镇（街道）党（工）委主要负责同志要带头参加政协重要会议活动，带头做党的统战政协工作，带头广交深交党外朋友，带头支持政协开展履职活动。积极支持政协工作向基层延伸，乡镇（街道）党（工）委由副书记负责政协工作，并明确1名工作人员。要把支持政协开展工作的情况纳入部门、乡镇（街道）领导班子和领导干部综合绩效考核评价体系。

（二）政协党组要肩负起实现党对人民政协领导的政治责任。市委要善于通过政协党组实施对政协工作的领导，政协界别设置与调整、专委会设置及其负责人的安排、委员和常委人选的协商推荐等重要问题，应注重听取政协党组的意见。政协党组要肩负起实现党对人民政协领导的政治责任，在政协工作中发挥好把方向、管大局、保落实的领导作用，确保人民政协始终在党的领导下主动负责、协调一致地开展工作。加强党的创新理论武装和思想政治工作，引导各党派团体和各族各界人士更加紧密地团结在党的周围，同党中央保持高度一致。严格执行重大问题请示报告制度，确保市委的决策部署在政协组织得到有效落实。要落细落实全面从严治党主体责任，严格执行中央八项规定精神，坚决反对“四风”，尤其是形式主义、官僚主义。发挥政协民主监督在推进“清廉建德”建设中的积极作用。支持派驻政协机关纪检监察组履行监督责任。落实政协党组按程序对拟继续提名的政协委员人选提出意见的责任。

（三）加强政协系统党的建设。认真贯彻新时代党的建设总要求，落实中央、省委和杭州市委关于加强新时代人民政协党的建设工作的决策部署，以党的政治建设为统领推进政协党的各项建设，实现党的组织对党员委员的全覆盖、党的工作对政协委员的全覆盖。加强政协党组、机关党组、机关支部和专委会支部建设，完善工作规则，强化政治功能。巩固“不忘初心、牢记使命”主题教育成果，推进“两学一做”学习教育常态化制度化。推进政协机关党的建设，着力深化理论武装、夯实基层基础、加强日常监督、推进正风肃纪，全面提高党的建设质量，努力建设模范机关。党员委员要带头深入学习党的创新理论，严格执行党章党规和政协各项规章制度，强化做好党的统战工作和群众工作的责任担当，切实发挥在政治引领、发扬民主、凝聚共识、合作共事、廉洁奉公等方面的模范作用。

（四）积极为政协工作创造良好条件。选优配强政协领导班子，不断优化班子结构。适当增加常务委员职数，增强政协常委会领导力量。按照专门协商机构职能要求，加大政协机关和党政部门之间的干部双向交流力度，注重选配一定数量的中青年干部。重点解决政协基础工作薄弱、人员力量薄弱的问题，规范职责任务、履职方式，尽快实现与省、杭州市政协对口统一设置专委会，专委会主任应安排为政协常委，加强专委会工作力量配备，每个专委会配备1—2名工作人员负责专委会日常事务。继续落实政协领导、专职常委不占政协机关编制的规定，现已占编的退休后行政关系一般应转回原单位。尽力解决政协常委会组成人员中离岗未退休人员占政协机关编制的问题。

（五）进一步形成加强和改进人民政协工作的合力。纪检监察机关和组织、宣传、统战等部门，要在政协党的建设、委员队伍建设、干部队伍建设、新闻宣传等方面提供支持和保障。政府及其有关部门要密切同市政协及其专委会的沟通协作，积极参加政协协商活动，并在知情明政、转化履职成果等方面提供支持和帮助。加强人民政协理论研究宣传，把人民政协理论列入市委理论学习中心组学习的重要内容，纳入市委党校的教学内容。政协委员所在单位要支持其参加政协活动，在时间、经费、工作条件等方面给予必要保障，努力营造全社会支持人民政协工作的良好氛围。

建德市政协“请你来协商”平台建设实施办法

“请你来协商”平台建设是深入贯彻落实习近平总书记关于社会主义协商民主重要思想的生动实践，是全面贯彻习近平总书记关于加强和改进人民政协工作重要思想的具体行动，是新时代人民政协全面履行三项职能的重要平台，是深入推进政协工作向基层延伸的重要抓手，是创新协商民主推进政协工作提质增效的重要方式。为推动人民政协协商民主高质量发展，按照浙江省委办公厅发布的《县（市、区）政协开展“请你来协商”平台建设工作的指导意见》（浙委办发〔2019〕35号）文件精神，结合建德政协工作实际，制定建德市政协“请你来协商”平台建设实施办法。

一、搭建协商平台

坚持统分结合、点面结合、深入群众的原则，搭建“6+X”协商平台体系。

“6”是指除市政协全体会议协商、专题性议政常委会议协商、专题性议政主席会议协商外，每年举办6次以上重点协商活动，其中，党委、政府主要负责人原则上各参加1次，其他由党委、政府分管负责人参加。

“X”是指政协各参加单位、专委会、界别、乡镇（街道）政协工委发挥各自优势，结合对口协商会、提案协商、基层协商等，每年开展若干次协商活动。

二、确定协商主题

1. 总体要求。聚焦党委政府中心工作大事、改革发展要求、民生改善实事、社会治理难事，注重选择切点小、关联广、与群众切身利益密切相关的议题开展协商。

2. 征集选题。每年 11 月起，市政协向各界别小组、乡镇（街道）政协工委、各民主党派、工商联、人民团体和有关单位征集下一年度协商议题，结合委员荐题、党委政府点题、向社会公开征题等方式，注重从全会提案、发言材料、社情民意信息中遴选议题。

3. 确定议题。议题汇总后召开专题会议进行研究讨论，提交市政协主席会议审议，最终形成重点协商议题和其他协商议题，由市政协与市委、市政府专题协商通过，纳入市政协年度工作要点，并发文明确。

三、开展调查研究

1. 制订方案。市政协承办专委会根据年度协商计划，提前 3 个月以上制定好“请你来协商”协商课题调研方案，对课题调研的目标任务、座谈走访、调研考察、调研人员、时间安排、工作分工等作出具体安排。课题组成员应由政协委员、政府部门人员、专家学者、群众代表等各界人员组成。

2. 开展调研。坚持“不调研不协商”的原则，切实把调查研究作为“请你来协商”的重要基础环节。市政协深入一线查实情、深入群众听民声、深入研讨出真知，形成发言材料。

3. 征集互动。调研过程中，应就议题通过电视台、报纸、微信公众号等媒体平台征集社情民意，广泛征求市民、网民的意见建议，扩大参与面和影响力。

4. 会前协商。市政协就协商需要解决的主要问题与市政府及相关部门充分协商，达成共识。对协商议题中的敏感问题、多年积累难题，市政协在调研中要主动向党委政府通报情况，提前与相关部门研究切实可行的解决方案。

四、召开协商会议

（一）*重点协商活动*

1. 会议确定。提前一个月，市政协承办专委会制定协商会议方案，明确时间地点、参会人员、邀请领导、会议流程等内容。

2. 会议主持。党委、政府主要负责人参加的，由政协主席主持，其他由分管副主席主持。

3. 情况汇报。请有关部门汇报工作情况，要求简明扼要、突出重点。

4. 委员发言。安排数名政协委员、专家、群众代表发言。发言要求从不同角度出发，直奔主题，切中要害，力求生动，尽量讲深讲透。

5. 部门回应。根据发言情况，部门负责人作回应发言。探索通过互联网开展远程协商。

6. 领导讲话。市委、市政府参会领导讲话，会议主持人作总结发言。

（二）其他协商活动

其他协商会议由市政协分管领导牵头，承办专委会具体负责，结合对口协商会、提案协商、基层协商等，提倡走进农村、社区等基层一线，召开协商会议或座谈会。

五、协商成果转化

1. 成果报送。每项“请你来协商”活动结束后，由市政协承办专委会起草协商达成的建议和共识，经分管领导、主要领导同意后由市政协办以协商纪要的形式，向市委、市政府及有关方面报送，并抄送相关单位。

2. 意见办理。重点协商活动形成的协商意见建议，经市委、市政府专题研究，或市委、市政府相关领导阅批，交由相关单位办理，并抄送市政协办；其他协商活动形成的协商意见建议，由市政协办转交相关单位办理。相关单位要高度重视“请你来协商”意见建议办理工作，应在收到建议 1 个月内提出办理方案，当年年底前办理落实到位或产生阶段性成果。市政协将“请你来协商”活动意见答复办理情况列入部门和（乡镇）街道政协工作年度绩效考核。

3. 跟踪问效。对协商建议中的重点、难点问题，市政协应通过组织委员开展民主监督、调研视察、民主评议等形式跟踪办理情况，通过再调研、再视察、再协商，推动协商成果落到实处。

六、组织保障

1. 党委重视，各方协同。市委把建设“请你来协商”平台、推进市政协工作提质增效作为加强和改进政协工作的重要举措，纳入工作总体部署。市委、市政府主要负责人要带头出题目、交任务，带头参加协商活动，带头抓协商成果的落实。市政协要及时向市委请示和报告平台建设的重要事项、协商活动安排等。市级相关各单位、各乡镇（街道）要积极支持参与“请你来协商”平台建设，为协商活动开展提供保障，务实有效办理落实协商成果。

2. 把握方向，抓好行动。市政协党组是“请你来协商”平台建设的主体，要切实承担起政治责任，把好政治方向，确保平台发挥应有作用。要在协商计划上严格把关，抓好组织实施，努力发挥好建言资政和凝聚共识作用。市政协各参加单位、全体政协委员要贯彻落实好市政协党组部署，积极参与各类协商活动，根据各自特长和岗位实际，深入调研、积极建言。

3. 结合工作，深入基层。市政协要把“请你来协商”与专题协商、对口协商、界别协商、提案办理协商等相结合，与开展民主监督相结合，与党委政府交办的重大课题调研、政协重点履职课题调研相结合，与主席会议协商、常委会议协商相结合，推进协商工作更有质量、更富成效。

4. 营造氛围，扩大影响。利用各类媒体资源，以跟踪报道、全媒体直播等形式向社会发布协商内容、协商过程，让更多群众关注、参与、支持“请你来协商”活动，宣传好“请你来协商”工作中典型做法、优秀事件、人物、案例等，唱响协商旋律，传递民主能量。

○第十至十四届委员会委员任届一览表

（按姓氏笔画为序）

姓名	性别	届　次					备注
		十	十一	十二	十三	十四	
丁卫阳	男					★	
丁伯俊	男	★					
丁越明	男	★	★				
于一鸿	男				★	★	
于远明	男		常委	★	★		
马　晔	女	副主席	副主席				
马永红	男		常委				
马雪梅	女	★					
马燕子	女	★					
王　平	男					★	
王　田	男			★	★		
王　伟	男		副主席	副主席			
王　刚	男				★		
王　珏	女				★	常委	
王　芳	女	★					
王　运	女					★	
王　坚	男			★			
王　浩	男					★	2019 年 1 月—
王　强	女			★	★		
王　鑫	男				★		
王一中	男			★			
王力行	男				★		
王小庭	男	★					
王元根	男	★	★				
王友君	女				★		
王文伟	女	★	★				
王永娥	女	★	★				

续表

姓名	性别	届次					备注
		十	十一	十二	十三	十四	
王玉伟	男		★	常委			
王生良	男			★		★	
王行健	男	副主席					
王百金	男					副主席	2019 年 1 月—
王红颜	女					★	
王利人	男				★		
王利民	男		★		★		
王成土	男		副主席	副主席			
王向红	女			★			
王志平	男				★		
王春根	男			★	★		
王国年	男				★	★	
王胜奇	男		★				
王振强	男	★	★	常委			
王钦钦	女				★	★	
王建平	男	★					
王建雄	男			常委	常委		
王建辉	男			常委	常委	★	
王盾华	男			★			
王培森	男					★	2019 年 1 月—
王素平	女					常委	2019 年 2 月—
王美蓉	女			★	★		
王寅彪	男		★				
王越胜	男			★			
王瑞仙	男			★	★		
王雪红	女					★	
王锦芳	女					★	
王新民	男		★				

续表

姓名	性别	届次					备注
		十	十一	十二	十三	十四	
王路达	男		★				
亓　方	女		★				
方　韦	男					常委	
方　弘	男			★			
方　华	男				★		
方　承	男		★				
方　岩	男	★					
方　睿	男					★	
方文锋	女			★	★		
方宁江	女				★		
方永仙	女			★			
方永红	女					★	
方永章	男			★			
方向明	男	★					
方红月	女					★	
方致远	男	★		常委	常委		2009 年 2 月增补常委
方若铸	男	★					
方焕生	男			★			
方国强	男	★					
方松源	男		★				
方建威	男		★				
方昱翔	男					★	
邓林林	男					★	
邓国祥	男	常委					
邓樟林	男				★		
孔大元	男	★					
孔建平	女				★	★	
仇　峰	男				★	★	

续表

姓名	性别	届次					备注
		十	十一	十二	十三	十四	
仇锡洪	男		★	★	★	★	
毛　磊	女				★		
毛利民	男				★		
毛建兰	女		★				
过承祁	男				★	常委	
石文堂	男					★	
石萍花	女	★					
叶　卫	男				★	★	
叶　军	男		★				
叶　杰	男					★	
叶　丽	女				★		
叶　欣	男	★	★		常委		
叶　姣	女				★		
叶　晔	女					常委	2019 年 2 月—
叶　梅	女	★		★			
叶　强	男		★	★	常委	副主席	2020 年 2 月当选副主席
叶　莲	女					★	
叶　鹃	女		★	常委	★	★	
叶卫生	男	★					
叶立静	男			★	★		
叶永生	男			★	★	★	
叶宏清	男					常委	2019 年 2 月—
叶志忠	男			★			
叶志高	男				副主席	副主席	
叶丽娟	女			★			
叶秀英	女					★	
叶郁萌	男				★		
叶幸东	男	★	★	★			

续表

姓名	性别	届次					备注
		十	十一	十二	十三	十四	
叶胜平	男			★	★		
叶素华	女	★					
叶建新	男			★	★		
叶海林	男				★	★	
叶桂昌	男				常委	常委	
叶笑丰	男					★	2020 年 1 月—
叶晓敏	女			常委		★	
叶慧华	女		★			★	
卢 萍	女					★	
卢丁潮	男	★					
卢有根	男				★		
卢新安	男	★	★				
包 韩	女			★		★	
包关全	男	★					
包松海	男					★	
冯 烈	男	常委	常委				
冯 滔	男		★				
冯义祥	男					★	2019 年 1 月—
冯建平	男	★					
冯绍平	男	★					
宁卫珍	女				★		
宁建生	男	★					
毕南宾	男			★			
毕建华	男	★					
历红寿	男				常委	常委	2019 年 2 月—
吕 勇	男			副主席	副主席	副主席	
吕一华	男		★				
吕建忠	男					★	2019 年 1 月—

续表

姓名	性别	届次					备注
		十	十一	十二	十三	十四	
吕建军	男					★	
吕益民	男			★	★		
吕美娟	女			★	★	★	
吕雪军	男	★	★				
吕鹏云	男				★		
朱　峰	男					★	
朱土夏	男	★	★				
朱卫东	男					★	2020 年 1 月—
朱小凤	女			★	★		
朱允宽	男	★					
朱水根	男	★	★				
朱江山	男					★	
朱红泉	男				★	★	
朱启鸿	男	常委		副主席			
朱坤溶	男	★					
朱昌发	男	常委					
朱迪海	男	★	★				
朱和平	男		★				
朱林全	男			★			
朱国昌	男	★					
朱建盛	男					★	
朱祖阳	男			★	★		
朱玲香	女			★			
任不凡	男	常委	常委	常委			
伊樟荣	男	★					
刘　红	女	★	★				
刘　春	男		★				
刘水泉	男	★	常委		常委	★	

续表

姓名	性别	届　次					备注
		十	十一	十二	十三	十四	
刘仙红	女		★				
刘庆生	男			★			
刘光星	男					★	2019 年 1 月—
刘自强	男					★	
刘宏平	男					★	
刘志新	男	主席	主席				
刘学松	男					★	
刘金坤	男		★				
刘国平	男					★	
刘国金	男			★	★		
刘雪芬	女			★	★		
刘锡兴	男	★					
刘新奎	男			★			
刘德祥	男	★	★				
江　涛	男			★			
江锡荣	男	常委	常委				
江海增	男			★			
孙　珊	女				★		
孙　巍	男			★	常委		
孙卫权	男					★	
孙宁芳	女				★		
孙志华	男			★			
孙志鹏	男					常委	2019 年 2 月—
孙金年	男	★	★				
孙泉林	男			★			
孙雪娟	女			★			
孙智鸿	男	★					
孙樟根	男	★					

续表

姓名	性别	届次					备注
		十	十一	十二	十三	十四	
许　建	男					★	
许　剑	男					★	
许凤浩	男	★					
许奇峰	男	★					
许柏生	男				★		
许樟坤	男	★					
许维元	男			★		常委	
许爱仙	女			★	★		
庄雪生	男		★				
杜　凤	女		★	★			
杜立新	男	★		★			
杜明华	男					★	
李　刚	男				★		
李　林	男	★					
李　建	男	★					
李　俊	男			★		★	
李　黎	女	★					
李　萍	女					★	
李　斌	男		★				
李　静	女					★	
李三才	男	★					
李千才	男	常委					
李文华	女		★				
李元喜	男	★					
李丰平	男	★	★				
李友彬	男				★		
李刚成	男					★	
李占霞	女					★	

续表

姓名	性别	届　次					备注
		十	十一	十二	十三	十四	
李可大	男					★	2019 年 1 月—
李巧生	男	常委	★	★	★		
李来珍	女		常委				
李伟忠	男	★	★				
李伟锋	男					★	2020 年 1 月—
李寿良	男			★			
李奇峰	男	★					
李英姿	女				★		
李忠平	男				★	★	
李泽恩	男					★	
李顺荣	男		★				
李炳华	男	★	★				
李根土	男					★	
李海泉	男	常委					
李跃华	男			★			
李瑞有	男	★					
李超英	男		★				
李新运	男					★	
李新富	男	★		★			
李慧强	男	★					
杨　安	女		★	★			
杨圣桂	男			★		★	
杨成军	男					★	2019 年 1 月—
杨吉元	男				★	★	
杨海贤	男	★	★	★			
杨晓霏	男				★	★	
杨树耘	男		★	★			
吾建闽	男		★	★			

续表

姓名	性别	届次					备注
		十	十一	十二	十三	十四	
肖　虎	男					★	2019 年 1 月—
严利明	男			★			
严国民	男				★	★	
严凌云	男	★			副主席	副主席	
吴　君	男					★	
吴　敏	女				★		
吴　雯	女				★		
吴　峰	男					★	2019 年 1 月—
吴　琴	女				★		
吴　霞	女		★	★	★		
吴小龙	男				★		
吴仁康	男			★	★		
吴元标	男				★		
吴元福	男			★			
吴文沐	男	★					
吴中华	男			★			
吴礼庆	男			★	★	★	
吴东良	男			常委	★		
吴运全	男			★	★		
吴志祥	男	★					
吴来富	男	★					
吴时来	男	★	常委	常委			
吴利钢	男			★	★		
吴金寿	男	★					
吴学东	男				★		
吴泽鹏	男					★	
吴选祥	男		★				
吴顺正	女	★					

续表

姓名	性别	届次					备注
		十	十一	十二	十三	十四	
吴宪宏	男			★	★	★	
吴秋明	男		常委	常委			
吴荣伟	男		常委	常委	常委		
吴建平	男	★					
吴建华	男	★					
吴建杭	男		★	★	★		
吴铁民	男				主席	主席	
吴晓峰	男				★		
吴康福	男					★	
吴德铮	男		★				
吴爱娣	女	★					
吴敏华	男				★		
吴瑞华	男				★	★	
吴淑娟	女	★					
吴朝阳	男					★	
吴新东	男	★					
吴照华	男	★					
吴潮来	男	★	★	★	★	★	
吴璀福	男		★	★	★		
汤志文	男			★		★	2020 年 1 月—
汤峥嵘	男		★	★			
何　群	男	常委	常委	常委			
何　静	女					★	
何灵瑄	女	★					
何其卫	男		★				
何秋明	男	★	★				
何建中	男			★	常委		
何根华	男			★			

续表

姓名	性别	届次					备注
		十	十一	十二	十三	十四	
何新根	男	★					
何增良	男			★	★		
何善良	男	★					
应　红	男		★	★			
应文珠	女		★	★			
应永江	男			★	★	★	
应巧燕	女			★			
应斯芳	女		★				
邱志辉	男					★	
邱剑娟	女		★	★			
邱锦平	男					★	2020 年 1 月—
巫樟云	男	★					
巫海武	男		★	常委	常委	常委	
汪　佳	女					★	
汪　茜	女				★	★	
汪小明	男			常委	★	★	
汪为骏	男			★	★	★	
汪永刚	男					★	
汪纪红	男	★	★				
汪志平	男			★			
汪志荣	男		常委	★			
汪丽萍	女		常委	常委	常委		
汪建平	男				★		
汪建良	男				★		
汪建强	男		★				
汪国云	男	★	★				
汪顺生	男	★					
汪桂仙	女			★	★		

续表

姓名	性别	届次					备注
		十	十一	十二	十三	十四	
汪益根	男		★	★	★		
汪慧芬	女	★	★				
沈 龙	男				★	★	
沈 勇	男	★	★				
沈小来	男				★		
沈卫立	男					★	
沈友君	女				★		
沈永进	男					★	
沈光炎	男			★	★		
沈亚伟	女	★					
沈伟娣	女			★	★		
沈灵兵	男					★	
沈秋根	男			★			2009 年 1 月—
沈建婷	女		★	★			
练 超	男					★	2019 年 1 月—
练布捷	女		★				
宋 庆	男		★				
宋金生	男		★	★			
宋晓刚	男			★			
宋培勤	女	★					
宋国平	男	★					
张 阳	男			★			
张 杰	男					★	
张 炯	男			★			
张 萍	女					★	
张 毅	男				★	★	
张生友	男			★			
张文城	男					★	

续表

姓名	性别	届次					备注
		十	十一	十二	十三	十四	
张云峰	男	★					
张云熹	男	★					
张运雄	男		★				
张永祥	男			★	★		
张巧玲	女		★	★			
张向杰	男					★	
张红平	男				★	★	
张早林	男			副主席	副主席		
张来保	男	★					
张丽娟	女		★				
张志宏	男	★					
张志明	男		★	★			
张志清	男			★	★		
张再清	男		★	★			
张佩佩	女		常委	★			
张迪康	男			★			
张建荣	男	★					
张建强	男	★	★				
张效南	男					★	
张祖荣	男	★					
张继宏	男					★	
张瑞平	男				★	★	
陈　华	男			★			
陈　杰	男			★			
陈　星	男		★				
陈　泽	男					★	
陈　茜	女			★	常委	常委	
陈　诚	男					★	

续表

姓名	性别	届次					备注
		十	十一	十二	十三	十四	
陈　海	男		★				
陈　瑛	女				★	★	
陈　颖	女	★					
陈心叔	男		★	★			
陈玉良	男		★				
陈玉芳	女	★					
陈友明	男				★	常委	
陈文贵	男					★	
陈正清	男			★	★		
陈龙飞	男	★					
陈庆祥	男		秘书长				2001 年 12 月增补
陈会昌	男	★					
陈伟祥	男		★	★	★		
陈伟霞	女				★	★	
陈红娟	女		★				
陈兆纯	男		★				
陈远平	男			★			
陈运贵	男		★				
陈坚强	男					★	
陈志昌	男				★	★	
陈利群	男			★			
陈丽云	女					★	
陈拥军	男				常委		
陈学良	男					★	
陈秋林	男				★	★	
陈春芬	女			★	常委		
陈音飞	男				常委	常委	
陈若珏	男		★				

续表

姓名	性别	届次					备注
		十	十一	十二	十三	十四	
陈秀英	女			★			
陈青云	男	★	★				
陈国建	男		★	★			
陈国卿	男	★	★	★			
陈家渭	男		★				
陈建红	女					★	
陈建江	男		★		★		
陈树华	男	★					
陈益君	女				★	★	
陈爱英	女	★	★				
陈继平	男		★				
陈继康	男		★				
陈淦涛	男			★	★		
陈跃春	男					★	
陈维河	男					★	
陈乾芳	女	常委					
陈惠利	男	★	★	★	常委		
陈新女	女				★		
陈新年	男	★		★	★		
陈筱萍	女		★				
陈德余	男					★	
苏　菲	男				★	★	
苏　晓	男				★		
苏晓明	男					★	
邹　泉	男					★	
邹培华	男		★	★			
余　侃	男				★		
余　岱	男		★				

续表

姓名	性别	届次					备注
		十	十一	十二	十三	十四	
余　炫	女			★			
余小途	男			★			
余文斌	男		★				
余志明	男				★		
余金芳	男					★	
余菊英	女			★	★		
邵　鸣	男	常委	常委				
邵　超	男			★	★		
邵卫红	男			★			
邵元生	男	★	★				
邵亚臣	男			★	★		
邵志宏	男		★				
邵宏强	男		★	★			
邵茂萍	女				★		
邵春德	男	★					
邵秀萍	女			★	★	常委	
邵树生	男	★					
邵益文	男			★	常委	常委	
邵益娟	女				★		
邵笑燕	女					★	
邵容海	男	常委	★				
邵爱秀	女			★			
邵海建	男			★			
邵跃忠	男					★	
邵琳萍	女				★	★	
林　立	男					秘书长	2019 年 1 月—
林　俊	男					★	
林　海	男					★	

续表

姓名	性别	届次					备注
		十	十一	十二	十三	十四	
林大宏	男		★				
林小香	女			★			
林连生	男	★					
林志强	男					常委	
林益平	男	★		★			
林建平	男			★			
林加善	男				★	★	
林德连	男	常委					
范生来	男			★			
范宇鹏	男			★	常委	★	
范红杰	男			★	★	★	
范秋华	男		★	★			
范建芳	女					★	
范润娟	女	★	★				
范润潮	男	★					
范锦新	男			★	★	★	
罗　鑫	男	★					
罗上争	男	常委					
罗仕进	男					★	
罗会荣	男		★				
罗红军	男				★		
罗建利	男	★	★				
罗智婷	女			★			
季诚建	男	★	★				
季顺安	男	常委	常委				
侍光磊	男					★	
金　革	女			★		★	
金　莹	女			★			

续表

姓名	性别	届 次					备注
		十	十一	十二	十三	十四	
金玉龙	男				★		
金伟媛	女		★	常委	常委	常委	
金寿山	男	常委	常委	常委			
金坚贞	女	★					
金国正	男	★					
金建宇	男					★	
金富强	男					★	
金鹏飞	男			常委			
周　芳	女			★	★		
周　冶	男					★	2019 年 1 月—
周　霞	女		★	★	★		
周　毅	男					★	
周友红	男	常委					
周华福	男	★					
周伟清	男				★	常委	
周向阳	男					★	2020 年 1 月—
周红兵	男		★				
周红芬	女			★	★		
周美良	男			★	★		
周建兵	男					★	
周根禄	男	★					
周爱花	女			★			
周继发	男			★	★		
周婉萍	女		★				
周新柱	男		★	★			
郑　冰	女		常委				
郑　钧	男	★	★				
郑　雄	女					常委	

续表

姓名	性别	届次					备注
		十	十一	十二	十三	十四	
郑　瑶	女	★				★	
郑　聪	男					★	
郑　瑾	女	★					
郑小云	女			★	★		
郑小林	男			★			
郑丰平	男	★					
郑志良	男	★	常委	常委			
郑志华	男		★				
郑应宏	男				★		
郑学锋	男			★			
郑建国	男		★				
郑勇军	男					★	2020 年 1 月—
郑屏芳	女		★	★			
郑根寿	男		★				
郑培洪	男		★				
郑海宾	男					★	
郑朝红	男				★	★	
郑棣群	女	★					
郎　栋	男					★	2019 年 1 月—
郎忠魁	男			★	★	★	
官建强	男				★		
孟　洁	女				★	★	2019 年 1 月—
孟凡武	男				★	★	
项双文	男	常委	★				
俞　光	男			★			
俞中元	男		★				
俞文进	男			★			
俞利海	男			★	★	常委	2019 年 2 月增补常委

续表

姓名	性别	届次					备注
		十	十一	十二	十三	十四	
俞易非	女				★		
宣永培	男		★	★	★	★	
宣逸群	男					★	
胡　青	女				★	★	
胡力萍	女	★					
胡文静	女				常委	常委	
胡叶青	女		★				
胡向卫	男				★	★	
胡永军	男				★		
胡光伟	男		★				
胡伟钰	男		★	★	★	常委	
胡志群	女		★				
胡承斌	男	★					
胡建良	男				★	★	
胡建强	男			★	★		
胡信荣	男	★					
胡选祥	男			★			
胡俊成	男			★		★	2019 年 1 月—
胡晓东	男					★	2019 年 1 月—
胡晓华	男				★	常委	
胡爱芳	女		★				
胡挺富	男		★				
胡造林	男		★				
胡翠屏	女	★	★				
柳建靓	男				★	★	
饶一民	男				★		
饶卫玲	女				★	★	
郦晓良	男		★				

续表

姓名	性别	届次					备注
		十	十一	十二	十三	十四	
施成化	男		★				
施竹生	男					★	
施树康	男				★	常委	2019 年 2 月增补常委
闻素珍	女		★				
闻绳灶	男					★	2020 年 1 月—
赵　敏	女	★	★				
赵国芬	女		★	★			
钟　卫	男	★					
钟　君	女			★	★		
钟　凯	男					★	
钟万余	男					★	
钟士文	男	★					
钟芝兰	女	常委	常委	常委	常委		
钟国良	男		★	★			
钟炳有	男				★	★	
钟清鸿	男		★				
施克荣	男	★			★		
洪　骏	男	★					
洪宇锋	男			★			
洪作鹏	男				★	★	
洪宗福	男		★				
洪国武	男				★	★	
洪国根	男	★	★		副主席		
洪建波	男			★	★		
洪树华	男				★		
洪素萍	女					★	
洪益琴	女				★	★	
洪淳生	男		★				

续表

姓名	性别	届　次					备注
		十	十一	十二	十三	十四	
洪常青	男			★			
洪继新	男	★					
洪肇德	男		★				
洪燮鑫	男	★					
姚　勤	男			★	★		
姚士军	男					★	
姚国兵	男			★			
姚根伟	男				★		
姚善权	女	常委					
姜　渭	男	★	★				
姜志云	女		★	★			
姜朝红	女		★				
骆志春	男					★	
祝昌国	男		★				
祝志明	男		★				
祝益飞	男	★	★				
夏正发	男			★			
夏金庚	男				★	★	2019 年 1 月—
贾泽民	男	★	★				
钱　航	男		★				
钱　建	女	★					
钱云芳	女	★					
钱志翔	男				★	★	
钱幸福	男				★	★	
钱忠道	男	★					
钱保卫	男				★		
钱建华	男				★	常委	
钱建明	男	★					

续表

姓名	性别	届次					备注
		十	十一	十二	十三	十四	
钱晓华	女	★	★	常委			
钱海林	男			★	★		
徐　诤	男					★	2020 年 1 月—
徐　强	男			★	★		
徐　斌	男					★	2019 年 1 月—
徐　勤	女	★					
徐土松	男	常委					
徐丰成	男			★			
徐月芳	女				★	常委	
徐永芬	女	★					
徐旭辉	男				★	★	
徐协平	男	★					
徐兆林	男		★	★			
徐庆华	女				★	★	
徐有成	男		★	★	★	★	
徐亚娟	女			★	常委	副主席	
徐红春	男					★	
徐军潮	男				★		
徐君晓	男					★	
徐志仙	女	★					
徐志强	男				★		
徐林峰	男			★			
徐序红	女	★					
徐国平	男					★	2020 年 1 月—
徐建军	男		★	★			
徐建新	男				★	★	
徐拥军	男	常委	常委	常委			
徐根清	男	★	★				

续表

姓名	性别	届　次					备注
		十	十一	十二	十三	十四	
徐高鸿	男	★	★		★		
徐恩波	男		★				
徐效良	男	常委					
徐彭浩	男	★	常委				
徐惠东	男					★	
徐福君	男		★				
徐福林	男		★				
徐新平	男				常委	常委	
徐燕飞	女			★			
席　河	男		★				
翁永光	男	★					
翁永良	男			★	★		
翁舟波	男					★	2019 年 1 月—
翁寿清	男			★			
翁祝青	男		★	★			
翁炳昌	男				★		
翁建平	男			★	★		
翁路平	男		★				
奚春阳	男		★	★			
奚素勤	男	★					
郭昌友	男	副主席	副主席	副主席	★		
郭红星	男			★	★		
郭亚峰	男			★			
郭树洪	男		★				
高惠忠	男	★	★				
唐　毅	男		★				
唐小健	男					★	
唐长生	男	★	常委	常委			

续表

姓名	性别	届次					备注
		十	十一	十二	十三	十四	
唐永强	男		★				
唐发电	男		★				
唐正彪	男				★		
唐良忠	男		★	★			
唐建锋	男				★	常委	
唐晓东	男					★	
唐胜军	男					★	
唐福军	男	★					
倪国芳	男			★	★		
倪宪红	男					常委	2020 年 1 月—
麻　凯	男				★	★	
曹剑波	男		★				
黄　昕	男				★	★	
黄　倩	女					★	
黄　锋	男		常委	常委			
黄大庆	男	★					
黄卫平	男					★	
黄少华	男				★		
黄玉琴	女					★	2019 年 1 月—
黄东红	女	★					
黄永铨	男		★				
黄伟斌	男				★		
黄亚平	男					★	2020 年 1 月—
黄志良	男					★	
黄国华	男			★	★	★	
黄国朝	男				★	★	
黄宝昌	男	★					
黄宣人	男		★	★			

续表

姓名	性别	届次					备注
		十	十一	十二	十三	十四	
黄祥勇	男	★	★				
黄根华	男	秘书长					
黄建国	男		★				
黄荣富	男			★			
黄晓红	女					★	
黄胜根	男					★	
黄健德	男			★			
黄爱玉	女	★					
黄益新	男			★			
黄锡成	男			★			
黄慧娥	女				★		
黄燕君	女					★	
虞林英	女		★				
虞淑华	女		★				
梅志仁	男		★				
揭淑云	女				★		
龚成中	男			★			
龚志坚	男					★	
龚建欣	男				★	★	
龚顺权	男				★		
龚襟宏	男	★					
陶国强	男				常委		
商发银	男	★					
商国富	男			常委	常委		
董光海	男		★	★			
董松明	男	★					
董拥军	男	常委	常委				
董根土	女					★	

续表

姓名	性别	届次					备注
		十	十一	十二	十三	十四	
章　欣	男		★				
章进通	男				★		
童　静	女	★			★		
童　政	男		★				
童永强	男					★	
童志云	女			★	★		
童志康	男		★				
童国方	男		★	★			
章树昌	男		★				
章意坚	男			★			
盛振宇	男		★	常委			
盛建旗	男			★			
盛颢明	女					★	
蒋　华	男		★	秘书长	秘书长	秘书长	(1961年生)
蒋　华	男				★		(1973年生)
蒋　维	男					★	
蒋　斌	男	★					
蒋一新	男					★	
蒋有年	男			★			
蒋秀英	女				★		
蒋国庭	男	★					
蒋建成	男				★		
蒋建强	男			★		★	
蒋哲远	男				常委		
蒋富华	男					★	
蒋智鸿	男					秘书长	
蒋燕青	男	★					
储　斌	国			★			

续表

姓名	性别	届次					备注
		十	十一	十二	十三	十四	
储建良	男		★	★			
褚永成	男		★				
褚建英	女				★	常委	
程　旭	男				副主席	副主席	
程　浩	男				★		
程　霄	男		★				
程　斌	男					★	
程　璐	女			★	★	★	
程文冲	男					★	
程竹松	男				★		
郑芳华	男					★	
程茂红	男			主席			
程拥军	男		★	★			
程玲玲	女	常委	★				
程建军	男				★	★	
程星火	男				★		
程雪娟	女				常委		
程新炉	男			★	★		
程锦元	男	副主席	副主席	★			1998 年 9 月增补
程啸涛	男	★	★				
詹根松	男			★	★	★	
傅水芳	男					★	
傅定辉	男			★			
傅国柱	男	★					
傅建平	男	★	★				
傅恒茂	男			★			
释兴慧	男	★					
释果通	男		★	★	★	★	

续表

姓名	性别	届次					备注
		十	十一	十二	十三	十四	
释寅通	男			常委	常委	常委	
谢伟东	男		★	★			
谢启平	男	★	★				
谢春凤	女		副主席	副主席	副主席		
谢国忠	男	★					
谢莉花	女					★	
谢照昌	男			★			
谢海云	男			★			
舒小青	女			★			
鲁　斌	男			★			
鲁连忠	男			★			
鲁宝君	男				★		
蓝　雨	女			★			
蓝　燕	女		★	★	★	常委	
蓝志平	男		★	★	★	★	
韩星亮	男			★	★		
赖小华	女		★	★			
赖旭辉	男					★	
赖有贵	男		★	★			
赖如平	男					★	
赖志斌	男				★		
赖艳芬	女					常委	
赖肇雄	男	常委	常委				
管洪君	男		★				
楼凤琴	女		★	常委	常委	常委	
楼春棋	男			★			
崔东柱	男				★	★	
崔杭勇	男		★				

续表

姓名	性别	届次					备注
		十	十一	十二	十三	十四	
游国平	男				★		
雷建祥	男					★	
雷雪银	女	★					
雷勤健	男	★					
彭思远	女				★	常委	
鲍 鸣	女	★					
鲍 焕	男					★	
熊 青	女					★	
熊 兴	男		★				
蔡剑雄	男			★	★		
蔡剑毅	男					★	
蔡小珍	女		★	★			
蔡根清	男		★	★			
蔡爱芳	女				★		
谭 洁	女	★	★				
谭家旺	男		★				
潘 艳	女		★	★			
潘向阳	男			★			
潘余明	男				常委	常委	
潘枝标	男				★		
潘建平	男	★					
潘秋梅	女		★				
潘明忠	男	★					
潘增标	男	★	★				
樊顺明	男	★					
薛金辉	男	★	★				
潜建军	男			★	★		
穆先堂	男	副主席					

续表

姓名	性别	届次					备注
		十	十一	十二	十三	十四	
穆春生	男	★	★				
操吴兵	男				常委	常委	
戴　飞	女				★		
司马义	男	★					
欧阳良	男	★	★				
欧阳立明	男			★	★	★	
诸葛林	男					★	2019 年 1 月—
诸葛文麟	男		★				
诸葛杰成	男					★	2020 年 1 月—
诸葛益龙	男			★	★		

说明：★表示为当届委员，本表任期至 2020 年 1 月

后 记

2002 年 1 月，建德市政协编纂出版杭州地区首部政协志——《建德市政协志》，时限为 1949 年至 1999 年。20 年后，作为第一部政协志的续编《建德市政协志（1998—2019）》也付梓出版，主要记录建德政协第十至十四届委员会的发展过程。

这部《建德市政协志（1998—2019）》，在编纂方案经主席会议通过后，即成立编纂委员会，确定编纂人员，于 2019 年 3 月启动编纂工作。从启动至出版，历时 3 年：2019 年为确定大纲、资料收集阶段，2020 年为撰写志稿、补充史料阶段，2021 年为征求意见、修改定稿阶段。在整个编纂过程中，编纂人员广泛收集相关资料，并对资料进行甄别和取舍，在分工起草的基础上，通力合作，对史料的运用、内容的安排相互印证，以保证整部志书的规范统一。在编纂过程中力求资料翔实、事件真实、内容厚实、语言平实，在思想性、科学性和史料性上达到较完美的统一。编纂人员本着认真负责的态度，多次举行研讨会，对科目的完善、体例的确立、叙述的方式、内容的安排、史料的运用等提出许多很好的意见建议。

市政协领导对这项工作十分重视，多次听取工作汇报，并明确全体政协机关工作人员全力参与资料的收集与志稿的审阅。召集不同层面的人员座谈，广泛听取意见，认真审订志稿。对编纂人员关爱有加，多次到编辑部看望，并在工作和生活上提供必要的保障。中共建德市委、市委统战部、市档案馆、市委党史和地方志编纂研究室等单位和部门对编纂工作给予大力支持和帮助。浙江省地方志办公室方志处处长颜越虎对此稿进行认真审核，在充分肯定的同时提出修正意见，并为本志作了序言，在此一并表示感谢！

《建德市政协志（1998—2019）》的出版发行，是政协领导和全体政协机关工作人员共同努力的结果，是集体智慧的结晶。由于本志的编纂涉及面广、资料有所缺失，加之编纂人员经验有限，疏漏和舛误之处在所难免，敬请读者方家不吝指正。

编 者

2021 年 10 月